Fils de ploucs

DU MÊME AUTEUR

Ouvrages

L'évolution du tragique racinien, SEDES, 1991.

Jean Racine entre sa carrière, son œuvre et son dieu, Fayard, 1992.

Les études littéraires : guide de l'étudiant, Nathan, 3e édition, 1997.

Jean Racine : bilan critique, Nathan, 2e édition, 1998.

L'histoire littéraire : objets et méthodes, Nathan, 1996.

La tragédie classique (1560-1793), SEDES, 1996.

Album Racine, Hachette, « La Pochothèque », 1998.

Avez-vous « lu » Racine ? Mise au point polémique, L'Harmattan, 2000.

Jean Racine, « Andromaque », Presses universitaires de France, 2000.

Histoire de la littérature française du XVIIe siècle, Presses universitaires de Rennes, 2001.

Le XVIIe siècle, une révolution de la condition humaine, Éditions du Seuil, 2002.

Jean Racine, « Athalie », Presses universitaires de France, 2003.

Le classicisme (1660-1700), Presses universitaires de Rennes, 2004.

Fils de ploucs, tome II : la langue, l'école, Éditions Ouest-France, 2007.

Le Christ s'est arrêté à Rome. Réflexion sur l'Église et la religion, Éditions Dialogues, 2010.

Éditions de textes

La Rochefoucauld, *Réflexions ou sentences et maximes morales, Réflexions diverses, Apologie de M. le prince de Marcillac, Choix de lettres*, Hachette, « Le Livre de poche », 1991.

Racine, *Britannicus*, Hachette, 1993.

Lettres d'amour du XVIIe siècle, Éditions du Seuil, « L'École des lettres », 1994.

Jean Racine, *Lettres à son fils*, Éditions du Seuil, « L'École des lettres », 1995.

Jean Racine, *Théâtre complet*, Hachette, « La Pochothèque », 1998.

Jean Racine, *Bérénice*, Gallimard, 2001.

Direction d'ouvrages

Histoire de la littérature française, 7 volumes, Nathan, puis Presses universitaires de Rennes.

Jean Rohou

Fils de ploucs

le pays, les gens, la vie
ar vro, ãn dud, ar vuez

Editions OUEST-FRANCE

C'est dans le Barzaz-Breizh *que j'ai appris le secret de nos origines. M. de La Villemarqué fut mon guide à travers la Bretagne enchantée qu'il avait découverte, mais [...] j'eus l'imprudence de chercher à voir de mes yeux les merveilles qu'il avait décrites. J'en fus puni par la perte de mes illusions.*

Joseph Loth, 1883

Les souvenirs sont cors de chasse
Dont meurt le bruit parmi le vent

Guillaume Apollinaire

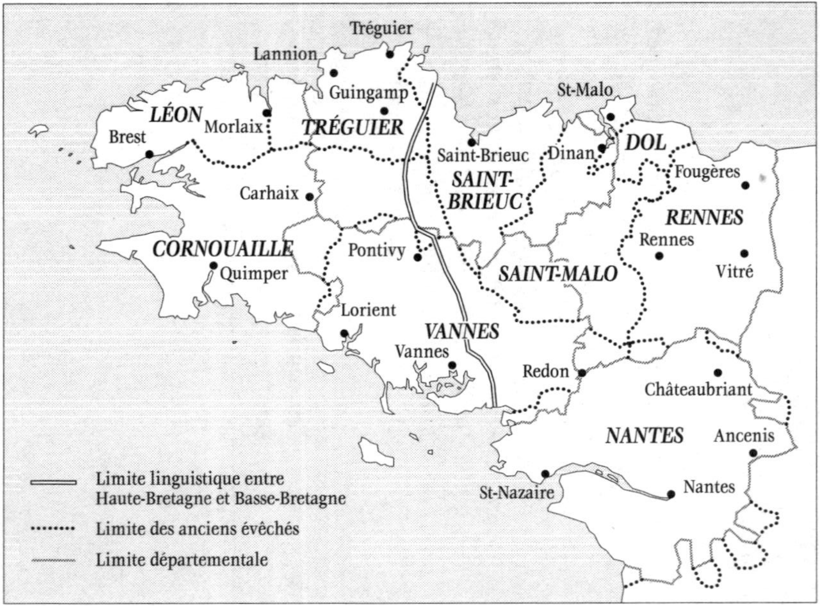

Les anciens évêchés de Haute et de Basse-Bretagne.

L'ancien évêché de Léon.

AVERTISSEMENT

Ce livre est abondamment argumenté et documenté. Pour ne pas surcharger le texte, j'allège les citations (en signalant les coupures par [...]), j'omets les références[1] et je rejette en note diverses précisions qui ne sont pas indispensables pour une première lecture.

Sauf pour les villes bien connues, je précise entre parenthèses le numéro du département des communes dont je parle et, pour le Finistère, leur ancien diocèse : L (Léon, au nord de l'Elorn), C (Cornouaille, au sud), T (Trégor, à l'est de la rivière de Morlaix). Voir carte 1. J'omets ces indications pour les communes qui sont voisines de Plougourvest (carte 2).

Les langues nationales, contrôlées par des pouvoirs, ont une orthographe officielle, fixée peu après l'invention de l'imprimerie et maintenue pour l'essentiel jusqu'à nos jours, alors que la prononciation a considérablement évolué : on écrit toujours *moi* alors qu'on prononce *mwa*. La

1. On trouvera une bibliographie très abondante dans le *Dictionnaire du patrimoine breton* dirigé par Alain Croix et Jean-Yves Veillard et, pour les ouvrages récents, sur Internet ou dans le Minitel (3615 Électre).

Bretagne n'étant pas un État, il n'y a pas de pouvoir officiel pour unifier sa langue ni codifier sa graphie. Ceux qui l'ont fait ne sont pas d'accord entre eux – bien qu'une tendance dominante se dessine. Je profite de cette liberté pour calquer ma graphie sur la prononciation de mon enfance : c'est un aspect de mon témoignage. Les bretonnants s'y retrouveront de toute façon. Quant aux autres lecteurs, plus nombreux, l'orthographe usuelle aurait égaré leur prononciation. Pour les aider à se rapprocher de la réalité, je supprime les lettres que je n'articulais pas. Pour *et*, j'écris *a* (devant consonne), *ag* (devant voyelle) et non pas *ha* et *hag*. Nous n'articulions pas la consonne finale de certains mots quand le suivant commençait aussi par une consonne. J'écris donc *tad* (père) mais *ta-koz* (grand-père).

Restent quelques différences par rapport aux habitudes francophones : *e* n'est jamais muet, il se prononce presque toujours *é* sauf devant l, m, n, r, s ou z ; *g* est toujours dur, même devant e ou i ; *c'h* se prononce comme un h fortement aspiré (comme *ch* en allemand) ; en français, quand a ou o sont suivis de m ou n, ou bien la voyelle est nasalisée et la consonne n'est pas articulée (bon = *bõ*) ou bien c'est l'inverse (bonnet = *bonè*). En breton, c'est les deux à la fois : *ãn tãn* (le feu) se prononce comme ennui ou comme l'article masculin suivi d'une voyelle en français (un an = *~unã*). Je n'ai pas trouvé de solution satisfaisante pour les diminutifs, qui sont fréquents. J'écris Saïk, Ifig, Menik (diminutifs de François, Yves, Philomène), alors que la voyelle se prononçait comme un é et la consonne terminale comme un t mouillé.

Après l'article, après certaines propositions ainsi qu'après certains possessifs et quelques termes grammaticaux, plusieurs consonnes initiales se modifient. *Bro* devient *ar vro* (le pays) ; b*uez, ar vuez* (la vie) ; *parrez, va farrez* (ma paroisse) ; *tad, va zad* (mon père) ; *tud, ãn dud* (les gens).

Je remercie vivement René Berthou, Françoise et Xavier Bonnet, Micheline Brown, Louis Elegoët, Richard Figuier, Paul Goupil, Irène Langlet, Chantal Marc, François Méar, Gaël Milin, Jean Picart, Bernard Puill, Camille Rohou, Denis Rohou, Cécile Rohou-Jouquan, François Roudaut, Nicole Roux-Rohou, Christian Ryo, Antoine Spire, Andrée Wafflart. Leurs réactions, critiques et suggestions m'ont beaucoup aidé. Je remercie également Alain Croix, Francis Favereau, mon frère Paul, mes cousines et cousins Alain et Michel Caroff, Jean-Claude et Thérèse Cloarec, Jeanne, Marie et François Rohou, qui m'ont fourni quelques précisions. Je garde seul la responsabilité de mes opinions et d'éventuelles erreurs.

PRÉFACE

DU PLOUC À L'INTELLO ET RETOUR

« *O Jan geaz !* » : « Mon pauvre Jean ! », auraient tristement dit mes parents et tous mes aïeux. « Tu vas pas dire tout ça quand même[1]. » C'étaient des pauvres. Ils n'avaient ni le droit ni les moyens de s'exprimer librement. Surtout pas de dénoncer l'asservissement qui leur était imposé. Subir en silence était un mérite : l'une des voies du salut éternel. Ils sont donc morts sans laisser de trace, sauf les tout derniers. De mes grands-mères et de l'un de mes grands-pères, j'ai une photo qui ne parle vraiment qu'à ceux qui les ont connus et qui, bientôt, auront tous disparu à leur tour. De mon père, quelques lettres ; de ma mère, un peu plus.

« J'ai arrêté la lecture du *Cheval d'orgueil* », leur écrivais-je le 31 décembre 1978. « Je trouve que c'est faux : beaucoup trop idéalisé. J'en ai conclu, très sérieusement, que vous devez écrire vos souvenirs. Ce serait un document fort intéressant. » Je n'ai pas réussi à les persuader. Leur vie n'avait, à leurs yeux, nul intérêt pour quiconque :

1. *Quand même* : expression usuelle de la réprobation en français finistérien.

ils avaient un peu honte de leur statut, de leur langue, de leur culture, de leur apparence. C'est donc moi, le plouc devenu intello, qui prends la plume, bien qu'il me manque tant de souvenirs disparus avec eux. Je ne voulais pas, je ne devais pas mourir sans avoir témoigné des difficultés qu'ils ont connues, des injustices qu'ils ont endurées et plus généralement d'un monde, d'une vie, d'une humanité millénaires soudainement balayés à jamais. Une Bretagne paysanne, sans électricité, chauffage, eau courante ni W.-C., sans tracteurs ni voitures, sans journaux, radio, télé ni téléphone, sans cadeaux ni argent de poche, sans langue française en dehors de l'école. Une vie de travail sans grand loisir, contrôlée par l'église. Une existence plus proche de celle d'il y a mille ans que de celle des jeunes d'aujourd'hui. En quelques années, tout s'est transformé : l'aspect de la campagne, la façon de travailler, la nourriture, la mentalité, les mœurs, la langue. Jamais nulle part la condition humaine n'avait changé aussi vite que dans les campagnes pauvres d'Europe entre 1946 et 1980, surtout quand elles sont passées des derniers aux premiers rangs de la modernité, comme la Bretagne. Il y a des écomusées : vous y verrez des outils dont vous ne saurez pas vous servir. Il y a des journées de reconstitution des travaux d'antan : elles ne restituent pas les sentiments, les impressions, les relations, la mentalité d'une vie tellement différente.

« Oh Jean, tu vas pas mettre ce titre-là, quand même ! », me disent mes semblables restés au pays. Je les comprends : ils ne veulent pas qu'on ressuscite l'injure. Mais elle est nécessaire à mon témoignage : c'était notre douloureuse étiquette.

Et puis la situation a-t-elle vraiment changé ? Certes, on n'insulte plus les pauvres. On dit gentiment : la « France d'en bas », sans voir que l'expression est méprisante ; on promet de résorber le chômage et de réparer la « fracture sociale ». On ne parle plus guère de lutte de classes ni d'exploitation de l'homme par l'homme. Est-ce à dire qu'elles n'existent plus ? Les inégalités restent scandaleuses, même si elles sont enrobées de gadgets et de télé pour tous. Il est bon de rappeler les injustices du passé, pour repérer celles du présent.

Jusqu'à vingt-trois ans, j'ai travaillé à la ferme pendant toutes les vacances. Et, même quand j'étais au lycée ou à l'université, j'étais un *provincial*, un *paysan* et un *plouc*. « Dire d'un homme qu'il a l'air d'un provincial, c'est presque une injure [...] ; pour une femme c'est encore pis », écrivait Pierre Larousse[1]. De Barcelone, Genève, Munich, Naples, Milan, Venise, Amsterdam, Rotterdam, Sydney, New York, on pouvait regarder de haut ses compatriotes de la capitale. Mais dans notre Hexagone centralisé, dont le chef-lieu se voulait la plus brillante cité du monde, il n'y avait, de Louis XIV à de Gaulle, que deux zones : Paris et le désert, dont les habitants encroûtés ne pouvaient avoir ni esprit ni élégance. « Gaucherie, simplicité, rusticité, manque de finesse », tels sont les traits distinctifs des provinciaux selon les dictionnaires du XXe siècle. Ce mépris a disparu. Est-ce parce que la bonté humaine a progressé ? C'est surtout parce que l'accélération des transports et des communications conjuguée avec la

1. *Grand Dictionnaire universel du XIXe siècle*, 1874. *Provincial* « se dit souvent en mauvaise part », disait déjà le *Dictionnaire* de Furetière (1690).

diffusion commerciale et culturelle instantanée ont unifié le territoire national.

Comme le rappelle Pierre Bonte, *paysan* était « l'invective préférée des chauffeurs de taxis parisiens » dans les années 1950. Ce mot désigne « figurément un homme grossier, rustique, incivil, malpropre », disait déjà Furetière (1690)[1]. Comme adjectif il « ne se dit que par mépris », précisait le *Dictionnaire de Trévoux* (1771). Ce mépris était intense au XIXe siècle, avec des justifications faciles : leur profession même faisait des paysans des *bouseux*, des *cul-terreux,* des êtres plus proches de la grossièreté naturelle que des raffinements de la civilisation. Leur fonction les réduit à « une vie purement matérielle, qui se rapproche de l'état sauvage auquel les invite leur union constante avec la nature » (Balzac). Certaines descriptions étaient virulentes : « Sous sa peau épaisse et ravinée, on ne voit pas le sang circuler. Le regard sauvage et morne ne trahit pas le mouvement d'une idée dans le cerveau de cet être atrophié moralement et physiquement. »[2] Même ceux qui allaient vers ces gens avec une généreuse sympathie, comme telle héroïne de Maupassant, étaient gênés : « D'où venait donc qu'ils la choquaient par mille choses menues, invisibles, par mille grossièretés insaisissables, par leur nature même de rustres ? »

1. Ce mépris ne date pas d'aujourd'hui. Les soldats romains employaient déjà *paganus* (l'habitant de la campagne, du *pays*) pour désigner dédaigneusement les civils. Moines et prêtres, soldats du dieu chrétien, ont repris le mot pour désigner ceux qui ne partageaient pas leur foi : c'est l'origine du mot *païen* (initialement *pagien*).

2. Marie-Sincère Romieu, *Des paysans et de l'agriculture en France au XIXe siècle*, 1865.

Le rejet était encore vif dans ma jeunesse. Puissamment organisés, soutenus par beaucoup d'intellectuels, les ouvriers avaient réussi à imposer une contre-idéologie : ils parlaient avec fierté des *travailleurs*[1]. Rien de tel pour les ruraux. Les chantres de la campagne n'ont jamais manqué, de Virgile aux étudiants soixante-huitards rêvant d'élevage de chèvres. Mais c'était généralement pour dire que les paysans ne savaient même pas apprécier leur bonheur [2] ! Ces angelots parlaient moins de la campagne réelle que d'une utopie pastorale *a contrario* : l'envers de la vie citadine et de l'avidité financière.

Non seulement notre vie était rude, mais nous avions intégré le mépris dont nous étions l'objet, au point d'avoir plus ou moins honte de nous-mêmes. « Le monde paysan était pour moi un monde de cul-terreux [...], de pauvres types ; le métier d'agriculteur une condition d'infortune pour gens incapables », déclarait en 1970 un cultivateur, à propos des années 1950. Cette tendance

1. Ce mot ne s'entend plus : la gauche chic d'aujourd'hui, faite de cadres, d'intellectuels et d'ambitieux, se mire en elle-même et méprise les prolétaires, s'indignant ensuite de les voir voter aux extrêmes.

2. « Ô trop heureux les cultivateurs, s'ils connaissaient leur bonheur ! [...]. La Terre d'elle-même leur prodigue [...] une nourriture facile. » S'ils ignorent la richesse tapageuse et ses artifices, « ils ont un repos exempt de soucis, une vie qui ne connaît pas la tromperie » ; ils ont « la sobriété, le culte des dieux et la piété filiale » (Virgile). En clair, « le travail agricole est le moyen le plus puissant pour moraliser les populations », comme disait un certain Orillard en 1873. Mais pourquoi donc y a-t-il si peu de citadins éclairés à se faire paysans – à part les éleveurs de chèvres soixante-huitards, dont le bel enthousiasme a été suivi de rudes retombées sur terre ? Il y a dans ces incantations bucoliques un mépris insupportable.

s'est atténuée depuis une quarantaine d'années : les paysans sont aussi bien équipés que les autres, ils ne sont plus assez nombreux pour rester une masse répulsive, et José Bové est le prophète salutaire à la mode. Mais la tradition reste inscrite dans le langage : pour le *Petit Larousse* de 2005, *paysan* signifie toujours « rustre, lourdaud ». C'est tellement net que le *Grand Dictionnaire Robert de la langue française* (1992) sort pour une fois de sa réserve : « Le système de désignation des personnes appartenant au monde rural est violemment hostile [...], exprimant un mépris inacceptable. »

Je n'étais pas seulement provincial et fils de paysans, visiblement marqué par mes origines jusqu'à vingt ans et au-delà. J'étais un *plouc*, né tout au fond là-bas, où tant de noms de communes commencent par *Plou*. C'est vers 1880 qu'est apparu ce terme « péjoratif, et même souvent injurieux, pour désigner un paysan et, par extension, une personne grossière » (*Dictionnaire historique de la langue française*, 1992). Quels que soient ses efforts pour se déguiser, le plouc garde « l'allure maladroite et gauche d'un paysan endimanché, qui ignore les usages » (*Grand Usuel Larousse*, 1987).

Michel Treguer, fils d'instituteur, ignorait le breton. Dès la génération précédente, sa grand-mère avait pris soin d'écarter son père de cette langue de sous-développés, exigeant même « du curé qu'il lui enseigne le catéchisme en français », alors que tous les autres l'apprenaient en breton, raconte-t-il dans *Aborigène occidental*. Et bien sûr, dans toute l'éducation et la scolarité du petit Michel, « pas un mot de breton ; pas un regard sur la culture, sur l'histoire [...], sur l'identité de [s]on peuple ». Voici donc notre pur francophone, brillantissime lycéen de surcroît[1], qui passe l'oral du bac à Quimper en 1956. L'épreuve de latin porte sur les premiers vers de *L'Énéide*. « Mon interrogateur me prie de commencer par les lire, mais m'arrête [...] pour me demander d'une voix glaciale : "Vous êtes brestois ? – Oui, monsieur. – Cela s'entend"... » Bretonnants ou pas, nous avions un vigoureux accent qui ne laissait aucun doute. À mon arrivée en classe de lettres supérieures à Rennes en 1952, quand je m'adressais à des camarades angevins ou tourangeaux, ils disaient : « Pardon ? » Souvent, notre patronyme trahissait lui aussi notre origine barbaresque. Certains camarades de Treguer, étudiants à Paris vers 1960, « eussent aimé changer de nom pour effacer ce signe qui les marquait trop visiblement ». De 1961 à 1967, des dizaines d'ethnologues et d'autres chercheurs se sont abattus sur Plozévet (C), pour l'enquête pluridisciplinaire la plus vaste jamais réalisée en France. Il n'y en avait pas un sur dix qui fût capable de converser dans la langue des gens dont ils voulaient pénétrer la vie et la mentalité[2]. Ça ne les a pas empêchés de présenter leur travail comme exemplaire.

1. Reçu au premier baccalauréat avec plus de 18 de moyenne, et avec plus de 16 au second, il entrera très jeune à Polytechnique.

2. Ils ont eux-mêmes relevé chez les gens « la peur d'être pris au piège de la dérision et d'une image déformée d'eux-mêmes », « le refus de se laisser enfermer dans un regard étranger, le refus d'être ethnologisé » (André Burguière). Leur attitude eût sans doute été différente si on leur avait parlé dans une « langue de complicité poétique hors de laquelle il n'y a pas de salut pour un enquêteur dans ce pays », comme dit Pierre-Jakez Hélias, qui était du coin.

Aujourd'hui, c'est un honneur d'être breton[1]. Mais jusqu'aux environs de 1970, nous étions un antimodèle usuel pour tout le monde. Vers 1972, j'ai entendu à la radio un Marocain à qui l'on demandait pourquoi il était rentré au pays, au lieu de rester en France. « On me méprisait répondit-il : on me traitait comme un inférieur, un minable, un Breton ! » À la même époque, un automobiliste a été condamné pour avoir traité un gendarme de « vraie tête de Breton ».

Le pire, c'est que nous avions intériorisé cette vision de nous-mêmes. Au collège de Saint-Pol-de-Léon, alors que la majorité des élèves et des enseignants étaient fils de paysans, tous originaires du pays *plou*, « *plouc* était l'injure suprême, l'injure par excellence », témoigne Louis Pouliquen, d'un an mon aîné. « On en souffrait terriblement » de ces injures, dit un autre de mes contemporains léonards. Nous vivions dans l'inhibition et dans la gêne d'être ce que nous étions[2].

Nous ? Qui, nous ? On a souvent tendance à généraliser sa propre situation et à ne voir qu'un aspect des choses. Le mépris et la honte n'apparaissaient vraiment que dans la confrontation à la francophonie. À l'intérieur du monde breton régnait au contraire une certaine fierté

1. Il reste quelques relents, bien sûr. En l'an de grâce 2004, dans une petite ville normande, une Bretonne entre dans une pharmacie. Le préposé repère son nom sur sa carte de Sécurité sociale : « Tiens, vous n'êtes pas en coiffe et en sabots ? »

2. Selon le Dr Maisondieu, « la dysmorphophobie », c'est-à-dire « la conviction douloureuse [...] d'avoir une anomalie d'un organe (nez, oreille, pénis, jambe, seins, etc.) ou une silhouette dysharmonieuse », était particulièrement fréquente en Bretagne, à cause d'une « crainte de la perception péjorative de soi par l'autre » (1983).

de soi – d'autant plus qu'on réagissait contre le regard extérieur. C'est surtout ceux qui en sortaient pour pénétrer un milieu socioculturel qui n'était pas le leur qui ont été gênés.

« Oh Jean, quand même », me disent parodiquement mes amis, « tu ne vas pas nous ramener ces vieilles histoires ». Il est vrai que ce dédain est révolu, et que mon statut m'en préservait depuis longtemps. Mais le plouc que je fus cohabite avec l'intellectuel que je suis devenu. J'ai quitté le monde où je suis né, et j'ai masqué mon identité première pour devenir un autre personnage. C'était ça ou la misère et le mépris. Mais j'ai toujours ce frère en moi, qui m'a préservé de l'embourgeoisement et de la sclérose dans l'intellectualisme. C'est ma face cachée, intime et hypersensible : la face interne de ma poitrine, côté cœur. Parfois les phrases que les gens de mon milieu d'adoption prononcent comme des évidences me blessent profondément sans qu'ils s'en rendent compte : femmes, Noirs, Juifs, Arabes et homosexuel(le)s comprendront ce que je veux dire. C'est aussi cette double personnalité qui me permet de prendre une distance critique par rapport à chacune de mes moitiés : ma contradiction m'aide à réfléchir, à me déprendre de ma subjectivité, à ne pas trop m'identifier à mon statut actuel.

« Fais comme moi, dors », dit la grand-mère à sa petite-fille, qui s'active pour reconstituer l'*Histoire d'un secret*[1]. C'est justement ce que je refuse. Mais si j'ai fait cette enquête, ce n'est pas

1. Film témoignage de Mariana Otero, 2003.

pour raconter ma vie. Ni pour célébrer ou mythifier le passé. C'est pour réfléchir en confrontant la condition humaine d'aujourd'hui à celle d'hier et d'avant-hier, et les discours sur la Bretagne et les Bretons à la réalité que je peux reconstituer à partir de mes souvenirs, des archives et des travaux historiques[1]. Si je publie ce livre, c'est pour contribuer à une juste conscience du passé chez mes compatriotes. Elle est nécessaire pour ajuster notre attitude dans le présent et préparer l'avenir[2]. Pour qu'il fleurisse, il nous faut à la fois un idéal – une vision de ce qui devrait être – et une juste conscience de ce qui est et de ce qui fut. Sans cette lucidité critique, l'avenir risque de se refermer pour ceux qui mythifient leur héritage et qui prennent les tendances de naguère pour des valeurs éternelles, et leur personnalité actuelle, fruit d'une conjoncture historique, pour une nature immuable.

De ma cuisine, je surplombe un grand hôtel particulier : double escalier monumental, terrasse à sept portes et colonnes à l'antique. Mais il est bien délabré et personne, jamais, ne monte l'esca-

1. Il y avait une autre source possible : les témoignages de ceux qui ont passé toute leur vie dans l'endroit dont je parle. Je n'ai pas voulu y recourir : j'aurais eu l'impression de les piller à mon profit. Je ne les ai sollicités que pour de rares vérifications. J'espère que ce livre les incitera à s'exprimer dans un fertile débat. Au demeurant, j'ai soumis mon texte aux réactions de quatre de mes semblables : nés dans cette commune, ils l'ont quittée comme moi pour aller au collège. L'un d'entre eux y est revenu par la suite.

2. « Il faut choisir entre avenir et souvenir », disait René-Guy Cadou. Je ne saurais partager son avis. Les poètes ne peuvent s'empêcher de penser qu'une formule bien frappée est une authentique vérité.

lier. Car rien ne permet d'y accéder : même pas une impasse. C'est un riche fabricant de chandelles qui se l'était construit. Mais, à l'aube de l'électricité, il voyait l'avenir à la lueur d'une bougie. Il a dû vendre cour et jardin : deux grands immeubles ont emmuré son rêve.

Bien plus que tous les efforts des puissances capitalistes, ce qui a conduit à la ruine les pays communistes, c'est l'obstination de leurs dirigeants à maintenir jusqu'à la tyrannie des discours dogmatiques sclérosés, sans tenir compte des réalités ni des aspirations vivantes, indispensables moteurs de l'histoire. La même position a beaucoup réduit l'audience des Églises chrétiennes. De même, les autonomistes, qui depuis un siècle ont rêvé de diriger la Bretagne, ont souvent été aveugles à la réalité, en décalage avec les aspirations de leurs concitoyens, mythomanes face à notre passé, dogmatiques sur une celtitude sans contenu. Ils ont oublié que la politique est l'art du possible, et que de véritables dirigeants doivent être soutenus par leur peuple.

Aujourd'hui, les Bretons sont admirablement dynamiques et fort appréciés. Certains ne voient pas que c'est pour des raisons conjoncturelles et transitoires. Ils en profitent pour exalter la bretonnité : une nature, une essence particulières – et supérieures évidemment. Un mythe qui interdit la juste conscience critique nécessaire à la préparation de lendemains probablement difficiles. « *Kousk, Breiz-Izel bro dispar* », dit l'une de nos plus célèbres chansons. « Dors, Bretagne, pays sans pareil », sûre de ton excellence. Féconde tant qu'elle anime assez de bras et de cerveaux, la fausse conviction prépare d'amères déceptions. Notre dynamisme actuel est moins imputable à une nature supérieure qu'à notre réaction au mépris dont nous fûmes l'objet et qui nous fouette encore.

Une certaine excitation mythifiante a été fort utile pour ranimer une population dominée et dédaignée, qui manquait de foi en elle-même. *Le Cheval d'orgueil*, vendu à quatre millions d'exemplaires, traductions comprises (en dix-huit langues), était passéiste, comme l'a bien vu Xavier Grall (cf. p. 185). Il a été apprécié par le peuple breton, le peuple paysan et leurs semblables : ils ont senti que pour une fois on les mettait en valeur. Mais ce sont surtout des citadins rêvant de retour à la nature et au bon vieux temps qui ont assuré son triomphe. Son succès n'aurait dû être qu'une étape, à dépasser dès que possible. « Un homme sans mémoire » est « un esclave tout désigné pour les aventures du futur », disait son auteur. Et un homme à la fausse mémoire, trompé par un séduisant conteur qui se présente comme ethnologue véridique ? Il nous faut une évaluation critique à partir d'un débat contradictoire. Je me permets d'y contribuer.

Mon livre n'est pas une autobiographie, mais un témoignage et une réflexion sur la Bretagne, les Bretons, les paysans, la vie de jadis et sur ce qu'on dit de tout cela. Il est animé par deux combats : celui du plouc contre toute sorte d'injustice et d'oppression, et celui de l'intellectuel contre les affirmations générales qui soumettent à nos préjugés réducteurs la diversité du réel et sa complexité. On aura compris d'emblée la première intention. Je voudrais préciser la seconde.

Chacun perçoit nécessairement les choses de son point de vue (c'est-à-dire à partir de sa situation et, du coup, peu ou prou, selon ses préjugés, désirs et intérêts), dans leurs particularités individuelles et accidentelles. Personne n'a jamais vu *les* Bretons dans leur totalité, mais seulement quelques Bretons, en des lieux et des moments qui les différencient. Mais nous avons tendance à parler des Bretons et de la bretonnité comme s'il y avait là une nature, une essence, une identité permanente et universelle.

Cette nature n'est qu'un mythe. Et une telle généralisation est dangereusement appauvrissante. D'une part, réduisant la riche complexité de toute une catégorie à un stéréotype (*les* femmes, *les* Bretons, *les* Allemands, *les* Américains, *les* Juifs, *les* Arabes), elle facilite la projection de nos a priori sur des images simplifiées, qui nourrissent toutes les formes de racisme et d'exclusion : ethnique, nationaliste, sexiste, social, idéologique, religieux... J'essaie au contraire de replacer les attitudes et les opinions dans leur contexte, et de les comprendre à partir de ces conditions particulières.

D'autre part, la pensée identitaire et essentialiste à laquelle nous sommes habitués empêche d'agir efficacement sur la réalité – ce qui est le but de la pensée, surtout depuis Descartes et Galilée. Prétendant saisir *la réalité telle qu'elle est, les choses comme elles sont*, elle ne permet pas de voir comment une situation s'est constituée et comment elle pourrait évoluer. Pour elle, un prisonnier, par exemple, c'est quelqu'un qui est en prison. Point. Les dictionnaires fourmillent de telles définitions, de telles lapalissades.

La pensée dialectique, au contraire, analyse toute situation dans sa particularité, comme l'équilibre provisoire d'une réalité en évolution permanente, considérant qu'elle est conditionnée et animée par des forces opposées – d'autant plus que toute action provoque des réactions. Pour elle, un prisonnier est quelqu'un qu'on a privé d'une liberté qu'il n'aspire qu'à retrouver. Elle le conçoit comme un sujet défini par l'opposition entre la force extérieure qui le contraint et l'énergie intime qui l'anime. Une telle pensée ne se borne pas à *voir les choses comme elles sont.* Elle inclut la connaissance des causes de leur état présent, et celle des moyens de les faire évoluer. Elle ne vise pas à contempler l'univers mais à « transformer le monde » et à « changer la vie », selon les formules de Marx et de Rimbaud, continuateurs de la révolution galiléenne et cartésienne.

Dans la démarche que j'ai adoptée, c'est souvent la vision et l'analyse du plouc (avec les instruments fournis par l'intellectuel) qui sont les plus fructueuses. Imaginez un homme allongé par terre, un deuxième assis dessus, un troisième qui regarde la scène. C'est celui-ci (l'observateur intellectuel désengagé) qui voit le plus objectivement la situation telle qu'elle est. Mais la pensée du deuxième est plus riche et plus efficace : car il se préoccupe aussi des moyens de justifier et de prolonger sa domination. Celle du premier l'est encore plus : il est vital pour lui de ne pas se contenter de constater les choses ; il ne cesse de chercher à les transformer, ce qui suppose l'analyse de leur fonctionnement et du processus dont elles résultent : la connaissance de leur genèse, de leur état présent et de leur devenir possible.

Certains regretteront que je ne me sois pas limité à un récit biographique. Mais je privilégie la réflexion plutôt que la distraction. Si je me bornais à raconter ma vie, on ne verrait pas dans quelle mesure elle est représentative d'une période et de toute une catégorie sociale ou s'il s'agit d'un cas particulier. Les témoignages personnels n'ont pleine signification que replacés dans leur époque, dans leur milieu, dans une évolution historique qui les expliquent et les relativisent. J'ai donc réinséré mes souvenirs dans leur contexte économique social et mental, parsemant ma description et mon récit d'exposés historiques sur l'époque de mon enfance et même sur des temps plus lointains : une connaissance qui enrichit la réflexion sans pousser au relativisme. Je ne dis pas *la* vérité ; je ne sollicite pas d'adhésion dévote ; je propose des analyses précises et des hypothèses argumentées ; je confronte mes lecteurs à des façons de vivre et de penser bien différentes de celles qui dominent aujourd'hui et de ce qu'on dit souvent du passé. J'espère ainsi favoriser ce retour critique sur soi-même que doit être la réflexion, propice à la compréhension du point de vue d'autrui et par conséquent à des relations pacifiquement égalitaires au-delà des divergences d'opinions.

Mes critiques sont parfois vives. On sera tenté de s'en débarrasser en les attribuant à quelque hargne jalouse. Ceux qui me connaissent vous diront que de tels sentiments sont étrangers à ma sereine placidité.

PREMIÈRE PARTIE

AR VRO. LE PAYS

« Il y a beaucoup de Bretagnes en Bretagne. »

(E. Guillevic)

CHAPITRE 1

LE BRETON DU SIXIÈME FAIT SA CRISE D'IDENTITÉ

> « Mieux vaut […] savoir, avant de s'aventurer en Bretagne, que celle-ci est toujours ailleurs. »
>
> Michel Le Bris

> « L'identité bretonne ? la bretonnité ? Je ne vois pas très bien ce que vous entendez par là. »
>
> Yves Le Gallo,
> éminent spécialiste de la Bretagne

« Sell ta ! Piou eo ar paot bihan brao man ? – Jan. – Jan beleac'h ? – Dec'h a di vãman. – A dec'h a beleac'h e mãman ? – Dec'h a di bapa. – A dec'h a beleac'h e papa ? – Dec'h a zuman. » : « Tiens donc ! Qui est ce joli petit garçon ? – Jean. – Jean d'où ? – De chez maman. – Et d'où est maman ? – De chez papa – Et d'où est papa ? – De chez nous. »

Tel fut mon premier interrogatoire d'identité, vers quatre ans. Je ne m'en souviens pas, mais on me l'a si souvent raconté, pour me montrer que j'avais bien roulé cette commère. « C'était déjà ton caractère, ajoutait-on : tout gentil, mais tout secret confidentiel. » Mon interprétation est différente : cette femme savait fort bien qui j'étais : elle se jouait de moi. Tandis que moi je répondais à côté parce que j'ignorais mon identité. Je ne savais pas dire mon nom, que je n'avais peut-être jamais entendu avant mon entrée à l'école : mon premier étiquetage par l'administration. Dans ma famille et dans mon hameau, dont je ne sortais guère, j'étais Jean tout court. Ça suffisait : personne d'autre n'y portait ce nom.

Jean c'est un nom français. L'usage de la langue nationale était obligatoire depuis 1539 pour les registres d'état civil et pour tous les documents administratifs. Dès la fin du XVIe, quand un habitant de Plougourvest signait un bail, un acte de mariage ou le compte-rendu d'une délibération, c'était avec la forme française de ses nom et prénom : Jean Le Braz. Dans la vie courante, dans la langue orale, on l'appelait au contraire *Yãn ar Braz* jusqu'aux années 1920.

On s'est beaucoup « modernisé », en Basse-Bretagne, à partir de 1918. L'école et le progrès le permettaient. Les jeunes femmes le souhaitaient, et même les hommes : ils avaient assez souffert, pendant quatre ans, de la comparaison de leurs taudis avec les belles fermes du Nord ou du Bassin parisien, et des moqueries contre leur langue barbare. Les prénoms se sont donc francisés, même dans le parler ordinaire des bretonnants. L'une des sœurs de ma grand-mère, née en 1894, était encore « ti M*á*ri ». Mais la femme de mon oncle, née en 1916, était « tante Mar*í*e », en accentuant et prolongeant le *i* encore plus que les vrais francophones.

J'étais donc Jean. Et surtout pas *Yãn*, qui aurait fait bizarre, complètement désuet. Je crois n'avoir connu personne qui s'appelât ainsi. Parce que, de la Révolution à l'adoption des formes françaises, la mode de chez nous était aux prénoms composés : on s'appelait *Chanvransa*, *Chanloui*, *Chanmar*, *Chon* (Jean-François, Jean-Louis, Jean-Marie, Jean-Yvon). De plus, *er Yãnig*, un petit Jean, c'est un indécis, un baubiat incapable, qui se balance d'un pied sur l'autre sans agir ni décider. Quant à *Yane*, comme on dit aujourd'hui, ce prénom si authentiquement breton n'existait pas encore. Puis, pendant toutes mes études, je fus *John* : en cinquième, le prof d'anglais m'avait chouchouté ainsi. Encore une autre identité que j'ai perdue depuis longtemps.

Sauf au Moyen Âge – où l'on trouve par exemple *Bleuzven* et *Gwenreda* –, les prénoms bretons étaient les mêmes qu'ailleurs en France, mais prononcés en général fort différemment. Et leur fréquence était analogue, sauf pour Anne et Yves[1]. Ewen et Enora viennent en tête des prénoms en 2004. Mais, en ce domaine et en quelques autres, l'authentique bretonitude date de 1968 ! Les plus fréquents furent toujours Jean (devant Pierre et François) et Marie : un tiers des femmes au XIXe siècle[2]. Mais quelques autres témoignent d'une vraie recherche (qui, le plus souvent, n'avait rien

1. Celui-ci à cause d'Yves Hélori, de Tréguier (vers 1250-1303), canonisé en 1347. Celle-là à cause d'un culte plus important qu'ailleurs pour la mère de la Vierge, même avant le règne de la duchesse Anne, qui l'a encore accentué.

2. Devant Marguerite, Anne, Françoise, Catherine. Marie était aussi à l'époque le second prénom de 45 % des hommes. Voici la répartition des prénoms des nouveau-nés à la fin du XVIIIe siècle à Plouescat : Jean 18 %, Yves 15 %, François 12 %, Paul 6 %, Marie 29 %, Anne 16 %, Françoise 12 %, Jeanne 12 %, Catherine 9 %, Marguerite 7 %. À Brest, en 1794, 26 % des hommes s'appellent Jean ; 50 % des femmes, Marie.

de particulièrement breton) : ma mère s'appelait Anastasie, sa sœur Élisa, certaines de ses tantes Aline, Rosine, Isabelle. Le second prénom de *ti Mari* était Guillemette, celui de mon frère, Élie.

C'est joli, Anastasie Caroff. Mais en breton la chute de la dernière syllabe a ruiné le jeu sonore. Ça vient d'un mot grec qui signifie résurrection. Il fut donc beaucoup porté par les premières chrétiennes. L'une d'elles fut martyrisée en 304. Et par conséquent sanctifiée. Mais ce n'est pas directement grâce à elle que ma mère s'appelait ainsi, ni en l'honneur des quatre papes, des deux patriarches et des deux empereurs Anastase. Ni à cause des idiots qui ont donné ce joli nom à Dame Censure, caricaturée en vieille fille revêche, avec d'énormes ciseaux. C'est parce qu'il y eut jadis à Lampaul-Guimiliau, à 8 km de chez nous, une princesse Anastasie. Elle refusa l'époux que son père lui imposait. Il lui trancha donc la tête. Elle fut sanctifiée. Car elle était en prière au moment du crime. Je peux même vous dire où c'était : à la fontaine de Trãon Louarn.

Ce que nous appelons le prénom était jadis le seul et véritable nom[1]. C'est quand les Jean, les Pierre, les Paul sont devenus trop nombreux, avec la poussée démographique des XIe et XIIe siècles, qu'on les a distingués en leur donnant un *sur*nom[2] qui se *sur*ajoute au nom de baptême, et

1. Jusqu'au début du XXe siècle, chaque famille avait tendance à garder les mêmes prénoms, qui faisaient partie de son identité, et qui rattachaient les nouveaux venus à leurs ancêtres. En particulier, on donnait au fils aîné le prénom de son père, à la fille aînée celui de sa mère ; et lorsqu'un enfant mourait, on donnait souvent le même prénom au suivant.

2. Le sens actuel de *surnom* n'apparaît qu'en 1690 ; en anglais, on dit toujours *name* et *surname*.

qu'on commence à transmettre à ses enfants comme nom de famille à partir du XIIIe siècle.

Ce deuxième nom vient souvent d'une particularité physique : Legrand, Legros, Leroux. En breton, ça donne Le Braz, Le Bihan, Le Berre, Le Du (le grand, le petit, le court, le noir : notez que l'article est en français, et que le breton *ber* a généralement une graphie francisée). Ou bien Pennec (têtu, au sens physique de grosse tête plutôt qu'au sens moral), Garrec, Lagadec, Queinnec, Scouarnec (jambu, œillu, dossu, oreillu). Cette tendance n'avait pas disparu : quand nos familiers parlaient de mon père, ils disaient *An i Braz*, Le Grand : 1,76 m, c'était pas mal en Bretagne, à l'époque.

D'autres noms désignent la fonction : Cloarec, clerc ; Gourvil, soldat ; Méar, intendant ; Le Goff, le forgeron. Ou l'origine. Ceux qui désignent le Français (le Gallo, le Gaulois) sont particulièrement fréquents : Gall, Le Gall, Gallo, Gallic, Gallou. Le mien vient du lieu d'habitation : c'est le toponyme qui sert de patronyme. Rohou[1] est le pluriel régulier[2] d'un mot prélatin (probablement celtique) : *roc'h*, qui signifie rocher. Il désignait un promontoire, un piton, un lieu fortifiable (comme en français Roc, La Roche, Larroque...) et, au pluriel, des entassements de rochers, qui caractérisaient l'endroit où habitaient mes ancêtres médiévaux.

Ce patronyme est attesté depuis 1348. Il n'est pas fréquent : peut-être neuf cents personnes

1. On trouve aussi Rohic, Roho, Rochou, Rohel, Rohellou, Rohellec.

2. Par chez nous, l'on n'utilisait pas ce pluriel à suffixe, mais un pluriel à flexion (c'est-à-dire obtenu par modification de la voyelle interne, comme pour *man* qui donne *men* en anglais) : *reier*.

actuellement ; plus du tiers dans le Finistère (dont tous sont probablement originaires), 11 % dans le reste de la Bretagne et autant en région parisienne. Il y en aurait six ou sept en Angleterre, trois ou quatre en Allemagne. Caroff, le nom de ma mère, vient de *caru*, le cerf ; de même que Caro, Le Carff, Le Carrou. Jézégou, celui de ma grand-mère maternelle, de Iudichaël, roi de la Basse-Bretagne au VIe siècle – de même que Jézéquel, Giquel, Yziquel. Compte tenu des variantes orthographiques, il y a environ 78 000 noms en Bretagne, dont 80 % n'existaient, il y a peu, que dans cinq communes au maximum.

J'étais officiellement Jean Rohou. Mais on ne me nommait jamais ainsi. À juste titre, puisque je n'habitais pas dans les rochers de mes ancêtres, mais dans un hameau qui s'appelait Lãnirien (en français : Lannurien). J'étais donc Jean Lãnirien. C'est ainsi qu'on désignait la plupart des gens[1] : le prénom suivi du nom du hameau. Le toponyme servait de patronyme comme jadis. Ça permet d'identifier la personne et de dire en plus où elle réside. Jean de Lannurien : j'aurais bien aimé garder ce joli nom distingué. Mais il appartenait au propriétaire des lieux bien que, contrairement à moi, il n'ait jamais habité là.

Maintenant, je n'apparais plus que sous mon nom officiel. Et les gens ne savent plus que j'en ai eu d'autres. Mais quand je le dis, surtout hors de Bretagne, ils entendent Roux, Raux, Rouault ou

1. Pour certains, on n'avait même pas besoin du nom du lieu-dit. Ils étaient suffisamment désignés par celui de la profession : *ar persoun* (le curé), *ar facteur*. Ou par un surnom (fréquemment) ou par un prénom assez rare pour n'être pas confondu avec quelqu'un d'autre : *Mènik* (Philomène).

quelque chose comme ça. En général je dis oui – pour simplifier. Ils comprennent mieux si je prononce à la bretonne : accent sur la première syllabe, r roulé et h aspiré ; assez fortement dans les deux cas. Mais on me prend pour un Arabe. Pour les locations, réservations, négociations, réclamations, supplications, etc., ce n'est pas la meilleure solution. De toute façon, je ne sais même plus prononcer mon nom sans une pointe d'accent français. Pour le o en particulier, qui n'est pas tout à fait celui de Paris, et encore moins celui d'Avignon.

Jean, Jan Lãnirien, Jean Rrohhou, John, Jean Roou : si mon *identité* c'est le nom que les autres me donnent et qui a changé plusieurs fois, suis-je vraiment *identique* à moi-même ? Peu importe après tout, car cette étiquette extérieure ne peut englober valablement mon être profond. Mais celui-ci aussi a un problème d'identité. Le respectable professeur d'université que je suis devenu, spécialiste de littérature française, n'est pas identique au petit paysan bretonnant que j'étais, et qui vit toujours en moi. Comme être socioculturel, je suis constitué aujourd'hui par un statut qui était absolument exclu de mes horoscopes les plus optimistes, ainsi que par une langue, une culture, une pensée, une affectivité très différentes de mon patrimoine originel.

Nous avons tellement l'habitude d'exprimer notre identité, notre moi, notre *ego*, qu'ils passent pour d'évidentes certitudes, pour de solides réalités naturelles. Nous pensons même que l'égoïsme est une tendance éternelle de la nature humaine. Pourtant, *égoïsme* et *égoïste* ne sont apparus en français (comme en anglais ou en allemand) qu'au début du XVIIIe siècle. Jusque-là, l'homme était trop soumis à sa condition, et l'individu au groupe, pour pouvoir affirmer son moi. Ce dernier mot n'est devenu un substantif en français qu'en 1581, quand la Renaissance a permis aux hommes de mettre en avant leurs capacités, et quand les guerres civiles et religieuses, ruinant les bases et les cadres de la vie sociale et intellectuelle, ont conduit les individus à se replier sur eux-mêmes. C'est son moi que Montaigne prend pour sujet de réflexion ; c'est sur son moi que Descartes construit la pensée moderne : celle de l'homme qui va entreprendre méthodiquement de maîtriser le monde à son profit. *« Ego sum, ego existo. »* : « Je suis, moi ; j'existe, moi. » *« Cogito, ergo sum. »* : « Je pense, donc je suis », voilà « le premier principe de la philosophie », « duquel j'ai déduit très clairement les suivants ».

Cette nouvelle philosophie n'est devenue possible qu'à partir du moment où les hommes ont entrepris d'inverser leur rapport à leur condition. Au lieu d'adhérer à l'ordre divin, naturel et social, avec une philosophie qui était contemplation, sagesse et dévotion, soumission des désirs à la réalité et à un ordre transcendant, ils ont commencé à vouloir changer la vie et transformer le monde pour satisfaire leurs désirs.

Il faut « suivre nature », disait encore Montaigne, et il poussait cette soumission jusqu'à intituler l'un de ses chapitres : « Philosopher, c'est apprendre à mourir. » Une génération plus tard, Descartes prend le contre-pied de cette attitude. Nous devons certes être fidèles à notre Créateur, mais en l'imitant puisqu'il nous a gratifiés d'un « libre arbitre », qui « nous rend en quelque façon pareils à Dieu et semble nous exempter de lui être sujets ». Ce penseur démiurge, caractéristique de l'époque où les Européens entament la conquête du monde et la construction de notre civilisation matérielle, refuse toute l'ancienne philosophie contemplative, faite de « spéculations qui ne produisent aucun effet ». Il en propose une nouvelle, « pratique », « utile », technologique, « par laquelle, connaissant la force et les actions du feu, de l'eau, de l'air [...] et de tous les autres corps [...], nous les pourrions employer [...] et ainsi nous rendre comme maîtres et possesseurs de la nature ». C'est pour organiser cette entreprise prométhéenne qu'il a besoin d'une méthode productive, et non plus seulement classificatrice. Tels sont les débuts de l'émancipation qui conduira peu à peu au triomphe de la science et de la technique, ainsi qu'à l'épanouissement personnel et à l'individualisme jouissif d'aujourd'hui.

Dans ce parcours apparaissent en 1694, chez l'Anglais Locke, deux notions qui nous semblent naturelles et éternelles, alors que ce sont des constructions historiques et des affirmations récentes : celle de conscience de soi et celle d'identité. Jusque-là chacun se sentait une créature de Dieu, une partie de la Nature, un membre de la communauté plutôt qu'un individu autonome, et l'on n'était pas certain d'être identique à soi-même à travers les multiples changements dont on était affecté. « Moi à cette heure [= maintenant] et moi tantôt [= tout à l'heure] sommes bien deux », dit Montaigne. Et vous ? Êtes-vous sûr d'être identique hier et aujourd'hui, en toutes circonstances, dans vos diverses activités, selon que vous parlez à vos parents ou à vos enfants, à un homme ou à une femme, à un supérieur ou à un subordonné ?

Bien que je sois constitué d'expériences fort diverses, la continuité de ma conscience me permet de les réunir dans une identité personnelle. En revanche, je me heurte à un problème d'identité ethnique absolument insoluble. Dans mon immeuble, je suis « le Breton du sixième ». Pour un peu je serais l'incarnation de la Bretagne et de la bretonitude éternelles. Mais comment pourrais-je rassembler en ma personne tous les caractères d'une région et de personnalités si différentes les unes des autres à travers le temps et à travers l'espace géographique, social et culturel qu'on appelle la Bretagne ?

La Bretagne, tout le monde connaît : la mer, la plage, les mouettes, la voile, la pêche, les cirés jaunes, les huîtres, les crustacés, les choux-fleurs, les artichauts, les galettes, le *kouign-ãmãn*[1], *le cidre, le chouchen*, la bombarde et le biniou, la musique bretonne, la danse bretonne, la lutte bretonne, le *triskell*, le drapeau breton et la coiffe bigoudène. Eh bien, si c'est ça la Bretagne, la conclusion s'impose : quand j'étais enfant là-bas, au fond de cette province, je n'étais pas breton. Car je ne connaissais rien de tout ça[2]. Les choses typiques, je n'en ai connu que six : la lan-

1. Une pâte feuilletée, avec presque autant de beurre et de sucre que de farine. Excellent, surtout s'il reste moelleux bien que caramélisé. Sinon, mâchez avec modération : ça colle si bien que vous risqueriez de ne plus pouvoir desserrer les dents. Inventé sans doute à Douarnenez au milieu du XIXe siècle, il ne s'est répandu qu'à partir de 1960.

2. J'exagère à peine : je suis allé une fois à la mer, à onze ans ; une fois ma mère a acheté quelques bouteilles de cidre ; et une fois nous avons mangé des artichauts, que des gens de Roscoff nous avaient apportés.

gue, les clochers, le far, les crêpes, le beurre salé et nos coiffes, qui ne ressemblaient pas du tout à celles des Bigoudènes. C'est pourtant là que je suis né ; c'est ce pays qui m'a formé : son climat, ses habitudes, ses idées, son langage que je parle encore aisément sur les sujets où je le pratiquais jadis. J'ignorais absolument le français avant d'aller à l'école, et je n'ai franchi les frontières de la province qu'à dix-huit ans. Bref, je suis *un* Breton. Je ne suis pas, je ne peux pas être *le* Breton. D'ailleurs, quand je rencontre une définition des Bretons, de ce que je devrais être, je ne m'y retrouve pas tout à fait. Et parfois pas du tout. Par exemple dans celle-ci, empruntée au *Larousse du XXe siècle* (1939) : « Le Breton a partout le même caractère : très opiniâtre, très attaché à ses vieilles coutumes et à sa foi catholique et fort superstitieux, il est peu porté vers l'instruction et vers l'industrie[1]. » Et puis cette notion d'identité, de nature, d'âme, d'essence bretonnes éternelles me rappelle de fâcheux souvenirs : *Breiz atao*[2], *Feiz ha Breiz*[3], *tous des chouans. Autant de mythes.*

Cette région passe, avec la Corse et devant l'Alsace et le Pays basque, pour celle qui a la plus forte personnalité. Mais pourquoi ? « La Bretagne se définit elle-même par une géographie, une histoire et une culture qui fondent son identité »,

1. En voilà un qui ne savait pas que la Bretagne a une *vocation* électronique.

2. « Bretagne toujours », slogan des autonomistes d'avant-guerre et titre de leur revue. Ils étaient très peu nombreux et fort mal vus par la grande majorité de la population, surtout lorsqu'ils se furent engagés dans une collaboration plus ou moins active avec l'occupant, avec la tyrannie nazie.

3. « Foi et Bretagne », sœurs éternelles : titre d'une revue et d'un mouvement.

affirmait le Conseil régional en 1990. À l'unanimité pour une fois. Oui, vue du ciel ou sur une carte, la péninsule géographique se distingue nettement d'un Hexagone assez massif, aux côtes le plus souvent plates et droites, alors que les nôtres sont rocheuses et très découpées. L'histoire, qui elle aussi voit les choses de loin, rappelle qu'elle fut longtemps indépendante. Et que, de son annexion à la Révolution, elle a partiellement gardé sa personnalité : elle avait ses États et son Parlement, les limites de l'intendance et du gouvernement militaire correspondaient à celles de la province, ce qui était exceptionnel.

Mais la géographie ne saurait suffire à constituer l'identité d'un peuple, surtout quand l'une de ses frontières ne présente aucun obstacle. Pour la géographie, Rennes et Nantes sont bien plus proches de Caen, du Mans, d'Angers, de Tours et de Poitiers que de Brest ou de Quimper. Quant à l'histoire, elle retrace des transformations bien plus qu'une permanence. Enfin, la culture bretonne est très différente selon les époques, selon les milieux et selon qu'on est bretonnant ou pas. Auteur d'une vingtaine de livres sur cette province, Michel Renouard finit par « douter de la réalité d'un pays qui ne se dévoile vraiment qu'à travers le mythe et l'imaginaire ». Bref, il n'y a d'identité bretonne, comme d'identité de Jean Rohou, que dans la mesure où une conscience l'affirme. Mais moi j'ai une conscience unique, qui englobe la totalité de mon expérience. La Bretagne existe dans de multiples consciences, dont aucune ne lui est coextensive, et qui en ont toutes des visions différentes. Elle n'a pas d'identité réelle, et elle a mille identités postulées qui ne coïncident pas.

Encore plus que la géographie, ce sont les comportements et les affirmations des hommes qui donnent à la Bretagne son identité. Sa forte personnalité vient surtout du fait que les Bretons en parlent beaucoup, avec insistance, et les autres aussi. S'ils cessaient de la nommer, elle n'existerait plus : quelle différence y aurait-il alors entre un habitant d'Ille-et-Vilaine et ses voisins normands ou angevins ?

D'après les sondages, les Bretons sont deux fois plus attachés que la moyenne des autres à leur province, et ce sont de tous les Français ceux qui se désignent le plus fréquemment par leur résidence ou par leur origine régionale. Déjà Mme de Sévigné parlait de « la force secrète qui attire naturellement les Bretons en leur pays » (1680). Les autorités militaires, navales et médicales ont souvent remarqué combien le mal du pays les rendait dépressifs[1]. Mais pourquoi ? Parce que cette région est belle et originale ? Certes. Parce que nous sommes plus fidèles que les autres ? Prétention ridicule. Surtout parce que les autres ont toujours souligné notre particularité. Avec un tel mépris jusqu'à une date récente, et depuis peu avec une telle admiration que leur regard et leur discours renforcent notre identité. Et c'est aussi face à eux que nous nous proclamons Bretons. Paysans, marins, cadres, ouvriers, Brestois, Malouins, Rennais, les Bretons se distinguent nettement les uns des autres par de multiples

1. Le Dr Houzel signale même « la stérilité temporaire [...] d'assez nombreuses jeunes filles » finistériennes que leur mariage avec des marins éloigne de la Bretagne, « jusqu'au jour où le couple peut revenir au pays [...] et où une grossesse peut démarrer ». On aimerait bien avoir là-dessus des études statistiques sérieuses.

différences – géographiques, économiques, sociales, culturelles, politiques et religieuses. Ils ne sont guère identiques que dans la mesure où ils se revendiquent Bretons et où les autres les enferment dans cette identité, qui est une affirmation verbale plus qu'une réalité substantielle.

Vive la bretonnité, puisqu'elle nous dynamise ; affirmons-la, puisque nous en avons besoin. Mais ne croyons pas que les Bretagne ni les Bretons soient identiques à eux-mêmes d'un bout à l'autre de l'histoire, de la géographie, de la religion, de la politique ni de la culture. *Le* Breton n'existe pas. Ma naissance dans un coin de l'une des 1 528 communes bretonnes n'a pas fait de moi l'impossible synthèse de ce pays : elle ne m'a révélé qu'un hameau de deux maisons, qui resta longtemps mon principal horizon. Même par la suite, ma personnalité n'a été influencée que par une infime partie de la géographie, de l'histoire et de la culture bretonnes – et elle l'a été par bien d'autres choses.

« Bretagne, multiple dans son unité secrète », dit joliment le poète Xavier Grall. En prose, ça signifie qu'il constate beaucoup de différences dont il ne voit pas très bien l'unité. Même le climat – principal caractère de la province selon ceux qui n'y vivent pas – n'est pas identique : deux fois plus de pluie sur les sommets finistériens qu'à Vannes et à Rennes, où il y a quatre fois moins de vent qu'à Ouessant. Cinq fois plus de soleil à Lorient qu'à Bréhat en décembre. Pour les gens de la côte nord, le golfe du Morbihan c'est déjà le Midi. Et vous trouverez çà et là de charmants microclimats.

La principale différence naturelle oppose la côte à l'intérieur : *ãn Arvor ag ãn Argoat*, le Pays de la mer et le Pays de la forêt. Elle est d'autant plus forte qu'elle est redoublée par une différence économique et culturelle. La Bretagne est une tête de moine, disait-on jadis : les bords sont aussi riches que le centre est nu. Ici richesse et mouvement par le commerce, les primeurs, le tourisme ; là solitude et pauvreté. Je vivais dans une frange intermédiaire entre ceinture dorée et collines pelées. Mais j'ignorais tout de nos « montagnes » aussi bien que de la mer, de la plage, des ports, de la vie des marins et des pêcheurs[1], connue seulement par *La Paimpolaise* et les boîtes à sardines[2].

Autre grande différence économique et culturelle : la campagne et les villes. Même à l'adolescence, je ne savais pas grand-chose de celles-ci, ni surtout de la vie des citadins. Landivisiau n'était qu'un gros bourg, et à Morlaix j'étais interne. Arrivé à Rennes à dix-huit ans, je n'avais par exemple aucune idée de la signification d'un passage clouté[3] : on aurait pu me faire croire qu'il fallait sauter d'un clou sur l'autre. Ravi de monter pour la première fois dans un ascenseur (pour aller au deuxième étage !), je vois venir la mention « deuxième étage ». Elle arrive à ma hauteur,

1. Un Breton sur dix travaille dans des activités liées à la mer, surtout dans le Finistère. Les quatre départements fournissent 45 % du poisson de mer français.

2. Je relève avec indignation ces exclamations de Lamennais, attentif pourtant aux souffrances du peuple : « Oh ! quelle est douce la vie du pêcheur ! Que ses rudes combats et ses mâles joies me plaisent ! » « Il lutte contre les vagues et les soumet, il lutte contre les vents et les dompte. Qui est fort, qui est grand comme lui ? »

3. À l'époque, les passages pour piétons étaient délimités par de grosses têtes de clous plantées dans le sol.

mais elle continue à descendre. Elle va disparaître : affolé, j'appuie sur *arrêt*... J'ai dû attendre qu'on vînt me délivrer. Cette mention était inscrite sur la tranche du palier du deuxième : l'ascenseur se serait arrêté juste après sa disparition. Mon ignorance n'était pas unique : un collègue né à 9 km de Lesneven et interne au collège de cette ville, ne s'est rendu compte qu'à quinze ans que les rues avaient des noms.

C'est surtout sur son identité culturelle qu'insistent les chantres de la Bretagne. Et les pancartes en breton sont si nombreuses, les militants de l'enseignement du breton si dynamiques, les chanteurs bretons et les *festoù-noz* si appréciés – à juste titre – qu'aux yeux de la majorité des Français la Bretagne est un pays où naguère tout le monde parlait breton. Erreur radicale ! La langue celtique s'est maintenue et ravivée à l'ouest grâce à l'arrivée des Bretons, du Devon, de Cornouaille et du pays de Galles. Elle a progressé avec leurs conquêtes. Mais lors de son extension maximale, au IXe siècle, elle s'est arrêtée à quelques kilomètres de Rennes et de Nantes. La langue des deux capitales de la Bretagne n'a *jamais* été le breton.

Puis la frontière linguistique a reculé. Relativement stable depuis le XVIe siècle, elle sépare la Haute-Bretagne francophone à l'est – ainsi nommée, bien qu'elle soit géographiquement moins élevée, parce que c'est le côté du soleil levant[1] –

1. Il en va de même pour le Haut-Léon et la Haute-Normandie. Il se trouve que ces trois régions sont également celles du pouvoir (Rennes et Nantes, Saint-Pol-de-Léon, Rouen). C'est pourquoi l'on trouve souvent cette explication de leur appellation. Mais elle est inexacte.

et la Basse-Bretagne, bretonnante, du côté du couchant. Elle part de la côte nord, entre Paimpol et Plouha, descend par Châtelaudren, Corlay, Mur, Saint-Jean-Brévelay, Elven, Muzillac, pour aboutir juste à l'ouest de l'estuaire de la Vilaine. Pour simplifier, disons que la Basse-Bretagne commence un peu à l'ouest de Saint-Brieuc, et un peu à l'est de Vannes et de Pontivy.

Tant que le breton était bien vivant – jusqu'en 1950 –, c'étaient vraiment deux pays différents, bien qu'il n'y ait jamais eu de conflit linguistique, comme en Belgique entre Wallons et Flamands. « Il y a tant de radicales différences entre la Haute et la Basse-Bretagne [...] que le seul nom de Bretagne » sans autre précision, n'a « qu'un sens vague et indéterminé » (Alfred de Courcy, 1842). Pour des ruraux de Basse-Bretagne, Rennes et Nantes, c'était l'étranger. S'ils devaient y chercher du travail, ils ne s'intégraient que dans leur communauté d'immigrés. Périodiquement les évêques demandaient à leur collègue quimpérois de leur adresser des prêtres bretonnants. La plupart des Français croient que plus on va vers l'ouest, plus les gens sont véritablement bretons, c'est-à-dire – jusqu'à une date récente – dévots, réactionnaires et alcooliques. En gros c'était plutôt l'inverse – sauf dans le Léon sur les deux premiers points.

Aujourd'hui, cette opposition est devenue très secondaire. Pour une solide raison : les modes de vie se sont uniformisés, tout le monde maîtrise le français, et le breton n'est resté la langue de base que d'un petit nombre de ruraux âgés sans influence. Mais aussi pour une raison discutable : en réaction à cette uniformisation « française », les Bas-Bretons et tous les champions de la langue et de la culture celtiques (assez nombreux dans les grandes villes de Haute-Bretagne) manifestent un dynamisme si admirable et si peu scrupuleux qu'ils prennent en charge la province tout entière. Il est légitime d'indiquer sur les panneaux routiers le nom breton de Rennes et de Nantes (*Roazoun, Nãõned*) : les Bas-Bretons en parlaient souvent. Mais ils ne parlaient pas de Cesson-Sévigné[1], dont ils ignoraient l'existence. Les panneaux qui indiquent le nom de cette commune en breton sont des anomalies scandaleuses. Ici le militantisme frise le néocolonialisme culturel : car on parlait en cet endroit une autre langue que le français de Paris, mais ce n'était pas le breton, c'était le gallo, que ces panneaux bafouent. Il est vrai que la langue particulière, la majorité des monuments remarquables, des objets et coutumes typiques se trouvent en Basse-Bretagne : ce n'est pas sans raison qu'on la considère comme le sanctuaire de la bretonnité. Mais ne prenons pas une partie, fût-elle typique, pour la totalité. D'autant que la persistance de ces traditions était due principalement à une modernisation plus tardive, et pas seulement à une personnalité plus originale.

La Basse-Bretagne était donc nettement différente de la Haute-Bretagne, et elle le reste partiellement. Mais ce n'est pas tout, car elle n'a pas elle-même d'unité, d'identité unique. Elle est traversée par les différences signalées plus haut entre ruraux, citadins et marins pêcheurs. Elle est divisée en trois départements, et surtout elle l'était en quatre diocèses, où l'on ne parlait pas tout à fait la même langue, et dont les personnalités distinctes étaient encore bien inscrites dans la

1. Commune de la banlieue rennaise.

tête des gens quand j'étais enfant[1]. Bref, elle est à chaque pas différente d'elle-même.

La division en départements est assez récente (1790). En Bretagne, leurs frontières terrestres, souvent arbitraires, ne coïncident ni avec les obstacles géographiques ni avec celles des diocèses – qui dateraient du Ve siècle. Ils ont néanmoins marqué les identités. Deux d'entre eux surtout : le Morbihan et encore plus le Finistère. Leur nom correspond à une particularité géographique séduisante[2], et il permet de nommer leurs habitants. Si nous croyons que Finistériens et Morbihannais ont une identité plus affirmée que les gens des Côtes-d'Armor, d'Ille-et-Vilaine ou de Loire-Atlantique, c'est parce que l'identité régionale est surtout une affirmation verbale, plus facile dans un cas que dans l'autre.

Malgré La Baule, malgré Dinard et Saint-Malo, malgré la Côte de Granit rose, malgré Carnac, Quiberon, Belle-Ile et le golfe du Morbihan, le Finistère est le plus beau département breton. Pour les

1. La Haute-Bretagne non plus n'a pas, et surtout n'avait pas, de solide unité. Il y avait une nette différence entre Rennes, ville placidement administrative et intellectuelle, et Nantes, cité commerçante et industrielle, avec une pointe de folle imagination : « Peut-être avec Paris la seule ville de France où j'ai l'impression que peut m'arriver quelque chose qui en vaut la peine », disait le surréaliste André Breton. De son côté, Saint-Malo, cité maritime et corsaire, dont la bourgeoisie fut la plus riche de France à la fin du XVIIe et au début du XVIIIe siècle, a gardé une forte personnalité architecturale et symbolique, auprès de laquelle Fougères et Redon font pâle figure. De plus, elle a donné le jour à plusieurs « cervelles ardentes » comme disait Voltaire : Maupertuis, La Mettrie, Chateaubriand, Lamennais.

2. *Ar mor bihan* signifie la petite mer. C'est le nom breton du golfe.

paysages, je le mettrais au deuxième rang juste après la Corse. Un bon millier de kilomètres de côtes[1]. Presque toujours belles, souvent magnifiques. Et si variées : charmantes (Carantec et la baie de Morlaix, Roscoff et l'île de Batz, la presqu'île de Crozon, les estuaires de l'Odet et de l'Aven...), grandioses (la rade de Brest, les abers, avec le bijou de Portsall), sauvages et parfois sinistres (Ouessant, la baie d'Audierne, de la pointe du Raz à celle de Penmarc'h). Plus quelques beaux coins intérieurs : la forêt d'Huelgoat, la vallée de l'Aulne. Deux cents sites protégés (38 000 ha) : plus que dans tout autre département.

Ajoutez sa richesse architecturale[2], il passe au premier rang : des mégalithes et le « Parthénon » de la préhistoire (le cairn de Barnénez à l'entrée de la baie de Morlaix), de vieux manoirs, de vieilles mai-

1. Tout dépend de la façon de mesurer, qui, comme d'habitude, définit ce qu'on mesure. Sur la carte vous trouverez 400 km pour le Finistère, un millier pour l'ensemble de la Bretagne. À pied, en suivant les infinis détours, ce sera presque le triple, sans compter les îles et les îlots. Et un escargot qui épouserait toutes les aspérités de la péninsule à marée basse lui trouverait plus de 5 500 km.

2. On a demandé à des Finistériens ce qui caractérisait le mieux l'« identité culturelle » de leur département. Sur 194 réponses, l'architecture religieuse vient en tête (40) devant les sites touristiques (29), la mer (25), l'architecture non religieuse (14), le folklore (14), la gastronomie (13), la musique et la danse (13), les fêtes bretonnes (12), les paysages (11), la langue bretonne (8), la météorologie (6) et les menhirs (6). Si l'on regroupe ces réponses en répartissant les sites touristiques également entre nature et architecture, celle-ci vient en tête (75) devant la culture (61) et la nature (57) ; malgré ces fortes particularités géographiques, les Finistériens considèrent leur pays comme une création des hommes.

sons, des centaines d'églises et de chapelles ravissantes, des dizaines d'enclos, dont les sculptures sont remarquablement conservées quand elles sont en kersanton[1]. De plus, ce département, le seul qui soit entièrement en Basse-Bretagne, est le plus typique par sa toponymie, et par le maintien de certains comportements, des accents, à un moindre degré de la langue. Certains ont tendance à ramener la Bretagne à la Basse-Bretagne, et celle-ci au Finistère.

Enfin, dans la période récente, ce département a été le plus dynamique de la province. C'est surtout là qu'étaient les Coréens, les Japonais, les Dragons d'Extrême-Occident, avec les fermes et les élevages les plus grands, les principales initiatives[2], la plus forte productivité, la meilleure rentabilité (une marge brute standard par hectare supérieure de 27 %, en 1988, à la moyenne des quatre autres départements[3]), la plus forte proportion de femmes au travail, le meilleur niveau d'instruction. En 1962, le taux de scolarisation des garçons ruraux de quinze et seize ans était supérieur à 60 % en Basse-Bretagne et à 75 % dans le Sud-Ouest finistérien,

1. Extrait au fond de la rade de Brest (à Loperhet, Logonna-Daoulas, L'Hopital-Camfrout), le kersanton n'est pas un granite, comme on le dit généralement, mais un lamprophyre. Tendre au début, à cause d'une forte teneur en eau, il permet des sculptures très fines, qui sont ensuite très résistantes, car l'évaporation le rend particulièrement dur.

2. Organisation du marché des légumes par la vente au cadran, puis de celui des porcs et des bovins ; la Coopérative de Landerneau, la SICA de Saint-Pol et l'UNICOPA de Morlaix furent les trois premiers groupements de producteurs officiellement reconnus en France.

3. Mais les choses évoluent, et les imitateurs bénéficient de matériels et de méthodes améliorés entre-temps.

alors qu'en Haute-Bretagne il ne dépassait pas 55 % et tombait à moins de 35 % et même de 25 % dans certains secteurs. Ce dynamisme intellectuel favorise évidemment le dynamisme économique : en 1988, le nombre de chefs d'exploitation ayant fait des études secondaires longues ou des études supérieures était deux à trois fois plus élevé dans le Finistère que dans le reste de la Bretagne. Et c'est de là que vient une bonne partie des produits les plus typiques : choux-fleurs, artichauts, *kouign-ãmãn*, les meilleures fraises, les meilleures crêpes, le meilleur cidre avec celui du Val de Rance.

Ajoutez-y la conscience d'être différent, c'est-à-dire légèrement supérieur, le sentiment d'être incompris et brimé par Rennes et Paris, la volonté de faire les choses à sa guise (« ici c'est spécial », dit-on) et au besoin des manifestations particulièrement vigoureuses : sur les 116 actions spectaculaires dénombrées dans les cinq départements de 1936 à 1988, 51 se situent dans le Finistère. Regardez la préfecture de Quimper : un faux palais gothique transformé en bunker.

Vous l'avez peut-être deviné : je suis fier de mon département d'origine. Et je vous assure qu'il y a encore plus chauvin. Des gens pour qui son nom, *Pen ar bed*, ne signifie pas la fin de la terre, le bout du monde, mais vraiment sa tête : le chef de l'univers, la proue de la civilisation s'avançant dans l'océan.

Mais pas plus que *la* Bretagne, je n'incarne *le* Finistère. Il est trop vaste, et il n'a pas d'unité. Ni sociale, ni mentale, ni même géographique : il y a les côtes, ravissantes ou austères, les villes, les bourgs, la campagne, la « montagne ». Et puis les régions, qui correspondent aux anciens évêchés : le

Léon au nord des monts d'Arrée (limite sud : Landerneau, Sizun, Commana) ; un petit bout de Trégor (à l'est de la rivière de Morlaix) ; la Cornouaille (tout le Centre et le Sud), elle-même divisée en une douzaine de pays, de celui de Plougastel à celui de l'Aven et au pays bigouden[1].

Je suis originaire du Léon. C'est une région géographique bien délimitée : radicalement au nord et à l'ouest, par la mer ; nettement sur sa moitié sud-ouest par la rade de Brest et l'estuaire de l'Elorn, et sur sa moitié nord-est par la baie de Morlaix ; assez bien sur l'autre moitié sud par l'Arrée. Seule la partie méridionale de la frontière orientale est facile à traverser. Ce territoire bien circonscrit constituait en outre une solide unité politico-religieuse sous la férule des évêques – comtes de Léon, jusqu'à la suppression de cet évêché en 1790. Et cette région fertile fut souvent la plus riche, la plus peuplée, la plus dynamique, la plus instruite de toute la Bretagne. C'était particulièrement net aux XVIe et XVIIe siècles[2], comme le montrent belles églises et magnifiques calvaires. Certains Léonards étaient aussi plus francisés que les autres Bas-Bretons : il y avait chez eux plus de villes (Saint-Renan, Brest, Landerneau, Lesneven, Morlaix, Saint-Pol, Roscoff) ; plus d'échanges (avec Rouen, l'Angleterre et la Hollande) ; plus de Français (soldats, marins et administrateurs, surtout à Brest) ; plus de prêtres,

1. Tenant compte du relief, les actuelles voies de communication maintiennent la différence entre le nord et le sud du Finistère. On ne va pas à Brest et à Quimper par le même train ni par la même route. Quant aux services administratifs, ils sont parfois scindés entre les deux villes.

2. Le Léon est une région « de la plus grande fertilité », « produisant avec une abondance incroyable tout ce qui peut être utile aux mortels », dit déjà un texte anonyme du XVe siècle.

c'est-à-dire d'instructeurs potentiels ; plus d'ambition.

Cette différence persistera même après la ruine du commerce des toiles. En 1818, sur les 112 Finistériens assez riches pour être éligibles, 68 (61 %) habitent au nord de l'Arrée, où vit 43 % de la population. Mieux nourris, les Léonards résistent mieux aux maladies et vivent plus longtemps. Arrivant à la foire de Landivisiau en 1788, l'Anglais Young, généralement dénonciateur du délabrement des Bretons, note qu'ici les gens « sont forts, larges et carrés d'épaules ». « Le Léonard est plus grand que les autres Bretons », confirme Souvestre en 1835[1]. « On attribue, non sans quelque fondement, une extrême malpropreté aux habitants de nos campagnes », écrit l'avocat brestois Gilbert Villeneuve en 1828. Mais « la propreté est toujours relative à la fertilité du sol, à la facilité de vivre et à l'aisance des habitants [...]. La race d'hommes est superbe sur les riches côtes du Léon [...] ; la propreté n'y est pas inconnue ; tandis que le cultivateur des montagnes porte les stigmates de la plus profonde misère ». En revanche, Cambry estime que la femme léonarde n'a « rien qui puisse exciter l'amour ou le désir » : un teint « quelquefois d'un gros rouge [...] ; une taille courte et voûtée, des jambes grosses et sans forme, une peau rude et desséchée, une gorge trop prononcée ».

Cette supériorité était peut-être un peu moins nette que ne l'indiquent ces témoignages subjectifs, qui ont tendance à se recopier. Car les visiteurs ont pu être impressionnés par cette « terre où tout est silence, discipline, recueillement et peur de l'enfer »

1. Ils « sont tous grands et élancés par opposition à la petite taille des Cornouaillais » (Fortuné du Boisgobey, 1839).

(Cambry, 1794), par cet homme travailleur et dévot, grave, réservé, taciturne sinon austère. « Sa démarche est lente, solennelle, empreinte de force et de majesté », dit Souvestre, qui en rajoute. Sa physionomie est peu expressive, ses vêtements sont « de couleur noire ; une ceinture rouge ou bleue en égaye seule la tristesse ». Cambry trouvait ces gens « mornes » (1794) – ce qui est une façon moins favorable de constater la même chose. D'autres les disent lents, un peu lourds, timides, ombrageux.

Je vois deux causes à cette attitude. D'une part, les Léonards sont gens sérieux, qui vivent pour travailler efficacement. Ils sont donc avares de temps et de paroles. *« Tud kaled »* : « des gens durs », disent-ils fièrement. Durs pour eux-mêmes et pour les autres, ajouterai-je. « Durs à toute peine, hormis celle, jugée insupportable, de la conversation », ironise Yves Le Gallo. Arrêter de travailler, c'est perdre son temps. C'est même « voler le temps », matière première du laboureur : *laerez ãn ãmzer.* « Ça ne mange pas de pain », dit-on ailleurs pour signifier qu'une chose n'a pas d'inconvénient. Mon père, en vrai Léonard, inversait le critère. « Ça ne rapporte pas de pain » : « *An da he zo pell dec'h an dorch*[1]. » C'était une condamnation sans appel. Gaspiller son temps, ses forces, son argent, voilà l'erreur, ou plutôt le vice. Il y a donc ici moins de gaieté, de fêtes, de contes et de chansons qu'ailleurs et, depuis la fin du XIXe siècle, l'Église a réussi à y supprimer la danse et la musique. « Le folklore léonard est l'un des plus pauvres de Bretagne », remarquait le collectionneur Luzel vers 1880.

Car l'autre cause de la gravité zélée des Léonards, c'est qu'ils étaient dévots et soumis au

1. Mot à mot : « Cette chose est loin de la miche [de pain]. »

clergé. « Tous les Bretons sont religieux : le Léonard, lui, est clérical », notait Siegfried en 1913. Jusqu'en 1960, les vocations religieuses étaient particulièrement nombreuses, l'assistance à la messe massive et l'encadrement ecclésiastique déterminant, dans cette « terre des prêtres ». En 1950, alors que la fréquentation régulière de la messe n'était plus que de 50 % sur l'ensemble du Finistère, dans la campagne léonarde, elle était de 95 %, avant un brusque effondrement dix ans plus tard. *Serius, devot, labourer a digourdi* : voilà les Léonards tels qu'il se veulent. Ils oubliaient de dire que leur dynamisme les rendait dominateurs et âpres au gain, et leur sérieuse dévotion pas très marrants. Le « grave Léonard fuit les plaisirs du diable », disait Brizeux. C'est-à-dire tous les plaisirs. Pour lui « tout divertissement comporte sa part de péché » (Yves Le Gallo). Nous n'avions aucune difficulté à déceler le mal : c'était tout ce qui nous tentait.

On a souvent signalé la contradiction entre cette dévotion et cet investissement matérialiste. Je la crois superficielle. Intensément engagé dans sa conviction comme dans son travail, le Léonard estime en mériter la récompense en ce monde comme en l'autre. Pas nécessaire d'être calviniste, n'en déplaise à Max Weber, pour estimer que la réussite économique et sociale récompense la valeur morale du travailleur zélé. C'est d'ailleurs une idée qui convient au cléricalisme : elle renforce le respect de la hiérarchie. Selon les mauvaises langues, dans cette région, au lieu de « Récitons maintenant un *Pater* et un *Ave* afin que chacun reste dans son état », on disait parfois « ... afin que le riche s'enrichisse, et que le pauvre reste dans son état ». Vous comprenez sans doute pourquoi, aux yeux des traditionalistes, « c'est progressivement, de l'est vers l'ouest et du sud-est vers le nord-ouest que s'affirme la personnalité bretonne[1] ». En revanche, si, comme on le dit souvent, c'était surtout sa culture qui faisait la particularité de la Bretagne, le Léon était nettement moins typique que la Haute-Cornouaille.

À côté des Léonards, Cornouaillais et Trégorois font figurent de Méridionaux. Même la géographie oppose leurs grandioses abers aux rias rieuses du Sud, où la température est plus douce, le paysage plus varié que sur le morne plateau de là-haut. Les voyageurs se sont plu à noter cette différence d'attitude, devenue un lieu commun. Les Trégorois « sont d'une gaieté, d'une légèreté, d'une vivacité d'esprit qui n'existe pas » chez leurs voisins, « graves, froids, mélancoliques », notait Cambry en 1795. Impression identique chez Jules Janin en 1844 : l'un « est vif, emporté, joyeux », l'autre « grave, imposant, recueilli [...]. Tout est sérieux en lui, même sa joie, même sa danse ». Le Trégorois passe pour affable, détendu, inventif, soucieux de bien vivre sans être esclave du travail ni de Dieu. Vers 1830, un imprimeur morlaisien vend des cantiques d'un côté de la rivière, des chansons de l'autre. Fortuné du Boisgobey oppose pareillement « le fonds de raillerie et de comique qui perce partout » en Cornouaille à « l'air grave, sérieux, triste même des Léonards » (1839).

Assez solidement fondés, ces stéréotypes animaient les populations, qui les accentuaient par leur chauvinisme face à des voisins ressentis comme des rivaux et des contre-modèles. « Sot comme un Vannetais, vif comme un Cornouaillais, voleur comme un Léonais, traître comme un Trégorais », disait-on en Cornouaille, tandis qu'en

1. Raymond de Sagazan, président d'honneur de l'Association bretonne, 1997.

Trégor *er C'herne* désignait un Cornouaillais… ou un âne.

Ces images fonctionnaient encore bien en 1950. Pour nous, les Trégorois étaient affables, détendus, inventifs, mais il fallait se méfier de ces apparences et de cette capacité. *« Gaouiad evel en Tregeriad »*, « menteur comme un trégorois », disait-on : ça rimait, ça sonnait bien, donc c'était vrai. Ils savaient vivre agréablement, mais parce qu'ils étaient paresseux. Et surtout, c'étaient des rouges et des impies, dont le modèle était Tanguy Prigent, un homme de rien, devenu ministre de l'Agriculture à la surprise générale de 1944 à 1947.

Autant qu'il m'en souvienne, le dédain était encore plus marqué pour le Cornouaillais, *ar C'herneot fall*[1]. Non seulement spontané, expansif, insouciant, chanteur, danseur, mais impulsif, fantasque, goguenard, prétentieux. Rouge et libre-penseur lui aussi, et de plus dépensier, buveur, paillard[2]. C'est peut-être pour cela que nous chantions :

Me mo, te po ket
Ar Vigouden, ar Vigouden ;
Me mo, te po ket
Ar Vigouden da gousket !

« Moi j'aurai, toi t'auras pas la Bigoudène pour dormir ! » Mais personnellement j'ignorais alors

1. En l'occurrence, je crois que *fall* (mauvais) désigne plutôt une incapacité, une impuissance, qu'une tare morale. Aux yeux d'un Léonard, le Cornouaillais est trop médiocre pour avoir de grands défauts.

2. Selon Jean Kergrist, cette originalité est encore forte en Cornouaille intérieure. « Ce qui reste extraordinaire ici, c'est l'extravagance. Comme on dit, il y a un sacré nombre de "flèches" au kilomètre carré » – c'est-à-dire de numéros, d'allumés. D'autant plus que dans cette région il faut lutter contre la solitude et la pauvreté.

l'existence du pays bigouden, et jusque bien avant dans l'adolescence, pour ma naïveté d'inhibé, *ar vigouden* c'était quelque chose avec quoi l'on s'endormait plus facilement. Pas un nounours, car je n'avais pas connaissance de cet objet, mais une espèce de biberon bien sucré.

Bien entendu, on nous renvoyait notre image : travailleurs[1] et dévots, c'est-à-dire rabat-joie et tartuffes. Méprisants et donneurs de leçons, accapareurs et colonialistes. « Une main sur la Bible et l'autre dans la poche du voisin. » « Une des premières choses que nous apprenions », dit Michel Le Bris, qui habitait juste en face, de l'autre côté de la rivière de Morlaix, « c'était à se méfier » de « cette sale race », de « ces salauds de Léonards » : des gens « motivés seulement par l'intérêt, faux-jetons comme il n'est pas permis ».

« Si les Bretons ne sont pas racistes, c'est parce qu'ils épuisent leur racisme entre eux », disait le sociologue Gérard Premel. Toutefois, en plus du chauvinisme, ces critiques avaient de solides justifications. Depuis la Révolution, les habitants du « petit Trégor » étaient mécontents d'être détachés de leur ancien diocèse, pour être annexés au département des Léonards et des Cornouaillais. L'encadrement ecclésiastique indigène était insuffisant en Trégor comme en Cornouaille. Le Léon leur fournissait des prêtres[2] qui s'appliquaient à les régenter – et dans une langue

1. Il y avait près de chez moi à Térénez (sur la côte trégoroise de la rivière de Morlaix) un paysan pêcheur « qui cultivait ses champs le jour et chalutait la nuit – il devait être léonard, ce n'était pas explicable autrement » (Michel Le Bris).

2. Au XIXe siècle, 60 % des prêtres finistériens viennent du Léon, où habite 43 % de la population.

qui n'était pas exactement la leur[1]. En 1930, le père Lebret rapporte que, dans les ports rouges de Cornouaille, les recteurs léonards rencontraient « hostilité patente, voire haine ». De surcroît, bien plus riches que leurs voisins depuis toujours, les Léonards suscitaient une aversion jalouse. À partir de 1945, ils ont loué ou acheté beaucoup de terres sur la côte trégoroise pour y étendre leur zone légumière.

Notre périple n'est pas fini : vous n'êtes pas encore *chez moi*. Même ce petit Léon n'est pas identique à lui-même. Outre la radicale différence entre le monde de la mer et de la pêche et celui de la terre et de l'agriculture, on distingue à l'ouest le Bas-Léon, plus plat ; à l'est, le Haut-Léon, vallonné. C'est là que je suis né. Au milieu, dans une campagne ordinaire pour ainsi dire[2]. Mais à 6 km au sud commençait *ãn Argoat* : la région boisée, puis ce que nous appelions la « montagne ». Et à 12 km au nord, *ãn Arvor* caractérisé par ses pommes de terre précoces et des légumes qui ne se cultivaient pas encore chez nous : oignons, choux-fleurs, artichauts. Je savais que ces régions existaient ; que l'une était pauvre et l'autre très riche. Mais seulement par ouï-dire. Ce n'est qu'à partir de dix-huit ans que je suis parfois passé sur leurs routes – ce

1. C'est aussi dans le dialecte léonard qu'étaient rédigés les catéchismes du diocèse de Quimper : le colonialisme culturel s'imposait dès l'enfance.

2. « Ma Bretagne est une île […], une myriade d'îles », écrit Michel Le Bris. « Tous les hommes » portent en eux « une île secrète ». « La différence », c'est « que nous, nés au milieu de l'océan, nous les habitons ». Eh bien non, pas moi. Je suis né en pleine terre, bêtement.

qui ne suffisait pas pour m'inscrire dans la réalité de leur existence.

La différence, renforcée là aussi par des stéréotypes chauvins, n'était pas seulement économique et géographique ; elle était aussi culturelle. Mon oncle *Cheun* entonnait parfois *Paot ãn arvor, paot ar mene* (le gars de la mer, le gars de la montagne), rivaux et finalement réconciliés. Quelques paysans allaient parfois à « la montagne » acheter une ou deux charretées de bruyère pour servir de litière. De temps à autre nous en venait *er pilhaouer*, un chiffonnier, cherchant haillons, peaux de lapin, ferraille et surtout métaux non ferreux, proposant de la vaisselle et quelques breloques. On se méfiait de ces vagabonds récupérateurs, qu'on disait paillards et impies : des demi-Cornouaillais.

Tout au nord, en revanche, il y avait des gens qui avaient depuis longtemps une auréole mythique : *potrè Rosco*, les gars de Roscoff. Réchauffée par le Gulf Stream, qui vient buter sur cette pointe, protégée des vents du nord par l'île de Batz, cette région est exceptionnellement favorable pour la production précoce des légumes. Elle exportait des oignons en Angleterre dès le XIVe siècle. Au XVIe, des capucins en apportent du Portugal une variété rose particulièrement savoureuse. Au XVIIe, on en expédie jusqu'en Suède et en Russie. Au XVIIIe, profitant de l'amélioration des routes, certains s'aventurent avec leurs charretées jusqu'à Brest, Lorient ou Quimper ; au XIXe, jusqu'à Rennes et Nantes – et même jusqu'à Paris, dit-on, dès 1830. La région roscovite est « le jardin de la Bretagne », dit Cambry. Elle « produit une incroyable quantité de légumes de toute espèce [...] : oignons, choux, navets, panais, choux-fleurs, asperges, artichauts » (1794). À partir de 1828, le bateau à vapeur facilite l'expédition vers Le Havre, la Hollande et la Grande-Bretagne. Des groupes de Roscovites vont eux-mêmes vendre leurs oignons au pays de Galles, en Angleterre et jusqu'en Écosse. Nous connaissions cette merveilleuse aventure, même si nous en ignorions les modalités[1].

Ces commerçants, ces démarcheurs étaient bien plus entreprenants et dégourdis que les simples paysans. Le Roscovite a « la démarche vive, de l'effronterie dans le regard, de l'insolence dans le maintien ; c'est un être à part dans le département » (Brousmiche, 1835). J'ai remarqué leur agile rapidité quand cinq d'entre eux sont venus, trois années de suite, arracher nos pommes de terre. Seul le chef d'équipe avait la grave lenteur des Léonards. Ils nous parlaient avec un petit air de supériorité de thé corsé, de « semaine anglaise » (le week-end) et de ces fameuses ventes d'oignons.

Autre différence : l'opposition entre la campagne et les villes, que les ruraux regardaient avec méfiance. Et la nette différence entre ces villes elles-mêmes. Au nord, la traditionaliste Saint-Pol-de-Léon[2], capitale de l'ancien diocèse, avec son marché aux légumes et son collège religieux, objectif de

1. Ils louent un entrepôt et, avec leurs vélos surchargés de marchandises, ils font du porte-à-porte avec obstination : on les appelle les *Johnnies* (Jeannots), mais aussi les *bell brokers* (briseurs de sonnettes). En 1928, ils sont 1 500, restent cinq ou six mois et vendent 9 000 tonnes d'oignons. Puis c'est la crise de 1929 et la guerre. L'activité reprend un peu après 1945. Face au système commercial d'aujourd'hui, ce n'est plus, depuis 1980, qu'une activité résiduelle. Mais, dans certaines caricatures britanniques, le Français reste un homme avec béret, baguette, litre de vin et vélo surchargé d'oignons.

2. « Point de manufacture dans Saint-Pol-de-Léon ni dans les communes de son arrondissement » (Cambry, 1794).

tous les jeunes dévots quelque peu ambitieux des environs, où l'on aurait voulu me pousser. Ici, « pas de bal, pas de spectacles » (Brousmiche, 1835). À l'est, sa rivale, Morlaix, où je suis allé à l'*école du diable* : cité commerçante, plutôt laïque et progressiste, avec les centaines d'ouvriers et d'ouvrières de sa Manufacture de tabac (la *Manu*), installée depuis 1681 et qui a fermé le 9 septembre 2004[1]. Cambry dit que Morlaix se prétendait trois siècles d'avance sur Saint-Pol. Ce fut longtemps un port très animé, et la plus grande ville du futur département. En 1767, on y comptait 4 grandes auberges, 32 moyennes et 44 petites.

À l'ouest, une autre cité dévote[2], Lesneven, avec le célèbre pardon du Folgoët. Et Landerneau, siège de la « coopérative » – nous disions *ar sindica* ou *Landerne* – qui s'occupait paternellement de tous les besoins des paysans finistériens, en leur recommandant d'être sages. Et enfin Brest, un gros abcès étranger à tous égards dans le Léon[3], qu'elle dominait pourtant, et qui était en 1939 la deuxième ville de Bretagne après Nantes[4]. « Une fourmilière » très

1. En 1913, elle produisait 862 tonnes de tabac à priser, 650 de « carotte » à chiquer, et 1 243 de tabac à fumer.

2. Cette dévotion ne l'empêcha pas d'avoir parfois de mauvais rapports avec sa voisine. En 1830, les professeurs de Saint-Pol refusèrent le serment de fidélité à Louis-Philippe, l'usurpateur dont le père avait voté la mort de son cousin Louis XVI. Ses partisans réagirent en ouvrant un autre collège à Lesneven.

3. « Sauf par sa position géographique, Brest n'est pas en Bretagne », notait le Britannique Trollope en 1840.

4. L'agglomération brestoise comptait 62 000 habitants en 1841 et 120 000 en 1900, contre 38 000 et 118 000 pour Rennes. Aujourd'hui, Rennes l'emporte nettement : 210 000 contre 150 000.

animée[1] dans une campagne paisible ; une ville ouvrière et militaire en terre paysanne et pacifique (10 000 marins et soldats et 8 000 ouvriers à l'arsenal en 1939) ; un bastion rouge en pays bleu foncé ; une cité dangereuse chez des gens tranquilles, non seulement par ses manifestations et ses prostituées, mais par le souvenir vivace de son bagne[2]. Enfin, une forteresse française et francophone en pays breton, mais lestée d'un célèbre quartier vigoureusement populaire, Recouvrance[3]. Avant-guerre, les paysans songeaient à cette ville avec autant de crainte que d'admiration. Maintenant, c'était différent : elle avait été martyrisée sous les bombes : plus de trois cents bombardements, sans compter les tirs d'artillerie pendant un siège de trente jours[4].

1. « Ici, tout mouvement est rapide, précipité, on ne marche pas, on court » (Cambry, 1794).

2. Soixante mille condamnés y avaient séjourné de 1749 à 1858 ; ils arrivaient à pied, enchaînés, en longues files, et beaucoup travaillaient en ville, attachés deux à deux ; à certains moments, ils constituaient plus du dixième de la population. Quand un bagnard s'échappait, on tirait, pour prévenir les gendarmes, un coup de canon qui claquait comme un tonnerre. C'est l'origine du juron *tonnerre de Brest.*

3. Brest et Recouvrance, « ce ne sont ni les mêmes mœurs, ni le même langage, ni les mêmes idées ; les habitants de Recouvrance étaient traités par les Brestois avec une rudesse, une supériorité qui tenaient du mépris » (Cambry).

4. À peine a-t-on commencé à la reconstruire qu'un navire explose dans le port, le 28 juillet 1947 : 26 morts, des centaines de blessés, 5 000 immeubles détruits ou endommagés. Nous coupions notre blé, tout fiers de notre nouvelle moissonneuse-lieuse, à 41 km de là. Les chevaux se hérissent, mon oncle saute de sa machine. Que signifie ce coup de tonnerre en plein ciel bleu ? La fin du monde ?

Les différences dont je viens de parler nous étaient extérieures. Mais en voici qui étaient constitutives de notre identité culturelle. Juste au sud de chez nous, c'était un autre *pays* : a*r vro Chelgenn*, tandis que chez nous commençait *ar vro Pagãn* : le pays païen[1]. Et dans ces pays, chaque paroisse constituait un petit compartiment, avec son vigoureux esprit de clocher – qui pouvait conduire à des affrontements au bal ou au retour des conseils de révision – et sa *giz* (sa mode, sa façon de s'habiller, et surtout la coiffe de ses femmes). Il y avait en Bretagne, vers 1910, 66 modes vestimentaires différentes, dont 27 pour le Finistère, avec de nombreuses variantes : une vingtaine pour celle de Châteaulin, une cinquantaine pour celle de Carhaix. La langue variait très légèrement d'un canton et même d'une commune à l'autre, de même que les coiffes. C'était normal : la commune, ou plutôt la paroisse, était l'unité socioculturelle. On n'en sortait que pour un mariage ou un enterrement dans une paroisse voisine, pour le marché hebdomadaire au chef-lieu de canton, rarement pour une foire ou un pardon un peu plus loin (le chef de famille seulement). Quant à la cuisine, les mêmes plats, avec des produits peu nombreux et identiques, étaient parfois fort différents d'une maison à l'autre : j'y reviendrai. Quand on me parle du *véritable* far breton, je souris intérieurement.

1. C'est ce dont nous avaient persuadés les richards du pays *Chulod*, qui voulaient que fût païen tout ce qui était au nord de chez eux. En toute rigueur, nous appartenions au pays *Chikolodenn*. Le vrai pays *Pagãn* c'était sur la côte, au nord de Lesneven.

Nous voici donc enfin dans ma paroisse. Mais même cette unité de base n'était pas parfaitement identique à elle-même, loin de là. Il y avait les pauvres, les très pauvres et les riches, *ar juloded*, jalousés et sourdement détestés, d'autant plus qu'ils étaient facilement dédaigneux. À certains moments de la messe, qui était le grand événement hebdomadaire, eux seuls se levaient, les autres restant assis. Il y avait les dévots et les laïques (croyants et pratiquants eux aussi, sauf rarissime exception), bien moins nombreux, mais souvent plus vigoureux, comme le sont généralement les minoritaires, contraints par leur situation à s'affirmer de façon militante. Il y avait une école catholique pour les filles et une école laïque pour les garçons : c'était un fait admis ; la première était unanimement respectée, la seconde par presque tout le monde.

Il y avait même des contradictions constitutives de la personnalité de chacun. Comme je l'ai déjà dit, les Léonards étaient à la fois dévots et soucieux de réussite en ce bas monde. En général, c'étaient même les plus riches et les plus ambitieux qui étaient les plus dévots, avec plus d'ostentation que d'humilité. Et puis ces gens sérieux et soumis réagissaient à la subordination, bien qu'elle fût volontaire. Par en dessous, ils étaient frondeurs sinon un peu fraudeurs. Pleins de respect pour monsieur le recteur[1], et tout aussi pleins d'ironie. De façon plus générale, comme ils se frustraient fortement, ils étaient ombrageux : encore une petite dose de contrainte (surtout venant de l'extérieur et contraire à leurs intérêts ou convictions) ou un peu trop d'alcool libérateur, et c'était l'éruption de violence.

1. En Bretagne, le *recteur* c'est le prêtre titulaire de la paroisse, et le *curé* c'est son vicaire.

La plupart des particularités dont j'ai parlé se sont beaucoup atténuées à partir des années 1960. Urbanisation, multiplication des échanges et des déplacements de population, uniformisation de l'information, des comportements, de l'habillement, de la nourriture, des pratiques culturelles. Mais aux différences traditionnelles entre les lieux et les milieux, s'est substituée une très grande différence entre les époques : les Bretagne et les Bretons d'aujourd'hui ne sont plus du tout ceux de mon enfance. De surcroît, une décision gouvernementale, de 1941 à 1944 et depuis 1964, oppose à la Bretagne historique une Bretagne administrative, dont ne font plus partie la Loire-Atlantique et Nantes, l'ancienne capitale.

Alors, comment voulez-vous que je n'aie pas de problème d'identité, et que je représente tout cela à la fois ? Face à l'extérieur nous affirmons notre unité, mais dès que nous sommes entre nous… « Le seul point sur lequel tout le monde ici parviendra à tomber d'accord, c'est que le propre d'un Breton est d'être différent de son voisin » (Erwan Vallerie, 2003). Je ne parle donc pas au nom *des* Bretonnes et *des* Bretons. Je ne dis pas la vérité sur *la* Bretagne. Je veux seulement apporter mon témoignage et proposer mes réflexions. Comme n'importe qui. Sans nulle supériorité de principe sur personne, bien qu'avec plus d'arguments que beaucoup.

La différence entre les Bretons d'aujourd'hui et ceux d'hier est double. D'un côté, ils se sont fortement modernisés et francisés ; de l'autre, ils revendiquent hautement leurs traditions et leur particularités, alors qu'ils les fuyaient honteusement. La contradiction n'est que superficielle. C'est parce qu'ils se sont intégrés qu'ils ont eu besoin de marquer leur différence et qu'ils ont pu le faire : leur modernité francophone leur permettait d'échapper au mépris. Mais c'est aussi parce que l'identité française – qui se croyait tellement supérieure depuis Louis XIV et le classicisme, depuis les Lumières, la Révolution et Napoléon – est en crise et en recherche d'alternatives. De la monarchie absolue et de la République une et indivisible ne subsiste qu'un jacobinisme honteux, qui ne cesse de promettre la régionalisation tout en se dissolvant dans l'Europe. Enfin, notre civilisation aussi est en crise : au culte du progrès et des machines succède celui de la nature et du passé ; les Bretons, naguère arriérés têtus, sont devenus des modèles : enracinés dans une région naturelle et des traditions très typiques, fiers de leur identité et néanmoins au premier rang de la modernité économique et culturelle.

Bien qu'elle m'agace, je ne puis éviter une célèbre question : « Êtes-vous d'abord breton ou d'abord français ? » Quelques-uns opposent les deux appartenances jusqu'à l'absurdité. Refuser d'être à la fois breton et français, c'est vouloir se mutiler en niant la réalité – c'est-à-dire, fort heureusement, sans y parvenir[1]. Plus les deux caractères sont opposés, plus leur combinaison est enrichissante. Ils ne seraient incompatibles que dans une séparation politique, culturelle et linguistique totalement irréaliste, même dans le cas d'une indépendance réclamée seulement, en 2003, par quatre

1. Il est dangereux qu'« une identité ethnique hyperinvestie oblitère toutes les autres identités [...]. Elle devient alors une camisole de force [...]. Si l'on n'est rien [...] qu'un capitaliste, qu'un prolétaire, qu'un bouddhiste, on est bien près de n'être rien du tout, et donc de ne pas être du tout » (Georges Devereux).

Bretons sur cent, et acceptée par neuf autres, alors que 86 % s'y opposent ou du moins ne la souhaitent pas. Les trois quarts des Bas-Bretons (mais seulement un tiers des Hauts-Bretons) disent que pour eux c'est important d'être breton. Mais si c'est important, c'est surtout subjectivement, parce que c'est leur aspiration – que je partage. Il n'empêche que la réalité de leur existence (économique, sociale, culturelle) et la réalité de leur pensée sont typiquement françaises, et même leur environnement géographique – sauf s'ils font partie de la minorité qui habite un endroit typique. Le français est toujours leur langue principale, et dans leur écrasante majorité ils ne savent dire en breton que *Breiz* et *kenavo* (Bretagne et au revoir).

Qu'est-ce qui distingue un Français de Rennes, de Nantes et de leurs banlieues (qui regroupent un quart des Bretons) d'un Français de Rouen, du Mans, de Dijon ou de Clermont-Ferrand ? Pas grand-chose de typique, en dehors d'un éventuel vouloir être breton. C'est mentalement important. Mais n'oublions pas tout le reste.

Personnellement je suis un Français à 100 %, fort semblable à tout autre Français de même statut socioculturel et de même opinion. Car c'est cela qui me distingue, bien plus que ma bretonnité. Pourtant j'ai aussi la particularité d'être breton. À l'origine je l'étais même à 100 % et ma bretonnité était substantielle, alors que ma francité était un cadre quasiment vide. J'étais né en Bretagne, de lignées sans doute entièrement bretonnes depuis mille ou mille cinq cents ans. Et surtout j'ai été initialement formé par la langue bretonne, par les conceptions qu'elle véhiculait et par des conditionnements bien plus locaux que nationaux, depuis le paysage, le climat et la nourriture jusqu'à la religion. Ma « première civilisation avait fait de moi celui que j'étais dans les profondeurs », dit Pierre-Jakez Hélias. Ma culture française « n'était que la seconde ». Seconde pour la chronologie oui, mais pour l'importance ? Quel était le dosage final ? Ces profondeurs étaient-elles enfouies ou toujours fondatrices ou même dominatrices ? Personnellement, à partir de cinq ans, j'ai commencé à apprendre la langue, la géographie, l'histoire, la culture française qui l'ont emporté dans la constitution de mon être vers quatorze ou quinze ans.

Comme moi, Hélias avait assez brillamment réussi à l'école française (qui ne soufflait mot de l'histoire et de la culture bretonnes) pour continuer des études malgré son origine sociale. Il était devenu interne dans un lycée francophone à onze ans, puis étudiant en français, latin et grec, et enfin professeur de français pendant toute sa carrière. Et bien sûr il avait fortement adhéré à cette extraordinaire, à cette exaltante promotion, à un âge décisif pour la formation de la personnalité. C'est à partir de trente-deux ans – non par choix, mais par un concours de circonstances et après hésitation – qu'il a commencé à se réinvestir dans la langue et la culture bretonnes[1]. Mais celles-ci étaient enracinées dans un univers de paysans et de marins qui ne correspondait plus au sien ni à ses conditions d'existence, ni le plus souvent à ce dont il parlait (tant qu'il fut en activité), surtout quand il se livrait à des analyses abstraites, dont notre langue n'offrait guère les moyens. Et pour écrire ses ouvrages en breton, il

1. « Il était flagrant que mes études secondaires et supérieures m'avaient fait prendre des distances avec mon parler et ma société d'origine. » Quand on m'a proposé des émissions bretonnes à la radio « je n'étais pas chaud [...]. J'ai fini par accepter ».

a dû contribuer à la rénovation et à l'enrichissement de sa langue maternelle. À partir de racines celtiques, certes, mais aussi à partir des conceptions françaises qui structuraient son esprit. De plus, quand il voulait s'adresser à un vaste public, il ne pouvait le faire qu'en français. Au total, si la bretonnité l'emportait nettement dans sa revendication, la francité a dominé sa pratique et il me semble difficile d'évaluer leur part respective dans la structuration de sa pensée et de sa personnalité.

Pour moi, ce fut plus simple. L'école primaire, où je suis entré en ignorant le français, me parlait dans cette langue de réalités étrangères à ma vie. Dès que j'en sortais, cela n'avait donc aucune influence concrète, et j'en étais peu marqué même si elle semait déjà dans mon esprit un monde de rêve, avec des fêtes, des jouets, des aventures, des choses à découvrir. Mais, en sixième, je suis devenu interne : enfermé dans la francophonie ; coupé de mes racines, de ma famille, de mon univers ; quelque peu étiolé, mais déjà promis à une merveilleuse promotion, purement francophone.

J'ai donc adhéré à la langue et à la culture françaises. Avec ardeur. L'ordre régnait dans la France d'alors, imposant une hiérarchie. Les dominants passaient pour avoir vraiment plus de valeur que les autres. Les Parisiens, qui dominaient tout, avaient, juste au-delà de leur espace, de leur Bassin parisien, un contre-modèle : le Breton. Un repoussoir qu'ils dévalorisaient au maximum pour s'affirmer contre lui. Un peu tout le monde adoptait cette attitude, et notamment, en Bretagne même, les citadins favorisés ou ambitieux, qui tenaient à se distinguer du vil peuple. Les Bretons, leurs mœurs et leur langue étaient l'objet d'un intense mépris.

Les pommes de terre pour les cochons,
Les épluchures pour les Bretons,

disait un célèbre refrain. Et surtout pour les bretonnants, dénoncés par leur accent épouvantable : ils multipliaient et exacerbaient les accents toniques, au lieu de les effacer avec cette fluidité atone qu'on appelle élégance. Ils appuyaient surtout sur l'avant-dernière syllabe : tout le contraire de l'élite parisienne et des charmants Méridionaux – qui soulignaient la dernière. Nous avions intériorisé cette attitude : nous nous méprisions nous-mêmes.

« On ne cesse de rencontrer des bretonnants honteux », disait Hélias. J'en étais. Comme dit Fanch Elegouet, nous n'avions qu'une « identité négative », faite de défauts et de carences. Une calomnie que nous vivions comme une évidence. Pour échapper à la fois à la honte et à la pauvreté, la seule solution c'était la réussite scolaire, francophone. Les rares militants de la langue et de la culture bretonnes, intellectuels coupés du peuple, souvent plus ou moins compromis de surcroît avec l'ennemi allemand, étaient tout à fait à contre-courant. Toutefois, quand je rentrais au pays, je m'exprimais toujours en breton, même avec ceux qui, avides d'étaler leur français, m'adressaient la parole en cette langue.

Mon parcours n'a pas été facile. C'est seulement vers vingt ans que j'ai commencé à *ne plus avoir d'accent*... c'est-à-dire à m'exprimer enfin avec l'accent dominant. Mais j'ai finalement réussi mon acculturation, au point de devenir le principal interprète de Racine, l'auteur le plus français de tous, incompréhensible paraît-il à tout étranger, et même à tout Français qui n'aurait pas grandi dans la pureté de l'Île-de-France !

Le mépris pour les Bretons s'est maintenu du Moyen Âge à 1968. La révolution socioculturelle de cette année-là a ébranlé et même provisoirement inversé les normes, les critères et les hiérarchies. Les dominants sont devenus des tyrans bornés, et les dominés, jusque-là dépréciés, ont été proclamés porteurs d'authenticité. Bons derniers dans la défunte hiérarchie, les Bretons se sont retrouvés parmi les premiers. D'autant plus qu'ils s'activaient vigoureusement depuis 1961. Parodiant Montesquieu[1], Morvan Lebesque ironisait sur les dédains de naguère (*Comment peut-on être breton ?* 1970[2]). Alan Stivell triomphait dès son premier album en 1971 ; le Festival interceltique de Lorient débutait cette même année. En 1975 paraissait *Le Cheval d'orgueil*, qui célébrait à travers la France et le monde la Bretagne et sa culture enfouie. À partir de ce moment, des gens font valoir leurs origines bretonnes. D'autres viennent là en vacances pour se distinguer des masses qui se jettent vers le sud. Maintenant, je suis fier d'être breton : dès que j'avoue mes origines, je deviens intéressant. « Monsieur est breton ? Comment peut-on ne pas être breton ? » Pour montrer à quel point on apprécie

1. « Monsieur est persan ? C'est une chose bien extraordinaire ! Comment peut-on être persan ? » s'exclamaient les badauds parisiens, enfermés dans leur prétentieuse autosatisfaction. À travers ses *Lettres persanes* (1721), Montesquieu raille hardiment les institutions et les mœurs françaises, et même la religion. L'ironie lui permet des critiques impossibles sans elle à cette époque. Le procédé sera repris par Voltaire, Diderot et leurs amis.

2. « On parlait des Bas-Bretons comme si c'étaient des bas morceaux », dit-il. J'ai entendu parodier cruellement le titre de son livre : « Comment peut-on être brecon ? »

mon pays, on se met à m'expliquer la Bretagne et les Bretons ! Le résultat est parfois surprenant.

Depuis 1970, la Bretagne et les Bretons arrivent en tête des opinions françaises. Seuls 2 % ne les aiment pas[1]. Beaucoup de Parisiens distingués y ont une résidence secondaire. La Bretagne est « l'un des deux ou trois grands cadeaux qu'on m'ait faits », dit Érik Orsenna. Il est bien vrai que c'est une région splendide : la première pour les sites protégés comme pour les monuments classés – grâce surtout à la Basse-Bretagne et à la région malouine. Et cette beauté tient particulièrement – j'y reviens – à une identité qui est diversité de paysages bien typés : mer riante et océan terrible, grandes plages et criques intimes, rochers polis ou fracassants, la terre dans la mer (huit cents îles ou îlots et des milliers de « cailloux ») et la mer dans la terre, sur 5, 10, 15 km, dans les rias et les abers. Un intérieur très varié et même fort accidenté (parcourez-le à vélo pour vérifier) : petites plaines et plateaux bien cultivés, vallons boisés, collines désolées.

Et puis l'infinité des couleurs. Celles du ciel de la mer, toujours diverses, toujours changeantes : rien de plus stupide pour un Breton qu'un ciel obstinément bleu. Celles des fleurs, qui poussent ici si facilement, et pas seulement dans les jardins : les bruyères, les genêts, les ajoncs envahissent les terres incultes – et parfois même les rhododendrons. On comprend que ce pays ait attiré les peintres – et pas seulement à Pont-Aven. « Je n'ai jamais rencontré des coloris aussi ténus, aussi délicats, aussi

1. Ils se recrutent exclusivement parmi ceux qui n'aiment ni les Juifs ni les Arabes.

imprenables », disait Gauguin. Tous ces « dégradés merveilleux [...], tous ces flous vaporeux qui s'illuminent en apparitions et s'éclipsent ». On pourrait en dire autant de la température, alternance de fraîcheur revigorante et de caresses ensoleillées. Et du bruit de la mer : au léger clapotis du matin succèdent les déferlements rythmés de la journée ; mais franchissez la dune en haut de la plage, et c'est le silence. La Bretagne offre réponse à tous les goûts : pour la fraîcheur d'un repos éternel, choisissez Portsall ou Landévennec ; si vous avez besoin de vous confronter à vous-même, allez quinze jours à Ouessant. Seul, en hiver.

Un gros inconvénient toutefois : le climat. Ma mère, qui n'était pas geignarde, se plaignait toujours des hivers froids et humides, malgré trois ou quatre pulls superposés. « Je grelotte à longueur de journée, malgré un bon feu. J'ai rêvé l'autre nuit que vous aviez trouvé pour moi – pas trop près de chez vous – une pièce unique, mais chauffée, claire et spacieuse. Ce n'était qu'un rêve, mais il était bien beau » (19 décembre 1962[1]). Oh ! il fait rarement très froid, vous dira-t-on, surtout dans le Finistère : la moyenne de janvier oscille entre + 2 et + 6 °C ; à Brest, la température moyenne ne descend sous 10 °C que deux hivers sur quinze, et la pointe du Finistère est la région de France où il gèle le moins souvent. Seules les côtes basque et méditerranéenne sont aussi douces. On vous parlera des plantes tropicales de l'île de Batz et du célèbre figuier de Roscoff (coupé en 1986) qui couvrait 600 m^2. Les palmiers étaient naguère plus nombreux à Landévennec qu'à Montpellier : depuis que celle-ci se prend pour Nice, ils sont

1. Il est vrai que cet hiver-là fut exceptionnel : « Toute chose liquide gèle dans la maison » (28 janvier 1963).

seulement plus beaux. Oui, mais ces comparaisons se fondent sur des températures mesurées par des machines, à l'ombre ; pour les êtres vivants, le soleil du Midi change tout.

Quant à la pluie, douce, patiente, obstinée, elle nous oublie rarement, et ses visites, imprévisibles quelques jours à l'avance, sont malicieusement réparties : aux trois mois d'été, qui font le quart de l'année, elle réserve le cinquième de ses trésors. À Brest, on la rencontre 201 jours sur 365. Mais le climat dépend des points de vue – comme la Bretagne et le reste. Et les points de vue sont parfois très affirmés. Surtout quand on est militant ou quand on n'a pas le choix, comme la grand-mère de Yann Queffélec, à L'Aber-Ildut. « Aspirer au Sud, c'était faire acte de rébellion [...]. C'était briser l'omerta du temps pourri. » Dans le Sud, il fait trop chaud », disait grand-mère. « Ils ont des orages tous les soirs, des incendies criminels [...] ; les personnes âgées meurent de chaleur [...], les nouveau-nés sont dévorés par les moustiques [...]. On ne peut pas dire qu'il fait beau quand il fait trop chaud [...], quand la chaleur vous tue. Vous avez trop chaud les enfants ? Non. C'est sûr. Donc il fait beau. Ceux qui veulent un grog lèvent la main. »

La Bretagne, ça se mérite, disent les inconditionnels, qui redressent la réalité par le verbe. Son climat vous préserve de « cet engourdissement des âmes », qui « prédispose à la résignation » les gens des pays froids, comme de la « torpeur » qui réduit à l'« inertie » ceux des pays chauds (Strowski). Les chantres de la Bretagne rivalisent d'imagination pour travestir cette stupide réalité. « La pluie, qui ne dure jamais, vite chassée par le vent, est ici une promesse : de cieux déchirés, de traînes superbes, de rêves de lumière à vous damner », dit Michel Le Bris. Si, elle dure parfois, rectifie Jean Rouaud (qui a quand même fait l'effort de s'exiler à Montpellier). Mais nos bruines bleutées sont si joliment variées, depuis la « chape d'ardoise qui [...] lamine au fond des cœurs le dernier carré d'espérance », jusqu'à « une poudre d'eau, une petite musique méditative » qui « effleure le visage, déplie les rides du front, le repose des pensées soucieuses ». Pierre-Jakez Hélias était encore plus enthousiaste : la pluie est « le véritable enchantement de notre pays », capable de nous offrir « le spectacle le plus exaltant du monde ». Le poète quimpérois Le Gouic parle de l'« horreur des jours sans pluie ». Avis d'intellectuels qui la contemplent de leur fauteuil, ou qui l'affrontent avec un bon ciré, pour se dégourdir un peu. Ou même de littérateurs, qui ont oublié que « la poésie doit avoir pour but la vérité pratique » (Éluard) et qui s'en servent pour travestir la réalité[1]. Il est vrai qu'on peut aller en voiture à la plage, traverser la pluie d'eau douce, plonger dans les flots d'eau salée, revenir en courant dans l'auto, s'envelopper d'un peignoir et rentrer vite fait sous la douche.

Les marins et les paysans qui trimaient dehors toute la journée avant de rentrer dans une maison sans chauffage étaient d'un autre avis. Quant aux malchanceux qui passent quinze jours sous la tente au mois d'août avec des enfants, 18 °C[2] et la pluie la moitié du temps, je comprends leur insatisfaction.

Mais vous pouvez aussi avoir quinze jours sans une goutte. Et parfois davantage. En 1976, je

1. *Ah qu'elle est belle ma Bretagne !*
Sous son ciel gris il faut la voir !

disait une célèbre romance, qui la comparait avantageusement à Venise et à l'Espagne.

2. En juillet-août, à Brest, un jour sur cinq est au-dessous de 18 °C.

soupirais après la pluie comme poisson hors de l'eau : du 1er juin au 24 août, il en est tombé 44 mm à Brest ! En 2003, pour la première fois, nous avons atteint 40 °C près de Vannes, et l'eau, sur la côte sud, était à 24 °C au lieu de 18 °C.

Différente selon les époques et les lieux, tantôt méprisée tantôt exaltée, la Bretagne a-t-elle une identité ? Comme le rappelle Michel Denis, les Grecs ont beaucoup discuté pour savoir à partir de quel moment le bateau de Thésée, dont on remplaçait périodiquement les planches pourries, ne serait plus le bateau de Thésée. À mon avis, il l'est resté non seulement tant que la structure qui avait présidé à sa conception a dirigé les réparations, mais, longtemps après la mort de son propriétaire, après le remplacement de toutes les planches, et même après la modification de sa conception et de sa forme, tant que les gens ont persisté à le considérer comme le bateau de Thésée, à assumer sa mémoire dans la vision qu'ils en avaient. Dans sa réalité il était devenu très différent, mais dans le discours et la conscience des gens il avait gardé son identité. La personnalité actuelle de la Bretagne est forte à la fois parce que les Bretons sont fiers de leur héritage, parce qu'ils la proclament dans le présent et parce qu'ils la construisent pour l'avenir, avec d'autant plus de dynamisme qu'ils réagissent encore aux humiliations dont ils se souviennent. Au lieu de personnalité – réunion de particularités diverses dans un même ensemble –, on peut parler d'identité, mais à condition de reconnaître qu'elle n'est nullement identique à travers l'espace, le temps ni les milieux sociaux, idéologiques et culturels.

Finalement dans quelle mesure suis-je encore breton ? J'ai vécu et travaillé en Bretagne quasiment en permanence jusqu'à la retraite. Mais c'était à Rennes. Maintenant, je réside au loin et je passe en Basse-Bretagne cinq ou six semaines par an. Je parle toujours fort bien ma langue maternelle, mais je ne la pratique guère, faute d'occasions. Mon environnement habituel, mes activités, ma culture n'ont rien de particulièrement breton. Mais je m'intéresse toujours à la Bretagne, je suis breton de cœur et pas seulement d'origine, et je me présente volontiers comme tel. Ma bretonnité est une affirmation, une revendication qui n'a plus beaucoup de contenu particulier. Mais combien reste-t-il en Bretagne ou ailleurs, et même parmi les militants, de gens dont la substance et la structure soient typiquement bretonnes ?

L'an dernier, à la grande marée de septembre, j'ai discuté avec un pêcheur. Un Africain, qui ne savait pas un mot de ma langue celtique. Il vivait là, il travaillait là. Moi, j'étais un résident secondaire en balade : je le regardais remuer le sable, et je ne savais pas très bien ce qu'il y cherchait. Il a conclu qu'il était plus breton que moi. Je n'ai pas ri : il y a des nouveaux venus dans cette province qui enrichissent sa diversité, et qui compliquent encore l'identité des Bretons avec leur plein accord. Est Breton celui qui a choisi de l'être, dit-on volontiers. Pourquoi pas ? puisque cette identité est plutôt un engagement qu'une substance.

CHAPITRE 2

AU PAYS DES BEAUX ENCLOS

Je suis originaire du pays de Landivisiau. Landerneau « a un aspect coquet et élégant » ; Landivisiau « est encore plus parisienne », avec « de jolies maisons et de fort belles halles », écrit le voyageur Fortuné du Boisgobey en 1839[1]. Mais en 1847, Flaubert ne trouve rien à en dire : « Même l'homme le plus prolixe est forcé d'être concis quand la matière manque. » Peut-être y eut-il de fâcheuses destructions entre les passages de ces deux visiteurs ? Car le XIXe siècle fut pour cette petite ville une période de développement (1 547 habitants en 1821 ; 4 002 en 1886) et par conséquent de démolitions, notamment en plein centre pour faire devant l'église une grande place de marché. À cette occasion, l'enclos a été détruit et l'ossuaire de 1581-1585, avec ses cariatides[2], transporté au nouveau cimetière.

Une nouvelle église, banale, a été construite à la même époque. De l'ancienne, qui était du XVIe, restent le clocher, fort élancé, un porche joliment travaillé et dix panneaux sculptés qui ornaient un

1. Un siècle plus tôt, le président de Robien signalait lui aussi de « jolies maisons ».

2. Colonnes en forme de personnages.

tombeau et qu'on a transportés près d'un lavoir. Hormis cela, c'était pour moi une ville sans charme, avec ses grandes places vides, ses maisons trop hautes, ses rues trop droites. Les halles de 1820 avaient du charme, avec leurs arcades, malgré la grille qui les obstruait. Elles furent remplacées en 1960 par un parallélépipède. On les retravaille actuellement : vivons d'espoir !

Dans sa présentation enthousiaste de la Bretagne, Michel Le Bris passe directement du golfe du Morbihan à la légendaire forêt de Brocéliande, de la baie de Morlaix et des îles de la Manche aux solitudes de l'Arrée. Pas un mot de mon plat pays, principale richesse de la région pendant des siècles. Il est vrai qu'une riche campagne ça n'a rien d'excitant pour des voyageurs esthétisants. « Voici certes le coin le plus fertile de la Bretagne ; les paysans semblent moins pauvres, les champs mieux cultivés, [...] les routes bien entretenues, et c'est ennuyeux à périr », écrit Flaubert sur la région qui s'étend de Landivisiau à Roscoff. Il la compare « aux femmes vertueuses ; on les estime, mais on passe outre pour en trouver d'autres » (1847).

Ces avis sont fort injurieux pour le Haut-Léon méridional, qui ne s'est pas fait connaître seulement par ses toiles, ses tanneries, ses chevaux et sa base aéronavale. Il est architecturalement remarquable par ses enclos paroissiaux.

Un enclos paroissial complet est constitué par un cimetière (généralement déplacé aujourd'hui), un calvaire (polychrome à l'origine), un ossuaire, une église avec fin clocher, porche méridional – caractéristique de la région – et riche décoration intérieure. Le tout enclos d'un mur – d'où le nom – avec porte monumentale : arc de triomphe pour entrer dans l'éternité. Ces ensembles, qui figurent parmi les trésors du patrimoine européen, n'existent qu'en Basse-Bretagne. Et, à part Pleyben et Plougastel-Daoulas, les plus célèbres sont dans ce secteur : Guimiliau, Lampaul-Guimiliau, Saint-Thégonnec, La Martyre, Sizun, La Roche-Maurice.

Pour faire de belles œuvres d'art, il faut une motivation, une compétence technique et une éducation esthétique. Mais quand il s'agit d'architecture, il faut d'abord de l'argent. Je commencerai donc par là : par l'extraordinaire richesse de la région de Landivisiau – ou plutôt d'une petite minorité de ses habitants – aux XVIe et XVIIe siècles.

Le commerce et l'industrie sont depuis longtemps largement plus profitables que l'agriculture et l'élevage. Or, la Bretagne était jadis bien placée dans tous ces domaines. À une époque où il n'y avait ni chemin de fer ni routes sûres et carrossables en toutes saisons, le commerce se faisait surtout par mer. La Bretagne était alors au centre des voies commerciales de l'Europe occidentale, devenue la première zone mondiale de prospérité après la découverte de l'Amérique : entre Rouen et Bordeaux ; entre l'Espagne[1] et le Portugal d'un côté, l'Angleterre et la Hollande de l'autre. À l'époque, les bateaux sont de faible tonnage : ils se satisfont de nos petits ports. À Bordeaux en 1482-1483, 60 % des navires sont bretons ; à

1. Dont la Bretagne est le deuxième partenaire commercial aux XVe et XVIe siècles, après les Pays-Bas. Les ports léonards sont sensiblement plus proches de la côte anglaise que de Rennes, et ceux de Cornouaille ne sont guère plus éloignés de la côte espagnole que de Paris.

Anvers en 1533-1534, 82 %. Vers 1620, le tiers de la flotte commerciale française est bretonne et surtout finistérienne (aux quatre cinquièmes). Au début du XVIe siècle, Penmarc'h est le premier port d'armement européen !

Mais les Bretons sont surtout transporteurs pour le compte d'hommes d'affaires étrangers. Au XVe siècle, leur importance est due en partie au fait que Français et Anglais sont handicapés par la guerre de Cent Ans. Plus tard, nos armateurs n'ont pas su ni voulu profiter des premiers développements capitalistes : dès qu'ils ont fait fortune, au lieu d'investir dans l'entreprise, ils préfèrent la propriété terrienne et l'administration, avec perspective d'un anoblissement, comme les Barazer dont je parlerai au chapitre 4. Dès 1630, Anglais et Hollandais l'emporteront ; les ports bretons deviendront trop petits et, à partir du XIXe, même Brest, Lorient, Nantes et Saint-Nazaire, qui auront seuls la taille suffisante, seront handicapés par l'absence de grand fleuve navigable.

Jusqu'au XIXe siècle, la grande industrie c'était le textile. En ce domaine aussi, la Bretagne était fort bien placée, surtout du XVe au XVIIe inclus, et notamment le Haut-Léon, producteur de toiles de lin très appréciées.

Cette agro-industrie commerciale fournissait beaucoup de travail et rapportait beaucoup d'argent. Il faut d'abord cultiver le lin[1], l'arracher

1. On le sème fin mars, début avril. Fin mai, haut de 50 à 100 cm, il a de jolies fleurs voyantes aux couleurs contrastées où domine le bleu vif. On l'arrache à la main fin juillet.

puis le sécher en l'étalant sur le champ ; l'égrener[1] ; le rouir, c'est-à-dire tremper les tiges dans l'eau pendant quinze ou vingt jours pour dissoudre les gommes et résines et libérer ainsi les fibres ; le teiller (le broyer) à coups de battes ou de maillets de bois pour séparer la partie ligneuse (= en bois) de la filasse ; peigner celle-ci ; en faire des fils ; les blanchir dans une buanderie (*ar c'hãndi*[2]) ; les dévider et les rouler sur des bobines en distinguant les plus fins des plus forts. C'est alors seulement qu'intervient le tisserand, qui fait passer la trame de fils fins à travers les chaînes de fils plus gros. Enfin, on polit, plie et presse la toile, et on l'expédie. Les clients en feront draps, nappes, serviettes, rideaux, chemises, enveloppes de matelas et surtout des voiles de navire.

Cette zone toilière – qui est alors la plus importante de France après celle de Rouen – couvre tout le Haut-Léon, ses bordures et un bon

1. Prenez une poignée de tiges ; plantez-les dans un grand peigne métallique ; tirez : les graines tombent de l'autre côté. On peut les resemer deux fois. Mais cette plante dégénère : la troisième année on achète de nouvelles graines, importées de Pologne, de Poméranie et des pays baltes à travers Roscoff.

2. Le *kãndi* est une espèce de maison (5 à 8 m de long, 4 à 6 de large) avec un lavoir d'eau courante, une ou deux cheminées, deux à quatre cuves de pierre où l'on trempe les fils dans de l'eau chaude avec de la cendre de hêtre, dont la potasse l'imprègne. Pour les sécher, on les étale sur l'herbe du courtil à fil : *liorz ãn neud* (l'un des champs proches du manoir de Lannurien s'appelait jadis *Prad neud*, Pré à fil). On répète l'opération de trois à neuf fois (une tous les dix à quinze jours) selon la blancheur désirée. Pendant tout ce temps, un domestique surveille ce trésor ; il dort sur place avec chien et parfois fusil.

tiers oriental du Bas-Léon[1]. Quelque soixante paroisses y produisent vers 1450 un millier de toiles[2] de 122 m de long sur 59, 79 ou 89 cm de large ; 8 500 en 1482 ; 20 000 vers 1600 ; près de 80 000 (soit presque 10 000 km) en 1680. L'essentiel de l'activité et surtout les plus gros profits sont concentrés dans une zone d'une douzaine de kilomètres autour de Landivisiau.

Tout le travail est fait par des paysans[3] et des ouvriers agricoles, sauf une partie du tissage (un peu moins du tiers) exécuté par des ouvriers spécialisés. Il est dirigé par de riches paysans qui livrent le produit fini à des négociants de Morlaix ou de Landerneau pour expédition – surtout en Grande-Bretagne. Ces paysans manufacturiers et marchands de toiles (environ 3 % de la population) forment dans la région de Landivisiau une petite caste dominante qu'on appelle *ar juloded* – un surnom d'origine inconnue qui est passé dans le langage courant pour signifier *les riches*[4]. Louis-François Le Roux de Landivisiau a 8 838 kg de fil en 1785 ; Jean Grall de Plouvorn, plus de 10

1. La frontière sud va de Hanvec à Berrien ; la frontière est, de Plougastel et Guipavas à Plouvien ; puis elle oblique vers Goulven, au nord-ouest. L'essentiel, surtout pour le tissage, bien plus profitable que la culture et le travail préparatoire, se situe entre Sizun au sud, Plouvorn et Plouzévédé au nord, Pleyber-Christ à l'est et Ploudaniel à l'ouest.

2. On les appelle *crées* d'un mot breton (*krez*) qui signifie toile et chemise.

3. Vers 1710, la moitié des paysans de Plouvorn sont aussi tisserands à temps partiel pendant l'hiver.

4. Il me semble que ce terme signifie très précisément nanti (plutôt que riche, qui se dit *pinvidig*) : c'était un statut social et pas seulement une question d'argent. On prononçait souvent ce mot avec un ton railleur sinon hargneux.

tonnes (un record) en 1772 ; Sébastien Cadour de Plouider, 4,27 km de toiles en 1712.

Mais Colbert, pour protéger le développement de l'industrie française, alourdit les droits de douane : l'Angleterre, qui absorbait 85 % de la production léonarde, réplique et s'approvisionne en Irlande dès 1678. D'où un net recul à partir de 1680 – et encore plus quand France et Angleterre entrent en guerre (1689-1697 et 1701-1713). Malgré une remontée vers 1730, en direction de la France, du Portugal, de l'Espagne et de l'Amérique du Sud, la production n'est que de 46 000 pièces en 1742, de 20 500 en 1788. Elle sera encore réduite par les troubles de la Révolution et de l'Empire et par le blocus des côtes ; elle finira par disparaître dans les années 1860 : le coton remplace le lin et le moteur la voile.

Sur les cours d'eau de la haute vallée de l'Elorn, à Landivisiau et surtout à Lampaul-Guimiliau, prospérait depuis le XVIe siècle une autre manufacture : la tannerie, qui favorisait en amont l'élevage et le ramassage de l'écorce de chêne (d'où l'on tire le tanin), et l'artisanat en aval[1]. Elle ren-

1. Corroyeurs, selliers, bourreliers, cordonniers, bottiers, gantiers, fabricants de colle et de gélatine. Tout cela puait et polluait. Dans les fabriques de colle, « les matières premières employées sont de deux sortes : les unes consistent en rognures de peau, tendons, nerfs, provenant des tanneries, des boucheries et des abattoirs. Les autres […] sont des cornes encore adhérentes aux os du crâne, os qui seuls représentent la partie utile. Les premières peuvent être employées à l'état frais, mais le sont rarement vu la nécessité de les faire venir de loin et l'impossibilité où l'on se trouve de les employer aussitôt leur arrivée à l'usine » (rapport de la commission d'hygiène, de passage à l'usine Tréanton et Derrien à Landivisiau en 1873).

forçait la prospérité acquise par la toile et elle l'a prolongée, car elle culmine au XVIIIe. En 1795, 160 tanneries emploient de 3 à 15 ouvriers dans le district de Landerneau. En y ajoutant les paysans tanneurs, on compte 30 établissements à Landivisiau et 49 à Lampaul-Guimiliau, commune de 2 400 habitants. Il en restera 16 et 12 en 1837. Enfin il y a dans ce même secteur plusieurs moulins à papier. Tout cela va péricliter rapidement au XIXe siècle. La Bretagne, qui était au cœur de l'activité européenne du XVe au XVIIe, devient marginale de 1789 à 1960. En 1851, un sixième de la population de Lampaul est réduit à la mendicité. De toutes ces industries, je n'ai connu que la puanteur des ultimes tanneries de Landivisiau[1] et les lavoirs à lin de nos prairies (*ar poulou lin*), qui étaient toujours là parce qu'ils étaient creusés sur des sources[2].

Si cette Basse-Bretagne aux ports si actifs et ce Haut-Léon fortement engagé dans une agro-industrie destinée au marché international se sont, à partir du XVIIIe siècle, progressivement appauvris et repliés sur une agriculture autarcique, c'est en partie pour des causes extérieures : affrontements douaniers et guerriers entre la France et les puissances maritimes (Hollande et Angleterre) ; déplacement de l'industrie vers des régions plus riches en fer et en charbon ; évolution du commerce maritime qui a demandé de plus grands ports à l'embouchure de grands fleuves. Mais c'est aussi pour une raison qui donne

1. Il y en avait encore huit en 1946 ; l'une survivra jusqu'en 1988.

2. Vers 1950, à l'occasion d'une éphémère reprise, j'ai arraché et égrené du lin : tout le reste se faisait en usine, du côté de Tréguier.

encore plus à réfléchir parce qu'elle relève davantage de la responsabilité des hommes.

Les *chuloded*[1] qui dominaient la région de Landivisiau n'ont pas tenté de se reconvertir – ou seulement en marchands de chevaux. Leurs capitaux étaient insuffisants, et il faut une certaine hardiesse pour se lancer dans des entreprises qui supposent des paris risqués sur des terrains nouveaux. Ils ont choisi la rente, l'administration, les professions libérales plutôt que le commerce, l'industrie et la finance. Ils ont consolidé leur situation déclinante mais encore très confortable, en occupant des postes dominants du monde rural : notaires, médecins, pharmaciens, vétérinaires, maires, conseillers généraux, ecclésiastiques ; ils y contrôlaient tout. Ce faisant, ils ont suivi la tendance d'une société française longtemps dominée non par l'industrie, le négoce, la finance et leur pragmatisme entreprenant, comme l'Angleterre et la Hollande, mais par l'agriculture et sa prudence, par la noblesse et son oisiveté puis par la fonction publique et sa sécurité.

Mais des raisons locales ont également joué. Désormais, l'entreprise supposait une concentration de moyens, d'ouvriers et d'employés qui n'était possible qu'en ville. Or, les *chuloded* sont des campagnards : tout au plus des habitants de Landivisiau, qui n'était qu'une petite ville rurale, caractérisée principalement par ses foires et marchés agricoles. Imbus de leur supériorité parmi les paysans[2], ils n'ont nulle envie d'aller se faire regar-

1. La forme de base est *chulod*. *Julod* est une mutation, par exemple quand le mot est précédé de l'article : *ar juloded*.

2. Dans mon enfance, elle se percevait encore très bien chez beaucoup de leurs descendants.

der comme bouseux par des citadins face auxquels ils font un orgueilleux complexe d'infériorité. Car il sont trahis par leur comportement, par leurs vêtements (à l'époque) et par leur langage : ils sont bilingues, mais avec un accent très prononcé. À Morlaix, la plupart des gens savent le breton jusqu'au début du XXe. Mais ce n'est pas le cas d'un certain nombre d'administrateurs, d'entrepreneurs ou de banquiers (c'est-à-dire de ceux avec qui il faudrait négocier pour se lancer) : ils se sont éloignés de leur langue maternelle ou ils sont originaires d'ailleurs. Et tous ceux qui veulent se distinguer s'appliquent à fuir l'accent et les tournures de Basse-Bretagne. Enfin, la sagesse rurale et la religion catholique – tellement dominante dans cette région – autorisent fort bien l'enrichissement par diverses voies traditionnelles mais déconseillent l'entreprise et ses spéculations.

Ce sont les bénéfices très élevés de la toile[1] qui ont permis la construction des enclos[2] entre 1530 et 1690 dans ces paroisses dont certaines sont alors cinquante fois plus riches que la moyenne des paroisses rurales de Haute-Bretagne[3]. Et c'est peut-être leur net ralentissement (sensible dès

1. Ajoutons que la Bretagne bénéficie, surtout jusqu'en 1660, d'un régime fiscal privilégié.

2. Y compris celui de Plougastel-Daoulas, qui faisait partie de cette zone toilière.

3. En 1675, Saint-Thégonnec s'offre un orgue de 5 400 livres. En 1760 encore, pour une population légèrement inférieure, la Basse-Bretagne rurale compte presque deux fois et demie plus de foyers imposés à plus de 24 livres de capitation que la Haute-Bretagne (3 029 contre 1 251). Or, en Basse-Bretagne, le Haut-Léon reste de loin la zone la plus riche, malgré un net appauvrissement.

1680 dans les comptes de Bodilis, dès 1685 à Saint-Servais) qui les a sauvés. Sinon ils risquaient d'être détruits pour suivre la mode et reconstruire dans le goût néoclassique, puis à l'imitation du Sacré-Cœur. Assez souvent ils l'ont été quand même pour agrandir le cimetière, élargir la route, créer une place de marché, moderniser le bourg. C'est ainsi que beaucoup d'ossuaires ont disparu. En 1968 encore, le conseil municipal de Plougourvest a décidé dans l'allégresse de détruire les deux tiers du cimetière pour agrandir la route et faire une belle pelouse. Dégagez, les ancêtres : place aux bagnoles et à la modernité ! C'est seulement depuis que le passé se vend bien, dans un monde inquiet des frénésies du « progrès », que la population se soucie de préserver ses traditions – jusqu'à intituler « Vieilles Charrues » un festival ultramoderne.

Voilà donc pour les moyens. Quant à la motivation, c'est l'élan religieux de l'époque de la Renaissance, de la Réforme et de la Contre-Réforme, c'est-à-dire d'un christianisme militant, où le catholicisme s'oppose à la sobre abstraction protestante en manifestant par un art richement décoré (jusqu'aux complexités baroques, fréquentes dans nos retables) la splendide présence de Dieu dans ses églises. La Basse-Bretagne n'était pas encore christianisée en profondeur. C'est le moment où elle est parcourue par Michel Le Nobletz (de 1607 à 1652), par Julien Maunoir (de 1640 à 1683) et par d'autres ardents missionnaires. Une fois les constructions commencées apparaît une autre motivation : le fier chauvinisme de ces petites paroisses. Chacune veut s'affirmer par la beauté de son clocher, de son église, de son calvaire, de son ossuaire.

La qualité artistique est assurée par une alliance historiquement exceptionnelle entre l'art savant de la Renaissance, la culture chrétienne, l'ardeur religieuse et chauvine des riches paroissiens et leur sensibilité populaire. Ce sont des évêques, des bourgeois, des seigneurs qui ont donné l'exemple, avec la cathédrale de Saint-Pol-de-Léon (XIIIe-XVe), la chapelle du Kreisker dans la même ville[1], dont le très fin clocher (1436-1439) culmine à 78 m, et le château de Kerjean à Saint-Vougay (1545-1596).

Les constructeurs viennent en majorité de l'extérieur. Mais ils sont secondés par des artisans locaux, dont certains ont une grande culture artistique, grâce à leurs voyages et à des gravures venues de diverses régions françaises ou étrangères. C'est ainsi qu'à Landivisiau il y a de remarquables fabricants de retables, et des menuisiers qui ont fait la chaire de Saint-Thégonnec à l'imitation de celle de l'église parisienne de Saint-Étienne-du-Mont. La population apprécie leurs réalisations. Parce qu'elles sont impressionnantes : hauteur et finesse des clochers, richesse des retables, délicatesse des sculptures et des jubés, luxuriante coloration polychrome (et même dorée) de l'intérieur des églises et des porches, mais aussi des calvaires. Et parce qu'elles s'inscrivent à la fois dans sa culture religieuse et dans sa culture quotidienne : notamment les personnages des calvaires, quelques scènes de la vie rurale et certaines figures légendaires ou fantasmatiques. C'est ainsi que l'art de la Renaissance a été intégré dans le patrimoine de paroisses de 2 000 habitants, et que des œuvres d'art où l'on reconnaît des influences normandes, parisiennes,

1. Construite par les bourgeois pour s'affirmer face à la cathédrale de l'évêque comte de Léon.

anglaises, hollandaises, italiennes ont été acceptées, choisies, désirées par des paysans bretons.

On vient du monde entier admirer ces merveilles. Mais moi, enfant, adolescent, j'en ignorais l'existence, à part celle du château de Kerjean (*Mãner Keryãn*), alors que Kerjean, Guimiliau, Lampaul-Guimiliau et Saint-Thégonnec sont situés, entre 8 et 15 km de chez moi. C'est à vingt-cinq ans que pour la première fois j'ai visité ces enclos et ce château. Et c'était pour accompagner des Parisiens.

Cette ignorance était normale. Et pas seulement parce que les ruraux n'avaient pas encore accès au tourisme. Léonards préoccupés de travail, notre curiosité artistique et archéologique était inexistante. Quand mon père parlait de telle ou telle région, il n'était pas question d'architecture ni de paysages : ça ne le concernait pas. De même qu'une belle femme c'était une solide charpente visiblement prête à « crocher » au boulot[1], un beau pays c'était un pays prospère, bien cultivé, bien rangé.

De plus, la diffusion des médiocrités platement réalistes du XIXe et du XXe siècle[2] nous avait éloignés de nos vieilles traditions artistiques. Et, imprégnés par le rationalisme moderne, nous ne savions plus lire l'art symbolique, allégorique,

1. Voici un jugement esthétique récolté à Plougourvest : « Elle est belle : elle pourrait porter deux seaux de lait à la fois. »

2. Les nombreuses gravures et statues du Christ, de la Vierge, de sainte Anne, de Jeanne d'Arc qui peuplaient églises, maisons et missels ; les illustrations des almanachs et des livres d'école ; la photographie : tout favorisait une figuration réaliste sans dimension artistique.

fantasmatique de jadis[1]. Enfin, nous commencions à être aliénés, éloignés de nous-mêmes par l'attrait d'une modernité de pacotille que le système commercial voulait nous vendre. Dans ma tournée des enclos, j'avais emmené ma mère. L'architecture lui plut parce qu'elle l'impressionna par sa masse. Mais sculptures et décoration lui parurent naïves et maladroites jusqu'au ridicule. C'était déjà l'époque où l'efficacité de l'industrie et la dynamique du progrès avaient persuadé les ruraux que leur patrimoine ne valait rien : un véritable colonialisme économique et culturel. On bradait les lits clos aux antiquaires, on les transformait en cloisons pour poules ou pommes de terre. On était fier de remplacer ses moelleuses couettes de balles d'avoine[2] par de mauvais matelas. Ce déracinement culturel s'est nettement accentué à partir de 1950, dans une région jusque-là traditionaliste et retardataire, brusquement confrontée à la modernité et avide de profiter de ses avantages. Nous préférions à

1. Le développement de la science et de la technique a désenchanté le monde et l'histoire : un objet ou un événement n'est pour nous que le résultat d'une combinaison de causes physico-chimiques ou historiques. Pour nos aïeux (jusqu'à Descartes et Galilée pour les élites ; jusqu'au début du XXe dans les milieux populaires), la nature et l'histoire étaient au contraire la manifestation de forces surnaturelles et supra-historiques : Dieu, le diable, les anges, les démons, les fées, les sorcières… Toute chose, tout événement pouvait être un signe venu de l'au-delà. Tout demandait interprétation. Ils étaient donc de plain-pied avec un art allégorique.

2. Après le battage, nous remplissions de balles d'avoine de grands sacs aux dimensions de nos lits. Cela faisait des matelas très épais, où il était fort agréable de s'enfoncer moelleusement. Les balles se tassaient peu à peu. Au bout d'un an, il était temps de les changer.

notre antique patrimoine la netteté racoleuse du Formica et du plastique (non seulement plus brillant mais plus propre et plus pratique, il est vrai), et le réalisme sentimental des statuettes sulpiciennes[1] aux ambivalences de l'art.

Cette situation que j'ai vécue m'a aidé à réfléchir sur l'art : quelle est sa raison d'être, à quelles conditions peut-il produire des œuvres de valeur ? La condition humaine est dominée par la contradiction entre nos désirs et la réalité. Notre effort principal vise à la réduire par quatre procédures. L'action, qui transforme la réalité selon nos désirs – mais seulement dans une faible mesure. Le rêve, où nos désirs se donnent libre cours, mais qui ne change rien au réel – du moins directement. La foi (religieuse ou autre) qui subordonne l'insatisfaisante réalité immédiate à une autre, promise en ce monde ou dans l'au-delà, plus conforme à nos désirs. Et l'art qui inscrit le rêve dans la réalité, en concrétisant l'imaginaire. Telle est sa raison d'être. À travers un langage – verbal, sonore, pictural, gestuel (danse), matériel (sculpture, architecture) – ou une combinaison de langages (théâtre, cinéma), il produit une figuration réelle de nos émotions et aspirations. Il juxtapose à la réalité naturelle et institutionnelle sa réalité culturelle.

La force des œuvres d'art authentiques vient de la satisfaction esthétique et affective que procure la résolution – en images seulement, mais en images bien réelles – des affrontements entre désir et réalité. Les constructeurs des enclos et

1. Ce mot fait allusion aux boutiques d'art religieux généralement mièvre qui environnent l'église Saint-Sulpice à Paris.

leurs paroissiens se dépassaient dans ces œuvres qu'ils s'appropriaient comme concrétisations de leur foi et de leurs rêves, qu'ils inscrivaient dans leur environnement.

La faiblesse des fausses beautés vient de n'être pas le résultat d'une telle sublimation. Purement esthétiques et du coup clinquantes, elles sont sans profondeur affective, parce qu'elles n'assument en aucune façon nos problèmes existentiels : nous ne sommes que les consommateurs de leur apparence. Leur flatteuse esthétique superficielle est anesthésiante. C'est pourquoi elles sont généralement promues par les dominants pour endormir les dominés dans une satisfaction illusoire.

J'admirais quand même le fin clocher de Lambader, visible de chez nous, et les enclos de Berven et de Sizun, quand, vers vingt ans, je les longeais à vélo, pour aller au bal. Mais un coup d'œil me suffisait. Quant à l'église de Bodilis, à 4 km de ma maison, avec son haut clocher flamboyant, le plus beau porche de Bretagne et un intérieur harmonieux, joliment décoré, je suis allé la voir l'an dernier pour la première fois[1]. L'ossuaire de Saint-Servais, synthèse de l'art décoratif de la Renaissance, et le site archéologique de Roc'h Toul, en Guiclan, l'un et l'autre à 5 km, ce sera pour plus tard.

La honte ? Si vous voulez. Mais nul n'est touriste en son pays, quand son pays est méprisé. D'un côté, j'étais un petit paysan sans loisirs, attaché à son petit coin de terre ; de l'autre, je travaillais le plus possible à l'école pour y échapper.

1. « Moi aussi », me dit un compatriote qui est pourtant grand voyageur et très intéressé par le patrimoine régional.

Des deux points de vue, il était incongru de parcourir les environs pour voir des choses inutiles qui, alors, n'étaient pas encore mises en valeur. Même en notre époque d'ouverture, chacun ne s'intéresse guère à ce qui n'est pas promu par son milieu – à moins d'être en réaction contre lui.

J'ai évidemment changé d'attitude : nous avons tous changé d'attitude. Parce que notre goût s'est amélioré ? Parce que notre culture historique a progressé ? Parce que nous avons bien plus de loisirs ? Parce que notre société commerciale pousse au tourisme ? Parce que chaque commune valorise son patrimoine (par goût et par intérêt) ? Parce qu'un présent et un avenir un peu inquiétants nous poussent par réaction vers le passé ? Difficile de faire la part de ces diverses raisons.

Certains considèrent ces enclos comme la concrétisation de la Bretagne éternelle : son âme coulée dans la pierre. Or, ils sont fortement marqués par des influences extérieures et leur utilisation a beaucoup évolué au cours des âges, même si ce que nous en voyons est resté identique depuis trois cent cinquante ans. Cette évolution est fort intéressante, car le rapport à la mort et aux morts est une dimension significative de la condition humaine.

Le cimetière est un beau jardin
Plein de saules gris et de romarins
Il vous vient souvent des amis qu'on enterre
Ah que vous êtes bien dans le beau cimetière
Guillaume Apollinaire

Non : pas chez nous. Dans la plupart de nos enclos il n'y a plus de tombes. Rien que des structures de pierre aseptisées, nettoyées de nos frères défunts qui les habitaient – surtout en Basse-

Bretagne, où cette communauté des vivants et des morts avait une telle importance jusqu'en 1950. Les visiteurs sont généralement incroyants, mais ils remuent eux aussi le moins possible, avec un respect qu'ils croient religieux et qui aurait étonné nos ancêtres[1]. « C'était quand même mieux avant, quand il y avait des tombes », disait quelqu'un à Pleyben (C) l'année dernière. Il ne savait pas à quel point la situation a varié selon les époques.

Aujourd'hui, nous avons une église, une mairie, une école, une maison de jeunes, un club de vieux, une salle de sport, un cinéma, un bureau de ci, un bureau de ça[2]. À chaque local sa fonction. Le reste

1. Pour célébrer Dieu, faut-il chanter ou se taire, danser ou se mettre à genoux ? Doit-on le représenter dans sa majestueuse splendeur (Dieu le père) ou dans sa souffrance et même dans sa mort (le Christ) ou bien toute tentative de le figurer est-elle sacrilège, comme le croient protestants et musulmans ? Voilà de quoi nourrir plusieurs guerres civiles.

« Dans l'église vous devez être... », disait un exercice pour écoliers américains vers 1960. *Silencieux, respectueux* : pour les auteurs, la réponse allait de soi. Les petits Noirs ne savaient trop que répondre. Les tests prouvent toujours que ceux qui ont les mêmes expériences et habitudes que l'auteur des questions sont plus intelligents que les autres.

2. Et de même une cuisine, un salon, un bureau ou deux, une salle à manger, une chambre pour chacun, une salle de bains et un ou deux W.-C. Le tout fermé. Et aussi des assiettes plates et creuses et grandes et petites ; des cuillers, des fourchettes et des petites cuillers, des couteaux à viande, à poisson et à fromage ; et des verres différents pour nos diverses boissons. Jadis, c'était une seule pièce commune, une écuelle, un couteau et une cuillère par personne. Les gens aussi sont séparés. Même dans leurs immeubles collectifs : bonsoir dans l'ascenseur et chacun dans sa boîte. On ne se rencontre plus que chez Leclerc. À chaque époque ses cathédrales. On comprend le succès des festivals et même du communautarisme.

du temps, il est vide. Nos ancêtres n'avaient d'autre lieu commun que l'église, la place et le bistrot. Ils y faisaient donc toutes sortes d'activités. Il est interdit, « sous peine d'excommunication, de danser au cimetière ou dans l'église », proclame le concile de Rouen en 1231. D'autres l'avaient déjà dit. Il faudra le répéter pendant quatre siècles encore. Ce n'est pas seulement une question de locaux : il s'agit d'une importante différence de civilisation et de mentalité.

Tout est bien séparé dans notre existence comme dans notre pensée : vie publique et vie privée, travail et loisirs, temporel et spirituel, « ce qui se fait » et « ce qui ne se fait pas ». Nous sommes des organisateurs, des administrateurs, avec nos emplois du temps, de l'espace et de toute chose. Les hommes ne l'ont pas toujours été à ce point. Ils le sont devenus beaucoup plus à partir du moment où ils ont prétendu se « rendre comme maîtres et possesseurs de la nature[1] », suivant le projet présenté par Descartes, en la traitant, selon la formule de Galilée, comme si elle était « écrite en langage mathémati-

1. C'est l'exploitation des autres continents – à la suite de ce qu'on appelle gentiment les grandes découvertes, si bénéfiques pour ceux que nous avons ainsi sortis de l'ombre ! – qui a donné aux Européens les moyens de leur décollage économique et technique : or, argent, matières premières, main-d'œuvre à bas prix. Et cela au moment où la Renaissance renforçait leur ambition et leur capacité, par une meilleure connaissance de la pensée, de la science, de la littérature des Grecs et des Latins. De plus, la navigation transocéanique et le développement de l'industrie et de l'artillerie posaient des problèmes qui ont poussé les savants vers une science technologique, alors qu'ils se bornaient jusque-là à contempler l'univers et à philosopher abstraitement.

que », comme si elle n'était qu'une combinaison physico-chimique. Ce projet impliquait la valorisation de la *méthode*, concept dominant chez Descartes, c'est-à-dire l'organisation de notre pensée, de notre action, de notre temps et de notre espace en vue de l'efficacité, de la rentabilité. Pour organiser, il faut d'abord distinguer, séparer. C'est cette attitude qui a permis le développement de la science, de la technique, de l'économie, souveraines du monde moderne.

Cette rationalité organisatrice aboutira – entre autres conséquences – à une distinction croissante du temporel et du spirituel, renforcée à partir du moment où la religion ne sera plus l'un des fondements de toute vie politique, sociale et personnelle. Auparavant, cette distinction n'était pas nette. Nos ancêtres auraient jugé notre civilisation fâcheusement bureaucratique, avec tous ses distinguos. Pour eux, la terre comme le ciel étant l'œuvre de Dieu, la nature était la manifestation du surnaturel. Le profane se mêlait au sacré tout comme les pardons étaient pour les gens l'occasion de foires, de danses et de soûleries.

Jusqu'à la fin du XVIIe – et même au-delà dans nos campagnes reculées – on entre à l'église comme au moulin. Même pendant la messe. À la limite avec ses chiens. Comme il n'y a ni chaise ni banc – sauf pour prêtres et notables – on s'appuie, on s'assoit où l'on peut. Par exemple dos à dos, contre un mur ou un pilier ou même contre l'autel. On bavarde, on somnole, on traite ses affaires, on se querelle, on rit, on crie, parfois on blasphème et on se bat – surtout quand on est saoul, ce qui n'est pas si rare. Le 30 octobre 1666, le Parlement de Bretagne « fait inhibitions et défenses d'y faire des conversations et assemblées profanes, proférer et chanter des paroles et des chansons scandaleuses [...], troubler les prêtres pendant le saint sacrifice ». Sans succès décisif. En 1677, il était de nouveau saisi par le recteur de Saint-Briac (35) : « La plupart de ses paroissiens [...] se saoulaient, juraient et blasphémaient le saint nom de Dieu pendant le divin service, s'entrebattaient et querellaient jusque dans l'église et empêchaient la célébration du service divin [...], se déguisaient et allaient dans les églises travestis, contrefaisant les nouvelles mariées. »

L'église peut servir de tribunal – ce qu'interdit l'évêque de Léon en 1624. Ou exceptionnellement de grange : untel y abrite ses charrettes et sa récolte ; un autre y bat son blé. Comme elle est solide, on y cherche refuge contre les agressions militaires. En 1595, les habitants de Penmarc'h s'installent dans la leur avec leurs lits, « et les vilains, la nuit venue, s'entreprovoquaient [...], comme s'ils eussent été dans un lieu impudique ». Mais le terrible La Fontenelle s'empara de la ville et « ils furent la plupart égorgés sur leur lits [...]. Dieu veuille que cela leur serve de satisfaction pour leur salut ! » (chanoine Jean Moreau, vers 1600).

Le porche des églises léonardes, bien exposé au sud, était particulièrement commode pour se réunir, « coudre, filer, commérer, et se disputer », mettre son blé à sécher, installer son petit commerce. C'est ce que l'évêque de Léon prétend interdire en 1630. En vain[1]. Du 1er au 2 novembre, en Basse-Bretagne, jusque vers 1650, toute la paroisse passe la nuit à l'église, avec les morts, poussant de gros sanglots et faisant sonner le glas sans arrêt, pour aider les âmes défuntes à retrouver le chemin du village. Mais on discute

1. Le mardi, jour de marché, il y avait encore il y a quelques années un vannier qui travaillait dans le porche de la cathédrale de Saint-Pol-de-Léon.

aussi ; on mange ; on boit un peu ; on fait du feu dans l'église, pour se réchauffer.

Quant à l'espace autour de l'église, le placître, ce n'était pas, surtout jusqu'en 1750, un cimetière. Faisant partie du domaine consacré, il était en principe inviolable. Jusque vers 1200, on s'y réfugie donc pendant les guerres. Quand elles durent, on y construit parfois cabanes ou maisons et certains finissent par y rester. Un texte de la fin du XIe parle du bourg de Louvigné (35), « qui est situé tant à l'intérieur qu'à l'extérieur du cimetière ». Ces petits bourgs dans le cimetière sont alors assez fréquents en Haute-Bretagne et encore plus en Anjou.

Plus tard, cette place centrale reste le grand lieu de réunion, bien intégré à la vie sous toutes ses formes. En 1421, l'évêque de Saint-Brieuc veut y interdire « les danses et autres jeux voluptueux », d'où « proviennent des scandales et incitations aux péchés et surtout à ceux de la chair ». Les marchands de passage s'y installent, et parfois même cabaretiers, comédiens et prostituées. Plus tranquillement, on y joue aux boules, aux quilles, on y vanne son blé, on y fait sécher sa paille, son linge, ou mûrir son fumier. En 1530, les statuts du diocèse de Léon n'y proscrivent les activités profanes que pendant les offices.

En 1654, l'évêque d'Angers – un rigoriste – interdit d'« y tendre le linge [...], y jouer à la paume, à la boule, y danser, y boire, y faire paître les animaux, y tenir foires et marchés ». Peine perdue pour quelques décennies encore. En 1671, le Parlement de Bretagne observe que « la plupart » des cimetières ne sont pas enclos, « ce qui cause que les animaux les plus immondes y sont presque toujours ». Les poules y picorent, les vaches y broutent et y défèquent, chiens et cochons s'y promènent – et parfois y trouvent pitance. En 1680, à La Chevrolière (44), ils « emportent des os jusque dans le bourg ». Bien sûr, cela ne se produit pas partout à tout instant. Ce sont les conséquences extrêmes d'une situation normale.

Transgressifs à nos yeux, les comportements de nos ancêtres ne les empêchaient pas d'avoir à leur manière le sens du sacré. Plus fortement que nous, qui prétendons tout comprendre et tout dominer. Notamment dans leur attitude face aux morts, à leurs frères partis pour l'au-delà, qu'ils tenaient absolument, surtout en Basse-Bretagne, à enterrer dans l'église, dans la maison de Dieu.

Notre façon d'enfermer les vieux en maison de retraite et d'incinérer les morts pourrait scandaliser des anthropophages. Pour nous, « il n'est rien si horrible à imaginer que de manger son père », dit Montaigne. Mais pour ceux qui le font, c'est « témoignage de piété et de bonne affection, cherchant par là à donner à leurs progéniteurs la plus digne et honorable sépulture ». À leurs yeux, « quelle cruauté et abomination » ce serait « de jeter la dépouille des parents à la corruption de la terre et nourriture des bêtes et des vers ». De plus, manger son père, c'est ingérer l'énergie de sa race. Aujourd'hui, les morts ne servent à rien. Même pas de fantômes ni d'intercesseurs dans le ciel[1].

1. « Mettez-moi dans un champ de pommes de terre : je ferai du bien aux pommes de terre », disait un vieillard de mon enfance. Les gens se répétaient cela en riant. Mais personne n'aurait sérieusement envisagé de contrevenir aux usages. Chacun se savait destiné à pourrir, mais il y a des vérités qui font peur.

Les Romains imposaient d'enterrer hors des agglomérations. Après les avoir imités, les chrétiens, à partir du VIe siècle, ont commencé à mettre les morts importants près du lieu saint, puis dans l'église même, tandis que les autres continuaient à être enfouis dans les champs, le long des routes et notamment au pied des croix des carrefours. En France, à partir du VIIIe siècle, on cherche à rassembler tous les défunts autour de l'église, dans un cimetière qui sert pour la « sépulture des morts » et « pour le refuge des vivants », dit l'évêque de Rennes en bénissant celui de Saint-Sauveur-des-Landes vers 1160. Cette habitude ne se développe en Basse-Bretagne que vers l'an 1000 et, au début du XIIe, l'évêque de Saint-Brieuc doit rappeler l'interdiction des anciennes pratiques. En 1647 encore, un jésuite constate avec indignation qu'à Cléguérec (56) on enterre « dans les grands chemins ».

Peu à peu, à partir du renforcement de la dévotion à la Renaissance, tout le monde a voulu être enterré dans l'église : « Plus près de toi, mon Dieu. » C'est en vain que Théodose, Justinien, Charlemagne et divers conciles s'étaient déjà opposés à cette tendance. Bien entendu, les clercs, les nobles et les riches sont dans le chœur, les pauvres dans le fond : le tarif est dégressif[1].

Au XVIe siècle, dans les riches paroisses urbaines, 60 % des gens parviennent à s'y caser ; dans les pauvres, 40 %. Pour les autres, on a de grandes fosses communes : 5 à 6 m^2 de surface, 10 m de profondeur ; 600 à 1 500 cadavres « entassés comme du lard », dit un Parisien en 1418. Par-dessus, quelques planches : faciles à enlever pour

1. À Hénansal (22), dans la première moitié du XVIIIe, 6 livres dans le chœur, 3 dans la nef, gratuité au cimetière.

compléter le tas. Quand c'est plein, on recouvre d'un peu de terre.

Mais dans la pieuse Bretagne – et surtout en Basse-Bretagne – tout le monde tient à être enterré dans l'église. Et si possible le jour du Seigneur : de la plus belle cérémonie et de la plus grande affluence. En 1766 encore, un arrêt du Parlement de Bretagne nous apprend que « dans la paroisse de Campénéac [56] et dans plusieurs autres, on affecte de garder les morts plusieurs jours, pour ne les faire transporter à l'église que le dimanche avant la grand messe, et les laisser [...] pendant tout le service divin ».

À l'issue de la cérémonie funèbre, les hommes de la famille se mettent au travail. Ils ont repéré dans l'église un endroit où il doit y avoir de la place. Un endroit quelconque, car la tombe familiale, inaugurée en ville au XVIe, n'atteindra nos campagnes qu'au XVIIIe ou au XIXe. Ils soulèvent une dalle[1]. C'est facile : elles sont souvent disjointes, au point qu'en 1656 le recteur d'Esquibien (C) craint de « tomber en portant le Saint-Sacrement ». Ils creusent (pas très profond), déposent le défunt enveloppé dans un sac, remettent la terre et la dalle, et voilà. Dimanche, ils assisteront à la messe sur son cadavre, dont les exhalaisons ne manqueront pas de les émouvoir.

Le cimetière, en Bretagne, à l'époque, c'est seulement pour ceux qui ne font pas partie de la communauté chrétienne locale : étrangers, vagabonds et, dans un coin de terre non bénite, enfants morts sans baptême, excommuniés, grands pécheurs décédés sans confession. Parfois, on y met aussi des vieux dont personne ne s'occupe et

1. À moins que le sol de l'église ne soit encore en terre battue.

des enfants trop jeunes pour avoir pris pleinement place dans la communauté. À Plélan (35) en 1751 – alors que l'enterrement dans l'église est déjà interdit –, tous les morts de moins d'un an, 80 % des moins de vingt ans et 36 % des plus de soixante ans se retrouvent au cimetière. Mais les vingt-deux morts âgés de vingt et un à soixante ans sont tous dans l'église sauf un.

La situation varie selon la tradition locale, le nombre de décès, la taille de l'église, mais aussi selon la détermination de la famille. À Port-Louis (56), l'église est petite. L'évêque ordonne donc de ne plus y enterrer les « personnes de condition commune ». Arrive une famille fort simple avec le cadavre d'un enfant. Refus du recteur. Ils ne s'en mettent pas moins au travail, « menaçant même les prêtres [...] de les maltraiter [...], jurant et blasphémant le saint nom de Dieu ».

Ce pieux entassement n'est pas très hygiénique : 310 tombes dans l'église de Bourbriac (22) en 1684 ; 322 dans celle des dominicains à Morlaix en 1670. Mais entre le salut pour l'éternité et l'hygiène dans cette éphémère vallée de larmes, il faut choisir. Dans l'élan de la Contre-Réforme, quelques-uns renoncent à l'église par humilité ou par expiation. En 1658, un riche négociant nantais demande à « être enterré dans le cimetière, sur le passage, afin [...] d'être foulé aux pieds de tous ». Cette tendance progresse – mais surtout dans les milieux cultivés. Dans le diocèse de Vannes, parmi ceux qui font leur testament entre 1670 et 1679, 3,5 % demandent à être enterrés au cimetière. De 1690 à 1699, c'est 15 % ; de 1710 à 1719, 26 %.

Comme le fruit se fond en jouissance,
Comme en délices il change son absence

Dans une bouche où sa forme se meurt,
Je hume ici ma future fumée...
Paul Valéry, *Le Cimetière marin*[1]

Nos aïeux étaient fort habitués aux mauvaises odeurs[2], surtout en ville, où l'évacuation des ordures, charognes, pourritures et excréments fut longtemps inefficace. Mais la pire était parfois celle des églises et des cimetières. « En entrant dans l'église de Kerlouan [L], je fus si fort frappé de l'odeur que je fus obligé d'en sortir sur-le-champ », écrit un témoin en 1776, après une épidémie de typhoïde. En 1671, à Saint-Germain, l'Auxerrois, en face du Louvre du Roi-Soleil, « souvent l'air est très infect », à cause de l'habitude d'y enterrer « plus de corps que la terre n'en peut contenir ». Famines ou épidémies y mettent le comble : 65 morts à Plougourvest en 1710, 129 à Plouescat en 1741 ; 221 à Cléder en septembre-octobre 1627 ; 750 à Saint-Thégonnec de 1740 à 1743, qui sont tous enterrés dans l'église.

Et il n'y a pas que l'odeur. En 1773, en creusant pour enterrer une femme dans l'église de Saulieu, en Bourgogne, on éventre un cercueil et son contenu. « Il se répandit sur le champ une odeur si fétide que les assistants furent forcés de sortir. De 120 jeunes gens [...] qu'on préparait à la première communion,

1. Le Breton aime beaucoup les cimetières. « Il s'y attarde volontiers en d'interminables flâneries, s'enivrant avec délice des émanations fétides qui s'en dégagent et [...] se sentant en communication plus intime avec ceux qui l'ont précédé [...]. On raconte que des ouvriers, transplantés du Finistère ou des Côtes-du-Nord dans les galetas de Paris, s'en vont errer le dimanche » dans les cimetières « pour y retrouver l'arôme de leur pays » (l'abbé Millon, *La Foi en Bretagne*, 1908).

2. Songez aux ateliers d'équarrissage, aux tanneries et aux usines de colle de Landivisiau.

114 tombèrent dangereusement malades, ainsi que le curé, le vicaire et 70 autres personnes. » Selon ce récit de 1775, il en mourut 18. Un autre, en 1786, énumère « le curé, le vicaire, 40 enfants et 200 paroissiens » ! Reste à savoir combien de morts relèvent de cet accident, combien d'une épidémie qui ne lui serait pas imputable, combien du fantasme de narrateurs postérieurs à l'événement.

Les nouveaux locataires de l'église chassent les anciens. Que faire de tous ces os ? Dans toute l'Europe catholique, du XIIe au milieu du XVIIIe, on édifie des ossuaires pour les y ranger. Les conciles de Münster (1279) et de Cologne (1280) le prescrivent, « afin que les os des morts ne soient pas mangés par les porcs ou d'autres animaux »[1]. En Basse-Bretagne, c'est à partir du XIVe que l'on en construit. Souvent un simple appentis en bois ou un grenier dans le porche : c'est ce dont on s'est contenté à Plougourvest, à Bodilis, à Plougar, à Plouvorn et à Plouzévédé. Mais dans d'autres paroisses, aux XVIe et XVIIe siècles, ce sont de magnifiques petites chapelles de granit. Et pour bien préserver les crânes des ancêtres, en certains endroits on leur fabrique de petites boîtes nominatives, avec une ouverture pour la contemplation – souvent en forme de cœur. Il en subsiste à la cathédrale de Saint-Pol.

Il y avait une soixantaine d'ossuaires en Léon, dont les deux tiers existent toujours. En 1961, sur l'ensemble de la Basse-Bretagne, une bonne vingtaine étaient encore utilisés ; en 1984, trois seulement. Certains ont servi d'école : à Saint-Servais, à Plounévez-Lochrist ou à Pleyben, où ils devinrent

1. Du XVIIe au XIXe, on a orné des chapelles de spectaculaires décorations composées d'os. Notamment à Cologne (église Sainte-Ursule), à Rome (via Veneto), au Portugal (Evora, Campo Maior) et en Bohême (Kutna-Hora).

ensuite mairie puis bureau de poste. D'autres ont été office de tourisme (Guimiliau), sacristie, atelier, bureau de tabac, salle de ping-pong.

Quand l'ossuaire est plein, on organise une cérémonie solennelle. Chacun prend quelques os, fait trois fois le tour du cimetière, s'agenouille, embrasse la relique, la jette dans la fosse commune. Cela s'est fait jusqu'à la fin du XIXe. Un tableau du musée de Saint-Brieuc représente la scène à Trégastel en 1896.

Les évêques bretons commencent à interdire l'enterrement dans les églises et chapelles en 1689, sauf pour les prêtres et les descendants des fondateurs. Sans grand résultat. Çà et là, les tentatives d'application provoquent la révolte des paroissiens. Par exemple, pour le Morbihan, à Berric, à Questembert et à Sulniac, où l'évêque de Vannes est agressé à coups de pierres. Une épidémie de scarlatine pousse le Parlement de Bretagne (dont les décisions étaient plus contraignantes) à prononcer lui aussi une interdiction le 16 août 1719. L'effet est immédiat à Rennes : 12 % d'inhumations dans les églises jusqu'au 31 décembre, contre 75 % depuis le 1er janvier. Mais il est très variable dans les campagnes et souvent très réduit : à Saint-Énogat (35) on passe de 100 % à 92 %[1].

Seize interdictions parlementaires se succèdent de 1719 à 1768. Après de nombreux refus

1. Le Parlement renouvelle l'interdiction en 1721. À Landivisiau, en février et mars, un clerc, un diacre et une religieuse demandent à être inhumés au cimetière ; cette tendance l'emporte jusqu'en mai 1723, puis redevient minoritaire jusqu'en novembre 1726. En 1740, on en est encore à 59 % dans l'église à Saint-Méen-le-Grand (35), 89 % à Saint-Suliac (35), 93 % à Saint-Lunaire (35).

violents[1], où le clergé est insulté, menacé ou même frappé, elles sont généralement appliquées à partir de 1750 (à Guiclan) et surtout à partir de 1758 (par exemple à Plouvorn et Plouescat) ou de 1761. À Plougourvest, le changement est soudain et radical à partir du 19 juillet 1755, apparemment sans opposition manifeste. Jusque-là, presque tout le monde était enterré à l'église[2]. Ensuite, seuls les prêtres y trouveront encore place pendant quelque temps.

Mais en certains endroits le changement ne se fait pas sans conflits. En 1759 à Cléder, « pendant que Messieurs les prêtres de la paroisse chantaient vis-à-vis de sa tombe percée dans le cimetière par ordre de M. le recteur », la famille de Marie Guérer l'enterrait dans l'église, dit l'acte d'inhumation. Même chose en 1765 pour Anne Belec, qui est « exhumée huit jours après par la justice » et reléguée au cimetière, de même qu'Yves Postec, enterré dans l'église de Plouescat le 25 novembre 1762, déterré le 23 décembre[3].

1. Par exemple, pour la Cornouaille, à Gouézec, à Elliant, à Ergué-Gabéric ou à Plomodiern.

2. En 1751, 31 personnes sur 33, y compris 4 bébés qui avaient été simplement ondoyés – c'est-à-dire qu'ils étaient morts dès la naissance, sinon avant. En beaucoup d'endroits, ils n'auraient eu droit qu'au cimetière.

3. Conflits analogues à Plounéour-Trez en 1759 et 1765, à Plouescat en 1767, à Plomodiern en 1768, à Kerlouan jusqu'à l'épidémie de typhoïde de 1776. Cette année-là, une déclaration royale confirme l'interdiction. De l'ancienne tendance subsistera quelque temps « la fureur d'inhumer le plus près possible » de l'église, comme dit le subdélégué de Morlaix en 1772. Ou bien à l'abri sous l'auvent qui l'entoure, comme aujourd'hui encore à La Bastide-Clairance, en Pyrénées-Atlantiques.

Jusque-là, beaucoup d'enclos n'étaient pas enclos du tout. Ils le seront désormais, pour empêcher l'entrée des animaux. Mais le problème hygiénique est parfois déplacé plutôt que résolu. Les fosses sont peu profondes, et généralement recouvertes d'un simple tertre qui n'a rien d'hermétique. Le cimetière de Pontchâteau (44) est un « gouffre de pourriture », avec des « écoulements fermentatifs » (1787). « Les exhalaisons » de celui de Peillac (56) « répandent une odeur infectante » (1785). À Moncontour (22), « le sucre [= suc] cadavérique suintait au travers des murs » (1773).

De plus, les cimetières se révèlent souvent trop petits. À Baud (56), en 1776, on entasse cinq ou six cadavres par tombe. À Brest, en 1779, on répand de la chaux vive pour accélérer la décomposition. Les gens commencent à réclamer leur tombeau familial, où ils ne veulent plus d'étrangers. On entreprend donc d'agrandir les cimetières et de fixer les dimensions des tombes. Ce qui ne met pas fin aux querelles, comme on le verra au chapitre suivant.

Les cimetières du XIXe ont un charme champêtre, bien différent de la froideur gravillonnée, cimentée ou marmoréenne d'aujourd'hui. « Des arbres touffus[1] ombragent les tombeaux, tous uniformes, tous

1. En octobre 1866, le conseil de fabrique de Plouvorn décide d'« abattre une grande partie des arbres de haute futaie du cimetière ». En 1890, celui de Plougourvest décide de vendre neuf arbres qui y sont situés. Il signale qu'on y a récemment planté des sapins. Le 9 juin 1921, le conseil municipal, « considérant que les jours de tempête ces arbres deviennent un danger public et menacent par leur chute de détériorer les tombes, est d'avis qu'il y a lieu d'en débarrasser le cimetière ».

recouverts d'un simple gazon », avec « une croix de bois », écrit le Brestois Brousmiche en 1835. En fait, il y a souvent aussi des dalles, posées à même le sol. Au cours du siècle apparaissent les coffres de ciment d'une cinquantaine de centimètres de haut, surmontés d'une épaisse dalle d'ardoise et d'une croix de ciment. Dans la dalle, sont gravés le nom, l'âge, la date de décès de ceux qui sont enterrés là. En dessous de ces indications est creusée une coquille Saint-Jacques[1], qui sert de bénitier pour ceux qui viennent prier sur la tombe.

Dans le cimetière de mon enfance, il n'y avait plus ni arbres ni gazon ni tertres, mais seulement des emplacements délimités par un entourage de ciment, avec une croix de métal ou de ciment, ou surtout ces tombes coffres dont je viens de parler. À partir de 1950, le cimetière s'est enrichi : caveaux, granit poli, faux ou vrai marbre. « Le culte des morts (surtout dans le Léon) est devenu le culte de l'orgueil », m'écrit un habitant de Plougourvest.

1. La coquille Saint-Jacques était l'emblème de ceux qui se rendaient au pèlerinage de Saint-Jacques-de-Compostelle, le plus célèbre d'Occident pendant des siècles.

CHAPITRE 3

VA FARREZ[1]. MA COMMUNE

Le pays de mon enfance, ce n'est pas la Bretagne. C'est Plougourvest, ou plus exactement *Gwikourvest*, une commune rurale d'un millier d'habitants, au milieu du Haut-Léon. Voici que j'y retourne en pèlerinage, à soixante-dix ans, en mai 2004. À l'entrée du bourg, je reconnais l'école des sœurs. Justement, c'est le mois de Marie. Enfants, nous allions tous les jours à l'église chanter la bonté de la Vierge en ce mois printanier où il faut calmer les désirs. Mais aujourd'hui l'école est mixte, il n'y a plus de sœurs et, juste devant, sur un Abribus, s'étale une grande affiche : « La sexualité on peut en parler. » Sainte Vierge, où suis-je ?

À part l'église, je ne reconnaîtrais plus rien si je n'étais pas venu depuis l'enfance. Le cimetière est devenu pelouse. Le bourg est plein de pavillons avec garage, comme dans n'importe quelle banlieue. Dans la campagne, il n'y a presque plus de talus, les cultures sont entièrement différentes et les vaches ont changé de couleur. J'appartiens à un temps révolu.

1. Mot à mot : ma paroisse. Nous ne disions *ar gommun* que lorsque nous tenions à faire la distinction. Pour le passage de *parrez* à *farrez*, voir p. 13.

Il y a en Bretagne 180 communes dont le nom commence par *Plou* (ou *Plo, Pla, Plu, Pleu, Ploe, Poul*). Surtout au nord et à l'ouest[1]. C'est par là que sont arrivés les Bretons entre le IVe et le VIIe siècle. Les plus anciennes paroisses ont commencé à s'organiser dès cette époque, pour se fixer vers l'an 1000. Pourtant ce mot n'est pas celtique, mais latin : il s'agissait d'organisation, d'administration, et c'est donc la langue des administrateurs romains qu'on a utilisée. Il vient de *plebs*, le peuple. Les documents anciens disent *Plebs Gorvest* (1260), *Plebs Tevede* (Plouzévédé, 1371)[2].

Dans le Léon et ses franges, beaucoup d'autres noms de communes commencent par *Gui* (prononcez *Gwi* en breton), qui vient du latin *vicus*, le bourg[3]. On disait *Gwikourvest* ou Plougourvest selon qu'on pensait plutôt au bourg ou à la communauté. À partir du XVIIIe siècle, l'administration, qui s'intéresse surtout à la collectivité imposable, a choisi la deuxième forme. Mais les habitants ont maintenu la première : pour ces campagnards dispersés, le bourg avec son église est le point de

1. C'est le cas de 43 % des communes dans l'ancien diocèse de Léon, de 30 % dans ceux de Tréguier et de Saint-Brieuc, de 21 % dans celui de Quimper, de 9 % dans celui de Saint-Malo.

2. Puis *Ploegourvest* (1443), *Ploemahorn* (Plouvorn, 1467) : les deux mots ont été réunis en un seul ; les consonnes finales du premier ont disparu ; disposant ainsi de plus de place, la voyelle initiale s'est divisée en deux ; plus tard, elle se refermera.

3. Le *v* latin se prononçait comme un *ou* consonne, dans le fond de la gorge. Pas commode. Pour faciliter la tâche, les Celtes l'attaquèrent par un *g*. Ainsi, *vinum* donne *gwin* et *vespa*, guêpe.

ralliement, le signe de leur unité. Fréquente en Léon, cette double appellation est une spécialité de mon secteur : *Gwicar*, *Gwitevede*, *Gwiniventer*, *Gwinevez* face à Plougar, Plouzévédé, Plounéventer, Plounévez[1].

Lan –, d'origine galloise, marquait un lieu consacré (petit monastère, sanctuaire, ermitage, simple oratoire), de même que *Loc-* (du latin *locus*) : Landivisiau est le monastère de saint Vizio ou Tivizio ; Lannurien (*Lãnirien,* le hameau où je suis né) est le lieu consacré à ou par le vénérable M. Urien (*Irien* en breton) ; il existe comme toponyme d'un bout à l'autre du Finistère : à Plouescat comme à La Forêt-Fouesnant. *Tré-* désignait un quartier isolé d'une grande paroisse : nous dirions une banlieue, on disait une trève : Trézélidé. Enfin, *ker-* signale une habitation ou un hameau au sens affectif de l'anglais *home* (maisonnée, foyer) par opposition à t*i* (*house*, maison). On le trouve près de dix mille fois dans le Finistère, sans compter les constructions récentes, souvent aussi baptisées *ti* – ou *ty*, plus exotique.

La seconde partie du nom de la paroisse est un qualificatif (*nevez*, neuf ; *meur*, grand...) ou bien elle désigne une particularité (*kastell*, château) ou celui auquel ce lieu est dédié (*Lochrist*, L*ocmaria*, *Locmiquel*) ou encore, le plus souvent, le fondateur, le premier leader ou pasteur du groupe qui s'est installé là, et que la mémoire a vénéré. C'était sans doute le cas de Gourvest – toujours attesté comme nom de personne : il y a 75 abonnés au téléphone de ce patronyme, dont 23 Finistériens.

1. On trouve aussi *Guimaorn* (1570) et si *Ploulan*, concurrent de Guiclan, a disparu c'est parce qu'il sonnait moins bien.

Les fondateurs de Plougourvest ont installé leur bourg sur un site habité et consacré à un culte dès l'époque préhistorique : on a retrouvé près de l'église quatre grosses pierres rondes de l'âge du fer (des œufs, promesses de fécondité ?) et en plusieurs endroits – notamment à Lannurien – des restes de tombes de l'âge du bronze et de poteries gallo-romaines. C'était une commune vaste et riche dont Landivisiau n'était qu'une trève jusqu'en 1790[1]. Mais, mieux située près de l'Elorn (qui fournissait à la fois une voie de communication et de l'énergie pour les moulins) et sur l'axe Rennes-Morlaix-Landerneau-Brest, la trève a dépassé sa paroisse mère dès la fin du Moyen Âge. Du XVIe à la Révolution, cette capitale du pays *chulod* fut un chef-lieu économique et administratif relativement plus important que depuis lors : l'intendant de Bretagne y avait un subdélégué comme à Brest, Landerneau, Lesneven, Morlaix et Saint-Pol. Elle avait deux fois plus d'habitants que Plougourvest dès 1700[2], quatre fois plus vers 1900, six fois plus en 1960 et aujourd'hui 9 031 contre 1 171.

C'est donc là que je suis né, ainsi que ma mère Anastasie Caroff, ma grand-mère maternelle Marie-Louise Jézégou, tous ses ascendants du XIXe et, au XVIIIe, trois sur les huit dont j'ai trouvé trace. Mon père, lui, n'y est arrivé qu'en 1928,

1. Vers 1330, sa contribution à l'archevêché de Tours est de 45 sols, alors que Guiclan n'en paie que 5, Plouzévédé 22, Plouvorn 30 – mais Plougar, 60 avec sa riche trève de Bodilis.

2. Mais en 1800 elle était encore plus petite que Plouvorn : 2 124 habitants contre 3 000.

venant de Plouzévédé (la commune limitrophe au nord), où naquit également mon grand-père maternel, Jean-Marie Caroff, dont les ascendants vivaient là ou à Plouvorn depuis le XVIIe. Les Rohou venaient du littoral, principalement de Cléder et de Plouescat : de 1735 à 1835, ils y sont tous nés. Un toponyme est sans doute à l'origine du patronyme : dans mon enfance encore, on désignait les gens par leur prénom suivi du nom de leur hameau. Rohou, pluriel du mot qui signifie rocher, est attesté comme nom de lieu dans dix communes du Finistère, dont Plouescat, qui seul convient comme berceau de mes ancêtres[1] : en 1796 il y avait dans cette commune au moins quatorze personnes de ce nom[2]. La plupart de

1. Il y a dans cette commune un endroit typique et important qui s'appelle *Rohou braz*, les Grands Rochers. Les autres communes où l'on trouve ce toponyme sont trop éloignées pour être une origine crédible : Carantec, Concarneau, Kerlaz, Kerlouan, Landudal, Locmélar, Logonna-Daoulas, Plouézoc'h et Plougasnou.

2. Parmi ces Rohou, outre des petits paysans, un sacristain vers 1750 ; une sage-femme en 1739 ; un charpentier en 1789. Aucun d'entre eux n'a fait partie à Plouescat du « corps politique », qui gérait la paroisse d'Ancien Régime. Deux sont en revanche conseillers municipaux en 1791 et 1792. Parce que c'est à ce moment qu'ils s'élèvent dans l'échelle sociale ? Ou parce que c'étaient des partisans de la Révolution, du moins au début ? François Rohou y adhérait avec ardeur : il s'est engagé volontairement à dix-huit ans, le 26 mars 1793, alors qu'à cette date la région est devenue très majoritairement contre-révolutionnaire, à cause précisément de la conscription : le 14, la rébellion a empêché le recrutement à Saint-Pol-de-Léon et à Plougoulm. Libéré le 5 septembre 1802, il deviendra maître d'école, de 1816 à 1833 au moins, à Plounéour-Trez, où il est mort le 13 mars 1839 à soixante-trois ans. Mais cet homme n'est pas mon aïeul, non plus qu'un certain Rohu, chef chouan assez ivrogne qui finit à la solde des bonapartistes.

mes ancêtres étaient ouvriers agricoles, tout petits paysans ou les deux à la fois. Trop pauvres pour profiter de l'enrichissement de la côte légumière au cours du XIXe, ils ont cherché fortune vers l'intérieur. Par chance, ils n'ont pas choisi de conjoints porteurs de la mucoviscidose, redoutable maladie héréditaire particulièrement fréquente dans le canton de Plouzévédé.

Plougourvest : 14 km^2 (1 407 ha) et un bon millier d'habitants[1], à 15 km de la Manche à vol d'oiseau, sur un plateau vallonné battu par les vents. Un bled paumé, sans la moindre histoire ? Détrompez-vous ! Toute communauté humaine a une histoire compliquée – sans parler de son lot de petites histoires. Surtout quand les gens sont têtus, violents et procéduriers comme ils l'étaient jadis.

Dans la société d'Ancien Régime, chaque catégorie sociale, chaque corporation, chaque communauté se définissait par des privilèges spécifiques auxquels elle tenait ferme. Pas seulement par intérêt : ces privilèges constituaient son statut, sa définition, son identité. Y renoncer c'était accepter sa dégradation. Elles étaient donc très procédurières. Et les simples particuliers suivaient leur exemple. Parfois même les gens du peuple.

Voici un cas significatif. Vers 1220, le duc de Bretagne construit une forteresse au Gavre, près de Nantes. Pour attirer des gens en cet endroit désert, il les exempte d'impôt et de corvée. Naturellement, les pouvoirs ne cesseront de contester et de grignoter ces privilèges. Mais la petite

1. Au minimum 984 habitants (en 1800), au maximum 1 357 (en 1846 et sans doute de 1670 à 1750).

communauté (1 100 personnes environ) se défend : elle engage des quantités de procès, et finit toujours par obtenir confirmation théorique de ses droits : cinq fois par les ducs de 1409 et 1500, dix fois par les rois de 1492 à 1743. Malgré cela, ils ne cessent de se réduire en pratique. De plus, pour gagner ces procès, il faut tellement de temps perdu, de frais, parfois d'amendes et même d'emprisonnements, que ce n'est pas rentable. Mais tant pis : il y va de leur honneur et de leur identité.

Les privilèges du Gavre étaient exceptionnels et valaient d'être défendus. Mais même un pauvre hère pouvait s'obstiner pour une bricole, quitte à s'y ruiner[1]. Le 2 mars 1748, le fermier des halles de Plouescat assigne, devant le sénéchal de Kerouzéré-en-Sibiril, Goulven Stéphan qui refuse de payer les deux sous de droits, arguant du fait qu'il vend ses légumes à l'extérieur des halles. Condamné, Stéphan fait appel devant les juges royaux de Lesneven, qui le déboutent, puis devant le Parlement de Bretagne, qui le condamne définitivement le 23 août 1755. Combien cette obstination de huit ans lui a-t-elle coûté en frais et en amendes ? Cent fois plus que les droits réclamés ?

La justice d'Ancien Régime est d'une complication extrême. Il y a des quantités de lois et jurisprudences : au nord d'une ligne La Rochelle-Genève, outre le droit royal, il y a 65 coutumes provinciales et près de 300 coutumes locales. Il y

1. Les pauvres perdent souvent leurs procès, même quand ils sont dans leurs droits. Mais pas toujours. Une note de 1767 nous apprend qu'un paysan de Plussulien (22) « par ses interventions devant la justice, a fait perdre au prince [de Rohan] le monopole du transport des grains au port de Saint-Brieuc ».

a aussi des quantités de juges : royaux, provinciaux, seigneuriaux, ecclésiastiques, qui ont intérêt à multiplier les procédures, à revendiquer les affaires et à les faire traîner. C'est particulièrement le cas en Bretagne, où vers 1700 il y a au moins 1 600 tribunaux ; dans le Léon en 1711, il y a 324 justices seigneuriales dont les compétences interfèrent : dans une même paroisse on peut dépendre de 10, 15, 20 juges différents. Selon l'intendant, les Bretons ont trois défauts : l'archaïsme (ils sont « plus sauvages » que les Indiens), « l'ivrognerie » et « la chicane entretenue par le nombre presque infini de juridictions ».

Pour chaque affaire, le premier problème était donc de savoir de qui elle dépendait. Une ordonnance de 1667 prétendit réduire « la multiplicité des procédures » et rendre la justice « plus prompte, plus facile et plus sûre ». L'amélioration fut relative : « Orante plaide depuis dix ans entiers [...] pour une affaire juste, capitale, et où il y va de toute sa fortune : elle saura peut-être dans cinq années quels seront ses juges, et dans quel tribunal elle doit plaider le reste de sa vie » (La Bruyère, 1689). Le procès que la corporation des tailleurs parisiens avait entamé en 1530 contre la corporation des fripiers, sur la démarcation entre habits neufs et vêtements usagés, n'a duré que deux cent quarante-six ans... parce que les corporations ont été supprimées.

Dans nos paroisses rurales, les conflits les plus fréquents concernent l'église et le presbytère, qui demandent souvent réparation et parfois reconstruction. Qui va payer ? Pour le chœur et les transepts, le décimateur (celui qui perçoit les dîmes ecclésiastiques) ; pour la nef, les paroissiens : à chacun son espace. Mais souvent (une fois sur deux en Bretagne), le décimateur n'est pas le curé de la paroisse : c'est l'évêque, le chapitre, un abbé, un monastère, un seigneur... Pour telle paroisse, il y a 18 décimateurs. Certains résident fort loin et se moquent bien de l'état de l'église. Et si la réparation se situe à l'articulation du chœur et de la nef ? Pour le presbytère, un édit de 1695 fixe un principe simple : réparations locatives au curé, réparations immobilières aux paroissiens, propriétaires du bâtiment. Oui, mais en pratique... En 1748, le recteur de Sibiril et ses paroissiens sont en conflit à ce sujet. Il meurt en 1752. Son successeur, débouté par le Parlement de Bretagne en 1753, ne fait pas les travaux qui lui incombent. À sa mort en 1760, la fabrique fait consigner son héritage pour l'affecter aux réparations[1].

Bref, dans le pire des cas, le nouveau curé est en procès contre les héritiers de son prédécesseur et contre ses paroissiens, qui sont en procès contre les décimateurs et contre les artisans qui ont mal fait la précédente réparation[2]. En 1675, les fabriciens[3] de Guiclan, qui ont déjà deux gros procès – dont un contre les architectes qui ont

1. En 1738, le recteur de Saint-Sauveur de Guingamp entame un procès pour obtenir de ses paroissiens la construction d'un nouveau presbytère. Seize ans plus tard, les travaux n'ont toujours pas commencé. Dans chaque paroisse, l'argent est dans un coffret qui a trois serrures différentes, dont les clés sont détenues respectivement par le recteur, le procureur fiscal et les marguilliers. Il arrive que l'un ou l'autre en détourne à son profit.

2. De 1701 à 1705 la paroisse de Bodilis est en procès contre Guillaume Lerrel, maître sculpteur à Landivisiau : le retable du maître-autel n'est pas conforme au dessin qu'il a présenté lors de la passation du marché.

3. Les fabriciens ou marguilliers, élus par les habitants, gèrent les biens de la paroisse et défendent ses intérêts. À partir de 1688, chaque paroisse est administrée par un « corps politique » composé de douze anciens fabriciens.

refait le clocher – adressent une dizaine de sommations, dont une à leur curé. Ceux de La Martyre entament un ou plusieurs procès presque chaque année tout au long du XVIIe siècle. Ceux de Plouzévédé en engagent vingt et un entre 1654 et 1743.

Voici, pour une brève période (1748-1781), quelques procès concernant Plougourvest. En 1748, la paroisse, représentée par ses marguilliers Yves Caroff et Yves Tréguer, intente une action « contre Renée Jacob, dame du Lescoat, en privé et au nom d'Augustin Jacob, sieur du Lescoat, son frère, capitaine d'une compagnie de milice de Bretagne ». En 1751, autre problème : les paroissiens ont réparé leur presbytère. Ceux de Landivisiau doivent en payer une partie : leur ville n'est juridiquement qu'une trève de Plougourvest. Ils refusent avec dédain : assignation, signification par huissier, procès. Cette réparation n'était pas merveilleuse. En 1760 le recteur se plaint d'un presbytère délabré. Le corps politique ne veut rien savoir, estime que ce recteur trop exigeant ne fait pas les réparations locatives, et finit par confisquer les clés. Procès. L'affaire remonte jusqu'au Parlement de Bretagne, qui ordonne la restitution des clés et l'exécution des réparations (7 décembre 1763). Les paroissiens ont-ils aussitôt obtempéré ? Ce n'est pas sûr. Car c'est en mars 1766 qu'ils décident d'« abattre trois ou quatre chênes situés sur le cimetière de l'église paroissiale, pour subvenir aux réparations urgentes des bâtiments qui en dépendent ». En 1781, Guillaume Le Fur, nouveau recteur de Plougourvest, trouve un presbytère et un cancel en mauvais état. Il réclame réparation aux héritiers de son défunt prédécesseur. Finalement, il accepte un compromis de 900 livres : la valeur d'une bonne vingtaine de vaches.

L'affaire la plus sérieuse concerne à la fois mon Plougourvest et le Plouescat de mes ancêtres : elle illustre la complexité de la justice d'Ancien Régime. Dans la nuit du 20 au 21 mars 1746, on a dérobé « le trésor de la fabrique de Plouescat, lequel était enfermé dans un coffre-fort et armoire de la sacristie de l'église paroissiale » : 1 800 livres.

Le vol s'est produit dans le ressort du tribunal seigneurial de Kerouzéré-en-Sibiril, dont le sénéchal conduit l'enquête. Il fait les constatations, interroge 33 personnes, rédige un procès-verbal de 140 pages, découvre les coupables (Jean et Jacques Guen) et les défère aux juges royaux de Lesneven, qui les condamnent à mort le 6 avril. Ils font appel et s'en tirent avec les galères (19 novembre).

Mais quand les juges de Lesneven demandent au comte de Rochefort, seigneur de Kerouzéré, de payer leur travail, il refuse : « Ce n'est pas à vous, dit-il, que mon sénéchal aurait dû renvoyer l'affaire, mais au lieutenant de la maréchaussée et au présidial de Quimper. » Les juges obtiennent du Parlement de Bretagne un exécutoire lui ordonnant de leur verser 630 livres 6 sols 8 deniers.

Le comte se retourne alors non pas contre son sénéchal, puisqu'il est mort entre-temps, mais contre l'héritier de celui-ci : son frère, recteur de Plougourvest, lequel charge un avocat de rédiger un « *Factum pour Messire Pierre-Louis Lesparfel, prêtre, licencié ès lois, recteur de la paroisse de Plougourvest [...] contre Messire Jean Anne Vincent de Larlan de Kercadio, comte de Rochefort, propriétaire de la terre et seigneurie de Kerouzéré-Trongof* ». Il montre que le cas relevait bien des juges royaux, puisqu'il y a eu effraction et sacrilège. Et il plaide une « intimation et fin de non-recevoir fondée sur ce qu'étant au fait d'autrui, le demandeur devait d'abord l'instruire des conditions du rendement de la charge de sénéchal ». Élémentaire ! Le comte sera effectivement débouté par le Parlement de Bretagne (6 mars 1750).

Passons au XIXe siècle, cette fois pour des querelles concernant le cimetière[1]. On a vu, au chapitre précédent, que les cimetières se sont révélés trop petits quand chaque famille a exigé une tombe particulière, assez grande et parfois perpétuelle. Celui de Plougourvest est élargi vers l'ouest en 1842. Chaque emplacement fera 2,50 m sur 1,20 m. Les deux tiers seront réservés aux inhumations gratuites, accordées pour cinq ans : c'était précédemment la durée générale. Mais pour cinq francs les concessions seront trentenaires, et perpétuelles pour quinze.

L'année suivante, le recteur demande qu'il n'y ait pas d'inhumation dans le nouvel angle nord-ouest, « pour la salubrité des habitants du presbytère, qui peuvent être incommodés, surtout en été ou en cas d'épidémies, par l'odeur des cadavres ».

Ses successeurs ont-ils constaté que la profondeur et l'étanchéité des nouvelles fosses les préservaient ? Toujours est-il que, le 22 mai 1866, le conseil municipal vote un nouvel agrandissement vers le nord. Car, dit-il, on en est arrivé à « ouvrir des fosses qui n'étaient fermées que depuis deux ou trois ans ». 283,80 m^2 seront pris sur le terrain du presbytère. Réaction du sous-préfet : il ne faut pas agrandir le cimetière, il faut le transférer hors du bourg, conformément à la loi de 1805. Mais il n'insistera pas. Le préfet écrit à l'évêque pour lui

1. Il y en a d'autres : en 1834, 1839, 1869 la paroisse de Plougourvest engage des procès contre des gens qui refusent de payer la rente foncière d'un boisseau de blé qu'ils lui doivent (45 kg).

demander l'avis du conseil de fabrique, gestionnaire des biens de la paroisse. « Il n'y a pas très bonne intelligence entre le recteur et le maire », répond le prélat : celui-ci, « en sa qualité de maréchal-ferrant, ne serait pas fâché de planter un clou dans le pied de son recteur ».

Vive réaction en effet du conseil de fabrique. « Il n'y a aucune urgence d'agrandir le cimetière communal. » « Ce n'est pas du tout l'insuffisance du terrain, mais bien la volonté des familles » qui est en cause, et notamment celle de « Mr l'adjoint »[1]. Elles veulent davantage de place pour mettre tous leurs morts les uns à côté des autres. Mais l'extension serait malsaine pour le presbytère. « Le clergé tout seul [...] sera-t-il exclu de l'intérêt que trouvent tous les autres à la santé publique ? » Quant au croquis présenté, « le conseil [...] déclare d'une voix unanime que ce plan est faux [...]. Si on l'exécutait, une bonne partie du presbytère actuel deviendrait cimetière. En conséquence, le conseil est unanimement d'avis que le cimetière reste tel qu'il est ». Notez que le maire est membre dudit conseil.

L'évêque, qui transmet cette délibération au préfet, en prend le contre-pied ! « Nonobstant l'avis de la fabrique, je pense qu'il y a lieu, vu l'urgence, d'agrandir le cimetière, en prenant sur les dépendances du presbytère le terrain nécessaire. » Le curé proclame « que son presbytère est très mal-

1. Le procès-verbal du 22 mai disait que le conseil municipal avait été « appelé par plusieurs de ses membres à porter son attention sur l'urgence d'agrandir le cimetière ». Non, dit le maire, ce ne fut « que sur la proposition d'un membre du conseil municipal, qui avait vu percer sur une tombe et découvrir des restes de chevelure ». Cette tombe avait huit ans, objecte le fossoyeur : il ne restait que des os.

sain, que deux recteurs y sont morts de la fièvre typhoïde ». L'architecte mandaté par le préfet constate qu'il est en effet très humide, et que le nouveau cimetière, selon le plan prévu, « enlèverait deux mètres de la salle à manger, ce qui est sans doute une erreur ». Le 30 janvier 1867, le préfet conclut que le cimetière ne sera pas agrandi. Mais le 13 avril 1871 le conseil municipal confirme que si. Une solution est intervenue : la fabrique a décidé de reconstruire le presbytère un peu plus loin, vu non seulement ses « très mauvaises conditions hygiéniques », mais « son état d'insalubrité » générale[1].

Je ne crois pas qu'il y ait eu au XXe siècle de querelles analogues à celles que je viens de rapporter. Mais, à l'époque de ma naissance, Plougourvest s'est trouvé à la pointe d'un conflit de portée nationale.

Le pouvoir d'achat du franc diminue régulièrement depuis la Grande Guerre. En 1929, il ne vaut plus que le cinquième de sa valeur de 1914. Le salaire de notre secrétaire de mairie augmente en conséquence – mais toujours avec retard. Le 24 novembre 1929, le conseil municipal décide de prendre une longueur d'avance : à partir du 1er janvier 1930, pour cinq heures de travail par jour ouvrable, le secrétaire percevra 6 600 F par

1. La fabrique n'a plus d'argent, car elle vient en 1867 de reconstruire la sacristie, qui était « humide » et dans « un état de délabrement intolérable ». Elle décide donc de vendre aux enchères des terres qu'elle possède à Plougourvest, Plouvorn, Bodilis et Plougar : 12 hectares 2 ares 92 centiares au total, qui lui rapportent 21 290 F. Ce beau presbytère (une porte et quatre fenêtres au rez-de-chaussée, cinq fenêtres au premier étage) n'aura guère servi plus d'un siècle : il est vide depuis 2002 et la paroisse vient de le céder à la commune, qui va le louer par appartements.

an[1] au lieu de 5 000 : + 32 %. Mais c'est à partir de cette année-là que le franc remonte : en 1935, il vaudra 35 % de plus qu'en 1930.

Or, le nouveau maire élu le 19 mai 1935 est d'un beau dynamisme : le 28 janvier 1936, il menacera même de porter plainte contre son prédécesseur, qui aurait gardé pour lui une recette « de 800 F environ ». Dès le 27 mai, le salaire du secrétaire est ramené à 5 000 F à partir du 1er janvier 1936. Ce faisant, Plougourvest anticipe avec brio la politique gouvernementale : le 16 juillet 1935, toutes les dépenses publiques seront réduites de 10 %, y compris salaires et retraites des fonctionnaires et assimilés.

Le secrétaire de mairie proteste auprès du préfet et alerte le syndicat des employés communaux, qui fait agir le vice-président de la Chambre des députés auprès du ministre de l'Intérieur. Cette « amputation de près du quart des appointements [...] peut être considérée comme une peine disciplinaire déguisée », écrit le préfet au maire. « Je ne saurais [...] approuver une diminution supérieure à 15 % » (22 juillet). Le 18 août, le conseil recule : la diminution ne sera que de 12 % (5 808 F), mais elle « s'effectuera à compter du jour de la présente délibération ». Le secrétaire accepte la réduction, mais refuse la date : « En opérant rétroactivement la diminution de mon traitement, le conseil municipal a agi illégalement. » Non, répond le préfet, en se référant au décret-loi du 16 juillet.

Le 7 décembre, le conseil repart en guerre : le traitement sera de 5 000 F. « Excès de pouvoir », « sanction déguisée », s'exclame le secrétaire. (Je précise qu'il assiste aux séances pour en trans-

1. Environ 260 € par mois, mais il faut tenir compte du faible coût de la vie dans nos campagnes à cette époque.

crire fidèlement les décisions !) Le préfet invite le conseil « à motiver sa décision » (20 décembre). Celui-ci confirme son vote (12 janvier et 22 juin 1936) : ce salaire, « exagérément » augmenté en 1929, est nettement supérieur à ce qu'offrent les communes de même importance. Mais la décision est cassée par le conseil de préfecture interdépartemental (7 novembre).

Porteur des intérêts des employés municipaux de France et de Navarre, le secrétaire se pourvoit en Conseil d'État. Mais le préfet change de point de vue : le salaire antérieur était « nettement exagéré », écrit-il au ministre de l'Intérieur ; sa réduction « s'imposait » (21 avril 1937). À la comparaison avec d'autres communes, le maire ajoute de nouveaux arguments. L'intéressé « cumule ses fonctions d'employé communal avec les emplois de chantre-organiste à l'église et d'agent d'une compagnie d'assurances, et aux émoluments qu'il perçoit à ces divers titres, il faut encore ajouter le bénéfice d'un commerce d'épicerie tenu par sa femme ». Un tel exposé de justifications ne convaincrait sans doute pas des juristes d'aujourd'hui. Toujours est-il que, le 15 décembre 1937, le Conseil d'État rejette la requête du secrétaire. Mais le problème se résout sur le terrain : le 25 juin 1938, le conseil municipal offre 6 600 F à partir du 1er juillet. Or, à ce moment, la monnaie a la même valeur qu'en 1930, date d'effet provisoire de ce même salaire, que le même conseil trouvait tellement excessif. Quant à l'épouse épicière, elle sera employée comme « aide secrétaire pour la distribution des cartes d'alimentation » « huit jours par mois environ » pendant l'année 1941.

Tous ces conflits auraient pu survenir n'importe où. Passons donc à ce qui est plus caractéristique d'une commune rurale bretonne : son église, son agriculture, son élevage.

Malgré la désertion des fidèles et la multiplication des maisons dans le bourg, l'église en reste le centre. Elle est jolie et bien dégagée : un élégant clocher de 1588, un porche méridional de 1616, des fonts baptismaux de 1667, un autel et un retable légèrement antérieurs, dont la décoration complexe, « somme eucharistique en abrégé », « célèbre le triomphe de la Vie, fruit du sacrifice du Christ » (Claude-Marie Mével). Plus deux bannières, un calice et une patène du XVIIe, un ciboire du XVIIIe, et un beau reliquaire du XIVe siècle en argent ciselé. Les quatre derniers objets auraient dû être livrés en 1793 pour être fondus sur ordre du gouvernement révolutionnaire[1]. Nos voisins de Plouvorn, eux aussi très majoritairement contre-révolutionnaires à cette date, ont cependant livré 69 objets de leur église et 20 de la chapelle de Lambader. Mais les trésors ecclésiastiques de Plougourvest ont été cachés, probablement au manoir de Lannurien.

Quand j'étais jeune, j'ignorais la valeur de ces choses, et je détestais le retable : je ne déchiffrais évidemment rien de ses symboles complexes, et cet art baroque, torsadé, surchargé, un peu voyant, contredisait à la fois ma sobre rationalité classique et mes élans de spiritualité gothique. Quant aux fonts baptismaux, je les trouvais assez minables. Ce que j'aimais en revanche, ce que tout

1. Il n'a pas été le seul. Le très catholique gouvernement de Vichy a prétendu faire de même : « Les Autorités Françaises nous demandent le sacrifice de certains objets du culte contenant du cuivre, du plomb, de l'étain, du nickel et leurs alliages » (note de l'évêque de Quimper à toutes les paroisses, 1942). Cette demande ne semble pas avoir eu grand succès.

le monde aimait, c'était le clocher : il était notre repère, élancé et harmonieux. De mon hameau, je voyais en outre le clocher de Plouvorn et surtout celui de la chapelle de Lambader, très élancé (57 m), qui passe pour le plus beau de Bretagne après le Kreisker de Saint-Pol-de-Léon.

J'ai gardé pour la fin ce qui était l'essentiel mais qui vous intéressera peut-être moins si vous n'êtes pas campagnard : l'agriculture et l'élevage. Quand mon père et ses semblables allaient quelque part, ce n'étaient pas les monuments qui les intéressaient, ni même les paysages : c'étaient les champs et les crèches qu'ils voulaient visiter. Quand je dis que je fus un petit paysan, les regards s'allument, avides de pittoresque. Si j'enchaîne en décrivant la réalité de cette existence : les cultures, les travaux des champs et les soins aux animaux, les visages ne tardent pas à s'éteindre. Il est difficile de s'intéresser vraiment à ce qu'on ne connaît pas : même quand on comprend les mots, ils ne restituent pas l'ambiance, les sensations, les sentiments, la signification humaine que seule vous procure l'expérience. Notre désintérêt face aux beaux enclos vous a peut-être déçus ; mais ce ne sont que des pierres après tout. Le vôtre face à notre vie serait encore plus choquant.

En 1749, environ 83 % des Français étaient des ruraux et 83 % de ceux-ci des paysans[1]. Plougourvest, sans sa trève landivisienne, comptait à peu près 1 350 habitants. 197 « feux » (foyers) payaient l'impôt du vingtième : 21 propriétaires paysans, 155 fermiers, 6 à la fois propriétaires et fermiers, 4 meuniers, 3 ecclésiastiques, 8 cafetiers

1. En comptant les ouvriers agricoles et les mendiants.

ou artisans. En supposant une moyenne de 5 personnes par foyer, il resterait environ 70 familles plus ou moins indigentes : près du quart.

Dans la Bretagne rurale de 1925, près du tiers des gens n'étaient plus des paysans. À Plougourvest, où l'industrie était inexistante, le commerce et l'artisanat inférieurs à la moyenne, ils représentaient quand même près du quart de la population. Je les présenterai en cinq catégories, de mon point de vue de petit bouseux.

Seuls le recteur et son vicaire, les deux instituteurs et les trois religieuses maîtresses d'école avaient des activités, des préoccupations et des mentalités vraiment différentes de celles des autres. Ils venaient d'ailleurs ; ils savaient certes le breton, mais ils étaient plutôt francophones ; ils avaient l'avantage de ne pas faire un travail de force, de ne pas se salir et d'être à l'abri des intempéries : cela les rapprochait des bureaucrates urbains, ces gaspilleurs de savon (*userien sãõn*) qui lavaient leurs mains blêmes sans nécessité. Mais ils étaient intégrés dans la communauté et jouissaient de son estime.

Travailler sans se salir ni s'abîmer les mains et à l'abri des intempéries : ce privilège était partagé par le secrétaire de mairie, le taxi, la femme chef de gare, les sept retraités (un instituteur, trois marins, trois femmes qui avaient été bonnes ou aides-cuisinières dans des familles parisiennes), les vingt-deux couturières (qui avaient de moins en moins de travail), le domestique et la femme de chambre de M. de Tonquédec (seul noble de la commune), les quinze épiciers bistrotiers, les onze meuniers, minotiers et boulangers[1]. Il l'était

1. En comptant pour toutes ces catégories leurs employés.

partiellement par le charpentier, les huit charrons (patrons et employés) et le chef d'équipe du chemin de fer départemental. Et il l'était tout particulièrement par le tailleur[1], dont je me souviens d'avoir jalousé l'existence : il vivait dans le parfum d'étoffes moelleuses. Rien que pour ça, je serais bien devenu son gendre !

Le taillandier, le forgeron maréchal-ferrant, les deux cyclistes mécaniciens, le bourrelier (qui sentait bon la poix et le cuir) étaient eux aussi à l'abri ; mais leur métier était salissant et ils s'abîmaient les mains. Quant aux trois maçons, ils cumulaient tous les inconvénients... lorsqu'ils avaient du travail. Enfin le facteur et les trois cantonniers étaient aux intempéries, mais avec des horaires réduits, un salaire assuré et même des congés payés à partir de 1936[2]. Le premier était respecté : on attendait son passage pour le journal, pour les lettres (surtout pendant la guerre), pour les mandats. On traitait les autres avec

1. Jusqu'au début du XXe, le tailleur rural était un personnage particulier, car il s'installait dans les fermes pour faire les vêtements, en général pour plusieurs jours, surtout là où ils étaient richement brodés. Il servait de nouvelliste et parfois d'entremetteur. Travaillant auprès des femmes et à l'abri, conteur et souvent beau parleur, il était mal vu des hommes. « *Nao c'hemener evit ober en den* », disaient-ils : « Neuf tailleurs pour faire un homme. » On ironisait sur le fait que sa position (en tailleur) le rendait bossu.

2. C'était aussi le cas – sauf pour les congés payés – de trois autres personnes employées par la municipalité, mais à temps très partiel : le tambour afficheur (jusqu'en 1956 au moins), le messager communal (jusqu'en 1959 au moins : le 27 janvier 1951, le conseil municipal lui accorde « une indemnité de bicyclette » en plus de son traitement) et la personne chargée du remontage et de l'entretien de l'horloge du clocher.

ironie : ils avaient des horaires restreints, travaillaient doucement, bavardaient avec les passants, trinquaient volontiers, passaient leur temps appuyés sur leurs outils. *E rei bronn dar bal*, disait-on : à donner le sein à la bêche, parce qu'ils appuyaient leur poitrine ou leur aisselle sur son manche.

À part ceux de la première catégorie, tous ces gens, malgré leurs différences, étaient du même monde. Presque tous étaient nés là ou dans une paroisse voisine et ne s'en étaient éloignés que le temps de la guerre ou du service militaire. Tous travaillaient sur place, sauf deux ou trois maçons qui participaient à la reconstruction de Brest après 1945. Presque tous les hommes étaient plus ou moins des travailleurs manuels, car les bistrotiers étaient artisans, et tous sauf le recteur cultivaient leur jardin potager. Il y avait plus de différences entre les femmes : seules les paysannes avaient un travail physique lourd et salissant. Parmi les autres, quelques-unes se souciaient déjà de leur esthétique.

Je ne parlerai guère que des paysans : de leurs cultures, de leurs animaux, puis de leur vie dans un autre chapitre. Ce sont les seuls que j'ai bien connus. Et même pas entièrement. Car il y avait grande différence entre propriétaires et fermiers et surtout entre gros et petits, entre chefs d'exploitation et ouvriers agricoles. Mes parents n'étaient pas propriétaires, mais leur ferme était grande, sinon très grande pour l'époque et pour la région (25 ha). Beaucoup avaient donc une vie plus difficile que nous.

Cette paroisse faisait jadis partie de la riche zone toilière du Haut-Léon central. Mais c'était l'une des moins entrepre-nantes : à la plus belle époque (1660-1680), il y a seulement trois ou quatre paysans marchands de toile, sans doute un petit tiers de paysans aisés, dont les biens valent entre 1 000 et 3 000 livres, un peu plus de petits paysans, un peu moins de journaliers, indigents et mendiants[1]. Outre les marchands de toile, quelques autres laboureurs sont vraiment riches, comme Guillaume Tanguy de Kersaliou (4 702 livres en 1788)[2].

Voici l'inventaire après décès d'un petit paysan de Plougourvest, Jean Hamon, établi en juin 1702 pour un total de 372 livres 4 sols : un pot de fer avec crémaillère et couverture, 2 l. 10 s. ; deux trépieds, 1 l. ; une poêle à frire 0 l.15 s. ; un petit pot de fer, 1 l. ; un grand bassin[3] *4 l.10 s. ; trois petits bassins 3 l. 15 s. ; une hache, deux faucilles 0 l. 15 s ; deux crocs à fumier, 0 l. 15 s ; écuelles, cuillers, barattes,*

1. Au XVIIIe siècle dans le Léon, 11 % des inventaires après décès sont inférieurs à 150 livres : c'est le cas en 1766 pour Allain Mesangroas et Marie Abgrall de Goascadougan en Plougourvest (109 livres). Un quart se situe entre 150 et 500 livres. Un autre quart entre 500 et 1 000. Et 39 % au-dessus, comme Jean Carré de Guerruaz (1 619 livres en 1746) ou François Abgrall de Coatbihan (1 870 livres en 1728) : il possédait notamment une table avec un petit coffre de bois de chêne, un pot de fer avec crémaillère, une petite marmite, une petite table, deux trépieds avec une platine (poêle plate pour crêpes et galettes), cinq bassins tant grands que petits avec une passoire, deux lits clos avec leur habillement, sept collornes (baquets), trois huches, un cheval, une jument, trois vaches, une charrette, de la paille et du foin.

2. À Guiclan, le laboureur Le Hir avait pour 10 000 livres de meubles.

3. *Bassine* n'apparaît qu'au XVIe siècle, et le sens des deux mots ne se distingue que progressivement. La casserole ne se répand qu'à partir du milieu du XVIIIe siècle.

0 l. 15 s ; trois méchantes[1] *cruches, 0 l. 04 s ; trois tamis, 0,08 s. ; trois quelaines*[2]*, 0 l. 10 s ; une table ouvrante en bois de chêne avec les escabeaux*[3]*, 3 l. ; une maie à pâte en bois de fouleau avec son chevalet*[4]*, 1 l. 10 s ; une presse*[5] *à trois battants en bois de chêne, 4 l. ; un paravent*[6] *de lit clos avec la couette et deux petits oreillers de plume, deux linceuls*[7]*, une faible*[8] *couverture de laine, 4 l. ; un lit clos en bois de chêne et son habillement, 9 l. ; une vieille huche*[9] *en bois de chêne, 4 l. 10 s ; un charnier [pour conserver la viande] en bois de fouleau, 1 l. 10 s ; une auge de pierre, 9 l. ; deux auges de pierre, 3 l. 10 s ; la doublure*[10]*, 12 l. ; le bois au-dessus de la petite crèche, 3 l. ; le bois et les couvertures de deux granges, 9 l. ; deux coffres en bois de chêne avec clefs, 12 l. ; un grand coffre en bois de chêne, 7 l. 10 s. ; fourches, rateaux, 1 l. ; doublure et couverture faillies*[11] *en bois dans la chambre*[12]*, 3 l. ; un coffre de bois de chêne*

1. En mauvais état.
2. Transcription du breton *kelorn* : baquet, seau de bois.
3. Tabourets. La table ouvrante (dont le dessus s'enlève) permet de préparer la pâte et d'entreposer des aliments.
4. La maie est une table ouvrante pour pétrir la pâte à pain et à galette. Le fouleau, c'est du hêtre.
5. Une grande armoire. Les armoires n'avaient commencé à remplacer les coffres que depuis peu, d'abord pour entasser (« presser ») les toiles de lin fabriquées à la ferme.
6. Une façade.
7. Draps.
8. Légère, usée.
9. La huche est un coffre à couvercle plat, par opposition à l'arche, dont le couvercle est bombé.
10. On appelait doublure un plancher sommaire qui permettait un modeste rangement au-dessus d'une partie de la maison, d'une grange ou d'une crèche.
11. De mauvaise qualité.
12. On appelait ainsi toute pièce distincte de la pièce principale.

avec clef, 4 l. 10 s ; une vieille table vermoulue et un failli banc de sapin, 4 l. 10 s ; chapeaux, bas, souliers, 6 l. ; un boisseau d'orge, mesure de Landivisiau, 2 l. ; trois boisseaux d'avoine noire de la même mesure, 3 l. 15 s ; un boisseau de blé noir, 1 l. 12 s ; deux grandes huches en bois de chêne, 16 l. 10 s ; charrue, soc, coutre, roue et attelage, 4 l. 10 s ; un broyeur à lin, trois fûts de barriques et quelques faibles morceaux de bois, 3 l. ; un faible métier à tisser, 6 l. ; environ une charge à cheval de foin, 1 l. ; la paille sur l'aire, 6 l. ; le fumier, 12 l. ; deux timons de charrette avec une seul roue, 9 l. ; une vache hors d'âge, 21 l. ; un faible vieux cheval, 3 l. ; la moitié du profit provenant de deux bœufs, 6 l.[1] *; jardinage, 4 l. ; le bois de chauffage sur les fossés*[2] *de deux courtils*[3]*, 3 l. ; la gagnerie*[4] *de froment, seigle, mistillon*[5] *et lin dans « Parc clos », 60 l. ; gagnerie d'avoine et d'orge, 45 l. ; genêts pour chauffage, 15 l. ; herbe à couper dans une parcelle de pré et bois sur les fossés, 9 l. ; réparations*[6] *autour des maisons, 19 l. ; un plat et deux assiettes d'étain, 0 l. 15 s.*

La forte réduction des exportations de toile au XVIIIe siècle, puis les troubles de la Révolution ont

1. Un paysan plus riche que le défunt a placé chez lui deux bœufs que celui-ci engraisse : quand ils les vendront, ils partageront le profit. Ce système « à mi-croît » a parfois perduré jusque vers 1950.

2. Les talus, le long desquels des fossés marquaient les limites de propriété.

3. Petit champ au voisinage de la maison.

4. La récolte.

5. Méteil : mélange de blé et d'orge ou de seigle.

6. Les travaux qu'il a effectués et que le propriétaire lui devra s'il part.

diminué la richesse économique et démographique de la région, et Plougourvest est en queue du pays landivisien[1]. En 1799, il n'y a plus que 984 habitants. Seules sept personnes sont assujetties à la patente pour un total de 8 F, contre 33 à Guimiliau (70,80 F), 106 à Lampaul-Guimiliau (389 F), 261 à Landivisiau (1 639,70 F). Il n'y a plus que deux paysans marchands de toile (Guillaume Le Guen à Lannurien, et René Le Bihan à Roc'hglas) contre trois à Plougar, quatre à Saint-Servais, dix à Landivisiau, seize à Bodilis, vingt-trois à Plouvorn, vingt-six à Guiclan, quarante-six à Saint-Thégonnec. Et maintenant, ils sont moins riches que les quatre meuniers.

Quelle était la mentalité des gens de Plougourvest il y a deux siècles ? Cambry, qui parcourt le Finistère en 1794-1795, les caractérise par quelques stéréotypes : « indolents, bonnes mœurs, industrieux, reconnaissants, vindicatifs ». Comment concilier le premier, le troisième et le dernier qualificatifs ? Il veut sans doute dire qu'ils sont habiles, ingénieux et entreprenants au travail, bien que lents et ato-

1. En 1770, c'est Guiclan qui est la paroisse la plus riche du secteur, devant Plouvorn, Landivisiau, Bodilis, Plouzévédé, Plougourvest et Plougar. Voici, pour chaque paroisse, le nombre approximatif d'habitants et le montant, en livres, des divers impôts : capitation, droits joints, frais de milice, vingtièmes fonciers. Guiclan : 3 100 habitants, 2 590, 1 204, 116 et 2 987 livres ; Plouvorn (avec ses trèves Mespaul et Sainte-Catherine) : 3 600 habitants, 2 524, 1 173, ? et 4 081 livres ; Landivisiau : 2 400 habitants, 1 564, 727, 571 et 2 734 livres ; Bodilis : 2 000 habitants, 1 208, 560, 461 et 1 662 livres ; Plouzévédé : 1 500 habitants, 1 142, 530, 44 et 1 810 livres ; Plougourvest : 1 000 habitants, 640, 297, 23 et 1 151 livres ; Plougar : 1 000 habitants, 483, 224, ? et 1 146 livres.

nes dans leur comportement tant qu'on ne les agresse pas : ils se montrent alors plus vindicatifs encore que la moyenne, à une époque où cette tendance est fort importante – surtout depuis 1793. En 1788, l'Anglais Young, de passage à la foire de Landivisiau, trouvait l'attitude des paysans « à la fois énergique et nonchalante ».

Au début du XIXe siècle, bien que sa grande prospérité soit terminée, le Léon reste plus dynamique que les campagnes du Trégor, de Cornouaille ou de Haute-Bretagne. Et particulièrement ce petit secteur. « En arrivant [par le nord] aux environs de Landivisiau, on sent que l'on approche d'une localité industrieuse [...] au centre d'un pays fécond », écrit Brousmiche en 1835. « Le paysan présente une rare activité, qui contraste fortement avec l'apathie générale en Basse-Bretagne [...]. L'aisance paraît générale, la propreté plus grande. Les fermes sont mieux tenues, le bétail mieux soigné »[1]. Mais Plougourvest est toujours loin d'être la commune la plus prospère du canton. En 1831, un classement des communes en six catégories la place dans la dernière. En 1840, il faut payer 200 F d'impôts directs pour être électeur. Il y en a 395 dans l'arrondissement de Morlaix, 25 dans le canton de Landivisiau, un seul à Plougourvest, Alain-Jean Guyader, qui en paie 261,98. Il n'est plus ni meunier ni marchand de toile, mais « expert » : sans doute chargé des évaluations lors des inventaires.

1. C'est aussi, en 1847, l'avis de Flaubert (cf. p. 82).

En 1846, la population est remontée à 1 357 habitants[1] : une augmentation de 38 % en un demi-siècle. Autant de monde qu'en 1700, et 15 % de plus qu'aujourd'hui. C'est à cette date que culmine démographiquement le Haut-Léon rural (100 habitants/km²), avec pour conséquence l'un des revenus par tête les plus faibles de France, malgré un terroir fertile. Plougourvest n'est ni très riche, comme l'est déjà la région de Roscoff, ni très pauvre, comme la « montagne » : le revenu cadastral est égal à la moyenne départementale.

Les 14 km² de la commune sont divisés en 3 316 parcelles cadastrales, la plupart entourées de talus. 38 % d'entre elles[2] sont en landes et bruyères, 2 % en bois et taillis, 2 % en prés naturels[3]. 49 % des terres sont en culture et seulement 3,7 % en jachère, soit trois fois moins que la moyenne bretonne : dans ce pays de bonnes terres, grâce aux progrès des fumures et des rotations de culture depuis l'introduction du trèfle et des plantes fourragères, on ne laisse plus les champs se reposer que tous les douze ou quinze ans.

1. À l'époque, seuls 10 % des Bas-Bretons vivent dans une agglomération de plus de 1 500 habitants, alors que la moyenne nationale est de 21 %.

2. La moyenne bretonne était alors de 29 %.

3. Cela fait beaucoup moins de bois et de prés que dans l'ensemble du canton de Landivisiau (6 % et 8 %) ou dans celui de Plouzévédé (4 % et 8 %), où il y a nettement moins de lande (29 et 25 %) et plus de terre labourable (57 et 60 %). C'est que nous sommes au sommet du plateau : Plouzévédé est plus bas vers la Manche, Landivisiau vers la vallée de l'Elorn ; la ligne de partage des eaux, l'endroit le moins bien irrigué, passe à 1 km au sud de mon hameau.

Voici, en pourcentages, les surfaces consacrées aux diverses cultures en 1846 et en 1954.

	1846	1954
froment	23	27
avoine	22	16
orge	16	4
trèfle[1] et luzerne	16	11
sarrasin	8	0
pommes de terre	5	14
panais	5	0
choux navets betteraves rutabagas[2]		
lin et chanvre	2	1
Total	100 %	100 %

Comparons les cultures de 1846 à l'ensemble du Finistère et de la Bretagne. Ce qui frappe c'est l'importance du blé (ou froment), la surprenante absence du seigle (dominant dans toute la Bretagne au Moyen Âge et encore important dans le centre jusqu'au début du XXe), la faible place du

1. À la fin du XIXe, la Basse-Bretagne produit trois fois plus de rutabagas que le reste de la France. On en met dans la soupe et on en donne aux vaches.

2. Introduit en Bretagne en 1757 et dans le Léon en 1838, le trèfle devient rapidement une spécialité de l'arrondissement de Morlaix : en 1855, il en produit dix fois plus que le reste du Finistère.

sarrasin[1]. La nourriture traditionnelle des pauvres était surtout à base de seigle et de sarrasin. En 1837, celui-ci restait en tête des cultures bretonnes (17,10 %), devant le blé (16,6 %), l'avoine (12 %) et le seigle (12 %)[2].

Le panais était une spécialité du Finistère, qui en produisait presque autant que le reste de la France, et surtout du Léon. Semblable à une grosse carotte blanche, plus riche en glucides que n'importe quel aliment usuel sauf sucre, miel ou confiture, il se mettait dans la soupe et se donnait aussi aux animaux. En 1846, il occupait encore autant de place que la pomme de terre.

Importée d'Amérique en 1545, introduite en Bretagne vers 1741, la pomme souterraine suscita d'abord la méfiance : elle se conserve mal (pourriture, germination), on l'accuse de propa-

1. Appelé aussi blé noir à cause de la couleur de ses petites graines et bien que ce ne soit pas un blé ni même une céréale, le sarrasin (déjà cultivé en Europe antérieurement) avait surtout été rapporté du Moyen-Orient par les Croisés. On lui avait appliqué le nom que les Occidentaux donnaient alors aux musulmans. Se contentant de sols pauvres, il avait remplacé le millet et gagné toute la Bretagne dès le XVIe siècle. Sa farine servait à faire des galettes à la maison sans payer le boulanger ni le seigneur, qui avait souvent le monopole du four à pain. Semé en avril-mai, il était récolté en octobre – c'est-à-dire à des époques différentes des semailles et de la moisson des céréales. Il convenait comme première culture de terres en jachère ou défrichées : ses racines pivotantes ameublissent le sol et son feuillage abondant le couvre, empêchant l'herbe de pousser. Enfin ses jolies fleurs bleues sont très appréciées des abeilles.

2. Dans le Finistère en 1838, l'avoine est en tête (25 %) devant le seigle (20 %), le sarrasin (19 %), le blé (18 %), l'orge (15 %) et le méteil (2 %). Mais dans le Haut-Léon le blé a beaucoup plus d'importance qu'ailleurs.

ger des épidémies et d'avoir mauvais goût. « Les 99 centièmes de l'humanité n'y voudraient pas toucher », affirme l'agronome Young vers 1770. « De quelque manière qu'on l'apprête, [elle] est fade et farineuse », dit l'*Encyclopédie*, qui la recommande cependant aux pauvres, car « elle fournit un aliment abondant ». Certes elle donne des vents, « mais qu'est-ce que des vents pour les organes vigoureux des paysans et des manœuvres ? ».

Le dernier évêque de Saint-Pol, Mgr de La Marche (1772-1790) s'en fait le propagandiste. Surnom assuré (*eskob ar patatez*, l'évêque des pommes de terre) mais succès restreint : en 1795, la commission des subsistances constate que cette culture est « encore presque inconnue » dans le district de Landerneau. C'est la disette de 1816 qui en impose l'adoption. Dès 1840, c'est une nourriture de base en Bretagne : on en consomme deux fois et demie plus par habitant que dans la France du Sud-Ouest, et cette tendance se maintiendra jusqu'en 1950.

Transportons-nous un siècle plus tard, en 1954, pour constater les transformations. La population a diminué : assez lentement jusqu'en 1914 (1 206 habitants en 1911, soit 11 % de moins qu'en 1846), plus nettement ensuite : victimes de la Grande Guerre pour la plupart en âge de procréer, émigration, crise de 1929, prisonniers de 39-45, volonté des couples de limiter le nombre d'enfants : 1 020 habitants en 1931, 1014 en 1954.

En 1954, seul un quart des Français travaille dans l'agriculture, contre 50 % en 1881 et 75 % en 1780. Mais en Bretagne c'est encore 40 %, à Plougourvest près des trois quarts. Il y a 153 exploitations agricoles (déjà 40 % de moins qu'en 1929) tenues par 75 fermiers et 78 propriétaires[1], qui emploient, outre les membres de leur famille, une trentaine de salariés plus souvent occasionnels que permanents.

Maintenant, le blé domine largement[2]. Il a beaucoup progressé (de 25 % entre 1862 et 1882) grâce à l'enrichissement des consommateurs et aux amendements calcaires de nos terres acides par du sable coquiller prélevé sur les plages. Même dans notre pays de chevaux, il a dépassé l'avoine à partir de 1918. L'orge (dont la production en 1940 n'était même pas le quart de celle de 1846) a regagné du terrain à la faveur de la guerre ainsi que l'avoine : entre 1939 et 1948, leur prix a été multiplié par 21 contre 7,5 pour celui du blé, plus sévèrement contrôlé, qu'ils ont remplacé partiellement dans l'alimentation. Mais ils vont bientôt s'effondrer : il n'y aura plus de chevaux, les hommes ne mangeront plus de bouillie d'avoine, et les cochons seront gavés de maïs et de soja.

Le seigle[3] et le sarrasin ont disparu de Plougourvest vers 1920, de même que le panais : il demandait beaucoup de travail, les hommes ne lui trouvaient pas bon goût et, pour les bêtes, les betteraves (qui ont quadruplé) sont plus rentables car plus grosses et plus faciles à sortir de terre. En 1840, il y avait encore 4 000 ha de lin dans le Finistère ; la moitié en 1892 ; presque rien à partir de

1. En 1882, 34 % des paysans bretons étaient propriétaires de leur exploitation. En 1929, 52 %.

2. C'est encore plus net sur l'ensemble du département, malgré un recul depuis 1929.

3. Sur l'ensemble du département, il y avait encore 10 000 ha de seigle dans les années 1930 (quatre fois moins que d'avoine, huit fois moins que de blé). En 1952, il n'y en a que la moitié ; en 1957, le quart ; en 1965 presque rien.

1927. Après la guerre, on a tenté un retour sans lendemain.

Depuis 1924, le Finistère s'est lancé dans la production de pommes de terre sélectionnées pour servir de semences, notamment en Afrique du Nord. Seules les plus grosses sont vendues pour la consommation, et les plus petites mangées à la ferme par les cochons. Pour cette plante, notre climat humide a du bon : il nuit aux pucerons qui transmettent les maladies. *La Bretagne, grenier mondial de la pomme de terre de semence*, titre un livre de 1927. Après la guerre c'est en effet le cas : en 1949 le Finistère fournit 41 % de la production française dans cette catégorie, en 1959 50 %. Le triage des pommes de terre devient une activité collective et festive presque autant que le battage. C'est d'abord grâce à elles que l'ancienne zone toilière renoue avec l'agriculture d'exportation.

Trois cultures bientôt dominantes n'existent presque pas encore à Plougourvest en 1954 : le maïs, les artichauts et les choux-fleurs. Le maïs demandait de la chaleur : en France on n'en cultivait que dans le Sud-Ouest. C'est en 1951 qu'est apparue une variété hybride qui pousse très bien en Bretagne : elle va devenir la nourriture de base des animaux, que l'on commence à élever massivement.

Depuis la disparition des panais, on ne cultivait guère de légumes à Plougourvest sauf dans les potagers de ceux qui, n'étaient pas paysans. On semait quelque carottes et quelques salades parmi les betteraves ; parfois quelques choux çà et là. Chez moi, je ne me souviens de petits pois et de haricots verts que parfois dans un recoin de champ biscornu (*beskellou*). Artichauts et choux-fleurs, cultivés sur le littoral roscovite depuis le XVIIe siècle, n'occupaient encore en 1946 qu'une bande littorale de 3 ou 4 km de large, où l'on ne voyait que cela, des oignons et des pommes de terre. Ils descendront progressivement vers le sud, quand la rapidité croissante des transports permettra une exportation accrue. Une zone légumière mixte – où l'on ne fait pas que cela – a commencé à englober Plougourvest dans les années 1950[1].

Passons à l'élevage, toujours en 1846 et en 1954.

	1846	1954
chevaux	158[1]	410
bovins	398	1 085
ovins	312	12
porcs	64	776[2]
ruches	105	0

Ce qui frappe en 1846, c'est l'importance des moutons[4] et des abeilles, qui produisent 1 260 kg de miel dans l'année, dans une campagne où l'on n'achète pas encore de sucre[5]. Ni les unes ni les

1. Par rapport à 1929, la surface consacrée aux choux-fleurs entre Roscoff et Landivisiau sera multipliée par deux en 1939, par quatre en 1954, par neuf en 1976.

2. Dont 83 poulains.

3. Dont 510 porcelets.

4. Jadis, les ovins, qui fournissent tout à la fois laine, viande et lait, étaient très nombreux (60 % de l'élevage français en 1796). En 1733 il y en avait beaucoup autour de Saint-Pol, mais il n'y en avait encore aucun dans les six paroisses de la subdélégation de Landivisiau, où la laine n'avait pas encore remplacé le lin.

5. En 1789, le Léon produisait 300 000 kg de miel dont les deux tiers étaient exportés.

autres n'existaient plus depuis longtemps dans mon enfance. Je suis également surpris par le petit nombre de porcs[1] : on n'en élève encore que pour sa consommation personnelle – et les trois quarts des familles n'en ont pas[2]. Le reste correspond à une longue tradition. Les bovins sont essentiellement des vaches laitières[3]. Les poulains sont destinés à la vente, et les chevaux – au moins un par ferme – servent à tirer charrettes, charrues et autres outils : au nord d'une ligne Morlaix-Landivisiau-Landerneau, on n'attelle plus guère de bœufs, beaucoup plus lents, depuis la fin du XVIIe[4], alors qu'on le faisait encore dans certains coins du Morbihan jusqu'à leur remplacement par les tracteurs vers 1970. Le cheval est la fierté du Léon. C'est là que « naissent et s'élèvent les plus grands, les plus forts, les plus précieux de tous les chevaux de Bretagne », écrit l'intendant au début du XVIIIe. On en exporte alors sept ou huit mille par an. En 1795, Cambry en rencontre un magnifique entre Morlaix et Saint-Pol. « Jamais dans les écuries de Versailles [...] je ne vis un plus fier, un plus bel animal ».

1. Il y en a bien plus dans les communes limitrophes : 112 à Plougar, 260 à Plouvorn, 287 à Bodilis, 768 à Plouzévédé.

2. À Guipavas (L) entre 1760 et 1790, seules 17 % des familles n'ont ni vache ni bœuf, mais 54 % n'ont pas de porc.

3. 303 vaches, 56 génisses, 26 veaux – dont une partie sera vendue pour la boucherie –, 11 taureaux et seulement 2 bœufs.

4. Guillaume Tanguy, de Kersaliou-en-Plougourvest, mort en 1788, a deux bœufs et un seul cheval, bien qu'il soit riche (4 702 livres). Mais cette situation est déjà rare dans la commune.

Passons en 1954. Les abeilles, en recul dès 1900, ont disparu au cours des années 1920 : le sucre de l'épicerie a remplacé le miel domestique. Et les ovins[1] encore plus tôt : une partie des landes où ils paissaient a été défrichée[2], et une autre enclose ; la plupart des terrains communaux ont été vendus au XIXe siècle et au début du XXe ; le coton, la laine importée, le tissage industriel ont ruiné la production locale ; trèfle, betteraves et irrigation des prairies ont permis la multiplication des bovins dont l'élevage est plus rentable.

Mais, pour le reste, l'élevage a remarquablement progressé. En 1893, le Finistère devient premier département pour les bovins (il tombera ensuite à la quatrième place). Ils ont beaucoup augmenté en nombre et triplé en poids grâce au trèfle, aux betteraves, à des sélections et à des croisements. À partir de 1950, la Bretagne est l'une des principales régions européennes pour les produits laitiers. Dès 1954, à Plougourvest, il y a plus de bovins que d'habitants (1 085 pour 1 014) : 2,7 fois plus qu'en 1846, 28 % de plus qu'en 1950.

Les chevaux avaient triplé : le Finistère était devenu le premier département producteur devant les Côtes-du-Nord, surtout dans ce Haut-Léon méridional[3]. En 1939, la gare de Landivisiau en

1. Il y en avait 5 millions en France en 1880 ; il n'en reste que la moitié en 1914, le cinquième en 1938.

2. Entre 1852 et 1929, les terres non cultivées ont diminué de 60 % dans le Finistère et encore plus dans le Morbihan et les Côtes-du-Nord.

3. En réaction à la chute des prix agricoles provoquée par la crise de 1929, un paysan de Plougourvest s'était lancé avec succès dans l'élevage d'étalons « à mi-croît » avec le maire de Landivisiau. Il avait obtenu un premier prix lors d'un concours national à Paris.

avait expédié 18 000 en France, en Europe et jusqu'en Argentine, au Brésil et au Japon. Presque autant sont partis par la route – principalement de robustes postiers destinés à traîner des canons. Mais en 1954 ils sont déjà remplacés par les moteurs dans l'armée et les transports ; bientôt ils le seront par les tracteurs dans l'agriculture. À Plougourvest, il y en a déjà 12 % de moins qu'en 1950. Bientôt, à Landivisiau, il n'y aura plus sur la place qu'un cheval de bronze. Une œuvre d'art, mais si bien musclée, si bêtement réaliste que sa croupe en paraît vivante jusqu'à l'obscénité. Ce sont surtout les porcs et les poules qui progressent, avec les premiers élevages industriels : on ne les élève plus pour la consommation familiale et une vente d'appoint, mais pour le commerce en gros.

Avançons de vingt-cinq ans : le tiers d'une vie d'homme. Tout a changé par rapport à 1954. En 1979, les chevaux ont disparu, mais l'élevage domine largement[1] : les bovins ont augmenté de 48 % ; le nombre des porcs a été multiplié par dix, celui des volailles par cent, et elles augmenteront encore de 42 % dans la décennie suivante. Pour les nourrir, les prairies occupent 44 % de la surface agricole utilisée, et le maïs, inconnu trente ans plus tôt, a dépassé le blé. La culture la plus répandue est celle des légumes frais (choux-fleurs et artichauts surtout ; puis brocolis, petits pois, haricots verts) qu'on ne cultivait pas à cet endroit en 1950 : 10 % de la surface en 1979, 20 % en 1988, 16 % en 2000 ; trois fois plus que pour les pommes de terre ; autant ou plus que pour le blé selon les années.

1. Même les ovins reviennent un peu : 10 en 1970 dans le canton de Landivisiau ; 2 130 en 1979.

Ce ne sont pas seulement les choses qui ont changé : ce sont aussi – et c'est encore plus important – les méthodes, c'est-à-dire les comportements et le statut des hommes. En 1950, Plougourvest et la Bretagne en général n'étaient pas encore entrés dans la mécanisation, les monocultures commerciales et l'élevage industriel, qui vont les caractériser dix ans plus tard. Il n'y avait pas encore d'électricité dans la commune ; aucun paysan n'avait de tracteur, très peu un petit moteur à essence. L'outillage avait moins changé en vingt siècles qu'il n'allait le faire en vingt ans.

L'agriculture et l'élevage reposaient encore sur des processus naturels. Ils consistaient à utiliser la force des hommes (avec des outils manuels simples : fourche, pelle, faux…) et celle des chevaux pour cultiver la terre, afin de subvenir à nos besoins et de compléter l'alimentation de nos animaux, qui se nourrissaient partiellement eux-mêmes dans des conditions naturelles. Pour l'amélioration des rendements, le fumier et le sable coquiller comptaient bien plus que les engrais chimiques. C'est comme si pour vos déplacements vous n'aviez aucun moyen industriel – ni auto, ni bus, ni métro –, mais seulement vos jambes, un cheval et une bicyclette. Seules avaient une technologie un peu complexe la batteuse, la moissonneuse, qui transformait la rotation des roues en mouvement alternatif de la lame, et l'écrémeuse, qui séparait par la force centrifuge le lait de sa crème, plus légère.

La mécanisation a été tardive en Bretagne – sauf pour les batteuses, pour lesquelles le Finistère est au quatrième rang en 1882. Elle n'était pas nécessaire, vu l'abondance de la main-d'œuvre (en bonne partie gratuite : nombreuses maisonnées et entraide pour les gros travaux) et la qualité des chevaux de trait. La population agricole active par hectare était supérieure de 44 % à la moyenne nationale, notamment dans le Finistère. Résultat : la productivité et le revenu par travailleur agricole les plus faibles de France[1].

La raison d'être de nos exploitations était aussi traditionnelle que nos méthodes : une polyculture vivrière largement autarcique, avec un élevage intégré. C'est-à-dire que nous travaillions principalement pour nous alimenter, nous et nos bêtes, avec nos propres productions.

Dans le monde moderne, chacun se spécialise dans une activité unique, de plus en plus étroite[2], d'où il tire l'argent nécessaire pour se procurer les productions et les services des autres activités. Le paysan de jadis était au contraire un généraliste autosuffisant, qui s'appliquait à produire tout ce dont il avait besoin, en achetant le moins possible à l'extérieur. En 1950, nous étions encore proches de Jean Rouxel, mort à Plaintel (22) en 1534. Il n'avait que 1 ha, dont une partie était en lande. Il cultivait néanmoins orge, seigle, avoine et petits pois pour se nourrir ; lin et chanvre pour la vente. On continuait à faire ainsi, même quand on avait moins de 5 ha, comme 35 % des fermes finistériennes. Dès qu'un champ dépassait le demi-hectare, on y

1. En 1960 encore, la moitié des paysans bretons gagnait moins que le SMIC.

2. Et souvent immatérielle : c'est le cas pour tous les travailleurs de bureau.

juxtaposait souvent deux choses différentes, alors qu'on les cultivait aussi dans une ou deux autres parcelles.

Cette autarcie était fort peu productive : on travaillait toute sa vie, à longueur de journée, presque uniquement pour subsister : avoir à manger, s'habiller sans élégance, se procurer les outils et les animaux nécessaires et nourrir ceux-ci, eux-mêmes destinés non pas à être vendus, mais à nous fournir de l'alimentation, directement (lait, beurre, œufs, viande) ou indirectement, par leur travail et par leurs déjections, qui restaient de très loin le principal engrais. Même les endroits incultes – landes, bois, talus, chemins – participaient à cette autarcie, fournissant bois de chauffage, nourriture pour les animaux, litière qu'ils transformaient en fumier.

Nous vendions peu de choses : juste de quoi faire face aux dépenses indispensables, elles-mêmes réduites. La majorité des gens ne payait pas d'impôt, et la plupart des autres fort peu. Seuls les fermiers (la moitié des paysans) avaient une grosse sortie d'argent : le loyer annuel. Les dépenses courantes étaient faibles : des chaussures et des vêtements quand les précédents étaient hors d'usage (ou décidément trop petits pour un enfant) et non pas pour suivre la mode – du moins jusqu'en 1940 ; un peu de tabac ; très peu d'épicerie ; jamais de coiffeur ni de soins de beauté pour les femmes ; quant aux hommes c'était un voisin qui coupait leurs cheveux au moindre coût ; presque jamais de sortie. De rares dépenses exceptionnelles : de loin en loin un meuble, une charrette, une charrue ou des outils ; une vache ou un cheval uniquement si l'on n'avait pas pu l'élever soi-même ; un recours au vétérinaire, une rare visite chez le médecin ou le pharmacien. La vente hebdomadaire de beurre et d'œufs couvrait les dépenses ordinaires ; celle du surplus de céréales et de pommes de terre, d'un poulain, de deux ou trois veaux assurait le loyer et les dépenses extraordinaires. Bref, Plougourvest en 1939 était moins intégré à l'économie de marché que trois cents ans plus tôt quand on y fabriquait les voiles des navires d'Europe et d'Amérique.

En 1950, nous ignorions encore tout de l'agro-industrie qui allait bientôt triompher : nos pommes de terre ne nous revenaient pas encore sous forme de chips, ni nos céréales en flocons de petit-déjeuner, ni notre lait en crèmes glacées. Nous continuions à faire du beurre et à le vendre au marché par petits morceaux comme depuis des siècles. Seule différence : c'était avec une écrémeuse au lieu d'une cuillère, et avec une baratte à pales et non plus à pilon : mais c'était toujours à la force de nos bras[1].

La façon dont nous nous procurions du pain était caractéristique de cette autarcie étrangère au marché : nous portions des sacs de blé au meunier boulanger ; il nous donnait des bons que nous échangions contre des pains tout au long de l'année : un système plus proche du troc que de l'économie monétaire[2]. De même, notre contribution aux impôts locaux se faisait partiellement en nature : chacun devait passer tant de demi-journées (éventuellement avec cheval et charrette)

1. De même, nous débitions les betteraves avec un coupe-racines et non plus au couteau comme le faisaient encore certains ; mais il fallait tourner la manivelle à la main.

2. En 1959 encore nous portions du blé au moulin afin d'avoir des bons de pain non seulement pour nous mais pour la sœur de ma mère et pour l'institutrice.

à entretenir chemins et fossés. C'était l'ancienne corvée (*ãn ãner*).

En 1959, les ressources de mes parents étaient encore très traditionnelles. Du 25 juin au 29 septembre, outre le beurre, la crème et les œufs hebdomadaires, ils n'ont vendu qu'un porc, une vieille vache, 2 500 kg de blé, 7 350 kg de pommes de terre. En revanche, leurs achats étaient déjà très diversifiés : vêtements et chaussures ; viande, vin, limonade, tabac, crêpes ; médicaments ; ustensiles et produits divers (ampoule, bouteille de gaz, crayons, timbres, épluches-légumes), fioul pour le tracteur, semences, raticide, salaires d'ouvriers agricoles, cotisation vieillesse, abonnement au journal, etc.

La vie de cette région, qui était nettement en retard en 1950 et qui sera en 1980 en tête du productivisme, sera complètement bouleversée en une vingtaine d'années. Quand on parle de la révolution industrielle du XIXe, puis de la révolution technologique du XXe siècle, on ne pense guère à leurs conséquences dans les campagnes. Or le passage d'une polyculture de subsistance avec élevage intégré (à partir de ressources principalement naturelles) à une monoculture et à un élevage en gros pour le marché (à partir de machines, d'engrais et d'aliments industriels) a permis à 5 % des Français de produire la nourriture de tous et d'exporter d'importants surplus, alors qu'il y a deux cents ans les deux tiers de la population devaient se consacrer à cette tâche[1].

1. En 1846, 10 travailleurs agricoles produisaient de quoi nourrir 16 personnes. Aujourd'hui en France, ils en nourrissent 130 et aux États-Unis 310.

C'est ce progrès de la productivité dans l'agriculture, l'élevage et la pêche comme dans l'industrie qui, supprimant des millions d'heures de travail, a permis le développement de notre civilisation du confort et des loisirs[1].

La transformation économique et technique a transformé aussi les mentalités : les machines prométhéennes ont remplacé le bon Dieu, le dimanche est devenu jour de plaisir plus que de religion, et les possibilités de la vie terrestre si séduisantes que les modernistes ne rêvent plus d'un autre paradis. On peut parler d'une révolution de la condition humaine. Le paysan breton de l'an 2000, comme les autres travailleurs d'aujourd'hui, est un spécialiste intégré à l'économie industrielle de marché : il se concentre sur quelques produits en grande quantité, destinés à la vente ; il achète sa nourriture chez Leclerc, et à des sociétés internationales celle de ses animaux. Ceux-ci ne sont plus ses compagnons de travail, comme les chevaux de jadis, ni ses fournisseurs d'aliments, comme nos vaches, nos porcs et nos poules, mais des fournées de bétail aussi anonymes que les choux-fleurs. Ce ne sont plus les chevaux qui fournissent l'énergie, mais le fioul et l'électricité ; les outils à main ont fait place à d'énormes machines, et l'homme de la terre s'est lancé dans l'élevage hors sol, avec aliments industriels. C'est l'usine à la campagne et le triomphe de la technologie sur la nature.

Parallèlement, l'artisanat local a disparu. Jadis, outils, meubles, vêtements, charrettes étaient produits sur place aussi bien que la nourriture. Aujourd'hui, il reste à Plougourvest un maçon

1. C'est à partir de 1952 et surtout de 1957 que les exploitants agricoles ont eu droit à la retraite, et à partir de 1961 à la Sécurité sociale.

couvreur, un menuisier-charpentier, un garagiste, un magasin de matériel agricole, qui ne font que vendre, poser, tout au plus réparer des choses qu'ils ne fabriquent plus.

Cette révolution fut particulièrement rapide en France, restée une nation paysanne et retardataire[1]. Dans notre Bretagne encore plus rurale, à l'agriculture encore plus routinière, elle fut spectaculaire... et brutale. L'agriculture et la pêche y occupaient 40 % de la population en 1962, 16 % vingt ans plus tard. En 1939, il y avait 150 tracteurs dans le Finistère ; en 1953, 2 560 ; en 1959, 10 700 ; en 1964, 20 000. C'était devenu l'un des départements français les plus mécanisés et le premier de Bretagne.

Les premières transformations, œuvre de jeunes particulièrement dynamiques (qui se soutenaient mutuellement, notamment dans les réunions de la Jeunesse Agricole Chrétienne, et dont l'ambition était accrue par une fière émulation) se font dans un contexte très réticent. Mais le résultat est généralement convaincant et souvent éblouissant. Au moment même où électricité, gaz butane et eau courante offrent le confort dans des maisons souvent neuves, tracteurs et moteurs électriques mettent en branle d'étonnantes machines. Notamment le rotavator, que *Le Paysan Breton* en 1955 compare fièrement à un char d'assaut : en moins de rien ils vous défriche (ou saccage ?) n'importe quel terrain.

1. Elle était à la fois le principal pays agricole de l'Europe occidentale et l'un de ceux où la productivité était la plus faible, malgré une augmentation de 70 % de 1949 à 1967. Attribuons un coefficient 100 à notre revenu par hectare cultivé en 1969 : il était de 130 en Italie, 180 en Allemagne, 280 aux Pays-Bas – où les Bretons feront beaucoup de voyages d'études.

C'est malgré une vive opposition de ses parents, effrayés par cette lourde dette,[1] que mon frère acheta un tracteur en février 1957[2]. « Papa, maman et grand-mère en parlent toute la journée et me mettent les oreilles à rude épreuve », m'écrivait-il entre la commande et la livraison. Un mois après, ils étaient ravis : « Nous avons l'impression d'être en retraite depuis que le tracteur est là ; les travaux se font comme par enchantement », disait ma mère.

La plupart des heureux acquéreurs travaillèrent aussitôt bien plus qu'auparavant, en louant leurs services à leurs voisins. Pour amortir le matériel bien sûr : l'un d'eux se vantait de l'avoir fait en trois mois et demi, à raison de 100 à 110 heures par semaine (plus de 17 heures par jour, en croquant des poignées de grains de café). Mais aussi parce que ces fascinantes machines décuplaient leurs forces, leur joie, leur valeur personnelle de ci-devant bouseux méprisés. Ils avaient le sentiment de maîtriser la nature et leur vie, et non plus de les subir. Voilà pourquoi ils étaient contents de courir au rythme des machines au lieu de marcher à l'allure des chevaux.

1. Jusqu'alors, seuls les hommes d'affaires empruntaient pour investir. « Dépenser un franc pour en gagner deux, voilà quelque chose qui n'a jamais pénétré dans la cervelle d'un paysan », écrivait le professeur Fromont vers 1950, avec une bonne dose d'incompréhension méprisante. Comme tous les ruraux de leur génération, mes parents n'avaient jamais rien acheté à crédit. On ne s'endettait que si c'était nécessaire pour survivre. C'était une infamie et le signe d'une ruine – dont souvent on ne se relevait pas.

2. Un engin de 24 chevaux, aujourd'hui dérisoire (on en est à 120 chevaux), mais qui paraissait énorme : celui de mon cousin n'en faisait que 13.

Mais, parce qu'elle permettait d'augmenter la production, de concentrer la distribution aux mains de puissantes sociétés capables de dicter les prix d'achat, d'accroître la concurrence par des transports plus rapides et moins coûteux, la révolution technique, liée au libéralisme économique, allait entraîner une baisse des revenus des producteurs et les contraindre à s'agrandir, c'est-à-dire à détruire le bocage et les petites exploitations.

La pénurie de guerre avait fait monter les prix agricoles ; la Libération encore plus, avec la reprise de la demande. Mais dès 1948 on est passé de la pénurie à la surproduction : les cours ont baissé ; certains se sont effondrés : en mai 1949, celui de la pomme de terre primeur léonarde n'est même plus le tiers de ce qu'il était un an plus tôt. Toutefois, dans l'ensemble, ils restent intéressants. En septembre 1957, les syndicats agricoles obtiennent qu'ils soient garantis : indexés sur l'évolution du coût de la vie. Or en 1958, alors que les paysans ont commencé à s'endetter pour investir, le général de Gaulle, à peine arrivé au pouvoir, juge économiquement préférable de supprimer cette indexation : il peut le faire sans risque électoral, dans un pays où les consommateurs deviennent bien plus nombreux que les paysans, et où ceux-ci, après avoir grogné et manifesté, votent pour le gouvernement par peur de la gauche. En un an, les prix agricoles baissent de 5 % tandis que ceux des produits nécessaires à l'agriculture augmentent de 11 %[1]. De plus, la région de

1. À partir d'une base 100 en 1938, en 1947 l'indice des prix agricoles est de 1 159, celui des prix industriels de 819. En 1948 ils sont au même niveau. En 1950 le premier est à 1 871, le second à 2 950.

Saint-Pol-de-Léon est violemment agitée par la mévente du chou-fleur (1957) puis de l'artichaut (1958-1960) et par l'affrontement entre les négociants expéditeurs, qui dominent et trafiquent le marché, et des producteurs qui veulent l'organiser rigoureusement avec garantie d'un prix minimal (1957-1961), puis entre ceux-ci et d'autres producteurs partisans de l'entière liberté du marché (1960-1967).

Une loi d'orientation agricole est votée le 5 août 1960. Mais comme souvent les décrets d'application se font attendre. Or, la crise s'aggrave dans le Finistère, où les manifestations s'amplifient. Aux élections cantonales du 4 juin 1961, dans le pays bigouden affecté par une grave mévente des pommes de terre, des paysans s'emparent des urnes de quatre communes et brûlent les bulletins : seize d'entre eux sont incarcérés. Le 8, les producteurs de légumes du Haut-Léon envahissent Morlaix et prennent la sous-préfecture en présence de la presse parisienne qu'ils ont avertie. Deux meneurs, Léon et Gourvennec, sont arrêtés. Les paysans manifestent dans toute la Bretagne, barrent routes et voies ferrées, bloquent les villes, scient les poteaux téléphoniques, affrontent les CRS. Les réactions de soutien enflamment 50 départements. Le gouvernement se hâte de faire des concessions : dès le 9 juin, il reconnaît la Société d'Intérêt Collectif Agricole (SICA) de Saint-Pol-de-Léon, qui est l'organisatrice de cette action. Le 16 il y instaure l'un des premiers Marchés d'Intérêt National. « L'effort à faire pour la Bretagne constitue un devoir national », déclare le Premier ministre : on décide d'y transférer quelques technologies avancées, qui seront à l'origine de sa « vocation électronique ». Plus généralement, la mise en œuvre de la loi d'orientation agricole est accélérée, et la Sécurité sociale étendue aux agriculteurs, qui bénéficieront à partir de 1962 d'une indemnité viagère de départ en plus de leur petite retraite... à condition de laisser la place aux jeunes, plus adaptés à la nouvelle économie.

Les paysans léonards se croient victorieux : « Notre puissance syndicale a montré qu'elle pouvait faire n'importe quoi n'importe où n'importe comment » (Léon). Illusion. Certes, l'organisation que mettait en place la SICA permettait aux producteurs de ne plus être bernés par les négociants et de garantir un prix minimum par péréquation. Mais c'était en même temps une façon de s'intégrer à l'économie de marché, c'est-à-dire à un système où la vente de denrées rapidement périssables est largement soumise aux distributeurs qui règlent les relations entre l'offre et la demande. La victoire fut seulement celle des modernisateurs qui s'adaptaient au système.

Ni des violences ponctuelles, même triomphantes, ni une régulation, même avantageuse, ne peuvent sauver ceux que condamne l'évolution historique, qui exige aujourd'hui des productions en grande quantité sur de grandes surfaces pour de gros distributeurs. Ceux dont les moyens matériels et mentaux sont adaptés à cette évolution y sont favorables sous certaines conditions ; les autres s'y opposent, mais en vain. Les menaces de transformation n'entraînent donc pas seulement des réactions défensives solidaires, mais aussi de violents conflits internes.

Cette adaptation aux nouvelles conditions de l'agriculture a été magnifiquement réussie. Si, en toute objectivité bien myope, on ne regarde que les résultats économiques immédiats, on peut s'émerveiller et admirer le « modèle agricole breton ». En 1954, nos paysans (dont 43 % n'avaient pas encore l'électricité) utilisaient une abondante main-d'œuvre pour une faible rentabilité : une population agricole active supérieure de 65 % à la moyenne nationale, et un revenu individuel inférieur de 30 %. Vingt-cinq ans plus tard, leur productivité moderniste étonnait l'Europe[1]. En 1980, sur 6 % de la surface agricole utile nationale, et avec 10 % de la population agricole active[2], les quatre départements bretons fournissent 11 % de la production agricole et se distinguent pour les porcs (44 %), les dindes (53 %), les poules (39 %), les vaches laitières (18 %). C'est la principale région légumière, au premier rang pour les plants de pommes de terre, les choux-fleurs (74 %), les artichauts (65 %), les brocolis (67 %), les épinards (61 %), les flageolets (43 %), les haricots verts pour la conserve (31 %), au second pour les carottes, les pois, les endives. Le Finistère et surtout le Haut-Léon sont souvent les premiers par le dynamisme,

1. Les pays « en voie de développement » auraient un rapide avenir (comme ce fut le cas pour le Japon ou la Corée), si leurs propres dirigeants et dominants n'avaient pas autant d'intérêt que les pays riches à les maintenir dans leur rôle de producteurs à bas prix de pétrole, de matières premières et de denrées alimentaires destinés essentiellement aux nations fortunées.

2. C'est encore plus spectaculaire quand, au lieu de se limiter aux surfaces agricoles, on dit : « sur 4,9 % du territoire et avec 4,9 % de la population ». C'est ce qu'on proclame souvent. Mais la comparaison, qui ne tient plus compte de ce qui est agricole ou non, devient alors scandaleusement abusive : à cette allure, on pourrait aussi féliciter les paysans de la Beauce de produire plus de blé que ceux des Alpes sur une surface moindre, et plus que les Parisiens avec moins de bras !

la précocité, l'inventivité, la taille des élevages et des exploitations, la spécialisation de la zone légumière – et la vigueur des manifestations. Et c'est aussi dans le Léon que l'industrie agroalimentaire a le plus d'importance : il est vrai qu'il n'y en a guère d'autre. La situation est restée analogue jusqu'à aujourd'hui : 12 % de la production nationale agricole brute en 1991, près de 12 % du produit intérieur brut agricole en 2003. En d'autres termes, 2 300 000 bovins, 8 millions de porcs, 78 millions de volailles pour 3 millions d'habitants.

Mais à quel prix ? Plus soudaine en Bretagne qu'ailleurs, la révolution agricole, bénéfique certes pour les consommateurs, a été désastreuse pour le paysage et pour la nature, soumise à la technique, à la chimie et aux excréments. Elle a éliminé près des neuf dixièmes des paysans. Ceux qui subsistent sont souvent endettés et soumis au rythme effréné des machines, de la rentabilité, de la concurrence européenne et parfois mondiale.

La mécanisation, la monoculture en grand pour le marché ne peuvent se faire avec de petites fermes divisées en petits champs dispersés. On a commencé par regrouper ceux-ci grâce à des échanges. Ce fut le remembrement : une opération économiquement et psychologiquement délicate, car aucune parcelle n'a la même étendue ni la même qualité qu'une autre et chacun est attaché à la sienne. On a classé les terres en cinq catégories ; on a prévu des compensations financières ; on a longuement négocié, à travers de nombreux conflits.

Il ne suffisait pas d'échanger les parcelles : il fallait les agrandir. On a supprimé les deux tiers des talus[1] : tant pis pour le paysage bocager, pour les petites bêtes et pour le ruissellement qui entraîne la terre arable et inonde les villes. Les champs, compagnons des hommes depuis des générations, avec leur personnalité, leur nom, leurs petits coins secrets, disparaissent en un clin d'œil, en même temps que les chevaux. À la place, une plaine conçue pour des tracteurs : splendide, identique jusqu'à l'horizon, sans recoins pour le cœur ni l'imagination. Rude changement, accueilli par des enthousiasmes et des fureurs d'égale intensité. « La civilisation occidentale est menacée », s'exclame en 1971 un expert agricole qui dénonce la manie de tout bitumer et prédit, si l'on continue, la « disparition de l'espèce humaine ». « Nous avons fait en quinze ans du Finistère le premier département agricole de France », réplique le responsable du remembrement : il nous faut de grandes surfaces et de solides chemins ; entre « talus et [...] bitume, l'agriculteur a choisi le bitume ; il laisse à d'autres le regret de la poésie des chemins creux ».

Il fallait surtout agrandir les exploitations. La plupart étaient trop petites pour être rentables, tant du côté des machines[2] que de celui des productions. De 1955 à 1970, 140 exploitations disparaissent quotidiennement en France : une toutes les dix minutes, nuit et jour. À Plougourvest,

1. À peu près 670 000 km, soit 17 fois le tour de la Terre. Les efficaces Léonards ont achevé de transformer leur pays en plateau dénudé ; ces flemmards de Cornouaillais ont bien mieux préservé leur joli bocage.

2. En 1961, il y avait à Plougourvest 50 tracteurs pour 5 fermes entre 20 et 25 ha et 54 autres entre 10 et 20 ha (bois, landes et prairies humides compris). En 1963, le fonctionnement d'un tracteur Diesel de 35 chevaux était deux fois plus coûteux s'il tournait 500 heures par an (1 h 35 par jour ouvrable) que pour 2 000 (6 h 20 par jour).

85 % des fermes qui existaient en 1930 ont disparu en 2004 ; dans dix ans ce sera plus de 90 % – et cela correspond à la moyenne bretonne.

Puis il fallait multiplier engrais et parfois insecticides et désherbants. Le paysan de naguère était un écologiste avant l'heure. Il est devenu – surtout en Bretagne – fauteur de fortes pollutions qui agressent la faune et la flore, envahissent les plages, contaminent l'eau potable pour des dizaines d'années. Et je vous fais grâce de l'opinion des veaux, vaches, poules et cochons entassés dans leur boîtes en ciment, cannibales nourris de farines animales améliorées.

Il suffira d'être octogénaire pour avoir assisté d'un bout à l'autre à cette immense transformation, qui fait disparaître les exploitants en même temps que les exploitations. En 1954, 40 % des Bretons travaillent à la terre ; en 1968, 26 % ; en 1975, 16 %. Certains ont eu la chance de mourir avec leur ferme ; ou d'atteindre à ce moment précis l'âge nécessaire pour bénéficier d'une indemnité viagère de départ et d'une retraite. D'autres étaient assez jeunes pour choisir d'emblée un autre métier. Mais ce n'était généralement pas dans le haut du tableau. Parmi les enfants d'agriculteurs finistériens nés entre 1945 et 1955, 73 % des garçons et 82 % des filles étaient partis en 1971. Pas pour le Pérou : celles-ci étaient ouvrières ou femmes de service à 85 % ; ceux-là ouvriers ou manœuvres à 91 %. Et combien d'autres, moins jeunes, ont été interrompus en pleine carrière, acculés à l'échec et à son amertume après des mois de lutte, d'insomnie et d'angoisse, et finalement contraints, à 30, 40 ou 50 ans, de s'adapter à une autre vie, à un autre métier ou au chômage ? Réduits parfois au désespoir et au suicide : depuis

1960, la paysannerie de l'Ouest est sans doute la catégorie de population où il est le plus fréquent.

Au XIXe siècle, le suicide frappait surtout les banlieues industrielles, où régnait la misère. En Bretagne, il était inférieur de 40 % à la moyenne nationale. Il y a beaucoup augmenté dans la seconde moitié du XXe : 15 pour 100 000 habitants vers 1910, 20 vers 1955, 30 dans les années 1990 ; en 1995-1997, il était supérieur de 60 % à la moyenne nationale. Il frappe les hommes trois fois plus que les femmes, notamment les paysans et encore plus les ouvriers agricoles – surtout quand ils sont âgés. Crise économique, solitude, conflit de générations, affaiblissement du cadre moral et religieux, perte des repères culturels, sentiment d'inutilité : « Je me dégoûte, je ne suis rien, j'ai honte de moi. » En Basse-Bretagne, les gens âgés se tuent moins qu'en Haute-Bretagne, mais les jeunes davantage, surtout dans le Trégor et le Haut-Léon.

Ceux qui ont survécu, parfois par un rythme de travail effréné, sont souvent lourdement endettés : assujettis aux banques, aux fournisseurs, aux acheteurs, aux fluctuations du marché. Le pire, c'est quand la récolte est magnifique : les prix s'effondrent aussitôt[1]. Et comme les légumes ne se conservent pas, il faut les vendre à perte, les détruire à contrecœur ou les déverser dans les rues en guise de manifestation. À la limite, le paysan, même propriétaire, n'est plus qu'un

1. En mars 1957 à Saint-Pol-de-Léon, le prix des choux-fleurs a été divisé par cinq en une semaine, par suite d'une offre très abondante. Le 28 mai 1960, celui des artichauts était six fois moindre que la veille. La réglementation dont j'ai parlé plus haut empêche maintenant les fluctuations d'être excessives à ce point.

sous-traitant ou même un salarié contractuel qui fournit la terre, les locaux, les machines et le travail à un groupe industriel qui apporte engrais et semences, animaux et aliments, et qui remporte les résultats et le plus gros du bénéfice. On est revenu à une forme de métayage.

Kenavo, va Gwikourvest : adieu mon Plougourvest ! Quand je t'ai connu, les ruraux étaient enfermés dans leur paroisse, bien différente des villes mêmes les plus petites. Le bourg ne comportait qu'une dizaine de maisons bien séparées les unes des autres : certaines étaient des fermes, les autres y ressemblaient. Un homme et une femme par foyer se rendaient en ville, lui une fois par mois, elle une fois par semaine ; les autres une fois l'an – ou presque jamais.

Maintenant, le bourg a quintuplé. Enlevez l'église, il ressemble à n'importe quel lotissement urbain. On y trouve un équipement moderne pour société de loisirs, de communication et de consommation : centre d'activités, salle polyvalente et terrain de sport ; service de cybercommune ; déchetterie et ramassage hebdomadaire des ordures.

La population a recommencé à augmenter : 1 171 habitants ; 16 % de plus qu'en 1968. Mais seul un sur six est agriculteur ou éleveur. Bientôt, ce sera un sur huit : la concurrence exige que s'accentuent encore, et rapidement, la concentration des élevages et l'extension des exploitations. Il n'y a plus de monde rural distinct, séparé. C'est en ville que la majorité des gens de Plougourvest travaille. C'est en ville que même les paysans font leurs achats. Leurs enfants y vont au collège : resteront-ils à la terre ? Chez eux, ils ont le même équipement que les citadins – et beaucoup plus de place. Quelques-uns ont déjà un ordinateur et bientôt Internet, comme 40 % et 20 % des paysans français. Ma paroisse paysanne devient cité dortoir pour ouvriers, employés et retraités. Un monde a disparu. C'est incontestablement une perte pour le patrimoine historique de l'humanité. Mais c'est un grand progrès pour les conditions d'existence et les possibilités d'épanouissement. Ce serait même un bonheur si nous ne vivions pas dans une société scandaleusement inégalitaire et dans la concurrence acharnée d'une frénésie productiviste.

CHAPITRE 4

DUMAN[1]. CHEZ MOI

Le périple n'est pas fini. Car ma naissance n'a pas couvert les 14 km^2 de Plougourvest. Elle s'est faite dans un hameau de deux maisons : *Lãnirien* (en français : Lannurien). À vrai dire, je n'ai jamais très bien connu que ce hameau-là, ses environs immédiats, le bourg et le trajet de 1 km qui m'en séparait. Certains coins de la commune n'ont jamais eu l'honneur de ma visite.

À l'époque, l'habitat de Basse-Bretagne était le plus dispersé de France, avec celui de la Creuse. Dans une région qui n'était pas menacée d'incursions, et où il suffit de creuser pour trouver de l'eau, nul besoin de se regrouper sur une colline, autour d'une source ou d'un château. Chacun s'est donc installé au plus près de ses terres. Jusqu'en 1960, ni le bourg ni le plus grand hameau ne comptaient plus de dix maisons, et la plupart deux, trois ou même une seule. Je connaissais mieux les habitants que leurs demeures : ils allaient tous à la messe et aux enterrements.

1. Mot à mot : de ce côté-ci, par opposition à *duhe*, chez vous (de ce côté-là).

Imaginez donc que nous rejoignions Lannurien en 1934, l'année de ma naissance – mais ce pourrait être aussi bien en 1950 : à peu près rien n'a encore changé. Habitués aux routes goudronnées, nous n'avons aucune idée de la difficulté des déplacements de jadis[1]. « Dans tout le Finistère, écrit Cambry en 1794, les chemins sont des abîmes impraticables dans l'hiver : les voitures s'y brisent ; des chevaux, des bœufs, des hommes y sont tous les jours estropiés. J'ai passé des mares où les chevaux étaient à la nage ; j'étais dans l'eau jusqu'à la poitrine. »

Par chez nous, si la route de Landivisiau à Saint-Pol est bien entretenue dès le XVIIIe, les chemins communaux sont « presque tous impraticables l'hiver »[2]. Mais des progrès décisifs interviennent au XIXe siècle[3]. À Plougourvest en 1934, tous les chemins vicinaux et presque tous les chemins d'accès aux fermes sont bien empierrés (ce qui n'est toujours pas le cas dans

1. Même les grandes routes (*ãn entchou braz royal*, comme nous disions encore) étaient impraticables çà et là en hiver. C'était par exemple le cas entre Rennes et Saint-Malo, comme entre Guingamp et Tréguier. Pour venir en Bretagne, Mme de Sévigné descendait à Orléans, prenait la Loire jusqu'à Saint-Nazaire, puis la mer jusqu'à l'embouchure de la Vilaine, qu'elle remontait jusqu'à Rennes.

2. C'est ce que dit le commissaire du canton de Plouzévédé le 24 messidor de l'an VII (12 juillet 1799). « Entouré de marais et de chemins impraticables de tous côtés, Plougar n'a presque aucune correspondance [...] pendant cinq à six mois de l'année », écrit le recteur en 1774. On ne peut pas y accéder à cheval, précise un prêtre en 1792 : il faut passer par les talus. La situation est moins mauvaise à Plouvorn.

3. C'est moins vrai en Cornouaille, où il y a encore des « gouffres bourbeux » (Bouët, 1835), et dans le Morbihan, où çà et là on « enfonce jusqu'aux genoux » (Jules Simon, 1863).

certaines communes en 1950) – avec des nids-de-poule, bien sûr[1].

Selon un rapport officiel de 1929, « on ne peut, sans les avoir vus, se faire une idée des chemins d'exploitation qu'on rencontre communément dans le Finistère ». Je n'ai rien connu de tel. Nos chemins charretiers étaient en terre, mais généralement solides. Seuls étaient épouvantables, même en été, ceux qui ne servaient plus qu'au passage des vaches. Dans le pire endroit de notre « chemin humide » (*ar strea zoureg*), elles mettaient toujours leurs pas dans les mêmes ornières, jusqu'à traîner leurs pis par terre. Je les suivais en sautant de bosse en bosse.

Nous quittons le bourg, particulièrement maigre de ce côté-là : deux petites maisons, la grande école publique de filles (vide) et la petite mairie. En 400 m, nous tournons trois fois à angle droit. Car jadis on progressait le long des champs rectangulaires : nos chemins épousaient ces zigzags, rabotés plus tard pour la circulation automobile. À l'un des angles, parce que c'est un carrefour, il y a une croix. En 1934 et même en 1950, nul ne passe devant sans se signer : les jeunes d'aujourd'hui ne savent même plus le sens de ce mot.

Nous longeons mon école – aujourd'hui détruite – et nous voici à la « gare ». Oui, un petit train transfinistérien passait là depuis 1912. *Ãn trin patatez* : le train des pommes de terre, qui reliait Plouescat à Rosporden. Il se tortillait pour

1. Il y avait toutefois une ferme, à Kergaradec, où l'on n'accédait jusqu'en 1960 que par une voie charretière (*en end kar*) à travers champs.

éviter les reliefs difficiles (dans les côtes de l'Arrée, on descendait pour le soulager) et pour desservir tout le monde : 33 gares[1] sur 135 km – 83 à vol d'oiseau – parcourus en 12 h 40 : 10,66 km à l'heure, avec de nombreux retards (31 h 48 mn le 1er janvier 1918), des pannes, des accidents – parfois mortels[2].

Ce petit train se veut une excellente idée : il croise les lignes Paris-Brest (à Landivisiau), Carhaix-Châteaulin-Camaret (à Châteauneuf-du-Faou) et Paris-Quimper (à Rosporden)[3]. Mais seules sont fructueuses les entreprises qui ont prévu l'avenir. À peine la ligne est-elle en service que c'est la guerre : on tombe de trois passages par jour dans chaque sens à un seul. Puis arrive la concurrence des autocars : en 1922, on remplace le train par un autorail, moins lent et moins coûteux. Pour résister à ses rivaux, il s'arrête n'importe où : il suffit de faire signe. Mais en 1929, sur la section Landivisiau-Châteauneuf, la moyenne est de sept voyageurs. En revanche, les jours de foire, trop petit pour prendre tout le monde, il rate la grosse recette. Le déficit devient énorme : 464 299 F (222 400 €). En 1934, le petit train est supprimé. Pendant la guerre, notre école étant occupée par les Allemands, nous

1. Cléder, Tréflaouénan, Plouzévédé-Berven, Plouzévédé-Le Band, Plouvorn, Plougourvest, Landivisiau Ville, Landivisiau Gare, Locmélar, Ploudiry, Sizun, etc. De quoi faire rêver Marcel Proust. À Plougourvest, c'est une femme qui est chef de gare.

2. Un homme sourd à Landivisiau ; un homme ivre à Tréflaouénan ; le chauffeur qui se penche et dont la tête heurte un poteau près de Landivisiau.

3. Mais, à Landivisiau, la Compagnie de l'État refuse que charrettes et camions traversent sa cour pour apporter des marchandises au petit train.

sommes repliés dans un hangar, à côté de la gare : les grands en profitent pour y casser portes et cloisons.

Continuons notre chemin : encore une croix, *Kroas ar C'hlan*[1]. Signons-nous : c'est là que mon grand-oncle Guillaume a rencontré Jésus-Christ (il en était vraiment sûr). Puis vient la descente. Au milieu, un léger virage où le côté gauche est si joliment, si moelleusement sablonneux qu'à vélo je faisais un écart pour y passer.

Et voici, à droite, l'accès à Lannurien : un petit chemin, un peu courbe, comme sur les jolis tableaux. Le pavage est légèrement arrondi : un peu plus élevé au milieu, pour évacuer l'eau, éviter la boue. De chaque côté, les roues ont creusé une trace dans la terre et même dans la pierre. Elle est alternativement plus profonde d'un côté, puis de l'autre : le déhanchement du cheval fait peser la charrette vers la droite puis vers la gauche. À vélo, il faut éviter ces ornières : on risque de tomber en essayant d'en sortir. Il faut être un peu ivre pour y circuler à l'aise : les bras sont élastiques, les mains molles sur le guidon, et c'est l'ornière qui guide la roue.

À gauche du chemin, le talus fait bien 2,50 m de haut ; à droite, beaucoup moins. C'est qu'à l'origine cet endroit était en pente, transversalement au chemin. Pour obtenir deux champs plats, nos ancêtres ont modifié le relief, et rejeté des tonnes de terre sur la gauche. Beaucoup de

1. Ça signifie la croix de l'homme pur (*glan*). Mais je ne connaissais pas cet adjectif : pour nous, c'était simplement le nom de l'endroit. Ce sont les francophones qui demandent la signification des toponymes et patronymes bretons. Les bretonnants les comprennent d'emblée ou – plus souvent – ne s'en soucient pas.

chemins marquent ainsi une dénivellation comparable à celles des cultures en terrasse. Mais ce n'est pas vraiment un chemin creux. Ils sont bien plus spectaculaires que ça. J'en connais un, fort étroit, bordé de chaque côté par des talus de 4 m surmontés d'arbres. Impressionnant. Mais c'est dans le Finistère Sud. Rien de tel sur le plateau léonard.

Au bout du chemin, un chêne splendide : l'énorme tronc se divise rapidement en plusieurs branches et l'ensemble s'étale magnifiquement. Trois cents, quatre cents ans ? Dans mon enfance, il était déjà aussi gros, disait grand-mère. À gauche du chêne, un if. Cet arbre d'une extrême longévité[1] était jadis vénéré. D'où sa fréquence dans les cimetières : les âmes défuntes se plaisent dans le feuillage toujours vert de cet arbre éternel, disait-on. Hypothèse plus prosaïque : les ducs de Bretagne avaient ordonné à leurs vassaux de planter des ifs parce que c'était le meilleur bois pour les arcs[2]. Quoi qu'il en soit, signalé par un chêne et un if, Lannurien avait fière allure.

Mon père fit abattre le chêne et l'if. Celui-ci est dangereux, disait-il, et l'autre entretient l'humidité, il gênera le hangar. À mon sens, l'humidité était surtout gênante avant le hangar, quand tas de foin et de paille étaient en plein air. Les productivistes Léonards, peu soucieux d'esthétique, étaient grands ennemis des arbres. Mais en plus je me demande si mon père n'avait pas parfois un besoin morbide de faire le vide,

1. En Écosse, il y en a un de neuf mille ans.

2. On ne se souvenait plus de tout cela. On nous disait seulement que les jolies boules rouges de l'if étaient toxiques.

jusqu'à détruire les belles choses. Surtout chez ses beaux-parents ?

Nous voici donc arrivés. Devant nous, un terrain plat, *al leur*, l'aire à battre, avec un tas de fagots, un tas de foin, et deux tas de paille – remplacés, entre la moisson et le battage, par des meules de blé, d'avoine et d'orge. C'est là que se faisait le battage. Jadis, c'était au fléau. C'est pourquoi il fallait une surface plane, souple et résistante à la fois, distincte de la cour, pour que les animaux ne viennent pas la piétiner, la déformer. Sa construction était toute une affaire : pour l'aplanir, tout le voisinage venait danser dessus. Dans mon enfance, cela ne se faisait plus, mais, avant le battage, on la désherbait soigneusement, pour ne pas perdre de grains.

Le chemin contourne l'aire et monte vers la maison ; les bâtiments sont disposés sans ordre régulier le long de la montée et autour de la cour (*ar porz*), qui est en pente, pour favoriser le ruissellement. Les paysans bretons étaient « des artistes par tempérament », écrit Pierre-Jakez Hélias. « Leur demeure et son environnement sont souvent des compositions à ravir les peintres. » Ce n'est pas tout à fait mon avis. C'est encore moins celui des témoins du XVIIIe et du XIXe siècles. D'après eux, les maisons bretonnes étaient « placées ordinairement dans le sol le plus bourbeux » et « environnées de fumier » (le subdélégué de Morlaix, 1772). En 1786, l'intendant engage les cultivateurs « à élever le sol de leur maison au moins au niveau du sol extérieur ». Cambry explique cette habitude de construire maisons et bâtiments « toujours dans les lieux les plus bas. » Les paysans, dit-il, veulent que l'eau stagne dans leur cour pour accélérer « la putréfaction des pailles, des landes, des genêts » qu'ils y entassent et « dont ils font leur fumier ». Résultat : pour atteindre la maison, il faut affronter « l'eau de fumier qui souvent en défend l'entrée et qui presque toujours y pénètre » (1794). « Toutes » (!) les maisons finistériennes « sont presque au-dessous du sol », confirme Brousmiche en 1835[1].

On accède à la ferme « la plupart du temps en faisant quelques mètres » sur des « débris de plantes (ajoncs, ronces, fougères, feuilles sèches) » que la pluie et le fumier transforment en « une vaste fosse à purin », écrit Louis Dujardin, originaire de Saint-Renan dans le Bas-Léon, dans sa thèse de médecine en 1912. « Une parcelle amenée sous les sabots de chacun sur le sol [...] de la maison transforme souvent le rez-de-chaussée en bourbier », d'où « s'exhale pendant les saisons humides une odeur nauséabonde ».

Cette habitude de faire dans sa cour, devant une maison en contrebas, un compost d'ajonc, de genêt, de bruyère et de détritus divers a persisté dans quelques secteurs jusqu'en 1946. Mais dans quelle proportion existait-elle ? Les témoins (qui se recopient) ont généralisé une pratique plus spectaculaire qu'universelle. En tout cas, elle était impossible dans notre hameau comme dans bien d'autres des environs, où les maisons sont construites non pas en contrebas, mais à

1. « Avant d'entrer, on traverse une cour boueuse où pourrissent des végétaux destinés à servir d'engrais », répète La Pylaie en 1844. En 1905, le géographe Camille Vallaux présente encore la cour des fermes bretonnes comme un espace « fangeux en presque toute saison ».

mi-pente, pour être abritées du vent d'un côté, de l'humidité et des inondations de l'autre ; et aussi pour avoir une vue[1].

Lannurien, c'est surtout un manoir, sur un site occupé depuis fort longtemps : on a trouvé par là un tumulus et une tombe en coffre de l'âge du bronze ; des urnes avec des restes incinérés d'époque romaine ou préromaine ; des tuiles gallo-romaines. Cet endroit, sur la dernière pente avant la ligne de partage des eaux entre la Manche et le bassin de l'Elorn, avait l'avantage d'offrir une vue assez dégagée vers le nord, c'est-à-dire vers la mer, d'où venaient les ennemis. Au Moyen Âge, les nobles étaient particulièrement nombreux en Bretagne. Notamment sur la côte nord, plus exposée aux incursions : ce sont eux qui portent les armes. Il y en a treize par paroisse en moyenne dans le diocèse de Léon vers 1430 (7,5 % de la population)[2]. Dans certaines paroisses littorales, il y en a près de 60. À Plouvorn[3], plus loin de la côte, 33 en 1426 et 42 en 1481. À Plougourvest, avec sa trève de Landivisiau, sept

1. En revanche, au moment où l'on commence à monter vers notre cour, le chemin continue tout droit. Il n'est plus empierré, et il est fort en contrebas des deux côtés. Bon endroit pour mijoter jadis un éventuel compost. Dans mon enfance c'était encore là que convergeait le purin des deux fermes.

2. Il y en a autant dans le diocèse de Saint-Brieuc ; 9 dans celui de Tréguier ; 8 dans celui de Saint-Malo. À Plougasnou (sans doute moins de 2 000 habitants), il y en a 54 qui sont nobles « sans difficulté » plus 21 qui « se disent nobles ». À Taulé, 59 ; à Plounévez-Lochrist, 57 ; à Plouénan, Henvic, Carantec, une grosse vingtaine.

3. Avec ses trèves de Mespaul et Sainte-Catherine.

seulement, dont Hervé Geoffroy, sieur de La Villeneuve et de Kermaguer, qui habite le manoir de Roc'hglas et qui blasonne « d'or au pin de sinople, un cygne d'argent au pied », et Guillaume Le Corre, qui a « un bel hostel où il demeure, auquel il y a salle, chambre et place de moulin ». En 1554, François de Tournemine, sieur de Plougourvest, blasonne « d'argent à un écusson de gueules en abyme, à l'orle de six croix recroiseltées d'azur »[1].

Ces familles sont loin d'être également prospères. Souvent elles disparaissent rapidement soit faute d'héritier, soit parce qu'elles sont devenues trop pauvres. En effet, dans la France de l'Ouest, le partage noble, qui se généralise au XVIe, favorise l'aîné qui hérite des deux tiers des biens, les autres (garçons et filles à égalité) se partageant le reste. Résultat : ils en « arrivaient promptement au partage d'un pigeon, d'un lapin, d'une canardière et d'un chien de chasse » (Chateaubriand). Vers 1500, un grand tiers des nobles bretons sont des hobereaux besogneux, qui vivent et travaillent comme les paysans d'alentour.

En 1668, le gouvernement décide d'exclure de la noblesse ceux qui sont trop pauvres ou dont les titres sont insuffisants. En Bretagne, il maintient 6 000 familles[2] et en écarte 2 000 (1 000 autres passent entre les mailles). En 1710, il n'en reste guère plus de 4 500 – dont près des deux tiers sont

1. *L'Armorial de Léon*, entre 1674 et 1690, nomme pour notre paroisse les sieurs de Coëtmeur, de Coëtquelven, de Coëtivelec, de Parscau, Glaziou, sieur de Landivisiau, Percevas, sieur du Mescouin, Prégent, sieur de Crec'hquelhen (le Tertre aux mouches !). En 1710 est inhumé noble homme Gaspar Allain, sieur de Basorme, lieutenant de la milice de Gwicourvest et receveur de la seigneurie de Landivisiau.

2. Dont 28 % seulement étaient déjà nobles au Moyen Âge.

pauvres[1] et parfois misérables. En 1789, environ 3 700. Il n'y a plus alors que deux maisons nobles à Plougourvest : L'Estang et Mescouin ; et deux à Landivisiau : Coëtmeur et Coëtquelven.

Pendant ce temps, des négociants deviennent riches ou très riches, notamment à Morlaix, et s'appliquent à « vivre noblement », en particulier en achetant ou construisant un manoir. La confusion entre ces deux catégories est d'autant plus facile que la Coutume de Bretagne permet aux nobles de commercer sans déroger, c'est-à-dire sans perdre leur rang. En 1535, il y a onze propriétaires de manoirs à Plougasnou, tout près de Morlaix : un seul d'entre eux est noble, alors que cinq des manoirs l'étaient à l'origine.

C'est ce processus qui s'est déroulé à Lannurien. Le manoir – le seul qui subsiste dans la commune[2] – fut construit par un noble : M. de Penc'hoadic[3]. Mais cette famille périclita et Lannurien fut acheté[4] par Hervé Barazer[5] (1631-1692),

1. 84 % dans l'évêché de Tréguier ; 43 % dans celui de Léon.

2. La plupart des manoirs bretons datent de la période de grande prospérité (1450-1680). Vers 1500, il y en avait au moins 11 000. La plupart ont disparu : 121 à Plougasnou en 1427, une soixantaine en 1789, une trentaine en 1910, une douzaine en 1982. À Plouvorn, où il y en eut 32, il en subsiste 7 et les restes de 6 autres. À Plougourvest, outre les ruines de L'Estang et de Roc'hglas, il n'y a que le manoir de Lannurien ; celui de Kervoãnec est une reconstruction du XIXe.

3. Un Christophe de Penhoadic, sieur du Rusquec-en-Saint-Thégonnec, s'est marié le 16 mai 1695. Ce nom, qui n'est plus attesté comme patronyme, existe toujours comme toponyme à Guiclan.

4. Vers 1650, dit-on. Mais le futur maire de Morlaix n'avait que dix-neuf ans à cette date. Et à ma connaissance, il n'y a aucun document antérieur au 1er juin 1685.

5. En breton, *barazer* signifie tonnelier.

riche négociant et armateur de Morlaix. Maire de sa ville (comme son fils et son petit-fils après lui), il reçut en son logis en 1690 le roi catholique d'Angleterre Jacques II, que ses sujets protestants réduisaient à s'exiler en France. En récompense, le souverain lui aurait promis l'anoblissement, qui était à la portée d'un homme de son importance. « Premier des Morlaisiens, je n'ai que faire d'être le dernier des gentilshommes », aurait-il répondu. Il se faisait appeler Barazer de Lannurien, et il avait un blason « de gueules à la barre d'hermines accompagnées de deux annelets d'argent ». Mais le blason n'est pas preuve de noblesse, non plus que la particule par laquelle on joint à son nom celui de l'une de ses terres[1]. Aujourd'hui, *Le Simili-Nobiliaire français* énumère les Barazer de Lannurien parmi les 6 000 familles à particule qui n'appartiennent pas à la noblesse – et qui n'en sont pas moins estimables.

Ce manoir – tel que je l'ai connu – est une assez grande bâtisse à deux étages. Escalier, perron, porte monumentale. Au-dessus, décalée, une échauguette qui n'est que l'enveloppe d'un petit escalier à vis en surplomb. Au rez-de-chaussée, une grande salle avec vaste cheminée et deux autres pièces ; en dessous une cave. Un large escalier de pierre à deux volées droites mène à la

1. De 1786 à 1831 au moins, la plupart des membres de cette famille se firent appeler Barazer-Lannurien, sans doute par conviction républicaine. L'un d'entre eux fut assez engagé pour être procureur de Morlaix en 1790-1791 et officier municipal en 1793, tandis qu'un autre fut au contraire fusillé en 1795 à Quiberon, où il venait de débarquer avec un groupe de royalistes émigrés pour tenter de renverser la République.

chambre seigneuriale avec antichambre, puis au second étage et à l'escalier à vis. Ces détails indiquent une construction de la fin du XVIe (entre 1560 et 1570 ?).

Les pierres de la façade sont soigneusement taillées et assemblées, sauf aux deux extrémités, visiblement refaites ou mal faites. Le manoir a-t-il été partiellement détruit, peu après son achèvement, lors des affrontements de la Ligue[1], assez importants dans la région, notamment en 1590 et 1593 ? Je crois plutôt que, en ces temps troublés, M. de Penc'hoadic ne put l'achever selon les plans prévus – ce qui n'était pas rare. L'escalier à vis conduit vers un troisième étage qui n'existe pas, mais dont le projet est corroboré par une cheminée tout là-haut, près du toit, sur un mur de refend. Selon l'usage d'alors, la façade noble a été construite d'abord et soigneusement ; les pignons ont peut-être été bâclés ensuite.

L'un des champs voisins s'appelle *Park ar japel* : un texte de 1783 confirme qu'il y avait en effet une chapelle « autrefois » – ce qui atteste l'importance ancienne du lieu[2], d'autant qu'il y avait une autre chapelle tout près, à Kergabut, domaine partiellement annexé à celui de Lannurien. Bien entendu,

1. Confédération de catholiques extrémistes qui refusent l'arrivée au pouvoir du protestant Henri IV. Le manoir de Lézérarieu en Guiclan a subi deux attaques en 1592. Mais celui de Lannurien n'était pas, semble-t-il assez important pour être attaqué.

2. La chapelle avait disparu, mais la chapellenie – c'est-à-dire la fonction de chapelain – a subsisté jusqu'à la Révolution. En 1792, elle était exercée par un prêtre de Morlaix. Il percevait, pour un travail qui n'existait plus, les revenus des biens que le fondateur de la chapelle lui avait attribués : une maison, un jardin, quatre champs et deux garennes à Lostanlen, et autant à Menguen. Il y avait d'autres chapellenies à Kergabut, au Gouézou et à Kerincuf.

il y avait aussi un souterrain, comme partout où l'imagination peut en supposer. Il passe sous l'église – c'est pour cela qu'à tel endroit elle penche un peu – et il aboutit à l'ancien manoir de L'Estang : 2 km en tout. Les deux entrées en sont si bien cachées que personne ne les a encore découvertes.

Je n'ai pas eu l'honneur de vivre en ce manoir[1]. Je suis né en face, à la métairie. Le *métayage* est un mode de location dans lequel le bailleur fournit la terre, la maison, les bâtiments, le gros outillage, le cheptel et la *moitié* des semences et des avances indispensables ; le preneur, l'autre *moitié* et tout le travail. Puis chacun reçoit la *moitié* des productions : récoltes, petits d'animaux, œufs, lait… Tel est le principe. En, fait, la part du preneur allait souvent jusqu'aux deux tiers, ou même aux trois quarts, notamment en Basse-Bretagne[2]. Et peu à peu ce système fut généralement remplacé par le fermage, c'est-à-dire par une location contre redevance en argent.

De plus, dans l'ouest de la France on appelait métairies – par opposition à borderies ou closeries – de grandes exploitations louées selon le système du fermage et non pas du métayage. À

1. Ni l'inconvénient. Construit sur la pente, il était tourné vers le nord, vers la côte d'où pouvaient venir les ennemis, et partiellement enterré du côté sud, pour mieux se protéger des vents dominants. En conséquence, il était bien froid. *Er mãner laou* : un manoir minable (mot à mot : un manoir à poux), disait ma mère, avec plus de conviction que de jalousie.

2. La loi de 1946 portant statut du fermage et du métayage réduit la part du bailleur au tiers des fruits de l'exploitation.

l'origine, sans doute parce que beaucoup de métayers exploitaient des domaines nobles, dispensés d'impôt. En même temps qu'un manoir, un chêne et un if, M. de Penc'hoadic s'est offert un fermier intitulé métayer.

Dans les grandes fermes d'Île-de-France et du Nord, les bâtiments forment un quadrilatère qui ferme la cour. En Bretagne, c'est rare. Dans les petites exploitations, ils sont souvent dans le prolongement de la maison. Ailleurs, ils sont assez dispersés.

Jadis, comme dans d'autres régions pauvres, on rassemblait tout – sauf le bois, la paille et le foin, trop encombrants et trop inflammables – dans une maison-étable-grange. Les outils au mur, les grains au grenier, les hommes à un bout, les animaux à l'autre, les rats, les souris, les mouches et la fumée partout. Au mieux, hommes et bêtes étaient séparés par un mur, avec une porte de communication ; ailleurs, « par une sorte de cloison à hauteur d'appui » ; chez les plus pauvres, ils ne l'étaient « pas du tout[1] ». Ça tient chaud, mais « les exhalaisons réciproques se communiquent librement, et je ne sais qui perd à cet échange », ironise Cambry (1794). Usuelles jusqu'au milieu du XVIIIe siècle, de telles situations n'ont disparu que peu à peu : souvent avant 1800 dans le Léon, où il n'en reste guère en 1900 : surtout à partir de 1850 en Haute-Bretagne, en Basse-Bretagne intérieure et dans d'autres régions pauvres. Elles étaient rares après 1920, mais il y en avait encore quelques-unes dans le Morbihan

1. Habasque, originaire de Lesneven, en 1832, à propos des Côtes-du-Nord.

en 1970[1]. Évitons de généraliser[2]. Ce système était rare dans le Haut-Léon dès 1789, et sans doute n'avait-il jamais existé dans les grandes fermes comme celles de Lannurien. Sur le cadastre de 1828 en tout cas, il y a des granges et des crèches bien séparées.

Même quand il y avait des crèches séparées, cochons et poules entraient jadis dans la maison, et celles-ci sautaient sur la table pour picorer les miettes[3]. « Encore maintenant, il n'est pas tellement rare, quand on se met à table, de voir sur la table des traces de pas de poule, sinon des excréments », écrit une Bretonne en 1948. Je n'ai vu ça que dans trois fermes, qui allaient à vau-l'eau.

À la fin du XVIIe, en Basse-Bretagne, la moitié des toits des maisons est encore en genêt, en paille (de seigle surtout), en roseau ou en laîche (*esk*). Les autres sont en ardoise. À la fin du XVIIIe, il en reste un bon tiers. En 1900, il y en avait encore en plein bourg de Bodilis. C'était chaud

1. En ville, certains élevaient un cochon dans leur maison, avec les restes de leur repas. C'est le cas « dans plusieurs de nos rues », dit le médecin-chef de l'hospice de Vannes en 1888. J'ai encore vu le cochon sous l'escalier en 1968 dans une petite ville espagnole. Je vous assure qu'on *sentait* sa présence.

2. Il y a des témoignages en sens inverse, qu'on généralisera encore moins : « Les Bas-Bretons sont fort curieux de la netteté de leur logis » (Dubuisson-Aubenay, 1636). « J'ai vu des maisons champêtres où tous les meubles, où tous les ustensiles étaient d'une propreté enchanteresse [...] ; mais ces maisons sont rares » (Cambry, *Voyage dans le Finistère,* 1794).

3. Une gravure de 1808 représente un intérieur de bon niveau : devant la cheminée, maman file en berçant bébé, papa fume en somnolant, poules et poussins picorent et deux cochons se régalent dans un baquet.

en hiver, frais en été. Mais ça faisait vieux, ça faisait pauvre et depuis la fin du XIXe c'était dénoncé comme nid de saleté, de rats, de microbes, et surtaxé par les assurances-incendie. Chez nous, depuis 1920 au moins, il n'y en avait plus que sur la vieille grange et le poulailler, détruits vers 1950. Les autres toitures étaient hétéroclites : ardoise pour la maison et la crèche qui la prolongeait, tuiles rouges ou grises ailleurs.

Le sol est plat et en terre battue dans les granges. Dans les crèches (qui n'ont qu'une minuscule fenêtre) il est en pente et empierré ou même cimenté pour éviter que le purin n'y produise une fâcheuse boue. J'ai été stupéfait de lire dans un rapport officiel de 1929 qu'on en était « resté dans la plupart des fermes [finistériennes] à l'ancien procédé, qui consiste à n'enlever le fumier des étables que pour le porter dans les champs », si bien qu'il y reste « pendant des semaines et des mois », parfois « entassé sur un mètre et plus d'épaisseur », puisqu'on ajoute régulièrement paille ou bruyère. Alexis Gourvennec, plus vigoureux que nuancé il est vrai, prétend qu'en 1960 encore certaines paysannes « trayaient les vaches » « avec de la bouse presque jusqu'aux genoux ». Chez nous – et dans toute la commune me semble-t-il – le fumier était sorti en général tous les jours, et l'on pouvait marcher dans l'étable sans risquer de se remplir les sabots.

L'esthétique de la cour n'en était évidemment pas améliorée – ni l'odeur, bien qu'elle ne fût ni forte ni répugnante. De plus, le puits, se trouvait à 3 m de l'un des tas de fumier. Ce n'était pas le signe d'une atavique malpropreté, mais la fâcheuse conséquence d'un progrès : il était à la porte de l'ancienne maison, devenue écurie quand on en construisit une autre[1]. Un jour, ma mère fit analyser l'eau : elle était parfaitement potable. Moment de rustique fierté.

En 1786, l'intendant a demandé aux Bretons de « pratiquer une fenêtre dans chaque pièce ». Dans certains secteurs de la Bretagne intérieure ou du côté de Châteaubriant, un bon tiers des maisons rurales n'en ont pas du tout à cette date. La maison finistérienne n'est souvent qu'une « qu'une cahute sans jour [...] pleine de fumée », dit Cambry, qui parle d'« une seule fenêtre de 18 pouces de hauteur » (50 cm) : même les belles « maisons champêtres » sont « privées de lumière ». La situation ne s'améliorera que lentement, notamment à cause de l'impôt sur les portes et fenêtres, créé en 1798 et qui ne sera supprimé qu'en 1925.

Mais dans le Haut-Léon, malgré un appauvrissement depuis 1680, la situation immobilière n'est pas si mauvaise. Les maisons sont officiellement réparties en dix classes. À Plougourvest, en 1829, il y en a 1 de la première et 1 de la deuxième classe, 10 de la troisième, 24 de la quatrième, 24 de la cinquième (c'est-à-dire plus du quart au-dessus de la moyenne), 42 de la sixième, 74 de la septième, 40 de la huitième, six seulement de la neuvième et aucune de la dernière.

1. De telles transformations ont été assez fréquentes à la fin du XIXe. Résultat : « Toutes [...] les ordures ménagères [...], les eaux sales, urines, matières fécales, toutes vont se rejoindre sur le fumier [...], qui est à proximité du puits » (Louis Dujardin, thèse de médecine, 1912, à propos du Bas-Léon).

C'est en 1885 que M. de Lannurien a construit une maison neuve[1] pour ses métayers. Elle est de la cinquième classe. Parce qu'elle est plus petite que l'ancienne (classe 4) ? Ou simplement parce qu'elle a deux fenêtres au lieu de trois (ce qui ne l'empêche pas d'être nettement moins mal éclairée car elles sont plus grandes) ? Elle est assez longue (12 m ?[2]), large de 5 ou 6 m, mais assez basse : un rez-de-chaussée de 2,60 m environ, surmonté d'un grenier[3] tout juste assez haut pour être transformé plus tard en étage mansardé. Les murs, comme ceux de

1. De 1850 à 1880, le prix des produits agricoles a sensiblement augmenté : enrichissement des consommateurs, progrès des moyens de transport, ouverture du marché britannique. Celui du beurre et du blé a presque doublé ; celui des veaux a augmenté de 60 % : c'était l'essentiel de nos ventes. Les revenus du propriétaire se sont accrus avec ceux du locataire. La pierre n'a pas dû coûter cher : elle venait en grande partie de bâtiments antérieurs et d'une carrière située à 100 m, sur la ferme même. De plus, mes aïeux on dû participer aux travaux, conformément à une clause reprise dans tous les baux : les locataires « feront le charroi de tous les matériaux, nourriront et darbareront les ouvriers pour toutes les réparations ». En toute rigueur, cette clause n'aurait pas dû s'appliquer puisqu'il ne s'agissait pas de réparations. Mais les compromis sont fréquents entre le fort et le faible, surtout pour une action où celui-ci trouve également son avantage. (*Darbar*, francisé en darbarer, c'est approvisionner maçons ou couvreurs sur le mur ou sur le toit : travail particulièrement pénible.)

2. Vous verrez plus loin pourquoi je ne peux donner les mesures exactes d'une maison où je n'ai plus accès.

3. Les quatre cinquièmes des maisons rurales léonardes antérieures à 1880 n'avaient pas d'étage et souvent pas de grenier. Ensuite, celui-ci se généralise et celui-là commence à progresser, pour devenir quasi systématique après 1945.

presque tous les bâtiments, sont en pierre, matériau surabondant en Basse-Bretagne, tandis que dans le bassin de Rennes ils sont souvent en bauge, mélange de terre argileuse et de paille, sur un soubassement de pierre. Le toit est en ardoise.

La façade est presque symétrique, ce qui était encore une nouveauté, apparue dans la région à la fin du XVIIIe : une cheminée à chaque bout, une fenêtre de part et d'autre de la porte, trois lucarnes à la même hauteur et à la même distance dans le toit. Toutefois, la porte[1] est légèrement à droite du milieu : souvenir de l'époque où elle était à l'extrémité opposée au foyer, ne laissant entre elle et le mur que la place de l'éventuel escalier. Elle est surmontée d'un dormant vitré, pour éclairer un peu quand elle est fermée, ce qui n'est le cas qu'en hiver et pendant la nuit. Les fenêtres font à peu près 90 sur 130 cm : ce n'est pas si mal. Comme la porte, elles ont un bel encadrement de granit. La partie où se trouve la fenêtre de gauche ressort d'environ 30 cm, sur 2,50 m. Nous verrons pourquoi. Aucune ouverture dans les pignons ni sur l'arrière. À gauche de la porte, un buis, pour le dimanche des Rameaux. Une vigne s'étale contre le mur : elle donne un peu de raisin aigrelet. Jadis, il y en avait un peu partout. L'ensemble est assez typique des maisons du Haut-Léon construites entre 1850 et 1945.

1. C'est une porte d'un seul tenant. Il n'y avait guère dans ce secteur de ces portes à deux panneaux, fréquentes encore à l'époque en Haute-Bretagne, qui permettent d'aérer et d'éclairer en ouvrant celui du haut, tout en laissant celui du bas fermé pour empêcher l'entrée des animaux.

La maison est prolongée par une petite crèche[1], dont le mur est tapissé de pervenches. À l'angle de celle-ci, pour le protéger du choc des charrettes : *ar vilien* (le galet), un œuf de granit de 40 sur 50 cm environ. Rapporté du bord de mer, avait-il jadis servi de borne pour un champ ou sur une route ? Ou de pierre votive dans un culte révolu, comme les trois pierres analogues découvertes quand on a déplacé le cimetière, au centre même de la paroisse ?

Dans la cour, une curiosité : le manège. Jadis, pour enlever les grains des céréales, on les frappait avec un fléau : en Haut-Léon, c'était une tige de fer (et non pas de bois comme presque partout) attachée à un manche par un lien de cuir, qui lui permet de tourner librement. Deux équipes de deux, trois, quatre personnes ou plus se font face. Chacune à son tour fait tournoyer ses fléaux tous ensemble pour ne pas les entrechoquer, ni assommer quelqu'un. Trente-sept coups par minute pour de bons travailleurs : plus de 22 000 dans une journée, pendant des semaines, sans pouvoir se moucher sous peine d'interrompre toute l'équipe. Excellent pour les reins, et pour se gorger de pous-

1. Je l'appellerais bien un *pen-ti* (un bout de maison – dans les deux sens du terme), pour me moquer des agents immobiliers et des amoureux de l'Armorique pour qui un mot breton ne peut désigner qu'une belle chose authentique. J'ai un *pen-ty* en Bretagne, un charmant *cottage*, une jolie longère. Quand on utilise les mots pour impressionner les gens, mieux vaut ignorer ce qu'ils signifient. En fait, le *pen-ti* c'était le minuscule logis que le riche paysan cornouaillais mettait à la disposition de son valet de ferme, en échange de son travail, avec éventuellement une petite crèche et un champ ou deux. L'usage n'existait pas en Léon.

sière ! Je me suis servi du fléau une seule fois, pour égrener du trèfle.

Puis on inventa la batteuse : *ar minkãnik* (la machine mécanique)[1]. Il lui fallait un moteur. Ce fut d'abord, à partir de 1845, ce manège à chevaux. Imaginez un axe vertical auquel sont fixés trois, quatre, cinq ou six poutres horizontales. Vous y attelez quatre, six ou même huit, dix, douze chevaux tournant en rond. Un enchaînement de roues dentées permet de transformer la lente rotation de l'axe vertical en rotation rapide d'un axe horizontal qui entraîne la batteuse. Ces manèges sont apparus dans le Finistère vers 1860. Il y en avait 15 000 en 1892. Mais déjà arrivait leur remplaçante, la locomobile, une grosse machine à vapeur (*ar marc'h du*, le cheval noir, dont le premier exemplaire date de 1848) : 37 en 1892, 165 en 1903. À peine répandue, elle sera détrônée par le moteur à essence, remplacé à son tour, à partir des années 1960, par la moissonneuse-batteuse. Mais, jusqu'à l'arrivée des moteurs électriques, les manèges ont bénéficié d'une seconde carrière pour faire tourner, avec un seul cheval, les machines destinées à hacher l'ajonc qui était l'une des principales nourritures des chevaux. J'ai encore en moi l'odeur très agréable de cet ajonc broyé.

L'inventaire établi le 4 janvier 1921, après la mort de mon grand-père maternel[2], nous apprend ce que contenaient maison, granges et crèches à

1. Il y en a 7 dans le Finistère en 1852, 1 100 en 1862, 15 000 en 1892.

2. Parce que ses enfants n'avaient pas atteint l'âge de la majorité, qui était de vingt et un ans jusqu'en 1974.

un moment où la modernisation ne s'était pas encore accélérée. Au rez-de-chaussée, cinq lits clos accoutrés avec bancs (480 F[1]) ; une table ronde avec bancs (30 F), un buffet vitré, fort récent certainement (150 F), un buffet vaisselier (60 F), une horloge (25 F), « écrémeuse en mauvais état, baratte, bassines, assiettes, verres, statuettes » (50 F). Un sixième lit clos accoutré est compté avec un garde-manger et un charnier[2] en pierre de taille (50 F), sans doute parce qu'il était au bas bout de la maison, de même que la maie à pâte[3] avec bancs (20 F) et un « poêle pour cuire les racines » pour les cochons, c'est-à-dire une grande bassine de 120 cm de diamètre, encastrée dans un soubassement où l'on peut faire du feu (200 F).

Au grenier, il y a un lit accoutré – qui n'est sans doute pas un lit clos – (150 F), trois armoires de châtaignier (250 F), une vieille armoire de chêne (25 F), une table ronde (15 F), des chaises (30 F), du blé (1 200 F), 1 000 kg d'avoine (600 F), des harnais de voiture (100 F), une bascule et des poids (30 F).

Crèches et granges contiennent deux juments adultes (5 000 F) et deux vieilles (2 000 F), un poulain d'un an (1 500 F), deux pouliches de deux

1. Le franc de janvier 1921 vaut environ 0,85 €. Mais le prix des choses dépend aussi de leur rareté, de leur qualité, de leur état de conservation, etc. Un lit accoutré c'est un lit avec couette (en guise de matelas), draps et couvertures.

2. Cuve de pierre à couvercle de bois pour conserver la viande : environ 150 cm de long, 50 de large et 40 de haut.

3. Table dont le dessus s'enlève et dans le creux de laquelle on pétrit la pâte à pain. C'est vers cette date qu'on a cessé de le faire chez moi.

ans (1 500 F), six vaches (8 000 F), deux génisses (1 000 F), trois taurillons (1 500 F), deux porcs (800 F), trois charrettes (1 400 F), deux charrues (120 F), paille (1 500), foin (320), fagots (200), fumier (100), pommes de terre (100), betteraves et carottes (500 F), hache-lande (50 F), tarare[1] (50 F), rouleau en pierre (15 F) et autres outils agricoles (500 F). Avec 780 F de « revenants bons en terre » – c'est-à-dire de récoltes à venir – cela fait un total de 30 000 F, sans compter les « hardes des époux », estimées à 100 F. Il n'y a pas d'argent liquide – ou plus probablement on ne l'a pas déclaré : c'était l'habitude. Une somme de 300 F existant en numéraire au décès a servi à payer « les frais de dernière maladie et frais funéraires ». 300 F, c'est 21 % du total des meubles, vaisselles et vêtements. La mort était-elle déjà si ruineuse, alors que le médecin a dû venir tout au plus une fois voir un homme terrassé par une « attaque » (infarctus, hémorragie cérébrale ou rupture d'anévrisme) et que les gens ont transporté eux-mêmes au cimetière dans un cercueil tout simple ?

Entrons donc dans cette maison, en 1934. On ne risque pas l'inondation boueuse : le seuil est nettement au-dessus du niveau de la cour. « Les gens entrent avec leurs sabots pleins de boue, de fumier », écrit une Bretonne en 1948. Non, pas chez nous. On les essuie. Il y a devant la porte 1 m^2 bien empierré, qui sert de paillasson.

1. Grand ventilateur (1,20 m de haut) qu'on tourne avec une manivelle pour séparer le grain de la balle, beaucoup plus légère.

C'est un peu frais, même en été, surtout pour nous autres, lézards de chauffage central. La disposition est celle d'une ferme du Haut-Léon. Le sol est en terre battue. Comme dit Pierre-Jakez Hélias, c'est plus pratique que moquette ou plancher : on peut tout faire sans rien salir. Oui, tout. Surtout quand « au centre de la pièce, comme à l'accoutumée, une mare bien commode accueille les eaux usées » (Mme Stothard, 1820). Ce témoignage concerne Plélan-le-Grand, un chef-lieu avec auberge. Même dans celle-ci il y avait, « au centre de la pièce, une flaque d'eau boueuse, où l'on jetait les eaux usées et où les canards barbotaient avec délices ».

Sans mettre en doute le témoignage, évitons de généraliser. Chez moi, le sol est bien solide et à peu près uni[1]. Il n'est même pas question de cracher par terre, sauf dans l'âtre et à la rigueur dans le coin autour de la table, parce que c'est un endroit où le regard ne pénètre pas. Une fois par semaine, on arrose avec une boîte de conserve percée, pour fixer la poussière, qu'on balaie ensuite. Mais ma mère n'a cessé de rêver d'un « pavé », c'est-à-dire d'une chape en ciment.

Le buffet vaisselier est à droite de la porte d'entrée – sa place traditionnelle en Haut-Léon[2] –, avec ses vieilles assiettes blanches qu'on n'utilise jamais. Jusqu'en 1918, chacun avait son écuelle de bois ou de terre. Les assiettes étaient un luxe qu'on exposait ; elles ne servaient qu'aux réceptions. Quand l'usage s'en répandit, mes

1. Cambry parle d'une « terre inégale », au point que « les enfants s'y [...] estropient fort souvent ». Même pour l'époque (1794), c'est une exagération.

2. En Bas-Léon c'est plutôt le long de la table ; en Cornouaille et en Trégor, dans l'alignement des lits clos.

grands-parents s'en offrirent d'autres : celles-là restèrent exposées. C'est moi aujourd'hui qui m'en sers quotidiennement.

Contre le mur du fond, une rangée de lits clos précédés d'un long meuble bas (50 cm) le *banc*, qui sert de buffet et de marchepied (et jadis de siège) ; au bout, une haute horloge et un infect débarras – mais tout petit. Au milieu de la pièce, suspendu au plafond, la planche à pain : seule façon efficace de le protéger des souris.

En se tournant vers la droite, on constate les progrès depuis 1921 : la guerre, qui emballe les prix alimentaires, a un peu enrichi les paysans, en attendant que la crise de 1929 ne les réappauvrisse à partir de septembre-octobre 1931. Le bas bout de la maison est maintenant fermé par une cloison. C'est une *salle à manger*, *ar zal* où trône une grande lampe à suspension rafistolée. Traînez un peu sur le *a*, pour marquer votre respect, comme nous-mêmes, qui y mettons rarement les pieds. Elle est réservée aux grands repas, aux accouchements, aux mourants et aux morts : plus pratique qu'un lit clos ou que de les grimper à l'étage. Le charnier a été transporté dans la grange et le poêle à cochons dans un appentis. Quant à la maie à pâte, elle a disparu : on ne fabrique plus son pain. Cette maison a été construite à l'emplacement de l'ancien fournil. Le four est encore là, derrière la cheminée ; mais il n'y a plus de trou dans le mur pour y accéder. Je ne savais même pas que c'était un four : on disait *ãn dossen*, *ãn dorgen* : le tertre, la butte.

Comment dormir à dix ou plus dans une seule pièce ? Pendant longtemps, les pauvres se sont entassés sur des paillasses à même le sol. Les autres préservaient un peu d'intimité (et de tiédeur) avec des lits à baldaquin ou des boîtes fermées : les lits clos. Il y en eut à travers toute l'Europe et jusqu'en Chine. Arrivés en Basse-Bretagne au XVIIe siècle, comme les buffets et les armoires, ils y culminent au XIXe, au moment où ils disparaissent dans nos autres provinces. Comme bien d'autres choses, ce meuble n'est typiquement breton que parce que la Bretagne a pris du retard.

La façade est travaillée et astiquée ; derrière c'est une structure minimale, avec beaucoup de poussière et un peu de moisissure ; dessous, un vide peu accessible, sauf aux deux extrémités, où l'on fourre une réserve de bois, de pommes de terre[1], de *barrassiaux*[2] divers. Au-delà ne vont guère que les chats, pour leurs crottes.

En Léon, la façade est faite de trois panneaux : un dormant à gauche (41 cm), une porte coulissante (65 cm), un autre panneau fixe (70 cm). En Cornouaille, il y a deux portes, deux fois plus petites et ajourées. En Trégor et en Vannetais, il y a généralement une simple ouverture, sans porte. Celle-ci n'est fermée que la nuit ; le jour, l'ouverture est masquée par un rideau de tulle brodé ; pour le gonfler, on tire un peu couette, couvertures et traversin vers l'extérieur.

1. Histoire vraie survenue à Plounévez-Lochrist (L) : la grand-mère demande aux enfants de préparer des pommes de terre pour le souper pendant qu'elle va traire les vaches. La petite se plaint de ne rien voir là-dessous. Son frère arrive avec une bougie. La maison a presque entièrement brûlé.

2. En français de l'Ouest, bric-à-brac de choses plus encombrantes qu'utiles.

Pour entrer dans un lit clos, mettez-vous à genoux sur le banc, plongez la tête dans l'orifice, agrippez-vous et rampez. Pas facile ? Rien n'était facile dans le bon vieux temps. Mais une fois dedans, quel bonheur, dit Pierre-Jakez Hélias : un vrai « petit appartement privé ». Pour un enfant, oui, à condition d'y être seul : luxe exceptionnel à l'époque. Et à condition de revoir sa jeunesse avec la nostalgie de la vieillesse et la complaisance du conteur à succès. Le pire souvenir d'enfance de ma mère, c'était cette boîte trop étroite. Elle y dormait avec l'une de ses tantes, qui lui enjoignait de rester bien droite, tout au bord, en promettant des récompenses qui ne venaient jamais[1].

Dès la seconde moitié du XVIIIe siècle, les *julo-ded* léonards commencèrent à s'équiper de lits à rideaux et à laisser leurs boîtes à dormir aux domestiques. Fin XIXe, médecins et moralistes firent campagne contre ce lieu de contagion et de promiscuité[2]. Chez nous ils tombèrent de six à trois vers 1931, à deux en 1942. Mes parents n'y dormirent jamais après leur mariage. L'un servait à notre ouvrier, l'autre à ma grand-mère, qui n'eut jamais d'autre lit.

Même les champions de la bretonitude n'ont ressuscité le lit clos qu'en guise de bibliothèque. Je doute que Pierre-Jakez soit retourné dans le sien. Quant à moi, j'ai dormi une seule fois dans un lit clos, vers six ans. Il est là, derrière moi, transformé en bibliothèque. Il était étroit

1. Un de mes amis a entendu parler de six enfants dormant dans le même lit clos, trois à chaque bout.

2. Le lit clos « a tous les inconvénients possibles, et il n'est pas un médecin qui ne demande sa disparition » (Louis Dujardin, thèse de médecine, 1912).

(110 cm ?) mais pas trop court (171 à l'intérieur) : ce sont ses dimensions que j'ai mentionnées plus haut. D'autres étaient moins longs, mais nos ancêtres étaient petits et ne s'allongeaient pas entièrement pour dormir. Le mien est bien plus abondamment orné que la moyenne : trois panneaux travaillés à gauche, deux au milieu, six à droite. Partout une branche avec feuilles et fleurs stylisées. Au milieu de la porte, les rayons d'un ostensoir[1] forment un cercle ajouré, soutenu par je ne sais quoi : on dirait un petit phallus posé sur ses deux boules !

Dès 1864, Luzel, qui parcourt la campagne bretonne, note que les lits clos et autres beaux meubles anciens sont parfois relégués « dans les greniers, les étables et les granges ». Puis sont venues la rafle des brocanteurs et la publicité pour le Formica, si propre et si brillant. Ceux qui valorisent aujourd'hui l'ancien et l'authentique en réaction aux excès de la modernité ironisent à bon compte sur un échange catastrophique à leurs yeux. C'était pour les paysans une véritable promotion pratique, esthétique et mentale. Et n'oublions pas que les Français de l'âge classique, qui se voulaient champions du bon goût, ont qualifié l'art médiéval de *gothique* – un terme très péjoratif à leurs yeux. La norme esthétique fluctue dans tous les milieux. Assez souvent, le patrimoine a été préservé parce qu'on n'a pas eu les moyens de le détruire pour le remplacer par du « moderne ».

Revenons à Lannurien. Au-dessus des lits clos, un étalage de grandes images de piété

1. Pièces d'orfèvrerie en forme de soleil rayonnant, dans laquelle on expose à l'adoration des fidèles l'hostie consacrée, devenue une partie du corps du Christ.

religieuse[1] et familiale : sainte Thérèse, une Vierge à l'enfant, une *Mater dolorosa*[2] (pas si moche, exceptionnellement), une Vierge couronnée, quatre couples le jour de leur mariage, mon grand-oncle Claude en soldat de 1914. Souvent, il y avait aussi d'autres trophées : les certificats d'études. Ce n'était pas le cas chez moi. Je ne sais pourquoi : mon père et ma mère y avaient brillamment réussi.

Pour vous, qui n'en avez plus l'habitude, ce sont les bondieuseries qui sont les plus originales. Pour moi, c'est ce grand carton encadré attestant que le soldat Jézégou Claude « a fait 42 mois de campagne ». Au centre, deux médailles rappellent « la Grande Guerre pour la civilisation ». Aux quatre coins, des vignettes représentent le « départ », la « défense », la « gloire » et la « paix ». Les héros y sont casqués, mais tout nus ! Bien que leur sexe soit masqué par quelque bout de ruban, ou par les longues plumes de l'aigle allemand qu'ils terrassent, nulle image aussi érotique n'avait jamais pénétré à Lannurien. Dans la vignette de la paix, on ne voit que le dos de la vertueuse épouse, agenouillée auprès de son sauveur. Mais le dos tout entier, jusqu'au début de la raie des fesses. Ce carton, ces médailles n'ont pas été offerts par l'armée. C'était l'invention de profiteurs qui avaient trouvé là un beau filon. Mais enfin, mon grand-oncle devait être fier de ses médailles, et sa famille aussi. Et aucun regard n'a dû s'attarder sur les nudités héroïques.

1. Les crucifix, qui ne se sont répandus qu'à partir du XIXe, étaient moins fréquents que ces images. Chez nous, il n'y en avait qu'un.

2. Une Mère en douleur après la mort de son fils Jésus.

En ces temps de vie encore fruste, la cheminée était, avec la table voisine, l'endroit essentiel : lieu de repos, de réunion, de chaleur, de nourriture, de contes, de prière. Ce n'est pas pour rien qu'on parle du *foyer*[1] familial. C'est là qu'on s'agglutinait à la mauvaise saison (la moitié de l'année), même en pleine journée quand on était frigorifié ou trempé, au retour des champs. Et aussi le soir, jusqu'aux années 1920, pour une bonne heure de prière : ardente piété ou ennui morose selon les gens. Ma mère en gardait un mauvais souvenir.

La plupart des hommes, surtout les vieux, ne s'asseyaient pas. (Il n'y avait d'ailleurs pas de chaises : en 1921 elles étaient au grenier, plus tard dans la salle.) Ils s'agenouillaient : c'était leur position de repos, comme d'autres s'assoient en tailleur. Les enfants au contraire s'asseyaient sur de tout petits bancs, dans l'âtre même. Du moins quand le feu n'était pas trop vif. Car ma mère, Léonarde efficace, jetait un fagot entier, l'arrosait de pétrole et craquait une allumette. En s'approchant un peu, on était rapidement cuit par devant et glacé par derrière : ce feu qui *tirait*[2] bien aspirait un bon courant d'air, même porte *close* – qualification excessive pour les maisons

1. Jusqu'au XVIe siècle, dans beaucoup de maisons rurales, il était encore au milieu de la pièce et la fumée s'échappait par un trou du toit.

2. Ce n'est pas seulement pour avoir un peu plus de chaleur et de lumière que les maisons étaient tournées vers le sud. C'est aussi parce que les vents dominants viennent de cette direction. Ainsi, la cheminée tirait mieux – ce qui ne l'empêchait pas de refouler assez de fumée pour noircir poutres et plafond.

rurales d'alors. Vers 1930, apparut, à droite de la cheminée, un fourneau à charbon, qui lui fera de plus en plus concurrence pour la cuisine – en attendant l'arrivée du Butagaz.

Au-dessus du linteau de cheminée – en bois de chêne si dur qu'il est impossible d'y planter un clou – une étagère, sur laquelle est fixé un bandeau de tissu brodé par maman, supporte la série de pots que l'on trouve partout : *Farine, Pâtes, Sucre, Café, Thé, Épices*. Ils ne contiennent rien de tel. À côté, une Vierge sous globe et des douilles de mitrailleuse. Maman les astique périodiquement : elle en est très fière. À l'intérieur du conduit de cheminée, tout luisant de suie, un quartier de porc, des andouilles et des saucisses se gorgent d'une fumée qu'on ne savait pas encore cancérigène.

À côté de la cheminée – vers le sud, source d'un peu de chaleur et de lumière – l'autre lieu important : la table. Elle n'est devenue habituelle qu'au début du XVIIIe siècle. Auparavant il y avait bien une table quelque part, une maie pour pétrir la pâte, faire les accouchements, exposer les morts. Mais on mangeait assis sur un coffre, un tabouret, un billot ou par terre dans un coin, ou debout, ou plus souvent à genoux autour de la bassine à soupe ou à bouillie.

Rectangulaire en Bas-Léon, de forme variable sur notre côte, la table est ronde dans notre Haut-Léon intérieur. Elle est recouverte d'une toile cirée fixée sur son rebord par un cerclage d'aluminium. Elle est assez propre, sauf entre le cerclage et la toile, où la crasse s'incruste dans la rainure. C'est un plateau posé sur un petit coffre, qui était jadis une maie pour pétrir la pâte à pain. C'est devenu un garde-manger : le pain entamé, le beurre, le lard y moisissent doucement. Afin de loger cette table, la maison du Haut-Léon est souvent plus large à ce niveau. D'où ce décrochage dont j'ai parlé plus haut. Cet endroit, qui rappelle le porche méridional des églises de la région dans ce même coin sud-ouest, s'appelle *ãn apotistaol*, l'appentis de la table, *ar c'hustaol*, la cachette de la table. Dans le petit mur de décrochage, quelques malins ont creusé un trou pour voir qui se présente à la porte – et lui tirer dessus ajoutent certains !

Un banc est fixé tout autour de la table, avec seulement un passage pour s'y enfiler. À droite et au fond, il est attaché au mur ; à gauche, à la cloison d'un infect débarras, qui a dû remplacer un lit clos, pour lequel c'était une place usuelle. Ce banc qui enserre la table – si bien qu'on l'appelle son châssis, son harnais : *starn ãn daol* – est typique du Haut-Léon. Extérieurement, il dessine un carré, intérieurement un cercle, si bien que les places d'angle sont nettement plus profondes. Elles sont réservées aux adultes : papa à droite, face aux éventuels visiteurs et près du trou dans le mur où trônait jadis le pichet d'eau ou la cruche d'eau de vie ; notre ouvrier à gauche ; maman et grand-mère à l'entrée, près de leur tambouille. Les places étroites sont pour les enfants ; comme aîné, j'ai celle du fond, dos à la fenêtre.

Proprette dans les endroits aérés, c'est dans un tel recoin que la terre battue révèle ses faiblesses : crachats, déchets, pisse de chat y entretiennent l'humidité. Le débarras attenant, où une poubelle sommeille des semaines, est nauséabond. Malgré l'habitude, j'en suis un peu gêné.

Vers 1930, d'autres progrès ont été accomplis à l'étage, *ar zolier*. Initialement, ce n'était qu'un grenier, conçu comme le mot l'indique pour stocker les grains, dont les souris prélevaient leur part et où les chats faisaient leurs besoins : c'est si agréable à remuer, le grain. Mais maintenant il y a, au bout, une vraie chambre, séparée par une cloison, avec un faux plafond en carton, qui réduit les courants d'air et nous isole des souris. Elle contient deux lits modernes (fabrication maison), une armoire neuve (la dot de mon père), une machine à coudre et un nécessaire à toilette qui ne sert jamais. Quand les rayons du soleil arrivent par la lucarne, la poussière y danse très joliment. Ce fut la chambre de mon enfance, partagée avec mon frère.

« Je ne connais rien de plus beau et de plus confortable que ces vieilles fermes bretonnes », écrit Michel Le Bris, emporté par son lyrisme nostalgique. Ce n'était pas l'avis de ma mère, qui rêvait dans les années 1950 d'un pavillon Lemoux-Bernard. Nos progrès avaient pourtant continué, à la faveur de la guerre et des quatre années suivantes, économiquement favorables aux paysans : une cloison pour fermer la cuisine et diminuer les courants d'air (mais malgré les cris de ma mère, elle fut faite en planches de différentes largeurs) ; deux nouveaux buffets ; un lit clos de moins ; là-haut, une seconde chambre puis une troisième, vaguement closes, tandis que les grains étaient transférés dans la grange. Sur les murs de la salle, blanchis à la chaux, maman avait aligné des roses, avec un torchon bouchonné trempé dans la peinture rouge : exactement comme Viala, la célébrité en moins. Elle plaçait un peu partout de grandes glaces un peu piquées, des Vierges sous globe, des chiens en plâtre, des tableaux de chasse, des douilles de mitrailleuse et même de canon régulièrement astiquées : on a les bibelots qu'on peut.

Enfin, progrès décisifs : l'électricité en 1951, l'eau courante (sur un seul évier) en 1955[1] ; et plus tard une douche – qui ne servit guère. En

1. En 1962, 45 % des Bretons ne l'avaient toujours pas.

1957, un cousin parisien nous fit cadeau de sa magnifique salle à manger Henri II : l'un des grands bonheurs de maman. Vers 1968, on fabriqua une sorte de paravent pour boucher la cheminée, le *foyer* : fin d'une civilisation millénaire. À la même époque, nombreux étaient déjà les citadins qui revenaient à la campagne – notamment pour le bonheur d'un feu de cheminée. Mais ce n'était pas du tout la même chose.

Notre ferme fait 25 ha : cinquante jours de labour (*anter kant devez arad*) selon l'ancienne façon de mesurer la terre plus humainement que par l'abstraction métrique : par le rapport qu'on entretient avec elle, par le temps qu'il faut pour la retourner avec un cheval et un araire. Les terres du manoir avaient la même surface. Jusqu'en 1922, les deux fermes étaient louées conjointement à deux ou trois couples solidaires, qui se répartissaient les champs et utilisaient en commun les pâturages. Le bail de 1922 stipule « que désormais chacun jouisse comme il l'entend des pâturages compris dans son lot ».

Vingt-cinq hectares, c'était deux fois et demie la moyenne bretonne sinon française (9,8 et 11,6 ha en 1929)[1]. Rien à voir malgré tout avec les immenses domaines du Bassin parisien. D'autant

1. En 1929, seules 4 % des exploitations finistériennes avaient plus de 20 ha ; 70 % en avaient moins de 10, 50 % moins de cinq et 21 % moins de 1 ha. Près des trois quarts de celles-ci avaient disparu dès 1946. En 1961, alors que les regroupements de terre avaient déjà commencé, sur les 149 exploitations de Plougourvest, cinq avaient un peu plus de 20 ha ; 54 entre 10 et 20 ; 39 entre 5 et 10 ; 51, soit le tiers, moins de 5 ha.

moins que tout est divisé en petites parcelles encloses et fort diverses qui dépassent rarement un demi-hectare. Trois petits bois, quatre prairies trop humides pour être labourées, cinq autres pâturages et sept champs de bruyère. Le reste est cultivé : blé, avoine, orge, betteraves, trèfle, pommes de terre, navets ou rutabagas, colza ou navette. Nous avons dix à douze vaches, deux ou trois juments, deux ou trois cochons, une douzaine de poules ; les veaux sont généralement vendus, les poulains presque toujours.

Les parcelles sont généralement des rectangles orientés dans le sens de la pente, qui définit du même coup l'orientation des parcelles planes voisines. Chacune à son nom et ses particularités qui lui constituent comme une personnalité. Elles sont toutes entourées de talus en terre, hauts de 50 à 150 cm, construits à des époques très différentes : quelques-uns dès la protohistoire – pour la défense ; d'autres au Moyen Âge (mais en 1544, le Léon est encore un mélange de bocage et de campagne ouverte : il y a généralement des talus autour d'un domaine, mais rarement à l'intérieur) ; beaucoup aux XIVe et XVe, puis aux XVIIIe et XIXe, périodes de grande appropriation individuelle. Ils séparent les propriétés, protègent des troupeaux (qu'ils permettent aussi de parquer), du vent, du ravinement par les eaux. Ils fournissent herbe et fougère pour les litières, ajonc pour les chevaux, bois pour le chauffage. Mais en Léon on garde très peu d'arbres[1]. De loin en loin un

1. « Les environs de Landivisiau sont nus, dégarnis de bois de futaie », dit Brousmiche en 1835. À l'époque il y en avait pourtant davantage sur les talus, dans les cimetières et parfois autour des croix de carrefours. Un siècle plus tard beaucoup avaient disparu, surtout dans les cimetières.

baliveau pour le charronnage et les charpentes. Un beau baliveau. Pas ces horribles têtards de Haute-Bretagne, où l'on ébranche et décapite les chênes, pour qu'ils ne fassent pas trop d'ombre et d'humidité aux cultures environnantes. Au lieu de s'épanouir en parasol, l'arbre impérial ne produit ainsi que de minces branches latérales : des vermisseaux qu'on coupe tous les neuf ans pour faire des fagots. Les chênes passent alors du ridicule au tragique : des moignons tout cabossés.

Je dis « notre ferme ». Mais nous ne sommes que locataires, avec un bail de neuf ans, pour un loyer annuel payable le 29 septembre, jour de la Saint-Michel. D'où son nom : *ar goumikeal*[1]. Un joli nom, avec toutes ces voyelles et la résonance de la consonne finale : mais il sonnait rudement à nos oreilles. Jusqu'en 1913, ce loyer est payable « en argent numéraire métallique et non autrement ». À partir de 1922, « en argent numéraire métallique ou en billets de la Banque de France ayant cours [!] et non autrement ». Mais l'inflation s'installe (en 1936, elle sera de 23 % sur un an) : un loyer en numéraire, invariable sur neuf ans, ne fait plus du tout l'affaire des propriétaires. À partir de 1926, ce sera donc la contre-valeur d'une certaine quantité de denrées agricoles, selon des prix officiellement constatés. Par exemple, le bail de 1942 fixe notre loyer à l'équivalent de 870 kg de blé de bonne qualité, 250 kg de viande de veau sur pied, 170 kilos de viande de porc sur pied et 85 kg de beurre, ce qui correspond à 10 500 F pour cette année-là.

1. Abréviation de *ar gouel Mikeal*, la fête de Michel.

Comme chacun sait, les rapports entre locataire et propriétaire peuvent être conflictuels. Celui-ci est généralement en position de force. Par chez nous on l'appelait *le maître* (*ar mestr*). De plus, jusqu'en 1946, la loi le soutenait entièrement : il pouvait refuser le renouvellement du bail sans explication[1]. Par exemple parce que le travail du fermier ou ses idées politiques ou sa dévotion insuffisante lui déplaisaient. C'est désagréable de se faire chasser de « son » appartement. Encore plus de « sa » ferme, que l'on a travaillée, entretenue, aimée, quasiment « faite » à longueur d'année, pendant des générations parfois, alors que le propriétaire, lui, peut être entièrement étranger à la terre. De plus, à l'époque, le déménagement de vieux meubles, dans des charrettes cahotantes, était une catastrophe. Souvent disait ma mère, « on ne pouvait même pas les relever après : ils étaient cassés. C'était pire que le feu ». Et où trouver une autre ferme, surtout avec une mauvaise réputation, dans un Léon si dévot ? Pour des familles qui n'étaient pas entièrement soumises, comme la nôtre, une telle perspective était une hantise. J'y reviendrai dans le second volume, à propos de mon entrée à l'« école du diable ».

Hervé Puill, de Taulé (L), devait garder et nourrir le chien de chasse de son propriétaire. Le chien mourut. Le « maître » annonça que le bail ne serait pas renouvelé. Le locataire fut sauvé par la loi de 1946, votée entre-temps. Michel Le Bris raconte que le propriétaire de sa mère à Plougasnou (T), un noble qu'on appelait « *ãn aoutrou* » (le seigneur), prenait plaisir à se ressourcer l'été dans

1. Depuis 1946, il ne peut le faire que pour reprendre lui-même l'exploitation, avec un préavis de dix-huit mois.

son manoir, dont il possédait tous les environs. Il vantait l'âme bretonne, les vertus paysannes et l'authenticité du terroir, et il s'opposa donc vigoureusement à l'installation de l'électricité qui allait tout dénaturer. Un jour, vers 1950, sa femme et lui sont entrés chez nous – sans frapper bien sûr – « se sont installés tranquillement et nous ont vidé [...] le seul plat de notre repas ». Ils ont dû repartir contents d'avoir gentiment fait honneur à des pauvres, en descendant un moment à leur niveau. Tous les dominants risquent d'avoir de tels comportements, qui sont la manifestation spontanée de leur statut social. Leur conscience morale, ou à défaut un peu de finesse, devrait les en garder. Ils étaient parfaitement étrangers à notre « maître » à nous, le lieutenant-colonel Jean-Marie-Jacques Barazer de Lannurien (1885-1942). Nous disions respectueusement – comme ils le faisaient eux-mêmes – « M. Jacques », « M. Alain », son frère, « Mme Jacques », son épouse, « M. Hubert, M. Bertrand, M. Tiennick », leurs fils[1]. En 1939, M. Jacques vint visiter ses terres et ses fermiers. Précision significative : il eut la courtoisie d'aller voir aussi mes grands-oncles Jézégou, qui n'étaient plus ses locataires depuis sept ans. Pour lui avoir servi de guide, j'eus une pièce de 5 F (30 €).

Ma mère et « Mme Jacques » s'écrivaient abondamment au Nouvel An et pour les événements de

1. L'un des cousins de M. Jacques était général de division, grand officier de la Légion d'honneur et commandant de l'École Supérieure de Guerre de 1936 à 1939. Son fils Georges, prisonnier en 1940, s'évada et forma en Slovaquie un groupe de 250 partisans français qui s'y distingua en 1944-1945. Commandant du Premier Régiment Étranger de Cavalerie en Algérie en 1961, il empêcha cette unité d'élite de soutenir le putsch contre le gouvernement du général de Gaulle.

la famille et de la ferme. Presque comme des semi-amies, mais bien conscientes de la différence de statut. Au besoin, cette différence pouvait devenir prédominante, comme le montre cette lettre de 1942, à une époque de rudes restrictions alimentaires dans les grandes villes : « À partir de janvier, pouvez-vous me fournir, entre les deux fermes, un kilo [de beurre] tous les 15 jours[1]. Ce mois-ci, comme je vais avoir mes trois fils en congé, j'aimerais avoir, en plus du kilo du 18 décembre, un kilo le 28. Et si vous pouviez me procurer de la farine de blé noir, cela me rendrait très grand service [...]. Si un peu plus tard on peut avoir des œufs vous me le diriez. » Il est vrai que cette lettre n'est pas adressée à « ma chère Anastasie », mais à son frère, « mon cher Caroff ». Face à un homme, à un rouge dont les opinions étaient connues, Mme la colonelle propriétaire se raidissait sans doute un peu – d'autant plus peut-être qu'elle était gênée d'avoir à solliciter.

Ces bonnes relations, me direz-vous, étaient faites de paternalisme d'un côté, d'admiration servile de l'autre. Mais qu'y avait-il de mieux, à l'époque, que le paternalisme ? Quant à ma mère, elle avait en effet l'admiration facile pour les gens d'apparence supérieure. Mais elle n'avait rien de servile et savait au besoin reprendre sa dignité. Et même avec vigueur.

Voici un incident qui l'atteste. En 1955, mes parents installèrent l'eau courante. L'État accordait une subvention. Mais il fallait l'accord de la propriétaire. Six mois plus tard, elle ne l'avait toujours pas donné. Simple oubli ? Peut-être pas : devant les travaux, les propriétaires ont parfois des fantasmes – même quand ça bonifie leur bien

1. Il n'y a pas de point d'interrogation.

sans leur coûter un sou : et si le locataire venait à partir en demandant dédommagement ? Ma mère prit sa plume, se haussant dignement au niveau d'une colonelle : « Jamais nous n'aurions pensé [...] que vous auriez pu nous refuser votre consentement par écrit, qui nous empêche de profiter de cette subvention [...]. Vous vous souvenez bien, Mme Jacques, excusez-moi de vous le rappeler, car je ne voudrais en aucun cas vous en faire le reproche, que vous nous aviez demandé – pour vos enfants – de garder les impôts en notre charge[1]. Nous vous avions promis que ce serait fait, et n'y avons pas failli, car un homme d'honneur n'a qu'une parole. Permettez-moi d'user du même argument envers vous, et de vous demander, au nom de notre fils Paul, qui doit continuer la tradition, permettez-moi de vous demander en son nom votre consentement[2] ». La propriétaire donna son accord et la subvention fut versée... vingt-six mois après les travaux.

1. Beaucoup de propriétaires terriens faisaient payer leurs impôts fonciers par leurs fermiers. En 1936, le gouvernement de Front populaire dénonça ce transfert, qui fut interdit. Mais la loi ne s'applique que si quelqu'un l'exige – ce qui est parfois imprudent, quand on n'est pas en position de force. Le bail de 1942 comme les précédents précise que les preneurs « acquitteront en sus et par augmentation dudit prix du fermage les contributions foncières et autres généralement quelconques mises ou à mettre sur le lieu loué ». Seule a disparu, depuis 1903, la précision : « à quelque somme qu'elles puissent s'élever ».

2. Je n'ai que le brouillon de cette lettre de ma mère, comme de quelques autres. Celle qui fut expédiée est peut-être légèrement différente. J'en profite pour préciser que je n'ai nullement participé à la rédaction d'aucune de celles que je cite.

Lannurien : c'est là que je suis né. C'est là que j'aurais dû vivre et mourir : « Le temps et l'espace sont les frères jumeaux du destin ». Il en a décidé autrement. Je me bornerai donc à parodier Baudelaire : « C'est là que j'ai vécu » ma « vie antérieure » : elle fut assez différente de mon existence actuelle pour mériter ce nom. Mais je ne l'ai pas coulée

dans les voluptés calmes,
Au milieu de l'azur, des vagues, des splendeurs.

Non. Car je vous parle de la vie réelle. Celle que vante le poète n'était qu'un rêve élaboré pour tenter d'oublier

Le secret douloureux qui [l]e faisait languir.

Moi aussi je languissais un peu. Pas à cause d'un secret : d'une vie assez sommaire, un peu frustrante. Mais à partir du moment où je suis entré au collège, je n'avais nul besoin d'une utopie antérieure. J'avais rencontré mieux : un brillant avenir.

Il y aura bientôt un demi-siècle que j'ai quitté Lannurien, pour me marier et commencer ma vie professionnelle. J'y revenais régulièrement en visite filiale jusqu'en 1980. Je n'y suis pas allé depuis. Et je n'y retournerai jamais plus. Jamais. Mes parents y ont trop souffert, sur la fin.

En octobre 1972, il apparut que mon frère ne pourrait pas continuer à exploiter la ferme. Ma mère écrivit à la propriétaire. Avec son mari, elle proposait de chercher quelqu'un qui reprendrait les terres, mais qui leur laisserait la maison et quelques dépendances. Quitter nos « horizons familiers », ce serait pour nous « la pire des catastrophes [...]. Partir, fût-ce à destination de la plus confortable maison de retraite, c'est mourir, s'il faut rompre avec nos relations, notre cadre de vie ». J'écrivis de mon côté. Le colonel Bertrand de Lannurien me répondit avec bienveillance et réalisme. « Je comprends le désir de vos parents de continuer à habiter Lannurien, et j'en tiendrai compte dans ma décision. Mais je pense qu'il faudra, dans un délai plus ou moins long (un ou deux ans peut-être) envisager leur départ » (17 novembre 1972).

Trois repreneurs se présentèrent. Un seul acceptait notre proposition. Ce fut lui qui l'emporta, après bien des complications, pour la résolution desquelles M. de Lannurien joua un rôle décisif. À la demande de celui-ci, il s'engagea volontiers à laisser mes parents habiter la maison et utiliser granges et crèches. Gratuitement.

Cinq ans d'heureuse tranquillité. Puis, manoir et métairie, avec cours, granges et crèches furent vendues à M. X comme résidence secondaire. À la demande expresse de M. de Lannurien, il s'engageait « à laisser en place le ménage François-Marie Rohou [...] jusqu'à leur décès ou leur départ volontaire » (compromis de vente du 25 mai 1978).

Pendant quelques mois, tout alla pour le mieux : « Nous sympathisons beaucoup », m'écrivait ma mère (31 décembre 1978). M. X était d'un dynamisme exceptionnel. Il arrivait en vacances avec de gros engins qu'il conduisait lui-même, creusant, remblayant, remodelant le manoir. J'ai flairé en lui l'un de ces entrepreneurs nés qui sont allègrement généreux tant qu'on n'encombre pas leur ambitieux parcours. Si j'en juge par la quantité d'argent et de travail qu'il a investie dans ce manoir, il a dû être emporté, dépassé par ce qui était devenu une intense passion. C'est peut-être la raison d'étonnants dérapages – qui ne reflètent évidemment pas toute la personnalité d'un homme dont je ne demande qu'à reconnaître les qualités en d'autres circonstances.

Un soir d'avril 1979, M. X demande à ma mère de lui vendre deux vieilles armoires. Après consultation de mon frère, elle préfère les garder. Le lendemain, le tractopelle place des blocs de pierre[1] devant l'appentis où mon frère[2] continuait à garer sa voiture. Peu après, l'un de mes cousins me téléphone : il est inquiet pour la santé de maman, très affectée par les agressions verbales de M. X et surtout de sa mère. Ils lui interdisent notamment de s'occuper des fleurs qu'elle a plantées dans la cour.

Au début, elle réplique avec modération. Puis elle prépare une lettre vengeresse. « Nous regrettons beaucoup nos anciens propriétaires, ils avaient le sens de l'honneur [...]. Vous devriez en prendre l'exemple, au lieu d'écraser les autres de votre supériorité. » Je la dissuade de l'expédier, et je téléphone à M. X. « Je laisse la maison et les dépendances nécessaires à la disposition de vos parents, mais non de votre frère », me répond-il, ajoutant qu'il laissera sur place une camionnette, et que cet appentis est le seul endroit qui puisse servir de garage. Le seul de tout le hameau, vraiment ? J'accepte ses conditions. Nous vidons l'appentis.

Maman me trouve trop conciliant. « Cet appentis nous appartient, dit-elle. C'est nous qui l'avons

1. « Semblables à des rochers », écrit ma mère.
2. Qui n'habitait plus là et qui n'était pas couvert par l'accord de maintien dans les lieux.

construit. » Sur plots, pour qu'il ne soit pas attaché au domaine du propriétaire. Elle écrit à M. X pour le lui signifier (22 mai). En réaction, celui-ci enlève une partie du toit de la laiterie où sont la douche, le congélateur, le lave-linge, deux armoires et la pompe à eau qui alimente la maison.

Je tente de négocier. Peine perdue. « Le ton » de la lettre de votre mère ne m'a « guère plu », m'écrit-il, résumant parfaitement la situation : d'un côté un ton qui déplaît ; de l'autre des actes qui nuisent. « La toiture ne sera pas refaite et je dégage toute responsabilité en cas d'accident ». Il nous reconnaissait la propriété de l'appentis et inversait ses exigences : le contenu de « toutes les granges » doit être rassemblé « dans le garage ayant fait l'objet du litige » (20 juin). Vous voyez d'ici le tas de *barrassiaux*, dans une ferme où l'on ne jetait pas le moindre clou. Nouveau déménagement donc, en sens inverse. Nous sommes seulement autorisés à laisser le bois de chauffage dans la grange.

Le 31 août, en l'absence de mes parents, ce bois est jeté dehors, l'électricité coupée dans la cour, et les auges où ma mère plantait des fleurs transportées derrière le manoir, de même que la pierre tombale d'un de mes aïeux. Je fais 440 km pour expliquer que ces choses nous appartiennent. En vain. Une fois de plus, nous nous inclinons, demandant seulement que l'éclairage soit rétabli. En vain.

Mes parents ne pouvaient plus rester là. Mon frère leur a trouvé une maison à Landivisiau. Au calme, avec jardin. Mais il fallait l'aménager et elle était petite : l'on ne pourrait pas y mettre la moitié de leurs affaires. Mon frère prendrait le reste : mais sa maison n'était pas finie. Qu'importe : nous pensions avoir quelques mois de répit, jusqu'au séjour estival de M. X, qui habitait près de Lille. Mais le 2 décembre, mon père est immobilisé par une hémiplégie : cancer. Il est mort le 30 janvier 1980. Dans nos campagnes, la veillée funèbre est un moment de dignité, de solennité, où la maison doit être particulièrement apprêtée : il y va de l'honneur de la famille[1]. Ce soir-là, parents et voisins ont afflué dans une cour plongée dans le noir. Une indignité qui nous a profondément blessés.

Le déménagement est fixé au 6 juin. Par lettre recommandée du 28 avril, M. X en prenait « bonne note ». Il demandait que tout fût bien vidé, et souhaitait à ma mère « une vie plus agréable » à Landivisiau qu'à Lannurien. Mais le 24 mai, il profite de son absence pour s'emparer de l'ancien charnier où elle cultivait des fleurs. Le lendemain, mon frère et moi sommes allés lui dire que c'était, comme les auges, un bien meuble, propriété de nos parents comme en témoignait l'inventaire notarié de 1921. Rien à faire. Nous lui avons envoyé l'huissier.

Furieux, il achève de démolir le toit de la laiterie et ordonne que le congélateur et la machine à laver en soient sortis le soir même. Mon frère était en clinique. J'ai refait 440 km pour obtempérer, avec l'aide des voisins, sous la pluie et dans les gravats de la toiture.

Deux jours après, une chaîne barre l'entrée de notre cour : « Passage interdit ». Malgré la parole

1. C'est une tendance fréquente des milieux populaires, pour qui la cérémonie mortuaire est d'autant plus considérable que leur vie ne comporte que peu de moments de cette importance. En Angleterre, naguère, les familles pauvres et prévoyantes prenaient une assurance – parfois dès la naissance – pour s'assurer un enterrement digne, avec de beaux vêtements et un bon repas.

donnée, la porte de la laiterie est barricadée, au risque de priver ma mère d'eau : c'est là que se trouve la pompe, qui disjoncte souvent. Il faut l'intervention des gendarmes[1] pour lever ces barrages. Ils émettent un avis vigoureux sur l'ensemble de la situation.

Le 5 juin, avant de quitter définitivement Lannurien, nous avons décidé une riposte symbolique : récupérer le bac à fleurs (l'ancien charnier), avec l'aide de voisins, satisfaits de cette rébellion. Comme ce lourd vaisseau de pierre, posé à l'arrière du tracteur, risquait de le faire basculer, nous étions triomphalement assis sur l'avant, mon frère et moi : le défilé de la vengeance !

Vers vingt heures, M. X surgit. Il laisse sa voiture à l'entrée de la cour, en travers, met la chaîne et entre au manoir. Je le suis.

Je sors l'inventaire notarial, comme titre de propriété. Il me le referme d'un geste paternel. « Erreur, voici la loi ». J'ai eu droit aux articles 551-552 du Code civil : « Tout ce qui s'unit et s'incorpore à la chose appartient au propriétaire [...]. La propriété du sol emporte la propriété du dessus et du dessous. » « Adieu, ai-je dit : j'ai peur d'être incorporé à la chose. » Restaient la chaîne et la voiture, qui bloquaient celles de mon frère et des voisins. Il a fallu l'intervention des gendarmes.

J'ai été menacé d'un procès pour vol, qui n'est jamais venu. M. X s'est découvert un nouvel adversaire : son beau-père. Lettres recommandées, huissier, commandements à payer, procès. Des années de procès.

1. Ce n'était pas la première.

DEUXIÈME PARTIE

ÃN DUD. LES GENS

Les Celtes ne furent ni une race, ni un peuple, ni même un ensemble de peuples, mais au mieux une aire culturelle.

Jean-Yves Guiomar

CHAPITRE 5

MA CELTITUDE EST-ELLE UNE CERTITUDE ?

Il y a quelques années, les ethnologues Marks et Spencer[1] ont retrouvé au fond de la Turquie un groupe de Celtes authentiques, dont ils ont réussi à reconstituer l'errance à partir de leurs légendes. Leurs aïeux se rendaient il y a deux mille ans à un grand rassemblement panceltique à l'ouest de Carnac. Trompés par le brouillard, ils ont légèrement dévié sur la gauche. Parvenus à Gibraltar, ils ont traversé ce qu'ils ont pris pour l'embouchure du Scorff et du Blavet. Constatant leur erreur, ils sont repartis vers l'est pour rentrer chez eux. Finalement, ils se sont arrêtés au pied du mont Ararat, là où atterrit jadis l'Arche de Noé. Grosse émotion en celtomanie. Le Festival Interceltique de Lorient se hâte d'inviter les descendants à l'endroit même que leurs aïeux avaient raté. Les voici, avec costume et binious authentiques, précédés par leur roi : un grand gaillard ni blond ni roux comme les Celtes dégénérés d'aujourd'hui, mais du plus beau noir : un Canaque. La preuve était faite qu'on peut célébrer la culture celtique sans manquer d'humour autocritique.

1. Aucun rapport avec la célèbre chaîne commerciale.

Les Celtes sont fort à la mode. Mais qui est celte, qui est breton, et qui ne l'est pas ? Pour les Celtes d'Armorique, à première vue, il y a des critères très simples : l'ascendance, la résidence, la langue. Mais ils sont radicalement inadéquats. Non seulement la langue, devenue très minoritaire, n'est plus un critère, mais elle ne l'a jamais été : elle n'a jamais été parlée dans le tiers oriental de la Bretagne. Quant à la localisation et à l'origine, si ne sont bretons que ceux qui vivent en Bretagne après y être nés comme tous leurs aïeux, bientôt il n'en restera plus beaucoup. Et que faire de ceux dont au moins un des grands-parents est venu d'ailleurs ? Et de ceux qui sont nés ailleurs, mais dont quelques ascendants (ou même tous) étaient de cette région ? Et de ceux dont l'ascendance n'avait rien à voir avec cette province, mais qui s'y sont établis, qui l'ont épousée, et parfois même en sont devenus des militants : un Japonais parfaitement bretonnant, une Hongroise qui enseigne à *Diwan,* un Britannique qui préside cette association d'écoles bretonnantes, un Africain maire d'une commune rurale ? Les tentatives de définition objective sombrent en lapalissades : les Bretons sont les gens de Bretagne, puisque « la Bretagne c'est l'espace principal où produisent et se reproduisent des hommes que l'on nomme [...] Bretons »[1].

Pour certains, la bretonnité est surtout un engagement volontaire. Plutôt qu'une simple terre natale, « une patrie » c'est « quelque chose qui vous rend heureux », disait Morvan Lebesque : « Si je perds cette conscience, la Bretagne cesse d'être en moi. » « Est breton celui qui choisit de l'être et de le dire », confirmait Xavier Grall. Peut-être

1. *Géographie de la Bretagne*, Skol Vreizh, 1976.

avaient-ils besoin de ces proclamations d'adhésion spirituelle pour compenser leur situation réelle : ils étaient devenu parisiens.

D'autres – ou parfois les mêmes – fondent la bretonnité sur la celtitude : « Les Bretons [...] sont restés celtes dans leurs profondeurs à travers des siècles et des siècles de romanité ! Celtes ils sont par leur langage [...]. Celtes ils sont par leur héritage oral [...] : contes, légendes, formules magiques [...]. Celtes ils sont par leur sens religieux [...]. Celtes ils sont enfin par leur caractère qui les porte aux excès en tout » (Pierre-Jakez Hélias). Mais le problème n'est pas résolu. Il est seulement déplacé. Car à quoi reconnaît-on un Celte ?

Au temps heureux de la physiognomonie[1] et de la bosse des maths, c'était simple : « La taille, la conformation du crâne, la coloration du poil, des yeux, de la peau, la forme des cheveux, celle du nez, du menton, du cou, des épaules sont les principaux indices auxquels on reconnaît les Celtes »[2]. Regardez bien les Bretons : même poil, même iris et même nez en effet ! Professeur à Pontivy, l'auteur de cette définition a eu tout loisir d'observer les Morbihannais. Il reconnaît lui-même que ces gens, « dont le dialecte, les mœurs, la formation sociologique, le comportement psychique sont incontestablement celtiques, ne présentent pas les caractères anthropologiques auxquels on reconnaît les Celtes ».

Le problème s'est compliqué depuis qu'on peut avoir une âme celte avec n'importe quel langage,

1. « Science qui a pour objet la connaissance du caractère d'une personne d'après sa physionomie » (*Le Petit Robert*).

2. Stéphane Strowski, ancien élève de l'École Normale Supérieure, agrégé de philosophie, docteur en droit, 1952.

dans n'importe quelle carcasse : la celtitude s'est dépouillée de ses caractères visibles pour se concentrer dans sa profondeur abyssale. « Il ne suffit pas d'être né en Bretagne, au pays de Galles, en Écosse ou en Irlande pour être Celte. Il ne suffit pas de parler le breton, le gallois ou le gaélique », nous révèle Jean Markale, un homme pour qui « l'essentiel c'est d'être sincère avec soi-même », et qui l'a été en effet « depuis [s]a plus tendre enfance ». « J'ai la certitude absolue d'être un Celte. Je le sens en moi depuis mon enfance », nous confie-t-il. « Je suis proche des arbres, proche des animaux de la forêt, proche de l'eau [...], proche de la pierre [...], solidaire de l'univers [...]. C'est en ce sens que je suis celte. » J'espère que l'univers lui en est reconnaissant.

Les mots n'ont pas tous la même précision. Certains – chien, arbre, plante, animal – recouvrent des réalités qui ont autant ou plus de différences que de ressemblances. C'est le cas pour ceux qui désignent de vastes communautés : les Méditerranéens (Espagnols et Italiens, Palestiniens et Israéliens, Grecs et Turcs sont-ils assimilables ?), les chrétiens (qui se sont tellement déchirés pour leur définition même), les Asiatiques... *A fortiori* pour des ensembles lointains, mal connus, étalés pendant des millénaires sur des millions de kilomètres carrés : les Indiens ou les Celtes. Or c'est évidemment sur ceux-là que nous fantasmons le plus, précisément parce que leur définition n'est pas assez précise pour résister à notre imagination.

Le terme de Celtes ne désigne pas *une* ethnie avec *une* civilisation, mais, sur plus de trois millénaires, une mosaïque de peuples originaires d'Europe centrale, qui se sont répandus, en migrations distantes de plusieurs siècles, de la mer Noire à l'Atlantique, et de la Méditerranée à l'Écosse[1]. Leur langue, leurs coutumes et leurs idées (celles-ci assez influencées par celles des peuples méditerranéens) se sont bien sûr nettement diversifiées à travers cette immensité d'espace et de temps.

Quels que fussent leur dynamisme et leur fécondité, ils étaient probablement moins nombreux, dans la plupart des cas, que les populations parmi lesquelles ils s'installaient, et qu'ils n'ont généralement pas exterminées : ils passent au contraire pour avoir intégré leurs coutumes dans les leurs. Si l'on peut parler d'une Europe celte, c'est dans la mesure où la civilisation de ces peuples a longtemps dominé tout cet espace. Cela implique une supériorité militaire, technique et intellectuelle, mais pas nécessairement une présence massive : Romains, Britanniques et Français étaient fort peu nombreux dans leur empire. À la limite, il suffit de quelques cadres et d'une civilisation plus avancée, qui se propage de proche en proche. Sans doute, les Celtes étaient-ils particulièrement minoritaires aux confins de leur zone d'expansion – par exemple en Bretagne, en Écosse, au pays de Galles, en Irlande et en Galice. Ils cherchaient à occuper des régions riches ou à se louer comme mercenaires là où il y avait des conflits. Ces deux raisons les ont poussés bien plus vers la Méditerranée que vers l'Atlantique.

1. Ce n'est pas une raison pour leur attribuer tout ce qui est antérieur à César. « Le Morbihan, dès les temps les plus reculés, a toujours été le carrefour de la civilisation celtique. Il y a 6 000 ans [...], ses habitants édifièrent Carnac » et « cette culture mégalithique se diffusa [...] de l'Andalousie à l'Irlande ». C'est signé d'un directeur de recherches au Centre National de la Recherche Scientifique. Je l'espère plus compétent dans son domaine qu'en préhistoire. Quelques Celtes sont parvenus à Carnac une quarantaine de siècles après les premiers mégalithes.

L'étude des marqueurs génétiques montre que les populations de l'Europe atlantique sont sensiblement différentes de celle de l'Europe centrale, d'où venaient les Celtes. Et même que ce sont les Irlandais de langue gaélique (les plus typiques des Celtes mythiques d'aujourd'hui) qui en sont les plus éloignés, avec les Basques, dont la langue est pré-indo-européenne. Les gènes qu'ils ont en commun avec l'Europe centrale sont surtout ceux qui se transmettent seulement par les pères : il y eut donc bien une arrivée de conquérants ou de « missionnaires » celtes nettement minoritaires, et non pas de populations entières avec femmes et enfants. Spécialiste de cette époque, Pierre-Roland Giot considère qu'en Armorique c'est « une infime minorité influente » qui est parvenue. De plus, sur la côte, leur civilisation de guerriers, d'agriculteurs et de pasteurs a dû s'adapter à des conditions très différentes : sans doute s'est-elle rapprochée de celle des marins indigènes bien plus qu'elle ne l'a transformée. Et ceux-ci, situés sur les routes maritimes et notamment sur celle de l'étain – nécessaire à la fabrication du bronze – étaient sûrement plus influencés par Germains, Scandinaves et Méditerranéens que certaines régions continentales. Conclusion : il y a deux mille ans, un Armoricain, un Gallois ou un Irlandais avait moins de chances d'être génétiquement et même culturellement celte qu'un Champenois, un Tchèque ou un Bavarois.

Les gens qui habitaient à cette époque entre le Rhin, les Pyrénées et la plaine du Pô, étaient évidemment bien plus différents que ne le sont les Bretons, les Alsaciens et les Provençaux d'aujourd'hui. Les appeler Gaulois, c'est ne pas craindre une vague généralisation. Selon César, qui est notre meilleur témoin, « l'ensemble de la Gaule est divisé en trois parties : l'une est habitée par les Belges, l'autre par les Aquitains, la troisième par le peuple qui, dans sa langue, se nomme Celte, et, dans la nôtre, Gaulois ». Il situe celui-ci entre l'océan, la Garonne, le Rhône, la Marne et la Seine. Ailleurs, il dit même que les Belges pour « la plupart d'origine germanique », « avaient chassé les Gaulois » jusqu'au sud de la Loire. Il semble que les Belges soient eux aussi des Celtes mais venus beaucoup plus tard et assez différents de leurs prédécesseurs.

La communauté de langue n'était que relative dans le vaste espace dominé par les Celtes. Avant le renforcement des états nationaux, et même après, à cause des difficultés de déplacement et en l'absence de moyens de communication à distance, toutes les langues étaient divisées en dialectes assez différents. Les bretonnants ont du mal à se comprendre quand ils se déplacent de 50 km ; quand ils passent du Léon, du Trégor ou de Cornouaille en Vannetais, ils n'y arrivent plus du tout. Auraient-ils la naïveté de croire que leurs géniaux ancêtres parlaient tout à fait la même langue de la Méditerranée à l'Écosse et de l'Atlantique aux Carpates ? De même tous les aspects de la culture et de la civilisation était plus ou moins différents[1] : car ils étaient tributaires des conditions locales, bien plus qu'aujourd'hui, où les gens, les objets, les idées, les images se répandent instantanément, et où nous vivons dans des constructions humaines (à peu près les mêmes d'un bout à l'autre de l'Europe) beaucoup plus que dans des cadres naturels, qui imposaient jadis des modes d'existence variés.

Si, aux premiers siècles de notre ère, les langues celtiques se sont parlées plus longtemps qu'ailleurs dans les fins fonds de l'Ouest, ce n'est

1. D'où l'imposture de livres qui parlent par exemple de *la* femme celte.

pas parce que les Armoricains, les Irlandais et les Gallois étaient plus celtes ou plus fidèles à leurs traditions, mais parce qu'ils étaient plus loin des influences romaines et germaniques. Néanmoins, elles commençaient à disparaître en Armorique, dans les villes et leurs environs, même à l'Ouest, au profit d'une langue romane, quand sont venus, à partir de 300 et jusque vers 700[1], des Bretons de Cornouaille et du pays de Galles, encore mieux protégés de ces influences dans le fond de leur île, mais contraints au départ par la pression des Pictes d'Écosse et des Scots d'Irlande.

Chrétiens, citoyens romains, celtophones, partenaires commerciaux depuis longtemps, ils ne sont pas arrivés en conquérants destructeurs (comme les Francs, Vandales et Wisigoths à la même époque en d'autres régions), mais avec l'accord des Romains et des Armoricains, pour défendre des côtes en proie aux incursions des pirates saxons et francs, et pour renforcer et vivifier une région en crise économique et démographique.

Ils se sont installés principalement dans la zone côtière, de la Rance au golfe du Morbihan, mais surtout à l'Ouest. Combien étaient-ils ? 100 000, 150 000 au maximum ? En tout cas moins nombreux, sauf peut-être dans le Léon, que ceux qui étaient déjà sur place. Mais, plus dynamiques, mieux organisés, militairement et culturellement supérieurs, ils imposèrent leur influence[2]. Dès la fin du VIe siècle, on dit *Britannia* pour dési-

1. Mais surtout entre 450 et 550 ou 600.

2. On suppose que les Francs entrés en Gaule entre 430 et 450 n'étaient pas plus de 100 000. Mais cent cinquante ans plus tard, c'était la grande mode de porter un nom germanique – qu'on estropiait souvent, parce qu'on ne connaissait pas cette langue.

gner l'Armorique. C'est ainsi que furent renforcées non pas une ethnie génétiquement celte, à laquelle les uns et les autres n'appartenaient que minoritairement, non pas *la* civilisation celtique, mais *une* langue celtique, des coutumes, une culture, une mentalité influencées (majoritairement sans doute à l'ouest) par *une* tradition celtique, mais aussi par d'autres : préceltique (terme commode pour désigner tout ce qu'on ignore), romaine et chrétienne.

De nos ancêtres celtes, que nous reste-t-il ? Pas seulement quelques vieilles traditions, à en croire Michel Tréguer et Donatien Laurent, mais l'essentiel, depuis « quelques-unes des valeurs qui assurent aujourd'hui à nos pays l'éminente position qui est la leur dans le monde » jusqu'au « secret de nos goûts artistiques les plus modernes ». Et ce n'est pas tout : « le but ultime » du livre de ces deux auteurs est « de se demander si, en *oubliant* les valeurs de ces âges obscurs, nous n'avons pas *perdu* [...] des capacités de nos cerveaux actuellement inexploitées ».

La conception que certains se font des Celtes n'est qu'un mythe *a contrario*, imaginé en réaction à la réalité. Ces ancêtres c'est nous tels que nous nous rêvons. Débarrassés de nos insatisfactions, de notre finitude[1], des contraintes de notre époque. C'étaient « des âmes fières et libres » – dommage qu'ils aient été asservis par Romains, Germains, Français et Anglais ! « Nous avons gardé dans notre subconscient » le souvenir de leur « grandeur [...], et c'est ce qui explique notre inadaptation à la société moderne », dominée par la technique et les pouvoirs. Les

1. « Cette race veut l'infini », disait Renan. Et les autres alors ?

Grecs n'ont inventé qu'une république étatique et communautaire. « Les Celtes avaient su réaliser la véritable démocratie, qui fait résider la souveraineté dans l'individu » (Yann Brekilien). César nous dit au contraire qu'il y avait en Gaule deux petits groupes privilégiés : « l'un est celui des druides, l'autre celui des chevaliers ». « Quant aux gens du peuple, ils ne sont guère traités autrement que comme des esclaves. » Selon les spécialistes actuels, ce dernier terme est excessif : disons des clients solidement assujettis, dont la situation était souvent proche du servage.

Je repose donc la question : que nous reste-t-il des Celtes ? Une langue certes. Elle est celtique comme toutes celles d'Europe sont indo-européennes : c'est-à-dire qu'elle ne ressemble pas plus à celle des premiers Celtes que le français au latin (ou même que l'espagnol à l'allemand ?). C'est pourquoi une partie des quelques inscriptions gauloises retrouvées nous reste incompréhensible. De plus, cette langue, qui ne fut jamais celle de tous les Bretons, n'est plus que celle d'une petite minorité – le plus souvent à titre secondaire. La langue actuelle des Bretons est le français, et je ne suis même pas sûr que les écoles *Diwan*[1] puissent transmettre à leurs élèves ni le vigoureux accent de jadis ni l'esprit qui animait le breton quand c'était une langue populaire de paysans et de pêcheurs : réaliste, railleuse et figurée.

Et en dehors de la langue ? Laissons de côté l'âme invisible, pour considérer ce qui est observable : l'économie, l'organisation sociale, les techniques, la nourriture, les modes de vie, la religion des Bretons sont typiques du contexte

1. Nom de l'association des écoles où la langue de base est le breton. Ce mot signifie germer et croître.

actuel, et n'ont rien de celtique. Même quand la Bretagne avait conservé ses traditions, elles ne devaient pas grand-chose à ses habitants d'il y a quinze siècles, qui n'avaient ni biniou ni coiffe ni lit clos. Les modèles des danses bretonnes s'étalent de la fin du Moyen Âge au XIXe, et nous ne connaissons rien de celles des Gaulois. Pour la musique, nous savons seulement qu'ils avaient des lyres et des pipeaux, et qu'ils tiraient des sons effrayants de leurs trompettes de guerre. Loin de remonter jusqu'à eux, la musique bretonne actuelle n'a même pas grand-chose à voir avec celle des bardes médiévaux. Et elle a tellement évolué en un demi-siècle qu'elle est aujourd'hui assez différente de ce qu'elle était en 1950.

Le *fest-noz*, qui est revenu à la mode en Centre-Bretagne à partir de 1957, puis un peu partout au cours des années 1960, est typique de la culture bretonne d'aujourd'hui. Mais, payant, ouvert à tous, pratiqué surtout en ville et aussi bien à Rennes et à Paris, voire à New York, qu'à Landivisiau, il ressemble au bal sinon à d'autres festivités de nos week-ends d'aujourd'hui autant qu'au *fest-noz* de jadis, où un groupe de paysans dansait pour célébrer la fin de travaux harassants, avec des chanteurs qui n'avaient ni scène ni sono ni projos et qui dansaient parfois eux aussi.

Si musique, danses et luttes bretonnes se sont maintenues, ce n'est pas parce qu'une âme celte a continué d'habiter les Bretons. C'est, tout au contraire, parce que ceux-ci ont réussi à ranimer une culture qui se mourait, pour affirmer leur originalité dans un monde qui les reconnaissait enfin. Ce sont les désirs et besoins d'aujourd'hui qui donnent force aux influences d'hier. Expliquons les comportements par les soifs actuelles, plutôt que par les sources passées où elles vont s'abreuver.

Notre héritage celtique n'explique guère plus de choses que notre origine indo-européenne.

Nous avons trop tendance à expliquer comportements et mentalités par leurs origines et leurs traditions, par le passé, alors qu'ils sont beaucoup plus tributaires de leur conditionnement et de leur fonction dans le présent[1]. Voici un exemple qui me paraît démonstratif. S'il y a une chose qui devrait rester conforme à ses origines, c'est la *foi*, car elle est f*idélité*. Surtout dans les religions du Livre, qui exigent conformité à des principes et commandements immuables dictés par Dieu même. Or, elles changent souvent et profondément, oscillant notamment entre un libéralisme qui célèbre les capacités de l'homme et toutes ses inventions, et un intégrisme qui les culpabilise. Elles s'arrangent toujours pour trouver dans des interprétations différentes de leur riche tradition la justification de ces positions opposées. Mais il faut être myope pour ne pas voir que leur véritable cause n'est pas de nature religieuse : elles proviennent à chaque fois du fait que la situation économique, sociopolitique ou idéologique de tel groupe le conduit à concevoir la religion de telle façon parce qu'il lui assigne telle fonction dans la condition humaine.

1. Expliquer Racine à partir d'Aristote et de la tragédie grecque, ça vous pose en maître. Mais c'est refuser de voir qu'il a profondément transformé les sujets qu'il a empruntés aux Anciens : en fonction des modes de son temps, d'une tout autre conception de l'homme, d'une fonction du théâtre et de conditions de représentation toutes différentes. Le scénario de son *Andromaque* est presque entièrement l'inverse de ce que racontaient Virgile et Euripide, dont il prétend s'inspirer. Cf. Jean Rohou, *Avez-vous* lu *Racine ? Mise au point polémique*, L'Harmattan, 2000.

Si nous sommes infidèles dans le domaine de la fidélité, comment ne le serions-nous pas dans les autres secteurs de notre activité et de notre mentalité ? Les Italiens, chronologiquement moins éloignés de leurs ancêtres romains que nous ne le sommes des Celtes, n'ont pas du tout leur caractère. Comparez des textes de Chrétien de Troyes, de Rabelais, de Descartes, de Proust et d'un romancier actuel dans le vent, tous représentatifs de leur époque : ce n'est pas du tout le même esprit, la même conception de l'homme et du monde. Et notre âme celtique serait restée identique à elle-même depuis deux ou trois millénaires ?

Les Celtes de jadis étaient des gens de leur temps. Leur mentalité était superstitieuse et magique. Leurs mœurs, rudes et même cruelles, allaient jusqu'aux sacrifices humains : les victimes étaient brûlées vives, noyées dans une cuve, ou suspendues à un arbre et écorchées. Je n'arrive pas à croire que nous leur devions « cette charmante pudeur » ni cette « infinie délicatesse de sentiments qui caractérise la race celtique » (Renan). Je ne les ai d'ailleurs pas remarquées chez les Bretons que j'ai connus.

De plus, dans tout notre héritage, pourquoi ne considérer que l'influence des Celtes ? Admettons que les Armoricains, si réceptifs à celle-là, aient été réticents à celle des Romains puis des Français parce que c'étaient des ennemis, des colonisateurs. Mais pouvaient-ils ne pas la subir quand même et y adhérer finalement ? Car ils leur apportaient une civilisation plus évoluée, qui a été adoptée, avec des variantes, par tous les Européens. Regardons l'Europe d'aujourd'hui. Chaque peuple, chaque groupe a sa particularité, mais tous se ressemblent dans une large mesure, parce qu'ils font face à des problèmes analogues avec des moyens analogues. Un paysan breton catholique d'aujourd'hui ressemble plus à un paysan prussien ou néerlandais protestant ou incroyant d'aujourd'hui (et peut-être même à un citadin de n'importe quel pays d'Europe) qu'à un paysan breton catholique de jadis. À toute époque, dans une même zone de civilisation, les gens ressemblent davantage à leurs contemporains de même statut socio-économique qu'à leurs lointains ancêtres.

Parfois, concédait déjà Anatole Le Braz il y a cent ans, l'influence étrangère est si forte « que c'est dans l'âme de la Bretagne elle même qu'il y a, semble-t-il, des parties vitales atteintes ». Mais « le fonds celte surgit tout à coup, prend le dessus, domine seul et révèle une indomptabilité définitive ». C'est cet invraisemblable miracle que nous ressassent les militants de la celtitude. « Tout a changé en Bretagne depuis trente ans », avouait Olier Mordrel en 1977 ; tout sauf « l'éthique de la race ». « L'essence de la Bretagne défie bien le temps. » En clair, tout ce qui est constatable a changé, mais on peut proclamer que l'invisible essence se maintient, puisque c'est un mythe invérifiable.

D'autres, faute de pouvoir nier les influences, affirment que nous ne les avons pas subies, mais assimilées et dominées, en restant identiques à nous mêmes – et supérieurs, naturellement. « Notre force, c'est de pouvoir digérer toutes les cultures »[1], proclame Jean-Yves Cozan :

1. Le poète Saint-Pol Roux le Magnifique formulait encore mieux les choses : « La Bretagne est universelle, et toutes les races en retour se retrouvent en elle comme dans un cercle, le cercle du celtisme, lequel est assurément la bague circonférencielle du monde. »

celles « des Français, des Romains, des ordinateurs, des cartésiens », tout en gardant « quelque chose de plus » : « une capacité de rêve et de créativité [...] qui est profondément celte ». Objectez à un chantre des Celtes qu'ils ont abandonné la religion druidique pour le christianisme, qui en est très différent. Il vous répondra que les Celtes étaient préparés à « cette religion qui parle d'amour » et que « sans cet accueil décisif [...], le christianisme n'eût peut-être pas connu le destin mondial exceptionnel qui devait être le sien » (Michel Treguer, *La Nuit celtique*). Voilà une affirmation qui ne manque pas d'audace. C'est dans le monde juif, grec et romain, autour de la Méditerranée et non pas dans l'Europe continentale et atlantique des Celtes, que le christianisme s'est affirmé. Puis c'est grâce aux empires espagnol, portugais, anglais et français qu'il s'est répandu à travers le monde. Si l'Irlande a été son refuge à l'époque où l'Europe de l'Ouest était envahie par des peuples germaniques pas encore christianisés, ce n'est pas parce que cette île était celte, mais parce que les envahisseurs ne sont pas allés jusque-là.

Un seul Celte a fortement contribué aux débats au cours desquels la religion chrétienne s'est précisée : le moine irlandais Pélage (établi à Rome, puis en Afrique). Mais sa doctrine, vigoureusement combattue par saint Augustin (un Berbère, nous dirions un Maghrébin, principal Père de l'Église d'Occident), a été rejetée comme hérétique. Les Bretons d'Armorique n'ont été christianisés que superficiellement jusqu'à la Contre-Réforme. Ce sont les vigoureuses missions du XVIIe siècle qui leur ont imposé la foi catholique, contre une ignorance et des superstitions (celtiques ?) jusque-là dominantes. Enfin, s'il y avait une harmonie préétablie entre les Celtes et le christianisme, comment se fait-il que les Bretons se soient défaits en un temps record d'une religiosité qu'on présentait comme fondamentale dans leur essence ?

Jadis, il y eut « une opération de détournement systématique du passé gaulois au profit [...] d'un nationalisme virulent et intolérant [...], même [chez] les meilleurs parmi les historiens français » (Venceslas Kruta). Aujourd'hui, c'est l'image des Celtes que nous utilisons pour alimenter nos rêves. Quand j'y réfléchis, je constate que ma celtitude mentale ne vaut guère plus que ma celtitude génétique : un pâté d'alouette élastique[1], que chacun peut modeler à sa guise.

Il est indispensable de rêver de temps en temps. Je rêve donc à mes premiers ancêtres, moi aussi. Première piste : j'ai deux parents, quatre grands-parents, huit arrière... puis 16, 32, 64, 128... Arrivé en 1600, j'en ai déjà 16 384, en l'an 1000, 275 millions, et 4 milliards vers l'an 900. Cherchez l'erreur ! Même si nous ne sommes pas tous sortis d'Adam et de sa côte, il n'y avait à l'origine de notre espèce qu'un tout petit nombre de couples. Peut-être même un seul en effet. Solution du problème : mes ancêtres numéros 10 462, 10 483, 10 497, 10 512, 10 524 et plusieurs dizaines d'autres encore n'étaient qu'une seule et même personne. Sur la longue durée, des milliers de généalogies se croisent, si bien que neuf Français

1. Le pâté d'alouette – un mythe lui aussi – est un mélange d'excellente viande d'alouette et de médiocre viande de cheval, avec un dosage particulier : une alouette pour un cheval.

sur dix viennent un tout petit peu de Charlemagne ou de la grand-mère de Jeanne d'Arc. « Tout homme descend d'un roi et d'un pendu »...

Et si j'étais un autochtone, un indigène, un « aborigène », comme Michel Treguer ? C'est-à-dire un homme authentique, comme Jean Markale, en totale harmonie avec sa terre, parce qu'il en est né. J'espère bien que non. Car j'ai lu chez de vieux auteurs grecs que ces gens-là n'étaient pas vraiment nés de la terre, mais de dents de dragons qu'on y avait semées. Nés en armes et en fureur, ils ont aussitôt entrepris de s'entretuer.

J'arrête de rêver pour réfléchir un peu. Nous sommes tous des immigrés. Nos premiers ancêtres sont apparus en Afrique. Comment sont-ils venus jusqu'ici ? Ils sont remontés jusqu'au Maghreb. Puis, faute de pouvoir traverser à la nage, ils ont contourné la Méditerranée par l'est. Et, par la bande de Gaza, Israël, la Turquie, la Bosnie, la Serbie, la Bavière... Malheur ! Tous ces gens-là sont donc mes frères ? Les négros, les bicots, les youpins et les boches ?

Ne nous énervons pas ! Quand j'ai enfin l'idée de me regarder dans la glace, l'évidence éclate : cheveux frisés, bronzage facile ! Je descends certainement du contingent de Maghrébins (pardon : de Numides) que les Romains avaient fait venir pour défendre les côtes léonardes[1], comme le rappelle un document du Ve siècle. Trop peu nombreux pour être partout à la fois, ils préféraient recourir à des troupes qui n'avaient pas de liens avec les indigènes. C'est d'ailleurs par

1. Et peut-être même pour christianiser un peu nos ancêtres, très en retard en ce domaine sur les compatriotes de saint Augustin.

instinct immémorial que je me sens si bien en pays méditerranéen. Quant à la charmante qui fut violée à Rohou Braz ou sur un autre caillou par un de ces Numides, je n'ai malheureusement aucune indication à son sujet.

Les mythes sont objectivement faux. Mais vit-on seulement de pure vérité ? Ils sont existentiellement nécessaires pour combler certains manques, répondre à des questions insolubles, masquer des réalités insupportables, notamment en temps de crise d'identité. Ils peuvent fournir d'énergiques motivations. « C'est la communauté de rêve » qui fait la force d'un peuple, dit-on. Mais il faut garder conscience de ce qu'ils sont : pris à la lettre, érigés en supériorité nationale ou raciale, ils peuvent engendrer de lourdes erreurs, alimenter les paranoïas, servir les manipulations, aboutir à des aliénations, « justifier » tyrannies et massacres. Ne jouons pas à

Breizland über alles[1]. Mais si, sans agresser personne, l'identité celte vous est nécessaire

1. Composé en 1841, devenu hymne national en 1922, le « Chant des Allemands » est une proclamation d'unité et de fierté nationales d'un peuple politiquement morcelé et plus ou moins soumis à la monarchie autrichienne. « Unité, justice et liberté pour la patrie allemande », dit la dernière strophe. Les deux premiers vers,

Deutschland, Deutschland über alles,
Über alles in der Welt,

(« L'Allemagne, l'Allemagne par-dessus tout, par-dessus tout au monde ») n'avaient initialement rien d'impérialiste. Ce sont les nazis qui les ont interprétés comme un appel à dominer le monde. En réaction, cette strophe-là ne fait plus partie de l'hymne national depuis 1945.

pour transcender les problèmes de l'heure, vive la celtitude !

Le directeur du Festival Interceltique de Lorient nous donne le bon exemple. Il enrichit sa manifestation de l'ampleur du mythe, sans perdre de vue la réalité. « Ces peuples de l'Est ne peuvent pas avoir été nos ancêtres », dit-il des Celtes : l'interceltisme n'est qu'une « famille mythique ». Mais j'ai profité de la réputation des Gallois, Écossais et Irlandais, dont la plupart « ne savaient même pas que la Bretagne existait », pour « exister au travers d'eux ». Pour étendre l'audience du festival, il y invite non seulement les Galiciens mais aussi les Asturiens, qui « n'ont rien à voir avec la culture celtique »[1], sinon que chez eux aussi « il pleut [...], il y a la mer, il y a la côte rocheuse ».

Pour se prémunir contre les mythes à la mode, il est utile de regarder ceux d'autres époques. On voit d'emblée que leur raison d'être est l'avantage qu'en attendaient leurs promoteurs. Et leur ineptie saute aux yeux, parce qu'ils sont passés de mode, et qu'ils ne sont plus cautionnés par un besoin pressant ni par des voix autorisées.

Les chantres des divers peuples se sont appliqués à leur attribuer l'origine la plus prestigieuse possible. Pour l'Occident, il y avait deux mythes fondateurs : la Bible (en particulier avec l'arche de Noé, l'unique juste sauvé du déluge pour être la source d'une humanité nouvelle) et *L'Iliade* et *L'Odyssée*, c'est-à-dire la guerre de Troie et ses suites : un filon déjà exploité par Virgile dans

1. Si. Lors de leur extension maximale, au IIIe siècle après Jésus-Christ, les Celtes ont dominé les deux tiers occidentaux de la péninsule Ibérique.

sa fameuse *Énéide* pour rehausser le prestige de Rome face à la Grèce, en faisant d'elle la continuatrice de Troie.

C'est vers ces deux mythes que les Français se tournent à la Renaissance, quand ils prétendent supplanter l'Espagne et l'Italie dans la domination culturelle européenne. Au passage, cela leur permet aussi d'atténuer leurs défaites : la conquête romaine et les invasions germaniques.

Les Gaulois, expliquent-ils, descendent de Gomer, petit-fils de Noé. Ce sont eux qui ont civilisé la Grèce. Seules leurs fâcheuses divisions d'hommes trop épris d'indépendance ont permis la victoire des Romains. Mais ils n'ont pas tardé à les chasser. Pour « se défaire de leur tyrannie, ils attirèrent quelquefois les Allemands à leur secours » (Hotman, 1573). Et notamment les Francs, lesquels sont « des Gaulois de race », qui ont émigré quelque temps au-delà du Rhin, avant de revenir dans leur « patrie » (Guillaume Postel, 1551). D'autres reprennent une affirmation qui remonte au VIIe siècle : c'est Francus, fils du chef troyen Hector, qui est l'ancêtre des Francs et des rois de France. Mais la Renaissance, c'est aussi le développement de l'esprit critique. Même les intellectuels romains commencent à douter de leurs origines troyennes. Ronsard avait entrepris une épopée en vingt-quatre chants, *La Franciade* : il n'en termine que quatre (1572).

Les Bretons n'étaient pas en reste. C'est le Troyen romanisé Brutus, arrière-petit-fils d'Énée, qui a fondé la *Brutania*, dit un texte de 1404, reprenant une idée britannique qui remonte au-delà du IXe siècle. C'était récolter d'un seul coup le prestige de Troie, de la Grèce et de Rome. Le Breton Alain Bouchard se chargea de rappeler aux Français que leur langue n'était que du latin abâtardi. « Le vrai langage de Troie », c'est le mien, dit-il, « qui sera parlé jusqu'à la fin du monde » (1514).

Depuis le XIe siècle, ils avaient une seconde explication : les ducs de Bretagne descendent du Britannique Conan Meriadec, conquérant de l'Armorique au IVe siècle. Ce personnage (plus légendaire qu'historique) est un Celte, c'est-à-dire un descendant de Gomer, petit-fils de Noé (d'ailleurs le breton vient de l'hébreu) et aussi d'Hercule, qui, passant en Gaule, avait fait un fils à la nymphe Celto.

Cette version remplace l'hypothèse troyenne au XVIe siècle. Nous voilà donc, au moment de l'annexion, cousins des Français, qui se mettent alors à promouvoir leurs ancêtres gaulois. Mais attention : les Bretons sont de purs Gaulois, comme le montre leur langue, tandis que les autres ont été abâtardis par les Francs. Quant aux Britanniques, ce sont des Gaulois armoricains émigrés là-haut.

La fin du XVIe siècle est accablée de trente ans de guerres civiles et religieuses. Des milliers de morts, des milliers de ruines et une crise d'identité majeure : la religion était la base et le cadre de la pensée, de la vie personnelle et sociale ; elle est maintenant coupée en deux et partiellement discréditée par ces massacres et par les excès du militantisme extrémiste. En réaction, l'un des vaincus de ces guerres, Honoré d'Urfé, rédige l'*Astrée,* l'un des plus grands romans de la littérature française – aujourd'hui démodé. L'action se situe au Ve siècle, dans un coin du Forez (au nord-ouest de Saint-Étienne) épargné par la conquête romaine puis par les invasions barbares. Quelques-uns de nos ancêtres les Gaulois se sont retirés là, pour « vivre […] sans contrainte », loin des troubles, des guerres, des divisions, des ruineuses ambitions, de l'inconstance de la Fortune et des hommes, dans l'innocence et la fidélité à leurs traditions, à leur religion druidique et à leurs amours imprégnées de mysticisme. Ce sont des nobles, mais ils se sont faits bergers. Les caractéristiques de ce roman et leurs raisons d'être historiques éclairent celles d'Astérix, de notre besoin de celtitude, des prestiges de l'Ardèche et de la Bretagne, de la mobilisation pour le Larzac, et de tant de migrations pour devenir berger après la crise historique de 1968, marquée par le rejet de la civilisation technique, capitaliste et profiteuse.

Au XVIIe siècle, la France a réussi à imposer sa suprématie culturelle en Europe par des œuvres inspirées des Grecs et des Romains. Fière de cette réalité, elle n'a plus besoin de rêver d'autre chose. Ce sont alors les Allemands qui lancent l'idée d'un panceltisme qui est en fait un pangermanisme : le celte est la langue originelle de l'humanité ; l'allemand en est l'héritier direct ; le gaulois, le breton, le gallois sont des langues « semi-germaniques » (Leibniz, 1699).

En France, les affrontements sociopolitiques du siècle des Lumières raniment une théorie déjà vivace au XVIe : le peuple vient des Gaulois, les nobles des Francs, dont la victoire a établi « deux races antagonistes, l'une victorieuse et dominatrice, l'autre vaincue et sujette » (le comte de Boulainvilliers, 1722). Mais ce siècle qui prépare la Révolution commence à inverser la tendance en faveur du peuple. Les Gaulois furent « les seuls fondateurs de la République romaine ». Les Francs sont des Gaulois passés de l'autre côté du Rhin et revenus (dom Martin, 1727).

Accentué par *Les Antiquités de la nation et de la langue des Celtes* du Breton dom Pezron (1703), l'intérêt pour ces peuples devient celtomanie à partir de 1750, malgré quelques réactions critiques ou ironiques[1]. On leur attribue les mégalithes, et Carnac devient leur cathédrale. La langue des Bretons, « simple et concise, élevée et pure, majestueuse et sublime, énergique et expressive, délicate et mâle, régulière et abondante, poétique et sonore, douce et mélodieuse », vient directement de l'hébreu, la langue mère que Dieu a enseignée à nos premiers aïeux, et, malgré « le ravage des temps, le bouleversement des nations et les efforts des hommes pour l'anéantir », elle s'est maintenue « dans sa pureté originelle » (Jacques Le Brigand, 1768). Le celte est la « langue primitive de l'Europe » entière, « depuis les rives de l'Hellespont [...] jusques à celles de l'océan », affirme Court de Gébelin en 1780. D'elle viennent grec, latin, germanique, étrusque, cantabrique et presque tous nos mots français, comme il le « démontre » par « des étymologies simples et lumineuses ». C'est ce que répétera Corret de La Tour d'Auvergne en 1792, alors que la grande lutte révolutionnaire contre le breton et les autres « patois » est déjà commencée.

Les Celtes, qu'on nous présente aujourd'hui comme religieux et mystiques, passent alors pour des déistes rationalistes, plus proches des philosophes à la mode que d'un christianisme que combattent la majorité des celtomanes. C'est en réaction à un monde matérialiste et à une surexploitation de la nature que ces fantômes disponibles deviendront plus tard spiritualistes et même écologistes.

L'Académie celtique est fondée en 1805. À ses yeux, l'empire napoléonien, résurrection de la

1. Les celtomanes voguent « dans une mer d'ignorance qui n'a ni fond ni rive », dit Voltaire en 1764.

grande Gaule, est la revanche sur Romains et Germains. Elle bénéficie d'un contexte européen favorable. Les peuples du Nord, barbares aux yeux des Grecs et des Romains et même de leurs admirateurs français des XVIIe et XVIIIe siècles, sont déjà économiquement dominants, et vont le devenir culturellement. L'Écossais McPherson triomphe à travers l'Europe avec des poèmes qu'il présente comme des traductions d'Ossian, légendaire barde gaélique du IIIe siècle (1760-1763). Puis les romantiques se détournent du monde gréco-latin pour admirer Allemands et Britanniques, à commencer par Walter Scott, chantre des Écossais. Et en France l'initiateur du renouveau littéraire est le Breton Chateaubriand.

L'empire napoléonien s'écroule : l'Académie celtique se réduit en Société royale des antiquaires. À partir de 1830, la celtomanie commence à reculer devant des travaux plus exigeants et plus érudits, bien qu'Aurélien de Courson et La Borderie donnent encore dans l'idéalisme nationaliste. Mais quand la science devient rigoureuse, elle s'enferme chez les spécialistes, et les autres continuent à prendre leurs désirs pour des vérités, à chanter la « race des premiers jours » et « l'idiome pur depuis l'Inde parlé » (Brizeux, 1846).

CHAPITRE 6

LA BRETAGNE ET LES BRETONS : DES IMAGES FONCTIONNELLES

Oui, quoi qu'en disent certains, « une identité bretonne s'est maintenue, irréductible et fascinante, au goût d'iode et de sel, de blé noir et de beurre, d'huître et de pommes de terre, de saucisse et de chou-fleur, d'hydromel et de *kouign-aman* ».

Gilles Plazzy, 2000

« L'âme bretonne, que devient-elle ? » C'était le titre d'un colloque organisé par l'Association bretonne en 1997. Si, comme l'affirme son président d'honneur, « par-dessus tout l'âme de ce peuple se manifeste dans sa ferveur religieuse », il est temps en effet de se poser la question.

Ce n'est pas une nature, une âme, une essence particulières ni un patrimoine génétique différent qui font la particularité d'un peuple. Ce sont ses conditions matérielles, sociales, idéologiques et culturelles d'existence, et la façon dont il les assume et y réagit. Ces conditions et cette réaction dépendent du lieu (sa situation, son relief, ses ressources naturelles), de l'époque (du degré de développement de la civilisation et de la culture) et de l'action des pouvoirs en place. C'est pourquoi un même peuple est différent selon les temps et des lieux, tandis que des peuples divers se ressemblent quand ils habitent des régions analogues, à la même époque et sous des régimes semblables. L'éternelle nature celte n'existe pas plus que l'éternel féminin[1], dont chacun a pu constater la soudaine et profonde transformation depuis que des changements *matériels* (la pilule, le salaire individuel) ont permis aux femmes de s'affirmer librement.

Nous ne connaissons pas la réalité directement, mais à travers une vision – toujours subjective et orientée – et souvent à travers un discours. Celui-ci est une médiation inévitable, et même un substitut nécessaire quand il s'agit de généralités. Personne n'a jamais *vu* la totalité des Bretons dans leur réalité concrète, encore moins *le* Breton ou la bretonnité. Ce sont des abstractions qui n'ont d'existence que verbale et conceptuelle.

Or, tout discours est conditionné par quatre facteurs. La réalité dont il est question, celui qui en parle, ceux à qui il s'adresse (leur rapport à cette réalité n'est jamais neutre et influe sur ce qui est dit) et la langue elle-même, qui offre un choix de termes limité, certains plus courants ou plus séduisants que d'autres, et qui entraîne à modifier plus ou moins le sens pour obtenir une forme syntaxique, rythmique ou phonétique

1. « Le Féminin authentique et pur est, par excellence, une Énergie lumineuse et chaste », écrivait Teilhard de Chardin (*L'Éternel féminin*). Pardonnez-lui : ce père jésuite ne connaissait d'autre femme que la Vierge Marie.

satisfaisante. Une formule simpliste bien frappée, prononcée par un bon orateur démagogue qui comble l'attente du public, passera facilement pour plus véridique qu'une autre, qui s'applique laborieusement à serrer de plus près la complexité des choses.

Ce n'est donc pas des Bretons dans leur insaisissable réalité objective qu'il sera question dans ce chapitre. Mais de ce qui la remplace : les discours sur les Bretons. Ce qu'ils disent d'eux-mêmes et ce que les autres en disent. Or, ces discours sont généralement fonctionnels. C'est-à-dire que je ne parle pas des Bretons – ou des Corses ou des Américains ou des Allemands – en eux-mêmes et pour eux-mêmes, mais de l'image que je m'en fais en fonction du rapport que j'ai avec eux, lequel dépend du rapport que j'ai avec mon identité individuelle et nationale. Je les vois tels que j'ai besoin de les voir en fonction de ma problématique personnelle et ethnique. Quand je parle d'eux, c'est toujours plus ou moins soit pour me mettre en valeur à leur détriment (ainsi que mes compatriotes), soit pour regretter que nous ne leur ressemblions pas.

Pendant longtemps, les Bretons – et particulièrement les ruraux bretonnants, auxquels on avait tendance à les réduire – ont vécu sous le mépris et par conséquent dans la honte. Comme dit le Tunisien Albert Memmi, fin connaisseur de la « conscience douloureuse » des colonisés, « dans tout homme dominé, il y a une certaine dose de *refus de soi* », consécutive notamment à une « dépersonnalisation culturelle ». Il intègre dans sa conscience de soi le mépris du mode de vie et de la culture qui constituent son être.

On parle beaucoup aujourd'hui de ce sentiment de honte. Mais les choses n'étaient pas si simples. Sauf dans certaines confrontations, elle restait au second plan. Nous ressentions le mépris comme une injustice, et nous étions fiers de notre langue, de notre simplicité, de notre ruralité, ressenties comme authentiques face aux artifices des citadins. Quand elle est venue chez nous, ma femme a été frappée par ce sentiment de fierté, de dignité. Nous étions très attachés à nos façons de faire, et nous regardions d'un œil critique celles des « étrangers ». En français, il y a deux réponses affirmatives (*oui* et *si*) selon que l'on confirme ou non ce qu'on vient d'entendre. En breton il y a de même deux réponses négatives : *nãn* et *ket*. Les francophones qui connaissaient un peu notre langue ignoraient la seconde, qu'ils remplaçaient par la première, proche de *non*. À nos yeux c'était un signe d'infériorité intellectuelle. « Le clergé leur a imposé une apparence humble, décente et pieuse », dit le Méridional Henry Roger, qui détestait les Cornouaillais parmi lesquels il séjournait. Mais « sous ces dehors trompeurs, le Breton cache un orgueil incommensurable et [...] il est ataviquement convaincu de l'écrasante supériorité de sa race » (1919). L'affirmation est excessive, mais elle n'est pas sans fondement.

Nous réagissions au dédain par des anecdotes vengeresses. Tout le monde connaissait l'histoire (imaginaire) du Parisien qui, revenu chez ses parents bretons, affectait d'avoir oublié leur langue, jusqu'au moment où il marchait sur les dents d'un râteau posé à l'envers, dont le manche lui sautait à la figure : « *Gast ! Ar rastel !* » « Putain ! Le râteau ! » Une chanson – moitié en français moitié en breton – confrontait un fringant

Parisien et l'innocente Jãnedig. Il lui commandait une belle motte de beurre. Elle s'empressait. Il filait sans payer. Mais à l'arrivée, quelle déconvenue :

Au Parisien dans le paquet
Kaoc'h saout e doa laket.
[De la bouse de vache elle avait mis.]

Néanmoins, jusqu'au grand renversement de l'échelle des valeurs en 1968, tous ceux qui le pouvaient cherchaient à se délivrer d'une bretonnité ressentie comme une « identité négative » (Fanch Elegouet), et à se franciser.

Avant de retracer l'évolution historique du discours sur la Bretagne et les Bretons, je voudrais montrer son fonctionnement en citant deux auteurs exemplaires, Ernest Renan et Anatole Le Braz, deux intellectuels qui font une très belle carrière en français, mais qui éprouvent (en partie par compensation) la nécessité de promouvoir la figure dévalorisée des Bretons. C'était à la fois la leur et celle de leurs frères restés au pays, dont ils avaient besoin d'exalter l'image pour ne pas voir leur condition véritable, et pour atténuer la mauvaise conscience de les abandonner à un mépris et souvent à une misère matérielle et culturelle auxquels ils avaient eux-mêmes échappé. C'est pourquoi ils remplaçaient la réalité par le mythe : ils ne parlaient pas des conditions concrètes d'existence, mais de l'âme et de la pureté de la race. « Si l'excellence des races devait être appréciée par la pureté de leur sang et l'inviolabilité de leur caractère, aucune [...] ne pourrait le disputer en noblesse » à « la race celtique », la « plus pure de tout mélange étranger » (Renan, *L'Âme bretonne*, 1859).

Ils s'appliquaient particulièrement à répondre aux critiques contre la Bretagne et les Bretons. Pour cela, ils transformaient leurs défauts apparents en qualités. Une province reculée ? Allons donc ! « Le facteur souverain de sa prospérité future réside [...] dans la situation sans rivale qu'elle occupe à la proue de l'Europe », face au pays le plus puissant du monde. Arrière, Anglais, Irlandais et Portugais : « La rive américaine de l'océan est bien dans le prolongement immédiat de la Bretagne », qui « s'inscrit dans les eaux comme un trait d'union tiré en droite ligne de toute éternité [...]. Le jour où la Bretagne sera devenue, par Brest, la grande route du Rhin à New York, et, par Saint-Nazaire, celle des Alpes aux Antilles [...], elle aura enfin assumé la maîtresse fonction qui lui incombe » (Anatole Le Braz, 1923).

« Sur la terre de granite marche la race primitive », avait dit Michelet. Point du tout : la Bretagne a été « enfantée par décret divin pour être une terre de poésie [...]. Les forces géologiques semblent s'être délectées à en faire un chef-d'œuvre intégral [...], taillé dans un minimum de matière, comme pour laisser un jeu plus libre à l'esprit » (Le Braz). Ces formules ne sont-elles pas assez belles pour mériter d'être vraies ?

Le Breton fait « figure d'arriéré » ? C'est « qu'il s'est plus soucié de sauvegarder son patrimoine moral que d'améliorer sa condition matérielle » (Le Braz). Il est tourné vers un temps révolu ? C'est que « le passé est [...] si poétique, l'avenir si peu ! » Et « les causes auxquelles les âmes honnêtes se dévouent le plus volontiers sont les causes désespérées » : les Bretons ont « ce fonds chevaleresque et généreux qui les attache aux vaincus » (Renan). Édouard Leclerc, François

Pinault, Patrick Le Lay seraient-ils de faux Bretons ? Il est vrai que nous sommes peu communicatifs. Mais « les natures peu expansives sont presque toujours celles qui sentent avec le plus de profondeur ; car plus le sentiment est profond, moins il tend à s'exprimer » (Renan). En fait, notre « faculté prédominante est la sensibilité – une sensibilité de Celtes, frémissante, inquiète, ombrageuse[1] » (Le Braz). Bref, les Bretons sont tout le contraire de ce qu'ils paraissent. « Pesante en apparence », cette « race » celtique est intérieurement d'une « adorable délicatesse » (Renan). « Dans le laboureur en apparence le moins dégrossi, se révèle à l'épreuve une courtoisie naturelle de gentilhomme né » (Le Braz).

En bon néophyte, Stéphane Strowski, Breton d'adoption, se distingue dans cet art de l'éloge paradoxal. Les Bretons sont petits. Mais « ce corps ramassé est fait pour l'action et [...] pour l'aventure ; ces jambes courtes et qui s'arcboutent au sol prédisposent aux courses sur mer » (1952). On retrouve cette dialectique chez bien d'autres (notamment chez Pierre-Jakez Hélias : j'en cite des exemples çà et là), de même que l'auto-célébration au détriment d'autres populations, et notamment des gens du Sud. « Aller au cœur des choses, là se trouve, je crois, un des plus beaux aspects de notre mentalité. Les Méridionaux demeurent en surface, ils se satisfont des apparences » (Glanndour). « Les Bretons se plaisent dans les hauteurs, l'aventure et l'audace », confirme Xavier Grall. Merci pour les autres !

Et pourquoi donc cette race supérieure s'estelle laissé acculer dans les ultimes recoins du

1. Ces derniers adjectifs ne caractériseraient-ils pas plutôt des gens opprimés et méprisés ?

continent ? Parce que, « étrangère à toute idée [...] de conquête, peu soucieuse de faire prévaloir sa pensée au-dehors, elle n'a su que reculer tant que l'espace lui a suffi » (Renan). Comment concilier cette réponse avec l'ancienne extension de l'Empire celte à presque toute l'Europe ? Elle n'aurait pas convaincu les Français du Moyen Âge, confrontés à l'expansionnisme des Bretons. Ni sans doute les Trégorois et les Cornouaillais qui ont subi le colonialisme des Léonards, ces Bretons plus bretons que nature.

Avec une telle méthode, le Breton devient la synthèse de caractères contradictoires : le défaut qu'on lui reconnaît et la qualité inverse qu'on lui revendique. « Conservateur, routinier, ennemi de l'initiative, prisonnier de la tradition ; mais curieux aussi des nouveautés, avide de changement, l'oreille tendue à l'appel de l'aventure » (Anatole Le Braz). Comme dit Xavier Grall, la Bretagne c'est à la fois « la substance et le rêve ». Un parangon d'excellences antinomiques : « Être Breton aujourd'hui [...], c'est porter simultanément le souci de l'unité, de la diversité, du particulier et de l'universel », ai-je lu dans un ouvrage de l'an 2000. Depuis, je conseille à tout le monde de se faire Breton – sans être tout à fait sûr d'avoir compris ce que ça voulait dire.

Il est fort intéressant de confronter les affirmations de Renan et de Le Braz à celles de Jean-Marie Déguignet[1], qui était quasiment leur contemporain, et à peu près de la même époque et de la même région que les admirables grands-pères d'Hélias,

1. Né en 1834, mort en 1905. Auteur d'une *Histoire de ma vie* publiée en 1998 sous le titre *Mémoires d'un paysan Bas-Breton.*

deux hommes du peuple revus et corrigés par leur brillant petit-fils. Déguignet est resté parmi le peuple, auquel il se confronte hargneusement. Pour lui, les Bretons font partie des « vieilles races moralement et physiquement dégénérées » : « je ne crois pas que jamais en aucun temps ni en aucun pays les prolétaires paysans [...] aient été aussi ignorants, aussi abrutis et aussi lâches que ceux que je vois aujourd'hui » dans ce Finistère Sud.

Déguignet est un extrémiste, un révolté. Mais la raison de cette radicale contradiction est plus socioculturelle que personnelle. On ne peut pas avoir la même vision d'une chose quand on la regarde de deux endroits opposés. Renan et Le Braz voient les Bretons de loin, tels qu'ils les souhaitent, à travers leurs querelles avec les anti-Bretons et le rêve compensatoire de leur mauvaise conscience d'heureux déserteurs. Déguignet s'affronte aux Bretons réels, à un monde qu'il a voulu fuir lui aussi, dans lequel il enrage d'être retombé, contre lequel il se bat et dont il est lourdement victime.

Personnellement, je suis compatriote et contemporain de Xavier Grall, dont j'admire la vigueur polémiste, la douloureuse sincérité, l'âpreté incantatoire. Nous sommes nés à quatre ans et à 5 km de distance. Mais nous ne pouvions avoir le même comportement ni le même point de vue, parce que nos origines, nos situations et par conséquent nos personnalités, nos aspirations et nos trajectoires étaient radicalement différentes. J'étais fils, petit-fils, arrière-neveu de petits paysans ; lui d'une bourgeoisie riche et bien-pensante : d'un côté des patrons tanneurs « depuis trois siècles », de l'autre un notaire conseiller général. Son père était maire de Landivisiau de

1941 à 1944 ; le mien prisonnier de guerre. Il était à l'école et au collège catholiques, moi chez les laïques. Conséquence : à la fois favorisé et censuré par un milieu qui lui interdisait de jouir des possibilités qu'il lui offrait, c'était à la fois un privilégié et un révolté (et pour commencer un élève chahuteur[1]). L'hypocrisie de l'ordre bourgeois et clérical le hérissait[2] et il avait les moyens économiques, sociaux et culturels de se rebeller sans risque : renvoyé de Saint-Pol, il est pris à Saint-Malo ; renvoyé de Saint-Malo il revient à Saint-Pol. Moi, j'étais un pauvre qui voulait échapper à son sort. Habitué à une soumission ancestrale, entré par miracle au collège, je ne pouvais qu'être obéissant et zélé pour conserver une place à laquelle je n'étais pas destiné.

Dès le collège, Grall rêvait d'évasion : « Dans les dortoirs puants où croupissait ma jeunesse, j'enviais la liberté du vagabond ». Il a fui la Bretagne pour devenir brillant journaliste, essayiste et poète parisien – un statut auquel il était bien préparé[3]. Pour moi, c'est le collège qui était l'évasion. J'y ai poursuivi mon parcours de travailleur obstiné, modeste et performant ; puis j'ai suivi la voie tracée pour les boursiers : la préparation des concours de l'enseignement.

1. « C'était un épouvantail pour surveillants et professeurs », m'écrit un de ses condisciples. « Les zéros de conduite jalonnent mes années de collège », dit-il lui-même. J'ai été « l'une des plus mauvaises têtes du collège de Saint-Malo ».

2. « Je n'ai qu'un profond mépris pour cette caste fourbe et méchante qui souvent, hélas, entre deux calomnies, va prier à l'église », écrivait-il en 1948 à propos de la bourgeoisie de Landivisiau, dont il sortait.

3. « La substance poétique se trouve en moi, déposée par les miens », écrivait-il.

Mais, tandis que j'avais abandonné la foi pour un rationalisme réaliste qui me permettait de concilier mon opposition au système social avec la carrière que j'y faisais, il restait croyant, travaillé par la mauvaise conscience judéo-chrétienne. Et il fut traumatisé par « la sale guerre d'Algérie » : elle a « tué en moi la haute idée que j'avais de la France », qui sombrait dans la torture pour défendre l'exploitation des indigènes par les Européens. Moi, déjà père de deux enfants à vingt-six ans, comme c'était usuel dans une vie normalisée, j'avais échappé à cette guerre traumatisante. Je militais contre les injustices, mais ma personnalité intime était d'une tranquillité réaliste. Il était en quête d'un idéal. Fiévreusement[1]. Il a cru le trouver dans une Bretagne que commençaient à secouer et promouvoir ses militants, tandis que je restais plus préoccupé par les injustices socio-économiques. Francophone, il s'est senti honteux et frustré d'ignorer la langue de ses ancêtres et de son pays natal, qu'il a survalorisés par compensation. Prolétaire et bretonnant, j'avais été animé par l'intense besoin de réussir par l'école et par le français. Il est revenu au pays avec ardeur en 1973, sans toujours éviter la position de donneur de leçons face à des gens qui avaient besoin d'accomplir eux aussi la promotion que ses aïeux lui avaient offerte, avant de pouvoir apprécier le retour aux sources qu'il leur proposait. Proche de ceux qui voulaient « lancer les provinces terriennes dans une révolution lyrique, anti-urbaine, anti-bourgeoise », il était un peu inadapté aux gens du terroir. En caricaturant, on pourrait dire que le fils de notable landivisien, lassé d'être intellectuel

1. « Christ [...], prends-moi, je n'en peux plus », écrivait-il en ses dernières années.

parisien et dégoûté de ces deux milieux, est revenu au pays pour expliquer aux culs-terreux ce qu'ils devaient faire pour rester fidèles à une culture inséparable (à l'époque) de la rude vie que lui-même n'avait jamais subie.

Une querelle mémorable l'a opposé à l'auteur du *Cheval d'orgueil*, auquel il a répliqué par *Le Cheval couché* (tel un chien asservi). Il lui reprochait de chloroformer les Bretons par la célébration d'un passé révolu, au lieu de les animer pour l'avenir. « C'est de prophètes, téméraires et violents, dont nous avons besoin ! Mais Hélias est un être tombal », un apôtre du « folklore, cet alibi des esclaves ». Aux Fêtes de Cornouaille – dont Hélias était l'un des promoteurs –, « c'est le cortège funèbre de ma patrie que je vois défiler entre les vivats des plus imbéciles de nos visiteurs »[1]. « Sur les vieux chevaux couchés passeront demain les poulains sauvages », prédisait-il.

Malgré ce conflit, Grall était plus proche d'Hélias que de moi. Le chantre de la bretonnité future et celui de la bretonnité passée voguaient dans l'idéal, tandis que je persistais à barboter dans la médiocrité du réel. Xavier n'avait « aucun mal à imaginer » une heureuse rencontre entre son grand-père notaire et celui de Pierre-Jakez, entre « le conseiller général et l'ouvrier agricole. Ils parleraient breton bien entendu. D'égal à égal », car tous deux « vivaient selon les mêmes valeurs [...] profondément bretonnes, inscrites dans le temps spirituel du Moyen Âge, dans une sorte d'aristocratie qui se passait volontiers des titres et des particules, tant elle se voulait natu-

1. « Ce n'est pas le repliement sur *le terroir* qui sauvera la Bretagne. C'est la mission qu'elle se donnera, et qui lui fera réintégrer l'histoire », disait déjà Morvan Lebesque.

relle ». Je n'étais qu'un minable prolo, enlisé dans la bassesse de la lutte des classes !

De même, tout heureux d'être au collège de Morlaix, qui me promettait de sortir de la boue, du mépris et de la pauvreté, je ne pouvais avoir la même vision des choses que Michel Le Bris qui s'est senti « expulsé du paradis » le « jour fatal » où il a quitté pour le lycée de Versailles la ferme natale où il était si heureux, « jeune sauvageon vibrant au rythme du monde ».

J'ai une chose essentielle en commun avec ceux dont je viens de parler : sauf Déguignet, nous avons tous fui, par la réussite scolaire et francophone, le pays et le milieu où nous sommes nés – tout en y restant très attachés (jusqu'à l'obsession ?). J'avais la même origine, la même personnalité socioculturelle initiale que Pierre-Jakez Hélias et Michel Le Bris. Mais notre regard actuel sur le passé est fort différent. Ils m'accuseraient d'être trop critique ; je leur reproche de l'idéaliser et parfois de le mythifier.

Dieu me garde de reprocher à qui que ce soit de voir midi à sa porte, et d'éprouver les choses à sa façon. Je dénonce seulement ceux qui refusent de reconnaître que leurs vérités sont relatives, ceux qui veulent priver les autres de cette même liberté, ceux qui travestissent leur expérience et leurs impressions originelles. Michel Le Bris est-il vraiment si malheureux d'être devenu un célèbre « étonnant voyageur », qui attire tellement de touristes à Daoulas et à Saint-Malo[1] ? « Je

1. Il est chaque année l'organisateur de remarquables expositions à l'abbaye de Daoulas et du festival « Étonnants voyageurs » à Saint-Malo. Par ailleurs, ses nombreux livres apportent une forte contribution à l'image actuelle de la Bretagne.

suis hélas […] *aussi* un touriste », avoue-t-il. Mais « par votre faute » : vous avez « massacré ma jeunesse », en me volant le paysage de mon enfance. Il est vrai que la baie de Morlaix est magnifique, vu de Saint-Samson. Mais, devenu l'un des principaux chantres de la Bretagne, a-t-il oublié ce qu'il écrivait ailleurs ? « Les touristes […] s'extasiaient : "Mon Dieu ! Que vous avez de la chance ! Quel merveilleux pays !" Je les regardais avec surprise. Beau ? Assurément ils étaient fous. » La grève de « Tréhouren » est « la huitième merveille du monde […], mais il fut un temps où je posais parfois sur elle le regard d'un esclave sur son champ de coton […], quand, rentré de l'école, je n'avais d'autre choix que de traîner jusqu'à la grève un seau plus grand que moi à remplir d'urgence de bigorneaux, ou de remonter d'énormes brouettées de goémon », pendant que d'autres enfants jouaient et riaient. « Un jour, oui, je m'en irai », se promettait-il alors. Décidément, l'intérêt des choses dépend de la situation où l'on se trouve par rapport à elles, et il faut toujours relativiser sa vision. Non pas pour verser dans le scepticisme, mais pour penser dans la rigueur.

En voici une autre illustration. Envoyez en Basse-Bretagne rurale un marquis habitué des salons parisiens et de la cour du Roi-Soleil. Que dira-t-il ? « C'est un pays rude et farouche, et qui produit des habitants qui lui ressemblent. Ils entendent médiocrement le français, et guère mieux la raison » (M. de Lavardin, 1675). Pourquoi dit-il cela ? Parce que la réalité est objectivement telle ? Surtout parce qu'elle est telle de son point de vue. Tout témoignage reflète le rapport entre le témoin et ce dont il parle.

Chacun voit et juge les autres non seulement selon son système de références, ses normes, ses critères, mais selon son statut et ses intérêts, et aussi selon l'image, satisfaisante ou non qu'il a de lui-même. Nous avons tendance à voir en l'autre l'inverse de nous-mêmes[1]. C'est particulièrement net pour les groupes ethniques. On s'affirme civilisé en s'opposant aux *barbares*. Ce mot grec puis latin vient d'une onomatopée pour désigner l'étranger qui bafouille, bredouille, baragouine[2] votre langue. En breton, bègue se dit *saoz*, c'est-à-dire anglais (*saxon*) et en certains endroits *gall*, c'est-à-dire français (*gaulois*)[3]. Aux yeux des Français, Allemands, Anglais, Espagnols, Italiens,

1. Le statut de l'autre est analogue à celui de l'ailleurs. Ailleurs se dit *alibi* en latin. L'alibi c'est ce qui nous délivre de la réalité présente ici et maintenant : de la vérité. Quand nous sommes satisfaits de celle-ci, l'ailleurs est barbarie. Dans le cas contraire, tous les ailleurs du temps, de l'espace et du rêve deviennent heureuse alternative : âge d'or, paradis perdu, eldorado promis. En 1950, pour les mécontents d'Europe occidentale, le bonheur se levait à l'est ; pour ceux de là-bas, c'était l'inverse ; et pour les Français qui détestaient à la fois le capitalisme et le P. C., le paradis c'était la Chine de Mao. Les raisonnements, les faits ne pouvaient rien contre un besoin si impérieux. Les gens insatisfaits veulent foncer « n'importe où ! N'importe où ! Pourvu que ce soit hors de ce monde » :

Plonger au fond du gouffre, Enfer ou Ciel, qu'importe ?
Au fond de l'inconnu pour trouver du nouveau !

Baudelaire

2. Ce mot serait une caricature des Bretons, à partir des deux termes qu'ils utilisaient le plus souvent dans les auberges (là où les Français les rencontraient) : *bara* et *gwin,* pain et vin.

3. Gens de mer, les Bretons avaient – et ont toujours pour la pêche – un troisième concurrent : l'Espagnol. D'où, à partir de *trabajar* (travailler), *en trabasser* : un haricoteur qui s'agite sans aucune efficacité. En réponse, voici un proverbe espagnol : « *Al Breton y a la puta no hay razon que valga* ». Face au Breton et à la pute, il n'y a raison qui vaille.

Suisses, Belges – c'est-à-dire tous leurs voisins – sont autant d'antimodèles, de stéréotypes répulsifs, même si par ailleurs ils regrettent de ne pas avoir l'efficace discipline allemande ou la joyeuse fantaisie italienne. La raison d'être d'un stéréotype, et surtout d'un mythe, est moins dans la réalité dont il parle que dans les rêves, les prétentions et les manques de ceux qui l'ont inventé.

Pour la moitié nord de la France, depuis toujours, la province la plus typée, géographiquement et culturellement, c'est la Bretagne. Elle est assez proche de Paris et du Val de Loire pour que les habitants de ces régions longtemps dominantes y soient confrontés et imposent leur vision comme stéréotype. Plus ou moins indépendante et souvent ennemie au long du Moyen Âge, elle est considérée avec hostilité. À partir de la Révolution – au prix d'une généralisation hâtive et d'une relative confusion avec la Vendée – elle sert de modèle aux fidèles de Dieu et du roi et d'antimodèle aux républicains. De 1800 à 1960, elle est en retard et par conséquent barbare pour ceux qui sont fiers de leur civilisation, authentique pour ceux qui en dénoncent la corruption, et exotique pour tous. De plus, elle est celtique, romantique et mystique face à l'héritage classique gréco-latin. Le Breton c'était donc vraiment *l'autre* : différent jusqu'à en être étrange, et tantôt répulsif, tantôt salutaire. Je me permets de retracer l'histoire de ces images fonctionnelles.

Plusieurs fois vaincus par les Bretons, les Français de jadis reconnaissaient la vigueur guerrière de ces redoutables *bretteurs*[1]. Ce sont « rudes gens », dit Gilles Le Bouvier (XVe siècle). « Quels sangliers ! », confirme Henri IV, habitué

1. Terme dérivé du nom de l'épée *brette*, c'est-à-dire bretonne.

pourtant à la violence des guerres civiles. Mais comme ce sont des ennemis, on les accuse d'une brutalité et d'une immoralité de sauvages « parfaitement étrangers à toute civilisation » (Raoul Glaber, XIe siècle). « Tous vivent dans l'inceste et dans le crime » (Ermold Le Noir, vers 830).

Dès le Xe siècle, dans toutes les villes entre Seine et Loire, il y a beaucoup d'immigrés bretons, dont le statut n'est généralement pas brillant. Vers 1260, deux farces les représentent défendant devant le roi leurs privilèges : balayer les rues et nettoyer les fosses d'aisance. Tous cousins à les en croire, ce sont des paresseux, ignorants, fatalistes et répugnants, qui ne parlent même pas français, et dont la prononciation est horrible. Bref, de vrais travailleurs immigrés, bons pour vivre avec les porcs ! Et par chance leur nom rime avec larron. Quant aux Bretonnes, ce sont filles à soldats déclare Chrétien de Troyes, qui ne songe pas à étendre aux habitants réels de l'Armorique l'idéalisme chevaleresque et courtois de « la matière de [Grande] – Bretagne » qui lui fournit les sujets de ses romans arthuriens (fin du XIIe siècle).

Au XVIIe siècle, pour une élite de plus en plus brillante, dans une nation qui se concentre sur « la Cour et la Ville » (Paris, Versailles et Saint-Germain), la Basse-Bretagne est une terre lointaine, où « presque tout le monde est rude, grossier, ignorant, brutal » (Babin, 1663). Une terre d'exil, comme le rappelle La Fontaine, qui situe son *Char[re]tier embourbé* près de « Quimper Corentin » :

On sait assez que le destin
Adresse là les gens, quand il veut qu'on enrage.

Les Bretons sont « plus sauvages » que les Indiens, dit l'intendant en .1698. Au XVIIIe, alors que Paris est devenue la capitale des Lumières, pleine de gens élégants et subtils, qui vivent dans le confort et dédaignent la religion, la Bretagne s'appauvrit et reste dévote. Elle commence à devenir un conservatoire, pure et fidèle pour les uns, primitive et obscurantiste pour les autres. En cette époque de brillante civilisation, mais aussi de réaction contre sa dimension corruptrice, et de culte du « bon sauvage », simple et honnête[1], c'est l'antipode barbare ou salutaire de Paris. L'avènement de la « République une et indivisible », incarnation de la raison, porteuse de bonheur pour l'humanité, décidée à éliminer les « patois » et les préjugés néfastes des provinces, accentue la dépréciation des Bretons, encore aggravée à partir des révoltes de 1793, tandis que les ennemis de la Révolution célèbrent leur fidélité à Dieu et au roi.

De 1800 à 1940, la Bretagne évolue moins vite que la plupart des régions. « De tous les pays de la France », c'est le plus « particulier, parce que la civilisation n'y pénètre que lentement », note *Le Musée des familles* en 1836. Elle devient un conservatoire d'objets, de coutumes, de vêtements et de meubles,

1. Les « efforts orgueilleux que nous avons faits pour sortir de l'heureuse ignorance où la sagesse éternelle nous avait placés » ont développé une brillante civilisation, qui nous sert surtout à satisfaire nos passions et nos vices. « Nos âmes se sont corrompues à mesure que nos sciences et nos arts se sont avancés à la perfection. » « Que sont devenus ces toits de chaume et ces foyers rustiques qu'habitaient jadis la modération et la vertu ? Quelle splendeur funeste a succédé à la simplicité ? » Les premiers hommes « vécurent libres, sains, bons et heureux » ; « tous les progrès » prétendus « ont été autant de pas vers la décrépitude de l'espèce » (Jean-Jacques Rousseau, *Discours sur les sciences et les arts*, 1750 ; *Discours sur l'origine de l'inégalité*, 1753).

de comportements, de croyances et de légendes. Bien des choses jusque-là communes à toutes les campagnes européennes deviennent typiquement bretonnes parce qu'on ne les trouve plus ailleurs. « Au savant qui s'est donné pour sujet l'homme, la paysannerie bretonne offre un objet d'études aussi intéressant et stimulant que peuvent l'être pour le physiologue les vestiges fossilisés », assure le Britannique Trollope (1840). Pour Balzac, cette province est « beaucoup plus curieuse à observer que le Canada » – c'est-à-dire que les Indiens.

Pour les curieux, les écrivains, les artistes, le périple en Bretagne commence à supplanter le traditionnel voyage en Italie. Balzac, Stendhal, Hugo, Flaubert, Nerval, Mérimée, Maupassant, George Sand y défilent ; puis les peintres, de Turner à Gauguin, qui viendra « chercher dans un pays aux mœurs archaïques une atmosphère différente de nos milieux civilisés à outrance » (1886). À partir de 1815 et surtout de 1835 à 1865, elle vient largement en tête de nos provinces par le nombre de livres qui en parlent : ouvrages sur l'histoire, la géographie, les mœurs, la langue, les légendes ; contes, chansons, romans, tableaux et même opéras. C'est alors que s'affirment les stéréotypes.

Certains se bornent à souligner le pittoresque de cette province. Mais d'autres l'accablent ou l'exaltent. Le Lorientais Cambry a laissé une description précise du Finistère, qu'il parcourt en 1794-1795. Pour ce partisan des Lumières, les gens du centre de ce département sont « les plus sales, les plus grossiers, les plus sauvages » qu'on puisse imaginer. On remarque chez eux « la misère la plus profonde, les instruments les plus grossiers, les vêtements des premiers âges, des habitations telles qu'on en trouve chez les Lapons ». La majorité des voyageurs font des descriptions analogues, signalant notamment des hordes de mendiants[1]. Hugo et surtout Balzac s'emparent de cette image, dans des romans qui placent les guerres civiles de la Révolution en Bretagne, province plus typée que la Vendée. Pour rehausser le tableau, ils opposent la beauté du cadre à l'horreur des habitants : « Les Bretons ne comprennent rien à la Bretagne. Quelle perle et quels pourceaux ! » (Hugo).

Balzac met en balance le stéréotype positif et le négatif, en privilégiant lourdement celui-ci. Dans le paysage, « de la grâce et de l'horreur » ; chez les habitants, « une incroyable férocité, un entêtement brutal, mais aussi la foi du serment ; l'absence complète de nos lois, de nos mœurs, mais aussi la simplicité patriarcale et d'héroïques vertus ». Le plus souvent, les qualités disparaissent et la noirceur s'étale. « Entouré de lumière dont la bienfaisante chaleur ne l'atteint pas, ce pays ressemble à un charbon glacé qui resterait obscur et noir au sein d'un brillant foyer ». Ses habitants sont des « sauvages », analogues aux Indiens coupeurs de têtes. Le chouan Marche-à-Terre est « comme le génie de la Bretagne ». « La grossièreté de cet homme taillé à coups de hache, sa noueuse écorce, la stupide ignorance gravée sur ses traits en faisaient une sorte de demi-dieu sauvage » ou plutôt une « bête féroce », caractérisée par ses « grognements » et « rugissements », par ses « grandes oreilles pendantes », semblables à celles des « herbivores », et par une « absence complète de toute intelligence » (*Les Chouans*, 1829).

D'autres proposent au contraire une vision favorable. Par idyllisme pastoral à la George

1. Toutefois, une Anglaise note « des visages d'une beauté rarement vue en France ».

Sand, en réaction à la corruption d'un monde moderne dominé par l'argent, le matérialisme, les intérêts et les vices : de profondes vertus dans une vie simple et sobre. Ou parce que leur idéologie apprécie cette province fidèle à Dieu, à la monarchie, à la nature, aux anciennes valeurs et traditions. Ou encore dans la foulée du romantisme, qui rejette l'héritage gréco-latin et célèbre la culture celtique. D'autant plus qu'en France son grand initiateur est le Breton Chateaubriand. « Éclos dans un nid d'aigles de mer par une tempête d'équinoxe, aux lueurs de la foudre, élevé dans les parages de Brocéliande, enveloppé des larges murmures de ses arbres sacrés, imprégné de ses philtres, enivré de ses prestiges, il est la Bretagne faite homme [...] et c'est elle [...] qu'il verse, nouvel Enchanteur, comme un magique élixir de résurrection et de vie, dans les veines des lettres françaises épuisées » (Anatole Le Braz, 1925). Ces diverses raisons peuvent s'additionner : le romantique Chateaubriand, créateur de tableaux idylliques, est de plus un noble, un royaliste et l'auteur du *Génie du christianisme*. Ces auteurs se comportent comme Balzac, mais en sens inverse : ils aiment tellement les qualités morales de leur Breton imaginaire qu'ils le trouvent beau : « Je l'aime, le paysan de la Basse-Bretagne, religieux, probe, hospitalier, gracieux dans ses usages, élégant dans son costume, délicat dans ses sentiments » (Alfred de Courcy, 1839).

Un certain nombre d'intellectuels bretons – assez souvent animés par une opposition légitimiste et traditionaliste à Louis-Philippe ou à la modernité industrielle et financière – commencent à s'intéresser au passé de leur province. En 1839, le *Barzaz Breiz*, florilège de chansons populaires bretonnes recueillies et retravaillées par Théodore

Hersart de La Villemarqué – qui appelle déjà à sauver la civilisation et la culture bretonnes du « système d'aplatissement généralisé qu'on nomme la centralisation » – a une grande résonance dans les milieux littéraires. Il est rapidement traduit en plusieurs langues. Saluant la réédition enrichie de 1845, George Sand y voit de véritables « diamants », supérieurs à *L'Iliade* : *Le Tribut de Nominoé* est « plus parfait qu'aucun chef-d'œuvre »[1].

La vision favorable l'emporte quand le danger ne vient plus des chouans, mais des révolutionnaires. Les affrontements meurtriers de juin 1848 à Paris[2] rendent l'ouvrier effrayant et accentuent l'image rassurante des ruraux, que va flatter le Second Empire : *L'Angélus* de Millet (1858), aussitôt célèbre, devient le symbole de ces gens pieux et travailleurs. Cette réaction profite à l'image des Bretons, alors que les archives judiciaires montrent qu'ils restent plus violents que la moyenne des Français. Dans *Les Mystères du peuple* (1849-1857), Eugène Sue, romancier très célèbre à l'époque, oppose la pure innocence des anciens Armoricains aux perversions, aux orgies et au sadisme des Romains. Pour Renan et bien d'autres, la Bretagne est un refuge culturel et moral contre une modernité déstructurante, caractérisée par la révolution industrielle et surtout par la domination du commerce et de la finance, par le règne de l'intérêt : « Le trait caractéristique

1. À partir de 1867, on accusera La Villemarqué d'avoir inventé certaines de ces chansons et trafiqué beaucoup d'autres. La découverte de ses carnets en 1964 a prouvé qu'il les avait bien recueillies parmi le peuple. Il les avait quelque peu remaniées, mais c'était conforme aux habitudes éditoriales jusqu'au milieu du XIXe siècle.

2. Environ 1 600 morts chez les forces de l'ordre, 4 000 chez les insurgés et 11 000 prisonniers, dont 4 300 seront déportés.

de la race bretonne [...] est l'idéalisme, la poursuite d'une fin [...] toujours désintéressée. Jamais race ne fut plus impropre à l'industrie, au commerce. »[1] La grande peur provoquée par la Commune de Paris en 1871 renforce cette préférence pour les ruraux, cependant que les romans de Pierre Loti mettent aussi à la mode le monde des pêcheurs bretons : *Mon frère Yves*[2] (1883) et *Pêcheur d'Islande* (1886) qui a un immense succès.

À partir de 1850 commence à se développer le tourisme, d'abord avec les Britanniques. Pour eux, la Bretagne est proche et relativement chaude. Petit village de pêcheurs qui n'était même pas une commune, Dinard devient soudain une station chic. Les Français suivent. Boudin, Monet, Signac, Maurice Denis font connaître l'extrême variété des couleurs de la mer bretonne. Gauguin passe plusieurs mois à Pont-Aven. Revues et affiches publicitaires donnent de cette province une image séduisante, édulcorée et stéréotypée. Les antiquaires commencent leurs rafles. Et pour ceux qui ne peuvent s'offrir l'authentique, le meuble rustique breton est à la mode à partir de 1925. Auteur et interprète d'un demi-millier de chansons, dont la célèbre *Paimpolaise* (1895)[3],

1. Je rappelle qu'à la fin du Moyen Âge et au XVIe siècle les Bretons faisaient une bonne partie du commerce de l'Europe atlantique.

2. Le héros de ce roman, fils d'Yves-Marie Kermadec et de Jeanne Danveoch, était né à Saint-Pol-de-Léon ; son port d'attache était Paimpol.

3. *J'aime Paimpol et sa falaise,*
Son église et son grand pardon.
J'aime surtout la Paimpolaise,
Qui m'attend au pays breton.

Paimpol était le principal point de départ pour la pêche à la morue autour de l'Islande et de Terre-Neuve.

Théodore Botrel est l'une des principales vedettes médiatiques du début du XXe.

Un tel succès provoque évidemment une réaction. « On a soupé de la bretonnerie [...], des histoires de clocher à jour [...], des bigoudenneries [...], des fleurs d'ajonc, des fleurs de bruyère [...], des reines des mouettes, des filets bleus [...]. On n'en veut plus à AUCUN PRIX de la Bretagne au beurre rance ! » s'écrie Yves Le Diberder, dont le nom et le prénom évoquent pourtant cette province (1912). Les revues satiriques se moquent des Bretons bien plus que des autres provinciaux, et prennent appui sur leur réputation d'arriérés, qu'entretiennent de nombreux témoins : « Milieu insalubre », « décrépitude physique », « ignorance », « faiblesse mentale », « beuveries », « crimes et infanticides », voilà la réalité selon le Rennais Charles Géniaux (1910). Le quotidien *La Lanterne* appelle à la « colonisation de la Bretagne » « par la poigne » car « les Bretons n'ont rien compris à la grandeur des idées républicaines » (1902).

Le 11 avril 1896, *Le Rire* publie en couverture une mère furibarde face à une jeune fille penaude, toutes deux en coiffe de Fouesnant. « – Jannick... ousque t'as mis ton peigne ? – Ma mère, je l'ai mis sur le beurre ! – Mais, cochonne, tu vas salir ton peigne... » Le 3 février 1900, la même revue met en scène une bonne au nom évocateur : Yvonne Labrutec. En 1905, Joseph Pinchon en lance une autre, née à « Clocher-les-Bécasses, non loin de Quimper », et par conséquent nommée Bécassine. Première héroïne célébrissime de bande dessinée, elle sera pendant un demi-siècle le symbole de la Bretonne : aussi stupide que fidèle. Publiée en 1948 encore dans *La Semaine de Suzette*, elle inculquait dès l'enfance le mépris des Bretons. Le mobilier n'échappe pas à la raillerie. En 1913, une caricature représente un Breton sur la table d'opération : *bragou braz*[1], chapeau à guide, torse nu ouvert de part en part. Le chirurgien interpelle un peintre : « Viens donc jeter un coup d'œil là-dedans... toi qui aimes les intérieurs bretons ! »

Un retournement s'esquisse à partir des années 1960. Les Bretons sortent de leur sous-développement et se font remarquablement productifs. Ils s'éloignent de leurs traditions religieuses pour rejoindre la modernité. Ils déploient le dynamisme de gens qui se libèrent, qui ont une revanche à prendre, et deviennent des militants très revendicatifs, fiers de leur identité. Ils commencent à être reconnus et admirés. Au temps de Bécassine, succède celui d'Astérix, dont le premier album sort en 1961. Où se situe le « village peuplé d'irréductibles Gaulois qui résiste encore et toujours à l'envahisseur » ? En Armorix évidemment. Oh ! juste à l'entrée : position de Normand, pour ne froisser personne. Mais il n'y a pas de doute : « Panoramix, le druide vénérable », le barde Assurancetourix, qui joue du biniou, sont bien des Celtes ; Ordralphabétix qui vend des crustacés sent la Bretagne, et Obélix, « livreur de menhirs de son état », ne saurait habiter loin de Carnac. On retrouve même la dialectique des apparences illusoires chère à Renan, Le Braz et Pierre-Jakez Hélias. Minuscule ce village ? Oui, mais comme David face à Goliath.

1. Large culotte bouffante, typique des Bretons de jadis.

Gringalet Astérix, idiot Obélix, borné Idéfix ? Méfiez-vous, Romains !

Le réveil des Bretons a été vigoureusement favorisé par la révolution culturelle de Mai 68, qui a ébranlé et même inversé la hiérarchie. Non pas dans la réalité sociale, mais dans une nouvelle idéologie, rapidement adoptée par la grande majorité des jeunes. Les dominants – mâles, Parisiens, parents, patrons, professeurs, psychiatres – n'étaient plus que des gens tristement normalisés et des tyrans bornés. Les opprimés – femmes, jeunes, ouvriers, étudiants et ceux qu'on traitait jusque-là de malades mentaux – étaient désormais le sel de la terre et le ferment de l'avenir, porteurs d'authenticité salutaire. Puisque les derniers devenaient les premiers, les Bretons furent soudain très bien placés.

Le dynamisme des années 1970 a enfiévré la Bretagne plus que toute autre région. D'abord les jeunes (et ceux qui croyaient l'être restés) et les artistes ainsi que les révolutionnaires, les exaltés, les insatisfaits en tout genre[1]. Au début, les gens du crû, avides d'échapper à leur misère provinciale, et aliénés, en fait de culture bretonne, par les mièvreries du genre *Paimpolaise*, furent souvent réticents : avant de devenir un symbole de la Bretagne, Alan Stivell s'y est fait siffler. Mais

1. Oui, il y a « l'écume du mouvement breton [...] : d'imbuvables braillards, des zozos ridicules, des godelureaux, des profiteurs [...], des schizophrènes celtomaniaques, des follettes du *chouchenn*, des dingos du biniou, des instituteurs sentencieux, des snobs engiletés, des poètes fadasses [...]. Mais c'est l'écume [...]. Il ne faut pas s'attarder aux agités, mais contempler ce qui les agite » (Xavier Grall). Le *chouchenn* est un hydromel qui passe pour une antique boisson celte. Le gilet est une pièce du vêtement breton traditionnel.

la résurrection du *fest-noz* a rapidement entraîné indigènes et touristes, jeunes et moins jeunes dans le même élan.

Parfois, le dynamisme s'est déployé sans discernement : dans la production agricole, l'élevage industriel, les ports de plaisance, le bétonnages des côtes. Mais, au début, même ces activités-là suscitèrent l'admiration. Dans d'autres secteurs en revanche, le raffinement s'est marié à l'énergie. Chanteurs et musiciens en particulier[1] ont enrichi leur héritage de toutes les influences disponibles, en des synthèses qui les ont souvent mis au premier rang national, les imposant à un large public et même à l'attention des éditeurs internationaux (8 % des ventes de disques en France entre 1993 et 2000).

Bref, elle est belle la Bretagne ; ils sont sympathiques et dynamiques les Bretons. Toutefois la raison de leur succès reste due à la fonction qu'ils peuvent assumer pour les autres Français autant qu'à leur attrait réel. La Côte d'Azur, c'est ringard, trop cher, un peu mafieux ; l'Ardèche et le Larzac, c'est ingrat et loin de tout ; la Bretagne c'est tout près et il y a la mer. Ça fait distingué d'y avoir sa résidence secondaire. De plus, dans une époque de crise d'identité[2], elle offre une solution à des jeunes en quête de valeurs et d'authenticité, d'énergie sinon de foi. Ils trouvent

1. Mais on peut citer aussi la restauration. « Ce qui caractérise la cuisine bretonne, c'est la qualité des produits qu'elle utilise plutôt que le raffinement de sa préparation », disait le guide Michelin en 1949. Personne ne dirait plus cela aujourd'hui.

2. En 1993, 35 % de nos compatriotes étaient fiers d'être français. En Allemagne, encore traumatisée par son passé nazi, c'était 20 % ; mais en Italie 41 %, en Angleterre 54 %, au Canada 61 %, aux États-Unis 76 %.

ici un milieu populaire « nature » et dynamique, des gens qui sont en crise eux aussi – sans quoi il se saouleraient et se suicideraient moins – mais d'autres qui semblent l'avoir résolue en s'enracinant dans leur patrimoine et dans leur fierté identitaire, tout en se lançant dans la festivité et la productivité.

Les Bretons avaient toujours été très attachés à leur province – mais en partie par difficulté à s'adapter ailleurs. Maintenant, ils en sont fiers. Selon un sondage de 1987, 49 % des gens qui vivaient en Bretagne étaient très heureux d'y être ; 42 % plutôt heureux ; 8 % seulement n'étaient pas très heureux ; 1 % pas du tout. Les anciens sentent que le mépris a disparu. Aujourd'hui « ce n'est pas tellement grave d'être bretonne », disait en 1995 une interlocutrice de Ronan Le Coadic.

CHAPITRE 7

CONTRIBUTION PERSONNELLE AU PORTRAIT DES BRETONS

Les Bretons, tout le monde connaît. Mais si vous demandez des précisions, on vous sort souvent des stéréotypes[1] – qui de plus se contredisent : sérieux, travailleurs et fidèles, mais têtus, frondeurs et violents ; idéalistes et rêveurs, mais réalistes et intéressés comme tous les paysans ; sages, taciturnes, renfermés, mais soudain tonitruants et fêtards, capables de s'éclater et de manifester avec violence ; très individualistes selon les uns, remarquablement solidaires selon les autres. Outre qu'il s'agit de généralisations hâtives, ces affirmations ont le grave inconvénient d'attribuer à une nature bretonne éternelle des attitudes qui

1. En 1980, on a demandé à de jeunes instituteurs quels étaient les qualificatifs le plus souvent appliqués aux Bretons. Le résultat est pauvre pour les réponses positives, toutes quasiment synonymes sauf la dernière : courageux, travailleurs, honnêtes, persévérants, solides, robustes, bons agriculteurs, bons marins, grands voyageurs. Les réponses négatives, plus colorées, montrent que la dépréciation était toujours vivace, au moins dans les mémoires : têtus, ploucs, arriérés, passéistes, renfermés, réactionnaires, conservateurs, chouans, calotins, *Breiz atao* [Bretagne toujours : formule des indépendantistes avant et pendant la dernière guerre], alcooliques, mystiques, tristes.

s'expliquent par des situations particulières. Chacun peut constater aujourd'hui qu'il ne fallait pas imputer à une particularité ethnique une dévotion qui n'a duré que de 1650 à 1960 (et beaucoup moins encore en Trégor et en Cornouaille) et qui était due à un solide encadrement ecclésiastique, à un asservissement socioculturel et à une misère qui attendait compensation dans l'au-delà. Je voudrais montrer que ce sont les structures dans lesquelles vivaient les Bretons qui favorisaient ou même imposaient telle ou telle attitude.

Sérieux et travailleur, fidèle et dévoué, mais têtu. Tel était naguère le stéréotype le plus courant. Il est vrai que dans ce pays rude – le vent, la pluie, une mer souvent dangereuse, une terre ingrate dans la majeure partie de l'intérieur – il fallait énergie et persévérance. Les Bretons étaient donc travailleurs et durs à la peine – d'autant plus qu'ils étaient socialement et idéologiquement asservis. Mais cela n'a rien à voir avec une nature particulière, et c'est vrai pour bien d'autres populations.

Trop démunis et méprisés pour avoir pleine satisfaction en eux-mêmes, ils la cherchaient dans le dévouement : à Dieu, à leurs prêtres ou à leurs patrons, comme un bon chien qui n'a d'autre bonheur que le contentement du maître qui l'honore de sa reconnaissance. On vantait le zèle et la fidélité des employées[1] de maison bretonnes. Ce n'était pas seulement une transposition de leur

1. À l'époque on disait les *bonnes*. Ce terme a disparu parce qu'il était perçu comme une abréviation de *bonne à tout faire*, appellation ressentie comme péjorative. Mais c'était initialement l'adjectif affectueux par lequel les enfants nommaient la servante qui s'occupait d'eux : « ma bonne ».

dévotion religieuse et de leurs habitudes de soumission. Un peu perdues hors de leur province et du contexte rural, persuadées de leur infériorité et de leur méconnaissance du français, elles avaient besoin de s'attacher à leurs patrons et d'être valorisées par eux. C'est aussi pour cela, et parce qu'ils étaient habitués à une vie rude, que les soldats bretons étaient fort appréciés de leurs chefs dans la terrible guerre de 14-18. De même, « les prostituées bretonnes sont de toutes les plus soumises à leurs souteneurs. *Elles se sentent étrangères*, livrées à qui les protège », dit un rapport de police en 1937.

De fidèle à têtu il n'y a qu'un pas – un pas de travers. Le fidèle est têtu dans son dévouement à autrui. Le têtu est obstinément fidèle à lui-même. L'autre nous paraît têtu par définition : il ne se plie pas à nos désirs ; il se définit par une différence à laquelle il refuse de renoncer. Surtout quand elle est constitutive de son identité, et qu'il n'a pas d'autre moyen de s'affirmer : c'est ainsi que juifs, catholiques et protestants ont toujours paru têtus dans les régions où ils étaient minoritaires. Pendant la guerre, le général de Gaulle, chef autoproclamé quasiment sans armée ni pouvoir véritable, était insupportablement têtu. Ce n'était pas seulement une tendance personnelle : face aux Anglo-Américains, faute d'avoir des moyens il se devait d'être intransigeant sur les principes. « Je suis trop pauvre pour me courber », aurait-il dit à Churchill. Démunis et méprisés, les Bretons étaient très attachés au peu qu'ils possédaient, qu'il s'agisse d'objets, de traditions ou d'idées. Depuis qu'ils réussissent, depuis qu'ils s'attachent à conquérir et non plus à préserver, ils ne sont plus têtus, mais tenaces, persévérants, tout au plus obstinés.

Le fidèle dévouement implique une soumission qui cherche souvent compensation dans un esprit frondeur plus ou moins dissimulé. Henry Roger, très hostile aux Finistériens il est vrai, les déclare « hypocrites [...] au dernier degré », sous un air « soumis et respectueux ». Périodiquement, on découvre que ces gens renfermés éclatent en violences, que ces gens si fidèles sont d'impulsifs rebelles. « Sans cesse en réaction violente contre quelque chose ou contre quelqu'un », dit Anatole Le Braz, qui leur est pourtant si favorable. La longue rébellion de certains contre la Révolution et Napoléon de même que l'amalgame avec les Vendéens avaient solidement installé cette réputation. « Le génie de la Bretagne, c'est un génie d'indomptable résistance et d'opposition intrépide, opiniâtre, aveugle » (Michelet) : fidèle à ses idéaux et têtu dans leur défense – jusqu'à la révolte.

Les termes de Michelet sont excessifs, sa généralisation abusive et l'explication par un « génie », par une nature génétique, irrecevable. Tout opprimé est contraint de se dévouer, mais c'est un insurgé en puissance : que la pression devienne trop forte, et il passe soudain de la soumission à la révolte, d'autant plus violente qu'il en aura trop accepté pendant trop longtemps ; d'autant plus radicale qu'il se sentira non seulement lésé dans ses intérêts, mais agressé dans son identité, bafoué dans sa dignité, comme les Irakiens ou les Palestiniens aujourd'hui, et tous les colonisés en général. Les Léonards, traditionnellement plus soumis que les autres Bretons, se sont révélés les plus violents dans les manifestations du dernier demi-siècle. Leur introversion était une violence qu'ils se faisaient à eux-mêmes, mais elle était réversible. Tous ces comportements s'expliquent par des particularités de l'histoire et non par une prétendue nature.

Pour Anatole Le Braz, le Breton est un « individualiste effréné[1] » et un « pur idéaliste ». « Individualisme » et « idéalisme », voilà les « deux bases ethniques de son caractère [...] : l'on touche ici le granit, le roc indestructible sur lequel repose l'âme bretonne ».

Bien qu'ils fussent tous croyants, les Bretons que j'ai connus ne me paraissaient guère idéalistes. Certes leur vie rude et leur asservissement culturel pouvaient les inciter à souhaiter autre chose. Cela peut expliquer une dévotion plus intense qu'ailleurs – du moins en certaines régions. Mais cela ne suffit pas pour être poète, idéaliste ou mystique, c'est-à-dire pour donner présence à cette autre chose par une imagination féconde ou une pensée entreprenante. J'ai vu beaucoup de paysans rêvasser au long de leur journée silencieuse ou le soir au coin du feu. Mais d'une rêvasserie vide et aussi triste que leur vie réelle : leur imagination était plus accablée qu'animée par leur condition. Et ils n'avaient pas assez de culture pour lui donner l'envol.

Le « pur idéaliste », c'est Anatole Le Braz lui-même. La description qu'il fait du vieux paysan d'Armorique sort de son imagination et d'une littérature dont ce vieillard n'avait aucune connaissance. « Aux veillées des *mois noirs*[2], quand après avoir expédié son maigre souper de bouillie d'avoine ou de galettes de sarrasin, il s'était assis [...] dans le coin de l'âtre, il voyait soudain, à la tremblotante lueur de la chandelle de résine, resplendir devant son regard intérieur les perspectives sans bornes d'un pays de merveilles où il était

1. Mort en 1926, il ne pouvait savoir jusqu'à quel point l'individualisme allait se développer.

2. En breton, pour novembre et décembre, on dit *miz du*, *miz kerzu* : le mois noir, le mois très noir.

roi. Adieu la cabane sordide et triste ! Il trônait dans un palais enchanté. Les chevaliers descendaient pour lui de leurs romans, les fées de leurs contes ; celles-ci mettaient à son service leurs talismans, ceux-là lui inculquaient leur code mystique de l'honneur, l'associaient à leurs prouesses de justiciers nomades. Il était l'un d'eux, et le plus grand [...]. Son isolement lui ouvrait l'infini. L'étroitesse et la pauvreté de sa vie ne lui apparaissaient plus que comme de négligeables contingences. »

Renan, Le Braz et leurs successeurs projettent indûment sur tout le « peuple celte » leur connaissance du romanesque médiéval et romantique. « Comparée à l'imagination classique », qui est bridée par la recherche d'une vraisemblance rationnelle et d'une sobre maîtrise dans un art soumis à des règles, « l'imagination celtique est vraiment l'infini comparé au fini » (Renan). C'était en effet le cas d'un imaginaire médiéval nourri par la « matière de Bretagne » : le roi Arthur et les compagnons de la Table ronde, la quête du Graal, Tristan et Iseut. Mais il était moins typique des Celtes que d'une époque historique qui n'était plus marquée par le rationalisme réaliste des Romains et pas encore par celui de l'âge moderne. De plus, tout cet imaginaire venait de *Grande*-Bretagne. Ce ne sont ni des paysans, ni des Bretons d'Armorique qui l'ont promu[1] et les ruraux que j'ai connus n'en avaient nulle connaissance.

1. Ce sont des intellectuels anglo-normands, poussés par le roi d'Angleterre Henri II et ses successeurs, soucieux de conférer une antique légitimité à leur jeune dynastie. C'est-à-dire que la raison de son développement est politique et non pas ethnique. Puis ce sont des écrivains allemands et français – qui n'ont rien de breton comme leur nom l'indique : Marie de France, Chrétien de Troyes – qui l'ont adapté à la société de cour de leur temps.

Si l'on a recueilli dans la Bretagne du XIXe siècle plus de contes et de légendes qu'ailleurs, est-ce à cause d'une nature celte ou d'une tradition culturelle spécifique, ou parce que cette province, moins évoluée, est restée plus longtemps imprégnée d'ancienne culture orale et de civilisation magique ? « Les rêves les dominent ; ils vivent au milieu des ombres, des démons, des fées, des revenants et des sorciers », dit Cambry des Finistériens. « Il n'est point de pays où l'homme soit plus superstitieux » (1795). Mais cent cinquante ans plus tard, ce n'était plus le cas. La réaction de mes compatriotes à la réalité n'allait pas jusqu'à l'idéalisme. Elle s'arrêtait à un stade bien moins élevé, moins inventif et moins rose : la mélancolie[1].

1. Au XIIe siècle, le géographe arabe al-Idrisi disait les Bretons « ignorants, gais et insouciants ». En revanche, vers 1300, un auteur anonyme déclare que « le tempérament mélancolique est propre aux Bretons, aux Écossais, aux Gallois et aux Irlandais ». Voilà un autre stéréotype qu'on a souvent répété. Mais il s'appliquait beaucoup moins bien aux Trégorois et aux Cornouaillais qu'aux Léonards. Et il ne faut pas voir tous les Bretons à travers Chateaubriand. Enfin, là encore, était-ce dû à leur nature, au climat, à une tradition culturelle (en particulier l'attachement aux morts, auxquels on pensait sans cesse), à une condition socio-économique accablante, à un asservissement politique, ou à une religion culpabilisatrice ? Cette mélancolie « celtique » fut sans doute accentuée, du XVIIIe au XXe, par un retard technique et par conséquent mental et même moral. Alors qu'ailleurs se développait une révolution économique, scientifique et technique, par laquelle les hommes, renforçant leur maîtrise de la nature et la création d'un environnement conforme à leurs vœux, s'investissaient dans ce monde-ci et se réjouissaient de leur puissance et de leurs progrès, cette province périphérique stagnait ou reculait, et ses habitants avaient par conséquent moins de dynamisme et de satisfactions. Mais aujourd'hui, bien que les habitudes mentales changent lentement, les jeunes Bretons qui réussissent sont-ils plus mélancoliques que d'autres ?

Quant à la mentalité superstitieuse, elle avait quasiment disparu chez les paysans de mon enfance. Sans doute avait-elle beaucoup reculé partout… sauf chez quelques conteurs, dans les anthologies de légendes déjà moribondes, et dans la prose de ceux qui parlaient d'une Bretagne qui n'existait déjà plus. Mes parents, mes voisins étaient chrétiens, mais rationalistes, et bien plus réalistes qu'idéalistes. La scolarisation et surtout l'évolution de leurs activités avaient transformé leur mentalité. Elles étaient devenues moins religieuses et magiques, moins tournées vers l'au-delà, et beaucoup plus techniques et soucieuses d'agir sur ce monde-ci. Ils étaient par conséquent rationnels, méthodiques, comme Descartes et pour la même raison. Toutefois leur réalisme était encore caractéristique de gens opprimés, de victimes, qui envisageaient la revanche en ce monde autant que la compensation dans l'autre. *Gwelloc'h beha kiger i beha leue* : mieux vaut être boucher qu'être veau. C'est l'un des proverbes que j'ai entendus le plus souvent. L'évolution s'est accentuée depuis : la tendance des Bretons d'aujourd'hui n'est pas de rêver mélancoliquement à un idéal, mais de poursuivre des buts concrets par une activité efficace et rentable, avec un dynamisme méthodique et obstiné. D'autant plus que, consciemment ou non, ils sont avides d'effacer par leur réussite un long passé de sous-développement et de mépris. Leur réalisme n'est plus celui de victimes, mais d'entrepreneurs.

Pour Anatole Le Braz, le second pilier de la personnalité bretonne c'est l'individualisme. D'autres insistent au contraire sur la solidarité des ruraux et des sociétés traditionnelles en général, qui étaient communautaires. À mon avis, les deux attitudes coexistaient. Les gens étaient solidaires dans un front commun face à l'extérieur : aux étrangers, aux malheurs, aux surcharges de travail ; entre eux, ils étaient concurrents et par conséquent individualistes.

Pour les gros travaux (défrichage, moisson, construction de talus, de chemins, d'aires neuves, réfection de sols en terre battue), faute de machines et d'entreprises, l'entraide était jadis nécessaire, et elle transformait la besogne en fête. Les nombreuses veillées, où l'on bavardait tout en travaillant, s'expliquent à la fois par l'esprit communautaire et par un souci d'économie : on se réunissait dans l'une des maisons du voisinage, à tour de rôle, pour être ensemble et pour économiser le chauffage et l'éclairage. Enfin, quand on tuait son cochon, on en distribuait une petite partie à ses parents et à ses voisins, à charge de revanche.

Pour être individualiste, il faut en avoir les moyens, et être garanti contre le malheur. La solidarité est un réflexe normal des sociétés communautaires aux moyens précaires, antérieures à notre système de salaire individuel et de sécurité sociale. Depuis le XIXe siècle, il y avait des assurances contre l'incendie et celles qui couvraient les accidents dont on pouvait être responsable avaient commencé à se répandre au cours des années 1930. Quant aux indigents, la commune leur donnait un peu d'argent, et elle dispensait leurs enfants des frais scolaires. Mais tout cela était insuffisant et les agriculteurs n'ont bénéficié de la Sécurité sociale qu'à partir de 1961. En cas de malheur, la solidarité était nécessaire. Quand le feu a détruit le tas de paille de mon parrain en 1944, il a été reconstitué dès le lendemain. Le premier été de l'absence de mon père, voisins et parents ont rentré notre moisson. Quand ma mère s'est cassé la jambe, sa belle-sœur, qui ne l'aimait guère, est venue pendant plusieurs semaines traire nos vaches. C'était une réaction habituelle. Chacun était bien plus lié qu'aujourd'hui à ses parents, à ses voisins, à sa corporation. Plus anciennement, on faisait même souvent partie de la clientèle d'un protecteur, et les confréries religieuses, charitables et festives avaient beaucoup d'importance. À Plougourvest, dans mon enfance, nous parlions encore des deux cordelées de la paroisse, la longue et la brève[1], à l'origine subdivisions fiscales, devenues associations d'entraide. Elles ne fonctionnaient plus, mais on devait en principe assister à l'enterrement de toute personne de sa cordelée.

La maisonnée de jadis était une communauté fortement soudée : par l'affection, et encore plus par nécessité économique. Elle assumait sans aide extérieure chacun de ses membres, et notamment ceux qui ne pouvaient pas subvenir à leurs besoins : enfants, malades, vieillards, infirmes, handicapés physiques et mentaux. Si les parents mouraient – et ce n'était pas rare – les enfants étaient généralement recueillis par grands-parents, oncles, tantes, cousins ou voisins. Sommes-nous prêts à en faire autant ? On gardait jusqu'à la fin ces vieux dont nous sommes si contents de nous débarrasser, nous, les champions des droits de l'homme. Il est vrai qu'il n'y avait guère d'autre solution, et que, dans les conditions de vie d'alors, cette charge n'était pas pire que le reste, alors qu'elle ruinerait notre confort actuel. Mais la nécessité n'était pas seule en cause. « Dans toute la Bretagne, les campagnards ont le plus grand respect pour la vieillesse ; le vieux grand-père a une place privilé-

1. *Ar gordennad ir, ar gordenna ver.*

giée [...] ; rien ne se fait dans la maison qu'on ne le consulte ; il en est l'oracle », écrit Brousmiche, témoin bien informé, précis et critique au besoin (1835). C'est que l'univers traditionaliste de jadis était aux antipodes de nos sociétés d'incessante innovation, qui donnent la supériorité à ceux qui sont jeunes et entreprenants. Dans l'ancien monde, la sagesse, l'expérience, la connaissance des traditions[1] la donnaient aux *anciens* et invitaient à la piété filiale comme à la piété religieuse :

Ar pez a zo grea ga va zad
A zo grea mad.
Ce qui est fait par mon père
Est bien fait.

Même en français, langue du progrès, jusqu'en 1830 *nouveauté* signifiait bouleversement, avec une connotation réprobatrice.

J'ai encore connu ce respect pour les anciens. Quand mon père rencontrait un homme qu'il ne connaissait pas bien, son premier souci était d'évaluer son âge : si c'était son aîné, il se montrait déférent. Quand les gens de la génération de mes grands-parents approchaient de la soixantaine, leur entourage se mettait à les vouvoyer – y compris leurs propres enfants[2]. Les vieux n'étaient plus des oracles, mais on battait son père bien moins souvent qu'on ne l'a fait dans ma génération, quand une transformation soudaine des cultures,

1. « *Ar c'hiz koz, ar c'hiz virion* », disait-on : la vieille coutume [est] la vraie coutume.

2. Je parle de l'endroit que j'ai connu. La répartition entre tutoiement et vouvoiement est très variable en Bretagne. À Pouldreuzic, on vouvoie tout le monde sauf les enfants en bas âge, et le tutoiement est un affront. « Dans le canton voisin, on a le tutoiement très facile » (Pierre-Jakez Hélias).

de l'outillage, des façons de faire, des mœurs, des mentalités a conduit à des conflits de génération souvent dramatiques.

Toutefois, dans ces maisonnées nombreuses, on vivait à la fois dans une nécessaire solidarité et dans une situation de concurrence, avec de multiples occasions d'affrontements. Pour tout : les places à table, auprès du feu ou pour la nuit ; les décisions de toutes sortes ; les attributions des uns et des autres. Je me souviens d'avoir vu deux frères faire le même travail dans le même champ, mais chacun à un bout. Solidarité de fourmis, mais dans un nid de vipères. La structure communautaire réglait cette concurrence en assignant à chacun une place précise – généralement définitive. À la limite, elle réduisait certains membres de la famille à une sorte d'inexistence : je le montrerai au chapitre 10. Parfois, l'autorité du père entraînait révoltes ou revanches. Les contes de Maupassant sur les vieillards persécutés ne sont pas sans fondement. *King Lear* non plus.

Sotoni vras ve da eun den
Discrégui ouz tout e voyen,
Ha rancout goulen goudeze
E ezomou ouz bugale.

....

Güelet hon eus meur a exempl

....

Ar vugale o cass ractal
O zad o mam d'an hospital,

disait en 1904 le *Dialogue entre un Docteur et un Enfant* : « Ce serait grande sottise pour un homme de se démettre de tous ses moyens, et de devoir par la suite demander à ses enfants [de quoi satisfaire] ses besoins. Nous avons vu plusieurs fois les enfants envoyer vite fait leur père, leur mère à l'hospice. » Quant à ma mère, pendant les six années d'absence de son mari, elle n'a guère été aidée par la majorité de sa famille et surtout de sa belle-famille. Elle s'en plaignait à lui, comme le montre cette réaction : « Alors [= ainsi], nos parents ne sont pas toujours trop généreux » (27 avril 1941)[1].

La solidarité familiale se brise souvent quand il faut partager un héritage. Ce risque était fréquent chez les paysans, car même pauvres ils avaient des biens (contrairement aux ouvriers et aux petits employés) : les terres, la maison, les granges et les crèches[2], les animaux, les machines, les outils, les récoltes. Toutes choses bien plus difficiles à partager que des sommes d'argent, et même à compenser – faute de liquidités.

L'appartement que vous venez d'acheter, vous pourrez le revendre sans vous fendre l'âme. Mais la maison de votre enfance et son jardin – si vous avez eu cette chance – sont autrement précieux. Pour un paysan, cette complicité s'étend à tout le domaine. Il y a cinquante ans que j'ai quitté Lannurien, qui ne nous appartenait pas. Mais c'est

1. Ce problème vient aussi de ma mère : elle pouvait être agressive ; sa belle-mère en pleurait parfois ; elle souffrait de ne pas voir assez son fils, qui se rendait quelquefois chez elle en cachette. Le tempérament et les idées de ma mère étaient opposés à ceux de la plupart des gens. Et c'étaient les leurs qui étaient dans la norme. Il faut beaucoup de générosité pour aider quelqu'un dont la façon d'être vous met en cause.

2. Même quand ils n'en étaient pas propriétaires, la question se posait de savoir qui en garderait l'usage, qui se marierait sur place, héritant de la position de chef d'exploitation.

toujours et définitivement *chez moi.* La personnalité de chaque grange, crèche, coin de champ ou bout de chemin est encore présente en moi, alors que je savais dès douze ans que je n'y resterais pas, et que je n'ai donc pas connu cette liaison encore plus forte du paysan à la terre et aux bâtiments qu'il s'approprie comme son patrimoine, constitutif de sa personnalité professionnelle et familiale. C'est en se les appropriant qu'il devient adulte et qu'il s'affirme. S'il les perd, il est plus que frustré : mutilé. D'où beaucoup de querelles et même de haines tenaces à cause des partages.

J'ai longtemps vécu dans la campagne rennaise. Mon voisin, M. A, avait hérité de la maison familiale, du jardin, d'une grange et du champ d'en face. Sa sœur avait un autre champ, contre le pignon de la maison (où elle travaillait très souvent avec son mari) et une grange dont ils ne se servaient pas, pour éviter de croiser leurs chers frère, belle-sœur, neveux et nièces, auxquels ils n'adressaient pas la parole. À l'autre frère, brouillé avec les deux ménages précédents, appartenait un champ et la cour, avec une troisième grange, qu'il n'utilisait pas, en face de l'autre maison du hameau, celle de M. B. Un citadin acheta cette maison ; il voulut aussi acquérir l'inutile cour. La réponse fut un muret de ciment, juste devant son nez. Dans cet espace désormais clos, se trouvait le puits qui desservait les deux maisons. Quand la pompe immergée est tombée en panne, quelle ambiance !

Les familles A et B ne s'adressaient pas la parole. Quand M. A mourut, M. B me proposa d'acheter en commun une plaquette : *À notre cher voisin*. J'acceptai : la mort parfois réconcilie. Il en profita pour se placer en tête du cortège, juste derrière les proches. Mais, arrivé au cimetière, il se tint à l'écart pour ne pas les saluer, et alla placer notre plaquette après leur départ.

« Quand j'étais gamin, écrit Michel Le Bris, ma mère m'interdisait de parler aux enfants du voisin, mais était bien incapable de me dire les raisons, depuis longtemps oubliées, de cette brouille définitive. D'autres paysans, non loin de là, gardaient leurs champs la nuit, fusil au poing, pour "empêcher le voisin de déplacer les bornes"… »

La solidarité familiale est insuffisante pour les indigents : il y faut celle de toute la communauté. Dans les sociétés actuelles, c'est surtout l'État qui restreint les inégalités en versant aux plus pauvres, par la Sécurité sociale et diverses allocations, réductions ou exemptions, une partie des impôts et taxes prélevés sur les plus riches. Cela n'existait pas jadis : l'impôt proportionnel sur le revenu date de 1914, les allocations familiales de 1932, la Sécurité sociale de 1945, et les paysans n'en bénéficient que depuis 1961. Auparavant, toutes ces charges revenaient aux hôpitaux, aux hospices, aux fondations pieuses, à la charité des riches, à de rares associations caritatives comme la société Saint-Vincent-de-Paul[1] mais surtout à la communauté paroissiale.

Au Moyen Âge et çà et là jusqu'au XIXe siècle, à côté des propriétés privées, il y avait des *communaux* où tout le monde pouvait ramasser du bois ou mettre ses animaux : bois, prés, landes, chemins et abords. Il y avait aussi un droit de vaine pâture : tous les bestiaux pouvaient paître dans tous les prés et tous les champs une fois le foin et la moisson

1. Le Secours populaire date de 1945, le Secours catholique de 1946.

rentrés, et les pauvres pouvaient y glaner[1]. Pour les propriétaires, ce droit n'était pas seulement une perte : les bêtes fumaient les terres et mangeaient les mauvaises herbes. Mais progressivement les dominants se sont appropriés les communaux. En Léon comme en beaucoup d'endroits, cela s'est fait surtout dans la seconde moitié du XVIIIe siècle. En 1840, le Finistère est l'un des départements où ils sont les plus réduits : cinq fois moins que dans les Côtes-du-Nord, seize fois moins que dans le Morbihan. Le 22 septembre de cette année-là, un arrêté du maire de Plougourvest rappelle que le droit de vaine pâture n'existe pas dans sa commune. Restaient les bords des chemins et divers terrains vagues, où les pauvres faisaient brouter vaches, moutons et chèvres. Confrontées à de nouvelles dépenses – notamment pour entretenir les routes et les écoles – les communes ont vendu ces terrains au XIXe siècle et au début du XXe. J'ai encore vu quelques femmes qui faisaient brouter une chèvre ou une vache le long des chemins. Mais la gendarmerie verbalisait cette pratique, que la circulation automobile commençait à rendre dangereuse.

J'ai connu aussi la fin de la mendicité, qui avait été un phénomène social majeur notamment au XIXe siècle et surtout en Basse-Bretagne. Les mendiants y étaient spectaculairement nombreux, mais particulièrement bien traités. C'était une tradition de solidarité des communautés pauvres renforcée par le christianisme. « Heureux vous les pauvres, car le royaume de Dieu est à vous », avait dit le Messie. Mais « malheur à vous, les riches ».

1. « Tu ne ramasseras pas la glanure de ta moisson », ni « les fruits tombés dans ton verger. Tu les laisseras aux pauvres et à l'étranger », dit la Bible. Le droit de vaine pâture sera supprimé en France en 1890.

« Vous ne pouvez servir Dieu et l'argent. » « Il est plus facile à un chameau de passer par un trou d'aiguille qu'à un riche d'entrer dans le Royaume des Cieux. » Il proposait une solution : la charité. « Faites-vous des amis avec le malhonnête argent, afin que [...] ceux-ci vous reçoivent dans les tentes éternelles. »

Au Moyen Âge, « nos frères les pauvres » sont des images du Christ, des intercesseurs potentiels, des invitations à une charité salutaire. « Dieu aurait pu rendre tous les hommes riches. Mais il a voulu qu'il y ait des pauvres dans ce monde, pour que les riches puissent ainsi racheter leurs péchés », dit une *Vie de saint Éloi*. Mais dès le XIVe et surtout à partir du XVIIe, dans une société déjà soucieuse de rentabilité, où les valeurs d'ici-bas deviennent déjà plus importantes que celles de l'au-delà, on commence à regarder les pauvres comme des paresseux et des parasites, moralement fautifs et socialement dangereux. Au XVIIe, on les enferme dans des « Hôpitaux généraux » pour les mettre au travail[1]. Dès l'aube du triomphe de l'économie et de la bourgeoisie, le Code civil fait du vagabondage un délit[2]. Mais l'ancienne solidarité a subsisté longtemps

1. Premiers champions de l'économie productiviste « les Hollandais ont inventé une méthode excellente [...]. On enferme seul le personnage qu'il s'agit d'accoutumer au travail dans un réduit que des canaux inondent de manière à le noyer s'il ne tourne pas sans cesse la manivelle de sa pompe » (abbé Nicolas Baudeau, *Idées d'un citoyen sur les besoins, les droits et les devoirs des vrais pauvres*, 1765).

2. L'un des théoriciens de l'utilitarisme moderne, John Stuart Mill, estime qu'on ne peut laisser les indigents « se multiplier librement » (1848). Les gouvernements danois et suédois édicteront des mesures de stérilisation.

dans les campagnes, et notamment en Basse-Bretagne, malgré les autorités et au besoin contre elles. À Plougourvest[1], le 22 septembre 1768, jour de foire, un exempt et deux gendarmes arrêtent une mendiante. La foule intervient : l'exempt est tué, les gendarmes blessés[2].

« L'esprit d'hospitalité qui existe dans les campagnes fait que les pauvres, soit par commisération soit par la crainte qu'on en a, trouvent partout à coucher et à se nourrir », confirme le préfet du Finistère en 1803. Oui, par crainte aussi : un mendiant repoussé peut vous attirer le courroux divin, vous jeter un mauvais sort ou tout simplement mettre le feu au tas de paille. Mais la motivation pitoyable et généreuse est au moins aussi importante : « Les mœurs du pays sont pures, hospitalières : on y prend soin de vous [...], en refusant presque toujours la rétribution que vous offrez. Ces bons campagnards vous donnent ce qu'ils conservent de meilleur », dit Cambry à propos du Léon. Les paysans prenaient sans doute soin de bien accueillir cet ancien président du district de Quimperlé, qui parcourait le Finistère comme « commissaire pour les sciences et les arts ». Sans doute ne donnaient-ils pas « le meilleur » aux mendiants, mais ils ne les laissaient pas dans le besoin. « Il n'y a pas un seul paysan qui ne reçoive chaque jour la visite de pauvres. Il leur donne de la soupe,

1. Le hameau de Coatsabiec, actuellement en Bodilis, était alors en Plougourvest. La foire Saint-Matthieu s'y tenait jusqu'à cette date près d'une chapelle du même nom, dont il ne reste plus trace.

2. Ce ne sont pas seulement des pauvres qui sont intervenus. Il est d'autant plus difficile « de trouver des moyens de supprimer la mendicité que l'habitant aisé semble la favoriser », écrit le recteur de la paroisse en 1774, en faisant allusion à cette affaire.

du blé, de la farine, des pommes de terre. Jamais il ne refuse, persuadé que s'il le faisait il lui arriverait malheur », écrit en 1848 la Société d'agriculture de Brest, qui déplore qu'on entretienne « des fainéants dans l'oisiveté », alors que « leur travail dans des asiles agricoles bien dirigés » serait si profitable.

Selon le Conseil général du Finistère, les mendiants bénéficient du « religieux respect de tous » et leur sort est « meilleur » que celui des ouvriers agricoles (1840)[1]. Jean-Marie Déguignet, qui était petit mendiant à cette époque, et qui ne rate pas une occasion de critiquer les Bretons, affirme que les paysans ne se contentaient pas de le nourrir. « Souvent, après m'avoir bourré mon petit ventre de bouillie d'avoine, on me donnait encore des morceaux de pain noir et des crêpes moisies[2] pour

1. C'était d'autant plus remarquable qu'en ville la charité chrétienne était parfois devenue intéressée. Les actions de nos groupes « n'ont pas pour objet nécessaire de soulager un grand nombre d'infortunes », déclare le président de la société Saint-Vincent-de-Paul en 1842. « Leur but premier et fondamental est la sanctification de leurs membres ». Notre activité « est un bienfait pour les pauvres mais un bienfait encore plus grand » pour nos adhérents, confirme en 1848 son successeur, qui ne se soucie pas seulement du salut des âmes, mais aussi du « salut de la société [qui] dépend de l'accord du riche et du pauvre et de leur affection mutuelle ». Toutefois cette position n'est pas partagée par tous : « Non vous ne direz pas : les pauvres ont tant de défauts ; ils sont [...] sans religion, sans moralité. S'il en est ainsi, plaignez-les, mais ne les abandonnez pas ; [...] il ne faut envisager que leurs souffrances », déclare l'évêque de Nantes en 1879.

2. Il y a mieux sans doute. Mais c'était quand même un don : s'ils ne les avaient pas données, ils ne les auraient pas jetées : ils les auraient mangées eux-mêmes ou servies à leurs cochons.

emporter à la maison. » Jusqu'en 1914 et même 1930, il est d'usage d'inviter les mendiants au repas du troisième jour des grandes noces. La solidarité à leur égard a fonctionné jusque vers 1960 : jusqu'à l'époque de la Sécurité sociale, et des maisons de retraite. Elle pouvait même s'appliquer à des gens qui n'en avaient pas besoin : on donnait gratuitement du lait à ceux qui n'avaient pas de vaches, même quand ils avaient largement de quoi payer : instituteurs ou épiciers. Mais on se méfiait des vagabonds étrangers[1].

Face à l'extérieur, la solidarité d'un groupe n'est pas seulement défensive ; elle l'aide à s'affirmer contre les autres dans un particularisme plus ou moins chauvin. Parfois, la solidarité interne se combine avec une agressivité externe. L'une des « vérités » qui courent sur les Bretons, c'est que c'étaient jadis des « naufrageurs, qui allumaient des feux la nuit sur le rivage pour piéger les navires et piller leurs cargaisons ». C'est ce que répétait encore l'un de nos grands quotidiens nationaux le 5 mars 1990. Il y eut certainement des naufrages provoqués, en Bretagne comme ailleurs, dans l'Antiquité et au Moyen Âge. Par la suite, on n'en connaît que deux sur

1. « Hier, 14 du mois courant, étant en tournée dans la commune de Bodilis [...] avons rencontré sur la place de ce bourg un individu à nous inconnu »..., écrivent les gendarmes de Landivisiau en janvier 1872. Les villes cherchaient depuis longtemps à écarter les indigents qui s'y réfugiaient. Un médecin de Landivisiau demanda au conseil municipal d'attribuer des « plaques distinctives aux mendiants honnêtes et réellement nécessiteux de la commune » pour préserver « leurs droits exclusifs » contre « une foule de fainéants et de vagabonds ».

nos côtes, dont le dernier à l'île de Sein en 1726. En revanche, les pillages des navires échoués étaient fréquents malgré les autorités, parfois reçues à coups de fusil : 52 pour 415 naufrages sur la côte du Léon entre 1661 et 1815 : une fois sur huit. La cargaison, les vêtements des naufragés, leur argent, leurs bijoux sont « des présents du ciel », « un grand don de la Providence[1] ». Il y a encore quelques pillages au XXe siècle. Cependant la situation était assez bien maîtrisée depuis 1830, tandis que mythe et fantasmes s'amplifiaient. « On en a vu qui, pour arracher une bague au doigt d'une femme qui se noyait, lui coupaient le doigt avec les dents », écrit Michelet tout en avouant qu'il n'est pas sûr du fait – qui est fort invraisemblable. Or parler de naufrageurs et de telles brutalités était une injure envers la solidarité des gens de mer : de 1875 à 1904, le seul canot de Douarnenez a sauvé 208 personnes ; en 1903 à Ouessant, une femme s'est jetée à l'eau, un 1er novembre, pour guider à travers les récifs un canot en perdition, avec 14 hommes à bord.

Outre que les conditions économiques n'offraient guère les moyens d'une autonomie personnelle, la vie sociale s'opposait à l'individualisme

1. Propos du vicaire d'Ouessant (L) en 1707 et du recteur de Landunvez (L) en 1774. Si vous intervenez, dit Boucher de Perthes, inspecteur des douanes à Morlaix de 1816 à 1825, « c'est vous qu'ils regardent [...] comme le pillard, le spoliateur et presque un sacrilège, car vous leur ravissez le don de Dieu ». En 1847, Pitre Chevalier écrit qu'au pèlerinage de Sainte-Anne-d'Auray des gens « de Roscoff, des Glénan et de l'île de Batz [...] supplient la Mère de Marie de faire échouer beaucoup de navires sur leurs côtes ». Affirmation invérifiable.

dans la mesure où elle était communautaire au niveau de la paroisse comme de la maisonnée. Mais, pour qu'une communauté fonctionne et s'impose à ses membres, il y faut une autorité, c'est-à-dire l'affirmation de quelques individualités dominantes : une par maisonnée (ou deux : un homme et une femme) ; quelques-unes, outre le recteur et le maire (et parfois plus qu'eux) pour l'ensemble de la paroisse. Ceux-ci étaient généralement des gens à la fois riches et dévots : bien placés dans ce monde et pour l'autre. Dans leur ombre poussaient quelques jeunes coqs, rivaux évidemment. Les fêtes religieuses étaient pour eux l'occasion de se manifester aux yeux de tous : une communauté est aussi un théâtre, avec cérémonies et mises en scène[1].

Mais, si la communauté familiale était permanente, la communauté paroissiale ne fonctionnait qu'à certains moments. En dehors des messes, mariages et enterrements, des foires et marchés, des battages et des rares veillées, les paysans passaient leur vie dans leurs hameaux isolés qui dépassaient rarement deux ou trois maisons. Ils épiaient d'un œil satirique tout ce que faisaient leurs voisins, et leur profession les poussait à l'individualisme. Chacun, même sans être propriétaire, passait sa vie à cultiver *sa* terre et à nourrir *ses* bêtes à *sa* façon – bien qu'il fût tenu par des traditions. Il était le chef d'une entreprise qui risquait sans cesse d'entrer en conflit avec ses voisines : une délimitation contestée, un ruisseau détourné, un droit de passage, l'ombre de la haie de l'un sur les cultures de l'autre, les vaches de celui-ci dans le champ de celui-là, ses poules

1. Il s'agissait en particulier de savoir qui porterait bannières et reliquaires lors des processions.

dévorées par le chien d'à côté, etc[1]. Ou tout simplement une meilleure récolte ou de plus nombreux petits veaux, sources de jalousie. Sans compter les conflits de personnes, dans un milieu où l'on s'identifiait fortement à son domaine, à ses droits, à sa lignée, et où l'on était souvent assez pauvre pour ressentir le moindre dommage comme une ruine. Conditionnés par un contexte démuni, où l'argent était rare, ces gens étaient près de leurs sous, même quand ils n'étaient pas pauvres. Vivant en autarcie, ils n'avaient pas l'habitude des échanges ni de la coopération : ils se méfiaient des initiatives d'autrui. On raconte qu'un paysan (normand bien sûr !) avait creusé un puits qui devait servir aussi à ses voisins. Il leur demanda donc une contribution pour la corde : elle ne fut jamais achetée. Histoire fictive et caricaturale. Mais voici une situation réelle : une faucheuse ou une moissonneuse commune à trois fermes dans les années 1920 et 1930, à une époque où l'on n'a pas encore l'habitude des nouvelles formes de coopération. Qui va l'abriter, la graisser, affûter les lames ? Elle ne comporte que deux places, d'importance inégale, l'une pour la manœuvre, l'autre pour la conduite du cheval : qui va les occuper ? Quand le blé sera mûr, qui s'en servira le premier, pendant que la récolte des autres attendra la pluie ? Un rapport

1. J'ai souvent vu les gens se moquer de ces mesquines querelles paysannes, en particulier parmi les enseignants et autres fonctionnaires, qui pourtant se dressent comme un seul homme dès qu'on touche à leurs droits acquis. C'est vraiment une incapacité de comprendre ses propres réactions quand on les observe chez les autres. Imaginez un instant, chers collègues, qu'une commission du remembrement prétende modifier le découpage de nos disciplines.

de 1929 sur l'agriculture finistérienne, établi par une administration qui voulait accroître la production par le remembrement et la coopération, dénonce un « individualisme obstiné ».

Des coopératives se sont créées dans le Léon à partir de 1910 pour la commercialisation des légumes. Mais « les adhérents n'étaient pas coopérateurs pour deux sous », rappelle l'un d'entre eux. Ils vendaient leurs meilleurs produits aux négociants privés, et n'apportaient que les moins bons à la coopérative. Le remembrement, qui visait à regrouper les parcelles de chaque exploitation grâce à des échanges équilibrés par des compensations financières, donna lieu à des querelles infinies et à des affrontements épiques – par exemple à Bodilis. Les Coopératives d'Utilisation de Matériel Agricole (CUMA, 1945) et les Groupements Agricoles d'Exploitation en Commun (GAEC, 1961) ne s'imposeront qu'avec difficulté, et parce que le coût des machines et la législation les rendront profitables sinon nécessaires. Révolution mentale autant qu'économique.

Dans les années 1950 et 1960, individualisme et solidarité se sont parallèlement renforcés chez les jeunes paysans bretons avides de progrès. D'un côté, ils avaient besoin de se réunir pour s'informer et débattre, et de s'unir pour se faire entendre ; les réunions de la Jeunesse Agricole Chrétienne les dynamisaient. Mais, de l'autre côté, la modernisation productive les engageait dans une vigoureuse concurrence. Ils étaient solidaires face à l'extérieur, et leurs revendications obtenaient de brillants succès, mais ils étaient rivaux entre eux : comme toujours mais beaucoup plus intensément sur le second point. Ils avaient conscience de cette fâcheuse contradiction. « L'individualisme, voilà l'ennemi » : tel était le slogan du Centre National des Jeunes Agriculteurs en 1959.

Cet ennemi n'allait pas tarder à triompher. Dans la lutte solidaire des gros et des petits, ceux-ci servent d'infanterie à ceux-là, en attendant d'être remis à leur place sinon dévorés par eux. À partir de 1960, la nécessité d'avoir assez de surface pour produire en gros, rentabiliser les machines, rembourser les emprunts, a provoqué une violente concurrence entre les paysans, dans une Bretagne où presque toutes les exploitations étaient trop exiguës. Les petits se battaient pour survivre, les autres pour se partager leurs dépouilles, et tous pour produire au maximum. La jungle.

Les paysans léonards étaient regroupés en coopératives qui prônaient la solidarité de tout le monde agricole, par-delà les différences entre gros et petits, propriétaires, locataires et salariés. Jusqu'en 1964, elles ont en effet défendu tous leurs adhérents, alors que cette année-là, dans celle de Landerneau, 11 % d'entre eux assuraient 40 % du chiffre d'affaires, et les 3 % les plus actifs autant que les 50 % les moins entreprenants. Brusque renversement de tendance en 1964 : il faut s'adapter, c'est le nouveau mot d'ordre. « La coopérative », dit l'un de ses nouveaux dirigeants, « ne devrait travailler qu'avec les plus forts ». C'est bien l'avis d'Alexis Gourvennec, fils de petits paysans, petit-fils d'ouvriers agricoles, violent contestataire tant qu'il était en bas, agressif « PDG » (paysan directeur général) dès qu'il a grimpé : il manifestait la même volonté de puissance, mais dans deux positions opposées ; une même personnalité mais deux attitudes contraires, parce que son rapport aux autres s'était inversé. L'économie, dit-il, exige efficacité et rentabilité. Vouloir satisfaire tout le monde, c'est « pure sentimentalité » : une attitude moralement respectable, mais économiquement ruineuse. Il faut faire du profit avec les uns, et prendre « des mesures sociales » pour les autres. En clair, leur payer une retraite pour récupérer leurs terres. En 1964, ces projets se heurtent encore à forte opposition : ils ne tarderont pas à triompher. La solidarité corporatiste des paysans bretons s'effondre vers 1970. Les coopératives sont contraintes d'adopter les méthodes modernes de rentabilisation maximale : compression des prix d'achat, des frais, du personnel, des salaires, et accélération des cadences. En 1972, idéalistes et démunis mèneront en vain une longue et rude bataille contre leurs dirigeants, qui ont décidé de baisser le prix du lait et de ne plus venir le chercher chez les petits producteurs.

En 1973, mon frère a dû abandonner sa ferme, comme l'avait déjà fait mon cousin du manoir. Le remplaçant de celui-ci s'est porté volontaire pour louer les terres. Mais il réclamait aussi la maison, où mes parents tenaient à finir leurs jours. « Il exige que nous partions pour habiter à notre place : c'est une trahison », m'écrivait maman. Un autre candidat s'est présenté : il s'engageait à laisser mes parents sur place, gratuitement. Mais il n'était pas de la commune, et il avait déjà une grande ferme : on l'accusa de cumul illicite[1]. La querelle fut longue et vive : syndicat, conseil municipal, préfecture s'en mêlèrent. Mon père n'était vraiment pas homme à rompre avec éclat : il était trop raisonnable, trop soumis, trop timide, trop soucieux de sa bonne image. Il fut pourtant assez affecté par cette histoire pour démissionner du conseil municipal : « Il les trouve inhumains », m'écrivit ma

1. Depuis 1961, la réglementation s'opposait à l'agrandissement des exploitations de 50 ha ou plus.

mère. On pourrait répondre qu'ils se contentaient de défendre les intérêts de leurs administrés. Et conclure sur un constat qui les excuse : voilà comment la crise économique – comme ailleurs la tyrannie politique – peut conduire de braves gens à devenir persécuteurs de leurs voisins, de leurs frères. Finalement, le second candidat l'emporta, et mes parents restèrent dans « leur » maison. Provisoirement, comme on l'a vu.

Les violents affrontements entre producteurs de choux-fleurs et d'artichauts dans le Léon des années 1960, précisément analysés par Fanch Elégoët, illustrent l'intensité de la concurrence à cette période et confirment que les convictions et comportements des uns et des autres proviennent beaucoup moins de leur nature, de leur caractère ou de leur libre choix que de leurs intérêts, définis par leur situation, par leur place dans la confrontation. Chacun croyait se battre pour une idée qu'il avait librement choisie. En fait, la plupart avaient les idées de leurs intérêts – souvent en toute bonne foi inconsciente – et la majorité des autres subissait l'influence de tel leader ou de leur voisinage.

Les adhérents de la SICA (Société d'Intérêt Collectif Agricole) voulaient organiser le marché pour empêcher les manipulations des négociants[1] et réduire l'inégalité entre les producteurs par la fixation d'un prix minimal journalier, garanti par péréquation pour ceux qui ne pourraient vendre leur

1. C'étaient eux seuls qui fixaient les prix, qui pesaient la marchandise et qui la calibraient : ils trichaient sur ces trois points. De plus, ils pouvaient faire traîner le marché : les producteurs finissaient par brader leurs légumes, pour ne pas perdre trop de temps et surtout pour ne pas revenir à la maison avec une denrée rapidement périssable, qui serait invendable le lendemain.

chargement (car on détruisait la marchandise plutôt que de la brader en dessous de ce prix). Ceux de la SOCO PRIM (Société Commerciale des Primeuristes) opposaient à cette discipline leur mot d'ordre de liberté, jusqu'à dénoncer chez les autres un dirigisme « fasciste ». Liberté ou justice : c'est au nom de ces valeurs morales qu'on s'affronte et même qu'on se bat en 1960-1962 : au marché, au café, dans les familles et même dans les cours d'école. Je me souviens d'une fureur de mon oncle Paul : ses yeux bleus exorbités dans un visage cramoisi.

Sous ces idéaux que chacun croyait avoir librement choisis, c'étaient des situations opposées qui s'affrontaient. Les « SOCO » sont surtout de petits producteurs de la côte. Ils ont moins besoin que les autres de la régulation du marché : leurs exploitations en sont plus proches ; ils connaissent mieux les négociants et leurs employés ; bénéficiant d'un climat plus doux, ils peuvent livrer plus tôt dans la saison et aussi plus tard (moins de gelées), c'est-à-dire en dehors des périodes de surproduction et d'effondrement des cours. La régulation, la péréquation les rendrait solidaires de leurs concurrents de l'intérieur, qui ont l'avantage d'avoir de plus grandes surfaces et qui ne manqueront pas d'accroître leur production s'il y a un prix minimal garanti. Souvent aussi plus âgés, plus traditionalistes, ils craignent une organisation moderne à laquelle ils ne sont pas préparés (par exemple le paiement par chèque[1]). Ces conflits d'intérêts relativisent les explications psychologiques ou les

1. Certains ajoutent que le paiement en liquide permettait aux hommes de garder quelque chose pour eux, dans une société où il était habituel de donner tout l'argent à sa femme ou à sa mère en rentrant à la maison.

libres choix idéologiques que nous avons tendance à majorer. Ils n'expliquent cependant pas tout : il y avait aussi des jeunes, des gens de l'intérieur et quelques gros producteur à la SOCO. Leur position pouvait être due à leur caractère ou à leurs idées, mais aussi à des facteurs extérieurs : pressions, influences, relations. Ou tout simplement à un traditionalisme timoré, qui n'est pas la forme la plus haute de la liberté. En proposant cette dernière hypothèse je pense particulièrement à Plougourvest : les SICA, deux fois plus nombreux que les SOCO sur l'ensemble du secteur, n'y étaient guère plus de la moitié, tandis qu'ils étaient les deux tiers à Plouvorn et plus de 80 % à Landivisiau, Plougar et Plouzévédé. Séduits par l'idée de liberté, réticents devant la discipline qu'impose l'organisation, les paysans de ma commune n'avaient pas encore pris conscience de leurs intérêts.

On aimerait croire que les pauvres sont plus solidaires que les autres envers leurs semblables. Ce n'est pas toujours le cas. Les gens que j'ai connus l'étaient généralement dans leurs actes, face à une surcharge de travail, à un malheur ou à un danger pressant. Mais dans leur for intérieur, faute d'avoir la satisfaction de s'élever, ils n'étaient pas fâchés d'en voir d'autres en mauvaise posture – comme par besoin de se venger sur eux d'une vie difficile. C'était fréquent envers les plus faibles et surtout ceux qui étaient un peu handicapés intellectuellement. Mais voici un autre exemple : un passage d'une lettre de mon père, prisonnier de guerre, écrite le 1er mars 1942. « Il y a quand même une différence de mentalité sociale entre les gens de la ville et ceux de la campagne [...]. J'avais écrit pour le premier de l'an quelques cartes » à des amis de Plougourvest, « et j'ai eu des réponses qui frisaient bien l'ironie. On dirait qu'ils sont contents que nous sommes ici, et qu'on y reste encore longtemps. Mais un jour viendra où il leur faudra aussi en rendre compte de ça ». Voilà donc des gens qu'il considérait comme des amis, qui ne souffraient guère de l'Occupation (elle était tranquille chez nous, et la pénurie alimentaire enrichissait les paysans) et qui se moquaient de son malheur – en le comparant aux vainqueurs de 14-18 ? – jusqu'à oser lui expédier l'expression de cette ironie agressive ! Or, leur réaction ne peut s'expliquer par une hostilité envers un homme qui était bien vu de tout le monde, et sa dénonciation est d'autant plus inquiétante qu'il n'était nullement susceptible ni hargneux.

Certains vous diront que pendant la guerre les paysans ont fait preuve de généreuse solidarité, ravitaillant les citadins affamés. D'autres que c'étaient des individualistes, des égoïstes, qui profitaient du marché noir[1], vendaient leurs produits aux Allemands et les refusaient aux Français. Les deux attitudes ont certainement existé – et souvent coexisté. Mais je n'ai guère connu que la première, qui semble avoir prévalu en Bretagne. Le Finistère a expédié en 1943 une moyenne de 9 000 colis par jour – sans compter ceux qui étaient destinés aux prisonniers. Une caricature d'époque représente un couple de Parisiens agenouillés devant une sta-

1. Le journaliste : « Vous éleviez déjà des porcs pendant la guerre ? » Le paysan : « J'élevais surtout les prix » (historiette des années 1950).

tue de Bécassine : « Patronne du Ravitaillement, priez pour nous ! »

En 1940, ma mère a accueilli un couple de réfugiés belges pendant plusieurs jours – peut-être quelques semaines. Puis elle s'est décarcassée pour expédier des colis à nos propriétaires, à nos cousins parisiens, à la marraine de guerre de mon père. Celle-ci était une riche bourgeoise parisienne, qui avait suffisamment d'argent et d'accointances pour ne pas mourir de faim malgré la pénurie. « Nous arrivons à avoir le nécessaire, car mon mari et mon fils ont beaucoup de relations dans les Halles et obtiennent (sans que nous soyons obligés d'aller faire la "queue" dans le noir et le froid) bien des choses indispensables. » De plus, « nous avons en Normandie un bon cousin, propriétaire d'une grande ferme, qui nous envoie tous les dix ou douze jours un gros colis agricole » pour notre ménage et ceux de nos trois enfants. Enfin, « le docteur m'a fait un certificat comme quoi je dois avoir un demi-litre de lait tous les jours à cause de ma mauvaise santé [...], six kilos de pommes de terre en plus [par mois] et 450 g de sucre également en plus que le kilo de tout le monde » (25 octobre 1941).

Mais ce n'est pas assez – surtout lorsqu'on a l'habitude de satisfaire ses désirs. Cette brave dame fantasme sur les festins des profiteurs du marché noir : « Des dîners à 2 et 3 000 F par personne » (entre 300 et 450 € !) : « huîtres, pâtés, rôti de viande, poisson, pâté de foie gras, salade, légumes frais, fromage, dessert [...], cerises, fraises etc., et de délicieux gâteaux crème et chocolat comme avant-guerre » (23 mai 1943). Oui, c'est tout à fait ce dont maman, destinataire de cette lettre apéritive, se régalait avant-guerre !

Elle sollicita donc ma mère – non sans précautions sinueuses au début : « Si quelquefois, dans vos connaissances, vous pouviez trouver quelqu'un qui voudrait bien nous faire une expédition des choses dont je vous parle, nous en serions bien contents ». « Je vous écris à nouveau ce matin, car après avoir ajouté le petit mot à ma lettre de samedi, j'ai craint que vous ne pensiez que je vous demandais l'envoi d'une des choses qui étaient sur la liste et qui sont permises à expédier. Non ! Croyez-le bien, c'est seulement pour vous renseigner. » (N'ironisez pas trop vite : vous n'avez peut-être jamais eu faim.)

Ma mère lui expédiait donc un colis toutes les trois semaines : pommes de terre, carottes, navets, oignons, échalotes, beurre, viande, saucisson, farine, etc. L'heureuse bénéficiaire ne tarda pas à s'enhardir : « J'accepterais avec reconnaissance quelques boîtes de petits pois [...]. Si vous pouviez vous procurer aussi quelques boîtes de bonnes sardines à l'huile ou de thon[1] [...]. P. S. Nous voudrions bien les petits pois les plus fins possibles, s'il vous plaît. »

Le plus bel épisode fut celui des lapins. « Si vous aviez quelques pommes [...], cela nous ferait grand plaisir [...]. Quant à une poule, un lapin ou autre chose, je ne veux pas vous en parler, vous devez en avoir tant de besoin pour vous-même ! ! En tout cas, si cela se peut, ce ne sera que lorsqu'il fera tout à fait froid. » Or, maman avait justement des lapins dont elle voulait, paraît-il, se « débarrasser ». Mais soudain c'est l'effroi : « Je viens vous demander de ne pas envoyer des lapins vivants. Ils ne seraient pas acceptés, ou ils souffriraient pendant le trajet [...]. Ou peut-être encore réquisitionnés en cours de route [...]. Si

1. À l'époque, nous n'avions certainement jamais mangé de thon.

toutefois ils ne sont pas expédiés (pour *une* fois nous acceptons votre amabilité), voulez-vous les tuer, les vider et leur enlever la peau, car je ne saurais guère faire tout cela. À Paris, toutes les bêtes se vendent prêtes à cuire. »

J'arrête d'ironiser pour donner quelques précisions : tout cela était payé, à des prix intéressants vu la pénurie ; cette dame écrivait à mon père et lui expédiait quelques colis ; elle nous adressait à nous aussi des lettres chaleureuses et nous offrait des livres pour Noël. C'était un vrai réconfort. Maman lui devait donc reconnaissance. Mais elle outrepassait généreusement ses obligations. Car elle était accablée de travail et de fatigue : sa correspondante s'en inquiète souvent. Or, il n'était pas facile de trouver sardines ou petits pois, ni cartons, papier, ficelle pour faire des paquets parfois volumineux. « Lorsque votre récolte de pommes de terre sera faite, pouvez-vous nous en faire expédition d'un colis de vingt kilos ? »

Seule la gare prenait de tels paquets : 14 km aller-retour. À vélo certes (pour lequel il n'était pas facile d'avoir pneus et chambres à air). Mais chargée. Et il pleut, parfois, en Bretagne. « Maintenant que je sais qu'il vous faut aller à Landivisiau pour les envois que vous me faites, je ne me permettrai plus de vous en demander ! [...] C'est trop fatigant pour vous » (27 février 1941). Elle continua bien entendu. Ma mère elle-même avait dû répondre que ce n'était pas un problème. C'en était un pourtant, pour son temps, sa fatigue et ses bronches, si fragiles. Je « me désole de penser que c'est en allant à bicyclette m'expédier des carottes en gare de Landivisiau l'année dernière que vous aviez attrapé un chaud et froid », suivi d'une « congestion » (8 juin 1942).

Apparemment, la compassion familiale était telle que moi aussi j'avais des transports de générosité : « C'est très bien à toi de penser à soulager les misères des prisonniers qui n'ont pas de parents, à leur envoyer des colis, et aux pauvres Français éprouvés par les bombardements », m'écrivait la marraine le 31 mars 1942.

Au début des restrictions, maman avait offert à cette dame et à son mari de s'établir chez nous[1]. En février 1943, elle leur proposa que leur fils vînt s'y cacher pour échapper au STO (Service du Travail Obligatoire en Allemagne), qui venait d'être organisé. Il est vrai que, pendant ce temps-là, son père faisait une démarche (vaine) pour la libération de papa. Cette offre n'eut pas de suite : « On le trouverait partout, et ce serait l'envoi dans les plus mauvais endroits. »[2] Il est vrai que ma mère était généreuse. Mais j'ai voulu illustrer surtout une situation socioculturelle : les paysans bretons de ce temps-là n'étaient pas encore entrés dans l'époque de l'autonomie personnelle et de l'individualisme ; ils avaient gardé des habitudes communautaires de solidarité, surtout face aux situations difficiles, qui étaient encore leur condition ordinaire.

1. « Nous vous remercions de tout cœur » de « ce procédé si charitable [...]. Mais vraiment nous ne voyons guère la possibilité de l'accepter, car mon mari continue toujours les mêmes représentations commerciales qu'avant-guerre, et il y aurait une difficulté insurmontable à faire suivre à Lannurien les commandes et les factures de ses clients » (19 décembre 1940). Peut-être se rendait-elle compte aussi que malgré tout sa vie à Paris était encore plus confortable que la nôtre.

2. Je ne sais si cet homme se cacha ou si, contraint ou consentant, il partit effectivement pour l'Allemagne, comme 723 162 Français.

Quand j'interroge mes souvenirs, ce qui me frappe le plus chez les gens que j'ai connus, c'est la tendance à la raillerie. Elle ne figure pas dans le stéréotype du Breton : on évitait de la manifester en présence d'étrangers, et de toute façon le français, langue plus rationnelle, plus distinguée, apprise à l'école, convenait moins à son expression. Elle venait partiellement d'une langue où les métaphores railleuses étaient nombreuses, faciles à inventer et à déchiffrer, même au premier abord, parce que nous en avions l'habitude. Par exemple, une belle femme, c'était une femme bien charpentée ; sinon ce n'était qu'un bâton habillé : *er vaz visked.* Je marche lentement sur un petit chemin. Un grand-oncle survient : *« An, te a zo e trèbi da end ? »* « Alors, tu manges ton chemin ? » J'ai immédiatement compris cette expression que je n'avais jamais entendue.

Cette tendance gouailleuse existe dans tous les milieux populaires. Elle y profite de la souple créativité d'une langue orale peu disciplinée. C'est de plus une revanche de dominés : en l'occurrence contre les riches, contre les citadins, contre M. le recteur, si respecté en sa présence. Plus généralement, c'était une façon de traiter les gens dans un esprit de rivalité ou de dénigrement qui oscillait entre gentillesse et cruauté. Les dominés entretiennent entre eux une vive concurrence pour chercher à s'enrichir, à se distinguer, à s'élever au-dessus de leur sort : ceux qui réussissent et ceux qui échouent sont également moqués. Au lieu de se réjouir d'une action ou d'un trait de caractère, on en cherchait volontiers le mauvais côté, l'explication défavorable. Beaucoup de gens avaient un surnom, – qu'on évitait parfois d'employer en leur présence. À beaucoup d'autres étaient accolées des épithètes ou des historiettes sarcastiques. Enfin, je crois que cette tendance railleuse était aussi un défoulement d'inhibés. Quand on se réjouit par la satisfaction de ses désirs, on a moins besoin de le faire en se moquant des autres ou en les agressant. Faites l'amour, vous aurez moins envie de faire la guerre.

Teodata : dérivé de *teod*, la langue, ce mot a plus de force que *railler* ou *brocarder* : c'est gifler avec sa langue, nasarder. C'était le sport favori de certains. Notamment de mes grands-oncles Jézégou du Gollen. Quand ils avaient fini de railler la contrée entière, ils poursuivaient en se moquant d'eux-mêmes. Un jour, l'un d'eux rencontre un voisin sur la route de Landivisiau. « Alors, oncle Jean[1], on revient aussi[2] ? – Oui », dit l'autre. – On revient de la foire, oncle Jean ? – Non… de la gare. – Ah oui, oncle Jean ? – Oui, je viens de conduire un veau à la gare. – Un veau sevré, oncle Jean, ou encore sous la mère ? – Oh, il était sevré depuis longtemps : c'est Hervé que j'ai conduit à la gare » : Hervé son fils, qui partait au service militaire. Les Jézégou l'appelaient *le veau*[3]. Il l'avait su. C'est eux-mêmes qui nous ont raconté l'histoire : au lieu de s'offusquer d'avoir été pris, ils en riaient en connaisseurs. Mais de ce jour, *oncle Jean* est devenu *la vache*.

Cette attitude ne se limitait pas aux railleries verbales. Dans les échanges, on cherchait souvent à

1. Ce n'était nullement son oncle : c'est une formule de respect, flagorneuse en l'occurrence.

2. « Alors, on va aussi ? » ; « alors, on vient aussi ? » : façon habituelle de saluer quelqu'un qu'on dépassait ou qu'on croisait. Réponse : « oui. » Le plus souvent, l'échange s'arrêtait là.

3. Le mot breton, *el leue*, ne désigne pas quelqu'un de mou, mais de fort déplaisant.

rouler l'autre. Si l'expédition des pommes de terre n'avait pas été sévèrement contrôlée, nous en aurions fourré une bonne dose de vertes et d'avariées, avec de grands rires, à destination des lointains consommateurs. Voici une histoire évidemment inventée mais significative. Un homme arrive à une veillée mortuaire avec des sabots très usés qu'il enlève à la porte. Quand il repart, il chausse des sabots neufs, et il dit au voisin qui arrive l'une de ces banalités qu'on répète aux enterrements : « *Siouaz ar re vad a ya, ag ar re fal a jom !* » « Hélas, les bons s'en vont et les mauvais restent ! »

Inversement, on se défilait volontiers. Un policier qui rentrait chez lui un soir entendit des bruits de bagarre : il pressa le pas et ôta son képi pour ne pas être appelé à l'aide. Quand il fit ce récit à Plougourvest, son attitude fut fort appréciée. En conséquence, les échanges étaient empreints d'une certaine méfiance. Jusqu'à sa mort en 1995, ma mère remplissait ses chèques avec minutie : nom, prénom, adresse du bénéficiaire. Elle craignait leur détournement, à la banque, par un petit malin. Il me semble que cette tendance à la méfiance et à la raillerie a fait place maintenant à une attitude plus généreuse.

Comment l'énergie impulsive des Bretons, qui devient parfois violence, se conciliait-elle avec leur mélancolie taciturne, et avec la prudente et réticente circonspection des paysans, notamment dans l'Ouest ? Ni oui ni non : réponse de Normand, dit-on. En fait c'est une tendance générale des ruraux et de tous les dominés d'éviter prudemment de prendre position – du moins face aux gens de l'extérieur. « Il fait beau aujourd'hui », dis-je à mon voisin de la campagne rennaise, en contemplant le ciel. « Oh ! Y a d'ci et d'ça », me répond-il en fixant le sol. Je me souviens d'un militant citadin exposant à mon cousin ce qu'il devait faire. « Ah ! dame oui, ce serait peut-être aussi bien », répondit-il, signifiant par là un refus définitif.

Depuis 1968, les individualités se sont affirmées. Ce n'est pas seulement parce que la démocratie et les droits de l'homme ont progressé. C'est d'abord parce que les valeurs et les normes, fondements de l'autorité et de la soumission, se sont effondrées. Et parce que le libéralisme a étendu partout sa permissivité : vous pouvez dire (sinon faire) tout ce que vous voulez, à condition de faire marcher le commerce, c'est-à-dire d'alimenter le profit – et chacun sait depuis Mandeville que ce n'est pas la sobre vertu qui le favorise[1]. Les médias, qui se sont introduits partout depuis peu, ont fait connaître à tous ces nouvelles possibilités. La parole, les conduites, la pensée se sont libérées –

1. Dans *La Fable des abeilles, ou les vices privés font le bien public*, Bernard de Mandeville, un Hollandais d'origine française établi en Angleterre, met en scène une ruche qui était un vrai « paradis » de prospérité et de bien-être, car « le vice entretenait l'esprit d'invention » et multipliait la consommation. Mais voici que les abeilles dénoncent à Jupiter cette immoralité. Il les rend donc parfaitement honnêtes. C'est la ruine ! Plus de querelles, donc plus d'avocats, de juges, de geôliers. Dans toutes les professions, l'on travaille avec ardeur : il y a donc trois fois moins d'emplois. Les riches cessent leurs dépenses fastueuses : autant de chômeurs en plus. La population s'effondre ; le pays n'est plus capable de se défendre. Conclusion : « cupidité », « orgueil », « envie », « vanité », et autres défauts « dont nous prétendons tous avoir honte, sont le principal soutien d'une société prospère ». « Là où règne l'honnêteté », on sombre dans la pauvreté. La traduction française de cette fable en 1740 fut aussitôt condamnée au bûcher. Il était encore trop tôt pour révéler cette vérité fondamentale de l'avenir.

souvent sans savoir qu'elles sont plus ou moins asservies à la propagande et à la publicité.

Mais auparavant les paysans, surtout en Bretagne, n'avaient guère l'habitude d'exprimer leur pensée ni leurs sentiments. Ils étaient soumis aux aléas de la nature, à une société normative, à une religion censurante, à des autorités auxquelles il était dangereux de déplaire : le propriétaire, le recteur, le hobereau – qui était souvent le maire. Leur sagesse était circonspection sinon méfiance. Parler, c'est risquer : de se tromper, mais aussi de se dévoiler, de donner prise aux autres. « Moins que j't'en dis… » Tout interlocuteur peut être un curieux, un moqueur ou un rapporteur, toute question un piège, toute affirmation une imprudence. Elle risque d'entraîner des railleries, sinon de cinglants démentis, de la part des dominants ou d'une vie dépendante des aléas de la santé, du climat, des récoltes.

Mais le silence, la réserve inhibée, la prudence, la méfiante circonspection n'étaient qu'un aspect des Bretons que j'ai connus. Il leur arrivait d'être communicatifs là où nous sommes réticents. Dans le train par exemple. Aujourd'hui, chacun s'installe sur son siège et s'isole dans le silence, le somme ou la lecture. Mes parents et leurs compatriotes auraient été choqués par une telle muflerie. Ils trouvaient quelque prétexte pour lier conversation et ne tardaient pas à se raconter leur vie[1].

1. Ce n'était pas par politesse, mais parce qu'ils avaient besoin d'établir des relations et d'avoir des repères. Hors de sa paroisse, on était perdu. Jamais on ne se serait aventuré dans une ville un peu éloignée sans y avoir quelque parent de parent ou de voisin qui pût vous accueillir et vous servir de guide. Si au service militaire ou à la guerre on découvrait un homme de chez soi, un « pays », c'était une vraie consolation.

Mais s'ils étaient ordinairement taciturnes dans leur vie quotidienne et réticents face aux étrangers, quand ils s'exprimaient c'était avec vigueur : un débat, un affrontement, une passion, une excitation faisaient sauter l'inhibition ; les conversations devenaient bruyantes, les positions tranchées, les discussions violentes[1].

Cette vigueur était en partie une habitude nécessaire : on parle plus fort dans la tempête ou à un cheval rétif en plein champ qu'à son chat dans un salon. Mais surtout paysans et marins-pêcheurs bas-bretons étaient restés plus impulsifs que la majorité des Français. Vivant dans de rudes conditions, en hameaux isolés, loin des lieux de passage et des grandes villes, ils n'avaient pas acquis l'urbanité des citadins. Leurs occasions de convivialité étant rares, ils s'y défoulaient plus qu'ils n'y disciplinaient leur conduite. La violence des Bretons est « un trait d'arriération », disait le géographe Pierre Flatrès. Je m'insurge, cher collègue, contre cette injure. Êtes-vous sûr que l'échine polie des gens civilisés soit moralement supérieure à la nuque raide de ces natures « arriérées » ? Dans le « commerce » du monde, les échanges développent la sociabilité. On s'habitue à se comporter en fonction des autres, à maîtriser ses réflexes et ses pulsions pour ne pas les gêner ; on se soucie d'être agréable et de plaire. C'est un incontestable progrès de la civilisation. Toutefois – comme le mot l'indique – cette *politesse* atténue le relief des personnalités. Elle réduit l'originalité, la spontanéité au bénéfice de conduites conventionnelles et conformistes. Si elle s'accentue, civilités et artifices l'emportent ; l'attention à autrui

1. Un jour, mon oncle Paul s'est fait mordre le doigt avec une telle vigueur qu'il a cru en perdre un bout.

verse dans la complaisance, la flatterie, la flagornerie, et peut friser l'hypocrisie. Comme celle de tous les milieux populaires, qui sont fiers de leur simplicité « à la bonne franquette », notre morale réprouvait ce genre de comportements par des formules qui revenaient souvent : « Elle fait des manières (*ardou*). » « Il est trop poli pour être honnête. » « C'est un lèche-cul » (nous utilisions ce mot). *« Enez zo er brãmer er zac'h »* : « c'est un homme qui pète dans un sac, un cachottier ».

Chez les Bretons, « l'obligeance a le ton de la brusquerie, la franchise y est souvent portée jusqu'à la brutalité », disait le Brestois Brousmiche en 1835[1]. J'avais parfois la même impression. « Moi, je suis franc », me disait l'un d'eux, avec l'air de m'accuser d'hypocrisie. À mon avis, c'était lui qui n'avait guère de respect pour les autres[2]. Tel autre me mitraillait de questions sans me laisser le temps de répondre : « Tu as... ? Hein ? Oh non sans doute ! » Cette énergie subsiste aujourd'hui ; la différence c'est qu'elle est devenue plus chaleureuse. « Quand on va dans d'autres régions, on est assourdi par le calme », dit un Bas-Breton d'aujourd'hui – qui se rend surtout dans le tranquille Val de Loire, il est vrai. « Ce qui m'avait surpris en arrivant », dit un néo-Breton, c'est qu'ici, lorsque quelqu'un « vous dit *Bonjour* ou *Comment ça va ?*, quand on n'est pas habitué, on a presque l'impression qu'il est en

1. Si j'en crois Balzac, « cette franchise provinciale, souvent un peu trop près de l'impolitesse », était jadis assez répandue, comme tant d'autres choses devenues par la suite typiquement bretonnes.

2. Une fois de plus, Pierre-Jakez Hélias tourne les choses favorablement par une analyse trop subtile : « La politesse paysanne n'est pas un ensemble de conventions gratuites » ; elle exprime la vérité, « *ce qui est*, par des moyens d'une souplesse extrême ».

train de vous engueuler ». Cette vigueur tonitruante, cette énergie fonceuse sont surtout remarquables chez les femmes. Si vous allez faire vos courses dans un hypermarché breton, soyez respectueux : ne dérangez pas celles qui bavardent près de leur chariot. Mais soyez vigilant aussi : pour une Bretonne armée d'un Caddie, la ligne droite est le plus court chemin d'un point à un autre.

Les Finistériens, me dit ma femme – qui toutefois les juge parfois un peu brutaux –, « manifestent une énergie, une vitalité tout à fait remarquable. Ils ont une hardiesse de pensée, une ouverture d'esprit qui n'existe pas en Ille-et-Vilaine. Ils sont capables d'un investissement, d'un engagement dans ce qu'ils font qui s'apparente pour moi tantôt à du courage, tantôt à une forme de spiritualité ».

Je crois que c'est la conséquence d'une situation très particulière. Mettez-vous à leur place. Imaginez que votre culture, méprisée depuis des siècles, soit moribonde, mais que soudain elle ressuscite et soit exaltée ; que trois vieilles paysannes (les sœurs Goadec) se remettent à chanter en 1956 et deviennent rapidement assez célèbres pour être programmées à Bobino (en 1973). Qu'un livre qui parle de votre vie obscure soit l'un des grands succès du siècle (*Le Cheval d'orgueil*, 1975). Que votre pays devienne un mythe[1]. Supposez que, dynamisé par cette triomphale revanche, vous deviez continuer à

1. Je dois reconnaître à cet égard le rôle positif des sottises lyriques que je dénonce tout au long de ce livre. En voici encore une : « Les sœurs Goadec sont de très "grandes dames" ; elles ont la politesse exquise que savent encore avoir les paysans. Elles sont allées à Bobino parce qu'on les y a invitées. Elles seraient de même allées chanter une messe de mariage dans leur village ou à la cour d'Angleterre » (Mikael André).

vous battre contre la domination de Rennes et contre le jacobinisme de l'État – qui bien entendu ne fait jamais assez pour la région et qui refuse avec une obstination stupide de reconnaître votre langue. À vous battre aussi contre une baisse catastrophique de vos revenus (en 1961) et (dans les années 1965-1970) contre les promoteurs de marinas et de ports de plaisance, qui allaient coloniser toutes vos côtes. Et bien sûr contre les patrons[1]. Et contre l'État qui avait fermement décidé d'installer une centrale nucléaire à Plogoff, près de la pointe du Raz. Et enfin contre les marées noires, dont nulle région au monde n'a autant souffert que la Bretagne depuis quarante ans. Et contre la culture et l'élevage intensif qui pollue votre pays – ou au contraire contre ces insupportables écologistes qui vous empêchent de vous enrichir[2]. Supposez que vous ayez fait reculer l'État en 1981 comme en 1961.

Dans ces combats, qui ont fait de la Bretagne le principal terrain de militantisme et d'affrontement de ces quarante dernières années[3], les militants Bretons ont le sentiment de défendre tantôt toutes les minorités, tantôt la nature et l'avenir même de l'humanité. C'est pourquoi ils ont souvent bénéficié d'un très large soutien, notamment contre la pollution, la marée noire et la centrale nucléaire : 15 000 manifestants à Plogoff (1 900 habitants) le

1. En 1972, la grève des producteurs de lait et celle du Joint français à Saint-Brieuc (du 16 mars au 18 mai) eurent un retentissement national.

2. La Bretagne est l'une des régions où l'on pollue le plus, et l'une de celles où les défenseurs de la nature sont les plus actifs.

3. Je ne tiens pas compte de la Corse parce que la mobilisation y est bien moindre (surtout si l'on ne tient pas compte des autonomistes, très minoritaires) et ne bénéficie pas d'un soutien extérieur comparable.

3 juin 1979, 50 000 le 16 mars 1980, 100 000 à la Pentecôte[1]. Ces divers combats se renforçaient mutuellement : « Mazoutés aujourd'hui, radioactifs demain ! » criait-on. Même les Bretons qui n'ont pas participé à ces luttes en sont plus ou moins fiers et plus ou moins exaltés.

Tout cela explique le dynamisme exceptionnel de gens qui n'ont pas fini de prendre leur revanche sur deux ou trois siècles d'asservissement – et surtout celui des Bas-Bretons, les plus concernés dans presque toutes ces affaires.

Il se manifeste sous des formes différentes selon les générations. Un individualisme entreprenant et obstiné caractérise les Bretons les plus célèbres d'aujourd'hui, navigateurs solitaires et têtus, souvent partis de peu ou de rien, et d'une énergie opiniâtre, presque farouche. Sur mer (Tabarly et ses nombreux successeurs), mais aussi dans l'entreprise : Édouard Leclerc et ses émules[2], François Pinault, Patrick Le Lay, Alexis Gourvennec[3], Yves Rocher ou Guy Cotten, l'homme des

1. Chiffres probablement majorés, mais quand même. La centrale est déclarée d'utilité publique le 1er décembre 1980. Mais François Mitterrand y est opposé : il est élu (10 mai 1981) et le projet est abandonné.

2. Jean Cam, Jean-Pierre Le Roch, et Louis Le Duff, respectivement fondateurs de Rallye, d'Intermarché, et de La Brioche dorée.

3. Gourvennec était fils d'un ouvrier agricole devenu petit fermier. Guy Cotten est parti de rien. François Pinault, lui aussi d'origine rurale, se souvient d'avoir été l'objet de « ricanements et de quolibets » au collège Saint-Martin à Rennes. Édouard Leclerc a commencé par vendre seulement des biscuits achetés en très grande quantité, qu'il stockait dans une pièce de sa maison de Landerneau. Le titre de son autobiographie reflète sa mentalité : *Ma vie pour un combat* (de générosité démocrate-chrétienne et de réussite personnelle).

cirés jaunes. Et même en politique : Le Pen n'est pas le produit d'un parti, mais le créateur d'un rassemblement autour de sa personne. À un moindre degré, Alain Madelin et Edmond Hervé se caractérisent par leur parcours individuel, et non par leur facile intégration à la collectivité d'un grand parti. C'est pour cette même raison – et pas seulement à cause de nos routes accidentées – que le sport où les Bretons réussissent le mieux – avec la voile – est le cyclisme (Robic, Bobet, Hinault) : l'effort individuel y compte plus qu'ailleurs, tout comme sur scène (de Glenmor, Stivell, Servat à Prigent, Miossec, Tiersen). Notez que la majorité de ceux que je viens de citer sont des Bas-Bretons, et souvent des Finistériens.

Il me semble que ce dynamisme individualiste – qu'on trouvait déjà chez nos grands ancêtres, plus à l'aise en corsaires que sous la discipline des armées régulières, ou encore chez Lamennais, l'abbé Trochu, obstiné fondateur de *L'Ouest-Éclair*, et Tanguy Prigent, tous trois courageusement en marge – est typique d'une époque déjà révolue, où l'on ne pouvait que se sortir tout seul d'une population encore asservie, pour se battre à contre-courant ou pour aller réussir ailleurs.

Aujourd'hui, le dynamisme breton est plus collectif et communautaire ; il est à la fois enraciné dans le peuple et la tradition, et ouvert sur l'avenir et sur le monde. Il se manifeste notamment par un nationalisme culturel un peu chauvin parfois mais très ouvert aux influences et sans xénophobie (même l'opposition à la langue française est très minoritaire). C'est ce qui explique l'extraordinaire succès du Festival Interceltique de Lorient et surtout celui des Vieilles Charrues à Carhaix, dont l'histoire est exemplaire.

Capitale de la Bretagne occidentale à l'époque gauloise et gallo-romaine, Carhaix décline depuis longtemps. En 1992, c'est un gros bourg de 8 200 habitants, loin de tout, mal relié à Brest, Quimper, Morlaix, Lorient ou Saint-Brieuc, dans une Bretagne centrale en voie de désertification. Cet été-là, tandis que le tourisme réduit la province à sa zone côtière, et qu'on ne parle que du Festival des Vieux Gréements à Brest et à Douarnenez, quelques terriens organisent une petite fête dans leur campagne. Ils recommencent leur kermesse l'année suivante ; pour se démarquer ironiquement, ils l'intitulent Festival des Vieilles Charrues. Ils font 1 300 entrées. Six ans plus tard, ce pari sur lequel nul n'aurait risqué un sou aboutit au plus grand festival de France avec 150 000 spectateurs (170 000 aujourd'hui).

Ce triomphe n'est pas dû seulement ni surtout à la qualité d'une programmation qui propose les groupes et les chanteurs les plus célèbres à un prix défiant toute concurrence. Car cette offre et l'ambiance exceptionnelle ne sont possibles que par la mobilisation de 5 500 bénévoles, elle-même due au réflexe de survie d'une région et à son militantisme culturel. Les Bas-Bretons savent que leur salut est moins qu'ailleurs dans l'économie (ils ont peu de matières premières et sont loin des grandes voies de communication et des grandes zones de consommation) et davantage dans la culture : leur patrimoine est exceptionnel et continue à s'enrichir remarquablement – surtout leur musique qui amalgame toutes les tendances modernes. D'où la rare possibilité d'un fort soutien populaire, dans une région par ailleurs en retard, pour un festival d'avant-garde, où quelques grands-mères côtoient les jeunes « piercés ». Une grande manifestation culturelle est aussi une excellente affaire : près de cent emplois créés, près de 5 millions d'euros d'impact économique pour le Centre-Bretagne et une publicité extraordinaire pour cette région.

Des milliers de jeunes en crise d'identité – parce qu'ils ont perdu racines, repères, valeurs et foi dans l'avenir – sont heureux de trouver là des gens à la fois ancrés dans leur tradition et engagés dans l'extrême modernité, qui sont des organisateurs réalistes et rationnels (rassurants) en même temps que des fêtards populaires et pulsionnels – qui communiquent une ivresse fusionnelle. Le Festival des Vieilles Charrues est aujourd'hui ce que fut la Fête de *l'Huma* il y a cinquante ans. En 2003, les intermittents du spectacle ont facilement empêché des festivals élitistes organisés par de petits groupes (parfois parachutés) avec de fortes subventions. Ils ont renoncé à s'attaquer aux fêtes populaires, à Carhaix comme à Lorient.

CHAPITRE 8

TOUS IVROGNES ?

« Peuple breton, tu serais le meilleur du monde, si tu n'allais si souvent au cabaret. »

Un évêque de Quimper et de Léon, XIXe siècle

Une carte postale du début du XXe confronte une élégante touriste et une petite fille bien de chez nous. Dix ans à peine. *La dame touriste* : « Est-elle jolie, cette petite blonde ! Dis-moi quelque chose, ma mignonne ! » *La petite Bretonne* : « Tu paies une bolée, Madame ? »

L'ivrognerie a toujours été un trait majeur du portrait des Bretons. À peine sont-ils arrivés en Armorique que Grégoire de Tours la signale (VIe siècle). Les beuveries deviennent fréquentes chez les notables vers le milieu du XVIe, et commencent à gagner l'ensemble de la population un siècle plus tard, surtout chez les Léonards, qui profitent de leur prospérité pour boire deux ou trois fois plus que les Cornouaillais. En 1642, alors que le père Maunoir prêche une mission à Ouessant, on y célèbre une noce. Il réussit à ce

« que personne ne s'y enivrât. Ce fut un prodige chez des Bretons ». Car « ils ne peuvent se passer de boire » (Dubuisson-Aubenay, 1636). « La bouteille fait toutes [leurs] délices » (Jouvin de Rochefort, 1672, qui vise notamment les Landivisiens). « J'aime nos Bretons » ; ce sont « de si bons cœurs », écrit Mme de Sévigné. Mieux vaut toutefois ne pas trop s'y frotter, « à moins que l'on aimât à sentir le vin ». Car « il passe autant de vin dans le corps des Bretons que d'eau sous les ponts ». Cette habitude est si bien admise qu'une Bretonne à marier ne cherche pas à trouver un homme sobre, mais à « l'avoir vu ivre, afin de savoir par là s'il a bon ou mauvais vin » (Pierre Nicole, 1670). L'ivrognerie n'est pas un privilège masculin : « À tous les jours de marché et de fête », chacun « s'ivre ordinairement, surtout en Basse-Bretagne, avec sa femme et ses enfants » (Babin, 1663). Mais chez les gens du peuple, il s'agit d'excès ponctuels, peu fréquents : on ne trouve pas trace de vin dans les inventaires après décès des paysans ordinaires avant le XIXe siècle.

Moins pauvres que la moyenne, les prêtres boivent donc parfois davantage, en cette époque où l'on ignore encore la paralysante respectabilité sociale. « Défendons à tous recteurs, curés et prêtres [...] de soi trouver présents à aucune fiançaille ou promesse de mariage qui se feront ès[1] tavernes et cabarets » (l'évêque de Saint-Brieuc, 1606). En 1670, le père Maunoir découvrit à Trégunc (C) un très vieux curé « qui ne s'était jamais enivré, ce qui parut alors admirable[2] dans

1. De même que *des* est la contraction de *de les*, *ès* est la contraction de *en les* : licencié ès lettres.

2. C'est-à-dire, en français moderne, stupéfiant.

un pays où, même parmi les prêtres, la sobriété était une vertu héroïque ». En 1651 se crée à Quimper une congrégation pour combattre l'ivrognerie du clergé : succès limité. En 1717, un prêtre de Pommerit-le-Vicomte (22) ne donne l'absolution qu'à ceux qui lui apportent de l'eau-de-vie. En 1784, les statuts du diocèse de Quimper interdisent aux prêtres « de paraître dans les églises étant ivres [...] ou de conférer quelque sacrement en cet état ». Quant à l'abstentionnisme, on n'y songe pas encore, même comme punition. Aux XVIIe et XVIIIe, les femmes enfermées au couvent pour alcoolisme ou mauvaise vie ont droit à leur ration quotidienne de tabac et de vin ou de cidre. Toutefois, la réprobation de l'alcoolisme féminin commence à s'accentuer : vers 1710, 5 % des femmes enfermées au refuge de Guingamp le sont pour ce motif ; vers 1785, elles seront plus de 30 %. Et ce n'est guère la pratique qui s'est accrue ; c'est sa punition.

En 1790, la Révolution réduit les taxes sur les alcools et supprime les droits sur l'entrée des denrées dans les villes et dans les provinces. La Basse-Bretagne, qui ne produit pas de vin, et fort peu de cidre à cette époque, fait venir des quantités d'eau-de-vie[1]. À Ploudalmézeau (L), selon le conseil municipal, on en absorbe dix fois plus cette année-là qu'en 1788. « Elle est presque pour rien, et les jours de marché, hommes, femmes et enfants de neuf ou dix ans boivent cette liqueur à pleins verres » ; elle « les rend comme fols et furieux », dit un prêtre de Landerneau en 1806. Confirmation en 1813 par le préfet du Finistère : la consommation d'eau-de-vie « s'est prodigieuse-

1. *Odivi.* Dans mon enfance nous n'en avions pas, mais le mot restait courant.

ment accrue dans ce pays depuis la Révolution, particulièrement dans les classes inférieures » (les autres avaient commencé plus tôt). Et ce n'est qu'un début ! De 1825 à 1865, la consommation de vin diminue d'un tiers dans le Finistère, mais celle de spiritueux (déjà supérieure de 60 % à la moyenne nationale) est multipliée par 2,2. Voici le temps de Galope-Chopine, personnage des *Chouans* de Balzac (1829). Selon une enquête de 1835 sur le Finistère, « l'ivrognerie est si générale dans les communes rurales, que dans plusieurs on compterait facilement ceux qui ne cèdent pas à cette intempérance ».

En 1842, un pasteur gallois assiste à un grand pardon en Bretagne : « Il y avait entre cinq et six mille personnes, et je n'exagère pas en disant que la moitié était ivre » en entrant dans l'église. « Nulle part au monde on ne trouve plus de fidèles à suivre les offices religieux ; nulle part on ne compte plus d'ivrognes de l'un ou de l'autre sexe », confirme Armand Duchatellier en 1863. Qui ne boit pas est un rabat-joie. Aux « noces en Cornouaille [...], si tout le monde n'est pas dans un état d'ivresse poussée jusqu'à la déraison, on dit que la noce n'a pas été belle [...]. Les deux sexes [...] sont portés vers ces excès [...] dès le plus jeune âge ». J'ai « vu parfois des femmes ayant des enfants au sein approcher de leurs tendres lèvres [leur] verre d'eau de vie ». Le Finistérien Alexandre Bouët parle lui aussi d'enfants « allaités de vin et même d'eau de vie » et raconte qu'à sept ans, quand le garçon quitte sa robe pour revêtir son premier habit d'homme, ce passage initiatique est marqué par une fête qui donne lieu à « la première leçon d'ivrognerie ».

Comme on l'a vu, on ne pouvait compter sur tous les prêtres pour refréner cette tendance : le clergé rural, « si rigide contre la danse », est « facile envers l'ivrognerie » (Alexandre Bouet, 1844). À cette date, le recteur de Plougourvest est un poivrot et il n'est pas le seul. En 1845, quand le vicaire général de Nantes demande à l'évêque de Quimper de lui fournir un prêtre bretonnant, il précise : « quelqu'un *de bon et surtout qui ne boive pas trop* ». On ne peut pas compter non plus sur tous les maires : le préfet oblige celui de Saint-Vougay à démissionner : son ivrognerie scandalise. Ni sur tous les maîtres d'école : « Depuis ma tournée dans les communes du Finistère, le mot d'instituteur est pour moi synonyme d'ignorant et d'ivrogne », écrit Cambry en 1795.

Notables et autorités locales tentent de réagir et réclament une taxation dissuasive. Mais c'est le lobby viticole qui réussit à faire supprimer les surtaxes d'octroi sur les boissons alcoolisées (1842). Le 16 avril 1844, Alain-Jean Guiader, maire de Plougourvest, « considérant les malheurs et les désordres qui se multiplient au sein de la population rurale par suite de funestes habitudes d'intempérance à l'issue des assemblées, des marchés et à l'issue même des offices divins », rappelle que tout cabaret doit être déclaré et signalé par une enseigne « en caractères bien lisibles ». Il ne doit ouvrir que de 5 à 21 heures en été, de 6 à 20 heures en hiver au bourg (5 à 20 heures et 7 à 17 heures dans les hameaux) et fermer pendant les offices religieux. Recopiant jusqu'au bout la circulaire préfectorale, il menace de « vérifications fréquentes » de la qualité des boissons, qui seront « saisies et répandues » si elles sont « falsifiées ou de mauvaise qualité ». Des vérifications fréquentes et draconiennes ? À Plougourvest ?

Un homme qui ne boit pas est-il un vrai Breton ? Le Morbihannais Jules Simon, devenu parisien, se présente à la députation dans la circonscription de Lannion en 1845. Il fait la tournée des électeurs : « Ce que je disais [...] importait peu, mais il fallait boire pour établir ma réputation de Breton. » En Basse-Bretagne particulièrement, « ce vice abrutissant » est considéré par le peuple « comme une habitude toute naturelle, presque comme un mérite » (Alexandre Bouët, 1844). Dans les années 1860, le nombre de débits de boissons augmente de 38 % dans le Finistère, et les suicides d'alcooliques de 54 % en une génération. Tout au long du XIXe, plusieurs curés finistériens envisagent de supprimer la messe de minuit, à Noël, à cause du grand nombre de ceux qui y viennent en état d'ivresse. En 1880, la loi invite les maires à imposer une distance minimale entre les bistrots et les écoles, églises et cimetières. La plupart ne font rien. Après de savants calculs, celui de Beignon (56) la fixe à 6 m.

J'ai fait parler des témoins. Mais ce sont des notables : leur hostilité à la manière populaire de boire oriente leur vision. Il faut donc préciser les choses.

En 1859, la consommation totale d'alcool est supérieure à la moyenne nationale en Ille-et-Vilaine et Loire-Atlantique, mais inférieure dans les Côtes-du-Nord, le Morbihan et surtout le Finistère. De plus, la répartition est très inégale : à Brest, on boit beaucoup, dans sa banlieue énormément, ainsi que chez les marins en général[1]. Les autres habitants de

1. Vers 1900, dix fois plus d'alcool par habitant à Concarneau qu'au Huelgoat, vingt fois plus à Audierne ; un quart d'alcooliques vers 1905 chez les nombreux Bretons de la Marine nationale.

la province sont fort sobres, sauf les jours de noces, de pardon et de foire.

« Des familles entières » se rendent à celles-ci « avec l'intention arrêtée d'une orgie », écrit le Morlaisien Souvestre (1836). Manquant d'habitude, avalant coup sur coup plusieurs doses de rhum ou d'eau-de-vie, les voilà vite *meho dall* (ivres-aveugles). C'est spectaculaire. Mais, sur une année, ils se seront moins alcoolisés que d'autres. Surtout en Basse-Bretagne, où la production de cidre est encore faible à la fin du XIXe (quasi nulle dans le Léon, réduit à la piquette), alors que c'est une boisson familiale en Haute-Bretagne, où un homme normal en absorbe 5 à 10 litres par jour pendant les gros travaux d'été, un grand buveur 12 à 15 litres. Vers 1860, la consommation totale d'alcool par personne y est trois fois plus élevée que dans le Finistère.

De 1870 à 1914, celui-ci est le premier département français pour l'ivresse publique : en 1902, c'est là que sont prononcées plus du tiers des inculpations pour ce délit. Mais c'est parce que la consommation, bien que moindre, y est plus concentrée (et sans doute aussi parce que les autorités y réagissent davantage). Autre conséquence de cette ivrognerie impulsive : 37 cas d'aliénation mentale alcoolique pour 100 000 habitants, contre une moyenne nationale de 23. Mais pour la santé (et pourquoi pas pour la morale ?) mieux vaut une belle cuite de temps à autre que quatre apéros par jour. La plupart des ivrognes occasionnels ou rituels du Finistère n'étaient pas alcooliques, contrairement à quelques-uns des gens de bien qui les réprouvaient. « À l'un la réputation [...] d'arsouille, à l'autre le respect public, mais aussi la cirrhose vengeresse » (le Dr Harscouet de Keravel, 1908). La moyenne de celle-ci serait de

16 pour 100 000 habitants en 1906 pour la France, de 12,5 pour la Bretagne, de 7,9 pour le Finistère – bien qu'elle soit de 46 à Saint-Pierre-Quilbignon, banlieue ouvrière de Brest.

À partir de 1871, en réaction à la défaite et aux Communards (des alcooliques évidemment !), notables, pouvoirs et moralistes se mobilisent. « Je désire » que « l'enseignement anti-alcoolique [...] prenne dans nos programmes une place officielle, au même titre que la grammaire et l'arithmétique », déclare le ministre de l'Instruction publique en 1900. Certains commencent même à ne plus offrir de tournées pour se faire élire[1].

La façon de boire commence à évoluer. D'abord chez les prêtres ruraux : progressivement de plus en plus soucieux de dignité depuis la fin du XVIIe, ils « buvaient [encore] volontiers, mais ne s'enivraient jamais », dit un texte de 1834[2]. Puis chez les femmes. Vers 1870, Frédéric Le Guyader les voit encore picoler publiquement, sans vergogne, de l'eau-de-vie, qu'elles « avalent d'un coup ; après quoi, le gosier bien raclé, elles crachent bruyamment », et « se torchent le bec du revers de la main ». De tels comportements se raréfient rapidement après 1880. Gagnées par le souci de leur image, non seulement les femmes se font plus discrètes, mais elles boivent beaucoup moins – ou pas du tout. Souvent elles se

1. M. Huon de Penanster « ayant annoncé qu'il ne payerait pas à boire, beaucoup d'électeurs se sont abstenus pour cette raison », indique le sous-préfet de Lannion en 1873.

2. Ce n'est pas tout à fait fini : en 1870, l'évêque de Saint-Brieuc tance les curés trégorois à ce sujet et, en 1904, l'évêque de Quimper avoue au Saint-Siège que quelques prêtres finistériens sont « trop enclins à boire ».

rattrapent sur le café (fort allégé de chicorée), qui devient un rite convivial.

Les hommes aussi se civilisent : ils boivent plus tranquillement. Mais ils le font plus régulièrement, plus tristement, et certains passent de l'ivrognerie rituelle à l'alcoolisation chronique. En 1910, les Bretons dépassent la moyenne nationale de 50 %. À Rennes, la mortalité par cirrhose augmente de 63 % entre 1901-1904 et 1910-1914.

Bien qu'ils absorbent 3,4 fois plus de spiritueux en 1906 qu'en 1825, les Finistériens restent en dessous de la moyenne pour la consommation totale d'alcool, malgré l'ample gosier des marins[1]. Avant 1914, les paysans, surtout en Léon, boivent encore très peu en dehors des foires, marchés, noces et pardons : du vin pour le battage et pour mardi gras ; une légère piquette autrement. Sauf maladie bien sûr. Car ils se méfient des médicaments, d'ailleurs trop coûteux. « Le vin et l'eau-de-vie chauffée avec du sucre ou des épices est l'un des remèdes les plus répandus. Un malade qui repousse le vin qu'on lui offre est regardé comme étant sans ressource », dit une enquête de 1835 sur l'arrondissement de Morlaix[2]. « Rien de tel qu'un bon grog » : j'ai connu ça.

Les notables, les bonnes âmes, l'Église, les pouvoirs publics réagissent[3]. De 1900 à 1913, Jacques

1. Un Parisien qui séjourne à Ouessant en 1906 signale les « ravages » de l'alcool « jusque dans les plus honnêtes familles ».

2. Contre l'épidémie de typhoïde, en 1772, ils connaissent « un seul remède » : « du vin et de l'eau-de-vie » (le subdélégué de Morlaix).

3. Les arguments sont parfois discutables. Pour montrer que l'on n'est jamais sûr de la qualité de l'alcool, une brochure finistérienne de 1914, émanant des milieux catholiques, affirme qu'un Anglais (protestant à coup sûr) en a fabriqué 400 litres à partir de dix charretées de fumier.

de Thézac[1], catholique charitable, modeste, efficace et fortuné, ouvre pour concurrencer les bistrots onze Abris du marin, dont huit dans le Finistère Sud : on peut y dormir bien plus confortablement que dans son bateau ; il y a une salle de bibliothèque et de lecture ; une salle de réunion et de jeux : cartes, dames, dominos, séances de phonographe et de cinéma, cours pour améliorer la compétence professionnelle. Point d'alcool bien entendu : des infusions. Et une devise : « On est ici pour s'aimer. » Un grand succès, malgré l'opposition de la gauche à « une œuvre cléricale et réactionnaire ».

Mais on commettra l'erreur de promouvoir le vin contre l'alcool, et on se laissera piéger par le lobby viticole et l'ardeur patriotique. L'alcool est une catastrophe, mais « le vin est la plus saine et la plus hygiénique des boissons » : c'est notre grand Pasteur qui l'a dit. À l'école, on apprend qu'« un litre de vin à 10° correspond comme nourriture à 900 g de lait, 370 g de pain, 585 g de viande ou cinq œufs ». « Si l'on présentait des vins [...] qui ont 14 à 16° d'alcool [...], les consommateurs boiraient moins d'eau-de-vie et [...] échangeraient ce liquide dangereux pour une boisson saine et salutaire », dit le député finistérien Kerjégu en 1879.

La guerre de 14 accentue l'ambiguïté de l'action publique. Le gouvernement se bat contre l'alcool, cet « ennemi de l'intérieur », et le 16 mars 1915 une loi interdit enfin la ruineuse absinthe. Mais il porte la ration de vin des soldats à 75 cl par jour (le double bien entendu pour un officier). Plus ce qu'on peut acheter à la cantine. L'Académie de médecine a soutenu cette décision. Notre « boisson nationale la plus

1. Jacques de Thézac est aussi le créateur, en 1898, de l'*Almanach du marin breton*, réactualisé chaque année et toujours apprécié des navigateurs aujourd'hui.

généreuse », tellement supérieure à la bière boche, est « l'une des meilleures armes que la France puisse opposer à l'alcoolisme ». Outre qu'elle entretient « leurs forces et leur entrain », elle peut « éviter aux soldats bien des maux : refroidissements, bronchites, pneumonies, angines, diarrhées, rhumatismes, gelures ». Les Bretons sont ravis, constatent leurs camarades de combat. Ils s'adonnaient « à l'ivresse chaque fois qu'ils en avaient les moyens », observe l'Audois Louis Barthas. Certains « auraient, je crois, vendu leur âme pour une barrique ». « Nos Bretons sont de grands buveurs, dit un autre Méridional, mais surtout ils ne savent pas boire. »

« Le vin est le Père de la Victoire », proclame *L'Écho des tranchées*. Ça y est, l'habitude est prise. En 1925, le Dr Legrain note « un appétit maladif contracté au front par des hommes souvent restés très sobres jusque-là ». Or la production française s'accroît : il faut donc boire ; c'est un devoir national. La satisfaction de 1918 fait qu'on relâche la lutte entamée après les contrariétés de 1870-1871. Une loi de 1931 crée un Comité national de propagande, financé par l'État. Le gouvernement demande aux instituteurs de prôner l'usage du vin.

Bretons et Normands se lancent eux aussi dans la publicité : « Le cidre vient de la pomme, la pomme du pommier, et le pommier du Paradis. » La consommation ne suit pas. Mais, pour récompenser ses héroïques vainqueurs, la République a permis à tous les producteurs de cidre de le transformer en alcool (1919). La production est rapidement multipliée par trois dans le Morbihan, par quatre dans les Côtes-du-Nord, par cinq en Ille-et-Vilaine (dans ces deux départements, un homme adulte sur deux peut en produire), par sept dans le

Finistère, qui est parti de plus bas. C'est le début de la pire époque, jusqu'en 1954.

Ô les tragiques trognes de Bretagne,
aux tout-petits yeux de pervenche.
Saint-Pol Roux

De 1920 à 1939, la consommation de vin augmente de 2 % en France, de 40 % en Bretagne. Les restrictions réduisent les dégâts de 40 à 45 : en 1943, la mortalité alcoolique a diminué de 12 % dans le Finistère, de 29 % dans le Morbihan. Puis ça repart de plus belle. De 1925 à 1950, la mort bretonne par cirrhose a triplé, pour devenir supérieure de 50 % à la moyenne nationale. Mais si la Loire-Atlantique (record mondial probable), le Morbihan, l'Ille-et-Vilaine et les Côtes-du-Nord sont premier, deuxième, troisième et quatrième, le Finistère ne vient qu'au vingt-troisième rang. On continue à y boire un peu plus qu'ailleurs à l'ancienne mode : spectaculairement, mais globalement moins. Surtout dans le Léon, bien tenu par les curés, et qui ne produit pas de cidre. De 1932 (deuxième rang national) à 1948, la mortalité générale due à l'alcool a reculé de 42 % dans ce département (elle est moindre que partout ailleurs dans le Grand Ouest, de Caen à Bordeaux) tandis qu'elle augmentait fortement pour les quatre autres, jusqu'à quadrupler en Loire-Atlantique.

Les bistrots étaient jadis nombreux partout : à la campagne c'était, avec l'église, le seul lieu de sociabilité (les citadins avaient en plus les rues et les places publiques). On estime qu'il y en avait un pour 100 habitants adultes au XVIIe siècle.

Mais les Bas-Bretons se distinguaient déjà : à Morlaix, en 1491, c'était le double.

Au début du XXe siècle, on en comptait un pour 26 hommes de plus de vingt ans en Bretagne contre une moyenne nationale de 46[1]. À Plougourvest, dans mon adolescence, il y avait un bistrot pour 35 hommes, tout comme à Plouvorn, tandis que Bodilis était l'une des neuf communes de France les mieux équipées avec un pour 12. Mais c'étaient des lieux de sociabilité proprement tenus plutôt que d'ivresse[2]. Sauf mariage ou enterrement, ils étaient quasiment déserts en semaine : un poivrot de temps en temps, qui ressassait indéfiniment la même chose. On appelait ce discours répétitif par bribes pâteuses *lavaret en tãm ia* : mot à mot, *dire un morceau de oui.*

Le dimanche, au sortir de la messe, une bonne moitié des hommes (presque tous les jeunes) et quelques filles et jeunes femmes s'y retrouvaient. De même lors des sorties : foires, marchés, pardons. On était par groupes : chacun devait payer sa tournée ; mais au-delà de trois ou quatre verres, il était normal de refuser. La moitié des hommes en sortaient plus ou moins excités. Mais parmi les paysans et artisans qui avaient une situation profes-

1. Surtout en Ille-et-Vilaine, cinquième département français pour cela, tandis que Côtes-du-Nord, Morbihan et Finistère n'arrivaient qu'en onzième, douzième et treizième positions. La répartition était évidemment fort inégale selon les communes (un café pour 17 adultes masculins à Douarnenez, pour 14 à Bannalec) et selon les quartiers : à Rennes, en 1871, la rue de Saint-Malo en offrait cinquante-sept sur 300 m.

2. Ils faisaient également épicerie, généralement restaurant pour les noces, artisanat parfois. Quand la culture du chou-fleur est arrivée chez nous, certains servaient d'intermédiaire entre les producteurs locaux et les grossistes de Saint-Pol.

sionnelle et familiale stable, très peu s'enivraient. Ils étaient économes et généralement sérieux ; leurs mères, leurs sœurs, leurs épouses veillaient, hantées par la perspective d'un alcoolisme ruineux. Même la saoulerie ponctuelle n'était plus une gloire pour un chef de famille, mais une déchéance honteuse et dégoûtante. Seuls des marginaux pouvaient être encore des poivrots sympathiques.

Je ne me souviens, parmi près de 300 hommes stables, que de 5 ou 6 saoulards : des personnalités vigoureuses, généreuses, sympathiques, car plus sincères en un sens que les frileux raisonnables. J'ai un moins bon souvenir de deux néobuveurs, jamais bien saouls, mais toujours imbibés. L'hostilité ambiante les avait rendus un peu sournois : ils cachaient une bouteille à l'écurie ou au champ, et quittaient leur travail pour un tour au bistrot. Quelques célibataires isolés, quelques retraités de la marine buvaient plus volontiers, de même que les maçons qui allaient travailler à la reconstruction de Brest : ils étaient loin du contrôle maternel et conjugal, et le midi ils se réfugiaient au café avec leur casse-croûte.

Pour les marginaux – ouvriers agricoles sans famille, mendiants et vagabonds – la bouteille était la grande amie. Si ma mère avait un travail particulier à proposer quand passait l'un de nos deux vagabonds attitrés, le marché ne se concluait pas en argent, mais pour un ou deux litrons. De même s'il fallait obtenir un effort particulier de Chanmar, notre ouvrier, qui se saoulait tous les dimanches. Le résultat n'était pas désagréable à voir : il était heureux, riant, chantonnant, vacillant. Il n'allait jamais jusqu'à s'écrouler.

Les femmes buvaient fort peu ou pas du tout. Un peu de vin blanc dans les repas de fête ou au bistrot après la messe, pour les jeunes qui y allaient. Très peu de rouge, mais éventuellement du vin doux en apéritif et une liqueur au dessert. Et parfois, le soir, du vin chaud étendu d'eau ou alors un nuage de vin dans un bol de thé, une spécialité du coin. Surtout pour « la Turbine ». « Je ne supporte qu'un peu de thé », disait cette voisine dans les réunions de café-chicorée. Tout le monde connaissait le prétexte : on lui arrosait largement de gros rouge ce breuvage insipide. À la maison, elle s'alimentait au rhum. C'est la seule saoularde que j'aie connue.

Le vin était entré dans les maisons entre les deux guerres. Maman conservait deux bouteilles de « vin vieux » qui attendaient le retour de son mari dans l'armoire, entre les draps. Pendant la guerre, le pinard étant rationné, elle avait acheté trente ou cinquante bouteilles de cidre. Les bouchons sautaient sans crier gare, et le liquide avec : une fois au nez de Chanmar, qui en fut très vexé. L'expérience ne fut pas renouvelée.

Après la fin du rationnement, en 1945, chaque maison avait sa petite provision. Pas encore pour les repas familiaux (jusqu'aux années 1950 ou 1960), même le dimanche. Mais pour les rares repas de réception, pour les visiteurs éventuels, pour le battage et pour le triage des pommes de terre où participaient des voisins[1]. En dehors de ces circonstances exceptionnelles, à tout moment, si quelqu'un arrivait, il fallait lui offrir un verre. Et il devait accepter, sous peine d'incongruité. Un verre, un deuxième éventuellement. Pas plus.

1. Je vous assure que c'est bon un verre de *Grappe fleurie* dans la chaleur et la poussière. Il m'a fallu un certain temps pour lui préférer un vin de meilleure qualité : son goût plus subtil n'était pas assez râpeux.

Jour de battage. J'ai cinq ans et demi. Papa monte dans sa chambre, s'allonge sur le lit, vomit sur le plancher. Je l'ai suivi. Je suis effrayé de le voir malade. Maman ne cesse de l'engueuler. J'en suis choqué.

En dehors de ce jour-là, je l'ai vu légèrement gai de temps en temps : désireux de discourir, malgré un caractère taciturne et une élocution sans aisance. Jamais saoul. À la fin de sa vie, dans les années 1970, le vin était devenu d'usage courant à table. Il se serait facilement mis à boire. Oisiveté de la retraite, pour un homme qui ne savait guère que travailler et lire le journal. Tristesse aussi ? Maman le surveillait, tout en le récompensant d'une dose de temps à autre.

J'ai été élevé, par une mère autoritairement vigilante, dans un contexte de forte réaction à une tradition d'ivrognerie, qui était pourtant nettement minoritaire par chez nous. Ne pas boire. (Ne pas fumer non plus. Ne pas courir les filles bien sûr, mais ça, on évitait même d'y faire allusion.) Je suis resté marqué par cet impératif. Un peu trop, me dit-on. Au lycée de Morlaix, quand nous eûmes le droit de sortir seuls, à partir de la première, le dimanche après-midi, la grande affaire d'un bon quart d'entre nous était de se saouler. Je me contentais d'un sirop de menthe pur : un délice pour ma goule sucrée. « Quand je suis sorti de Basse-Bretagne, j'ai compris qu'on pouvait faire autre chose dans la vie que se bourrer la gueule », me dit un collègue d'origine finistérienne. Moi aussi j'ai été surpris par la sobriété relative des étudiants rennais, et surtout par celle des Parisiens.

Malgré la campagne du Premier ministre Mendès France en faveur du lait (1954-1955) et diverses mesures éducatives, incitatives ou restrictives à partir de cette date, la Bretagne a majoré son avance, pour caracoler jusqu'en 1968 en tête d'une France elle-même championne du monde de la consommation d'alcool (deux fois plus qu'en Italie, l'autre grand producteur de vin) et de ses funestes conséquences. Les chiffres varient. Mais tous montrent que, vers 1970, la mortalité par cirrhose est bien plus forte en Bretagne qu'ailleurs. Plus du double dans le Morbihan et les Côtes-du-Nord, selon certains. Sensiblement moins chez les Finistériens. Mais ceux-ci ont gardé l'habitude des grandes consommations impulsives : certains hommes hospitalisés à Morlaix buvaient 8 ou 10 litres de vin par jour. Ils triomphent donc pour la psychose alcoolique : un taux double de la moyenne nationale chez les femmes. Dégâts collatéraux : en 1959, 72 % des accidents de la route sont dus à l'alcool. En parcourant le journal du lundi, on appelait ça « la chronique du 12° ». Ça ne diminuera que lentement, malgré une sévère répression : en 1966, dans ce département, plus d'une condamnation sur cinq est prononcée pour conduite en état d'ivresse. Record de France.

Pourquoi les Bretons buvaient-ils tant et avec une telle frénésie ? Question intéressante, car le rapport à l'alcool est révélateur d'une culture, d'une mentalité, d'une situation sociale. Procéder par violents à-coups était jadis chose générale un peu partout, et pas seulement pour la boisson. Cette impulsivité a commencé à régresser au milieu du XVIIe siècle chez les élites urbaines, mais bien plus tard dans les autres milieux. La vie courante, fruste et rude, était parsemée de quelques fêtes où l'on s'éclatait : certaines transgressions, parfois ritualisées, y étaient permises, selon la tradition qui va des bacchanales au carnaval. La nourriture était ordinairement monotone, médiocre, parfois insuffisante ; on était hanté par le spectre de la pénurie, de la famine. Quand c'était possible, on faisait ripaille et beuverie compensatrices.

Et l'on ne se souciait pas de *self-control*, ni de digne respectabilité. « En la plupart des hommes, la nature gouverne et non pas l'art », regrettait Jean Chapelain en 1639. Pourtant, il parlait de l'élite, à laquelle depuis plus d'un siècle, la vie de cour et de salon, les prêtres et les moralistes enseignaient à se discipliner afin d'être vertueux et séduisant. Cette maîtrise mettra bien du temps à se répandre dans les campagnes dispersées d'une province qui n'est pas un lieu de passage, et qui se replie sur une récession relative à partir du XVIIIe siècle.

L'impulsivité s'explique chez des paysans dont la vie était rude et un peu triste, dans leurs hameaux isolés ; chez des gens méprisés par les dominants francophones et brimés par une religion moraliste. Enfin, les Bretons n'étaient pas producteurs de vin (ni même de cidre jusqu'à une certaine date ou dans certaines régions) : ils n'en avaient donc pas domestiqué l'usage, ils s'adonnaient à des alcools beaucoup plus forts, et ils se précipitaient dans une ivresse magique rarement accessible aux plus pauvres. Cette vie difficile, cette frustration culturelle, morale, identitaire explique une ivrognerie à la fois transgressive et suicidaire. Ces opprimés avaient deux sauveurs, deux princes de l'au-delà : Dieu et l'alcool, le second plus accessible que le premier.

« L'alcoolisme est lié à la honte, la Bretagne a une culture de la honte et l'alcoolisme y est répandu », écrit le Dr Maisondieu. Oui mais la soûlerie des Bretons semble antérieure à leur honte. Il ne faut pas non plus exagérer l'importance de la dépossession linguistique. « Il y a un parallèle troublant entre la courbe de l'alcoolisme et celle de la perte du breton », dit Michel Abaléa. Peut-être. Mais en Haute-Bretagne, où on ne le parlait pas, l'alcoolisme a été longtemps plus important qu'à l'ouest[1].

On a incriminé aussi le matriarcat. Pauvres porte-quéquette obligés de boire pour se prouver leur virile supériorité ! Mais cela n'explique pas l'ivrognerie féminine, qui fut longtemps l'une des spécialités bretonnes. Si matriarcat il y avait, par chez moi en tout cas il aboutissait au résultat inverse : les femmes surveillaient étroitement leurs fils et leurs maris, et empêchaient généralement les excès.

On observe une nette amélioration depuis 1968[2], et ses causes probables confirment les hypothèses qu'on vient de lire. Les Bretons ont pris leur destin en main ; ils ont réussi une belle percée économique et un remarquable développement culturel. Ils sont reconnus et même valorisés. Ils ont trouvé d'autres investissements et d'autres distractions

1. Au témoignage des curés de la fin du XIXe et du début du XXe, le défaut majeur des zones pratiquantes du Maine-et-Loire et de la Vendée était l'alcoolisme, tandis qu'ailleurs c'était l'avarice et le travail dominical. Pourquoi ? À cause de l'oisiveté du dimanche chômé ou des retrouvailles au bourg ? Ou parce que, le catholicisme empêchant l'épanouissement affectif et sexuel, on compensait par l'alcool, comme les Irlandais et les Polonais ? Avant de hasarder des explications, il faudrait être sûr du constat. Peut-être ces curés, obnubilés par leur hostilité au travail dominical et une absence de générosité à leur égard, ne voyaient-ils pas qu'on buvait à peu près autant dans les deux secteurs.

2. « L'alcoolisme comme comportement quasi généralisé [...] ne correspond plus à la réalité actuelle » en Bretagne, écrivait l'Observatoire régional de la santé en 1993 : une phrase qui ne décrit quand même pas une situation merveilleuse.

que la dévotion et l'ivresse, qui reste toutefois le fréquent recours des laissés-pour-compte.

En 1980, il y avait dans le Finistère deux fois moins de bistrots qu'en 1954, et près de quatre fois moins d'accidents de la route dus à l'alcool (22 % quand même). Mais c'était encore bien au-dessus de la moyenne nationale. En 1999, les Français ne buvaient même plus la moitié de l'alcool qu'ils ingurgitaient en 1960[1]. Mais la Bretagne restait la seconde région après le Nord-Pas-de-Calais pour la mortalité par psychose alcoolique et cirrhose du foie – sans compter les cancers, accidents, meurtres et suicides dus à l'alcool[2].

On boit moins, on boit mieux, on boit meilleur. C'est particulièrement net pour le cidre. Production et consommation se sont effondrées, mais la qualité est bien supérieure (je vous conseille celui de Fouesnant et de La Forêt-Fouesnant encore plus que celui du Val de Rance). Heureusement ! Jadis (sauf à la ferme et encore !) le cidre « naturel » était « l'exception », selon le directeur de la station agronomique de Quimperlé (1907). On y ajoutait de l'eau, du sucre, du jus de betterave, et pour lui « donner un plus bel

1. 13,4 litres par adulte et par an contre 27,4 : la bière avait progressé de 10 %, les spiritueux de 20 %, mais le vin avait spectaculairement reculé (90 litres au lieu de 175). Toutefois ces chiffres ne concernent que les adultes (vingt ans et plus) alors que la consommation des adolescents a sensiblement augmenté.

2. Les Côtes-d'Armor et le Morbihan étaient second et troisième après la Nièvre, avec 34,3 et 33,2 décès annuels pour 100 000 habitants (moyenne nationale 19), le Finistère dixième (28,3), la Loire-Atlantique 15e (26,4) et l'Ille-et-Vilaine 33e (20,4) devant tous les départements du Midi viticole, où l'on maîtrise bien mieux le rapport à l'alcool.

aspect » du carmin, du caramel ou, moins coûteux, « des excréments humains » (*L'Ouest-Éclair*) !

Les habitudes survivent aux circonstances où elles sont nées. Dans une Bretagne aujourd'hui si différente de celle de naguère, il y a encore des gens qui aiment « partir en piste[1] », c'est-à-dire en bordée, en virée : faire la tournée des bistrots pour se saouler la gueule. Toute une soirée, toute une journée, tout un week-end. Même des filles. « Si une fille arrive à boire autant que les mecs et qu'elle tient le choc, elle se hisse – difficilement, mais quand même – au niveau des garçons », dit l'une d'elles (1985). Toutefois il s'agit moins que jadis d'une aliénation impulsive : plutôt d'une joyeuse affirmation identitaire. Sympathique. Mais pas toujours raffinée ni appétissante. Et dangereuse[2]. Deux de mes camarades de théâtre, avant d'entrer en scène, s'envoyaient une bonne lampée de whisky. « L'aide à la création », disaient-ils. L'un d'eux a fini dans un arbre. À trente ans.

1. Une signification inconnue du *Grand Larousse* et du *Grand Robert de la langue française*. On dit aussi *tirer une piste*. Selon le *Dictionnaire des régionalismes de France* (2001), ces expressions, comprises par tout le monde dans le Finistère et le Morbihan et par deux personnes sur trois dans les Côtes-d'Armor, sont « aussi en usage dans la région parisienne » et un peu « en Champagne et dans la région lyonnaise ».

2. En 1993, un spécialiste imputait à l'alcoolisme en France un coût de 17 milliards d'euros par an (soit 300 € par personne), le tiers du budget de la Sécurité sociale, 45 % des places dans les hôpitaux, 20 % des accidents du travail, 30 % des accidents de la route, les deux tiers des viols, le quart des suicides, 90 % des enfants martyrs. Un Français sur huit et un Breton sur six a encore des problèmes physiques, psychiques ou sociaux liés à la consommation d'alcool, responsable en 2002 de près du cinquième des accidents mortels sur route.

L'impulsivité des Bretons dans leur façon de boire se retrouve dans leur passion pour le tabac et pour la danse.

Ils se sont tout de suite jetés sur le tabac, *ar butun*[1]. En 1675, les Cornouaillais révoltés (les « Bonnets rouges ») demandent que le reliquat des impôts soit « employé pour acheter du tabac, qui sera distribué avec le pain béni aux messes paroissiales ». En 1774, les recteurs léonards voient dans cette fureur une cause majeure de misère : une livre de tabac coûte le salaire mensuel d'un ouvrier agricole. Les pauvres de Languengar y consacrent « un tiers » du leur ; les tisserands du Drennec un quart ; les domestiques de Tréflez « la moitié » ; à Plounévez-Lochrist, il y a des enfants contraints à « mendier parce que les pères consomment tout ce qu'ils gagnent en vin, eau de vie ou tabac ».

Dans le Finistère, « tous prisent, fument ou mâchent cette plante », constatait le Brestois Brousmiche en 1835[2]. « Les enfants mêmes emploient leurs légères épargnes à se procurer du tabac ».

1. Déformation de *pétun*, terme emprunté à une langue du Brésil, sous lequel fut d'abord connu en France le tabac, rapporté en 1557 par Thévet, en 1560 par Nicot.

2. « Le paysan breton a presque toujours la pipe à la bouche. Le tabac est pour lui une chose de première nécessité, c'est un besoin presque contracté dès l'enfance ; pour le satisfaire, il se privera plutôt des choses nécessaires. » Les marins ne sont pas en reste. Les curés non plus. Alexandre Bouët confirme le constat de son compatriote Brousmiche : la pipe est une « fidèle amie, à laquelle rien n'est préférable aux yeux d'un vrai Breton, si ce n'est la bouteille » (1844).

C'était le premier département pour la consommation par habitant. « Beaucoup de femmes fument et mâchent aussi le tabac », joignant le « ridicule » à la « malpropreté ». Une enquête de 1835 sur le Finistère relativise ce dernier point, sauf dans les cantons de Landivisiau et de Saint-Thégonnec, où « la plupart des femmes rivalisent avec les hommes pour la consommation du tabac à fumer ».

En fait, pour le tabac comme pour l'alcool, les Bretons du milieu du XIXe siècle ne font que prolonger une habitude qui était générale, mais qui a reculé ailleurs : la réprobation qui les frappe vient de ce décalage. Le tabac faisait fureur aux XVIIe et XVIIIe siècles, y compris chez les femmes et chez les prêtres. Les papes l'interdirent à ceux-ci pendant les offices, mais Benoît XIII, grand fumeur, supprima cette prohibition (1725). Quant aux belles, Boileau dit que certains redoutent leurs baisers « pleins d'ail et de tabac ».

Dans le Plougourvest de mes souvenirs, il n'y a que deux vieilles femmes qui prisaient, sous une réprobation générale. On les surnommait *fri butun*, nez à tabac : le souci de son image s'imposait déjà. Je n'ai vu que peu de fumeurs de pipe réguliers, généralement âgés. D'autres le faisaient seulement le dimanche ou en sortie. Après la guerre, les jeunes se mettaient à la cigarette, mais c'était mal vu, à cause des risques d'incendie. En revanche, presque tous les hommes chiquaient, et souvent en permanence.

La première fois qu'on fume, ce n'est pas très agréable. Mais ce n'est rien à côté du tabac à chiquer, je vous assure. J'ai essayé une fois. C'est violent. On s'habitue peu à peu. Un délicieux morceau de « carotte » entre joue et gencive au sortir du petit-déjeuner. Au repas de midi, on l'ôte, on le pose dans sa casquette renversée (car il n'est pas question de manger avec un couvre-chef). Puis l'on repart, chique dans la bouche et casquette sur la tête. De même le soir. Un crachat couleur purin gicle de temps à autre. Surtout avant de proférer un avis : ça vous pose un sage. Les plus accros gardent leur chique pendant la messe : j'en ai même vu qui crachaient quand telle affirmation du curé leur déplaisait trop[1]. Quant aux effets du tabac sur la santé, personne n'en avait la moindre idée. Sans doute le jugeait-on tonique et plus ou moins aseptisant. Il noircissait les dents et les grosses chiques déformaient la joue. Mais on n'avait que mépris pour les coquetteries esthétiques.

Autre passion impulsive, la danse, qui avait jadis bien plus d'importance qu'aujourd'hui. Car la noblesse, classe guerrière, se distinguait par les exercices du corps plutôt que par ceux de l'esprit : l'escrime, l'équitation, la danse faisaient partie de son éducation. Les ballets comptaient parmi les grands moments de la vie de cour, avant la naissance de l'opéra. L'une des fiertés de Louis XIV était d'être un excellent danseur, qui s'est régulièrement produit sur scène de treize à trente et un ans.

En Bretagne rurale, on dansait à tous les rassemblements : dimanches, fêtes, foires, noces... Et aussi à la fin des grands travaux collectifs : fauchage, battage, défrichage, écobuage, curage d'étangs, réfections de talus. Et enfin, comme forme de travail encore plus que de distraction,

1. Près de moi à l'église, il y en avait un qui « n'arrêtait pas d'alimenter la petite mare qui s'agrandissait devant sa chaise », m'écrit un compatriote.

pour tasser le sol des maisons et de l'aire à battre, quand on les refaisait[1].

Jusqu'au milieu du XVIIe siècle, tout le monde dansait, y compris parfois moines, moniales et enfants de chœur. Même dans les églises, très utiles comme salles des fêtes[2]. La Contre-Réforme s'est opposée à ces pratiques « scandaleuses », accompagnées « de postures indécentes et d'attouchements contraires à la bienséance chrétienne ». Elle a été soutenue par une véritable révolution socioculturelle. Face à la supériorité naturelle, héréditaire de la noblesse, la nouvelle classe montante a besoin de se faire reconnaître par une supériorité morale, culturelle. Pour se distinguer du peuple, elle rejette sa culture et frappe d'indécence le bas du corps. En trois générations, on passe de Rabelais à la pudique bienséance classique. En une seule, d'Henri IV le Vert galant à Louis XIII le dévot inhibé.

On commence par chasser la danse des églises. Puis on l'interdit dans leur voisinage pendant les offices. En vain pendant longtemps, malgré des menaces d'excommunication et malgré le Parlement de Bretagne qui rappelle ses « défenses si souvent réitérées » (1681) et frappe « chacun des contrevenants » d'une amende de 20 livres, portée à 50 en 1686, à 300 en 1699. Enfin, on proscrit le

1. L'aire doit être bien plane pour l'utilisation du fléau. On défonce, on enlève la vieille terre, on étale une couche de 30 à 60 cm d'argile, on la mouille abondamment, on la brasse pour la rendre homogène, on lisse la surface. On laisse sécher entre une et quatre semaines. Quand ça commence à durcir, il faut tasser. Au jour fixé, des centaines de personnes accourent et dansent là-dessus pendant des heures.

2. Un chanoine a publié en 1588 un traité enseignant les meilleures façons de danser. Même dans notre Léon, la première messe d'un prêtre était jadis suivie d'une fête avec danse et beuverie.

fest-noz : « Comme les jeux, danses et assemblées de nuit qui se font dans les campagnes ont été toujours regardés comme des occasions d'une infinité de crimes et de désordres [...], nous les défendons expressément », lit-on dans les statuts de l'évêché de Quimper en 1710.

Mais les Bretons persistent dans leur passion. Ils « quittent volontiers leur travail et leur repas pour aller bien loin danser » (le père Verjus, 1666). En 1711, dans l'église de Plouzané (L), un homme a revêtu un surplis ecclésiastique pour porter les saintes reliques dans la procession. Mais il entend les sonneurs : il se précipite dehors pour danser dans cette tenue. Selon Cambry, « la plus grande partie des dimanches en Bretagne était occupée à la danse[1] ». Les gens s'y livrent « avec une espèce de fureur » (Brousmiche, 1835), « avec passion, avec fureur », répète Bouët, qui parle de « gavotte furieuse, frénétique » et de « toute la fougue », de « tout le délire » des danseurs (1844). « Aucun peuple n'a poussé plus loin la passion de la danse » prétend Boucher de Perthes en 1831.

Ces conflits entre le peuple et l'Église n'étaient pas propres à la Bretagne[2]. Mais ils étaient

1. Il a vu danser dans une chapelle vers Brest en 1765. En 1781, les habitants de Guerlesquin (T) annexent le pré d'un couvent qui jouxte à la fois cet établissement et une chapelle pour « en faire un lieu de danse publique aux jours de dimanches et fêtes ».

2. En 1740, dans un village languedocien, des gens masqués promènent sur un âne un mannequin habillé en curé. « Prêcheras-tu encore contre la danse ? » Oui, répond la foule. Ils le battent et ils le brûlent. Réagissant au zèle d'un curé de Touraine, le pamphlétaire Paul-Louis Courier publie en 1822 une *Pétition pour des villageois que l'on empêche de danser*. Il évoque des pressions sur des jeunes filles lors des confessions. Danser avec un homme dont on va devenir l'épouse est, dit-il, « beaucoup plus

particulièrement virulents dans une province où l'Église était puissante et les danseurs acharnés. Pour certains curés, la danse est pire que tout. Il vaut « mieux briser le crucifix et fouler aux pieds l'hostie que de danser », s'écrie celui de Saint-Yvi (C) en 1813[1]. On appelait *jabadao* (sarabande) les danses les plus frénétiques : un mot qui sent le sabbat. Pour certains, le seul fait de les regarder était « péché mortel », car « c'est la danse qu'exécutaient les Juifs sur le Golgotha lorsqu'ils eurent sacrifié Jésus ».

Entre Lesneven, Landivisiau et Saint-Pol, les prêtres et la « civilisation » ont réussi à éradiquer la danse dès la fin du XIXe[2], sauf pour le tassage

---

décent que des conférences tête-à-tête avec ces jeunes gens vêtus de noir ». Il est inculpé, mais acquitté.

1. *Matilin ãn dall* (Mathurin l'aveugle) de Quimperlé (1789-1859), aveugle dès l'enfance, placé à l'hospice à sept ans, devint le plus célèbre des joueurs de bombarde. On le chantait encore dans mon enfance, même en Léon :

Me eo Matilin ãn dall,
Ar voumbarder laouen,
A laka 'n dud da zãnsal
Divar va varriken...

(« Je suis Mathurin l'aveugle, le joyeux bombardier, qui fait danser les gens de dessus ma barrique » – ce n'est pas une allusion à l'ivresse, c'était simplement le piédestal sur lequel étaient installés les musiciens). Il eut l'honneur de se produire à Paris, devant le roi, en 1847, et il fut présenté à Napoléon III lors de son voyage en Bretagne. Mais quand un évêque de Quimper, nouvellement arrivé de la Nièvre, s'avisa de bénir son instrument, ce fut le scandale.

2. Les Léonards « ne dansent que rarement », note déjà Cambry (1794). La même évolution se remarque en Ille-et-Vilaine. « Autrefois j'ai vu danser les paysans ; ils ne dansent plus aujourd'hui », écrit le préfet en 1818, et il attribue ce changement à l'influence de l'Église.

des aires à battre, qui ne se pratiquera plus quand on passera, vers 1900, du fléau à la batteuse. Mais elle subsiste ailleurs, même en Bas-Léon. Lors des pardons des années 1850, « hommes et femmes passaient la nuit tout entière à danser au pied des saints autels », écrit le recteur de Ploudalmézeau. Dans ce secteur, comme en Cornouaille, la frénésie a duré au moins jusqu'à la guerre de 1914. « Combien nous ont dit s'être plus volontiers passés de manger que de danser ! Combien, qui allaient s'endormir après une journée harassante, et qui, entendant les "IOU" prolongés qui appelaient à la danse dans un village voisin, se rhabillaient en hâte pour courir au plaisir », écrit Jean-Marie Guilcher, spécialiste du domaine. « Mettons que j'aurais enterré mon père le samedi. Si j'avais rencontré une ronde le dimanche, je n'aurais pas pu m'empêcher d'y entrer », lui a dit un Bas-Léonard de Saint-Pabu.

Les Bretons ne dansaient pas seulement plus que les autres. Emportés par leur passion, ils le faisaient mieux. En 1572, ils remportèrent une sorte de concours international organisé par la reine Catherine de Médicis. Ambroise Paré confirme leur supériorité, de même que Mme de Sévigné. « Après le dîner, Messieurs de Locmaria et de Coëtlogon, avec deux Bretonnes, dansèrent des passe-pieds merveilleux, et des menuets, d'un air que nos bons danseurs n'ont pas à beaucoup près [...]. Les passe-pieds de la cour font mal au cœur au prix de ceux-là. C'est quelque chose d'extraordinaire ; ils font cent pas différents, mais toujours cette cadence courte et juste. Je n'ai point vu d'homme danser comme lui cette sorte de danse » (5 août 1671)[1].

Cambry souligne quelque chose « d'étrange, c'est l'air contrit, l'œil baissé, l'air dévot de toutes les femmes », leur « gravité ». Ces danseurs « sont sérieux ; personne ne se douterait qu'ils s'amusent », écrit Boucher de Perthes, confirmé par Alexandre Bouët[2]. C'était là une tendance générale[3], qui ne concernait pas seulement la danse. En fait, il ne s'agit ni de tristesse ni de dévotion, mais de concentration : les gens s'investissaient entièrement dans ces activités dont le rythme les hypnotisait. Cette frénésie de danse éclaire celle de l'alcool. Il ne s'agissait pas de légers passe-temps, mais d'intenses ivresses, qui se complétaient dans une culture de transports pulsionnels, analogues à ceux des bacchanales.

1. Je viens de voir danser un couple de Rennais, dit-elle encore. C'était « d'une perfection, d'un agrément qui ne se peut représenter ». Mme la duchesse de Chaulnes, épouse du gouverneur de Bretagne, « en était hors d'elle et disait n'avoir rien vu qui ressemblât à cela » (24 juillet 1689). De son côté, le comte de Brienne est « charmé et surpris » de trouver à Belle-Ile des paysannes qui « dansent juste » (1671).

2. La danse d'une aire neuve à Guisseny (L) en 1836 est « monotone et sérieuse » : les filles ont « les yeux baissés », les garçons « l'air sévère » (Émile Souvestre). En 1878, Du Laurens de La Barre dit que « aux environs de Lesneven et de Guisseny » la danse est « presque sombre. On dirait parfois une procession religieuse ». Certains trouvent que cette sévère intensité subsiste encore aujourd'hui, surtout en Léon.

3. « Il faut assister à ce que l'on appelle ses fêtes pour se convaincre du caractère sombre de ce peuple », observe Flaubert. « J'aime mieux vos Bretons quand ils ne s'amusent pas : ils sont moins mornes », confirme un ami d'Anatole Le Braz.

CHAPITRE 9

UN MATRIARCAT BRETON ?

> « Bénie soit la Providence, qui a donné à chacun un joujou : la poupée à l'enfant, l'enfant à la femme, la femme à l'homme et l'homme au diable. »
>
> Victor Hugo

Dans leur grande majorité, ceux qui connaissent la Basse-Bretagne, qu'ils en soient originaires ou non, soulignent la vigoureuse personnalité des femmes, surtout à la campagne, leur pouvoir dans la maisonnée et dans sa gestion financière, leur forte présence dans la vie sociale.

Au long des années 1980, à Landerneau, Louis Elegoët a demandé à ses élèves de troisième[1] si c'étaient les hommes ou les femmes qui commandaient à la maison. Les femmes, répondaient-ils à plus des deux tiers. En 1983, une tentative fut entreprise sous la direction de Philippe Carrer pour

1. Landerneau est une ville de 15 000 habitants. Ces élèves étaient pour moitié des ruraux, et pour un autre quart d'origine rurale récente. On leur demandait quelle était la situation en général, et non pas particulièrement chez eux.

mesurer, par le test projectif du dessin de famille[1], chez des enfants de dix-onze ans de diverses régions de France et surtout de Bretagne[2], si c'est le père ou la mère qui est pris « préférentiellement pour modèle idéal », « qui est le plus admiré et/ou le plus craint ». Pour diverses raisons[3], il ne s'agit pas d'un travail scientifique rigoureux, comme le reconnaissent les auteurs eux-mêmes. « Tout au plus avons-nous mis en évidence des tendances », écrivent-ils. Si l'on s'en tient à la France de l'Ouest, les écarts sont en effet assez importants pour confirmer et préciser l'impression signalée plus haut.

1. On demande à l'enfant « de dessiner une famille qu'il imagine et d'indiquer sous chaque personnage un numéro dans l'ordre où il les dessine », puis « d'indiquer qui est le personnage dessiné, en marquant l'âge et le sexe », et de préciser s'il est lui-même fille ou garçon. Il doit dire s'il a travaillé de la main gauche ou de la droite, quel est le personnage du dessin le plus heureux et le moins heureux, lequel il voudrait être et ne pas être, et ce que font le dimanche le père et la mère de cette famille. Le test n'est retenu que si la famille de l'enfant ne présente pas d'anomalie et si lui-même et ses deux parents sont originaires du département où se déroule ce test.

2. Seulement en milieu rural et dans les petites villes : les grandes agglomérations, où le brassage des populations est important, sont moins représentatives des régions.

3. Échantillons trop faibles et parfois dérisoires : 13 enfants pour les Bouches-du-Rhône, 12 pour la Corse et l'Alsace, 3 pour le Var et la Haute-Garonne ; tests organisés non par des psychologues mais par les instituteurs, qui ont pu influencer involontairement les enfants, lesquels ont sans doute posé des questions ; en tout cas, les consignes n'ont pas toujours été respectées, puisque 45 % des tests n'étaient pas exploitables ; interprétation délicate et parfois subjective ; comptabilisation discutable : fondée sur cinq critères, la décision est aussi favorable au père si trois critères le favorisent que si c'est le cas de tous ; somme toute, 3 à 2 = 5 à 0. Enfin les pourcentages sont réajustés à partir de l'idée qu'il

La mère l'emporte nettement en Basse-Bretagne (52,1 % contre 36,34 %) et surtout dans le Finistère (52,8 % contre 33 %) avec un record à Landivisiau, où onze filles et six garçons la choisissent, contre trois et deux pour le père. En Haute-Bretagne c'est déjà moins net (48,2 % contre 42,4 % pour l'Ille-et-Vilaine et les parties gallèses du Morbihan et des Côtes-du-Nord) surtout dans le département le moins breton, la Loire-Atlantique (46,35 % et 45,50 %). Dans l'Ouest non breton[1], c'est au contraire le père qui domine fortement (52,10 % contre 35,20 %) et c'est encore plus net dans le Midi (58,60 % contre 30,70 %). Mais les auteurs sont étrangement discrets sur 178 tests concernant des « régions diverses[2] », qui contredisent fortement leur thèse[3]. Le choix de la mère par les garçons y est spectaculaire (57 contre 26) alors qu'il est minoritaire dans tous les départements bretons sauf le Finistère, où il l'emporte de peu (20 contre 18)[4].

Agnès Audibert publie le résultat d'autres enquêtes où la mère l'emporte aussi très nettement en Bretagne (57 % contre 32 %, et même 75 % contre 18,75 % à Kerdémet en Bas-Léon), tandis que c'est le père dans les régions de Bourges et de

---

est « normal [...] que les garçons valorisent préférentiellement leur père » et les filles leur mère, si bien que les attitudes inverses sont considérées comme plus significatives.

1. Calvados, Manche, Mayenne, Maine-et-Loire, Vendée.

2. Surtout de la moitié Nord-Est de la France.

3. Philippe Carrer les ignore quand il compare les pourcentages des garçons bretons « s'identifiant préférentiellement à la mère » à ceux des autres régions, ce qui lui permet de s'extasier sur « des chiffres aussi nets, aussi homogènes, aussi concordants ».

4. Quant aux filles, très favorables à la mère en Basse-Bretagne (41 contre 18), elles se partagent assez également dans ces régions-là (49 contre 46).

Saint-Étienne[1], et que les résultats sont équilibrés vers Tarbes et Rouen. Là aussi, les échantillons sont trop faibles[2] et les conditions de l'enquête ont pu influencer les réponses. Aucune preuve donc, mais assez de témoignages pour emporter la conviction : les femmes de Bretagne et surtout de Basse-Bretagne ont généralement une personnalité plus vigoureuse que la moyenne des Françaises et s'imposent davantage à l'attention des enfants.

Que les femmes aient une aussi forte personnalité que celle des hommes ; qu'elles aient plus d'influence sur la vie de famille, que les dessins des filles de dix-onze ans les privilégient à 69 %, et que les garçons mettent presque à égalité avec leur père[3] celle qui s'est occupée d'eux tellement plus que lui, voilà qui pourrait paraître normal. Peut-être n'est-ce surprenant qu'aux yeux d'une société machiste, où certains ne conçoivent encore leur épouse que comme une gentille compagne-cuisinière-ménagère-secrétaire ? On désigne cette situation sous le nom de « matriarcat breton ». L'expression est critiquable. Elle semble faire allusion à une particularité ethnique et certains la rapportent en effet à une antique tradition celtique, à un de ces « modèles venus du fond des âges » (Philippe Carrer)[4].

1. 57 % contre 33 % et 69 % contre 17 %.

2. 208 élèves sur neuf écoles en Bretagne ; entre 28 et 80 ailleurs.

3. 49,18 % contre 50,82 %. Pourcentages des tests du Finistère et des Côtes-du-Nord.

4. Je lis sur Internet que « la Bretagne, dans toute sa splendeur celte, hérite, de l'époque des druides, du matriarcat présent dans la plupart des foyers de par chez nous ». Le paragraphe enchaîne sur la duchesse Anne (« C'est grâce à elle qu'entre autres les voies expresses et autoroutes sont gratuites en Bretagne ») et sur l'inévitable « déesse mère ». En vérité, vers 600 avant Jésus-Christ « la

À l'origine, les Celtes (ou du moins ceux qui avaient assez de pouvoir ou de richesse) étaient polygames, comme bien d'autres peuples des temps lointains. Il est vrai que par la suite, dans les civilisations celtique, germanique et scandinave, la femme avait sensiblement plus de pouvoir et de liberté que dans les sociétés méditerranéennes, jusqu'à exercer un commandement politique, religieux ou militaire. Au Moyen Âge, la Bretonne, la Galloise ou l'Irlandaise avait le même statut juridique que les hommes : elle pouvait « ester, hériter, jouir de ses biens, exercer une profession, avoir sa propre domesticité » (Christian Guyonvarc'h). À partir du XIVe siècle, l'influence du droit romain réduisit progressivement ces possibilités sans les supprimer : on pouvait encore être duchesse de Bretagne comme on est reine d'Angleterre, et pas seulement gentille compagne du roi, ou régente en attendant la majorité de son fils. La comparaison entre textes analogues montre aussi que légendes et littératures celtiques valorisaient plus que d'autres les femmes[1].

Constatons ces faits ; n'en exagérons pas la portée. Et ne confondons pas littérature et réalité. Car mythes et fictions littéraires ne sont parfois que compensation verbale et idéalisation assujettissante, surtout quand il s'agit des femmes, que les

---

prédominance absolue d'une divinité masculine associée au culte solaire » caractérise la civilisation celtique (Venceslas Kruta). On ne connaît pas le système de ses divinités à des époques plus anciennes.

1. De là à dire, comme Renan, qu'« aucune race [...] n'a conçu avec autant de délicatesse l'idéal de la femme »...

hommes y célèbrent tellement qu'on doit s'interroger sur la divergence entre proclamations poétiques et comportements réels. Quant aux droits légaux, ils n'étaient effectifs que pour une minorité privilégiée. Pure utopie pour ceux qui n'avaient pas les moyens d'en imposer le respect, ils étaient généralement annulés par les rapports de forces réels. Aujourd'hui, dans la plupart des pays, la constitution proclame l'égalité de tous : elle est souvent bafouée, et cette égalité n'est jamais effective. De toute façon, les Bretonnes sont plus ou moins soumises au droit français depuis l'union de 1532, et tout à fait depuis l'unification de 1789. Or celui-ci affirme le pouvoir masculin – et de plus en plus précisément à partir de ces époques-là.

Parler de *matriarcat* présente un autre inconvénient. Au sens propre, ce mot désigne un « régime juridique ou social » où la « filiation légale » est « maternelle ». Ce n'est évidemment pas le cas en Bretagne. « On appelle parfois abusivement *matriarcat* le régime ou l'usage qui donne aux femmes une grande autorité dans la vie publique », ajoute le *Grand Robert de la langue française*. Mais ce n'est pas le cas non plus. Bien que le préfet de région soit actuellement une femme, on ne peut pas dire que les Bretonnes aient aujourd'hui beaucoup de pouvoir dans la vie publique. Elles en avaient encore moins naguère, quand la Bretagne était plus typiquement « bretonne ». Pas question d'être maire ni membre du conseil municipal (jusqu'en 1945) ou du conseil paroissial (jusqu'aux années 1980 dans nos campagnes). Ni prêtre bien entendu. Ni chef d'exploitation jadis – sauf par défaut, c'est-à-dire quand on était veuve et sans fils majeur. Le pouvoir institutionnel était exclusivement masculin, sauf depuis la fin du XIXe à l'école, assurée pour moitié par des institutrices à l'école publique, et majoritairement par des religieuses à l'école chrétienne. Toutefois les supérieurs étaient presque tous masculins, de même que les auteurs des ouvrages qu'elles utilisaient. À l'église, les hommes occupaient le haut et les femmes le fond. Et pas question pour les filles d'être enfant de chœur.

Au premier sens du mot, le matriarcat a existé en des temps lointains. La filiation maternelle – plus facile à vérifier – a effectivement régi la transmission dans plusieurs sociétés fort anciennes. En revanche, il semble que le pouvoir matriarcal n'ait jamais pleinement existé nulle part. La vie publique a toujours été plus ou moins dominée par les hommes – et en général exclusivement. Même dans les sociétés à transmission matriarcale, ce n'était pas la mère qui avait le pouvoir, mais son frère, l'oncle[1]. Avec le développement des civilisations, la transmission masculine du patrimoine économique et du rang social a pris bien plus d'importance que la reproduction féminine de la vie. Toutes les mères faisaient des enfants semblables. Mais les pères leur donnaient des possibilités très différentes.

Depuis des siècles, sinon des millénaires, les Bretons comme les autres Européens vivent dans un système patriarcal, pour la transmission du

1. La domination masculine sur la vie extérieure a dû s'établir très tôt. Les femmes avaient moins de force ; elles étaient retenues au foyer pour nourrir les petits. Ce sont donc les hommes qui se sont chargés des explorations et des contacts, de la chasse et de la guerre. Cette division entre l'intérieur et l'extérieur, accentuée avec le développement des tâches familiales et ménagères, leur a attribué la vie publique, c'est-à-dire le pouvoir social, politique et idéologique. À leur force et à celle de leurs armes, ils ont ajouté celle des lois et des discours – notamment au sujet des femmes.

nom et du patrimoine comme pour les pouvoirs sociopolitiques. Mais en général ceux qui parlent de matriarcat veulent dire que les femmes ont une vigoureuse personnalité et qu'elles détiennent la domination sur la vie de la famille, de la maisonnée. C'est un constat assez général. Dans ce dernier sens le terme est donc recevable, faute de mieux. Reste à préciser le degré de cette domination, ses origines et ses modalités. Peut-on parler de « matriarcat sauvage » (Xavier Grall) ? Peut-on dire avec Philippe Carrer qu'« en Bretagne, contrairement au reste de la France, la femme domine, de façon directe et évidente, parfois douce, parfois brutale, un homme dévalorisé » ?

Quittons nos fantasmes sur les Celtes pour considérer une époque beaucoup mieux connue, et où les traditions étaient encore bien conservées. L'historien bénédictin dom Morice affirme que les Bretons ont pour leurs compagnes « des égards que peu de nations ont pour les femmes » (1750). Parle-t-il d'après les textes littéraires ou d'après la réalité ? Presque tous les témoins du XIXe siècle, loin d'évoquer le matriarcat, soulignent la soumission respectueuse[1] ou même l'asservissement forcé des paysannes de Basse-Bretagne. Dans le Léon, « il semble qu'on fasse travailler les femmes plus durement que les chevaux », écrit le Britannique Young en 1788. Celles qu'il voit à la foire de Landivisiau « sont ridées

1. Une soumission que continueront à lui prêcher l'église, l'école et les moralistes : « Apprendre à supporter, c'est pour la femme [...] la première étape vers le bonheur », écrivait la comtesse de Keranflech (*La Femme de la campagne*, 1933).

par le travail avant l'âge, au point qu'elles ont perdu toute la grâce de leur sexe ». Le mari des Finistériennes « ne leur parle qu'avec [...] une dureté qui tient du mépris », dit Cambry en 1794. « La destination de la femme, dans toutes nos campagnes, est d'être l'esclave de l'homme », confirme le Brestois Brousmiche (1835). Elle est « dès son enfance habituée à la plus complète soumission [...] dans tous les actes de la vie ; la supériorité de l'homme se fait sentir en tout et pour tout ». Alexandre Bouët, autre bon connaisseur du Finistère, est à peine moins sévère[1] : « L'homme est le maître exclusif » ; non seulement sa femme « lui parle avec respect comme à un être supérieur, mais elle n'est même à vrai dire que la première servante de ses fils et des principaux valets de la ferme » (1835). C'est aussi l'avis du Méridional Henry Roger en 1919, après trois années dans le Finistère Sud : « L'épouse ne jouit pas d'une situation supérieure à celle des domestiques ». Charles Le Goffic – un chantre de la Bretagne pourtant – parle de « demi-servage » (1902).

1. Toutefois, plus désireux d'étonner son public que de s'en tenir à la vérité, il exagère au moins sur d'autres points : « Une foule d'habitudes établissent en outre combien est différente la valeur intrinsèque que l'opinion générale donne ici à l'un ou à l'autre sexe. Lorsqu'on charge une voiture de foin ou de paille, c'est une femme qu'on y fait monter pour la fouler et la tasser, parce qu'il pourrait arriver un malheur qui serait trop regrettable si un homme en était victime [...]. Qu'un paysan ait sa moitié malade, il ne fera d'offrande à son [saint] patron qu'avec une extrême parcimonie [...] ; il donnera quatre fois plus s'il s'agit de sa vache ou de son cochon [...]. Dans les milieux où se sont le mieux conservées les traditions antiques, aucun mari ne porte le deuil de sa femme. »

Deux observations reviennent souvent. La première c'est que l'épouse « sert son mari à table sans s'y asseoir » (Bouët)[1]. Hélias le confirme : debout, elle « attend d'avoir rassasié tout son monde avant de manger elle-même ». Mais, comme d'habitude, sa dialectique partisane décèle sous l'infériorité apparente une véritable supériorité : n'allez pas croire « qu'elle soit esclave » ; tout au contraire c'est « précisément parce qu'elle est la maîtresse qu'elle doit dominer son chantier pour avoir l'œil à tout ».

Personnellement, je n'ai jamais été témoin d'une telle situation, sauf pour les repas de battage, où la présence d'une vingtaine de convives réclamait un service important. Outre que les coutumes variaient d'une époque et d'un canton à l'autre, peut-être les maîtresses de maison de jadis avaient-elles pris l'habitude de rester debout parce que les familles étaient plus nombreuses et les repas communautaires plus fréquents. Or, c'est surtout ceux-ci qui frappaient les voyageurs. Par chez moi en tout cas, la situation habituelle était semblable à celle d'aujourd'hui : c'étaient les femmes qui faisaient la cuisine et le service ; mais elles mangeaient avec tout le monde et elles étaient moins souvent debout que l'actuelle mère de famille, car le repas se réduisait à un ou deux plats, et il n'était pas question de changer d'assiette ni de couverts.

La seconde observation est plus gênante : « Si le cheval et la femme d'un Léonard tombent malades

1. Cambry était plus précis : « Le maître de la maison met le premier la main au plat ; les hommes le suivent, en observant l'ordre que prescrit l'état ou l'âge ; la maîtresse de la maison » ne se sert « qu'après [...] le dernier valet ». Un Parisien qui séjourne à Ouessant en 1906 témoigne d'une discrimination encore plus nette : « Le chef de famille sert les convives ; la femme le plus souvent ne paraît pas à table. »

en même temps, il a recours au maréchal[1] et laisse opérer la nature sur sa moitié », écrit Cambry. « Bon Dieu d'en haut, prends ma femme, laisse mes chevaux », rapporte Paul Sébillot, fidèle collecteur de dictons (1886). Ce qu'on dit des gens socialement ou culturellement inférieurs (les paysans ou les élèves par exemple) est souvent généralisation calomnieuse. Mais je suis d'autant plus sensible à cette accusation-là que j'ai effectivement entendu ma mère reprocher à mon père de s'être moins soucié de ses accouchements que de ceux de ses juments[2]. D'autre part il y avait dans mon enfance une assurance mutuelle pour couvrir la mort des chevaux, alors qu'il n'y avait rien de tel pour les humains. Je me permets toutefois de relativiser. Ces paysans étaient pauvres ; consultation et médicaments ne bénéficiaient d'aucun remboursement ; ils n'avaient ni assurance ni économies : la perte d'un cheval était une catastrophe. Or, cet animal est fragile : les accouchements des juments étaient encore plus périlleux que ceux des femmes. Et les paysans, démunis face à ceux-ci, savaient au contraire aider ceux-là. D'autre part, ce problème ne concernait pas seulement les femmes. En 1930 à Langonnet (C) une famille pauvre possède un étalon prometteur ; il tombe malade et il meurt bien

1. Formé à partir de deux termes dont le premier signifie *cheval* (*marc'h* en breton) et le second *valet*, le mot *maréchal* désigne à l'origine le domestique chargé de soigner les chevaux (c'est pourquoi dans la cavalerie il n'y a pas de sergents, mais des maréchaux des logis), puis l'artisan chargé de les ferrer et l'homme capable de les soigner. Jusqu'à une date récente, on employait encore ce mot dans certaines campagnes pour désigner le vétérinaire.

2. Le médecin venait probablement moins souvent que le vétérinaire dans les fermes de Plougourvest vers 1930. Toutefois, on l'appelait généralement pour les accouchements.

qu'on ait appelé plusieurs fois le vétérinaire. C'est la ruine, et quand le fils tombe malade à son tour, on ne fait pas venir le médecin : il meurt. D'autre part, les gens que j'ai connus mettaient une certaine fierté à se passer du docteur, et il leur arrivait de risquer leur santé et même leur vie sans grande précaution pour économiser trois sous – comme un automobiliste qui passe au rouge pour gagner une minute. C'est un comportement masculin qui existe encore plus ou moins dans tous les milieux : on se croit virilement supérieur à bobos et microbes.

Les témoignages cités plus haut sur la soumission féminine viennent de citadins. Mais ils me paraissent beaucoup mieux corroborés par des gens du cru que la dénonciation du matriarcat, bien moins fréquente dans la population, sinon inexistante avant qu'elle n'ait été introduite par des psychanalystes[1]. « Désormais je ne suis qu'une servante […], car je suis mariée », disait une chanson de noces. Aujourd'hui encore, les vieilles gens de Langolen (C) par exemple disent que jadis les hommes étaient parfois « despotes » et les femmes « presque esclaves ». « Un esclavage » : c'est aussi le mot qu'emploie en 1951 une responsable de la Jeunesse Agricole Chrétienne Féminine des Côtes-du-Nord pour caractériser la condition des paysannes. Et elle en impute la responsabilité aux hommes autant qu'à une situation générale : « À la campagne, le problème du patriarcat […], c'est

1. Je n'ai « jamais trouvé dans les comportements familiaux dont je fus témoin les composants d'un véritable matriarcat », affirme Marcel Tanguy, né en 1920 à Ploudaniel, qui n'a guère connu sa mère, mais qui est un bon connaisseur du Léon rural.

une des choses les plus dures pour les femmes », dit une Finistérienne quadragénaire en 1979.

Ces dénonciations ne sont pas incompatibles avec le constat de la vigoureuse personnalité des rurales de Basse-Bretagne, et du pouvoir de certaines d'entre elles. D'un côté, l'asservissement qui frappait les voyageurs citadins n'était pas seulement dû aux hommes, mais aussi à la rudesse des conditions de travail et d'existence, et à celle des rapports humains. Mais c'est en partie cette rudesse qui donnait aux femmes une forte personnalité, et qui leur permettait de la manifester plus que leurs discrètes consœurs urbanisées, dont la vie était plus confortable et la personnalité un peu éteinte par l'enfermement et la civilité. De l'autre côté, les dénonciations proférées par les jeunes paysannes à partir de 1950 et surtout de 1970 sont dues à une situation nouvelle : elles veulent avoir leur chambre, leur autonomie financière, une maison confortable, s'habiller à la mode, aller chez le coiffeur, sortir, partir en vacances et même quitter la campagne. Elles se heurtent alors presque autant à leur père et beau-père qu'à leur mère et belle-mère. Le problème majeur n'est plus celui du patriarcat ou du matriarcat, mais le conflit de générations. « Vivre sous le même toit que ses parents, c'est une des choses les plus dures qui puissent arriver[1]. » « La moindre transformation dans les rapports avec les parents et beaux-parents ne peut se faire qu'au prix d'affrontements violents[2]. » Voilà

1. En 1961, 65 % des jeunes couples ruraux vivaient dans la même maison que leurs parents.

2. La contraception mit parfois le comble à ces affrontements. Elle fut perçue comme la libération de la sexualité féminine, vice majeur de l'humanité, cause de notre perdition originelle : comme la ruine de toute morale.

ce que déclaraient des Finistériennes en 1979. Elles se sont heurtées aussi à leur mari, qui supportait mieux l'inconfort, la saleté, un travail physiquement lourd et sans fin, et qui voulait moderniser son outillage plutôt que la maison.

Ces conflits accentuaient à la fois un patriarcat de fond et un matriarcat plus apparent (surtout aux yeux d'observateurs habitués à la domination masculine, voire favorables à celle-ci) mais devenu fragile. Les femmes étaient souvent mieux armées que les hommes pour cette confrontation intellectuelle et verbale. Plus studieuses, plus zélées à l'école, plus bavardes entre elles, elles maîtrisaient mieux le langage – et surtout le français. Animées d'une intense motivation, elles avaient davantage d'arguments, souvent empruntés à la presse[1]. Mais au bout du compte, le tracteur passait souvent avant le confort.

Ceux qui parlent de matriarcat ne signalent que l'un des pôles d'un système. Pour qu'il y ait des dominants, il faut qu'il y ait des dominés. Dans les anciennes maisonnées, il y avait une maîtresse de maison et les autres femmes lui étaient assujetties, généralement encore plus que les hommes – ne serait-ce que parce qu'ils passaient beaucoup de temps aux champs, hors de l'emprise féminine. Cette situation est devenue conflictuelle après 1950, quand s'est répandue la possibilité de l'autonomie individuelle, des achats personnels et de la transformation du cadre de vie. « Je n'ai aucun droit. Je n'ai aucune autonomie financière. Quand je veux acheter une robe ou même un jouet pour

1. Outre leurs raisonnements, les jeunes filles avaient souvent un argument pratique décisif : elles partaient vivre et travailler en ville. Trouver une épouse commença à devenir un problème pour les paysans.

nos enfants, je dois demander de l'argent à ma belle-mère », s'écrie une Morbihannaise en 1960. C'est surtout en quittant la campagne que les femmes se sont affirmées à partir de 1970 : signe que le relatif matriarcat ne suffisait pas pour les rendre heureuses. Enfin, le pouvoir des femmes se payait d'un dévouement à la famille bien plus important que celui des hommes. « Dans mon pays, ce sont les femmes qui méritent de commander à force de sacrifice, d'abnégation et d'orgueil indomptable », écrivait Pierre-Jakez Hélias.

Le pouvoir des femmes dans certains domaines allait de pair avec celui des hommes pour d'autres secteurs. Dans la condition paysanne, les domaines les plus déterminants et les plus prestigieux dépendaient des hommes, ou tout au moins de l'un des hommes de la maison : labours, récoltes, chevaux, machines. Aux femmes les vaches, les cochons, les poules, la cuisine, la vaisselle, les enfants. « Dans une ferme, tous les petits boulots dégueulasses sont pour les femmes ; à l'homme les travaux *nobles* », dit une Finistérienne en 1979. « Les femmes ont à la ferme une vie beaucoup plus ingrate que celle des hommes », disait déjà une militante bretonne de la JACF en 1946.

Cette sectorisation s'est fortement atténuée à partir des années 1930 et surtout 1950, au détriment des femmes. Tant que les maisonnées furent nombreuses, elles n'étaient pas accablées de travail – ce qui ne les empêchait pas de s'activer tous les jours et toute la journée. Elles le devinrent quand les familles se réduisirent soudainement (moindre natalité, exode rural), les contraignant à participer bien plus aux travaux des champs – tout en continuant à supporter seules ménage et cuisine. Ce fut notamment le cas pour ma mère.

Treizième roue de la charrette en 1920, elle devint en 1938 grand valet d'une ferme où il ne restait plus qu'un homme et deux femmes, puis chef d'exploitation de 1939 à 1945. Bientôt, on vit des femmes au volant des tracteurs. Elles commencèrent la conduite automobile plus tôt que les épouses citadines : car la voiture servait bien moins à promener le couple qu'à faire les courses au bourg ou en ville. Leur importance s'accrut d'autant. Mais à quel prix ? Car il fallait assurer comme par le passé le travail de la maison, auquel les hommes ne participaient nullement.

Je crois qu'il faut distinguer trois grandes étapes dans la condition féminine bretonne. Celle de la rusticité, jusqu'au milieu du XIXe siècle au moins, dont les femmes étaient victimes[1], comme le constatent Young, Cambry, Bouët, Brousmiche et Le Goffic. Celle d'un progrès des mœurs, grâce à l'amélioration des conditions de vie et sous l'influence du christianisme et du moralisme du

1. À cette époque, les femmes aussi pouvaient être violentes. Notamment lors des émeutes, mais aussi dans la vie conjugale. Entre 1690 et 1728, parmi les gens condamnés à mort par le Parlement de Toulouse, il y a un quart de femmes. Au XVIIIe siècle en Bretagne rurale, un inculpé sur cinq est une femme. De 1792 à 1811, elles sont les auteurs de près de 12 % des meurtres commis en Ille-et-Vilaine. En 1899, Marie-Anne Nicolas a été condamnée à six mois de prison par le tribunal de Châteaulin : elle s'était jetée sur son mari pendant son sommeil et l'avait traîné par la « queue », causant de graves lésions à l'urètre. Tout cela confirme que la vigueur des femmes de Basse-Bretagne est la survivance d'un état ancien de la société, qui s'est effacé peu à peu, et chez nous plus tardivement.

XIXe siècle, pendant laquelle les femmes, organisatrices de la vie familiale, l'ont emporté, jusqu'au milieu du XXe au moins. Puis celle des conflits.

J'ai vécu dans la seconde période, et je voudrais en témoigner. Certaines des femmes que j'ai connues dans mon enfance paysanne manifestaient une personnalité plus vigoureuse que la majorité de celles que j'ai rencontrées par la suite en d'autres milieux. Elles intervenaient dans les discussions presque autant que les hommes ; elles parlaient fort, d'une voix peu « féminine ». Quatre des neuf familles que je connaissais bien étaient plus ou moins dominées par une femme (et dans trois autres l'autorité me semblait assez également partagée). Il me semble que c'était le cas dans un tiers des foyers de la paroisse. Cela suscitait quelques réactions ironiques ou même hostiles, mais pas de contestation fondamentale.

Personnellement, j'expliquerais de la façon suivante cette particularité par rapport à la situation prédominant en France, du moins dans les classes moyennes et supérieures citadines, qui fournissaient le modèle à partir duquel on regardait avec étonnement la réalité bretonne rurale. Les citadins vivent depuis longtemps dans une société policée, où chacun contrôle, modère et raffine ses attitudes pour ne pas gêner les autres, et même pour les séduire. Ce contrôle s'impose particulièrement aux femmes, dont le comportement est fortement soumis au regard d'autrui. Conçu – surtout jusqu'à une date récente – en opposition à la virilité, le modèle féminin n'avait guère de force physique. Image culturelle plutôt que nature substantielle, il préférait discrétion et délicatesse à la vigueur, avec un autocontrôle permanent qui atténuait les manifestations de la personnalité.

Or, l'éternel féminin n'était pas encore parvenu à Plougourvest en 1950. Les femmes y étaient moins *raffinées*, mais plus vigoureuses en tous domaines. C'était d'ailleurs ce qu'on attendait d'elles : une belle femme, ce n'était pas une minette, mais une costaude, une travailleuse efficace, « forte en chair et haute en couleur » (Paul Sébillot). Leur voix, souvent moins aiguë et jamais fluette, leur rire, leurs cris résonnaient fortement. Jusqu'au début du XXe siècle, certaines prisaient, fumaient la pipe et buvaient comme les hommes (un peu moins quand même !). Et nulle galanterie ne venait les réduire en femmes-objets.

Deuxième différence : jusqu'au milieu du XXe siècle, en ville, beaucoup de femmes ne travaillaient pas à l'extérieur. Elles n'avaient pas d'autonomie financière, et fort peu de vie sociale : elles dépendaient de leur mari pour l'argent, pour les relations, pour les informations et souvent pour les opinions. Nous avons encore un peu en tête ce modèle de la femme au foyer, que l'on ne connaissait que comme Mme Untel, au point de dire parfois : Mme Philippe Untel.

En Bretagne, les femmes des marins et des pêcheurs (qui étaient souvent au bistrot quand ils n'étaient pas en mer) décidaient et accomplissaient bien des choses dans la maison, pour la famille et sur leur éventuel lopin de terre. Chez les paysans, la division du travail avantageait les hommes. Toutefois, le domaine des paysannes était bien moins restreint que celui des citadines au foyer, et leur travail était moins au service de la famille que ne le sont cuisine, ménage, lavage et repassage, activités principales en ville, secondaires à la campagne. Leurs occupations leur donnaient une maîtrise sur les choses et sur les animaux comparable à celle des hommes. Enfin, le travail de ceux-ci, accompli dans la solitude et l'autarcie de la ferme, ne leur apportaient ni le salaire individuel ni les relations sociales qui donnaient aux citadins une nette supériorité sur leurs épouses confinées dans leur appartement.

Les statuts socio-économiques (c'est-à-dire les relations avec les autres dans la vie sociale et avec les choses dans le travail) étaient donc assez équilibrés. Dans notre commune comme ailleurs, le pouvoir institutionnel était patriarcal, mais à part celui de M. le recteur, il avait fort peu d'influence sur notre existence. Hommes et femmes allaient pareillement à la messe et aux pardons, aux noces et aux enterrements. Puis les uns passaient au bistrot, mais les autres à l'épicerie. Les foires étaient surtout pour ceux-là ; mais elles étaient bien plus rares que les marchés, qui étaient l'affaire de celles-ci. Achats et ventes importants étaient décidés en commun, avec une nette prédominance de l'homme s'il s'agissait de chevaux, de machines ou d'outils. Mais seules les femmes géraient la vente du beurre, des œufs et des poules, et leur avis pouvait l'emporter pour les cochons.

De plus – point capital qu'on retrouve dans plusieurs de nos anciennes sociétés rurales – tout l'argent qui rentrait était confié à la maîtresse de maison. C'est elle qui le rangeait et qui le gérait : elle mesurait chichement aux hommes leur argent de poche pour le dimanche ou pour la foire : leur *prêt*, disait-on[1] ; elle confiait à son mari la somme nécessaire pour les achats qui avaient été décidés, ou même elle l'accompagnait avec l'argent. Pourquoi cette habitude ? Sans doute parce que c'est dans la maison, domaine des femmes, qu'on peut

1. C'était un terme appris à l'armée, où il désignait la petite rémunération que recevait le soldat.

mettre ses économies en sûreté. Et surtout parce que dans une société pauvre et encore étrangère à l'économie monétaire, où il y avait très peu d'argent, on évitait de le confier aux hommes, plus capables de le gaspiller en alcool, en tabac ou en débauches. Ce pouvoir financier est spectaculaire ; mais il faut en voir les limites. Si je peux prendre cette image, je dirai que même là où la femme était la présidente de la vie familiale, l'homme était le ministre de l'économie, plus important qu'elle bien qu'elle fût aussi ministre du budget. Car sa gestion consistait surtout à faire face aux dépenses indispensables, sans nulle marge de manœuvre. Depuis que les paysans sont entrés dans l'économie monétaire, la gestion se décide en couple.

Enfin, les femmes rurales vivaient dans un milieu où tout le monde les connaissait depuis toujours personnellement, et les désignait par leur prénom suivi du nom de leur hameau de naissance ou de résidence, moins souvent de leur nom à elle, jamais de celui de leur mari. Les noms ne s'affichaient guère que sur les tombes. Celle de Jeanne A précisait qu'elle était « épouse de François B », mais tout aussi bien que François B était « époux de Jeanne A ». Le mari était relatif à sa femme, de même que la femme à son mari. Comme son prénom était rare, ma mère c'était *Ãnastaz* tout court ou *Ãnastaz a Lãnirien*. En ville, elle aurait été Mme Rohou, sinon Mme Rohou François-Marie ! C'est ce que portent les lettres qu'elle a reçues pendant la guerre de l'administration, qui n'ignorait pourtant pas qu'elle alors était chef de famille et chef d'exploitation.

Les femmes avaient donc à la fois une vigueur naturelle (qu'entretenait leur travail physique et que n'atténuait pas encore la civilité) et une relative égalité sociale. Dans la mesure où notre personnalité n'est pas seulement un héritage génétique, une réalité intime, autonome, mais la manifestation dans nos comportements de nos rapports aux choses, aux autres, aux idées, aux modes de vie, ces femmes-là étaient en situation d'avoir presque autant de personnalité que leurs hommes. Dans chaque maison, il y en avait une qui avait grande autorité et pouvoir financier. Le tout non par tradition héritée des Celtes, mais par situation économique et sociale. D'autant plus qu'elle était l'épouse du chef de famille et la mère des enfants : son statut matrimonial et parental redoublait son autorité. Mais les autres n'étaient guère que ses servantes bénévoles, parfois relativement autonomes, parfois rudement asservies. La bru en particulier, étrangère, intruse dans un monde communautaire[1], pouvait être durement traitée, surtout si on la jugeait peu travailleuse et trop dépensière – en attendant éventuellement une revanche aussi tyrannique. Certaines « femmes ont été comme assassinées » par leur belle-mère, disait une Finistérienne en 1979. Le matriarcat peut être encore plus antiféministe que le patriarcat.

L'idéologie sexiste était bien présente dans le monde de mon enfance : il était entendu que les hommes étaient supérieurs dès le plus jeune âge.

Dimez da vab pa giri,
A da verc'h pa c'helli,

disait un proverbe : « Marie ton fils quand tu voudras, et ta fille quand tu pourras. » Toutefois, cette idéologie n'était pas virulente, et la préférence des parents pour les garçons n'était pas très marquée. La misogynie était moins nette dans les relations

1. Avec éventuellement des façons de faire différentes – c'est-à-dire mauvaises – notamment pour la cuisine.

quotidiennes que dans la « morale » qu'on tentait de nous inculquer de l'extérieur. Par exemple dans le petit *Dialogue entre un Docteur et un Enfant* (1904) répandu à des centaines d'exemplaires dans le Léon. Les femmes sont séduisantes mais trompeuses ; rarement sages et parfois folles : le monde est perdu à cause d'elles[1]. Toutefois, il est préférable de ne pas les battre, car il n'y a pas serpent plus dangereux, lion ni dragon plus terrible qu'une femme qui est en colère[2].

Et puis, dans les conflits entre hommes et femmes, il y a toujours la *raison ultime*. À genoux sur l'escalier, tête enfoncée entre les barreaux, le petit garçon regarde : l'homme a saisi les femmes par les cheveux ; il cogne leurs têtes l'une contre l'autre. Le petit garçon crie : l'homme s'arrête. Oui : c'est moi, mon père, ma mère et ma grand-mère. Souvenir unique, heureusement. Mon père n'était pas violent, et je crois qu'on battait moins sa femme dans la société fruste de mon enfance que dans nos cités apparemment policées[3].

Quand on parle de la condition féminine, il est bien difficile de ne pas prendre parti. Les femmes y sont évidemment impliquées, mais les hommes aussi : la condition des femmes est surtout celle

1. « *Collet ar bed mã gante* ». Je reproduis la graphie de mon exemplaire.

2. *Ne zeus serpant danjerussoc'h,*
Leon na dragon terruploc'h
Eget eur vreg zo e coler.

3. Peut-être parce que tout le monde l'aurait su : aujourd'hui, on vit enfermé, les voisins font semblant de ne rien entendre et les femmes battues cachent leur honte. Celles que j'ai connues auraient sans doute vigoureusement crié.

qu'ils leur réservent. En général, chacun présente son opinion sur ce problème comme objective, sans conscience critique de ses présupposés. Les uns insistent sur un matriarcat breton[1] ou basque avec la fierté de leur vénérable tradition face au banal machisme dominant. D'autres sont visiblement hostiles au pouvoir des femmes et des mères, et ne semblent pas voir celui des pères, des maris et des hommes en général. Ils expliquent l'alcoolisme breton par une infériorisation masculine, et dénoncent parfois des risques graves. « Il existe en effet une loi psychique incontournable, selon laquelle l'Imago maternelle, ressentie comme toute puissante et dangereuse par le jeune enfant, doit être médiatisée par celle d'un père juste, fort et bienveillant, faute de quoi ne tarderont pas à se profiler à l'horizon la folie et la mort » (Philippe Carrer)[2]. Je précise que je passe quant à moi pour féministe[3] ? Comment

1. Parfois avec des arguments inexacts. J'ai lu qu'en Bretagne et surtout dans le Léon le mari venait le plus souvent habiter chez sa femme. L'étude des documents d'état civil ne confirme pas cette affirmation.

2. Il explique qu'« une société à Image du Père faiblement intériorisée équilibre la toute-puissance maternelle au moyen de ce que Mendel désigne sous le nom de Père extra-psychique, constitué en fait par les coutumes, rites religieux et sociaux [...], par le groupe social et [...] par le culte des ancêtres morts ». Mais en Bretagne l'imposition d'une « culture étrangère » a ruiné cela et nous a « livré[s] à une Imago maternelle dépourvue de contrepoids suffisant, avec toutes les conséquences négatives qui en découlent ».

3. « Il n'y a plus de féministe », s'exclame une collègue dans l'amphi. « Si, répond une voix au fond de la salle : M. Rohou ! » J'avoue que ce fut l'une de mes dernières satisfactions paraprofessionnelles, avec le repas que m'a offert, pour mon départ en retraite, un groupe d'ATOS (c'est ainsi que l'on désigne les personnels administratifs, techniques, ouvriers et de service dans l'Éducation nationale).

voulez-vous qu'un petit plouc, héritier d'une méprisante oppression séculaire qu'il a lui-même éprouvée pendant toute sa jeunesse, ne soit pas solidaire de celles et ceux qui la subissent encore ?

L'idée de l'infériorité des femmes n'a pas disparu, alors que dans bien des secteurs elles se montrent effectivement supérieures. Non par nature, mais parce qu'elles sont généralement plus zélées ; elles doivent s'appliquer toute leur vie pour être reconnues ; leur conscience généreuse (ou aliénée) les pousse à se dévouer : ainsi, à compétence égale, ce sont généralement de meilleures enseignantes – à moins que l'enseignement ne consiste à déclamer des cours magistraux. Si, dans les commissions de recrutement des universitaires, à capacité apparemment égale, je préférais les candidates, ce n'était pas féminisme, mais déontologie. Je m'estimais chargé de recruter des collègues qui se dévoueraient à la formation de leurs étudiants et au bon fonctionnement de leur université autant qu'à la recherche. Notre métier consiste en ces trois tâches et plus on se consacre aux deux premières, moins on a de temps pour la troisième, dont dépend exclusivement la carrière personnelle. Or, outre qu'ils sont plus facilement fumistes, étant plus assurés de leur valeur et de l'estime publique, les hommes sont souvent plus ambitieux : ils se consacrent à leur carrière, sans s'encombrer de l'intérêt des étudiants, ni du fonctionnement de leur université.

Plus généralement, je vais même jusqu'à croire les femmes plus courageuses que nous, parce qu'elles sont en général (du moins pour le moment – en attendant d'être vraiment libérées) plus attachées aux valeurs morales et spirituelles, et moins aux biens matériels et aux carrières sociales. Elle acceptent moins de compromis : elles écoutent plus leur cœur et leur conscience, tandis que nous tenons davantage à notre personnage social et aux avantages de notre condition.

On reproche souvent au modèle féminin d'être aliénant : il donne bien trop d'importance à l'apparence, qu'il faut de plus changer sans cesse pour suivre la mode ; il risque de rendre les femmes superficielles, de pousser à la coquetterie et à des personnalités plus tactiques que véridiques. Mais je crois qu'avec un peu de conscience critique on peut être séduisante, jouer avec les hommes et être à la mode sans risque d'aliénation. Et je crains que le modèle masculin ne soit pire. Un homme, c'est admirable par définition : c'est fort, ça bande (sans cesse et remarquablement !), ça sait tout, ça a toujours raison. Voilà le modèle inaccessible, porteur d'exigences impossibles, qui nous surplombe et qui tend à nous scléroser dans une carapace de fausses certitudes. Comme nous ne pouvons le remplir, il nous condamne à une hâblerie mensongère ; il fait de nous des cabotins, ostensiblement supérieurs et secrètement complexés, victimes de la contradiction entre ce que nous voudrions être et ce que nous sommes, mal préparés à des relations affectives égalitaires et généreuses, et parfois portés à résoudre ces problèmes sur le dos nos compagnes.

De plus, parce qu'il tend à nous enfermer dans des convictions sommaires, le modèle masculin prépare mal à l'intelligence des relations humaines. J'aime la couleur bleue. Mais si j'étais tout bleu, avec des lunettes bleues, dans un monde entièrement bleu, je serais idiot. L'intelligence commence par la constatation de différences. Elle se développe par la *réflexion*, quand la pensée rencontre un obstacle qui la renvoie, la *fléchit* en sens inverse – comme un miroir réfléchit la lumière –, m'obligeant à un retour sur moi, à une remise en question de mes pseudo-évidences, à une distanciation critique par rapport à moi-même. L'autarcique assurance constitutive de la masculinité ne favorise pas de tels processus.

La condition féminine traditionnelle y pousse au contraire doublement : elle interdit de s'affirmer dans son autarcie, oblige à prendre conscience de la distance entre ses désirs et ses possibilités, incite à se définir par rapport aux autres (les hommes, mais aussi les enfants et les autres membres de la famille) plutôt qu'en soi-même, et à développer des comportements stratégiques qui supposent une juste analyse[1] des situations et des relations, ainsi que le choix, voire l'invention de moyens appropriés.

Les repas de naguère – qui n'ont pas tout à fait disparu – me semblent une belle illustration de l'autarcie masculine, de cet enfermement dans une suffisance tellement engourdie, tellement soudée à soi-même que sa solidité est stupidité. La femme a fait les courses et la cuisine, c'est-à-dire sélectionné et combiné les produits ; elle met le couvert, apporte les plats, sert les enfants. À l'échelle de la cuisine et de la salle à manger, on peut dire qu'elle transforme le monde. Le tout avec une rapide agilité, qui est une intelligence pratique. L'homme n'a rien fait ; à la fin du repas, il ne voit même pas qu'une table ça se débarrasse. Il n'a fait que manger : entièrement absorbé dans la matière.

Nos capacités intellectuelles, comme les autres, se développent dans la mesure où nous les exerçons. Les femmes étaient bien plus agiles dans la vie ménagère et familiale tout simplement parce qu'elles s'y activaient dix fois plus. Maintenant

1. Parfois plus intuitive qu'explicite.

qu'elles en font autant que nous dans la vie professionnelle, tout en continuant à en faire bien plus à la maison, pourquoi ne seraient-elles pas aussi intellectuellement plus capables ? Sauf dans la mesure où un complexe, un blocage psychologique les empêche de manifester pleinement leurs capacités, notamment sous forme d'autorité ou de discours public, dans une société où règne encore la domination masculine.

Le problème de la condition féminine est révolu, me dira-t-on. Pas tout à fait hélas. Je sais qu'il y a une importante évolution : je l'ai vécue. Quand je suis devenu assistant à la Faculté des lettres de Rennes en 1961, il y avait là trois enseignantes – dont deux célibataires probablement immaculées – pour une cinquantaine d'hommes, presque tous mariés. L'une était repliée sur l'érudition et quasiment confite dans la sottise ; l'autre une vraie mégère. Ces messieurs les affublaient de surnoms ; ils en rigolaient avec hargne ou mépris, sans la moindre autocritique. Il était clair pourtant qu'elles se comportaient ainsi parce que c'étaient les seules possibilités que leur avaient laissées leurs virils collègues : s'exclure de la vie, se faire transparente jusqu'au ridicule ou s'imposer par le terrorisme auquel on condamne ceux qu'on frappe d'exclusion.

Puis ce fut Mai 68 : l'irruption d'une liberté qui fut la loi de la jungle autant que celle de Thélème et d'Utopie. Désormais chacun fait ce qu'il veut. Application pratique : je me tire avec une jeunette et je te laisse avec les gosses. Mais les femmes s'organisèrent. Elles surent se défendre, se promouvoir, obtenir les moyens de leur liberté, imposer un relatif partage des tâches. « Il faudrait sans doute plusieurs générations pour nous remettre telles que nature nous fit », écrivait Mme d'Épinay en 1772. « Nous pourrions peut-être y gagner. Mais les hommes y perdraient trop. » En fait, la transformation s'est opérée en moins d'une génération et les hommes l'ont acceptée – bien que parfois à contrecœur. En 1994, il y avait dans la section de français à l'Université de Rennes autant de femmes que d'hommes : mais les très sérieuses sections d'histoire et de géographie, où il y en avait deux fois moins, nous regardaient comme des rigolos. Pour ma part, j'ai été heureux d'avoir des collègues et partenaires de pleine personnalité. La rencontre de cette différence m'a enrichi – et nous avons quand même gardé divers privilèges.

Tout passe, tout lasse. Surtout chez les intellectuels de gauche, tellement soucieux (pour compenser l'insuffisance de leur patrimoine socio-économique ?) de « penser » selon la dernière mode. Bientôt, le féminisme fut ringard, et l'homosexualité – surtout masculine – tellement plus chic (provisoirement ?). Les femmes ne sont pas les dernières à ironiser sur le défunt MLF[1]. À première vue, c'est surprenant. À la réflexion, c'est tristement normal. Dans toutes les sociétés, l'ordre hiérarchique, fût-il tyrannique, ne peut s'imposer qu'avec le concours des dominés. Ils perçoivent vite que le refus de l'ordre établi est un combat rude et risqué, et ils trouvent leur intérêt et une satisfaction idéologique à prendre le parti des dominants.

La contradiction entre la domination sociopolitique des hommes et la supériorité acquise par les femmes par un exercice plus intense et plus rigoureux de leurs facultés, saute aux yeux si l'on

1. Mouvement de Libération des Femmes.

compare les performances scolaires aux statuts professionnels[1].

Les filles parlent et lisent plus tôt que les garçons. En primaire, au collège, au lycée, elles réussissent mieux que leurs camarades de même origine – car c'est évidemment le niveau socioculturel de la famille qui fait la principale différence. Leur réussite au bac est actuellement supérieure d'un quart à celle des garçons. Parce qu'elles sont plus soumises et plus studieuses ? Pas seulement pour ces raisons un peu négatives. Moins stupidement assurées d'avoir toujours raison[2], plus attentives aux autres (c'est-à-dire moins enfermées en elles-mêmes, moins bornées) ; elles ont plus de curiosité pour apprendre, de disponibilité pour assimiler, et elles développent plus de réflexion, d'autocritique.

Cette supériorité se retrouve dans toutes les disciplines, sauf en maths à partir de la seconde, c'est-à-dire du moment où les garçons s'investissent dans cette discipline, qui est celle de l'efficacité, de la réussite sociale, de la domination. Ils y sont poussés par l'ambition du pouvoir et préparés par une éducation (vie familiale et sociale, télévision, cinéma) qui les habitue à la prééminence et leur fait croire qu'ils sont plus rationnels, puisqu'ils prétendent avoir toujours raison. Ils sont plus nombreux en sections scientifiques (56 %) et industrielles (92 %)[3],

1. Elle l'est encore plus si l'on compare l'autoritarisme de certains jeunes d'origine maghrébine à la réussite scolaire de leurs sœurs qu'ils tyrannisent.

2. La surestimation de soi est caractéristique des garçons ; la sous-estimation, des filles : avec les mêmes notes, elles se prédisent généralement un parcours scolaire sensiblement plus modeste.

3. Chiffres du baccalauréat 2000.

tandis que leur statut et leur éducation rendent les filles plus affectives et plus dévouées : elles sont 82 % en section littéraire, 66 % en tertiaire (secrétariat et services). Elles sont plus nombreuses dans l'enseignement supérieur[1], y entrent plus jeunes, y échouent moins, y restent plus longtemps. Mais, moins ambitieuses, elles ne sont que 10 à 15 % dans les grandes écoles les plus prestigieuses.

Ces différences d'orientation et d'ambition montrent que les filles intègrent dès l'adolescence l'image mensongère de leur infériorité, que va conforter leur statut professionnel, qui les dévaluera de toutes les façons : en secteur, en grade, en salaire, en reconnaissance. Même dans les professions où elles sont particulièrement nombreuses, comme la santé ou l'enseignement. Elles sont 78 % des instituteurs mais 15 % des professeurs d'université ou, dans le Finistère, 80 % des infirmiers, mais 20 % des médecins généralistes, 30 % des spécialistes et seulement 6 ou 11 % des chirurgiens selon que l'on tient compte ou non de celles qui sont ophtalmologues.

Pourquoi une telle contradiction entre la hiérarchie scolaire et la hiérarchie sociale ? Je propose trois explications complémentaires. À l'école, on juge sur épreuves et selon des règles explicites : les mêmes pour tous ; dans la société, on le fait sans justifier précisément ses décisions, et en partie selon des préjugés qui avantagent les hommes. L'école est un milieu relativement égalitaire et protégé ; la vie professionnelle, surtout dans le secteur privé et aux niveaux les plus élevés, est concurrentielle, jusqu'à se rapprocher

1. En 1998, 24 % des filles de seize à vingt-cinq ans étaient dans l'enseignement supérieur, et seulement 19 % des garçons, soit un quart en moins.

parfois de la jungle. La réussite scolaire a bien moins de conséquences que la réussite sociale, qui donne pouvoir et argent : c'est là que l'ambition des garçons se réveille, et que leur agressivité fait merveille. Mais l'agressivité est-elle une qualité ? De quel point de vue ?

Mme la préfète de région n'est encore qu'une exception[1], surtout en Bretagne, alors que c'est là que la scolarisation féminine est la plus poussée. Et celles qui ont accédé à un niveau élevé ont dû manifester bien plus de talent que leurs concurrents, et doivent rester très vigilantes, sous des regards beaucoup plus critiques sur leur activité professionnelle et parfois même – ce qui est indigne – sur leur physique et leur vie privée.

Le chômage des femmes est supérieur de 27 % ; elles représentent 80 % des smicards[2] et 82 % des temps partiels. Leur salaire est inférieur de 25 % en moyenne, de 10 à 15 % à poste analogue, malgré la loi ; la différence s'accroît quand on monte : jusqu'à 48 % chez les cadres supérieurs. Aux mâles les carrières prométhéennes, qui donnent pouvoir sur les hommes et sur le monde. Aux femmes les activités relationnelles, qui les mettent au service d'autrui : éducation et secrétariat. Et les trois quarts du travail domestique :

1. C'est néanmoins une promotion qui eût été impensable il y a vingt ans. Plus significative encore est l'élection d'une femme à la tête d'une Fédération Départementale de Syndicats d'Exploitants Agricoles : récemment dans les Côtes-d'Armor ; actuellement dans le Maine-et-Loire. « La France s'étiole pour avoir élevé la femme à un rang que la frivolité de son caractère ne lui permet pas de tenir », prédisait *La Dépêche de Brest* le 15 mai 1900.

2. En 2002, 24 % des ouvrières travaillent à la chaîne contre 7 % des ouvriers ; 10 % d'entre elles n'ont pas le droit de parler pendant leur travail, contre 2 % d'entre eux.

celui qui n'est pas payé, celui qui est tellement banal que nul ne le voit – sauf quand il n'est pas fait. Enfin, la prostitution se porte fort bien, et dès qu'on parle de la réprimer, une foule d'intellectuels de gauche se dressent pour la défendre, en criant à la censure et au puritanisme ! Il est vrai qu'aujourd'hui ce ne sont pas seulement des femmes qui sont victimes de la prostitution. Mais les profiteurs et les clients restent quasi exclusivement des hommes.

Face à une situation donnée, il y a deux attitudes possibles : chercher son origine effective et les moyens de la transformer, ou au contraire lui forger une justification idéologique et verbale. L'injuste inégalité socioprofessionnelle entre les hommes et les femmes pousse à maintenir une vision dépréciative de celles-ci, qui reste fortement inscrite dans le langage, depuis les cours d'écoles jusqu'aux dictionnaires en passant par les médias.

Notre pensée est fondée sur des habitudes et des présupposés qu'il nous est difficile de percevoir, précisément parce qu'ils en sont constitutifs. Il est donc bon d'aller voir, sur chaque sujet, les présupposés que d'autres époques considéraient comme de solides évidences. Cela incite à se demander si les nôtres ne sont pas aussi ridicules que ceux d'hier, quoique de façon différente.

La dépréciation traditionnelle des femmes reposait sur le prétendu constat de l'infériorité naturelle du « sexe faible ». La Nature, n'est-ce pas, révélée par la science et garantie par son Créateur, c'est la réalité fondamentale : la sagesse est de la suivre ; vouloir l'ignorer ou la transformer est vaine et dangereuse folie[1]. Il me semble pourtant que pour la nature, bien plus soucieuse de la continuité de l'espèce que du sort des individus, les mâles ont bien moins d'importance que les femelles, qui portent et allaitent les petits. On pourrait les éliminer une fois l'acte sexuel accompli, comme chez certains animaux, ou n'en garder qu'un pour des dizaines de reproductrices, comme nous le faisons dans nos élevages. La seule infériorité naturelle des femmes, c'est une moindre force physique, et une moindre agilité en fin de grossesse. Cela ne devrait avoir aucune importance pour les relations entre personnes civilisées, ni même pour la hiérarchie professionnelle, maintenant que la force humaine est remplacée par celle des machines.

Ce qu'on appelle la nature féminine, l'éternel féminin est une invention, un fantasme masculin, misogyne et légèrement érotique, une construction idéologique destinée à justifier notre domination. Les femmes n'y sont pas considérées en elles-mêmes, mais en fonction des hommes. D'une part comme leurs douces et dévouées servantes maternelles et conjugales : « Leur plaire, leur être utiles [...], leur rendre la vie agréable et douce : voilà les devoirs des femmes de tous les temps »

1. Bien entendu, comme disait élégamment en 1879 le psychologue Gustave Le Bon, assez célèbre pour avoir une notice dans *Le Petit Robert*, « on ne saurait nier qu'il existe des femmes [...] très supérieures à la moyenne des hommes ; mais ce sont là des cas aussi exceptionnels que la naissance d'une monstruosité quelconque ». Naguère, on leur reconnaissait même des capacités spécifiques : pour le ménage, la cuisine, la couture. Les hommes étaient inaptes par nature à ces activités de troisième ordre. Mais dès qu'il s'agissait de haute couture et de grande cuisine, ils en prenaient le monopole.

(Rousseau)[1]. D'autre part comme les alibis et les boucs émissaires de leurs péchés (sexuels notamment) : elles en portent la responsabilité et elles doivent les racheter par leurs vertueux sacrifices. Ève d'un côté, la Vierge Marie de l'autre[2].

Pour bien asseoir cette vision partisane, on l'appuyait sur les deux garanties de la vérité : la science et la religion. Selon la science médicale, de l'Antiquité au XVIIe et même au XIXe siècle, le tempérament de chacun résulte d'une combinaison[3] particulière de qualités naturelles (le chaud, le sec, le froid, l'humide) et de liquides physiologiques ou *humeurs*[4] : le sang, la lymphe, la bile et la bile noire, dont la prédominance rend sanguin, lymphatique, bilieux ou atrabilaire. Dans le tempérament masculin dominent le chaud et le sec, principes de force, de courage, de pondération raisonnable. Dans celui de la femme, le froid et l'humide : ils empêchent sa nourriture de se transformer entièrement en sang utile (d'où l'évacuation mensuelle de sang défectueux[5]), et sa raison et sa conscience de

1. « Il est de l'essence féminine d'être une créature de complément », écrivait en 1930 « Annie », chargée de la rubrique féminine dans *L'Ouest-Éclair*.

2. Le Christ aussi était vierge, mais on ne le dit jamais : la virginité n'est pas constitutive de la masculinité, pénétrante par définition.

3. Étymologiquement, *tempérament* signifie combinaison bien équilibrée, comme dans notre climat *tempéré*.

4. Notre *humeur* est le résultat de l'équilibre entre ces composants liquides, *humides*.

5. Ces jours-là, elle fait tourner le lait, ne peut réussir une mayonnaise etc. Tout le monde savait ça, même chez les savants : « La viande se corrompt quand elle est touchée par des femmes ayant leurs règles » (*British Medical Journal*, 1878).

s'affermir. Son tempérament est donc physiquement faible (il n'a pas la force de déployer ses organes génitaux à l'extérieur[1] !) et moralement lâche. Elle n'est pas notre complément harmonieux, mais notre inverse malheureux. Ce n'est « qu'une bête imparfaite, sans foi ni loi », que nous avons le devoir de surveiller étroitement, dit un proverbe du XVIe siècle. Il n'y a pourtant pas besoin d'être grand observateur pour constater que dans toutes les sociétés, ce sont surtout les femmes qui respectent la loi[2], la foi et la fidélité.

Il était donc clair que nos compagnes étaient des êtres sous-développés. C'est ce qu'affirme encore Paul Topinard en 1873 : « La femme est à l'homme ce que l'Africain est à l'Européen, et le singe à l'humain. » Et il le « prouve », puisque c'est un savant anthropologue, assez important pour que l'actuel *Petit Robert des noms propres* lui consacre six lignes : autant qu'à Laënnec.

La faiblesse de leur tempérament fait que les femmes vivent au niveau des réflexes, pulsions et passions, sans pouvoir s'élever à celui des actions réfléchies et des comportements vertueux. C'est pourquoi, dit un ami de Pascal, Jean Domat, un homme sérieux, intelligent, et l'un des plus grands juristes de tous les temps, elles « toussent, éternuent, etc. mais il n'y en a point qui crachent [...]. C'est que cracher est une action de penser, de vider la bouche [...] quand elle se

1. Est-il plus stupide de penser cela que de considérer la femme, parce qu'elle n'a pas de pénis, comme un être en manque ?

2. Aujourd'hui en France, moins de 4 % des détenus sont des femmes, et, à kilométrage égal, elles provoquent trois fois moins d'accidents graves que les hommes.

remplit, ce qui ne se fait point [...] sans réflexion [...], comme tousser ».

Pourtant (on n'est pas à une contradiction près) l'*utérus* de ces êtres faibles, qui les rend si facilement *hystériques*[1], est d'une vigueur redoutable. Comme le déclare Diderot, par ailleurs célèbre progressiste, la femme est entièrement dominée par cet « organe susceptible de spasmes terribles », comme une « bête féroce ». C'est ce qu'affirme encore en 1864 un *Dictionnaire des sciences médicales* : « Ce viscère [...] semble soumettre à son empire la somme presque entière des actions et des affections de la femme. » [2]

De tels êtres sont évidemment portés aux débauches de la concupiscence et à toutes les fourberies qui permettent d'y parvenir, si bien que leur faible nature, impuissante à faire le bien, est redoutablement subtile et efficace pour faire le mal. Chacun sait depuis Adam que ce sont elles qui profitent de notre innocence pour nous dévoyer – à notre corps défendant, c'est le cas de le dire. Et si certains les violent, c'est parce qu'elles les provoquent.

Ces démonstrations de la science étaient confirmées par les révélations de la Bible, qui était l'autre source de la vérité[3] : opposées sur tant de points, elles étaient d'accord contre la

1. La matrice se nomme *utérus* en latin et *hystera* en grec.

2. Au XIXe siècle, le traité de médecine de Buchon parle de la « fureur utérine », qu'il considère comme un « délire » « lascif ».

3. Aujourd'hui toutefois, beaucoup de croyants admettent que la parole de Dieu est inscrite dans des textes imaginés par les hommes : en partie pour expliquer et justifier la mort, les malheurs, la censure des désirs perturbateurs ou l'assujettissement des femmes.

femme. Selon la Genèse, le Créateur d'Adam et Ève les établit dans le magnifique jardin d'Éden (le paradis terrestre) avec une seule interdiction : ne pas goûter au fruit de l'un des arbres du jardin : celui de « la connaissance du bien et du mal ». À l'instigation du serpent, Ève, séduite par la beauté de l'arbre et désireuse de cette connaissance, « prit de son fruit et mangea. Elle en donna aussi à son mari [...] et il mangea. Alors leurs yeux à tous deux s'ouvrirent et ils connurent qu'ils étaient nus ». Selon l'interprétation usuelle, ce péché originel est évidemment celui du sexe, et c'est la femme qui en est responsable. En punition, Dieu a chassé l'humanité du paradis terrestre ; il l'a condamnée à être mortelle et à gagner sa nourriture par un rude labeur ; il a voué la femme à enfanter dans la douleur et il l'a soumise à l'homme[1].

La culpabilisation des femmes en tant que telles se retrouve en d'autres endroits de l'Ancien Testament[2]. Mais elle est absente des Évangiles, base essentielle du christianisme. Tout au contraire, quand il est question de « lapider »,

1. Aujourd'hui on insiste sur une interprétation plus symbolique. Dieu a interdit à Adam et Ève de goûter au fruit de « l'arbre de la connaissance du bien et du mal », c'est-à-dire de prétendre à l'autonomie morale, par laquelle ils voudraient outrepasser leur statut de créature dépendante et devenir « comme des dieux ». Ils ont transgressé l'interdiction ; ils ont prétendu à l'autonomie morale, mais ils se sont révélés incapables de se maîtriser et ont été invinciblement entraînés par la concupiscence. Tel serait le sens de la faute et de la chute originelles qui ont livré l'humanité à l'orgueil et à la coupable sensualité.

2. Il y a « plus amer que la mort : la femme, car elle est un piège », dit l'Ecclésiaste, qui estime « un homme sur mille » mais pas « une femme sur toutes ».

conformément à l'ancienne Loi, une femme « surprise en flagrant délit d'adultère », le Christ ne la « condamne pas » et même il la sauve : « Que celui de vous qui n'a jamais péché lui jette la première pierre. » Ce sont saint Paul et surtout saint Augustin[1] qui ont introduit la misogynie dans le christianisme – en partie sans doute pour de regrettables motifs personnels.

Malgré cela, il est resté moins défavorable aux femmes que la plupart des religions et des anciennes idéologies. Car le premier point de son message est que chaque être humain, quels que soient son sexe ou son statut, a été créé à l'image de Dieu et promis à un salut personnel. C'est l'une des raisons pour lesquelles les individus d'Europe se sont émancipés des communautés plus tôt que ceux des autres régions. Et c'est pourquoi les femmes y ont été, dès le Moyen Âge, moins mal traitées qu'ailleurs. Le christianisme a contribué à imposer la monogamie et le mariage par seul consentement mutuel, et à interdire la répudiation. L'Église condamnait l'adultère des hommes au même titre que celui des femmes, et assez souvent prélats et théologiens étaient moins misogynes que la moyenne de leurs contemporains.

Plutôt que la véritable cause de la dépréciation et de l'assujettissement des femmes, le christianisme a été la justification de la misogynie des hommes, au prix d'interprétations orientées du texte fondateur, surtout à partir du moment où ils se sont attribué le monopole ecclésiastique

1. Ou encore Tertullien, l'un des principaux fondateurs de la théologie chrétienne d'Occident : « Femme, tu es la porte du Diable [...]. C'est à cause de toi que le fils de Dieu a dû mourir. »

– comme les autres pouvoirs[1] – puis se sont imposé le célibat clérical[2]. Rien dans l'Évangile ne s'oppose à l'ordination de femmes ou d'hommes mariés : dans l'Église primitive, la seconde était courante et la première possible. Des clercs voués à la chasteté ont évidemment toute raison d'avoir peur des femmes et de se défausser sur elles de la concupiscence, qui les tourmente inévitablement plus ou moins, puisque, selon le christianisme même, elle nous domine tous depuis la chute.

Littérature, philosophie, traités de morale et de psychologie témoignent de la dépréciation, tout au long de l'histoire, de « l'engeance maudite des femmes, terrible fléau installé au milieu des

1. Les courants mystiques alternatifs, qui se sont développés en marge de l'institution, dans le dédain des richesses et des puissances de ce monde, ont souvent célébré les femmes, qui y tenaient d'ailleurs une certaine place. Si l'Église est machiste, c'est moins parce qu'elle est chrétienne que parce que c'est une institution de pouvoir temporel : le pouvoir a toujours été occupé par les hommes, sauf en partie dans les familles.

2. « Ainsi donc, ta vertu, ta gloire, ta réputation, tes amis et Dieu lui-même, tu as soumis tout cela à un trou immonde ? » écrivait le moine Campanella à un ami en 1607. Le christianisme d'aujourd'hui s'efforce de réhabiliter la femme. « S'il fallait reconnaître une préférence divine à l'égard d'une des deux parties de l'humanité, sans doute serait-elle en faveur du sexe féminin. Car s'il est vrai que le mal est entré dans le monde par la faute initiale d'Ève, il est vrai aussi que c'est la femme qui a été choisie pour mettre au monde le Salut » (*Catholicisme*, encyclopédie en quinze volumes, article *femme*, 1956). Ce raisonnement me paraît à la limite de l'hypocrisie. Le Sauveur est bien un homme, et sa mère n'a été que le moyen de son apparition. D'autre part, dans les faits, l'Église catholique persiste à traiter en son sein les femmes comme des êtres de second rang.

mortels » (Hésiode). Elle s'est souvent exacerbée quand elles ont commencé à revendiquer leur émancipation, à partir de la seconde moitié du XIXe siècle. Elle frise l'hystérie (masculine !) dans *Sexe et caractère* (1903) de l'Autrichien Otto Weininger, qui fut l'un des livres les plus vendus en Europe dans la première moitié du XXe siècle. « *L'homme situé le plus bas dans l'échelle des valeurs est [...] INFINIMENT supérieur à la femme même la plus remarquable*[1] », car « personnalité et individualité [...], volonté et caractère », « sentiment de la valeur, amour » « appartiennent [...] au seul sexe masculin », tandis que « *la femme est alogique et amorale* », « n'a ni individualité[2] ni volonté, ne sait ce qu'est une valeur et ne connaît pas l'amour ». De plus, elle est « absolument *antisociale* ». Conséquence de cette radicale infériorité : « toutes les femmes sont envieuses », vaniteuses, coquettes et séductrices et d'une « profonde duplicité ». Enfin et surtout, la femme « n'est [...], dans toute sa personnalité, tant physique que psychique, que sexualité ». Pour elle, « CE QUI FAIT LE SEUL INTÉRÊT DE SA VIE », c'est « LE COÏT ». Fille d'Ève, « elle n'a PAS D'AUTRE DESTINATION que de PERPÉTUER LA FAUTE DE L'HOMME ». Délire d'un malade ? Peut-être. Mais si je parle de ce livre c'est qu'il en était à sa vingt-deuxième édition allemande en 1921, à la vingt-huitième en 1947, qu'il a été traduit en anglais dès 1906, en hongrois en 1913, en polonais en 1921, en espagnol en 1942, en italien en

1. Italique et majuscules ne sont pas de moi, mais de Weininger.

2. C'est pourquoi en se mariant, les femmes « abandonnent » leur nom « sans ressentir ce changement décisif comme important ».

1943. Il a encore été publié en français en 1975 et 1989, en allemand en 1997[1].

Tout cela est révolu, dira-t-on : les femmes aujourd'hui sont nos égales. Je constate qu'il n'en est rien. Écoutez le vocabulaire des jeunes et leurs radios favorites. Ou consultez les dictionnaires de synonymes. À l'article *femme*, celui des éditions Robert, sous la rubrique « argotique et/ou familier », avant de renvoyer à *prostituée*, propose 49 équivalents. Quatorze sont gentillets (*baronne, bergère, frangine, nana, poupée*...), mais une vingtaine plus ou moins injurieux : *lesbombe, damoche, dondon, fendue, grognasse, mocheté, poufiasse, punaise, vachasse*... À l'article *homme*, je ne vois aucun équivalent de cette seconde catégorie. Pour arriver à 28 synonymes « péjoratifs ou argotiques », il a fallu y introduire *bonhomme, chrétien, coco, gaillard, luron, moineau, oiseau, paroissien, piaf* et *pierrot*, qui ne sont guère argotiques et nullement péjoratifs. Quant à l'article *mégère*, auquel je ne vois aucun équivalent masculin[2], il propose 62 synonymes, de *charogne* et *choléra* à *sorcière* en passant par *garce* et *maquerelle*.

Si les comportements sexistes se sont raréfiés, surtout en public, ce n'est pas d'abord et principalement parce que les hommes ont évolué. C'est parce qu'on est passé d'une société de femmes au foyer et aussi de paysans, d'artisans et de petits commerçants, chez qui le travail était une activité

1. Il est vrai qu'un chapitre violemment antisémite a contribué à son succès.

2. L'article *proxénète* propose 77 équivalents. Mais ils ne concernent qu'une catégorie très particulière d'hommes. De plus, ils sont rarement injurieux ; on y trouve même *caïd, gigolo, homme, jules, mari, mec, mecton*. Enfin 22 d'entre eux concernent des femmes.

communautaire, dirigée par le chef de famille, à une société où interviennent presque autant de femmes que d'hommes, dans un travail qui s'effectue hors du foyer et qui fait l'objet d'une rémunération individuelle. Les femmes ont ainsi reçu le moyen d'être indépendantes, et acquis suffisamment de pouvoir social, idéologique et culturel (médiatique notamment) pour imposer une modification des attitudes à leur égard, avec l'aide d'un certain nombre d'hommes, parfois motivés par le souci de leur image autant que par une volonté d'égalité. Être féministe publiquement, verbalement, tout en profitant de la soumission féminine dans sa vie familiale et professionnelle, n'est-ce pas la solution la plus avantageuse ?

Tout le monde ne la choisit pourtant pas. J'ai honte de rappeler qu'en 1975 Mme Veil, ancienne déportée, femme moralement exemplaire, qui présentait à l'Assemblée nationale la loi autorisant l'interruption volontaire de grossesse, s'est effondrée en larmes sous les critiques et quolibets des députés. En 1996, une femme de la police a été violée. Alors qu'une députée évoquait l'événement, un de ses collègues (de gauche) est intervenu : « Bien sûr, ce n'est pas à vous que ce serait arrivé ! » Et cet homme n'a pas été déclaré indigne d'être le représentant d'un peuple civilisé !

Le plus inquiétant, c'est que la violence masculine[1] se maintient fort bien dans la vie privée,

1. Selon les psychiatres, elle est surtout le fait d'hommes qui manquent de confiance en eux-mêmes. Quant aux femmes victimes de ces violences, elles ont souvent tendance à se culpabiliser, à vouloir aider leurs persécuteurs et 47 % d'entre elles se disent toujours amoureuses de lui. Même dans ces circonstances extrêmes, les deux comportements sont caractéristiques.

là où elle ne se voit pas : signe que les propos méprisants ou injurieux, les harcèlements et les coups pourraient revenir dans l'espace public si le contexte le permettait. Entre un cinquième et la moitié des Européennes en seraient victimes, selon les pays. On peut estimer qu'une gifle n'est pas plus grave qu'une phrase blessante venue d'en face. Mais je ne parle pas des gifles. La violence masculine est la première cause de mortalité féminine entre seize et quarante-quatre ans, avant le cancer et la route. Une femme tuée en Espagne tous les six jours, dit-on ; en France tous les trois ou tous les cinq jours, selon les sources ; en Allemagne trois tous les quatre jours. Selon les pays, entre 40 et 70 % des femmes assassinées le sont par leur conjoint, leur ami ou leur ex. Sans compter les invalidités plus ou moins lourdes. Et toutes ces victimes n'ont d'autre solution que de fuir les lieux où leur bourreau poursuivrait sa persécution : d'abandonner leur domicile, leur région, leurs amis, leur emploi[1]. L'Organisation des Nations Unies prévoit qu'à l'échelle mondiale, dans la prochaine génération, une femme sur trois sera victime de violences graves. L'on prétend même que cette brutalité meurtrière, plus forte au nord qu'au sud, augmente avec le niveau d'études. Au fait, vous connaissez beaucoup d'hommes tabassés, enlevés, violés, tués, brûlés vifs par des femmes ? Honte sur nous ! Et que valent les causes de ces comportements criminels ? Elle m'insultait, dit-on

1. En Autriche, depuis 1997, la loi prescrit que le conjoint violent soit éloigné du domicile conjugal pour dix jours au moins, et qu'une psychothérapie lui soit proposée. En France, depuis juillet 2003, le juge peut imposer cet éloignement pour une durée maximale de trois mois.

souvent. Par d'odieuses calomnies ou par de tristes vérités ? Ce sont souvent celles-ci qu'on tolère le moins.

Cela dit, je sais bien que les femmes, plus investies dans la vie affective et domestique (du moins jusqu'à présent), dominent fréquemment l'intimité des couples et des familles. Souvent en s'y dévouant, parfois en les tyrannisant (surtout quand elles ne travaillent pas à l'extérieur et ne peuvent s'affirmer professionnellement) ou les deux à la fois.

La situation évolue paraît-il. Elle serait même sur le point de s'inverser au détriment des hommes. Mme Badinter a écrit un livre contre le « nouvel ordre moral » que font régner les féministes, et pour défendre les pauvres porte-quéquettes, psychologiquement castrés dès l'enfance par de tyranniques mamans, qui les obligent à s'asseoir avec leur viril instrument. « On ne peut que s'inquiéter » face à « l'exigence de faire uriner les hommes assis, comme les femmes ». Je vous avoue, Madame, que c'est hélas mon habitude, depuis que je suis devenu un être civilisé, qui évite d'asperger les toilettes que d'autres – des femmes en général – devront ensuite nettoyer. Et je n'ai pas encore noté que ma virilité en ait souffert : j'en ai un meilleur usage. Du temps de ma grand-mère, les femmes aussi, ne portant pas de culotte, urinaient debout : en l'absence de toilettes, c'était d'ailleurs plus discret que de se retrousser. Faire asseoir les garçons c'est rétablir l'égalité – mais à un niveau culturel supérieur.

Si les choses évoluent, c'est avec lenteur, et parfois elles régressent. Selon les sociologues, les hommes consacreraient huit minutes de plus qu'il y a vingt ans au travail domestique[1]. Mais en dix ans, le nombre de mères célibataires a doublé. On nous vante les nouveaux pères : les trois quarts passent moins de dix minutes par jour à s'occuper de leurs enfants ou à faire quelque chose pour eux. « La femme est l'avenir de l'homme », disait Aragon. Plus précisément j'espère que l'homme se rapprochera de la mentalité féminine, et la femme de la condition masculine.

1.

Temps consacré par les hommes et les femmes aux diverses activités de la maison en 1986 et en 1999								
	Hommes qui travaillent		Hommes inactifs		Femmes qui travaillent		Femmes inactives	
Ménage, cuisine, linge, courses	1 h 02	1 h 04	1 h 37	1 h 35	3 h 20	3 h 06	4 h 31	3 h 59
Soins aux enfants et aux adultes	10 mn	11 mn	5 mn	6 mn	25 mn	27 mn	32 mn	26 mn
Jardinage, soins aux animaux	18 mn	14 mn	18 mn	38 mn	11 mn	11 mn	17 mn	18 mn
Bricolage	25 mn	30 mn	29 mn	36 mn	3 mn	4 mn	2 mn	5 mn
Total du temps domestique	*1 h 55*	*1 h 59*	*2 h 29*	*2 h 55*	*3 h 59*	*3 h 48*	*5 h 22*	*4 h 48*

CHAPITRE 10

TUD LÃNIRIEN A VAR DRO LES GENS DE LANNURIEN ET DES ENVIRONS

Ce n'était pas n'importe qui, avec sa jolie signature et son prénom distingué, M. Claude-Marie Le Guen (1769-1848), maire de Plougourvest de 1808 à 1838, et fermier « des manoir et métairie de Lannurien et Kergabut », en indivision avec son gendre Yves Floch et son neveu par alliance Jean Favé, époux de Françoise Mérer[1]. Né à Plouvorn, il était apparenté à une riche et nombreuse tribu, illustrée notamment par Guy Le Guen de Kerangal, député aux États généraux et auteur du fameux discours qui avait conduit à l'abolition des privilèges, dans la nuit du 4 août 1789.

Ses ancêtres étaient à Lannurien depuis le XVIIe siècle. Comme plusieurs membres de sa famille, il était marchand de toile. Dès 1789, il n'y en avait plus que deux à Plougourvest[2] et c'était la fin de leur grande prospérité. Ses parents étaient encore les plus riches de la commune[3] et son père

1. Ils résident séparément : outre le manoir et la métairie, il y avait une troisième maison, à Kergabut, dont il restait encore quelques pierres dans mon enfance.

2. L'autre était René Le Bihan à Roc'hglas.

3. En 1798, la veuve Le Guen paie 27 F d'impôt ; derrière elle, sur 153 contribuables, qui paient en moyenne 9 F, il y en a 2 à 24 F, 1 à 21 F, 10 à 18 F, 15 à 15 F (dont ses fils), etc.

Guillaume est nommé le premier, juste après le recteur et le diacre, dans le procès-verbal de la réunion préparatoire à la rédaction du cahier de doléances en 1789. Maintenant il est devancé par les quatre meuniers. N'empêche qu'en 1846 il a encore quatre domestiques et deux servantes[1]. Lui-même ne travaille pas de ses mains ; il gère ses affaires et celles de la commune, fréquente les foires, participe aux chasses et aux banquets des notables, se promène peut-être en été à Roscoff et à Carantec.

Son gendre n'est pas très raisonnable. Un jour, il décide d'atteler ses chiens, pour lesquels il a fait fabriquer une carriole et des harnais. Départ tout en haut de la cour. Les limiers la dévalent, poursuivis par un maître hors d'haleine. En bas, dans le virage, la carriole se renverse et se brise. C'est fini ! Mais notre homme est ravi : « *Ahe eus be plijadur, va !* » (« Là y a eu du plaisir, ma foi ! »). Cet exploit était resté dans les mémoires. Ma mère en parlait avec réprobation : *ar Floc'hic sot !* Tant de dépenses pour deux minutes de sottise[2] !

C'est en revanche avec admiration qu'on évoquait un autre ancien fermier du manoir. Un athlète, qui, par les belles après-midi, transportait sa vieille mère dans ses bras pour l'installer au soleil. On prétendait même que le dimanche il la portait jusqu'à l'église, à un bon kilomètre. Un jour, il eut affaire aux gendarmes. Il les précipita du perron. Ils revinrent en force.

1. Jean Favé a une servante et trois domestiques (quatre en 1861).

2. Cet original est mort charretier à Lambézellec en 1865. Tenté par la ville et l'aventure, rejeté par son milieu ou ruiné par ses « folies » ?

Il finit aux galères. Je ne sais quelle est la part de légende[1].

En 1849, Claude-Marie Le Guen est mort. Yves Floch vivra jusqu'au 26 mai 1851, mais il n'apparaît plus dans le bail. Était-il devenu décidément fou ? Par une sorte de glissade dans la parentèle, typique de la liaison qui régnait alors entre alliance matrimoniale et association économique, ce bail du 19 juin 1849 est accordé – toujours en indivision – à Jean Favé, époux de Françoise Mérer, à la sœur de celle-ci, Marie Mérer, veuve de François Morvan, et au gendre de cette dernière, Guillaume-Marie Jézégou, époux de Marie-Louise Morvan, tous « preneurs solidaires ». Ces derniers sont les grands-parents de ma grand-mère maternelle.

Originaires de Plounéventer, à 10 km à l'ouest, les Jézégou sont arrivés à Plougourvest en 1801. Guillaume-Marie est né en 1818. Il est moins riche que ses associés : il n'a qu'une servante. Mais sa signature est élégante, et il sera longtemps conseiller municipal. En 1876, il vit toujours à Lannurien avec son fils Yves-Marie, la femme de celui-ci, Jeanne-Gabrielle Floc'h, leur fille Marie-Louise (ma grand-mère) et leur fils Hervé. L'autre ferme du hameau est tenue par son frère Louis, avec sa femme et sa belle-mère.

Cette famille s'est multipliée tout au long du siècle. De 1807 à 1821, il en naît onze ; de 1833 à 1842, treize ; de 1866 à 1882, trente-cinq : un bébé sur quinze est alors un Jézégou. Mais une partie de la prolifique tribu devient soudain célibataire. Ma grand-mère appartenait à une four-

1. Les archives mentionnent d'autres habitants de Lannurien : Guillaume Le Roux en 1719, Jacques Faujour en 1766. Je n'en sais rien de précis.

née de vingt-trois cousines et cousins germains, nés entre 1869 et 1885. Tous sauf une atteignirent l'âge adulte. Mais elle fut la seule à se marier[1].

Situation exceptionnelle certes. Ce n'est toutefois que l'exacerbation d'une tendance de l'époque, surtout en zone rurale[2]. Imaginez une commune de quatre-vingt-dix fermes et dix commerces ou artisanats : il y a cent maisons, c'est-à-dire place pour cent familles. Si, à la génération suivante, il y a deux cents hommes et deux cents femmes, la moitié ne pourra pas se marier, même dans les communes voisines, où ils se heurteront au même problème. Pas question de construire une maison : avec quel argent ? Ni de louer un appartement : ça n'existe pas. L'émigration est encore assez faible dans le Léon. Jusqu'à la fin du XIXe, deux couples s'établissaient assez souvent dans la même ferme. Cela posait évidemment des problèmes dès qu'il s'agissait de prendre une décision. L'habitude s'en est quasiment perdue vers cette époque. Or, la mortalité a sensiblement diminué au long de ce siècle, et la longévité s'est accrue : il y a donc plus de candidats pour des places qui se libèrent moins rapidement[3]. Les parents des vingt-deux

1. Les prolifiques Jézégou avaient rapidement mis la main sur six fermes de Plougourvest. Des quatre frères nés à Lannurien, deux ont loué le manoir et la métairie, le troisième la ferme voisine de Kervellec. Le quatrième est parti vers Carhaix, dans le cadre de l'expansion colonialiste des dynamiques Léonards. Ses enfants reviendront en retraite à Plougourvest.

2. Avant de se fier aux statistiques, il faut regarder comment elles sont faites. Celles de l'époque parlent de 65 % de célibataires dans le Finistère en 1891. Mais elles portent sur tous ceux qui ont quinze ans ou plus, alors que l'âge moyen au mariage était de vingt-sept ans.

3. Ce problème devait être encore plus aigu en d'autres endroits de Bretagne. Car la population agricole

Jézégou dont je parle ont généralement vécu jusqu'à soixante-dix et quatre-vingts ans. Si toute cette génération est restée célibataire[1], à l'exception de ma grand-mère, c'est peut-être aussi en réaction contre les familles nombreuses[2], dont ces gens avaient grande expérience : elles entraînent complication et appauvrissement. Je suppose que ces gens-là ont voulu préserver leur confort. Voici une confirmation de cette hypothèse : les trois familles où personne ne s'est marié ont eu la sagesse de prendre une semi-retraite, en se repliant sur de petites fermes, alors que le plus âgé n'avait que cinquante-neuf ans, et la plus jeune quarante-sept. Ils y ont construit des maisons neuves, et ils ont vécu bien plus confortablement que la famille de ma grand-mère. Quand on avait des enfants, eux-mêmes chargés d'enfants, il fallait trimer jusqu'à la fin – et souvent pour ne réussir qu'à tirer le diable par la queue.

J'ai bien connu les cinq cousins de ma grand-mère qui avaient habité le manoir, et j'ai perçu encore d'autres raisons de leur célibat. Ils étaient

---

y a augmenté de 18 % entre 1850 et 1890, alors qu'elle diminuait de 12 % pour l'ensemble de la France. Tandis que le nombre d'habitants baissait à Plougourvest depuis 1846, il continuait à s'accroître pour l'ensemble de la province jusqu'en 1911 : à cette date, le Finistère était l'un des douze départements les plus denses. En conséquence, pour les gens nés entre 1860 et 1880, le nombre de célibataires définitifs en Bretagne rurale était double de la moyenne nationale.

1. On pourrait penser que c'est à cause de la Grande Guerre. Non, puisque les plus jeunes avaient vingt-neuf ans en 1914.

2. En 1921, il y avait à Plougourvest 1 135 habitants en 209 ménages (moyenne 5,43) : les maisonnées de six, sept ou huit personnes étaient donc fréquentes.

trois frères et deux sœurs. Assez aisés et assez orgueilleux, ils ne pouvaient épouser n'importe qui. Et peu de gens étaient désireux de venir comme gendre, et surtout comme bru, sous la ferme autorité d'un beau-père et d'une belle-mère qui ont vécu jusqu'à soixante-douze et quatre-vingt-un ans.

De plus, ils formaient un groupe bien soudé sous le patronage de la plus jeune. D'où venait sa domination ? Sans doute avait-elle été affectivement favorisée par des aînés sensiblement plus âgés qu'elle, par ses parents parce que c'était la dernière, et surtout par sa mère, qui se reconnaissait en elle. Ces deux femmes redoutaient évidemment l'arrivée d'une bru. Leur réticence était secondée par l'autre chouchou, qui était le plus jeune des garçons : il avait intérêt lui aussi à empêcher le mariage de ses aînés. Après quoi, quand ils furent à leur tour en âge de s'établir, tous deux se contentèrent de la domination qu'ils avaient acquise.

Pour bien comprendre leur réticence, il faut voir comment les choses se passaient dans les familles nombreuses. L'un se marie sur place. Les autres, à moins de trouver un conjoint chez qui s'installer, deviennent les domestiques bénévoles du couple[1], comme ils étaient auparavant ceux de leurs parents. Logés, nourris, vêtus, nantis d'un tout petit peu d'argent de poche pour leur tabac et un verre de temps à autre, mais économiquement, socialement et psychologiquement assujettis. Non seulement chez eux, mais aux yeux de tout le monde. C'était le statut des frères et sœurs de ma grand-mère, malgré sa gentillesse et celle de son mari :

1. Pourtant, dans cette région, le bail n'était pas au nom de celui-ci seulement, mais au nom de tous les occupants majeurs, en indivision solidaire.

d'éternels mineurs, des êtres inachevés, sans prise sur la réalité. En Bigorre, pour désigner ces oncles et ces tantes-là, on disait : les *esclaus*.

Je voudrais présenter tous ces vieux que j'ai connus. En hommage à leur mémoire. Parce qu'ils étaient assez pittoresques. Mais aussi parce que leurs différences m'ont marqué : elles m'ont conduit à réfléchir assez tôt sur le conditionnement des personnalités par leur statut social, par leur place dans le groupe. Nous avons tendance – surtout en cette époque individualiste – à nous considérer comme des êtres autonomes, ayant chacun sa personnalité propre, qui s'exprime dans ses comportements. Mais ma personnalité est-elle autre chose que l'ensemble de mes habitudes comportementales, qui en sont la cause encore plus que l'effet, et qui sont conditionnées par mon statut ? S'il change, il est fréquent qu'elles se transforment : j'ai vu des élèves chahuteurs – tant qu'ils étaient soumis à l'autorité – devenir des surveillants autoritaires dès qu'ils accédaient au pouvoir. La structure des anciennes familles communautaires définissait précisément les rapports de chacun aux choses et aux autres[1], c'est-à-dire ses comportements et même

1. « Ma sœur et moi nous avons été élevés pareil, et pourtant nous sommes très différents », m'a-t-on objecté. Comment est-il possible qu'un grand garçon et sa petite sœur soient élevés de la même façon, surtout à une époque où les modèles masculin et féminin étaient si opposés ? Et même dans le cas de deux garçons (ou filles) le second – tout en imitant partiellement son aîné – tend à se développer sur des terrains et par des manières qui ne sont pas occupés par lui. Dans une certaine mesure, on se pose en s'opposant.

ses sentiments et ses idées à leur égard. Chacun n'existait que dans son rôle : mieux valait épouser celui que la structure vous imposait.

Quand je suis né, mon arrière-grand-mère vivait encore. Retombée en enfance, elle câlinait ce bébé, l'appelait Jeanne, lui jetait des torchons à la figure en riant aux éclats. Un jour, dans ses jeux inconscients, elle atterrit dans le feu. Elle aurait pu m'entraîner. Effrayé, mon père scella un crochet au mur de la cheminée : on l'y attachait quand on faisait du feu. Elle est morte à quatre-vingts ans, le 6 mars 1935 : j'allais avoir quatorze mois. Je ne me souviens que du crochet.

Mes deux grands-pères étaient morts : l'un en 1916, l'autre en 1920. Mais j'ai bien connu leurs épouses. Surtout ma grand-mère maternelle, Marie-Louise Jézégou : *mãm-goz*[1]. J'ai grandi avec elle jusqu'à onze ans, puis encore pendant toutes les vacances jusqu'à vingt-trois ans. Elle était d'une discrétion remarquable. Même physiquement : petite et menue (les gros étaient rares, et les grosses encore plus, chez ces gens toujours actifs et nourris de peu). Elle était toujours habillée de noir, comme toutes les campagnardes de plus de quarante ans jusqu'en 1950, même quand elles n'étaient pas veuves. Un noir qui verdissait à force d'être exposé au jour et porté jusqu'à usure complète (pas par les lavages !). Comme beaucoup de personnes de sa génération, elle refusait absolument d'être photographiée. Ils ressentaient cela comme une intrusion indiscrète, une prise de possession. Je l'ai fait

1. Mot à mot : *mère vieille*. Grand-père se dit *takoz*.

une seule fois, par surprise. « *O Jan geaz !* » (oh pauvre Jean !), s'est-elle écriée.

Sans être gaie (tempérament rare par là-bas à son époque), elle était toujours d'humeur égale et douce. Sereinement résignée malgré des craintes ancestrales : de famine, de ruine (*rivinet* était l'un de ses mots favoris) ou de procès : elle invoquait souvent la menace du *juste paix*[1] pour m'inciter à bien surveiller mes vaches. Travailleuse, sobre, discrète, indulgente, elle était remarquablement solidaire de ses proches. Jamais on n'a réussi à lui faire critiquer ma mère, malgré son caractère impulsif, autoritaire et parfois aventureux. Dieu sait pourtant combien d'âmes charitables s'y sont essayées. Jamais de querelle, même avec son gendre, parfois désagréable envers elle : elle se contentait de ne pas l'aimer. Dans quelle mesure était-elle ainsi par nature ? Dans quelle mesure avait-elle pris cette habitude à force de se dévouer à ses six puînés, puis à son mari et à ses quatre enfants, enfin à sa vieille mère ?

Elle est morte à la veille de ses quatre-vingt-cinq ans. J'ai eu la satisfaction d'assister à ses dernières semaines, avec ma femme et mon bébé. Un soir elle m'a confié sa joie d'avoir vu son arrière-petit-fils : l'approche de la mort autorisait cette confidence exceptionnelle.

Ma mère « s'est éteinte tout doucement, vendredi 1er août à 23 h 15, sans une plainte ni un mouvement », écrivait maman à une amie. Telle qu'en elle-même… Elle « me manque plus que je ne saurais le dire. Elle me comprenait si bien et

1. Pour *juge de paix*. C'est ainsi qu'on appelait jusqu'en 1959 ce qui est devenu le juge du tribunal d'instance.

aurait tant voulu m'aider jusqu'à son dernier souffle. Je crois que je la chercherai longtemps ». Ces ruraux ignoraient nos passions amoureuses, mais ils avaient d'autres formes d'affection profonde : cela aide à comprendre que ses cousins aient préféré la tranquillité d'une amitié fraternelle à une aventure matrimoniale qui ne pouvait tout au plus que leur apporter la même chose.

Elle était morte au début de la nuit. Ma mère entreprit aussitôt de l'exposer : catafalque de draps blancs ; coiffe ; mains croisées sur la poitrine ; doigts entrelacés d'un chapelet ; sur un banc, devant le lit, deux bougies et un brin de buis dans une assiette d'eau bénite. Le soir, parents et voisins affluèrent pour les prières présidées par M. le recteur. Ma mère, son mari, sa sœur et son frère restèrent toute la nuit, avec quelques parents qui habitaient trop loin. Ils s'attablèrent : conversations et bientôt éclats de voix, éclats de rire même. Ma femme, citadine civilisée, se croyait chez Zola. Mais non : ces gens ne s'étaient pas rencontrés depuis longtemps, et ils avaient vu tant de cadavres[1] !

1. Les veillées mortuaires de jadis pouvaient être fort animées. Il arriva même d'y danser – pas en Léon, bien sûr. Certains recteurs s'en méfiaient au point d'interdire aux jeunes filles d'y aller. Il y avait parfois de fâcheux incidents : ils ne décourageaient pas nos rudes ancêtres. Voici un bébé mort-né, en 1896, à Saint-Gonlay (35). On l'enveloppe dans un torchon, on fabrique un cercueil et on va l'enterrer, avec parents et voisins. Puis on vient se restaurer. Mais c'est le bébé qui est dans le torchon à saucisses ! Vite au cimetière : on fait l'échange et on mange. Et sans doute on rigole : le rire est salutaire décharge d'émotion.

« Debout sur la tranche éclatante du jour, au seuil d'un grand pays plus chaste que la mort, les filles urinaient en écartant la toile peinte de leur robe » (Saint John Perse). En poésie, ça sonne bien : audacieuse transgression. Quand grand-mère s'immobilisait à 2 m de la porte, c'était moins réussi. Mais c'était son seul défaut.

Je garde d'elle de meilleures images : à genoux devant le feu, tressant ses cheveux ; à genoux devant la porte, cirant nos chaussures, le dimanche matin ; debout devant la cheminée, remuant longuement la bouillie avec un grand bâton pour éviter les grumeaux ; à table, mâchant prudemment (elle n'avait plus de dents) ; faisant la vaisselle avec son torchon, *an torch listri,* dans une eau bien grasse, sans savon ni détergent ; secouant la main pour éloigner un importun : *« Goumprenãn ket »*, disait-elle, alors qu'elle comprenait parfaitement le français ; parcourant quotidiennement le journal et nous lisant ce qui la frappait, avec de rares erreurs de prononciation.

Dans ces communautés familiales, les tâches étaient réparties ; mais aussi les comportements. Le pouvoir était plus ou moins monopolisé par le couple des parents, ou par celui formé d'un frère et d'une sœur. Les autres n'avaient que trois possibilités : la flagornerie pour se faire bien voir des chefs ; la révolte, qui, faute de pouvoir conduire à l'indépendance, n'était qu'incessante et vaine lamentation ; ou, beaucoup plus souvent, un repliement résigné sur soi-même, aux frontières de l'autisme.

Voici le résultat pour les frères et sœurs de grand-mère. Le domaine d'Isabelle (que tout le monde appelait *Noun*, parce qu'elle était la *mar-*

raine de je ne sais qui), c'était les vaches : les sortir, les garder, les rentrer, les traire, écrémer le lait, faire le beurre, sortir le fumier, renouveler la litière, et surtout leur donner à manger – notamment des betteraves stockées dans une cabane recouverte de genêts (*el lochenn*) : elle y passait beaucoup de temps à les découper avec un grand couteau. Elle incarnait la seconde attitude dont j'ai parlé, n'arrêtant pas de déplorer les misères de l'existence d'une voix tonitruante. « Ce mauvais temps ne s'arrêtera donc jamais ? » « Mon Dieu, qu'aurons-nous à manger cet hiver[1] ? » « Plutôt les galères qu'une vie pareille ! » « Si tu ne surveilles pas mieux tes vaches, elles iront dans le champ à *** qui t'enverra le *juste paix* ! » Pourquoi tant de jérémiades ? L'existence était fruste, mais pas accablante. Quant aux famines, les dernières remontaient à plus d'un siècle. Plutôt que des réalités, ces cris exprimaient une attitude, un rôle.

L'autre sœur et les trois frères avaient choisi le silence. Marie-Guillemette Jézégou (dite *Ti Mari* puis *Titine*) était la plus jeune. Isabelle avait pris les vaches, qui venaient juste après les chevaux, réservés aux hommes. Elle eut donc les cochons, les poules, le ménage (très sommaire), la cuisine et le silence. Car dans ce monde sobre, la cuisine n'était pas valorisante : elle est du côté de la dépense. De plus, elle vous confine à la maison, au gynécée. Ni ma mère, ni la plupart des paysannes que j'ai connues jadis n'étaient bonnes cuisinières ni soigneuses ménagères : elles avaient mieux à faire. Celle-ci au contraire, faute de mieux, s'était investie dans cette fonction : *les*

1. Louis Elégoët me dit avoir encore entendu ça en 1956 et 1958, à la suite d'étés très pluvieux.

pommes de terre à la Titine, longuement mijotées au beurre, étaient un régal que ma femme adopta ; mes enfants en parlent encore. Quand elle entra en maison de retraite, elle aidait à la cuisine. Au début, quand cette maison était encore gérée par les bonnes sœurs. L'administration y mit bon ordre. À chacun son rôle : celui des pensionnaires est de payer cher pour ne rien faire. Elle passa donc le reste de sa vie à somnoler.

Claude (*toun Glaoda*), le soldat de 14-18 dont j'ai parlé au chapitre 4, était tranquille et discret. Il vivait chez nous, tandis que les quatre autres étaient au manoir. Mais je m'en souviens peu. Il est mort quand j'avais quatre ans et demi, victime d'une chute.

Hervé (*toun Erve*) passait sa vie aux champs. Il ne rentrait pas goûter ; parfois il sautait même le repas de midi. « *An ?* » disait-il quand il vous rencontrait. Il proférait quelques autres monosyllabes : oui, non, t'à l'heure (*bremaig*) – une façon de repousser toute chose à plus tard ou à jamais. Forteresse autistique, il s'affirmait d'une seule façon : il fumait. Originalité rare dans ce pays de chiqueurs, et attitude scandaleuse : ces gens entourés de paille et de foin avaient la hantise de l'incendie. Il restait sourd aux réprobations, mais ne fumait que le soir : l'été dans la cour, l'hiver au coin du feu. Il bourrait sa pipe, prenait les pincettes, attrapait une braise, la posait dans sa main, la faisait tournoyer, la versait sur le tabac, aspirait deux ou trois fois et rejetait la braise. Il s'enfermait dans ce bonheur solitaire, aussi peu encombrant que possible, mais capable de grognasser infiniment si on le dérangeait.

Un jour, en hersant, il trébucha. La herse lui passa dessus : l'une des pointes se ficha dans sa tempe. Il arrêta le cheval : « o ! », souleva la herse, revint à la ferme, le visage en sang. Cris d'Isabelle. Il accepta une dose de teinture d'iode. Trois ans plus tard, il périt brûlé en cuisant des pommes de terre pour les cochons.

Chanvransa (Jean-François) était au contraire un bavard impénitent. On l'appelait *an ouroulier* : ça veut dire *le grelot*, mais aussi *le radoteur*. Parler, il en avait le droit, lui. Tant qu'il voulait : car nul ne l'écoutait. Handicapé de naissance, il avait – outre un équilibre instable – une élocution difficile et une intelligence sommaire. Est-ce par compensation ? Il parlait volontiers de l'école et des trois maîtres qu'il avait eus, et racontait que le dernier y avait mis le feu avec sa pipe[1].

De cette école patriotique d'avant 1914, il n'avait retenu que deux choses : une vive admiration pour *Lapoléon*, dont il criait le nom de temps à autre, et un chant patriotique, un salut à notre *noble et beau drapeau* :

Solidans ici re rapeau,
Re rapeau re ra France,
O qu'il est no, y fier, il est go !

Pendant des années, j'avais oublié le rythme très particulier de sa laborieuse élocution. Je l'ai retrouvé sur mer : sa phrase tirait des bords, peinait contre la vague, hésitait sur la crête, dégringolait avec satisfaction dans la déferlante, comme un bateau mal barré.

Incapable de se redresser, il se véhiculait comme en position assise, semblable à un trépied,

1. L'école avait effectivement brûlé en 1899, mais il n'y a pas trace de cette accusation dans les documents. *Chanvransa* projetait-il sur son ancien maître la crainte qu'inspirait son frère ?

avec son éternel bâton. Pas question de travailler. Pour les enfants, c'était donc le compagnon rêvé : toujours disponible, jamais contrariant et d'un niveau à leur portée. Jusqu'au moment où mon frère fut en âge de jouer avec moi, ce fut mon grand copain, malgré la réprobation de maman : il va s'écrouler sur toi, il va t'écraser. Il tombait en effet souvent, malgré une position qui abaissait son centre de gravité. Mais c'était un écroulement tout en rondeur, qui ne m'a jamais coincé.

Si débonnaire par ailleurs, il était susceptible sur ce seul point. On se détournait donc le temps qu'il se relève. Ou bien on le plaignait d'avoir *glissé*. Un jour, il *glissa* près d'un ruisseau et m'entraîna dedans. Pas de quoi se noyer, mais nous étions si pauvres que je n'avais pas de change : au lit avec une fessée. C'est mon premier souvenir.

Nous avions un terrain favori : en bas de la cour, entre la vieille grange et le poulailler, contre lequel poussaient des roses – à la belle saison, mais dans les souvenirs d'enfance elle n'a pas de fin. Il y avait là un carré de gazon. Il s'y ébrouait, roulant sur le dos comme font les chevaux. Puis il se mettait à genoux – la seule position stable –, m'allongeait devant lui, plaçait une main sur mon ventre, l'autre sur ma poitrine, et un tour vers l'avant, un tour vers l'arrière, comme pour faire une baguette avec la pâte à pain. Ou bien il me pliait en quatre – allongé sur le dos, genoux à la poitrine, nez sur les genoux, mains sur les tibias – et il m'imprimait des mouvements de bascule dans tous les sens, comme un culbuto. Après, j'aimais bien rester un long moment ainsi, sur le côté. Plié en quatre. Ramassé en moi-même.

Un jour, je descends vers le gazon. Il est là. Immobile. Une grosse mouche sur son visage.

Affolement. Cette mouche, je l'ai déjà vue sur un cadavre. Hurlements, précipitation. Le mort se débat. Ma mère accourt, me saisit, me soulève de ce sac à puces, et me gifle ! Tout ça pour une mouche. Seize ans plus tard, à Tunis, je suis reçu par Monsieur le Secrétaire Général de l'Institut d'Études Supérieures. Une mouche villégiature au coin de son œil. Il ne semble pas s'en apercevoir. Tout est relatif et on s'affole toujours trop vite.

« Méfie-toi de l'idiot », disait maman. Moi, je l'aimais bien. Les autres me plantaient là : ils avaient toujours autre chose à faire. Lui, il me promenait. Eux me commandaient sans cesse : reste là, bouge pas et fais pas ci et fais pas ça. J'ai compris plus tard qu'ils organisaient le monde, dressaient les bêtes, normalisaient les gens. Lui me faisait admirer l'étrangeté des choses, sans chercher à tout soumettre à sa raison intéressée – moins par sagesse que parce qu'il n'en était pas capable.

N'en déplaise à ma mère et à mes maîtres, c'est cet innocent qui, sans le savoir, m'apprit le premier à réfléchir : à prendre du recul sur moi-même, à me mettre à la place des autres. « Regarde », disait-il. Quelques touffes, dans le pré, étaient plus grasses et plus vertes. Les vaches se régalaient de celles qui poussaient sur le crottin de cheval et dédaignaient celles de leur propre bouse, apparemment identiques ; les chevaux faisaient l'inverse. Sa réflexion n'allait pas plus loin. Mais l'élémentaire est parfois fondamental. Cette humble observation a lentement germé en méditation.

Elle m'a habitué à *relativiser* les personnes et les choses en les replaçant dans leurs *relations* entre elles et avec mes opinions et sentiments à leur égard. Et surtout à me relativiser moi-même.

Quel moyen plus radical d'ébranler son impérieux égocentrisme et sa prétentieuse subjectivité qu'une juste interrogation sur sa propre merde ? Sent-elle mauvais par nature ou parce que je la rejette ? N'avez-vous jamais vu un chien déguster l'excrément de son maître adoré ? Je déteste une chose parce qu'elle est mauvaise, ou je la déclare mauvaise parce qu'elle me gêne ? Ma perception me fait-elle connaître les autres et les objets tels qu'ils sont, ou seulement mon rapport à eux ?

Bien entendu, j'ai dédaigné ce vieux radoteur dès que je suis devenu un grand garçon raisonnable. Quand je suis revenu vers lui, bien des années après, il était trop tard. Il ne sortait plus de son lit. Assis contre un tas d'oreillers, il levait son index, restait figé quelques instants, puis tournait la tête à droite, à gauche, à droite, à gauche… « Tu les entends qui crèvent. » Puis il s'affaissait, aussi content qu'épuisé. Oui, j'entendais les craquements de sa pauvre nuque, pas l'éclatement des poux qu'il croyait y écraser.

La répartition des caractères à travers celle des rôles était également sensible chez les cousins de ma grand-mère dont j'ai parlé plus haut, et que j'ai bien connus : ils habitaient à 200 m de chez nous. *Chãn* (Jeanne) était la directrice et la reine de ce groupe de trois hommes et deux femmes. *Chãn* : traînez un peu sur le *ã*, avec une dévote solennité, comme le faisaient sa sœur et ses frères, tandis que d'autres ajoutaient un léger tremblement, pour mimer la voix d'un âne – ce qu'elle n'était certainement pas.

Soucieuse de distinction, elle se poudrait, portait des broches, soignait son élocution et jusqu'à sa ligne – une notion qui n'existait pas encore. J'ai même aperçu chez elle du *savon dentifrice*. Elle mangeait peu, moins par délicatesse d'estomac que par dédain pour la bouffe et les baffreurs, gens enfoncés dans la matière. Sa pieuse sobriété témoignait d'une nature supérieure.

Comme je l'ai dit, elle manœuvra sans doute pour souder la fratrie contre toute intrusion, et pour dénigrer les prétendant(e)s possibles. Or, elle était remarquablement douée pour la séduction et pour la cruauté : je peux témoigner de l'une et de l'autre.

Elle vint me voir au lendemain de ma naissance. « Comme il est joli », dit-elle. « Comme il serait ravissant sur son lit de mort ! » *« Pegen kaer e viche var ar vascãõn ! »* Perfide allusion à ma sœur, morte à la naissance et joliment exposée pour les prières des parents et des voisins. Ma pauvre mère, si heureuse d'avoir cette fois un bébé bien vivant !

Cela je ne l'ai su que plus tard. En attendant, c'est à la séduction que j'ai eu droit. Enfant unique du secteur, je fus choyé par *Chãn* encore plus que par les autres. Elle me coupait des tartines, les grillait au feu au bout d'une longue fourchette, et les couvrait de beurre fondant. Personne d'autre ne faisait rien de tel. Puis je fus traité en petit complice : elle me racontait des histoires, m'adressait des sourires, me faisait faire la tournée de ses fleurs. Je n'avais quand même pas tous les droits. Sur le bord supérieur du lit clos, près de l'image de Jésus, trônaient des pommes magnifiques, toutes rouges. J'en salivais. Elles m'étaient interdites. Le jour où je pus enfin y mordre, quelle déception ! Il m'a fallu trente ans pour m'adapter aux tomates.

L'aîné de cette famille, *Gwillou* (Guillaume) avait trois ans et deux mois de plus que le second. Avait-il profité du temps où les autres étaient encore jeunes pour prendre des habitudes d'autonomie ? Avait-il ensuite tenté de maintenir son autorité d'aîné ? Il était imprévisible : son humeur impulsive adorait la transgression, surtout quand une présence étrangère empêchait sainte Jeanne de montrer les dents. Les comptes se réglaient après. Mais ce diable d'homme ne détestait pas les reproches : ils confirmaient aux yeux des autres qu'il était irréductible.

Le dimanche ses frères avaient ordre de l'encadrer, au retour de la messe, pour l'empêcher d'aller au bistrot. L'un dix pas devant, l'autre dix pas derrière (plus près, c'était la dispute). Au besoin, le premier freinait la marche pour ne pas doubler quelque lambin. *Gwillou* lui aurait dit : « Invite-moi à boire : c'est moi qui paierai. » Il fit le coup à mon père. Vers la fin, ayant rencontré Jésus-Christ à *Kroas ar Ch'lan* et dialogué avec lui, il prenait ses impulsions pour illuminations divines.

Chanvransa, le chouchou de *Chãn*, était un fureteur et même un rapporteur. Doucereux avec la chef, rogue envers les autres. Il était souvent fourré dans la cuisine – surtout l'hiver, bien au chaud. Il nourrissait les poules et ramassait les œufs : office typiquement féminin. Entre ces deux-là, *Chanlouis* n'avait d'autre solution que d'être doux et placide, et de préférer les champs à la maison. C'est lui que j'estimais le plus, malgré mon admiration pour le brio et les défis de l'aîné.

Du côté des hommes, il y avait ainsi une relative égalité : leur espace était assez vaste pour permettre la cohabitation de rôles différents. C'était impossible du côté des femmes, confinées dans la maison et en concurrence pour le pouvoir principal, monarchique. Chãn était la maîtresse ; sa sœur Rosine était donc sa servante et son antipode : grosse, douce, sotte – moins par nature que par fonction. Son bonheur était de se dévouer à celle qu'elle admirait.

Ils formaient un groupe solidement uni. En parlant les uns des autres, ils disaient « les garçons » et « les filles », comme s'ils étaient toujours enfants. Je crois qu'ils étaient assez heureux dans leur répartition de rôles. Mais c'était la directrice qui en maintenait l'équilibre. Or, bien que la plus jeune, elle mourut la première, à soixante-six ans. Sa sœur la suivit trois mois plus tard. Est-ce parce qu'elle a réussi à pousser l'admirative imitation jusqu'à ce point ? Restés seuls, les « garçons » se sont moins bien débrouillés, notamment pour la cuisine. Et leurs rapports se sont un peu détériorés : l'aîné voulait se venger de la préférence dont avait bénéficié le benjamin, qui réagissait avec aigreur.

Outre ces membres de ma famille, j'ai connu d'assez près quelques voisins, nos ouvriers agricoles et nos deux mendiants habituels. En l'absence de mon père, de 1939 à 1945, il nous fallait un journalier. Plusieurs se sont succédé. L'un d'eux était aussi prétentieux que petit. Il racontait ses exploits d'un air à vous effrayer, puis il vous souriait, et vous tapotait la joue pour vous rassurer. Une fois il s'excusa d'avoir renversé notre cheval d'une bonne gifle. Il racontait aussi qu'un jour, au bistrot, ***, qui était un géant, menait grand tapage. « Je me suis levé, et il s'est aussitôt calmé. » Pure coïncidence, commentait ma mère : quand il s'est levé, la différence était si minime que l'autre ne s'en est même pas aperçu. Un fort brave homme au demeurant.

À partir de 1941, notre « grand valet » (*mevel braz*) fut *Chanmar*, un fils de paysan pauvre de la « montagne », orphelin, engagé dans la marine, puis ouvrier agricole. Il vivait chez nous, comme nous. C'est-à-dire qu'il travaillait du matin au soir et ne recevait en échange que le logement, la nourriture et guère plus que de l'argent de poche. Mais ma mère lui fournissait volontiers du vin, son grand régal.

C'était l'homme de la maison. Mais les décisions ne lui revenaient pas : il se contentait de donner son avis. Sur le plan personnel, il était respectueux et discret, sauf quelques allusions quand il était saoul, c'est-à-dire tous les dimanches – mais jamais à rouler sous la table. Il nous aimait bien : nous étions sa famille, en dehors d'une sœur qu'il ne voyait guère. Parfois, ma mère et lui se fâchaient : il partait dans une autre ferme et ne tardait pas à revenir. Après le retour de mon père, sa présence devint moins constante : elle n'était plus indispensable en permanence, et ils ne s'accordaient pas au mieux. Puis il s'est replié sur l'hospice. Il revenait périodiquement : pour nous voir et pour boire un coup.

Dans un cercle de 250 m autour de notre hameau, il y avait onze maisons, toutes isolées, sauf deux. J'en évoquerai trois : celles dont les habitants étaient les plus typiques d'une époque révolue.

Christophe avait trois ou quatre ans de plus que ma mère. Jeune homme, il avait lorgné sa sœur aînée, Élisa. Mais il n'avait pas les moyens de sa prétention : une petite ferme et un niveau culturel nettement inférieur à celui de sa prétendue. Pendant son service militaire, il gribouilla une lettre pour elle. À en croire maman, elle commençait par « Ma chère Éclicla ». Quand je l'ai connu, c'était un gros homme rigolard ou plutôt ricanant, toujours satisfait de lui, mais dédaigné de tous et définitivement célibataire. Car il était paresseux et tout chez lui s'en allait à vau-l'eau. Sa vieille mère était travailleuse, mais très sale – selon nous, qui n'étions pas des as de propreté. Et ses pintades, ses dindons, originalités potentiellement positives, puisqu'il n'y en avait pas ailleurs, devenaient dans ce contexte un indice de marginalité, de sottise.

Un jour que je suis passé chez eux, la mère m'a fait un far. Pas celui qui cuit longtemps au four. Non : la même pâte, mais saisie rapidement à feu vif et retournée comme une crêpe : *er farz lampen*. Au retour, on se moqua de moi : c'était certainement sale et mauvais. Eh bien non ! c'était bon et original : je n'ai jamais mangé l'équivalent ni avant ni après. Mais je me suis gardé de préciser qu'en le retournant elle l'avait flanqué par terre, dans la cendre.

Ils n'étaient pas assez soigneux, pas assez vigilants : le hasard en profita pour les accabler. Une après-midi, la mère de Christophe fabriquait du savon dans une lessiveuse : c'était une habitude pendant la guerre. Son unique petite-fille était ce jour-là chez elle. Elle tomba dedans. Dans la soude caustique bouillante !

Chon (Jean-Yvon), sa femme *Chãnie* et leurs enfants étaient des pauvres qui habitaient une petite maison avec seulement un grand jardin potager. Lui servait de coiffeur aux hommes du voisinage. Il avait une petite pension, pour avoir été gazé en 14-18. Cet inconvénient ne l'empêchait pas d'être fier de sa guerre, et de manifester son dédain pour les vaincus de 40.

Chãnie était d'un dynamisme extraordinaire : je n'ai jamais vu personne ramasser les pommes de terre à telle allure. Elle avait pour ses enfants une ambition admirable. Elle entourait sa fille d'une telle attention qu'on l'appelait *la Princesse*. Par chance c'était en effet une jolie blonde – un peu dédaigneuse et maniérée, bien sûr, avec un tel statut.

Hélas ! l'esprit de leur fils *Janclotic* (petit Jean-Claude) était lourdement handicapé, et il avait de violentes crises d'épilepsie. À vingt ans, son activité favorite était de jouer avec des boîtes de conserve : autant de poupées, dont il connaissait les personnalités et les sautes d'humeur. Il était très sensible et susceptible, et son attitude passait rapidement du joyeux enthousiasme à la sombre violence. Sa pauvre mère s'en occupait admirablement, jouant avec lui, le calmant, le cajolant, essuyant sa bave d'épileptique, sans jamais se plaindre.

C'était d'autant plus remarquable que dans cette société l'infirmité de naissance, physique et surtout mentale, n'était pas seulement un handicap pour l'individu, et une lourde charge pour sa famille, en l'absence de toute aide sociale – sauf à le mettre à l'hospice. C'était perçu comme une tare héréditaire, et c'était par conséquent une honte familiale. Le pauvre infirme était traité sans ménagement, moqué, rejeté, méprisé. Parfois par ses propres parents ; encore plus facilement par ses frères et sœurs.

Les semi-innocents gentils, quand ils n'avaient pas de famille pour les protéger, étaient mendiants, ouvriers agricoles ou pensionnaires de l'hospice, dont ils sortaient pour les grands travaux. Ils avaient un statut de tête de Turc. Les forts en gueule se plaisaient à les chamailler, à leur dresser des embûches, à leur jouer des mauvais tours et surtout à leur poser des défis exténuants. « Tu n'es même pas capable de porter ce sac ! » Ça marchait à tout coup : on hissait une lourde charge sur le dos du malheureux, en appuyant un bon coup pour l'écrouler. Ils épousaient avec ardeur ce rôle de souffre-douleur, contents d'avoir un statut et d'être mis en vedette. Peu importe la façon, pourvu qu'on ait l'ivresse ! Mais on ne se moquait pas ainsi de *Janclotic* : sa mère aurait fait honte aux agresseurs, on redoutait sa violence et il n'était pas assez intelligent pour marcher dans la provocation.

L'attitude des enfants était toute différente. Nous évitions les innocents suffisamment intelligents pour se venger sur nous de leur statut. *Janclotic* était au contraire une providence. Comme les animaux, il n'était jamais arbitrairement agressif envers les petits. Quand il était contrarié, ça se voyait : on savait qu'il fallait le laisser tranquille. Son plaisir était de nous transporter sur son dos ou en brouette, à toute allure. Grandes inquiétudes maternelles, et quelques chutes en effet.

Les hordes de mendiants du XIXe siècle avaient disparu : la natalité avait reculé ; la campagne était moins pauvre ; le surplus tendait à émigrer ; enfin, même chez nous, l'heure de l'enfermement avait sonné : le manoir de Kervoãnec, résidence de la famille de Tonquédec, qui avait longtemps tenu la mairie, était devenu hospice en 1935.

Dès le début du XXe, il n'en restait que quelques-uns, personnellement connus de tout le monde. C'étaient de véritables personnages, généralement pittoresques et souvent originaux : c'est presque indispensable pour s'affirmer dans le vide. À Bodilis, vers 1910, il y en avait un qui était célèbre : *Yãn Guenille*. J'ai sa photo, en carte postale, avec deux strophes de Théodore Botrel sur « mes vieilles guenilles » de Landivisiau. Il me ressemble !

Vers 1915-1920, il y en avait un autre, par chez nous, qui n'était pas un démuni, comme la très grande majorité, mais un marginal : un ancien séminariste, devenu matérialiste. Ma mère se souvenait de lui : « On vous dit que votre âme ira au Paradis. Mais l'âme, c'est le souffle, l'haleine. Quand on meurt, il n'y a plus de souffle. » Un jour de grand froid il se réfugia dans un four de boulanger. Il y mourut étouffé, paraît-il. Je vois mal comment, mais je ne discute pas les voies de la Providence.

Dans mon enfance, deux mendiants passaient régulièrement : ils avaient leurs circuits. On les nourrissait ; ils dormaient dans la crèche ou la grange. S'il y avait du travail, ils restaient quelques jours – avec un contrat en litrons plutôt qu'en argent. Une fois, ils restèrent tous les deux ensemble, pour scier du bois. Boisson. Dispute. Bagarre. Le plus fort appuie la scie sur le cou de l'autre. Ma mère survient, pique sa fureur et les mitraille de bûchettes : ils ont filé doux.

Ces pauvres gens n'avaient que leurs vêtements rapiécés, remplacés de loin en loin par quelque bonne âme, un sac en bandoulière et un bon bâton, *er penn baz*. Aucune famille, un corps prématurément déglingué. Mais ils n'étaient pas vraiment malheureux. Ils connaissaient les maisons accueillantes et n'avaient pas à quémander : leur nourriture et leur logement allaient de soi, même s'ils dormaient dans la grange ou l'écurie, et s'ils mangeaient parfois sur le banc plutôt qu'à la table familiale. Clochards, marginaux plutôt que mendiants. On les respectait – sans songer toutefois à voir en eux des envoyés du ciel, comme jadis. Ils avaient leur fierté et tenaient leur indépendance pour une supériorité. Parfois ils se permettaient des observations, de façon détournée : insinuations ou chansons allusives improvisées – comme jadis le fou du roi. Un soir, nous découvrons *ar Becãm* au bout du chemin, ivre mort. Pas question de le transporter : il était lourd et se débattait. « On ne peut pas le laisser là ! » Ma mère persuade son mari réticent (il ne l'aimait pas, mais l'inverse était encore plus net) : nous revenons avec la brouette. Pas moyen de le hisser ! Nous rentrons. À peine arrivés, le voilà qui surgit, tonitruant une chanson où mon père n'avait pas le beau rôle.

Et les amis de vos parents ? « Il n'y a pas d'amis à la campagne : seulement des proches et des voisins », disait Henri Mendras. Je me permets de compléter son opinion : en ville on a des amis, mais pas de parents – en dehors de la famille restreinte. Quant aux voisins, « bonjour-bonsoirçava ? » et c'est tout. Nous avions au contraire beaucoup de relations avec nos voisins, et il y en avait quelques-uns sur lesquels nous pouvions compter.

Cela dit, les gens que nous fréquentions, nous ne les avions pas choisis en effet – sauf exception. C'étaient des relations institutionnelles : les voisins, les parents et notamment le parrain et la marraine, les camarades de régiment et les gens « de la classe[1] » les collègues fabriciens (*kãmarad-ded fablik*[2]) ou même enfants de chœur *(kurusted)*. Et il s'agissait d'échange de services réciproques autant que de relations affectives.

Ma mère avait toutefois deux amies qu'elle s'était choisies. Mais c'est précisément parce qu'elle voulait échapper au monde où elle vivait. L'une était une riche paysanne qui rêvait de tout autre chose : un jour elle nous a demandé si l'impératrice d'Iran, vedette des magazines d'alors, était véritablement heureuse. L'autre était une citadine, héritière d'un riche marchand de chevaux, restée vieille fille à force d'ambition irréaliste. C'étaient des femmes *modernes*, coiffées, maquillées, soigneusement habillées, avides de dépasser leur condition. C'est à cause de cette aspiration que ma mère les appréciait. Moi, je ne les aimais pas parce qu'elle était fausse : leur rêve n'était que gadget romanesque. Je me rends compte aujourd'hui que mon irritation envers elles n'était pas très charitable. Si nous étions vraiment généreux, les démunis qui tentent d'affiner leurs comportements nous seraient sympathiques – ou du moins douloureusement pathétiques, même quand le résultat est prétentieux ou ridicule.

1. C'est-à-dire du même âge, de la même classe de recrutement pour le service militaire.

2. Membres du conseil de fabrique, chargé de l'administration temporelle de la paroisse. Aux offices, ils siégeaient dans le chœur et faisaient des quêtes. Ils quêtaient aussi du blé, de ferme en ferme, une fois l'an, après le battage.

CHAPITRE 11

LE HEROS DE LA FAMILLE

« Salut à la guerre ! C'est par elle que l'homme [...] se pose dans sa majesté et sa vaillance. »

Proudhon, 1861

« La valeur éducative de la guerre n'a jamais fait de doute. »

Paul Bourget, 1852-1935

Oui, il aurait pu être le héros de la famille. Mais les héros, c'est plutôt dans les films, dans les livres, dans l'imaginaire : là où la volonté forge la destinée. Nous étions enfoncés dans la réalité, accablés par notre condition. Notre expérience, notre religion nous enseignaient la soumission et non pas l'héroïsme. Pour nous, ceux qui meurent à la guerre étaient des victimes et non pas des héros. Dans notre langue, ce mot n'existait même pas.

Aujourd'hui, je lis sur des papiers que mon grand-père paternel est « mort pour la France », « sur le champ de bataille ». Mais à l'époque, je ne les avais pas vus. Il était simplement mort à la guerre, loin, il y avait longtemps. Ce n'était pas un héros, mais un absent. Même sa tombe n'était pas là, et personne ne l'avait jamais vue. Comment, dirait-on aujourd'hui, sa veuve et ses enfants ont-ils fait leur deuil, sans tombe, sans enterrement, sans les rites et cérémonies nécessaires, sans assistance psychologique ? Pour ça et pour tout le reste, ils ont fait comme ils ont pu. Le deuil, ils étaient nés dedans. Dans la pauvreté, la soumission à Dieu, la résignation à ce qui pouvait arriver, et qui n'était généralement que malheur. La guerre était arrivée, il était parti, il était mort, comme tant d'autres. *Amen.* Cinquante-quatre morts à Plougourvest, pour 1206 habitants en 1911[1], c'est-à-dire environ 260 hommes en âge de porter les armes. Plus d'un mort sur cinq, sans compter une douzaine de blessés, gazés et mutilés – parfois définitivement handicapés. En 1916, une femme de Plougourvest apprend qu'elle vient de perdre un deuxième fils à la guerre. Rude coup. « *Alle, Pauline, deõm dar park* », lui dit son frère. « Allez, Pauline, allons au champ. » L'oraison funèbre était faite ; le travail tout court remplaçait le travail de deuil. « Il nous reste heureusement un excellent compagnon : le travail », écrivait maman à l'une de ses amies en lui annonçant la mort de sa mère.

Pour ma grand-mère, ouvrière agricole et ses quatre enfants, âgés de cinq à douze ans, ce malheur était un pas de plus vers le fond. Réagir, survivre, gagner de quoi manger et s'habiller, rester dignes dans l'adversité. Telle était la première urgence. Le culte du mort était un luxe dont ils n'avaient guère le loisir, même si évidemment ils pensaient souvent à lui.

1. En 39-40, il n'y a eu que 4 morts, pour 1 025 habitants en 1936. À Plouvorn, sur 2 982 habitants en 1911, il y a eu 103 morts en 14-18.

La paix revenue, elle avait droit à un voyage gratuit sur la tombe de son mari. Mais comment aller si loin, s'orienter, se loger, se procurer à manger ? Sans compter qu'elle avait bien autre chose à faire. « Elle aurait dû y aller, quand même ! » J'ai entendu maman dire ça, un jour. À mon avis, elle ne le pensait pas véritablement. C'était une façon de critiquer sa belle-mère.

Le temps avait passé. On avait oublié le grand-père. Ou tout au moins on n'en parlait pas. Ces paysans n'exprimaient guère leurs émotions. Je me souviens seulement d'avoir entendu papa dire que son père avait, comme lui, une petite bosse, une petite boule de graisse sur le sommet du crâne.

François Rohou était né à Plouzévédé le 12 décembre 1874. Second de quatre enfants. Il devint orphelin de père à huit ans, de mère à douze. Ses quatre grands-parents étaient déjà morts. Il commença donc à douze ans sa carrière d'ouvrier agricole.

Voici sa description par l'armée : « Taille de 1 m 640 mm, cheveux et sourcils châtains, yeux bleus, front ordinaire, nez moyen, bouche moyenne, menton à fossette, visage ovale. Marques particulières : néant. »

« Bon. Dispensé. Art. 21. Aîné d'orphelins », avait dit le conseil de révision. Dispensé, ça veut dire qu'au lieu de trois ans de service militaire[1], il

1. La Révolution avait institué un service militaire de cinq ans, obligatoire pour tous. Mais on ne recrutait, par tirage au sort, que le nombre de soldats nécessaires, et il était possible de payer un remplaçant. L'obligation devient effective en 1872, pour préparer la revanche de la défaite de 1870, sauf dispense pour raison physique ou sociale

n'en a fait que dix mois et dix jours, couronnés, le 22 septembre 1896, par un certificat de bonne conduite pour avoir « constamment servi avec honneur et fidélité ». C'était l'expression rituelle, préimprimée. Il fut rappelé pour quatre semaines d'exercice en 1901, quatre autres en 1905, neuf jours en 1911. Pour ne pas oublier comment saluer, marcher au pas, présenter les armes, puisque « la discipline fait la force principale des armées ». Peut-être aussi pour tirer au fusil et préparer la victoire.

Le 15 février 1903, à vingt-huit ans, âge normal à l'époque, François Rohou épouse sa compatriote Marie Augustine Creignou, qui en a vingt-sept. Ils signent leur contrat, ainsi que leurs quatre témoins : lui d'une petite écriture fine, assez stylée. Son père déjà avait signé le sien en 1869. Fort pauvres, mais pas illettrés. Ils auront quatre garçons : François-Marie[1] (15 septembre 1904), Yves (1906), Joseph (1908) et Paul (1911).

Le 1er août 1914 est un samedi. Demain, on ne travaillera pas. Lundi il pleuvra peut-être. On se hâte donc de finir la moisson, ou de la rentrer. Mais vers cinq heures et demie, résonne le tocsin : un tintement aigu et rapide, harcelant, lancinant, obsédant, capable de vous inquiéter même

(étudiants, ecclésiastiques, soutiens de famille). La durée est de un à cinq ans (1872) puis de trois ans (1889), deux ans (1905) puis trois ans de nouveau (1913).

1. Le prénom de ce premier héritier est l'association de ceux de son père et de sa mère. C'était la fin de l'époque millénaire pendant laquelle les prénoms étaient des marqueurs de lignée.

si vous ne l'avez jamais entendu[1]. *Ãn alarm* ! C'est ainsi qu'on appelle au rassemblement contre l'incendie. Mais il n'y a ce soir ni flamme ni fumée à l'horizon : c'est la guerre, c'est la mobilisation de tous les hommes valides entre vingt et quarante-huit ans. Même au fond des provinces, on sait qu'il en est question, surtout depuis l'assassinat de l'héritier du trône d'Autriche à Sarajevo, le 28 juin.

« Dans les rues grouillantes, les hommes, les femmes, bras dessus bras dessous, entament une grande farandole étourdissante » (Gabriel Chevalier, 1930). Oui ; plus ou moins ; en ville. Même à Landivisiau : des photos montrent des soldats qui défilent en grande tenue, entouré de badauds et surtout d'enfants. L'exaltation s'amplifie vite dans les foules urbaines. Seul dans un champ, on s'excite moins facilement.

Presque tout le monde était patriote et haïssait les Allemands, les « Boches », des barbares qui nous avaient volé l'Alsace et la Lorraine. Depuis 1881, l'école obligatoire inspirait à tous les petits Français l'amour de la patrie et de ses deux provinces captives, au-delà de « la ligne bleue des Vosges » :

> Vous n'aurez pas l'Alsace et la Lorraine,
> Et malgré vous nous resterons Français !

Le Tour de la France par deux enfants (1877), sous l'invocation « Devoir et Patrie », s'était vendu à des dizaines de milliers d'exemplaires. Les bons

1. On ne sonne pas la cloche à la volée comme d'habitude ; on saisit le battant à la main (ou un marteau) et on le frappe à coups rapprochés contre la cloche, qui ne vibre pas.

élèves étaient fiers de connaître la liste de tous les départements, avec les chefs-lieux et sous-préfectures, que ma mère me récitait encore.

Même *L'Humanité*, le journal de Jaurès, assassiné le 31 juillet parce que soupçonné d'être opposé à la guerre comme révolutionnaire internationaliste, fait écho à l'exaltation populaire : « Des entrailles du peuple, comme des profondeurs de la petite et grande bourgeoisie, des milliers de jeunes gens, tous plus ardents les uns que les autres, quittant leur famille sans faiblesse et sans hésitation, ont rallié leurs régiments, mettant leur vie au service de la Patrie en danger. »

Aux paysans bretons aussi on a inculqué l'idéologie patriotique. Mais pour eux, ce sont surtout des récitations : la répétition de discours extérieurs plus ou moins mythiques. Leur réalité, c'est la paroisse, la famille, la ferme, le travail. C'est dur de les abandonner et d'en être privé. Oui, il faut défendre sa patrie. Mais ça suppose de s'exiler en pays étranger. Et c'est dur de partir en plein milieu des grands travaux – décisifs pour assurer la nourriture de la famille. Le père de Pierre-Jakez Hélias était en train de couper du blé. Le tocsin le rend furieux : il jette sa faucille. Sa femme la ramasse en pleurant : elle sait que son homme va partir, et que tout le travail sera pour elle. Le tiers des travailleurs de l'agriculture – le tiers le plus vaillant – est aussitôt mobilisé.

Oh, ce ne sera pas très long. Plusieurs mois quand même. Et on risque sa vie. De plus, les paysans bretons, même s'ils affectent d'en être fiers, ont un mauvais souvenir de leur service militaire, passé à se faire commander, engueuler et moquer, très loin de chez eux, de leur famille, de leur nourriture, de leurs habitudes, de leur langue. Çà et là, on se souvient de la désastreuse affaire de Conlie[1]. Certains, surtout dans le Léon, commencent par mettre leur conscience en règle avant cette épreuve, qui peut être mortelle : à Plouguerneau, on se confesse jusqu'à 1 h 30 du matin.

Rares furent donc nos paysans qui partirent dans l'exaltation (« À Berlin ! À Berlin ! »). Elle suppose un endoctrinement extérieur ou un entraînement collectif peu concevable dans les solitudes du bocage. Beaucoup le firent par devoir volontaire : le Finistère sera le département le plus généreux, après la Seine et la Gironde beaucoup plus peuplées, pour soutenir l'effort de guerre : il donnera 26 250 000 F de l'époque (une cinquantaine de millions d'euros), peut-être parce que ces Bas-Bretons méprisés tenaient à montrer qu'ils étaient de bons Français. Mais plus nombreux encore furent sans doute ceux qui partirent par simple obéissance, avec leur habituelle soumission résignée à ce qui était tristement nécessaire, et dans la consternation de leur famille.

Je me souviens de ce qu'on disait chez nous dans les années 1940 : la guerre est triste et meurtrière ; ce sont toujours les petits qui sont forcés de s'entre-tuer pour les gros ; les gens d'en face sont des pauvres gars comme nous. Défendre notre pays, notre terre ? Mais ce n'est

1. En 1870, le gouvernement charge le général de Keratry de lever une armée en Bretagne. Il rassemble 60 000 hommes à Conlie, près du Mans. Ils s'y morfondent dans la boue, le froid, la malnutrition et la variole. Seuls 143 y meurent (beaucoup plus nombreux seront les morts au combat), mais cette incurie suscite une forte indignation, exploitée jusqu'à aujourd'hui par les autonomistes bretons.

pas la nôtre, c'est celle des propriétaires ! Trente ans plus tôt, les opinions devaient être les mêmes. Au moins tacitement.

Mon grand-père est donc « mort pour la France ». C'est marqué sur sa tombe, là-haut, à Montdidier, dans la Somme. « Sur le champ de bataille », précise son livret militaire, qui contient toutes les vérités sur sa carrière. Toutes les vérités : je le jure sur l'honneur de l'armée. Sauf une.

Mon grand-père s'est pendu.

C'est ma fille qui a découvert cette vérité-là, quatre-vingt-quatre ans plus tard, dans le *Journal de marche* du régiment, qui enregistre les réalités quotidiennes avant leur transformation en vérités officielles. À l'aube du 15 décembre 1916, « le soldat Rohou François classe 1894 (16e compagnie) a été trouvé pendu à un arbre du jardin potager du cantonnement de Davenescourt ». Seconde version de l'affaire, l'acte de décès, établi à 15 h 30, est extrêmement minutieux. Il précise qui l'a rédigé, où, à quelle heure, sur le rapport de quels témoins, quels étaient l'âge, la fonction, le grade, les médailles de tous ces gens. Mais sur le fait dont il s'agit, aucune précision : « Décédé à six heures du matin ». Où ? Comment ? Pourquoi ? Motus. Le livret militaire, destiné à la famille et au public, offre une troisième version : l'héroïque vérité officielle. Faire la guerre, c'est aussi exalter le moral des troupes et de la population entière. Les grandes causes imposent parfois de remplacer les choses telles qu'elles sont par les choses telles qu'elles devraient être. Mensonges ? Ce n'est pas si simple.

Un camarade, de retour au pays, aurait pu révéler la triste vérité. Il paraît que mon autre grand-mère en avait entendu parler. Il ne semble pas que sa veuve et ses enfants l'aient jamais connue. Ils ne tiraient nulle fierté de sa mort héroïque. Mais ils auraient eu grande honte de sa pendaison, perçue comme lâche trahison, en ces temps de patriotisme et de moralisme, où l'Église refusait en principe de recevoir les suicidés en terre chrétienne – ce qui l'amenait elle aussi à mentir hypocritement, pour ajuster la réalité à ses beaux principes : on disait qu'ils avaient commis leur acte dans un moment de démence irresponsable.

Mais moi, grand-père, je n'ai nullement honte de toi, parce que je vis sous le signe de la simple vérité vraie, loin des grands principes trop beaux pour être réalisables. Je vis à une époque qui reconnaît enfin que cette héroïque épopée de 14-18 n'était qu'un épouvantable carnage inhumain[1]. Auparavant, tu n'avais jamais existé pour moi. Maintenant je pense souvent à toi, avec grande compassion.

Pendu ! Comment est-ce possible ? Un Breton, un Léonard soumis et dévot, un pauvre ouvrier agricole habitué à faire courageusement face à une vie difficile. Ils ont « peu d'apparence, ces

1. Certes, il fallait bien libérer un jour les Alsaciens et les Lorrains. Il fallait secourir la Serbie, indépendante seulement depuis 1878, après cinq siècles d'occupation turque, et envahie maintenant par les Autrichiens et les Bulgares. Mais ces justifications n'existaient qu'à l'intérieur d'un système scandaleux d'asservissement des peuples par la force ; un système d'autant plus triste qu'il n'atteignait même plus ses objectifs. La guerre de 14 se justifie comme le meurtre d'un homme qui va vous tuer si vous ne tirez pas avant lui : à l'intérieur d'un cycle injustifiable.

gars bretons […] sans élégance », lit-on dans l'historique du 73e Régiment d'Infanterie Territoriale (Guingamp). « Parfois aussi, hélas ! une tendance fâcheuse à boire. Mais ce sont des gens d'une résistance extraordinaire, durs à la souffrance et […] d'un dévouement sans bornes, tenaces comme personne, très sensibles à l'honneur. » « Peu expansifs, lents, amis de la “bolée”, mais tenaces, fidèles, courageux, disciplinés », n'exprimant « ni critiques ni plaintes », confirme l'historique du 316e (Vannes).

À moins que ce ne soit Marc Bloch[1] qui ait raison. Les Bretons ? De « bien médiocres guerriers, vieillis avant l'âge […], déprimés par la misère et l'alcool… Leur ignorance de la langue ajoutait encore à leur abrutissement ». Mais non. Pas pour mon grand-père en tout cas, qui savait sans doute le français moins mal que d'autres. Sur sa photo, en 1915, à quarante ans, il n'est pas du tout abîmé : un corps bien droit, des mains assez belles, un visage plein et sans rides, avec toujours sa fossette au menton. Un bel homme, nullement vieilli, ce qui est remarquable, vu les conditions de vie qui ont été les siennes.

Et pourtant, il s'est pendu. C'est que la guerre impose des conditions de vie terribles. Ceux qui ont le courage de préférer la vérité aux pieux mensonges de la propagande le savent depuis longtemps. Pour rendre éternelle la gloire de son règne, et surtout de ses exploits militaires, Louis XIV avait chargé les deux plus célèbres écrivains du moment, Boileau et Racine, d'en écrire l'histoire. Ils sont donc montés au front. Et, malgré la flatterie courtisane, que disent-ils à leur

1. Je cite ici ses souvenirs de guerre, et non pas ses œuvres d'historien.

tout-puissant maître, après avoir vu la réalité concrète de ce qu'on appelle héroïsme ? « Qu'ils n'étaient plus si étonnés de la valeur extraordinaire des soldats ; qu'ils avaient raison de souhaiter d'être tués pour finir une vie si épouvantable » (Mme de Sévigné, 18 mars 1678).

Beaucoup de soldats de 14 ont éprouvé pareille tentation. Mais presque tous l'ont surmontée, comme Louis Barthas : « Autant mourir ici comme ailleurs, aujourd'hui comme demain ! Mais une vision à ce moment tragique traversa mon esprit comme l'éclair. C'était, là-bas, à mon foyer lointain, mon épouse adorée, mes deux bambins aux boucles blondes, ma mère et mon père aux cheveux blancs, inclinés peut-être à cette heure dans une prière où ils mettaient tout leur cœur, toute leur âme. »

Mon grand-père avait une femme et quatre jeunes enfants. N'a-t-il pas pensé qu'il les condamnait à la misère et à la honte ? Qu'il s'exposait lui-même au déshonneur, à la réprobation de sa famille, de ses camarades, de tous ceux qui le connaissaient ? Si, bien sûr. C'était un homme intelligent : l'élégance de sa signature témoigne d'un bon niveau scolaire. Un autre soldat de ce régiment s'était pendu le 25 juillet. Cela s'était su ; on avait parlé des problèmes posés par un tel comportement. N'avait-il pas été au courant ? Il savait aussi qu'il risquait l'enfer éternel pour autodestruction et pour lâche trahison de la sainte patrie. S'il s'est donné la mort malgré de si fortes raisons, c'est qu'il y était contraint par une violente nécessité.

On peut se jeter par la fenêtre ou se tirer une balle de revolver dans une pulsion instantanée et irréfléchie. Mais non pas se pendre : il faut préparer la corde ou sa ceinture, choisir l'arbre et la branche, installer un marchepied, monter dessus et sauter… Tout cela demande une ferme résolution de se détruire. Et de longues minutes : mille fois le temps de renoncer. Non : il est allé jusqu'au bout.

Pourquoi ? Quel martyre l'a réduit à un tel désespoir ?

À première vue, sa situation n'était pas des pires, loin de là. La mobilisation avait distingué quatre catégories : l'armée active, composée de ceux qui avaient entre 21 et 23 ans ; la réserve de l'active, de 24 à 34 ans ; l'armée territoriale, de 35 à 41 ans ; la réserve de la territoriale, de 42 à 48 ans, plus les pères de six enfants. Âgé de 39 ans et 8 mois, mon grand-père est dans la territoriale et ne doit pas se battre en première ligne, mais assurer ravitaillement, communications, déménagements et nettoyages.

Mais la guerre se révèle immédiatement bien plus exigeante que prévu. La France est largement envahie. Dès le 24 août, ce n'est plus jusqu'à trente-quatre ans, mais jusqu'à quarante et un que l'on monte au front. Début septembre, le soldat François Rohou ne prend part que de loin à la furieuse bataille de la Marne, qui stoppe l'invasion. Mais ensuite il participe activement au ramassage des restes : 8 000 à 10 000 cadavres qui pourrissent depuis huit à douze jours. « Nos petits Bretons accomplissent pieusement ce triste et répugnant devoir », écrit son colonel. « Les chevaux exhalent une odeur pestilentielle, près de laquelle celle des hommes n'est rien. »

Ensuite, pendant huit mois, ce seront des travaux divers. Pas de combat, pas de tués dans ce régiment. Mais toujours le froid, la boue, les cadavres, la pourriture à ramasser. Puis ça se gâte : au moins 50 morts et 280 blessés de juin 1915 à juin 1916. Sur 6 000 hommes, c'est peu en ces temps de boucherie. Mais chacun d'eux est mort à 100 %. Parfois horriblement déchiqueté. Mon grand-père a-t-il vu un bon camarade réduit en bouillie tout près de lui ?

Du 24 juillet au 4 décembre 1916, le régiment participe à l'héroïque bataille de la Somme : le froid, la pluie, la boue, la faim, la soif, la peur, l'incessante canonnade et, par bouffées, « une odeur insupportable de charogne pourrie », dit Louis Barthas, qui y était. Mais nos territoriaux ne restent qu'un mois en première ligne (ce qui est déjà contraire à leur statut de principe) et pas dans le secteur le plus terrible. Ensuite ils sont en soutien logistique. Au total, seulement 11 tués et 44 blessés. Mais sans doute encore le ramassage de débris : « des cadavres noirâtres, verdâtres, décomposés [...]. Une odeur effroyable » (René Jacob, 1915).

À partir du 5 décembre, ils se replient au repos. Mais ce n'est pas dans la bataille que c'est le plus terrible : emporté par l'action et par l'instinct de survie, on n'a pas le temps de penser. C'est avant, dans l'insupportable attente de l'assaut vers la mort. Et c'est après : dans la décompression qui suit, dans l'inaction où vous assaillent toutes les images de ce que vous avez subi et qui va bientôt recommencer. L'angoisse s'accroît avec la nuit : le silence, le noir, la solitude, la peur des coups de main (l'une des choses les plus redoutées).

Le soldat François Rohou a tenu dix jours. Il s'est pendu alors que la bataille s'achevait – sans résultat, par épuisement des deux côtés. Il ne le savait évidemment pas. Peut-être craignait-il au contraire, après quinze jours de repos, de remonter en première ligne. Le bruit en courait.

Mais pourquoi lui ? Car les suicides ont été rares. Plus rares, semble-t-il, que d'autres réactions : reculs, mutineries, désertions, mutilations volontaires, pour lesquelles il y a eu quelque 550 fusillés. De plus, les Bretons figuraient, à l'époque, parmi ceux qui se suicidaient le moins. Grand-père a-t-il été victime de circonstances particulières, analogues à celles que d'autres ont racontées ? A-t-il piétiné des jours entiers dans la chair humaine décomposée ? Ou séjourné jusqu'au ventre, tenaillé par la faim, dans une eau où surnageaient des morceaux blanchâtres, noircissants, verdissants ? A-t-il été projeté par un obus dans un mélange de boue et d'entrailles ? A-t-il dû, pour déblayer la tranchée, scier une jambe qui dépassait ? A-t-il dû rassembler les petits morceaux de son meilleur camarade[1] ? En fuyant la mitraille, a-t-il, transgression majeure, piétiné un homme dans la boue ? A-t-il dû employer un corps pour rehausser le parapet, et l'a-t-il vu ensuite, sous le choc des balles, hoqueter comme pour lui reprocher ce méfait ? Ou, tentant de secourir un camarade dans le noir, n'a-t-il saisi qu'un mélange de boyaux, de sang et de merde ? On peut bien se pendre pour tuer le souvenir de telles horreurs inoubliables, de tels péchés plus honteux et plus mortels qu'un suicide. Mais tout cela est peu probable chez un territorial qui n'a passé qu'un mois en première ligne, et pas aux endroits les plus terribles. En

1. « Nous avons essayé de ramasser les morceaux. Nous avons fait du mieux possible », dit un autre Léonard. « Un bras ici, une jambe là, un doigt ici, un autre plus loin. »

tout cas, il ne s'est sans doute jamais battu au corps à corps.

À défaut de ces expériences de tigre, il avait celle de l'hyène, du charognard de champ de bataille : il avait vu ce qu'on devient. « Tous ces cadavres tordus dans la mort, déjà noirs et gonflés, sont horribles à voir. » « Des porcs, des poules viennent déchiqueter ces glorieuses victimes. » « En haut d'un sapin, une jambe pend sinistrement ; des mains, des têtes ont été projetées de tous côtés. » Et partout, « la puanteur » de « l'infernal charnier ». Voilà ce qu'écrivent, en septembre 1914, des Bretons qui ont participé comme lui au nettoyage du champ de bataille de la Marne. Il a dû voir aussi des blessés qu'on laisse crever, malgré leurs supplications, et ceux qu'on charcute et qui meurent quand même, après des jours et des nuits de gémissements, de hurlements.

Toutefois, les centaines, les milliers d'autres qui ont vu les mêmes choses ne se sont pas pendus. Alors ? Les Bas-Bretons, et particulièrement les Léonards, sont mélancoliques, dit-on. Dépressifs et impulsifs. À force d'insatisfaction, leur habituelle soumission se retourne soudain en violence autodestructrice, surtout quand on les éloigne de leur petite patrie.

Les médecins de la marine et de l'armée avaient observé dès l'Ancien Régime, et surtout sous la Révolution et l'Empire, les effets du mal du pays, qui pouvait aller jusqu'à la folie, à la mort et au suicide. Ce mal, aussi grave disait-on que le scorbut ou le typhus, était psychologiquement contagieux. Aussi n'hésitait-on pas à libérer définitivement ceux qui en étaient gravement atteints. Le 18 novembre 1793, la situation militaire est alarmante : on supprime les permissions, sauf pour « la nostalgie ou mal du pays ». Elle était particulièrement fréquente chez les Bretons. Éloignés d'un pays très particulier – bien différent notamment des grandes plaines où se déroulait cette guerre –, d'un pays auquel ils étaient très attachés[1], ils sombraient facilement dans la dépression. En 1846, le Conseil général du Finistère parle des « nombreuses victimes que la nostalgie fait chaque année dans les rangs des conscrits ». Parmi les prisonniers de guerre libérés en 1943-1944 pour cause psychiatrique, il y a 22 % de Bretons. À toute époque, l'une des explications proposées est le dépaysement linguistique, aggravé par le mépris. « Une courte conversation [dans leur langue] produisait plus d'effet que tout l'arsenal thérapeutique », note un médecin en 1870.

Mon grand-père a-t-il été moqué, méprisé, tyrannisé, poussé au suicide comme paysan et comme bretonnant ? Le suicide est souvent un drame de la solitude et de la honte de soi. Dans une situation effroyable, c'est la solidarité des autres et la valeur de votre image à leurs yeux qui vous soutiennent. S'ils vous abandonnent, s'ils vous rejettent, vous êtes perdus. Ce fut souvent le cas de Bretons isolés. Beaucoup de soldats, notamment méridionaux, n'aimaient pas ces « gens taciturnes, bornés, têtus, mélancoliques », prêts à « vend [re] leur âme pour une barrique » (Louis Barthas). Même de la part des Hauts-Bretons, leur langue barbare suscitait « un peu de haine », avoue Émile Tizon, de Melesse (35), qui s'empresse d'ajouter que « ça ne durait pas ».

1. Déjà Mme de Sévigné parle de « la force secrète qui attire naturellement les Bretons en leur pays » (1680).

Et puis dans l'armée il y a des petits gradés qui ont une vocation de tyrans, d'autant plus qu'ils sont eux-mêmes brimés par leurs supérieurs. Il y a des petits camarades qui ne demandent qu'à trouver une tête de Turc. Comme dit Céline, justement pour expliquer un suicide à la guerre de 14, « la torture d'être tracassé jour et nuit [...], ça finit par faire hésiter les plus entêtés à vivre encore ». La langue barbare de gens mal dégrossis pouvait offrir l'occasion d'une persécution efficace : « Si seulement j'étais mort pour demain », s'est dit un soir un soldat léonard rencontré par F. Elégoët, « tellement [il était] déprimé à cause du français ». Et voici le comble : François Laurent, de Mellionnec (22) a été fusillé le 19 octobre 1914. Il ne comprenait pas le français : c'était donc un espion ! Mon grand-père, ce faux mort pour la France, a-t-il été poussé au suicide par d'autres héros qui se voulaient plus français que lui ?

C'est peu probable. Il était initialement au 87e Régiment d'Infanterie Territoriale, basé à Brest : les paysans léonards y étaient certainement majoritaires. Leur colonel les appréciait fort : « Quels braves gens ! Et combien ils sont supérieurs à tous ces Méridionaux nauséabonds [...] ! On leur donne un ordre, ils l'exécutent à la lettre, et le diable ne les ferait pas démordre de leur consigne, qui fait partie pour eux de la religion : une émanation de Dieu lui-même » (28 septembre 1914). Le 23 décembre 1915, mon grand-père est muté au 88e R.I.T., originaire de Lorient. On y « bretonne à longueur de journée ; les ordres mêmes se donnent en breton, comme la messe et les cantiques ». C'était peut-être en dialecte vannetais, incompréhensible pour des Léonards. Mais c'est un groupe de 169 soldats qui a été muté : ils sont trop nombreux pour être ostracisés par des Morbihannais chauvins, d'autant plus qu'ils sont sans doute tous restés dans la même compagnie. De façon plus générale, on ne se contentait pas d'expédier les Bretons en première ligne. On les choyait un peu : il y avait une association intitulée *L'Œuvre du biniou aux armées.*

Dernière catégorie d'hypothèses – mais non la moindre, puisqu'il s'agit d'un acte isolé : grand-père a-t-il été victime d'une dépression personnelle ou d'une persécution particulière ? L'a-t-on pris comme tête de Turc ? Comme bouc émissaire ? Certainement pas pour cause d'infériorité intellectuelle ou linguistique : sa signature et sa photographie témoignent d'un bon niveau. Mais peut-être au contraire parce qu'il avait de la personnalité et des idées, ou parce qu'il désapprouvait cette guerre ou tel de ses aspects. Dans ce cas, il a pu avoir contre lui à la fois la majorité de ses camarades très soumis, et des petits chefs qui cherchent à casser toute résistance possible et à humilier ceux chez qui ils ressentent une supériorité quelconque. J'ai personnellement subi cette attitude. Deux mois après notre incorporation, nous sommes alignés en vue de partir pour notre première permission. Le capitaine arrive. Il vient droit sur moi : « Vous, quand vous aurez les cheveux coupés vous partirez en permission ! » Je sortais de chez le coiffeur ; mes cheveux étaient presque ras. Mais il ne s'agissait pas de cela. J'étais le plus âgé, j'étais un intellectuel, je paraissais avoir quelque personnalité, il fallait me soumettre, m'humilier et dompter par là tout le groupe. Piètre façon d'éduquer les défenseurs de la patrie !

Voici un indice qui pourrait conforter une hypothèse de ce genre. Vingt-huit mois après sa mobilisation, cet homme qui savait lire et écrire, et peut-être assez bien écrire, était toujours soldat de deuxième classe. Il ne s'était donc pas bien adapté, ou il n'avait pas fait de zèle, ou la hiérarchie lui était hostile.

Restent enfin les explications purement personnelles. Il s'est pendu trois jours après son anniversaire. Dans les campagnes bretonnes, cela ne se souhaitait même pas. Mais maintenant, il voyait que pour d'autres c'était une fête. Peut-être a-t-il fait un pas de plus, ce jour là, dans la dépression – surtout si, au lieu d'une fête, il s'est produit quelque incident regrettable, dans la perspective que je viens d'imaginer. En tout cas, puisqu'il avait désormais quarante-deux ans, il aurait dû être versé dans la réserve de la territoriale. Il y aurait été moins exposé, et de plus il aurait ainsi changé d'environnement. A-t-il appris que cette mutation était reportée, qu'il devrait rester où il était ? A-t-il été très affecté par cette nouvelle ?

Cet homme était-il trop sensible pour une guerre si horrible ? Peureux ? Dépressif ? Dégoûté de lui-même parce qu'il se serait mis à boire à la faveur des largesses bachiques de la mère patrie ? Doublement orphelin dès l'enfance, avait-il besoin de plus d'affection qu'on ne pouvait en trouver dans l'armée ? S'est-il senti abandonné, rejeté par sa femme ? Tout est possible, mais la dernière hypothèse est d'autant plus improbable que la rude vie qui fut toujours la sienne laissait peu de place à la possibilité d'un chagrin d'amour.

Perturbé par ce suicide, je veux envisager toutes les hypothèses. Il faut parfois un brin de folie pour se pendre ? Sur la photo prise quatorze mois plus tôt, grand-père a l'air sombre, sinon inquiétant : pas la moindre esquisse de sourire, et le regard, tendu, semble viser bien au-dessus de l'appareil. Mais à l'époque, on se figeait pour la photographie, comme pour un acte solennel, et l'air sombre peut venir surtout de l'épaisse moustache noire. Les bras, les jambes, les mains ne sont pas contractées. La gauche tient une pipe.

La dimension personnelle de ce suicide restera énigmatique à jamais ; j'ai cependant tendance à croire que la fragilité de cette victime venait d'une intelligence et d'une sensibilité qui valent bien autant que le courage guerrier. Mais la cause générale, elle, ne fait aucun doute : *c'est la guerre qui a tué mon grand-père*, dans l'un des trois carnages qui ont décimé le peuple allemand et le peuple français, à cause de l'aveuglement coupable ou de l'ambition criminelle de certains dirigeants, parfois décuplés par la prétention et la sottise de généraux responsables de dizaines de milliers de morts inutiles[1]. Pour rien, puisque les frontières de 1945 sont celles de 1869 ; mais au prix de millions de morts. Des carnages épouvantables, dans des conditions de vie terribles. Comment ont-ils pu supporter ça ? se dit-on aujourd'hui. Eh bien justement, quelques-uns ne l'ont pas supporté.

« Quelle chose effroyable, si tout ce sang devait être versé sans résultat décisif ! » Qui s'exprime

1. « Combien de malheureux [...] ont été fusillés [...] pour des peccadilles, alors que les fautes de l'état-major n'ont eu pour sanctions qu'honneurs et profits », dit un tract distribué dans le Finistère en novembre 1919. Les historiens le confirment : on fusille les soldats coupables ; on se contente de limoger discrètement les généraux qui le sont mille fois plus (Pierre Miquel, *Le Gâchis des généraux*, Pocket, 2003).

ainsi, soixante-neuf jours après le début de la guerre ? Helmuth von Moltke, commandant en chef des armées allemandes. Il ne pense pas seulement à ses troupes, mais aussi aux Français, civils compris. « Dans quel désespoir indicible sont plongés les innocents innombrables dont la maison et la ferme ont été brûlées et dévastées ! Je frémis parfois à cette pensée ». Mille cinq cent quinze autres jours plus tard, en fait de « résultat décisif », ce sera la capitulation.

8 500 000 soldats tués, dont 1 350 000 Français. Il paraît qu'« ils sont entrés dans l'éternité sereine, oublieux des mesquines rivalités de l'existence »[1]. Plus 2 100 000 blessés graves, et encore plus de civils tués que de militaires. Prenez dix Français âgés de vingt à quarante-cinq ans en 1914. Le jour de la victoire, un a été tué, un autre est définitivement invalide, trois sont amoindris pour plus ou moins longtemps. Cinq sur dix sont sains et saufs. Au début, les chantres de la Bretagne éternelle étaient fiers de leur 240 000 héros : c'était le nom qu'ils donnaient aux morts. Ils signalaient que la presse allemande y avait vu « les meilleurs des Français ». Ils citaient le général de Castelnau : « Les Bretons dans une revue ne paient pas de mine. Mais à la bataille, on ne peut admirer plus de stoïcisme dans la souffrance, plus de résolution devant la mort. » (Rustres dans la vie et rustres devant la mort somme toute). « Il n'y a qu'une voix dans le monde pour rendre hommage à la magnifique attitude des Bretons pendant la guerre », s'écriait Charles Le Goffic, spécialiste de *L'Âme bretonne*.

1. Eugène Le Mouel, Breton, poète, capitaine, titulaire de la Légion d'honneur, dans une conférence sur « L'Héroïsme breton », 13 mai 1917.

Il n'en était pas surpris : emporté par son lyrisme, il transformait tous nos paysans en dompteurs de l'océan : « L'héroïsme, qui est un état passager pour le commun des hommes, est l'état normal des peuples maritimes. »

Plus tard, les nationalistes utiliseront ces mêmes chiffres pour dénoncer le massacre des soldats bretons par leurs chefs français. N'exagérons pas : la Bretagne n'a pas eu 240 000 morts, mais environ 130 000. Il est vrai que le pourcentage des Bas-Bretons présents en première ligne pendant trois mois au moins est supérieur de 10 % à la moyenne nationale, et qu'en conséquence c'est 4,6 % de notre population qui a péri pour la France, contre une moyenne nationale de 3,4 % (ou 22 % des mobilisés contre 17 %)[1]. Mais ce n'est pas tellement parce que ces salauds d'officiers français ont exploité la soumission et la bravoure de nos compatriotes. C'est surtout parce que les recrues étaient relativement plus nombreuses dans cette province, où le recul de la natalité était plus récent qu'ailleurs, et par conséquent les hommes en âge de combattre plus nombreux. Et parce que, peu instruits, ils étaient destinés à l'infanterie, viande à canon, plutôt qu'à l'artillerie, au génie et aux bureaux.

Mon grand-père avait une sœur aînée, morte célibataire en 1907, à trente-cinq ans, et deux frères puînés. L'un, Christophe, a participé à la ter-

1. Autre catégorie encore plus lourdement frappée : les instituteurs, que certains accusaient d'être de mauvais Français, des rouges internationalistes. Chez eux, c'est près de la moitié des mobilisés qui a péri, notamment à cause de conduites très volontaires.

rible bataille de Verdun. Il y a été fait prisonnier le 8 juin 1916, grièvement blessé, ce qui lui valut d'être libéré le 8 juillet 1918, pour mourir le 18 novembre à l'hôpital de Landerneau. Était-il en état, une semaine plus tôt, d'apprécier la victoire ?

L'autre, Paul-Marie, né en 1876, partit pour Paris, s'y maria en 1908 et eut deux fils. Lors de la bataille de la Somme, il « dit avoir eu la jambe écrasée par un char ». C'est la formule qui figure sur son livret militaire. Le char n'était qu'une charrette, mais le « dit » n'était pas un mensonge : « fracture extrémité inférieure tibia et péroné jambe gauche ». Il boitera le reste de sa vie. En 1930, on lui refuse la carte de combattant. « Dans le train[1], seules les compagnies d'âniers et de muletiers, les groupes de brancardiers, ambulances divisionnaires ainsi que les sections sanitaires automobiles y donnent droit ». En 1932, il est « dégagé de toute obligation militaire » et « proposé pour une pension de 10 % temporaire ».

Du côté maternel, mon autre grand-père, né en 1861, était trop âgé. Deux frères et sept cousins de ma grand-mère ont participé à cette guerre si meurtrière sans qu'aucun soit tué ni gravement blessé, sauf un, qui a été trépané et qui était pensionné. Il était maigre, et si pâle qu'il en paraissait distingué. Il marchait sur des œufs, se regardait dans la glace, passait son temps à prier, à se frotter les mains, à les laver. Pour effacer quel souvenir ou se libérer de quelle violence, de quel péché ? Un jour, il m'a confié qu'il voyait ses amis dans la glace, et qu'il marchait

1. Le train est la partie de l'armée chargée des transports (de matériel, de munitions, de ravitaillement, etc.).

doucement pour ne pas les écraser. Comme dans les tranchées ?

Voilà donc ma grand-mère veuve avec quatre jeunes enfants, et mon père soutien de famille à douze ans et trois mois[1]. Une photo un peu solennelle, faite dans un studio pour une marraine de guerre américaine en 1918, les montre tous les cinq. La mère est assise. Elle porte la coiffe de Plouzévédé, caractérisée par deux petites cornes analogues à celles des enfants qu'on déguise en lapins ou en diablotins, et par une jugulaire qui descend beaucoup moins bas que celle de Plougourvest : juste au-dessous du menton. Une ample robe noire, recouverte d'un tablier noir, l'enveloppe entièrement, sauf la tête, les mains et les poignets. Elle a un air sévère, un visage sans beauté, avec une bouche un peu déformée. Elle fait plus vieux que son âge (quarante-deux ans).

Les enfants sont en costume sombre, chemise blanche, cravate, col en celluloïd. Bien habillés. Il n'est pas impossible que ces vêtements aient été empruntés pour l'occasion – du moins en partie. Ils sont minces, sinon un peu maigres, mais nullement souffreteux : les visages sont pleins. De beaux garçons, surtout mon père, plus détendu que les autres. Tout le monde arbore une cocarde tricolore.

Par jugement du tribunal civil de Morlaix, le 26 février 1918, mon père devint « pupille de la nation ». C'était « le signe de la gloire de [son] père et de la reconnaissance du pays », comme disait le député Bérard dans son rapport sur la question.

1. Son grand-père maternel, dernier représentant de la précédente génération, va mourir le 6 juin 1917, à quatre-vingt-trois ans.

Sabine Maumy, auteur d'une thèse sur ce sujet en 1923, salue avec lyrisme ce « titre d'honneur qui confère d'abord à ceux qui le portent une sorte de noblesse, et les désigne au respect et à la bienveillance de tous ». L'État prenait en charge les dépenses de santé des pupilles. « Il est du plus haut intérêt [...] pour l'avenir de la race, de protéger la santé des pupilles de la Nation », explique-t-elle. Il offrait aussi des bourses pour études secondaires et supérieures. En fait, depuis juin 1917, après son certificat d'études primaires (public), le destin de François-Marie Rohou était d'être ouvrier agricole comme son père.

Il le fut dans une grande ferme voisine. Il tâta aussi du marché aux domestiques de Saint-Pol-de-Léon. Chaque matin, le long de la cathédrale, les ouvriers agricoles attendent. Ils sont là entre 2 et 4 heures du matin du 1er avril au 31 août ; vers 4 heures 30 ou 5 heures le reste de l'année. Cent cinquante à quatre cents selon la saison. Certains, comme mon père, viennent de 15 km. À pied. Arrivent les employeurs, les loueurs. Ils discutent avec des recruteurs qui leur rassembleront l'équipe demandée. En été, on travaille parfois de 3 ou 4 heures du matin à 20 heures 30, avec une demi-heure pour le petit-déjeuner, une heure trente pour le déjeuner, une demi-heure pour le goûter. La paie n'est même pas la moitié du salaire moyen des ouvriers agricoles français de l'époque. Yves Picard, lorsqu'il décrit ce marché en 1904, n'y retrouve pas « ces relations si intimes et si touchantes que rappelle le mot domesticité », qui signifie étymologiquement *maisonnée*.

CHAPITRE 12

ORPHELIN ?

Mon père ? Oui j'en ai des souvenirs d'enfance. Il dresse un cheval. Une grande bête magnifique. Mais la voilà qui se dresse sur ses pattes arrière : un monstre hennissant. Je m'enfuis ; je tombe ; je pleure.

Encore un cheval. Attelé au manège qui fait fonctionner la machine à hacher l'ajonc pour nourrir les chevaux, il tourne en rond, doucement. Mais le voilà qui s'arrête. Papa sort de la grange. Il crie, il frappe dans ses mains. Le cheval se met à courir. Papa se précipite, attrape le licol, ralentit l'animal, lui caresse le cou. Le cheval tourne en rond doucement. C'est bon d'être apaisé. Et fier de son père.

En pleine nuit, mon frère se réveille en hurlant. Nos parents surgissent. La voix grave et tranquille du père : il se calme aussitôt.

Nous sommes à table. Papa mange sa soupe : elle dégouline. « *Gueuch toul* », dit maman : « menton percé ». Je regarde : je ne vois pas le trou.

Nous sommes dans la maison, avec « la Turbine » une demi-pocharde, excitée comme toujours. Soudain elle se jette dehors en criant : « *Ãn alarm ! Ãn alarm !* » C'est le tocsin de la mobilisation générale : 3 septembre 1939.

Les mobilisés n'ont pas renouvelé l'inconsciente allégresse de 1914. « Mornes, têtes baissées, ils se traînaient jusqu'au quai [...] sans fanfares ni acclamations », écrit le diplomate américain Murphy. C'est encore plus net chez les paysans : un éditorialiste les dit accablés par « cette lourde résignation que fait naître l'approche d'un implacable destin ». Mon père est parti le 4 : soldat de première classe, conducteur de tracteur de canon au 181e Régiment d'Artillerie Lourde. J'avais cinq ans et demi. Il a dû revenir deux ou trois fois pendant les huit mois de la « drôle de guerre », où nos armées s'ennuyaient en attendant l'ennemi sur leurs positions infranchissables. Je n'ai souvenir que d'une de ces permissions. Et même pas de lui ; seulement de sa capote : de la couleur et de l'odeur de ce curieux manteau.

C'est pour lui que j'ai écrit ma première lettre. De son côté, il m'a expédié une carte de vœux illustrée le 26 décembre 1939, pour le premier de l'an. Elle représente un petit garçon et une petite fille très bien habillés. L'un pousse et l'autre tire une brouette qui déborde de jouets : une denrée qui m'était inconnue. Mon père utilise la formule rituelle : « une bonne et heureuse année, une bonne santé et la joie du Paradis à la fin de notre vie ». Suivent des encouragements pour mes efforts scolaires.

Le 13 mai 1940, il m'a écrit une autre carte, offerte par la « Société St Éloi à Blois », pour faire de la publicité pour ses produits : notamment « *Le Triomphant*, à base d'arsenic », souverain contre les doryphores.

« Bien cher Jean,

J'ai reçu ta carte avec plaisir. Je t'en remercie. Tu écris bien, et envoie moi une carte de temps en temps. Travaille toujours bien à l'école, comme tu fais jusqu'ici. Ton père est bien content de toi et t'embrasse tendrement ainsi que Paul et maman.

Ton père, François Rohou ».

La vraie guerre avait commencé le 10. Ce fut le silence. Puis l'inquiétude. Croissante. Et enfin la tristesse d'une accablante défaite. La honte même, soulignée par le regard sévère des vainqueurs de 14-18. Et la peur. Attention : les Boches arrivent ! Méfiez-vous : ils volent les enfants, ils coupent les bras des hommes[1] ! Nous avons enterré les douilles d'obus qui trônaient sur le buffet, ainsi qu'un fusil de la guerre de 1870[2]. Et nous avons attendu. Le 19 juin, l'armée ennemie était à Landivisiau.

Mais à quelque chose malheur est bon. Le 22 juin, c'est l'armistice : les soldats vont revenir. Quelques-uns arrivent en effet bientôt. Mais de mon père comme de la plupart, ni trace ni nouvelle. Début juillet, mon oncle surgit dans la cour. Voyant que l'armée se débandait, il a couru vers le sud. Jusqu'au pied des Pyrénées, disait-il, en exagérant sans doute. Ma mère dut se dire que son frère était décidément plus dégourdi que son mari.

1. « Nous étions dans la cour, attendant l'heure d'entrer en classe », quand sont arrivés les premiers Allemands, m'écrit l'un de mes aînés de Plougourvest. « Ils nous ont jeté des poignées de bonbons… aussitôt confisqués par l'institutrice, qui craignait qu'ils ne fussent empoisonnés. »

2. D'autres ont enterré leur argent. Je connais une famille qui eut ensuite du mal à retrouver le sien.

Elle avait écrit un peu partout, pour avoir des nouvelles : à notre propriétaire, le colonel de Lannurien, à la marraine de guerre de mon père, à ses copains de régiment, au ministère de la Guerre. C'est de là qu'une réponse parvint à la mairie, le samedi 17 août 1940. Le maire non plus n'était pas rentré. L'adjoint, vieillissant, n'avait pas envie d'annoncer une mauvaise nouvelle. Le secrétaire considérait que ce n'était pas son travail. Il se tourna vers M. le recteur.

Ce consolateur des misères du monde arriva donc chez nous le dimanche 18 août, après la grand-messe. Je n'ai pas de souvenir direct de l'événement. Mais je l'ai entendu raconter tant de fois ! À son allure, maman comprit tout de suite : papa était mort.

Elle demanda le papier. Il ne voulait pas le montrer. Elle se mit en colère. Il céda. C'était un « avis de disparition ». Le soldat François Rohou était porté disparu depuis le 21 mai 1940, dans le secteur d'Hesdin. Maman courut chercher une lettre du meilleur camarade de son mari. « Ce que je peux te faire savoir : que j'avais travaillé hier avec un copain qui l'avait quitté le 22 mai à 10 h 1/2 le soir, au forêt Saint Georges, tout près d'Édain dans la Somme, tout près de la rivière ». C'était confirmé par une autre lettre écrite par la femme d'un autre soldat : « Il les avait quittés le 22 dans une forêt au dessous d'Amiens ». Mon père n'était donc pas mort le 21. Peut-être n'était-il pas mort du tout.

Le curé n'en démordait pas : « Il faut croire la vérité. » « Le cachet de l'Intendance fait foi. » Parmi les formules rapportées par ma mère, ce sont celles-là qui m'ont frappé, quand j'ai réfléchi à l'événement, une quinzaine d'années plus tard. *Croire, foi* : ce qu'il voulait c'était imposer une soumission religieuse à une femme dont la personnalité lui était insupportable : elle avait la vicieuse audace de penser librement[1]. Inconsciemment, son besoin de domination vengeresse cherchait à lui ôter tout espoir, à la briser moralement. C'est pour ça qu'il faussait la signification du document officiel, et récusait les témoignages. La discussion devint affrontement. Maman introduisit un autre argument, sans aucune valeur selon moi mais qu'elle a toujours maintenu par la suite. Cet avis ne vaut rien, disait-elle. Il a été fabriqué par des idiots. Regardez : il est adressé à « M. le Maire de Lannurien en Plougourvest ». Lannurien, c'est deux maisons. Il n'y a pas de maire ici. Il n'y en a jamais eu. Ce papier est incohérent.

Le curé repartit. L'après-midi, aux vêpres, il s'adressa aux fidèles : « Nous recommandons à vos prières François-Marie Rohou, de Lannurien, mort pour la France. » C'est justement ce que ma mère, pressentant le coup, l'avait supplié de ne pas faire.

Les pauvres, parfois, n'ont même pas le temps de sombrer dans le désespoir. En cet après-midi du dimanche 18 août, mon oncle et des voisins devaient rentrer notre moisson. Mis au courant, ils prirent le parti de ma mère et celui de l'espoir, et se mirent au travail. Après les vêpres surgit la belle-mère, en pleurs et en cris : « Arrêtez les charrettes ! » Maman la renvoya violemment. Je me souviens de ce deuxième affrontement. La moisson fut rentrée comme si de rien n'était.

La décompression, le soir, fut sans doute terrible. C'est mon premier souvenir d'impuissance : avoir devant moi ma mère accablée, et ne rien pou-

1. « Moi je lui tenais tête, et j'étais la seule de la commune », disait-elle en exagérant à peine.

voir faire. Quelque chose comme une chute sans fin dans le vide. Le lendemain elle était debout bien sûr : il y avait les enfants, le travail et, quand même, l'espoir, soutenu par la colère. Les jours puis les semaines se chargèrent de l'amenuiser. D'autres revenaient – ou bien une lettre annonçait qu'ils étaient prisonniers : vivants ! Parfois, maman voyait son homme surgir de la haie. Parfois, je sentais que la soirée serait difficile. Alors, je restais bien tranquillement à côté d'elle. Elle m'a confirmé depuis que ma placidité la soutenait, la calmait. Elle ne voyait pas qu'intérieurement je nous sentais tous deux basculer dans un trou. Une fois, je l'ai surprise qui sanglotait dans son lit. Parfois, elle avait envie d'en finir : s'arroser de pétrole et y mettre le feu. Elle ne me l'a dit que plus tard.

Moi, parfois, je me disais : « Mon Papa est mort. » Mes mâchoires se crispaient et je me sentais dégringoler dans le vide : c'est alors qu'a commencé cette sensation, que je retrouve encore dans les moments difficiles. Mais je ne pleurais pas : fils de pauvres, entouré de gens qui répétaient que la vie est malheur, j'avais déjà l'habitude d'accepter les choses comme elles viennent. J'étais sereinement triste, pour ainsi dire. Comme sur la photo de 1943 : prématurément mûri, les yeux bien ouverts sur le monde, le sourire un peu absent. Cet enfant-là habite encore en moi.

Début octobre, il n'y avait plus que deux « disparus » à Plougourvest : morts évidemment ! C'est alors que la première lettre est arrivée. Écrite le 1er septembre, elle n'a été postée que le 25 : le temps que la censure examine tout le courrier du camp. Elle faisait allusion à une précédente qui n'est jamais parvenue. Joie intense, inespérée. Ma mère se hâta d'aller la montrer partout – et surtout au presbytère, où l'accueil ne fut pas vraiment chaleureux.

Mon père dut attendre encore un peu : « Je n'ai pas eu de tes nouvelles depuis cinq mois et demi », écrivait-il le 27 octobre. Mais lui, du moins, pouvait être sûr que nous n'étions pas morts. La première lettre lui parvint peu après, suivie, le 8 novembre, du premier colis.

Entre-temps, nous avions appris le déroulement de la guerre. La France avait construit un ensemble continu de fortifications du Rhin jusqu'à la Meuse, la ligne Maginot. Excellente façon d'empêcher une invasion par l'infanterie : celle de 1870 et de 1914. Mais les temps ont changé. Le 10 mai, les Allemands concentrent l'attaque de leurs chars et de leurs avions au nord de Sedan, à travers les Ardennes, quasiment infranchissables selon nos dirigeants. Ils transpercent les lignes étirées de notre vieillotte armée, beaucoup plus lente, en prennent une partie à revers et foncent vers la mer qu'ils atteignent le 21, à l'embouchure de la Somme. En dix jours, ils ont virtuellement gagné la guerre et fait des centaines de milliers de prisonniers.

Il ne reste plus qu'à enfoncer les restes d'une armée désorganisée. Le 14 juin, l'ennemi entre à Paris. Le 16, le chef du gouvernement démissionne : il est remplacé par le maréchal Pétain. Dès le lendemain, celui-ci demande à nos armées de « cesser le combat », et sollicite un armistice, qui ne sera signé que le 22, et n'entrera en vigueur que le 25. Les Allemands profitent de ce délai pour rafler tranquillement d'autres centaines de milliers de prisonniers. Ils continueront même après, en violation des conventions internationales.

Une victoire éclair et la plus grande capture de tous les temps – qu'il est toutefois difficile d'avaler d'un seul coup. Deux millions de prisonniers ! Où les enfermer ? Comment les surveiller ? Les premiers jours il est facile de s'échapper ; environ deux cent mille l'ont fait : un sur dix. Des vêtements civils et vous n'êtes plus repérable.

Encore fallait-il en avoir l'idée. À l'époque, on était très soumis. Et la formation militaire, ça vous apprend à obéir, saluer, marcher au pas. C'est ainsi qu'on fabrique des incapables. À Guingamp, des gars de vingt ans, venus se faire incorporer, ont attendu tranquillement, en civil, qu'on vienne les cueillir dans la caserne. À Pontrieux, une militaire allemande, avec un simple pistolet, a capturé une centaine de soldats. Encore fallait-il ne pas être enfermé dans une caserne, être habitué à se déplacer ou être fort dégourdi, avoir un peu d'argent, ne pas habiter trop loin. Mon père a été pris à Boulogne-sur-Mer. S'échapper pour aller où ? À Plougourvest ? Six cents kilomètres à pied, sans un sou, pour un paysan qui n'était jamais sorti de son trou ?

De toute façon, c'était inutile ! Nous avons perdu la guerre, c'est bien triste, mais nous allons rentrer chez nous, se disaient nos pioupious, comme la plupart des Français, à commencer par le maréchal Pétain et le généralisssime Weygand[1]. Ils ne se rendaient pas compte que la guerre d'Hitler n'était pas finie du tout : il devait encore

1. « Dans tous les cas, le rapatriement des prisonniers s'effectuera dans le plus bref délai après la conclusion de la paix » (Convention de Genève, 1929, article 75). Mais l'armistice n'est pas la paix. Hitler a eu l'habileté, Laval et Pétain la lâcheté d'organiser la collaboration tout en maintenant officiellement l'état de guerre.

vaincre les Britanniques, puis se retourner contre les Soviétiques. Pour jeter le maximum d'Allemands dans ce projet démentiel, il avait besoin de millions de prisonniers dans ses champs et ses usines.

1 580 000 Français sont emmenés en captivité. Près de 1 million y resteront jusqu'en 1945. Après le Pas-de-Calais, ce sont les départements du Nord, du Finistère et du Morbihan qui sont les plus touchés, parce que, comme en 14-18, les Bas-Bretons sont surtout dans l'infanterie. Trente mille prisonniers finistériens ; 49 de Plougourvest (dont 10 assez vite libérés) : parmi les hommes de la commune âgés de vingt à quarante ans, un sur quatre restera là-bas cinq ans.

Mon père est aussitôt dirigé vers l'Allemagne – alors que les transferts s'étaleront jusqu'en novembre. Il y arrive le 4 juin. Il la traverse jusqu'à Neubrandenburg, près de la mer Baltique et de l'actuelle frontière polonaise. À pied. Parfois sous les quolibets, l'hostilité méprisante ou agressive, et même les crachats ou les coups. Sans s'arrêter pour ses besoins : les balles sifflaient au moindre écart. Pas grand-chose à manger ni à boire. On attrape des feuilles, des poignées d'herbe. As-tu été obligé de te battre pour un bout de pain, papa[1] ? Le soir, enfermés dans les barbelés. Une rafale de mitrailleuse à 2 m du sol, puis une autre à 50 cm, pour faire coucher tout le monde. Dans la boue parfois. On repart le lendemain. Épuisé. Ceux qui ne suivent pas sont abattus. « Tant pis, je n'en peux plus », dit l'abbé François Dantec, futur homme de confiance du camp de mon père. « Non, non », s'écrient ses camarades, qui se relaient pour

1. « J'en ai vu [...] se battre [...] pour avoir un os déjà bien gratté » (Gustave Folcher).

le porter. Heureusement, c'était le dernier jour. Physiquement, ce trajet fut le moment le plus dur de ces cinq années. Moralement, ce n'était qu'un début.

Voici donc enfin le Stalag II A. On y est accueilli à coups de bottes et à coups de crosse. Tout le monde à poil et sous la douche ! Puis on vous rase partout et on vous photographie. J'ai su cela depuis. Mon père ne nous a pas raconté sa honte.

Le camp, un peu plus petit que la moyenne, est un vaste ensemble de longues baraques de bois, pour 14 000 prisonniers. À l'intérieur, trois étages de planches avec un peu de paille. Mon père y sera le n° 38784, dans la baraque 308. Le *Stalag*[1] c'est une sorte d'entrepôt humain, qui fournit des détachements de travailleurs, les *kommandos*, aux forêts, fermes, usines et entreprises des environs. Les employeurs viennent au camp, examinent les prisonniers, tâtent leurs biceps parfois, et prennent ceux qui leur conviennent.

Le camp, c'est vraiment une prison : autoritarisme désagréable, corvées, inconfort, nourriture mauvaise et insuffisante. Le matin un liquide noirâtre en guise de café, dit Camille Lecrique (qui était au IIA), à midi une légère soupe au riz et des pommes de terre, le soir du pain de seigle avec une noix de margarine. Je suis surpris qu'il ne parle pas de rutabagas.

1. Abréviation de *Stammlager*, camp de base. *Lager* signifie camp, mais aussi dépôt, entrepôt. *Stamm* c'est le tronc, la souche, d'où partent plusieurs branches, en l'occurrence les *kommandos*.

Dans les commandos, nourriture et ambiance sont très variables : mauvaises dans les grands rassemblements (mines, usines, forêts, très grandes fermes), généralement convenables dans les petites fermes familiales[1], surtout pour ceux qui étaient eux-mêmes paysans : travail varié et familier (avec parfois le plaisir de la comparaison et de la découverte d'autres productions, d'autres outils, d'autres façons de faire) ; rythme modéré ; relative complicité entre des patrons et des prisonniers qui travaillent ensemble, mangent ensemble et se découvrent semblables malgré la guerre. De temps en temps, d'un mot, d'un hochement de tête, ils se plaignent ensemble du malheur des temps. Certaines circonstances pouvaient favoriser les relations. Dans les fermes, il n'y avait guère que des femmes, des vieillards et des enfants, fort inquiets pour leurs fils, frères, maris et pères, quand ceux-ci étaient sur le terrible front russe. Quand il se rapprochera, certains se tourneront vers les prisonniers français comme vers d'éventuels protecteurs.

Pendant les vingt premiers mois, mon père travaillait à la belle saison dans un grand domaine agricole, qui employait quatorze prisonniers. Il y était bien traité. « Les gens sont bons envers nous » (27 octobre 1940). L'hiver, la neige interrompait les travaux agricoles. Il devenait alors bûcheron dans une grande forêt : structure autoritaire et anonyme ; travail routinier. « C'est toujours la même vie monotone, chaque jour à couper et abattre des arbres » (29 mars 1942). Il se plaignait du froid intense, capable de vous geler pieds et mains : « jusqu'à 33 degrés sous zéro ». À sa demande, maman lui a fait des gants de laine. La situation

1. Un bon tiers des prisonniers travaillait à la terre.

s'est nettement améliorée en avril 1942, avec son entrée dans une petite ferme dont je reparlerai. À partir de ce moment-là il ne rentrait pas souvent au stalag ; au pire, il y était enfermé du samedi soir au lundi matin.

Physiquement, mon père n'a donc pas été malheureux, sauf pendant le trajet et dans la forêt glaciale. Sur les photos, il est visiblement en forme. Affectivement c'était autre chose, pour lui comme pour nous, à force d'espoirs toujours déçus. « Papa parlait beaucoup de venir pour la fenaison. Il parle maintenant de venir pour la moisson. Nous avons tous grande hâte. Maman est bien fatiguée ». C'est moi qui écris cela à la marraine de guerre de mon père, le 9 juillet 1941.

Au début, les prisonniers espèrent une libération prochaine. Plus de 350 000 l'obtiennent en effet assez rapidement. Mais c'est parce que Hitler préfère s'en débarrasser (malades et blessés), qu'ils sont Alsaciens ou Lorrains (devenus citoyens allemands par l'annexion de leurs provinces), qu'ils sont utiles pour faire fonctionner la France au service de l'Allemagne ou parce qu'ils sont soutiens de famille, anciens de 14-18 ou plus rarement collaborateurs.

Au tout début, les Bretons ont pu se réjouir encore plus que les autres. Les leaders autonomistes offrent leur alliance aux nazis afin de se libérer du joug français. En mai et juin 1940, on commence à recenser les prisonniers bretons en vue d'un rapatriement – partiellement destiné en fait à former une armée pour « libérer » la province, sinon pour combattre aux côtés des Allemands. Environ 600 détenus sont rapatriés à ce titre. Mais la plupart des prisonniers soupçonnent le projet et s'y montrent généralement hostiles. De leur côté, les Allemands constatent que la population bretonne l'est également dans son écrasante majorité. Et à quoi bon tenter de séparer la Bretagne d'une France que Pétain et Laval leur livrent tout entière ? Toutefois, l'espérance dure jusqu'au début de l'été 1941. « Nous sommes énervés depuis quelques jours. Il y a des copains qui sont partis [...]. Alors on a tous la fièvre en attendant l'heureux jour » (11 mai).

Au bout d'un an, on se rend compte que la captivité sera encore longue. « Je garde courage toujours, bien que des fois c'est dur » (14 septembre 1941). « Nous passons parfois de durs moments ici, manquant de nouvelles d'êtres qui sont si chers » (4 janvier 1942). « La dernière lettre que j'ai reçue date du 4 mai. Ça me donne le cafard des fois, mais le courage reprend toujours le dessus. Je suis habitué à tellement de difficultés de toutes sortes que je suis cuirassé contre la peine » (21 juin 1942). Bien entendu, il minimise l'intensité de ses tristesses, de ses angoisses. Pour ne pas inquiéter sa femme, pour faire bonne figure, pour se rassurer lui-même et se donner courage. « Dans la nuit, je fais souvent de beaux rêves, mais hélas je me réveille toujours sur ma botte de paille » (29 mars 1942).

À la tristesse et aux difficultés s'ajoute le sentiment d'être abandonné par les autorités françaises : un sentiment qui se tourne en hargne. « Je t'assure, le caractère des prisonniers a aigri en général. En dehors de nos familles, on nous abandonne de trop » (7 décembre 1941)[1]. On « s'en fout royalement de notre situation » (25 mai 1942).

1. « Les caractères s'aigrissent » (Pierre Bocquet, Stalag VIA, 16 août 1942).

La Convention de Genève prévoit que les prisonniers de guerre sont placés sous la protection d'un pays neutre, chargé de vérifier qu'ils sont traités conformément à la Convention. Ce devait être les États-Unis. Mais Vichy, cherchant à compenser sa défaite par de mesquines réactions de fierté, et engagé dans la collaboration avec Hitler, a refusé. Pétain, qui appelle les détenus « mes enfants », a chargé l'un des dirigeants du Comité France-Allemagne, Georges Scapini, d'« aplanir les difficultés éventuelles qui pourraient affecter le sort de nos prisonniers ».

Le 25 septembre 1940, Scapini propose aux Allemands que la France fournisse à ses frais les travailleurs qualifiés dont ils ont besoin, et que des prisonniers (il ne fixe pas de proportion) soient libérés en échange. Pas de réponse. Pressés par le besoin de main-d'œuvre, les Allemands reprennent l'idée en mai 1942 : 50 000 libérations contre 250 000 ouvriers d'industrie, dont 150 000 spécialistes. C'est la « relève ». Malgré une intense propagande, il y a si peu de volontaires qu'en septembre, le gouvernement français crée le S.T.O. (Service du Travail Obligatoire), renforcé en février 1943, quand Hitler réclame 250 000 travailleurs supplémentaires. D'août 1942 à décembre 1943, il y eut officiellement 90 747 libérés à ce titre, dont 450 Finistériens. Mais ça ne faisait qu'un prisonnier sur onze (provoquant l'irritation des dix autres) et un pour sept travailleurs fournis – alors qu'on avait promis un pour cinq. Échec politique, et surtout psychologique : trop peu d'effets après trop d'espoir ; une certaine dose de favoritisme – et aussi de servilité parfois chez ceux qui se croyaient libérables. Soupçons et hargnes les décuplèrent. « Le gouvernement Pétain-Laval, qui avait [...] la grande majorité des prisonniers derrière lui [...], a perdu la totalité de son prestige avec cette relève qui n'est qu'un véritable fiasco », écrit le détenu Gustave Folcher. « La relève, vaste fumisterie. Les volontaires au bout de huit jours regrettent », précise Bocquet, qui refuse de porter « le poids de cette tare ». Ils sont confrontés à l'hostilité de ceux qui refusent cet échange ; ils ont l'impression d'avoir un peu trahi, et pour rien puisque la plupart ne seront pas libérés. En France, le S.T.O. entraîne la rupture entre une bonne partie de la population et le gouvernement, surtout dans le Finistère[1].

L'escroquerie de la « relève » remplit mon père d'une hargne amère. « La relève, la relève, on la clame partout, mais seulement c'est tout. Il aurait fallu la faire d'office depuis longtemps. Ça nous crève le cœur ici qu'on fasse tant de tapage pour nous, pour rien faire. L'égalité entre nous-mêmes, ça n'existe pas. Il y en a qui touchent leur paye, et d'autres l'allocation[2] » (13 septembre 1942). « On parle ici que Laval va demander des ouvriers civils pour remplacer les cultivateurs prisonniers. Et s'il n'en trouvait pas de volontaire, il en prendrait d'office. Ah ! si c'était vrai, quelle joie ! Et pourtant ça serait bien juste, car nous croyons bien ici que nous avons largement fait notre part. » Hargne vengeresse, scandaleuse apologie du S.T.O. ? Oui. Mais d'un autre côté, cette réaction d'un homme accablé est

1. En septembre 1943, il y a dans ce département 10 805 réfractaires au S.T.O., que police et gendarmerie s'arrangent pour ne pas trouver.

2. Les fonctionnaires prisonniers (ou plutôt leur famille) percevaient normalement leur salaire, les autres une infime allocation militaire.

naturelle et même juste. Il demande simplement que la charge soit partagée entre tous[1].

Le 10 février 1943, le mari de la marraine de guerre pria ma mère de préparer un dossier pour la libération de son époux « comme cas particulier, et non pas au titre de la relève » : certificat médical la disant souffrante et fatiguée, attestation du maire déclarant nécessaire la présence du chef d'exploitation. Il le remit aux services de Scapini. « J'ai pris la meilleure note de votre intervention », lui répondit-on. La marraine voulut nous rassurer : « Mon mari y retournera à nouveau, pour ne pas vous laisser oublier [...]. On ne nous a pas rendu vos certificats, ce qui prouverait qu'on les garde pour s'en servir au besoin. » Maman ne se faisait pas d'illusion, et sans doute craignit-elle de faire inutilement un geste collaborationniste. J'ai trouvé dans ses papiers un formulaire de demande de libération dactylographié, en français et en allemand, qu'elle n'avait qu'à signer. Elle ne l'a pas fait.

Nous étions donc installés dans une bien triste vie, mon père d'un côté et nous de l'autre, et dans

1. Dans une société bien ordonnée, il est légalement interdit et moralement scandaleux de mettre en cause l'ordre établi, y compris l'injuste inégalité des conditions. Les uns sont pauvres et d'autres riches de naissance, sans aucun mérite ou démérite ; certains ont eu la malchance d'être faits prisonniers, d'autres ont eu la chance d'échapper. L'ordre légal est le résultat de ces hasards : pas question de permuter. Nous considérons les privilèges de l'Ancien Régime comme des scandales. Mais chacun défend soigneusement ceux qu'il possède aujourd'hui, dans une société où certaines places offrent presque tous les avantages, et d'autres presque tous les inconvénients : les professions les plus intéressantes sont souvent les moins pénibles, les mieux payées et les plus honorables.

une cohabitation avec des ennemis auxquels nous en voulions moins qu'à nos dirigeants : nous découvrions en eux d'autres victimes.

Hitler comptait envahir l'Angleterre aussitôt après la France. Non seulement il a dû renoncer, mais le risque s'est inversé après l'entrée en guerre des États-Unis (8 décembre 1941). Pour empêcher un débarquement, les Allemands entreprennent, à partir de l'automne 1942, de construire le « Mur de l'Atlantique » : 2 813 bunkers et blockhaus de toutes sortes pour la seule Bretagne, sans compter mines, barbelés et obstacles divers sur les plages. À partir de cette date, l'Occupation est devenue plus dense à Plougourvest, qui n'est qu'à 15 km de la côte. Dès 1940, l'école du bourg, vide, avait été réquisitionnée. À partir de 1942, la nôtre le fut aussi : nous nous sommes repliés dans des hangars. Et des soldats se sont installés dans les maisons. Chez nous, il y en avait trois. Ils nous saluaient et nous souriaient, toujours « corrects » : c'était la consigne, et l'un des mots favoris de la propagande collaborationniste, fructueuse sur ce point. « C'est pas comme les soldats français », disait ma mère.

Nos colocataires changeaient de temps à autre. Je me souviens d'un jeune, grand, très beau, très strict, dont j'ai compris plus tard que c'était un vrai nazi. Mais la plupart avaient une attitude sympathique[1]. Parfois, ils venaient se chauffer à notre feu. « Triste la guerre, Madame », disaient-ils. C'était sans doute sincère. Nous avions une carte du monde sur une cloison. « Pas possible », dit un jour l'un d'entre eux en montrant l'immensité des

1. Nous n'avons eu affaire ni aux S.S. ni à la brutalité des Ukrainiens ou des « Mongols », et quand les Allemands sont devenus nerveux, après le Débarquement, il n'y en avait plus sous notre toit.

Empires français et britannique, de l'Union soviétique, des États-Unis et du Canada.

L'un d'eux nous montra la photo de sa femme, un autre me laissa manipuler le fusil qu'il nettoyait, un troisième (ou le même ?) un jour, me serra dans ses bras : le lendemain il était parti ; pour le terrible front russe certainement. Avait-il des enfants qu'il craignait de ne pas revoir ? C'était Hitler qui était la cause de nos malheurs. Pas eux. Nous leur étions hostiles comme occupants, comme agents d'un tyran. Pas comme personnes : c'étaient des hommes comme nous.

Nous suivions les grandes nouvelles du front, en recoupant ce que disait la propagande, le bouche-à-oreille et Radio Londres, qu'écoutaient les gens du moulin : la destruction de la flotte française par les Anglais à Mers el-Kébir (1 372 morts, dont beaucoup de Bretons) ; le débarquement en Afrique du Nord et l'invasion de la zone libre (pendant quelques semaines, il n'y a plus eu d'Allemands dans notre maison) ; la bataille de Stalingrad, aussitôt ressentie comme le tournant de la guerre. Des avions passaient souvent au-dessus de nos têtes ; je me souviens d'un mitraillage en piqué sur la gare de Landivisiau, de trois bombes lâchées une nuit dans un bois, sans doute par erreur, et d'un combat aérien avec avion en flammes et pilote descendant en parachute. Souvent, les avions alliés, pour tromper les radars, paraît-il, lâchaient des paquets de rubans d'aluminium : nous courions récupérer ces trésors.

De son côté, papa était bien traité dans la petite ferme où il travaillait depuis avril 1942. Elle est en mauvais état et « me rappelle Kergabut » – une exploitation fort mal tenue, juste à côté de chez nous. Mais « je suis bien là-dedans, bien nourri et avec de bonnes gens, deux vieux, qui ont leurs deux fils aussi soldats » (26 avril 1942). Naturellement, il mangeait à leur table, bien que ce fût interdit. Le soir tous les prisonniers étaient rassemblés dans un local du bourg, sous la responsabilité d'un vieux gardien paisible[1]. Le dimanche, jour de congé, ils ne rentraient généralement pas au camp, trop éloigné, et pouvaient se promener un peu dans le village. L'hiver, il n'y avait « pas grand-chose à faire » à cause de « la couche de neige » (12 janvier 1943).

Protégés par les conventions internationales (et par le besoin qu'on avait de leur travail), les prisonniers bénéficiaient de quelques droits, plus ou moins respectés[2]. Ainsi, mon père percevait un salaire. L'employeur versait une rétribution normale à l'armée allemande. Celle-ci n'en redonnait qu'une petite partie au prisonnier. Ça faisait quand même nettement plus que la paye de l'ouvrier agricole qui le remplaçait chez nous. Comme il n'avait presque aucune dépense, il envoyait régulièrement des mandats : au moins l'équivalent de 320 ! par an – car je n'ai peut-être pas trace de tout. Il lui est aussi arrivé d'être mis au repos pour légère maladie. « J'ai été grippé l'autre semaine [...] ; cinq jours en tout sans travailler » (14 février 1944)[3]. Ouvrier ou patron

1. Il y avait au contraire des endroits où, après le travail, les prisonniers devaient ôter leur pantalon, qu'on enfermait à clé, pour empêcher toute évasion.

2. Ainsi, les Juifs qui ont eu la chance d'être faits prisonniers ont échappé aux chambres à gaz. Mais, dans les camps, ils étaient dans des baraques séparées et nettement plus mal traités que les autres. Le sort des captifs soviétiques, dont le pays n'était pas signataire de la Convention de Genève, était terrible : environ 3 289 000 morts (de faim en général) sur 5 160 000 prisonniers.

3. Marcel Albert, du *Stalag* IB a eu « un mois de repos » : « je m'étais fait mal à un orteil en fendant du bois », dit-il. Assez mal, je suppose.

d'une ferme bretonne, il n'aurait pu prendre un tel congé. Il est même allé chez le dentiste – ce qui ne lui était jamais arrivé. Mais ce fut rude : arrachage d'une dent de sagesse avec marteau et burin !

Un jour que mon père était à table, le patron arrive précipitamment : *« Schnell ! schnell ! »* : Vite ! vite ! le petit veau est en train de crever. Et il a foncé dans l'étable pour l'égorger ! Lassé du rationnement, il voulait de la viande, et il a imaginé d'impliquer son prisonnier dans le coup, qui était risqué[1], pour avoir au besoin un témoin d'une mort accidentelle. Il le lui a fait comprendre par signes, plus que par une langue dont mon père n'avait pas appris grand-chose.

L'hostilité au nazisme, la réaction contre la guerre pouvaient même conduire à une complicité active, et dans quelques cas très hardie. Le jour où elle a appris la mort de son fils sur le front russe, une paysanne de la région de Danzig (Gdansk) a organisé l'évasion de ses deux prisonniers français : une filière leur a fait traverser toute l'Allemagne.

Plus prosaïquement, il y avait parfois des tractations. Notamment grâce au chocolat que les prisonniers recevaient dans leurs colis. Gustave Folcher raconte que sur la fin, grâce à cette denrée introuvable en Allemagne, il obtenait de sa paysanne d'écouter la radio anglaise ! Il y eut aussi des liaisons sentimentales et sexuelles. C'était strictement interdit et sévèrement puni. Mais il y avait d'un côté des masses d'hommes, de l'autre des femmes presque toujours seules. Entre dissimulation et

1. « Pour avoir abattu clandestinement un mauvais cochon, qui allait crever, un pauvre bougre du village, qui a perdu ses trois fils sur le front de Russie, a été condamné à un an de prison, plus l'amende, fort grosse », raconte Gustave Folcher.

fantasme, vantardises et calomnies, il est difficile de connaître la fréquence de ces liaisons.

Au terme de leur captivité, un tiers des prisonniers étaient moins hostiles aux Allemands qu'au début. Un autre petit tiers l'était davantage. La plupart des premiers avaient passé ce temps à la campagne.

On comprend, pour mon père encore plus que pour ma mère, l'importance du courrier : le seul lien avec sa femme, ses enfants, son pays, sa vie. « Ça nous réconforte tant, ici, une lettre. » Pendant près de six mois, il n'en eut aucune. Par la suite, ils s'écrivaient presque chaque semaine. Il n'avait droit qu'à deux lettres de vingt-cinq lignes et deux cartes par mois dans chaque sens, non closes, sur formulaires spéciaux, écrites au crayon pour être effaçables par la censure. Or, il écrivait aussi parfois à sa marraine de guerre, rarement à sa mère, exceptionnellement à d'autres. Ces lettres mettent parfois plus d'un mois à parvenir, surtout à cause de la censure : elles sont en principe lues[1] avant

1. La censure ne lisait pas tout. J'ai relevé une allusion qu'elle aurait dû supprimer : « Par ici il y a beaucoup d'orages la nuit ; le temps est mauvais ; *échu gâto* ». Les deux derniers mots signifient, en breton : c'est fini pour eux, ils sont foutus. Le reste de la phrase est-il allégorique ? Elle est du 21 septembre 1941. À cette date, après une pénétration triomphale, les Allemands encerclent Léningrad, s'emparent de Kiev, s'apprêtent à foncer sur Moscou. Les prisonniers ne pouvaient l'ignorer. Mais il y avait des communistes au *Stalag* ; leur confiance en Staline était totale. Et d'autres se souvenaient des mésaventures de Napoléon dans un pays trop immense. « J'espère que nos cousins *Saoz* viendront bientôt vous rendre visite », écrivait un autre prisonnier. Les *Saoz*, ce sont les Anglais (les Saxons).

d'être envoyées (parfois trois semaines après leur rédaction) ou distribuées. Il en arrive alors deux, trois et même quatre à la fois.

Il y a aussi les colis[1]. Papa, très sobre, proteste qu'il n'a besoin de rien : « Tu sais bien que je n'ai jamais été fantaisie, mais économe, ce qui convient bien pour la vie que je mène maintenant. » « Je ne veux pas que vous vous priviez pour moi. »[2] Mais le geste, l'effort, le dévouement l'émeuvent beaucoup : « Je n'oublierai jamais ça. »

En dehors de quelques mois de guerre et de service militaire, mon père n'avait guère parlé français depuis l'école primaire, plus de vingt ans auparavant. Et encore moins écrit. Or sa langue est assez correcte : j'ai seulement corrigé les fautes d'orthographe, pas trop nombreuses, et la ponctuation, insuffisante. De plus, il n'avait sans doute presque

1. Au début, un colis par mois, alternativement de 1 et de 5 kilos maximum. Ce contingentement sera restreint à plusieurs reprises. Jusqu'à l'été 1943 au moins, mon père reçoit presque tous les colis expédiés, alors que les Allemands souffrent eux-mêmes de l'absence de précieuses denrées qu'ils contiennent, et parfois même de faim : bel exemple de discipline germanique. Mais ils arrivent parfois au bout d'un, deux ou trois mois : imaginez l'état du beurre !

Fin février 1943 nous est parvenue d'Allemagne la liste – la surréaliste ! – de ce qu'il était interdit d'expédier. « Alcools [...], jus de fruits, [...], livres et imprimés d'un contenu douteux ou indécent [...], papier à cigarettes, [...], carnets et calepins [...], pommes de terre. » Mais aussi « argent [...], vêtements civils [...], armes [...], munitions et explosifs [...], boussoles [...], postes émetteurs ». Désormais « ne sont plus délivrés tous les paquets contenant [...] des objets interdits » !

2. Il prie sa marraine, dès février 1941, de ne lui « envoyer plus autre chose que des livres », qui le « désennuieraient ».

jamais exprimé ses sentiments, même oralement. Ça se faisait bien peu à l'époque, surtout chez les ruraux. Encore moins dans l'austère Léon. De surcroît, il était réservé ou même inhibé. La fréquente banalité de ses lettres n'a donc rien de surprenant.

« Bien chère Anastasie,

Toujours en bonne santé, Dieu merci, espérant que t'es aussi de même, *Mignounic Keaz* [Pauvre Mignonne], ainsi que les chers Jean et Paul, et toute la famille. »

C'est généralement ainsi qu'il commence. Suivent les rares nouvelles de son existence, et des réactions à celles qu'il vient de recevoir : sur les petits événements de Plougourvest, sur nos vaches et chevaux (désignés par leurs noms), sur « les chers Jean et Paul », dont il parle toujours, mais sans rien dire de personnel. Il réussit seulement, parce que c'est plus objectif, à se réjouir de mon travail scolaire, souhaitant recevoir un de mes cahiers, pour « me faire une idée de ton instruction ».

Ses élans d'affection envers sa femme en sont d'autant plus émouvants. Et ils sont assez fréquents. Il l'appelle régulièrement *Mignounic Keaz*, et plusieurs lettres sont signées « François qui pense à vous nuit et jour ». Formules faciles, stéréotypées ? Oui. Et les prisonniers en échangeaient sans doute quelques-unes, elles-mêmes inspirées de romans et de chansonnettes : « C'est à toi que je rêve la nuit et que je pense le jour. » Mais c'étaient là des vérités profondes, des réactions vitales qu'il exprimait comme il pouvait. Parfois, l'émotion l'emporte. « La seule photo de toi que j'ai pu sauver [...], et que je garde toujours sur moi, commence un peu à s'effacer, celle qui m'a toujours donné du courage dans les durs moments que j'ai passés en la regardant et en l'embrassant » (26 octobre 1941). Cet homme secret, renfermé, sobrement courageux, était facile à ébranler. Souvent, il aurait eu besoin d'aide. Je l'ai remarqué à plusieurs reprises. Et je n'ai pas toujours su le soutenir. Aujourd'hui il ne me reste, à moi non plus, qu'une photo à embrasser.

Ailleurs, il plaint le travail de sa femme et sa fatigue, lui répétant de se ménager. Il participe à ses soucis : « Tiens moi au courant toujours de toutes tes contrariétés, pour que je les partage avec toi. » C'est avec inquiétude qu'elle lui annonce qu'elle se fait mettre un dentier : les maris sont pingres et les paysans négligent l'esthétique. Mais non, pour une fois. « Pour ton râtelier, je suis très content. J'avais ça dans l'idée depuis un moment[1], et avec cette tourmente j'avais peur que tu pourrais pas en avoir. J'en suis heureux de ça » (1er juin 1941). La frustration affective vous change un homme.

Bien entendu, il rêve de retrouvailles : un jour nous serons « réunis pour le reste de notre vie [...]. Quel beau jour que celui-là ! » « Réunis tous les quatre pour s'aimer tendrement et se secourir mutuellement dans nos peines. » De mon côté, j'avais copié sur mon cahier de chants *Le* kenavo[2] *du prisonnier*, mièvre complainte de tristesse et d'espérance. En voici le premier couplet :

Mon cher papa,
Loin de toi,
Chaque jour
Je pense.
Et tous les matins ma voix te dit Bonjour
De France.
Auprès de ton image, maman a dit :
Bientôt,

1. Je me permets d'être sceptique sur ce point.
2. *Au revoir*, en breton.

Ton père.
Et l'on embrasse tendrement ta photo :
Espère !

L'avant-dernier mot du refrain était fort inquiétant :

Kenavo !
Kenavo !
Au lointain commando
Porte-leur en écho
Kenavo !
Kenavo !
Nous nous verrons bientôt,
Du courage, là-haut :
Kenavo !

Ça rime. Mais « qui dira les torts de la rime ? » (Verlaine).

Le 6 juin 1944 au matin, grand branle-bas : nos trois Allemands détalent précipitamment. Dans la journée, la grande nouvelle se propage, diffusée par Radio-Londres : les Alliés ont débarqué ! Jour de joie, jour de rêve[1] !

À partir du 4 août, l'avancée américaine isole la Bretagne : encore dix mois sans la moindre nouvelle de part et d'autre[2]. Le 5 ou le 6, les derniers

1. Plus tard, j'ai appris que les principaux généraux allemands de Bretagne et de Normandie n'étaient pas à leur poste ce matin du 6 juin 1944 : ils étaient partis pour Rennes… afin de mettre au point leur réaction à un éventuel débarquement !

2. Et probablement bien plus. Le service postal a-t-il été désorganisé dès l'été 1943, ou des lettres ont-elles été égarées postérieurement ? J'en ai cinquante-cinq pour soixante-huit semaines du 1er mars 1942 au 27 juin 1943, puis trois autres seulement, en février et mars 1944.

Allemands quittent le bourg : le drapeau tricolore flotte sur le clocher, alors qu'ils sont encore à Landivisiau. Le lundi 7 au matin, en arrivant à la pâture avec mes vaches, que vois-je dans la garenne voisine ? Des soldats : les Américains ! Ils m'appellent, ils me font des œufs au bacon. Les jours suivants, Jeep, chars et camions défilent sur nos routes : tout le monde se précipite. Ils nous jettent des bonbons et parfois des rations entières de nourriture. Un camp s'installe à la limite de nos terres.

Joyeux échanges avec eux, et plus précisément avec les Noirs. Nous n'en avions jamais vu : ils excitaient notre curiosité. Leur extraversion joyeuse de grands enfants débonnaires facilitait la communication. Nous reconnaissions en eux des semblables. Les Blancs, plus distants, criaient sur eux et sur nous – moins sans doute parce qu'ils étaient blancs que parce qu'ils étaient gradés, chargés de faire respecter la discipline. Tout un trafic s'installa : ils nous fournissaient du sucre, et nous du vin ou même du cognac. Comme je gardais mes vaches à côté de leur camp, maman me confia, en vue d'un échange, une des trois ou quatre bouteilles de « vin vieux » qui étaient cachées dans l'armoire, entre les draps. Je la camouflai contre le talus, et partis à la recherche d'un partenaire. Quand je revins avec lui, la bouteille avait disparu[1].

Mais la guerre était loin d'être finie. Vu d'aujourd'hui, l'espoir marche à grands pas du débarquement jusqu'à la victoire. Ce fut pour nous

1. À l'autre bout de la commune, où il y avait un autre camp, un paysan, qui avait un petit moteur pour faire tourner ses machines à hacher l'ajonc et les betteraves, trafiqua six bidons de 20 litres d'essence contre des pommes et de l'alcool. Il les cacha soigneusement. Quand il voulut les utiliser, cinq sur six contenaient de l'eau.

une longue année mêlée d'angoisse. Pour mon père aussi. Les prisonniers avaient rapidement su la grande nouvelle. Ils avaient redressé la tête face aux Allemands et face à Vichy[1]. Mais la propagande nazie soulignait la violence des combats en France et parlait même de guerre civile. À l'est, les Russes avançaient ; mais l'approche du front, avec ses combats terribles, mêlait la crainte à la joie. Je me demande « où peut bien être ma pauvre femme » et « si notre logis est encore debout ». Quant à nous, « nous allons laisser notre peau ici ». Voilà des lettres parties du *Stalag* de mon père en novembre et décembre 1944. « La fin sera terrible. Bien des signes précurseurs le laissent prévoir. Beaucoup ne reverront pas la France », écrit un autre détenu.

Chez nous aussi, la crainte était lancinante : les prisonniers risquaient d'être massacrés entre deux feux ou de mourir d'épuisement sur les routes du retour. Les dangers de la guerre, nous en avions des exemples concrets. Les Allemands en retraite avaient tué plusieurs personnes en divers endroits. Les bombardements encore plus. Le siège de Brest dura du 21 août au 19 septembre. Le soir, nous montions sur les talus pour admirer les explosions. Un beau feu d'artifice ; mais nous pensions aussi aux victimes[2]. Les Américains qui en revenaient racontaient et mimaient les combats – parfois au corps à corps.

Ma mère a promis à la Vierge d'aller en pèlerinage à Rumengol : 33 km à pied, et autant pour le retour. Le 13 avril 1945, elle a consulté un « téléra-

1. Le 8 juillet 1944, les prisonniers du *Stalag* VIA refusent de défiler devant Scapini.

2. 9 831 Américains tués ou blessés et presque autant d'Allemands, sans compter 600 morts sur les 2 500 civils qui avaient refusé de partir ; une ville détruite à 80 %.

diesthésiste ». Il a octroyé à mon père une « vitalité » de 40 %. Mais maman fut plutôt rassurée.

Enfin la Libération ! Les Russes franchissent l'Oder le 20 avril 1945. Le 29, le *Stalag* IIA se réveille déserté par ses gardiens. On s'organise. Arrivent les Soviétiques. *Tovarich* : Camarade. Un communiste français tend une cigarette : l'autre saisit tout le paquet. L'éducation de l'« homme nouveau » n'avait pas atteint les moujiks du fin fond, placés en première ligne comme épouvantails et chair à canon. Militairement efficace, mais pas très organisée pour le reste, cette armée, selon mon père. Quand on leur demandait *que faire* (question stratégique fondamentale et titre d'un célèbre texte de Lénine), ils ne savaient que répondre : « Comme vous voulez : vous êtes les maîtres, aussi bien que nous. » En effet ! Ils ne se gênaient pas pour rafler tout ce qui leur plaisait, violer les femmes et tuer qui leur résistait. Les Allemands cherchaient maintenant la protection des Français, dont la plupart gardent une bien mauvaise image de leurs libérateurs russes. Ceux qu'ils ont pris en charge et transférés chez eux ne sont généralement rentrés en France que plusieurs mois plus tard.

Mon père et ses camarades sont au contraire partis librement vers l'ouest, en prenant ce dont ils avaient besoin, puisqu'ils étaient désormais en pays conquis. C'est à Lübeck qu'ils ont rencontré les Américains. Changement complet : organisation, contrôle. De nouveau parqués, mais tranquilles et bien nourris. Impatience quand même. Mon père a eu la chance d'être rapatrié rapidement. Il arrive à Lille le 11 mai, trois jours après la fin de la guerre. Il y reçoit un lot de vêtements, dix jours de tickets d'alimentation, une prime de 1 000 F[1] et

1. Un franc de 1945 équivaut à 0,10 €.

une indemnité de congé libératoire de 1 150 F. Par la suite, il percevra encore 4 113 F à titre de « solde et haute paye de guerre » et une « indemnité forfaitaire journalière » de 3 centimes 92 : pour 1 812 jours de captivité, ça fait un total de 71 F[1]. Pour chacun, c'était peu. Mais pour l'État, qui avait tant de choses à reconstruire, c'était beaucoup. Les autres pays occidentaux ont été nettement moins pingres envers leurs prisonniers ; mais c'est qu'ils en avaient bien moins, et qu'ils étaient moins ruinés.

Le 13 mai, papa prend le train de 19 heures 55 à Montparnasse. Arrivée à Landivisiau le lendemain. Accueil dans une grande salle des fêtes. Il arrive. Ma mère et mon frère se précipitent. Embrassades. « Et Jean ? » Oui… je suis là aussi… tout à côté…, juste derrière. C'est bien moi, ça. Déjà. Et c'est bien pour sa charge affective que je me souviens de la scène.

Me voilà donc avec un père. En vrai. Un bel homme. Au fait, j'ai bien regardé : non, il n'avait pas de trou au menton. Mais je n'ai jamais pu cesser de croire, au premier abord, que ce qu'on dit est vrai. Ceux qui me font des farces sont apitoyés de ma crédulité.

La captivité fut une épreuve et par conséquent un moment de profonde vérité. Dans le train du retour, écrit Louis Mercier, « j'ai doucement pleuré […] sur tout ce passé » où « j'avais appris à connaître la Vie, la vraie […], dénuée de préjugés, de hiérarchies, de différences de classes et d'opinions […], d'artifices, de décors, de grandes révérences et de mots inutiles » : « la vie toute nue ». « Toutes les hiérarchies étaient balayées : grades, diplômes,

1. Je donne les chiffres trouvés dans les archives familiales. On me dit qu'au total un simple soldat père de deux enfants a perçu 12 864 F, c'est-à-dire l'équivalent de cinq mois du salaire moyen de l'époque.

naissance, relations, fortune, culture, éducation perdaient leur signification. » On se retrouvait « strictement égaux devant la faim, la misère et le malheur. Comme seul bagage », chacun n'avait plus que « sa personnalité dans sa vérité, dans une petite société de démocratie directe ». Sans doute a-t-il encore pleuré plus tard, quand il a vu à quelle allure les affaires ont repris le pas sur l'idéal de justice issu de la Résistance comme de la captivité.

Je ne crois pas que mon père ait ainsi philosophé. Il s'est contenté d'être heureux. Il retrouvait tout : sa ferme, plus prospère qu'à son départ, sa femme, ses enfants, sa mère, ses frères. Tout le monde n'eut pas cette chance[1]. Il était en très bonne santé, alors qu'un prisonnier sur cinq revenait malade, un sur deux prématurément vieilli.

Il rapportait quelques petits trésors. Sur le moment, ils m'ont paru plus mystérieux que dérisoires. Un gros livre en allemand – qu'il connaissait très mal ; deux harmonicas, dont il ne savait pas jouer ; deux briquets et trois pipes. L'une d'elles, en espèce de corne verte, avait un long tuyau, et la fumée traversait un ballon de verre rempli d'eau. Il s'en est servi deux ou trois fois.

En juin, le Comité de solidarité avec les prisonniers organisa une fête au patronage pour célébrer leur retour. J'y chantais en duo avec un voisin de mon âge. Mais c'était le début des travaux d'été. Nous avons donc attendu le 8 septembre pour un grand repas, préparé par ma mère et des voisines sous la direction d'une cuisinière, et servi dans la cour et dans la grange pour parents, voisins et amis. Voici le menu :

1. Un prisonnier sur douze avait perdu sa femme ; un sur douze un enfant ; un sur douze son père ou sa mère.

Apéritif Saint-Raphaël et Byrrh Potage bonne femme Macédoine Œufs farcis Hors-d'œuvre variés Veau jardinière Rôti de veau Pommes fondantes Salade mimosa Biscuit de Savoie Crème chantilly Raisin Gâteaux secs Café. Cognac. Liqueur.	Vins rosés et rouges

C'était le bonheur. Mais les complications de la réalité avaient déjà repris le dessus sur l'union rêvée. Oh rien de dramatique : une honnête médiocrité. Mes parents avaient des attitudes quasiment opposées face à l'existence : l'un toujours les deux pieds sur le frein de sagesse, l'autre sur l'accélérateur. Et mon père n'avait vraiment pas été préparé à s'épanouir dans l'affectif[1].

1. La situation étant inversée, un prisonnier allemand a travaillé chez nous pendant plusieurs semaines. Il mangeait évidemment à notre table, vivait comme nous, n'était l'objet d'aucune hostilité ni d'aucune surveillance. Mais il n'était visiblement pas heureux : aux désagréments de la défaite, de la captivité et de l'exil chez des gens dont on ne connaît même pas la langue, s'ajoutait l'inadaptation : c'était un citadin. Il est reparti assez vite, alors que la libération de ces prisonniers n'est intervenue que progressivement, jusqu'à la fin de 1948. Il y en eut 250 000. Ils n'ont pas toujours été correctement traités. Certains ont souffert de faim, de froid ou de soins insuffisants ; d'autres ont été employés à des travaux de déminage, en infraction à la Convention de Genève. Résultat : un millier de morts.

CHAPITRE 13

VA ZAD A VA MÃM. MON PÈRE ET MA MÈRE[1]

Ma mère, Anastasie Caroff, était la dernière de trois enfants : un quatrième était mort à quatre ans. Vingt-neuf mois la séparaient de sa sœur Élisa, seize de son frère *Cheun*[2], avec qui elle s'entendait à merveille. Tous deux étaient gais, dynamiques, entreprenants. Leur aînée était plaintive et timorée. « Alors, ma fille, où auras-tu mal demain ? » lui demandait son père – dont l'ironie ne l'a sans doute pas améliorée. Plus tard, je l'ai toujours connue entre malaise et déploration[3].

1. Je choisis cet ordre, qui est phonétiquement plus harmonieux – ou qui le paraît parce qu'il est plus habituel. On verra que j'étais bien plus proche de ma mère. Elle était plus affectueuse bien sûr ; mais c'était aussi une personnalité plus forte et plus hardie. Je lui dois beaucoup.

2. Ce prénom, qui se prononce comme l'allemand *schön*, résulte de la transformation en consonne de la semi-consonne initiale de *Yeun*, qui correspond au français Yves. En d'autres endroits on disait *Youn, Youenn, Even, Erwan* et partout *Ific* – petit Yves.

3. La situation des aînés est parfois lourde : ils supportent seuls tout le poids des parents – ou toute leur insuffisance. Et souvent ils se sentent responsables de leurs cadets, qui peuvent au contraire s'abriter derrière eux, et bénéficier de leur expérience – quand ils ne sont pas trop encombrants.

Elle se croyait tenue de diriger ses cadets : ils se moquaient d'elle. Les voici qui rentrent tard. « Ne regardez pas la lune, dit-elle. Elle vous avalerait… – J'ai regardé. – Moi aussi. » Et la voilà qui pleure… Ils gardent les vaches tous les trois. Les deux petits méditent quelque friponnerie. Ils font semblant de se battre. Elle intervient pour les séparer. Ils en profitent pour lui flanquer quelques coups. Elle rentre à la maison en pleurnichant. Les voilà libres !

Ma mère n'était pas seulement dynamique. Elle manifesta dès l'enfance une vigoureuse personnalité. Un jour, à l'école, on lui fait une remarque blessante. Elle se précipite dehors, traverse la cour, fonce vers la maison. Bon juge, la maîtresse la ramène sans la punir. Vers sept ou huit ans, sa mère lui achète des souliers. Ils lui déplaisent : pas question de les porter ! Rébellion inouïe, vu le statut des enfants à l'époque, et le prix des souliers pour des paysans pauvres. Mais il fallut s'incliner : ce fut son frère qui porta ces chaussures de filles.

À quatorze ans, j'avais peur de tout, me disait-elle, et surtout des garçons : des rustres qui rentraient en bandes de l'école tandis que je ramenais mes vaches. D'autant plus que j'étais petite (il lui fallut une dernière poussée, vers vingt ans, pour dépasser 1,50 m). Conclusion : dès qu'elle les apercevait, elle fonçait, fouet levé ! Ils s'en accommodèrent fort bien.

Elle était capable d'intenses fureurs soudaines. Un jour, je rentre un peu tard avec mes vaches. Les macaronis m'attendent dans le four. Je prends le plat et les voilà par terre. Elle saisit le premier objet venu : une hache. J'ai ramassé les macaronis avec la hache au-dessus de la tête. Mais sans angoisse : je ne risquais rien ; je le savais. Et j'ai compris depuis combien la guerre, période de travail épuisant, de responsabilité accablante, de solitude frustrante, pouvait aggraver sa nervosité.

Une vie assez fruste et proche de celle d'un travailleur de force ne l'empêchait pas d'être soucieuse d'esthétique, et même un peu coquette. Jean et Nicole « nous ont enseveli sous une avalanche de bonbons [...]. Mes résolutions d'austérité fléchissent. Quant à ma pauvre "ligne", elle est irrémédiablement compromise », écrivait-elle à soixante-dix ans.

Brillamment intelligente, elle était toujours première à l'école. Quand la mère Agnès était trop occupée avec d'autres élèves, elle prenait la minuscule Anastasie, la hissait sur la table et la chargeait de lire la dictée – ce qu'elle faisait avec autorité, paraît-il. La mère Agnès la poussait à continuer des études. Et pas nécessairement pour devenir religieuse. « Elle m'a envoyé aux deux certificats, le libre et le laïque, pour que mes parents choisissent l'école qui leur plairait. – Vraiment pour ça ? ai-je demandé. – Oui, oui, oui [...]. Elle aurait voulu que j'aille à l'école libre bien sûr. Mais elle savait que notre famille était de gauche. »

Elle fut reçue aux deux examens[1]. Restait à convaincre les parents. Ils n'ont rien voulu savoir. Mieux : ils ont brûlé livres et cahiers. Coupure et cautérisation. Pourtant, son père et sa mère l'aimaient. C'étaient des gens doux, ouverts, partisans du progrès, qu'il voyaient venir : « Tu en verras des choses, ma fille », prédisait son père. *« Te velo traou, potrez. »* Et ils n'avaient nul besoin de son aide : ils étaient déjà douze. « J'étais la

1. On ne sait quel était le taux de réussite. Dans la Somme, nettement en avance, à l'époque, sur l'Ouest, même finistérien, il était d'un cinquième en 1882, d'un tiers en 1905, de la moitié en 1935.

treizième roue de la charrette », s'écriait-elle avec indignation soixante ans après.

Mon grand-père, dit Louis Elegoët, était doux et placide. Mais quand il apprit, en 1913, que l'institutrice poussait sa fille, qui venait de passer son certificat d'études primaires à douze ans, à continuer ses études, il se précipita à l'école pour l'en sortir à l'instant et définitivement. Il y avait des justifications rationnelles : « Des enfants laissés trop longtemps courir les écoles [...] rechignent à se mettre au travail, et il devient difficile de les commander », disait le recteur de Plourin-Ploudalmézeau (L). Et puis, l'école préparait au départ vers la ville : Brest, Le Havre, Paris, Dieu sait où... Ils auraient perdu leur fille ; elle se serait perdue elle-même... Fantasmes en vérité : elle eût été bien à l'abri dans une école chrétienne, avant de devenir religieuse et institutrice dans le voisinage, comme la mère Agnès – et je ne serais pas né. Mais laisser son enfant continuer des études, c'était trahir la tradition, transgresser la frontière socioculturelle, abandonner son enfant à l'inconnu. De plus ils ont dû avoir un peu peur et peut-être même une haine secrète devant l'entrée de leur fille dans un monde qui leur échappait.

« J'ai donc quitté l'école à treize ans. Bien chagrinée [...]. Et je gardais les vaches à longueur de journée, à longueur de journée ! » Toute seule, à un demi-kilomètre de la maison, dans un endroit où ne passait jamais personne. « J'avais peur de tout : d'un bout de fougère » remué par le vent. « Je n'osais pas aller à côté d'un talus, parce que j'avais peur des vipères aussi. Alors, ma vie était triste vous savez. Ça fait que finalement j'ai commencé à broder, et puis je me faisais mes vêtements toute seule, comme ça, de moi-même, sans avoir rien appris. » Car on avait mieux à faire que d'apprendre la couture à l'école de la mère Agnès. J'ai vu le résultat : elle brodait très bien.

Peu consciente des difficultés du prolétariat urbain, elle ne s'est jamais consolée d'être restée paysanne malgré elle[1]. D'autant que la suite fut rude : la crise de 1929, la mort d'un premier bébé après un accouchement torturant, le travail incessant dans la pauvreté, la solitude pendant la guerre… « J'en ai bavé, croyez-moi. » Je suis la réalisation du rêve contrarié de ma mère. C'est pourquoi j'ai tellement travaillé et si bien réussi : ma vie est une mission.

Elle était naïve ; elle n'avait connu qu'une existence assez sommaire ; elle n'avait pas lu grand-chose. Cela ne l'empêchait pas d'être dénuée de préjugés, et ouverte aux nouveautés. Quand elle vit mes enfants se mettre à vivre librement, elle fut loin d'être choquée. « Ah ! moi aussi j'aurais bien fait comme ça : essayer avant de décider. » Si j'avais à la caractériser d'un mot, je dirais : « *Ei tao*[2] » : « Allons-y : on verra bien. » Enfin, elle était généreuse. Bref une femme remarquable. Même selon ses belles-filles.

Triste constat : ce sont ses remarquables qualités qui lui valurent, surtout pendant la guerre, à des moments bien difficiles, l'hostilité de gens qui auraient dû l'aider. Certains membres de la

1. « La petite rurale n'a qu'une idée », dit la comtesse de Keranflech en 1933 : « fuir ce travail qu'elle exècre, cette maison sale et noire, cette discipline familiale, ce village qui se dépeuple ». En fait, cette tendance ne se généralise que vers 1960. Ma mère avait une bonne génération d'avance.

2. Mot à mot : « Hue toujours ».

famille, la plupart des dévots[1] et surtout notre charitable curé. Cette hostilité se croyait moralement justifiée ; elle était moralement odieuse : elle n'avait d'autre raison que le refus jaloux d'une différence, d'un dynamisme, d'une liberté de pensée, d'un épanouissement humain. Les paysans léonards de cette époque détestaient sourdement ceux qu'ils sentaient capables de contester l'ordre établi. Surtout s'il s'agissait d'une femme. Ma mère n'était pas subversive dans les faits : elle se conduisait, elle nous élevait selon les normes. Mais on sentait qu'elle n'était pas soumise dans sa tête. Sa pensée n'était pas aliénée : insupportable liberté intime.

Une mère pareille est impérieuse. Elle fit de moi un enfant trop soumis. « Il vous obéira », disait-elle à ma femme, dans une sorte de passation de pouvoir. Mais c'est aussi grâce à elle que je me suis peu à peu libéré : elle m'avait transmis sa hardiesse intellectuelle, son indépendance d'esprit. Contrairement à la plupart des ruraux d'alors, qui se croyaient sages parce qu'ils étaient méfiants, soumis et timorés, ma mère avait l'audace de penser : une qualité que je n'ai pas rencontrée si souvent, même à l'université, où je croyais qu'on était payé pour ça.

Après l'école, la grande étape de l'existence, c'était le mariage. Ma mère connaissait trop bien la situation des célibataires. Il y en avait cinq chez elle : leur statut était celui de domestiques. De

1. J'appelle ici dévot quelqu'un qui se dévoue à Dieu et à l'ordre établi au point d'en aliéner sa liberté et de vouloir soumettre celle d'autrui. Une telle attitude se veut admirable, mais elle entraîne une frustration qui peut rendre jaloux et hargneux.

plus, le mariage c'était la possibilité de partir, comme l'un de ses cousins, employé à Paris dans le métro.

Aujourd'hui, le choix d'un conjoint est affaire personnelle. Cette conception avait toujours été celle de l'Église : Dieu nous a créés libres ; engagement personnel, le mariage n'exige que la libre décision de chacun des époux. Au Moyen Âge, elle pouvait le rendre valable même sans la présence de témoins ni de prêtre. Mais ni les familles ni les autorités civiles n'acceptaient cette conception : elle pouvait conduire à des mésalliances préjudiciables au rang, à la fortune, à la réputation (à l'« honneur » !) de la famille. Les jeunes gens se soumettaient presque toujours, car sans le soutien de ses parents, il était généralement presque impossible d'avoir un logis et de quoi vivre.

En 1555, la veille des noces d'une fille naturelle du roi Henri II, on apprit que son futur époux... était déjà marié. Scandale. L'Église refusa d'annuler le premier mariage et d'accepter le second. En réaction, un édit royal permit aux parents de déshériter les hommes de moins de trente ans et les femmes de moins de vingt-cinq qui s'épouseraient sans leur accord (1556). Malgré les pressions, le concile de Trente refusa de rendre ce consentement obligatoire. Il décida seulement que, sous peine de nullité, tout mariage devait être annoncé à l'avance pendant trois dimanches consécutifs dans les deux paroisses de naissance (les bans), et célébré devant le curé de la paroisse de résidence de l'un des mariés et devant deux témoins (1563). Poussé par les grandes familles, le gouvernement français inventa un artifice juridique : le mariage des mineures de vingt-cinq ans sans accord parental serait tenu pour un rapt, qui empêchait la femme d'y consentir librement ; il serait donc frappé de nullité (1639).

Ainsi, du XVIe au XIXe siècle au moins, surtout chez ceux qui ont du bien et un rang social, le mariage n'est généralement pas un choix affectif personnel, mais l'alliance de deux familles, de deux patrimoines et de deux situations. En 1694, le duc de Saint-Simon veut s'allier au duc de Beauvilliers. Il lui demande donc l'une de ses filles. N'importe laquelle. Car « ce n'était pas [...] sa fille, que je n'avais jamais vue [...], c'était lui [...] que je voulais épouser ».

Ce sont les parents qui décident ces alliances. Le Grand Condé – dont on connaît pourtant le caractère impérieux – s'était fait marier malgré lui à une quasi-naine, fille d'une quasi-folle, pour l'excellente raison qu'elle était nièce du tout-puissant Richelieu. « J'ai pensé vous marier sans que vous en sussiez rien », écrit Racine à son fils. Mais « je n'ai point trouvé l'affaire aussi avantageuse qu'elle paraissait ». Quant à la personne en question, « vous ne l'avez jamais vue ». Il lui précise ensuite qu'il l'aurait consulté. Mais Racine était un modèle d'amour paternel.

Se marier, c'est donc « se lier pour la vie [...] avec une personne auparavant ou inconnue ou indifférente » (*Discours moraux sur les Évangiles*, 1685)[1]. Les penseurs de l'époque justifient cet

1. En 1749, le marquis de Courtomer doit épouser une jeune fille qui est enfermée au couvent depuis l'âge de treize mois. Il demande à la voir avant la cérémonie. Indignation des parents. Certes, vous ne vous êtes jamais vus ; mais « on ne se marie point autrement quand on est éloigné ; et lorsqu'on vit dans le même lieu, on fait une entrevue dans une église ou à la promenade, où on ne se voit que de loin ».

usage. Il est normal qu'on ne choisisse pas personnellement son conjoint, par sentiment subjectif, car « on ne se marie pas pour soi », mais « pour sa postérité, pour sa famille [...]. Un bon mariage refuse la compagnie et condition de l'amour [...]. Il y faut des fondements plus solides » (Montaigne). Les mariages d'amour étaient rares et réprouvés comme sottises. Tradition, sagesse, moralisme chrétien, idéologie communautaire se méfiaient de la passion : individualiste et impulsive, elle menace l'ordre ; aliénation de la raison, elle ne peut produire qu'un bonheur éphémère. « Il s'est marié par amour, c'est-à-dire désavantageusement et par l'emportement d'une aveugle passion », lit-on dans le *Dictionnaire* de Furetière (1690), un genre d'ouvrage qui reflète l'opinion commune.[1] Vu les conditions de l'époque, les mariages d'amour étaient en effet souvent l'initiative de gens plus impulsifs que constants[2].

« Le mariage, dans nos campagnes, est encore plus qu'en ville une affaire commerciale. Quelquefois, souvent même, les fiancés sont deux êtres

1. « Colère, folie, amour : le plus court est le meilleur » ; « qui se marie par amour a bonne nuit et mauvais jour », disaient des proverbes provençaux. L'ancienne sagesse n'était pas seulement réaliste : on y perçoit la hargne de gens insatisfaits.

2. Henri de Campion (1613-1663) avait fait un mariage d'amour. Il savait qu'il « serait peu approuvé, tant il était éloigné de la pratique ordinaire ». Il considère d'ailleurs que de tels mariages « sont presque toujours blâmés avec justice, la fin n'en étant le plus souvent guère heureuse ». C'est ce que disait aussi la sagesse bretonne :

Gwelloc'h enem garet nebeutoc'h,
Evit ma pado pelloc'h.

« Mieux vaut s'aimer moins, pour que ça dure davantage. »

qu'on attache tout à coup sous le même joug sans qu'ils se soient vus », écrit le Finistérien Alexandre Bouet en 1835. « L'hymen se traite comme un marché. Les parents ont une autorité absolue sur leurs enfants », confirme Brousmiche la même année. « Ils concluent pour eux des mariages sans que [...] les futurs ne se connaissent. » Ces deux témoins connaissaient bien la Bretagne rurale. Mais ils exagèrent nettement. Il est vrai que la décision était généralement familiale, et fondée sur l'assortiment social plus que sur des sentiments personnels. Souvent, le mariage était le renouvellement d'une alliance entre familles déjà apparentées. Mais, comme ils n'avaient guère de patrimoine, les jeunes gens pauvres étaient en ce domaine un peu plus libres que les autres. De plus, à la campagne, chaque jeune connaissait d'avance les conjoints possibles : on allait rarement en chercher à plus de 5 km. En Bretagne, la demande se faisait, selon des rituels précis, par un intermédiaire, le *baz valan*, ainsi nommé parce que son insigne était un bâton de genêt. Mais la réponse résultait généralement d'un accord entre le jeune homme ou la jeune fille et sa famille. Toutefois, en cas de désaccord, les parents l'emportaient, sauf si le jeune avait une personnalité beaucoup plus forte. Car il n'avait pas les moyens d'être autonome : c'était eux qui détenaient les biens – et l'expérience, c'est-à-dire la sagesse. « J'aimais un voisin. Mais mes parents n'ont jamais voulu. Ils voulaient que j'épouse un cousin pour assembler les terres », dit une Léonarde née en 1892.

Le *baz valan* a subsisté dans certains coins jusqu'en 1970, sinon 1975. Mais l'avis des jeunes gens l'a emporté progressivement à partir du milieu du XIXe siècle ; en 1930, il était presque toujours prédominant. Je crois que le recours à l'intermédiaire tombait en désuétude à Plougourvest quand mes parents se sont mariés en 1931. Surtout pour quelqu'un d'aussi décidé que ma mère.

Aujourd'hui, le seul problème est de trouver un partenaire. À l'époque, pour les couples paysans, il y en avait un autre : trouver une ferme pour se loger et gagner sa vie. Il ne pouvait pas y avoir plus de couples que d'exploitations – sauf si deux se partageaient la même, solution parfois pratiquée jadis dans les grandes fermes, mais généralement abandonnée à la fin du XIXe comme peu raisonnable. Chez nous, il y avait trois enfants, dont un garçon. Le plus souvent, c'est celui-ci qui prenait la succession[1]. De plus, ma mère était la plus jeune : elle était mal placée pour choisir son avenir – à moins de trouver un homme décidé à partir. C'était son grand espoir. Mais plusieurs coïncidences favorisèrent son maintien sur place. L'aînée s'établit la première, le 20 novembre 1928, hors de chez elle, avec un menuisier. Le second n'était pas pressé : il se mariera en 1938, à trente-cinq ans. La place était donc libre pour ma mère.

Restait à choisir un homme. Elle était attirée par un voisin et réciproquement. « Il était travailleur celui-là. Il était dégourdi » : qualités suprêmes pour un Léonard. À la moisson, « toujours on était tous les deux ensemble », à monter les gerbes en moyettes (*savadennou*). « S'il avait fait son service militaire, je me serais mariée avec lui. Mais maintenant, moi j'avais 27 ans, lui il avait 20 ans. »

1. Surtout chez les propriétaires : nous n'étions que locataires. Dans certaines régions pyrénéennes de tradition matriarcale, c'était la fille aînée qui se mariait sur place, souvent en tâchant d'épouser un cadet habitué à la soumission : « un derrière de famille », disait-on.

L'attendre ? « Peut-être qu'il changera d'avis, et moi alors j'aurai 30 ans. Je serai trop vieille ». Sa mère partageait cette crainte. Elle renonça. « Il m'en a voulu. Je l'ai rencontré un jour en ville. Il est venu en face de moi tout exprès [...], et il ne m'a même pas adressé la parole. »

La balance pencha donc en faveur d'un autre, nouveau venu dans le voisinage. François-Marie Rohou était né le 15 septembre 1904, à Plouzévédé, dans une famille de tout petits paysans. Il avait à peine dix ans quand son père partit à la guerre, douze ans quand il mourut. Aîné de quatre garçons, le voilà soutien de famille et ouvrier agricole, une fois obtenu son certificat d'études primaires de l'école publique, en juin 1917.

En 1928, les quatre frères Rohou et leur mère quittent Plouzévédé. Ils louent une petite ferme à 400 m de Lannurien. En complément, ils continuent à travailler comme ouvriers agricoles. Mon père était moins dégourdi, moins animé, moins excitant que son rival. Mais il était beau (et le restera) : grand, droit, solidement musclé, avec un visage régulier où s'alliaient vigueur et sérénité. Et il avait déjà l'air d'un sage, doux et apaisant.

De plus, il correspondait au grand espoir de ma mère : « Si un jour je me marie, pour[1] à la ferme je ne me marierai pas », se disait-elle, avec cette vigoureuse flexibilité de la syntaxe bretonne, qui place le mot essentiel en tête. Avec sa taille[2], son certificat d'études, un oncle dans la capitale, François-Marie Rohou pouvait trouver un emploi à la R.A.T.P. ou dans la police parisienne. Dans

1. *Pour* équivaut ici à *en tout cas*.

2. Un mètre soixante-seize. C'était beaucoup, en Bretagne, à l'époque. Les voisins l'appelaient *an i braz* : le grand.

quelle mesure avait-elle posé cette condition, cette exigence ? Que lui a-t-il promis ou non ? Je ne sais. En tout cas ils ne partiront pas.

Partir était une aventure, et mon père était timoré. Or, les cousins de ma grand-mère, locataires du manoir en face de chez nous, prenaient leur retraite : il y avait donc une ferme pour mon oncle, une autre pour ma mère et son mari. C'était une belle promotion pour un orphelin pauvre, pour un ouvrier agricole : il se retrouvait à la tête d'une des principales exploitations de la commune. Mais c'était la ruine du rêve de ma mère.

Ils se sont donc mariés, le mardi 19 mai 1931, en même temps que l'un des frères de mon père : solution fréquente pour diminuer les frais. Traditionnellement, on ne convolait pas le vendredi, jour maigre, ni le dimanche, jour du Seigneur, ni par conséquent le jeudi ni le samedi, car jadis la noce durait deux ou trois jours ou même davantage – du moins chez les riches[1]. On évitait juillet et août, à cause des gros travaux, et aussi (mais de moins en moins) décembre, période religieuse de préparation à Noël, le carême (les quarante-six jours d'abstinence qui précèdent Pâques) et en divers endroits mai, le mois de la Vierge, que mes parents n'ont donc pas respectée[2].

1. À Plougastel-Daoulas, seuls trois mardis de l'année étaient réservés au mariage. En 1897, trente-huit couples convolèrent le même jour dans cette commune de deux mille habitants.

2. Au XVIIIe siècle, la moitié des mariages ont lieu en janvier et début février : période de carnaval et moment creux pour les travaux comme pour la religion ; à Plougourvest, c'est février qui avait la préférence.

Ma mère avait un peu plus de vingt-sept ans, mon père un peu moins. C'était l'âge normal. Retarder le mariage fut longtemps le grand moyen pour freiner la natalité : on réduisait ainsi la période de fécondité des épouses, et on accroissait l'écart entre les générations[1].

« Déjeuner des jeunes gens à Lannurien à 8 h 30 » : façon traditionnelle d'accueillir le fiancé et sa famille chez sa future, mais sans les affrontements verbaux et les palabres qui précédaient jadis l'acceptation d'un intrus ou le départ d'une fille ; ces rites avaient disparu au cours du XIXe siècle, plus tôt en Léon qu'en Cornouaille[2]. À 9 h 30, « service pour les parents défunts » (qu'on n'oubliait jamais en Basse-Bretagne). À 10 heures,

1. Au XVIIe siècle, à Plougourvest comme à Plouvorn, les femmes se marient entre 24 et 26 ans, les hommes entre 26 et 30. C'est la moyenne française du XVIe au XVIIIe. À Landivisiau, de 1602 à 1742, seuls 18 % des hommes et 23 % des femmes se marient avant 25 ans, et 35 % des unions sont des remariages, car un bon tiers des couples ne dure pas dix ans, et le survivant se retrouve généralement avec des enfants en bas âge. À Plougourvest en 1781 et 1782, sur cinquante nouveaux mariés, il y a douze veufs et huit veuves (40 %). Au Moyen Âge, on avait pu convoler un peu plus tôt : guerres, épidémies et famines éliminaient le surplus de population. On le put de nouveau à partir de 1820, quand se répandit une première limitation des naissances. Mais ce ne fut pas encore le cas en Bretagne rurale. Au contraire. Dans les années 1880, les moyennes y sont montées à 29 et 34 ans, pour freiner une natalité devenue trop forte, parce que la mortalité diminuait ; elles sont redescendues après 1918.

2. Pas non plus de défilé avec sonneurs de bombarde en tête ; pas de barrages où il fallait payer pour passer. Conformément à la tradition, mon père était venu avec une armoire neuve. Jadis, du moins en Cornouaille, elle n'était acceptée qu'après un simulacre d'affrontement (encore une façon symbolique de s'opposer à l'intrus). Rien de tel ici.

« bénédiction nuptiale », puis repas au restaurant Stéphan, à la gare : c'était l'épicerie-café des deux familles. Ce grand carton d'invitation imprimé (une nouveauté à l'époque) ne dit mot de la mairie, c'est-à-dire du mariage légal : il se faisait très discrètement la veille ou même deux jours avant.

Parents, amis et voisins des trois familles étaient invités au repas, précédé d'une tournée des bistrots, moins pour la beuverie que par courtoisie, pour qu'ils n'aient pas à envier celui où se déroulait la noce. Il en venait au moins un de chaque maisonnée. Combien y en eut-il ? Cent, cent cinquante, deux cents, étaient des chiffres usuels. De toute façon, dans ce secteur du Haut-Léon, chacun payait son écot, qu'il fixait lui-même : on avait l'habitude.

J'ignore le menu. Probablement soupe, tripes (pas chères et fort appréciées), rôti et pommes de terre au beurre, far au four. Vin, café, liqueurs. Beaucoup de pain et de beurre. Chacun avait certainement cuillère métallique, fourchette, couteau et deux assiettes. Ce n'était plus le temps où l'on venait avec sa cuillère en bois personnelle pour se servir dans le plat commun.

J'ai la photo du couple. En Haut-Léon, le costume breton était déjà hors de mode, sauf la coiffe. À cette exception près, la tenue des mariés est entièrement moderne : costume trois-pièces croisé sur chemise blanche à col cassé et nœud papillon pour lui ; robe plissée (noire[1]) descendant à mi-mollet, chaussures vernies avec talon trois-quarts pour elle. Il porte un brin de muguet à la boutonnière ; elle, une descente de fleurs

1. La robe blanche de la virginale mariée ne date que du XIXe siècle. Quelques-unes l'arboraient déjà à Plougourvest dans les années 1920.

d'oranger depuis le cœur jusqu'à la hanche[1]. Ils ont fière allure.

Pendant le repas, qui dure deux ou trois heures, tous ceux qui ont un peu de voix poussent une chanson. Après, on se promène pour se dégourdir les jambes, et même pour voir la maison, les granges, les crèches et les champs des mariés. Puis vient le repas du soir, plus simple, où il y a de nouveaux invités. Et la danse, la célèbre danse bretonne ? Ah non ! L'Église avait mis fin à ce dévergondage en Haut-Léon depuis un bon demi-siècle. Et le soir pas de farces faites aux mariés dans ce pays sérieux, rationnel et quasiment moderne.

Pas assez moderne toutefois pour offrir des conditions d'intimité. La maisonnée comprenait onze personnes. Deux hommes célibataires couchaient dans l'écurie[2], sur de la paille dans une espèce de mezzanine. Sans doute, mes parents furent-ils dès le départ logés à l'étage – c'est-à-dire isolés des sept autres par un simple plancher. Peu après, à l'initiative de ma mère, ils y installèrent une vraie chambre, séparée par une cloison. Elle la fit visiter à l'institutrice, qui fut admirative : à l'en croire, aucune autre femme de la commune n'aurait eu pareille idée à l'époque – ce qui me paraît excessif. Quelques mois après le mariage, la maisonnée fut divisée par deux. Mon oncle a emménagé au manoir, et on a tout partagé : le bétail, les outils, les draps, la vaisselle, les oncles et les tantes. Mes parents eurent désormais beaucoup de place – et beaucoup de travail.

1. Muguet et fleurs d'oranger ont été fournis par le photographe.

2. Sans quitter leurs vêtements de jour.

Une fille, Louise[1], est née le 3 octobre 1932. Accouchement difficile. Charcutage sur la table. Par un médecin quand même. Pour l'Église, c'est l'enfant qu'il faut sauver, le temps de le baptiser, de l'ondoyer[2] au moins, pour lui éviter d'errer éternellement dans les limbes. La mère peut bien abandonner sa dépouille éphémère : si c'est une bonne chrétienne, elle ira droit au paradis. Réfléchissez : cette position est logique ; parfaitement, tristement logique. Le médecin fit-il le choix contraire ? Je crois plutôt que le bébé mourut parce que c'est lui qu'on força le plus dangereusement : à la tête, à la nuque. Ce fut une vive douleur pour mes parents, malgré la résignation de l'impuissance et de l'habitude : en 1939, la mortalité avant un an était encore de 8 % en Bretagne, contre une moyenne nationale de 6,7 (moins de 1 % aujourd'hui). Mon père fut frappé par la torture infligée à sa femme. Il lui proposa de vivre chastement. Élan généreux, mais provisoire sans doute. De toute façon, elle voulait des enfants. Ce furent deux garçons. Elle regrettera de ne pas avoir aussi une fille, une compagne pour l'aider à moderniser sa maison.

Je suis donc apparu le 12 janvier 1934. Accouchement à domicile évidemment. Sur la table. Neuf mois plus tôt, c'était le dimanche de Pâques : la

1. Pour nous c'était Louise. Mais pour l'état civil c'était « Rohou anonyme ». Anastasie Caroff, « le 3 octobre 1932 à 5 h 30 est accouchée d'un enfant présentement sans vie à Lannurien », dit le registre des décès. Elle ne figure pas sur le registre des naissances.

2. Seul un prêtre peut baptiser. N'importe qui peut ondoyer en cas d'urgence : on verse de l'eau sur la tête de l'enfant, avec quelques mots pour le consacrer à Dieu. Un manuel du XVIIIe précise que si la mère meurt, il faut l'ouvrir aussitôt pour baptiser ou ondoyer l'enfant avant qu'il ne décède à son tour.

résurrection du Sauveur. Bravo ! Car avant, c'est le carême : quarante-six jours d'abstinence – non respectée dès le XVIIIe siècle à Plougourvest, où le nombre de conceptions ne décroissait que pendant les gros travaux d'été.

Un beau bébé ? Je sais seulement que j'avais « deux jolies fossettes, plus prononcées d'un côté que de l'autre ». Mais on avait bien autre chose à faire qu'à me contempler, en ce pire moment de la crise de 1929 : le pouvoir d'achat des paysans a diminué d'un tiers en cinq ans. Pas question de payer un ouvrier agricole. Ma mère devait aller aux champs, et souvent ma grand-mère aussi. On me laissait donc seul, enfermé dans la maison, gavé d'un biberon d'eau sucrée. Je dormais pendant des heures[1]. Ma mère était contente. Mais je crois que je me réfugiais dans le sommeil, avec le vague sentiment d'être abandonné. Est-ce l'origine de mon amour des sucreries et de ma placidité autarcique ? Au risque d'un léger autisme et d'une méfiante avidité d'affection ?

Quand je commençai à remuer, il devint impossible de me laisser dans mon berceau, seul à la maison des après-midi entières. Comment faire ? Mes parents sont allés à Landivisiau. La poussette coûtait 45 F. Ils en avaient 50. Ma mère put donc aller aux champs, la poussette attachée par une corde à sa ceinture. Les mains libres ! J'ai commencé à contempler le ciel en bronzant prématurément.

Mon père, ce héros au sourire si doux…

écrit Victor Hugo. Tous les enfants ont rêvé ça. Mais ce n'est en l'occurrence qu'une fiction poéti-

1. Au moment d'entrer à l'école, cela deviendra gênant : au début j'y allais seulement l'après-midi.

que. Le père Hugo était bien général d'Empire ; mais il ne s'est guère occupé de son fils, sinon pour l'enfermer dans une sinistre pension. L'écrivain ne s'est réconcilié avec lui que peu avant sa mort. Si je mentais aussi bien que vous, cher poète, je ferais de mon géniteur un portrait dithyrambique.

Il était beau, intelligent, désireux de connaissances, relativement cultivé pour son milieu. Il était fier d'avoir, pendant son service militaire, suivi des cours au Conservatoire National des Arts et Métiers à Paris. Ce n'était pas vantardise : j'ai vu sa carte d'étudiant. Combien de fois s'y est-il rendu, et avec quel profit, je ne sais. Mais la seule inscription était déjà remarquable, par rapport à un milieu rural qui se méfiait de l'école (dérangeante pour routines et préjugés) et qui la dénigrait volontiers.

Mais sa mécanique ne répondait pas à ses ambitions : ses gestes, sa pensée, sa parole manquaient d'agilité, de rapidité. Ma mère, si dégourdie, en était parfois exaspérée. De plus, il était timoré, réticent à toute innovation, alors qu'elle voulait toujours aller de l'avant – ce qui correspondait mieux à une économie et une société déjà en pleine transformation après 1945. Prisonnier en Allemagne, il avait connu des fermes bien plus évoluées que les nôtres pour le confort comme pour l'équipement. Mais cela ne l'avait pas ébranlé : il regrettait le temps où l'on moissonnait avec un petit couteau, disait sa sarcastique épouse. De plus, il avait la fâcheuse habitude de commencer à se dépêcher à la nuit tombante. *Fãinch ãn anternoz*, disait-elle : François de minuit.

Il passait pour un sage. Lorsqu'il s'est présenté aux élections municipales en 1965, c'est lui qui a eu le plus de voix, après le maire ; puis il est devenu tout naturellement président du club des anciens. D'un point de vue traditionnel, il était sage en effet : lent, prudent, économe, modérateur, conservateur – bien que politiquement de gauche modérée. Mais dans quelle mesure étaient-ce là capacités ou incapacités, affirmation ou soumission d'une personnalité ? Les hommes, plus investis que les femmes dans leur fonction sociale, tirent souvent leur autorité non pas d'une force personnelle, mais de leur identification au pouvoir et à la normalité. Jusqu'à en être démunis, ou même un peu lâches parfois, quand ils doivent affronter sans cette protection des situations imprévues.

Doux et apaisant en temps ordinaire, mon père n'était pas assez sûr de lui pour être rassurant en situation difficile ; ni assez épanoui, assez heureux pour être généreux ; frustré, il était même un peu vindicatif face aux joies de ses proches. Gentil, conciliant, complaisant, presque obséquieux à l'extérieur, il ne l'était pas toujours à la maison[1]. Sans doute parce qu'il y rencontrait ses problèmes, ses insuffisances (vertement relevées par sa femme) et sa chagrine autocensure. Quand il nous voyait jouer, nous amuser, il avait toujours quelque travail à nous donner, gêné peut-être de voir s'épanouir chez d'autres l'enfance qu'il n'avait pas eue. Mais il est vrai que c'était une tendance générale dans ce Léon austère, dévot et inhibé.

Je suis sévère envers mon père ? Derrière ces critiques, n'entendez-vous pas à quel point je le plains ? Ce n'est pas lui que je dénonce. C'est la civilisation inhibitrice qui l'a censuré, diminué, lui et tant d'autres. C'est cet ordre oppresseur, cette société rurale frileuse, cette religion, cette prétendue morale qui paralysaient les cœurs et les

1. *Bao gad ar ral* : gentil avec les autres, disait sa femme, en supprimant ironiquement le *r* un peu râpeux de *brao*, pour caricaturer une douceur artificieuse.

esprits. Quand les métastases au cerveau l'ont délivré de ce surmoi, j'ai découvert un autre homme, à l'imagination hardie, lyrique, humoristique.

Je vais le voir à l'hôpital, armé d'un « pépin » : on ne sait jamais en Bretagne. « Combien t'a coûté ton parapluie ? – Je ne sais plus. Je l'ai depuis longtemps. – Ah oui. C'est ton parapluie d'étudiant. Le noir parapluie des rudes journées de Mai[1]. »

Il me demande si j'ai lu l'article concernant ma fille, sur le journal. Comprenant qu'il s'agit d'un rêve, je réponds oui, pour simplifier. Mais il y revient avec insistance, et finit par proférer le titre de l'article imaginaire : « Le maire de Plougourvest redoré par la plus jeune de ses concitoyennes ».

Ma mère arrive : « Tu as hâte d'être guéri, pour rentrer à la maison ? – Oui. Pour rentrer à la maison et pour friser mes moustaches[2] ! »

Elle lui dit que tel et tel ont demandé de ses nouvelles.

« Ah oui. Alors il y a un grand mouvement de solidarité qui se dessine ? »

Il veut savoir si elle est allée à la messe ce matin.

« Tu sais bien que je n'y vais jamais[3]. – C'est dommage. Car le curé t'aurait apporté le fauteuil de l'évêque[4], pour la femme du héros du jour. »

1. Allusion aux manifestations étudiantes de mai 68.

2. D'autres phrases m'ont permis de comprendre que l'enfermement à l'hôpital lui faisait revivre son séjour en captivité : c'est la seule époque où il a porté des moustaches. De là le mouvement de solidarité en faveur du prisonnier, et le retour triomphant du héros.

3. Nous sommes en 1979. C'est seulement depuis quelques années que ma mère, tout en restant croyante, n'allait plus à la messe.

4. Le fauteuil où s'installait l'évêque quand il passait dans la paroisse pour la confirmation.

Tout cela en français, avec le ton, et sans ses habituelles difficultés d'élocution. Je suis sûr que toute sa vie il a ruminé de telles phrases sans jamais les prononcer !

« Ta mère était une forte personnalité, et ton père un sage. Et comme ils s'aimaient ! Il y avait entre eux une délicatesse de cœur bien rare. » « Les autres couples étaient solides, mais eux ils étaient à part : ils étaient amoureux. » « Anastasie ne cachait pas son admiration pour son mari. » « Elle aimait passionnément son mari, et j'ai été très impressionnée quand, pendant la guerre, envers et contre tous, elle l'a *su* vivant, alors qu'il était porté disparu. C'était extraordinaire. » Voilà ce que les gens me disent. Spontanément, sans que je demande rien.

Il est sûr que mes parents n'étaient pas des brutes. Ils étaient d'un bon niveau intellectuel et moral et n'étaient pas incapables d'amour. Ce n'était pas si mal pour l'époque. Je serais toutefois plus réservé que leurs admirateurs. (Mais il est vrai qu'il y a peu de couples pleinement réussis pour qui les a connus de près.)

Quand on parle d'amour, mieux vaut préciser ce qu'on entend par là. Ce mot trop général désigne une relation complexe, qui va du sexe à l'âme en passant par le cœur et l'esprit. L'ensemble est plus culturel que naturel : les animaux n'éprouvent guère cette passion et ne font pas l'amour ; même ceux qui accomplissent des parades splendides copulent ensuite sans art érotique, et bien entendu sans union spirituelle. L'amour s'est développé chez les élites européennes comme mythe littéraire à partir du XIIe siècle, avant de devenir réalité seulement à partir du XVe et surtout du XVIIIe[1]. Dans les campagnes léonardes, il ne s'est guère épanoui sous sa forme actuelle avant 1970.

Sa nature même varie beaucoup selon les milieux et les moments. Il s'exprime par des mots et des gestes qui s'apprennent et que le contexte favorise ou interdit plus ou moins. Chez les paysans de mon enfance, il se manifestait peu. Se prendre par la taille ? Je n'ai jamais vu ça. Se donner le bras ? Rarement, sauf les jeunes pour les défilés de mariage. S'embrasser sur la bouche ? Et quoi encore ![2] Quant à l'érotisme, il était certainement très sommaire, par pudibonderie et inexpérience.

« Il en est du véritable amour comme de l'apparition des esprits[3] : tout le monde en parle, mais peu de gens en ont vu » (La Rochefoucauld). Même aujourd'hui, le grand amour existe surtout dans les fictions littéraires et cinématographiques, dans les rêves, et au début de certaines relations. Il est rarement la réalité de toute une vie[4]. De plus,

1. « Il y a des gens qui n'auraient jamais été amoureux s'ils n'avaient jamais entendu parler de l'amour » (La Rochefoucauld). Quand les paysans bas-bretons en avaient entendu parler, c'était généralement dans une langue qui n'était pas la leur.

2. Même en ville, à l'époque, il fallait faire attention. Le baiser profond, avec introduction de la langue, a encore été condamné par la Cour de cassation en 1881, comme attentat à la pudeur. En 1957, je me suis fait expulser du Thabor, le grand jardin public de Rennes, avec ma fiancée : nous nous embrassions trop ardemment.

3. Des fantômes.

4. C'était moins difficile quand les individus dépassaient leur égocentrisme dans un engagement. « Aimer ce n'est pas nous regarder l'un l'autre, mais regarder ensemble dans la même direction », disait Saint-Exupéry. Mais rares sont aujourd'hui ceux qui croient fortement à des valeurs qui méritent dévouement. D'où un individualisme

nos aïeux n'avaient guère la possibilité de centrer leur existence sur l'intimité du couple. Jusqu'en 1920, voire 1950, la majorité des maisons rurales n'avait qu'une seule pièce ; et même s'il y en avait plusieurs, aucune n'était un espace réservé. De toute façon, en ces époques de soumission et d'adhésion à l'ordre divin, naturel et social, le bonheur ne consistait pas à poursuivre la satisfaction de ses désirs (attitude quasiment impossible faute de moyens, et réprimée comme subversive), mais à coïncider avec la place que la Providence, la nature et la société vous avaient assignée. À vivre comme une pieuse et dévouée ménagère-épouse-mère-de-famille qui ne serait que cela. Dans ces conditions, l'amour tel que nous le concevons n'était guère possible.

Ajoutez-y une certaine rusticité, surtout chez les hommes, et vous aurez le résultat. Pourquoi aimez-vous votre mari ou compagnon ? Parce qu'il fait bien l'amour, qu'il est très gentil et qu'il suscite votre admiration ? Il y a cinquante ans, la première chose était bien rare, les deux autres peu fréquentes.

J'évoque encore une fois le XVIIe siècle : ce que disent les gens de cette époque éclaire ce que j'ai connu, mais qu'on ne disait pas. Il y avait des unions tendres et heureuses[1]. Mais c'était un bon-

---

exacerbé, qui ne facilite pas l'accord des couples, quand chacun est centré sur son désir, qui est si facilement avide d'autre chose que de ce qu'il possède.

1. Par exemple Racine ou Saint-Simon et leurs épouses. « Jamais homme n'eut tant de plaisir, de contentement et de consolation, tant au corps qu'à l'esprit, comme j'en ai eu avec ma très fidèle et loyale amie », écrit le baron Charles Gouyon en 1587. « Je n'ai guère passé de nuit pendant trois ans sans la pleurer », dit Agrippa d'Aubigné de son épouse.

heur de collaboration – dans la soumission de l'épouse – plutôt que la fusion érotique et passionnelle à laquelle on aspire aujourd'hui. Pourquoi les gens se marient-ils ? « Dans l'espérance du secours qu'ils attendent l'un de l'autre », répondait le concile de Trente (1545-1563). Avec une telle motivation, « il y a de bons mariages, mais il n'y en a point de délicieux » (La Rochefoucauld).

Il y en a surtout de décevants, et même de catastrophiques, notamment pour les femmes. « C'est l'état où l'on éprouve le plus de tribulations, même dans les meilleurs », écrit Mme de Maintenon, épouse secrète du Roi-Soleil. À l'en croire, il fait le malheur des deux tiers des gens. Et principalement des femmes : mieux vaut être célibataire, veuve ou religieuse. Si « l'amour peut aller au-delà du tombeau », il « ne va guère au-delà du mariage[1] », estime-t-on en ce XVIIe siècle, où la psychologie devient très raffinée tandis que les réalités restent rudes. Et il fait des femmes « les premiers esclaves de toutes les familles » (Mlle de Scudéry). Selon les féministes d'alors, « on se marie pour haïr et pour souffrir » (l'abbé de Pure, 1656)[2].

1. *Iris, je pourrais vous aimer*
Quand même vous seriez ma femme,

promet le galant abbé Cotin.

2. Beaucoup de grands seigneurs avaient trouvé la solution, à l'image de Louis XIV et de Louis XV : une épouse pour la lignée et la gestion du foyer, une maîtresse (ou plusieurs ou un petit ami) pour l'affection et le plaisir. En face il y eut, dans les années 1650, un mouvement féministe de refus du mariage, pour échapper aux servitudes de la chair et du ménage, et cultiver la liberté du cœur et de l'esprit. Il a été caricaturé dans la tradition masculine sous le nom de *préciosité*.

C'est au siècle de Marivaux, de Greuze, de Rousseau que l'affectivité se développe, avec l'arrivée au premier plan d'une bourgeoisie qui a un sens nouveau de la famille. Vers 1750, l'amour commence à passer pour la meilleure base du couple. Même la passion, devenue plus fréquente, est mieux admise. Cette nouvelle attitude se répand très vite dans les campagnes du Bassin parisien, grâce notamment à de multiples chansons d'amour (peut-être un millier). Plus question, comme dans le *Dom Juan* de Molière, pour se manifester à un garçon, de « l'agacer », de lui faire « queuque niche », de lui bailler « quelque taloche ». On devient tendre. En 1760, un homme se réjouit de voir sa sœur faire un mariage « de pure inclination [...] ; c'est le moyen de passer des jours heureux ». Avec le romantisme, on le sera encore plus. Mais au fond de la Bretagne[1], cela reste relatif. En 1742, Jean Elliott, de Quistinic (56), est « bien triste par la perte d'une bonne femme dévouée, attentive, affectueuse [...], qui faisait peu de bruit », et « travaillait comme quatre ». On voit qu'il s'agit encore de la collaboration zélée dont j'ai parlé plus haut. Au XIXe siècle, en Ille-et-Vilaine, pincements, bousculades, petites gifles restent des manifestations de tendre intérêt.

Un bon mari, jusqu'à une date récente, c'est un homme sérieux, travailleur, qui ne bat pas sa femme et qui ne dépense pas son argent au bistrot. Le reste, c'est du luxe – qu'on rencontre rarement. « Je le savais sérieux, sans goût pour la boisson, ce qui restait ma terreur. Voilà pourquoi

1. Où la correspondance de Mme de Bourgblanc, de Mme de Pompéry et de quelques autres témoigne de cette progression de l'amour conjugal.

je l'épousai », dit Yvonne Riou, qui s'est mariée en 1945 à Milizac (L).

L'amour de mes parents n'était pas un élan sensuel et passionnel, mais l'amicale solidarité d'un couple engagé dans la même entreprise : faire tourner une ferme, s'assurer une vie correcte, élever ses enfants, éviter la tristesse de la solitude. Cette solidarité avec le compagnon de toute une vie pouvait avoir une forte dimension affective. Dans ses réflexions sur Plozévet (C), Edgar Morin parle d'« une symbiose affective [...] plus profonde que la passion ». Mais elle ne se manifestait guère vraiment que face au malheur. Papa a une « paralysie du côté gauche [...]. Il ne souffre pas [...]. J'ai beaucoup de chagrin », m'écrivait maman le 17 janvier 1980. Si sa femme était morte la première, mon père aurait sombré dans le désarroi sinon dans l'alcool. Pour des raisons pratiques certes : il n'aurait même pas su se faire à manger. Mais affectives aussi : il aurait perdu ses repères. Orphelin.

Aimer c'est bien ; le dire c'est mieux. Encore faut-il en être capable. « Ah ! Tu n'auras jamais su combien je t'aimais ! » Même aujourd'hui, il y a des gens qui ne savent dire ça qu'au moment de clouer le cercueil. Naguère, l'expression de tels sentiments était l'objet d'une autocensure assez générale, surtout dans un milieu rural taciturne, et encore plus dans notre Léon, soumis au moralisme dévot.

Les celtomanes travestissent cette inhibition en délicatesse. « L'expression *je t'aime* est inusitée » chez nous, avouait Édouard Vazel en 1967. Mais c'est à cause de cette « pudeur sentimentale qui est le tréfonds de l'âme bretonne ». C'était déjà le raisonnement de Renan[1], repris par Pierre-Jakez Hélias : si nos paysans n'utilisent « presque jamais » de termes d'affection, c'est « parce qu'il ne faut pas les galvauder ». Xavier Grall ne parle pas le breton ; mais il sait que cette langue a « autant de nuances que le grec pour exprimer [...] les subtilités [...] du cœur ».

Des origines jusqu'à nos jours, la réalité contredit de telles affirmations. Dans les vieux récits irlandais, qui sont les plus anciens témoignages celtiques, l'amour, qui vous entraîne hors de vous-même et de la raisonnable soumission aux normes, est une *langueur* (*serg*) : une sorte de dépression, presque une maladie psychosociologique, tellement il correspond mal aux possibilités normales d'existence dans les sociétés anciennes, et à leur idéologie restrictive. En breton, *amour* se dit *karantez* : je n'ai rencontré ce mot qu'à propos de l'amour de Dieu. Pour la vie de couple, je me souviens d'avoir entendu employer le terme français – mais pour ironiser sur une chose étrange. Dans nos conversations de jeune fille, « nous n'aurions jamais osé exposer nos sentiments personnels », dit Yvonne Riou. Quand mon fiancé est revenu de cinq ans de captivité, « j'avais économisé péniblement de quoi acheter une bouteille de vin [...]. Mais je refusai de trinquer avec lui », par souci de ma réputation. Ils sont quand même sortis ensemble une fois, dix jours avant leur mariage, pour se rendre à un pardon.

1. « Ce qu'il y a de plus particulier chez les peuples de race bretonne, c'est l'amour. » « Aucune famille humaine n'a porté dans l'amour autant de mystère. » Leur « réserve apparente » se justifie : ils croient « qu'un sentiment perd la moitié de sa valeur quand il est exprimé ».

Comment dire les mots et faire les gestes de l'amour quand on ne les a pas appris ? Quand on est mal à l'aise dans son corps et dans son langage, inhibé dans sa spontanéité, censuré dans sa tête. Quand on vit dans une société où une main sur une épaule de conjoint est un geste déplacé – et même sur une épaule d'enfant, sauf situation exceptionnelle[1]. Quand on a déjà du mal à garantir sa survie. « Tant qu'on a la santé »..., répétaient les gens. Le reste n'est pas vraiment superflu, mais pas nécessaire non plus.

Il y avait quelques personnalités plus hardies. Mais l'environnement ne leur était pas favorable. Votre mère et son frère « osaient plus que les autres », m'écrit la fille de mon ancienne institutrice. En 1938, celui-ci « avait vanté toutes les qualités » de sa future femme à mes parents, en véritable « amoureux ». Mais s'il était venu les voir eux, c'est sans doute parce que « ailleurs il ne pouvait pas faire part de ses sentiments ».

Selon les dictionnaires, *je t'aime* se dit *me da gar*, ou *me a gar ac'hãnout*. Je n'ai jamais entendu ça. Il est vrai que je n'ai jamais flirté avec une bretonnante. Mais je ne l'ai même pas entendu pour une affection filiale, parentale ou fraternelle. On utilisait une tournure moins personnelle, et dont l'origine est française et non pas celte : *me meuz choa ouzit* ; j'ai de la joie envers toi, j'ai de l'affection pour toi.

L'amour de loin, en rêve, en fiction littéraire ou cinématographique, a toujours été plus facile que l'amour réel, dans une vie quotidienne qui le

1. En 1924, William Grossin entre à l'internat, à Onzain près de Blois, conduit par son grand-père, forgeron rural. « Avant de me quitter, il me mit la main sur l'épaule. Non, il ne m'embrassa pas. Il ne connaissait ni les gestes de l'affection, ni les paroles de la tendresse. »

poignarde de mesquineries pratiques. En rêve, l'autre correspond à mon désir, puisqu'il en est l'invention. Dans la réalité, je rencontre sa différence ; nous avons bien du mal à marier nos aspirations : même quand elles sont semblables, elles ne vivent pas au même rythme. Le partenaire introuvable, c'est celui qui vous proposerait toute chose juste à l'instant où vous alliez précisément en avoir envie : pleine satisfaction et prime de surprise.

La bonne entente de mes parents a été affectée par une divergence de personnalité et de projet – l'une dynamique et entreprenante, l'autre prudemment conservateur et légèrement malhabile – et par la différence entre le modèle masculin traditionnel et un nouveau modèle féminin qui commençait à gagner nos campagnes. Ma mère était affective, expansive, un peu romantique ; mon père un peu fruste, avare de gestes et de paroles. Et comme il ne savait guère exprimer ses sentiments, il s'en tirait en affectant de mépriser ces bavardages. Quant aux petites attentions amoureuses, elles n'étaient pas encore entrées dans nos mœurs. « Je lui ai insinué – bien gentiment, en précisant bien que ce n'était pas pour lui en faire le reproche – que, mariés depuis quarante-deux ans, il serait logique de sa part de penser à me payer un ***premier*** cadeau ». Mais « je n'espère pas avoir gain de cause » (29 mars 1972). Sans lui en faire reproche, car une telle attitude était malheureusement normale.

Il a fallu la pression exceptionnelle d'une longue captivité pour que l'intimité s'exprime. J'ai « le grand plaisir que tu arrive[1] quand même a te

1. Je rectifie la ponctuation, mais je laisse les fautes d'orthographe. Mon père n'avait guère eu l'occasion d'écrire en français depuis 1917, ni de parler cette langue en dehors de l'armée (1924-1926 et 1939-1941).

débrouiller pas trop mal avec le travail. Ce que je te conseille surtout, c'est de prendre garde a ta santé, ainsi que de celle des chers Mignons, laisser a faire quand tu ne trouvera pas du monde a t'aider, car le travail c'est secondaire a côté de la santé. C'est ça qui m'occupe le plus ici, car je sais bien que t'en a dix fois trop a faire. T'es bien dégourdie, mais quand même, *Mignounic Kéaz* t'a une rude épreuve maintenant. Personne n'aurait penser qu'une jeune fille en qui il y a une douzaine d'années on n'avait pas confiance [...] d'y confier presque le moindre travail été[1] cent fois plus dégourdie qu'eux [...]. Je sais bien, *Mignounic Kéaz* qu'à Plougourvest et rarement autre part je n'aurai pas trouver une femme de t'a valeur [...]. En plus de l'amour que j'ai pour toi, j'ai aussi une grande admiration, que j'espère pouvoir te prouver de plus près prochainement » (31 août 1941).

Il est plus facile de *correspondre* l'un à l'autre de loin, par correspondance, que face à face[2]. En temps normal – en temps tristement normalisé –, il ne lui a certainement jamais dit ça, et très rarement quelque chose d'approchant, alors qu'il avait effectivement estime, affection et admiration pour

1. Était.

2. L'affection de Mme de Sévigné pour sa fille est célèbre. Vous êtes « l'unique passion de mon cœur » ; « il n'y a ni jour ni heure ni moment que je ne pense à vous » ; « je ne souhaite et n'imagine rien que par rapport à vous » ; parfois même, « je demande pardon à Dieu » d'une telle idolâtrie. En fait, la cohabitation de la mère et de la fille est conflictuelle et souvent orageuse. Heureusement qu'elles sont habituellement à 700 km l'une de l'autre. Elles peuvent ainsi faire correspondre leurs sentiments... par correspondance. « L'absence [a] le mérite d'avoir remis entre nous une parfaite intelligence. »

elle. Il cherchait plutôt à la freiner qu'à l'encourager, parfois même à la rabaisser plutôt qu'à la mettre en valeur. Non par méchanceté gratuite, mais pour ne pas être surclassé par sa femme, à une époque où il était bien entendu que les mâles étaient nettement supérieurs. Et aussi pour freiner un dynamisme qui était subversif pour les normes d'alors. Moi aujourd'hui, je le critique ; mais c'est lui qui est représentatif de cette époque.

Voici un épisode caractéristique de leurs relations. En 1953, ma mère réussit à obtenir l'achat d'une automobile (d'occasion) : une chose que la moitié des ménages français ne possédait toujours pas treize ans plus tard. Mon père avait passé son permis au début de la guerre, sur un tracteur de canon qui devait foncer à 50 km à l'heure. De là à dire qu'il savait conduire... Il n'était question que de petits trajets : 1 à 5 km ; 20 au maximum. C'était quand même laborieux. Maman rouspétait contre ce maldégourdi. Sa grande ambition était de conduire elle-même. Mais comment passer le permis ? Elle acheta un code : il était plein de complications inutiles et de panneaux que nous n'avions jamais vus. Elle interrogeait son mari : ne sachant trop de quoi il s'agissait, il se lançait dans une explication bafouillante et s'en tirait en concluant qu'elle ne comprenait décidément rien. Quant aux leçons de conduite qu'il prétendait lui donner, elles tournaient au drame.

En fait, il voulait préserver son monopole et craignait qu'elle ne devînt meilleure que lui. Pour la décourager, outre les complications du code, il soulignait sa dangereuse préférence pour le côté gauche. Un jour, restée seule à la maison, elle prit le volant jusqu'à la gare, à 600 m. Toute fière. Mais quand elle l'avoua, quel sermon ! Elle dut admettre qu'il valait mieux ne pas recommencer, sans un permis qu'elle désespérait d'obtenir. L'auto fut revendue.

Jusqu'au XIXe siècle, sauf dans les milieux fort évolués, un individu est en général moins une personnalité irremplaçable qu'un maillon dans une lignée. Surtout pendant l'enfance. Néanmoins, l'amour parental est bien attesté au Moyen Âge comme dans l'Antiquité. Montaigne proteste contre « cette passion de quoi on embrasse les enfants à peine encore nés » : preuve qu'une telle passion existait. Seulement cet amour était souvent fruste, comme l'ensemble des relations et des conditions de vie, et parfois anéanti par la misère. Nobles et riches n'élevaient pas eux-mêmes leurs enfants, et les pauvres n'avaient pas les moyens matériels ni culturels de nos touchantes et coûteuses manifestations de tendresse. Il s'est accentué à partir du XVIIIe siècle, avec le développement de la bourgeoisie. Elle était plus raffinée que les paysans ; elle était moins brutale et moins absente que la noblesse, absorbée par la guerre et par les cérémonies de sa vie sociale. J'ai expliqué pourquoi elle a contrôlé ses pulsions pour se centrer sur le cœur et le cerveau, sur l'affectif et l'intellectuel[1].

1. Déjà Furetière, en 1665, raille ces « bourgeois » qui ont « coutume d'avoir toujours leurs enfants devant leurs yeux, d'en faire le principal sujet de leurs entretiens, d'en admirer les sottises, et d'en boire toutes les ordures ». La même année, chez Molière, le noble Dom Juan prend ironiquement « des nouvelles de toute la famille » du bourgeois M. Dimanche : « Comment se porte Madame Dimanche, votre épouse ? » Et votre « jolie petite fille », « et le petit Colin » qui fait « bien du bruit avec son tambour », « et votre petit chien Brusquet », qui mord les visiteurs ? Racine est un papa hyper-attentionné. Résultat : à force de vouloir un

Le Siècle des Lumières est aussi celui d'une sensibilité vertueuse et pathétique : *Télémaque*, *Manon Lescaut*, Greuze, Diderot et le drame bourgeois, Rousseau et *La Nouvelle Héloïse*, Chénier, *Paul et Virginie*. Jusque-là ceux qui en avaient les moyens plaçaient leurs enfants en nourrice. Mais une véritable campagne pour l'allaitement maternel se développe vers 1740. La reine Marie-Antoinette préside une société de secours aux mamans pauvres qui allaitent ; Beaumarchais donne une partie des recettes du *Mariage de Figaro* à une association de ce type.

« Les vaches avant les enfants, ça rapporte davantage. » Cette phrase d'une Bretonne des années 1930 eût choqué les gens que j'ai connus. Nos parents nous aimaient. Plus ou moins tendrement ; plus ou moins sobrement ; plus ou moins rudement. « Qui aime bien châtie bien », disait le proverbe. Et c'était encore l'époque où le rôle des enfants était d'obéir. Sans quoi, gifles, fessées, coups de bâton, coups de fouet. Un jour, ma mère a cassé sur moi un manche à balai. Elle en a conservé de longs remords, et prétendait que j'en avais gardé une bosse sur la main. Ce n'était qu'un méandre de la veine. Une autre fois, elle a brûlé le bout des cinq doigts de mon frère, qui avait joué au lit avec des allumettes, et deux des miens, qui ne

---

fils parfait face à Dieu et face aux hommes, il l'a inhibé jusqu'au désespoir ; ce sera un misanthrope bigot, amer, hargneux. Difficile d'être un parent parfait, qui épanouit ses enfants tout en leur inculquant surmoi et sens des réalités, qui couve admirablement ses petits tout en les préparant à devenir grands et à se passer de lui.

l'avais pas empêché. Mais le feu dans les fermes était alors une vraie hantise.

Je dois tout à mes parents (et à mes maîtres). Et surtout à ma mère. L'ambition qu'elle avait pour moi – ou à travers moi – m'a inculqué un fructueux dynamisme. Il m'a permis non seulement de réussir, mais de m'épanouir peu à peu. Ils n'en ont pas assez profité. Car je suis parti. Géographiquement assez loin ; culturellement beaucoup plus.

« Mon si cher petit Jean »... (11 janvier 1990 : j'avais cinquante-six ans). J'ai été aimé par ma mère tout au long de ma vie. « C'est une maman inquiète qui t'écrit aujourd'hui, parce qu'elle t'aime. » J'ai su par ta femme « que tu as été grippé [...] et que tu n'avais pas bonne mine du tout [...]. Je passe de mauvaises nuits. Pardonne-moi, Jean, mais c'est plus fort que moi [...]. Ta maman qui ne t'oubliera jamais » (7 février 1960). Elle était toujours désireuse de m'épauler, même financièrement, alors qu'elle aurait eu bien besoin de l'inverse. « Excuse-moi, Jean, de tant m'occuper de toi, mais je ne puis me faire à l'idée de ne pouvoir t'aider » (3 novembre 1960). Un amour généreux, et qui n'était pas dominateur ni emprisonnant : il ne pouvait pas l'être ; je faisais partie d'un autre monde.

Mais c'est parce que j'étais loin d'elle que je peux citer ces expressions d'amour maternel. C'est parce qu'elle m'écrivait. Il ne se serait pas traduit en phrases si j'avais été présent, avec la difficulté du face-à-face et le handicap d'une langue bretonne que nous n'avions pas l'habitude d'utiliser pour cela. Voici une illustration de cette différence. Mon frère a fait son service militaire en Algérie, où 24 614 soldats français ont trouvé la mort, et 64 985 autres ont été plus ou moins grièvement blessés[1]. Son retour fut évidemment une grande émotion, une grande joie pour lui et pour mes parents. Or, voici ce que ma mère écrit sur son journal : « Jeudi huit octobre 59. Beau temps. Paul arrive du Sahara après 27 mois de service. En bonne santé. Permission libérable de 53 jours. 8 litres de crème : 2 955 F. Dépenses : *Le Télégramme*, abonnement d'un an : 6 550 + 300 = 6 850. Boucherie : 500. Job Bléas[2], départ à la sucrerie : 500. »

Les pères croient devoir regarder leurs enfants avec une « trogne austère, magistrale et impérieuse », disait Charron en 1601. Ils n'ont guère changé qu'il y a une trentaine d'années – et pas tous malheureusement. Je n'ai pas eu à me plaindre du mien, surtout compte tenu de son faible épanouissement personnel. Son affection était solide, malgré son inhibition chagrine. Elle s'exprimait rarement, mais il était fier de ma réussite scolaire, il me laissait tranquille avec mes livres. Le dimanche, dans les conversations qui suivaient la messe, il glissait l'annonce de mes succès. Plus tard, quand je revenais avec ma femme et mes enfants, il ne demandait qu'à nous aider. Chaque automne, il nous cueillait des noisettes : seul cadeau à sa portée, mais d'une grande force symbolique dans sa discrétion. À

1. Sans compter un millier de prisonniers ou disparus. Cette situation suscitait beaucoup d'inquiétude. Au bourg de Plougourvest, le carrefour s'appelle *Rond-point du 19 mars 1962*. C'est la date de la fin de la guerre d'Algérie.

2. Avant de partir pour quelque temps (service militaire, travaux saisonniers ou même lycée) on faisait une tournée d'adieu chez voisins et amis, et chacun donnait une petite somme. Les sommes sont en anciens francs.

mes garçons, il a donné ses rares objets personnels : un harmonica, des briquets, une pipe rapportés d'Allemagne. Il appréciait encore plus « Mademoiselle Cécile » : c'était la plus jeune, c'était une fille. Face à cette petite, il pouvait s'épanouir, comme dans un simulacre de flirt.

Excuse-moi, maman. J'ai déçu ton amour dans mon enfance : j'étais réservé, secret, déjà trop soucieux d'autonomie peut-être. « Kokogogog », fait bébé Jean, qui vient d'entendre le roi de la basse-cour. La maman se précipite sur le prodige, avide d'un second récital. Mais le prodige se referme : le prodige ne recommencera jamais plus. La brusquerie de son arrivée, l'enthousiasme pressant de sa demande ont bousculé ma sensibilité plus lente, que les débordements affectifs effarouchaient déjà. Et dès le plus jeune âge on sait se poser en s'opposant. Mon jeune frère au contraire était vif et affectueux : à la fois très séduisant et suffisamment dépendant. Maman s'en plaignait un peu : elle ne pouvait se lever sans qu'il se réveillât, et il la suivait partout. Mais son affectivité en était ravie : elle forma couple avec lui, tandis que je me repliais sur moi-même et sur mes livres. Parfois elle m'accusait d'être sourd. Mais c'est aussi pour cela que j'ai pu partir facilement, tandis qu'il est resté. Pour son malheur.

Plus tard encore je t'ai déçue, maman, quand tu venais me voir au collège. « Parlons français », disais-tu, toujours soucieuse de progresser dans la langue des dominants, celle où l'on vous juge. Mais je préférais le breton : j'y étais plus à l'aise avec toi. Peut-être même avais-je un peu honte de cette paysanne qui venait me voir à l'entrée de mon royaume. Je crois que non ; je crains que si[1]. De plus, je parlais peu : cette coupure, cet enfermement à l'internat avaient étouffé ma chétive spontanéité. J'ai su plus tard que tu en pleurais parfois, sur le chemin du retour. Chère maman ! Pauvre maman ! Tout s'est arrangé dès l'adolescence : j'ai été un bon fils, et la consolation de tes vieux jours.

Tu en avais bien besoin, malgré ton dynamisme. « À force d'espérer pendant toute sa vie, on en arrive à douter », quand on va de difficultés en déceptions (29 mars 1961). « Je constate, avec un peu d'amertume, que le courage et le bon moral qui ne me quittaient pas commencent de s'évanouir » (4 janvier 1965). « En quittant Brest, l'autre jour, j'avais le cafard, un cafard comme je n'en ai jamais eu de ma vie » (20 septembre 1964). Rentrer dans le froid, l'humidité, le travail accablant. Et pour quel résultat ? Elle ne s'était jamais consolée de ne pas vivre en ville.

Or, le rêve s'est enfin réalisé. En deux étapes. Le bonheur a commencé en 1973, quand mon frère a cessé de cultiver les terres, et ses parents d'être ses ouvriers bénévoles. À soixante-neuf ans, ils étaient encore solides. La retraite. Se lever tard, rester près d'un bon feu quand il fait froid, cultiver des fleurs, des tas de fleurs partout : dans le jardin, dans les auges, dans l'ancien charnier, dans des pneus de tracteur et tout le long du chemin. Aller au club[2] jouer aux dominos. Partir une fois l'an en excursion à quelques dizaines de kilomètres. Et même filer une tendre amitié conjugale.

1. « Quand j'étais en sixième », me confie un ami, « un camarade "bourgeois" s'est moqué de ma mère, paysanne parlant breton. Je lui ai dit que c'était la servante de notre famille. Ce souvenir me tourmente encore. Comment ai-je pu renier ma mère en me soumettant à un petit salaud ? »

2. Ils disaient bien *cleub* et non pas *clube* comme mes voisins de la campagne rennaise.

« Qui nous aurait dit [...] qu'on aurait eu une vieillesse si heureuse ? » (19 décembre 1978).

Survient hélas la persécution qui la contraint à quitter son logis de toujours. Mais le cauchemar s'achève par la réalisation du rêve : une maison en ville, avec jardin. Malgré la mort de papa, « je suis tranquille et heureuse comme je ne l'aurais jamais cru » : « la vie rêvée », « le paradis » (19 septembre et 14 novembre 1980, 21 août 1981). Jardinage de fleurs ; parties de dominos avec ses petits-enfants ; lecture au soleil l'été, près du radiateur l'hiver, ou même assise sur le radiateur ; longues promenades avec son chien Toutou, tellement affectueux. Elle avait soixante-seize ans. Elle en a profité quatorze années.

J'allais la voir : elle m'accueillait à la gare et m'y reconduisait ; quatre trajets de 2 km avec fortes montées. Quand ce fut trop fatigant, nous nous bornions, en fin de journée, à grimper la côte. Elle s'arrêtait là haut ; je continuais en me retournant tous les vingt pas. Nous communiquions à grands gestes. Préparation progressive à l'Adieu. Un soir, arrivé à la gare, je lui téléphone. Pas de réponse. Je rappelle un peu plus tard : rien. Je reviens précipitamment : porte close. J'appelle les pompiers, qui passent par la fenêtre du premier. Personne. J'attends dans l'angoisse. La voici ! Elle s'était arrêtée chez une amie.

J'ai cueilli ce brin de bruyère
L'automne est morte souviens t'en
Nous ne nous verrons plus sur terre
Odeur du temps brin de bruyère
Et souviens-toi que je t'attends[1]

... au pays où l'on ne se retrouve jamais.

1. Guillaume Apollinaire, *L'Adieu*.

TROISIÈME PARTIE

AR VUEZ. LA VIE

Quelle était notre vie, dans les années 1940 ? Comment étions-nous habillés, que mangions-nous, que faisions-nous, quelle était notre culture, constitutive de notre personnalité, en ces temps si proches sur le calendrier, mais si lointains pour les conditions d'existence et les mentalités ?

Quantités de choses caractéristiques de la Bretagne traditionnelle avaient déjà disparu. Les animaux logés dans la maison. L'artisanat textile familial, si important du XVIe au XIXe siècle. Le moissonnage à la faux et le battage au fléau. Les ruches et les moutons. La fabrication des aires neuves et les veillées de travail. La préparation du pain à domicile, que faisait encore mon arrière-grand-mère au début du XXe[1]. Les costumes traditionnels – sauf coiffes et châles féminins –, les cheveux longs des hommes. Les pauvres qui allaient pieds nus, les hordes de mendiants. Les conteurs[2], les tailleurs à domicile, les femmes qui

1. Nous en avons refait pendant la guerre pour échapper au rationnement.

2. En revanche, il y avait encore des chanteurs de rue, qui racontaient sur des airs connus les principaux événements.

prisaient et qui fumaient, les rites traditionnels du mariage, les danses, binious et bombardes, le *kãn a diskãn*[1]. Et même – du moins chez moi – les prières du soir et la lecture de *La Vie des Saints* (*Buez ar Zent*).

D'autres choses n'avaient jamais existé à cet endroit-là, comme l'habitude de ramasser la bouse de vache et de la plaquer contre les murs pour la sécher, afin d'utiliser comme combustible ces « galettes de merde » (*krampouez kaoc'h*). C'était une tradition propre aux îles et aux côtes, qui manquaient de bois parce que le vent et la nature du sol y contrariaient le développement des arbres.

D'autres encore ne correspondaient pas à nos conditions de vie ou à nos habitudes. « Allez : trois, quatre », dit-on en s'embrassant : « à la mode de Bretagne ». Mais nous, nous ne faisions presque jamais la bise : éventuellement pour la bonne année ou pour de grandes retrouvailles. Nous ne disions jamais *bonjour* non plus, et rarement *merci* (*bennoz Doue* : bénédiction de Dieu). Ou alors nous le disions en français. Et bien sûr il ne nous serait pas venu à l'idée de dire *Au rendez-vous des Bretons*, ni rien de ce genre. Une fois sur deux, quand on me demande : « Comment disais-tu en breton... ? », je suis bien embarrassé.

La Bretagne passe pour pays de légendes et de superstitions. Elle le fut sans doute, comme les autres régions, et le resta plus longtemps que la plupart. « Je ne vois dans toutes les communes [...] du Finistère que des traces du paganisme », disait Cambry, qui énumère diverses pratiques

1. Chant et contre-chant : le meneur chante ; le répondeur enchaîne sur les deux ou trois dernières syllabes du vers, et le répète.

magiques et superstitieuses (1794). Mais personnellement je n'ai presque rien connu de tel. Le roi Arthur et les chevaliers de la Table ronde, Merlin l'enchanteur et la forêt de Brocéliande nous étaient étrangers. Certains connaissaient les fées, lutins, korrigans et sorcières, les fantômes et revenants. Moi, c'est dans les livres que je les ai découverts – bien plus tard.

Jadis, un peu partout, lors d'un décès, on arrêtait l'horloge, on masquait les miroirs en signe de deuil et parce que l'âme du défunt risquait de s'y cogner ; on vidait les récipients : elle pouvait s'y noyer. Je ne me souviens de rien de tel. J'ai posé la question autour de moi : apparemment, certaines personnes nées vers 1900 se comportaient ainsi ; mes contemporains ne le faisaient plus. Nous avions grand respect pour la communauté des âmes trépassées, *ãn Ãnãõn*. Mais je n'ai jamais craint de rencontrer la Mort personnifiée, *ãn Ankou*, avec sa faux et sa charrette : on n'avait jamais cherché à me faire croire que c'était autre chose qu'une image. Je me souviens de ma surprise quand un Belge réfugié chez nous en 1940, entendant un hibou, y avait vu l'annonce d'une mort prochaine dans le voisinage.

Yvonne Riou, née en 1919 à Milizac en Bas-Léon, rappelle qu'il ne fallait pas poser le pain à l'envers : ce sacrilège porte malheur. Ni avoir des chatons en mai : ils attirent les serpents dans les maisons. Il fallait suspendre des vessies de porc aux poutres pour conjurer le mauvais sort, et jeter le placenta de la jument au plus haut de l'arbre de la cour, pour attirer la chance sur elle et sa postérité. Dans l'Arrée, on évitait de balayer la maison après le coucher du soleil : des âmes s'y étaient peut-être réfugiées pour la nuit. J'ai vécu à cent lieues de tout cela, qui s'est fait en beaucoup d'endroits jusqu'en 1940. Je n'ai connu ni magie, ni sorcellerie, ni prières à la lune, ni répartition des activités selon ses phases. La lune ? Maman prenait mon frère Paul dans ses bras et lui montrait ce bel objet : *bimbalãon Pol.* Ne cherchez pas dans les dictionnaires : c'était une façon enfantine et plaisante de désigner un joujou.

La seule chose notable à laquelle croyaient solidement mes grands oncles, c'est qu'on pouvait être ensorcelé (*killed*, enfermé dans un cercle) en se déplaçant la nuit. On pouvait tourner autour d'un champ jusqu'à l'aube sans trouver son chemin[1]. Selon mon ironique mère, c'était surtout quand on avait bu. Mais un ami m'assure que c'est arrivé à sa grand-mère, qui ne buvait nullement. Il suffit de croire fermement aux martiens, aux OVNI, au diable ou à autre chose pour les retrouver un jour dans tel phénomène accidentel qui leur ressemble un tant soit peu. Toutefois en l'occurrence il ne s'agissait pas seulement de voir, mais de faire : de tourner autour du champ sans pouvoir en sortir.

Nous n'avions même guère de superstitions parachrétiennes. Juste le buis béni des Rameaux, la médaille de *sant Herbot* dans l'étable des *herbivores*, celle de *sant Alar* dans l'écurie des chevaux tracteurs de charrue (*alar*). Nous tracions une croix sur le pain avant de l'entamer, mais pas sur le grain à semer, ni sur le champ qu'on vient d'ensemencer ni sur celui qu'on va moissonner, ni sur la vache qui vèle, comme certains le faisaient encore dans le voisinage. Bref, je n'ai pas connu toute la Bretagne de toujours. Même la

1. Il paraît que ça n'arrivait pas si on avait mis sa chemise à l'envers.

cérémonie des relevailles[1], solidement autorisée par la tradition, était tombée en désuétude au cours des années 1950.

Mais le Haut-Léon était en avance sur le Bas-Léon et sur la Bretagne intérieure. Et sans doute était-on plus rationaliste chez moi que dans beaucoup de fermes environnantes. Mon père était un peu porté vers la pensée moderne et la réflexion critique, ma mère très nettement, et elle voulait échapper à ce qui, dans la culture traditionnelle, pouvait paraître absurde ou ridicule.

1. L'accouchement, œuvre de chair et de sexe, rendait la femme impure : elle ne pouvait aller à l'église pendant quarante jours. Au terme de cette quarantaine, elle se rendait sous le porche pour être purifiée par le prêtre. « J'étais gênée [...]. Je ne voyais pas en quoi mon accouchement était honteux, et pourquoi je devais passer pour une pestiférée. Si c'était aujourd'hui, je crois que je refuserais », disait une femme de Langolen (C) en 1997.

CHAPITRE 14

OR POLTRED. NOTRE PORTRAIT

« La survivance des costumes bretons est essentielle, indispensable à la santé morale de nos compatriotes », proclamait en 1921 le président de la Fédération bretonne des syndicats d'initiative. Encore un qui regardait l'avenir à la bougie dans le rétroviseur, et qui voulait réduire les Bretons en images folkloriques pour touristes. Dès 1876, aux conseils de révision solennellement réunis pour examiner l'aptitude des jeunes gens au service militaire, il n'y avait que dix-huit maires finistériens en costume complet ; en 1878, six.

Le costume était jadis signe d'identité : les gens se différenciaient ainsi par statut et par profession (le noble, l'ecclésiastique, le juriste, le négociant, le paysan), mais aussi par province, par diocèse, par « pays », et même à la fin du XIXe et au début du XXe, pour les coiffes bretonnes, quasiment par paroisse.

Vers 1700, le paysan léonard aisé porte un bonnet rond assez profond sur des cheveux longs, une chemise de toile blanche, un ou plusieurs gilets descendant à mi-cuisse, une culotte moins bouffante que plus tard jusqu'au-dessous du genou, des guêtres et des sabots. L'ensemble est une adaptation du costume noble du temps de Louis XIII. Sa femme a une coiffe qui descend sur les épaules, une chemise de toile blanche, une veste à manches longues, un mouchoir de col en pointe ou une cape courte jetée sur les épaules, une jupe et un tablier jusqu'à la cheville, des sabots. Le noir domine : étoffes luxueuses et colorées sont en principe réservées aux nobles et aux prêtres pour les offices. Toutefois, le bonnet est bleu en Léon, violet en Trégor, rouge dans la Cornouaille – qui se signale en 1675 par la « révolte des Bonnets rouges ».

La Révolution abolit les privilèges : les couleurs s'étalent et se différencient. Vers 1810, « le paysan de Saint-Pol est habillé en vert de la tête aux pieds, celui de Lesneven en bleu, celui de Plougastel en rouge cramoisi, celui de Saint-Thégonnec en noir, celui des montagnes de Cornouaille en brun » (Alfred de Courcy). Le gilet s'est raccourci et resserré ; le chapeau à larges bords remplace le bonnet. En 1843, un journal brestois vante « le campagnard des environs de Landivisiau, dont l'habit habillé, joint aux *bragou braz*[1], rappelle par son élégance le temps de Louis XIII et de Louis XIV ».

À partir de 1830, dans le cadre d'une modernisation générale du pays, les costumes traditionnels reculent rapidement en Haute-Bretagne comme dans toutes les provinces. Mais en Basse-Bretagne, ils se diversifient et se colorent encore plus, s'enrichissent et remplacent les motifs géométriques par des broderies florales. Toutefois, les Léonards ne tardent pas à renoncer aux grandes braies. Et ils ne développent pas de costumes d'une extraordinaire richesse colorée comme leurs voisins de Plougastel ou les Cornouaillais méridionaux. Surtout pas pour les hommes. Austères là comme ailleurs, ils sont

1. Les grandes braies, culotte largement bouffante qui s'arrête au-dessous du genou.

vêtus de noir : pantalon étroit, semblable au nôtre, veste un peu longue ouverte sur un gilet et sur un turban de flanelle – jadis bleu, puis à carreaux clairs et sombres – qui fait deux ou trois fois le tour des reins. Par-dessus, le fameux chapeau à guides, c'est-à-dire entouré d'un large ruban de velours, dont les deux bouts flottent au vent. Ensemble élégant pour gens minces (en général), grands et droits (moins souvent).

Mais la mode est souveraine et ce sont les dominants qui la dictent. Même ceux qui dénoncent l'abandon des traditions chez les autres se hâtent souvent de la suivre. Vers 1900, on se coupe les cheveux et on s'habille à la française, surtout après la guerre de 1914 qui a brassé les populations. De tout ce dont j'ai parlé, mon père n'avait que le chapeau, qu'il ne portait plus. Son unique habit du dimanche – qu'il ne mettait que pour la messe et pour les fêtes, foires ou cérémonies – était le même que celui de tout autre Français. Avec un décalage toutefois : car comme pour tous ceux de sa génération, c'était son costume de mariage (*e abid eured*) avec lequel on faisait toute sa vie – à moins d'avoir beaucoup grossi – avant d'être enterré dedans. C'est après 1945 que les jeunes gens ont commencé à suivre immédiatement la mode nationale. Celui qui n'avait pas un pantalon bleu pétrole quand cette couleur fut lancée était un idiot ridicule.

Du costume féminin, je n'ai bien connu que la coiffe, encore systématique jusque vers 1950 pour toute sortie chez les femmes nées avant 1914, et chez plusieurs de leurs cadettes. Le châle ne se portait plus que dans les grandes occasions. Sur les photographies de mariage de 1920, il y a bon nombre de tabliers brodés ; en 1930 il n'y en a plus. À l'enterrement d'un proche, quelques femmes portaient encore une cape noire avec capuche et grandes agrafes de métal. Elle était très ample et tombait jusqu'au sol. C'était impressionnant.

Vers 1900, il y avait en Bretagne mille à mille deux cents coiffes plus ou moins distinctes. Au moins une par canton, voire par commune, parfois différente selon l'âge, le statut social ou matrimonial et selon qu'on était en deuil ou non. C'était le signe le plus visible d'appartenance à une communauté. Mais elles n'avaient rien d'éternel : la plupart avaient beaucoup évolué au cours du XIXe et du XXe ; celle des célèbres Bigoudènes, qui faisait plus de 30 cm en 1940, n'en faisait encore que 6 en 1900.

Par chez moi, en temps ordinaire, les femmes nées avant 1890, c'est-à-dire mariées, installées avant 1918, portaient un sempiternel bonnet serré. Leurs cadettes – ma mère et même la plus jeune de ses tantes, née en 1894 – étaient en cheveux ; par grand soleil, elles mettaient un chapeau de paille. Quant aux coiffes, il y en avait deux. *Ar c'hoef baz*, que quelques vieilles arboraient contre le soleil pendant les travaux d'été, était un demi-cylindre cartonné posé sur le devant de la tête comme un bandeau, et recouvert d'une toile légère qui le prolongeait sur l'arrière et les côtés comme un volant. L'autre coiffe, en tulle, très différente de celle de Landivisiau, ne se portait que pour les messes, mariages, pardons, marchés et autres sorties. Elle se composait d'un petit bonnet, qui enveloppait le chignon et d'une large bande qui descendait bien au-dessous du menton comme un collier (position solennelle) ou que l'on épinglait en son milieu sur le bonnet, pour former deux boucles de part et d'autre de la tête, comme un 8 horizontal (position plus festive).

Le chapeau citadin avait commencé à la concurrencer dès les années 1930. C'était déjà la coiffure de la plus jeune de mes tantes, qui avait vingt ans en 1936. Après 1945, et surtout 1950, la coiffe recula rapidement, même chez les plus âgées : elles allaient tête nue, et mettaient un fichu pour l'église, où il était interdit aux femmes d'exhiber leur érotique chevelure. En 1957, nous avons dû insister pour que maman fût en coiffe et en châle (emprunté) pour notre mariage. « L'église était pleine de monde ; mais nous n'étions que quatre en coiffe », m'écrivait-elle le 15 décembre 1965, à propos d'un enterrement où il y avait sans doute plus de deux cents femmes.

Notre habillement était donc le même que celui d'aujourd'hui, sauf sur les points suivants : pas de vêtements de nuit, tout le monde dormait en chemise (mais quand je suis devenu interne, j'ai eu deux chemises de nuit, une bleue et une rose[1]) ; pas de jeans, mais des bleus de travail ; pas de pantalon pour les femmes avant 1960 environ (maman appréciera fort leur chaleur) ; pas de slip chez les hommes, mais seulement des caleçons longs l'hiver, tandis que ma mère avait déjà culotte et soutien-gorge, ce qui n'était pas encore le cas d'autres femmes de sa génération, qui urinaient debout tranquillement ; et généralement un couvre-chef permanent pour les hommes : en semaine, bonnet, casquette (en progrès), plus rarement chapeau de paille en été ; pour les sorties, casquette ou chapeau mou – plus distingué.

Seule particularité notable, nos sabots : tout en bois avec des clous dessous. Lourds et sans la moindre souplesse évidemment. Femmes et enfants y fourraient leurs petons enveloppés de chaussettes et de chaussons. Les hommes étaient pieds nus

1. C'était encore usuel. Quatre ans après (en 1949), tous les internes de sixième du collège de Morlaix étaient en pyjama, sauf un, dont on se moquait.

sur un tapis de paille, avec un manchon de foin tressé pour protéger le cou de pied, et décorer le sabot d'une sorte d'ourlet.

Pour que le bois ne se fende pas sous les chocs, ou en séchant après s'être gorgé d'eau, ces sabots étaient cerclés d'un fil de fer ou d'une lame de métal[1] qui vous déchirait la cheville d'en face au moindre écart. On appelait ça *tenna tãn*, tirer du feu : une fulgurante douleur, une étincelle de silex. *Tãn ufern* (le feu de la cheville) n'était pas loin de *tãn Ifern* (le feu de l'Enfer). Rien que d'y penser j'en frémis encore. Sous le choc, le cercle de métal s'ouvrait légèrement pour mieux mordre la prochaine fois.

En passant par la Lorraine,
Avec mes sabots,
Rencontrai trois capitaines,
Avec mes sabots dondaine
Ho ho ho
Avec mes sabots.

Ils m'ont appelé vilaine,
Avec mes sabots…

À l'époque, tout le monde connaissait la chanson : les sabots étaient vraiment l'emblème du rustre. Ils pouvaient même devenir une obsession : je rêvais souvent « que je me trouvais avec des sabots dans des circonstances où ça ne se faisait pas », me dit la fille de notre institutrice. Or, à la rentrée de 1953, quatre Bretons débarquaient dans la prestigieuse classe de première supérieure du lycée Henri-IV. Pas en sabots-foin-paille non, en belles

1. Les plus aisés avaient déjà des sabots dont le dessus était partiellement en cuir et sans fil de fer ou lame de métal.

galoches vernies, qui étaient nos sabots du dimanche : semelles de bois protégées de l'usure par du caoutchouc et non par des clous ; dessus de cuir lustré ; chaussettes et chaussons. Un confort dominical pour nous autres ; une exotique étrangeté pour nos condisciples de l'élite parisienne. Mais les Bretons d'alors avaient l'habitude des quolibets.

La restauration soixante-huitarde des authentiques valeurs populaires entraîna le retour des « sabots » chez les étudiants bretons. « Devenus l'emblème – pas très discret – du parti de la Nature et de la Tradition, ils claquèrent un bon moment dans les couloirs » (Y. Le Berre, J. Le Dû). Ce n'étaient en fait que des galoches : des sabots d'intellectuels de gauche. Je m'en suis néanmoins abstenu : j'avais déjà donné. Eux mêmes y ont bientôt renoncé.

Nous tâchions d'être proprement vêtus, surtout pour sortir. Maman était même un brin coquette. Il paraît qu'elle était « prête à se contenter de pommes de terre au lait pour le plaisir de s'offrir un beau tablier brodé » : attitude déraisonnable aux yeux de tous les hommes et d'une majorité de femmes. Jusqu'en 1940, la tendance de celles-ci était de s'offrir un ensemble de sortie vers vingt ans, un second dix ans plus tard, un dernier à la quarantaine.

Aujourd'hui, c'est surtout pour être beau qu'on s'habille, en se couvrant le moins possible, afin d'offrir son corps aux regards et aux désirs. Pour nous, il s'agissait au contraire de s'habiller le plus possible pour se mettre à l'abri des intempéries : nous étions souvent dehors et le froid régnait même dans les maisons.

Il n'y avait pas encore de cirés. Mais les enfants étaient bien armés contre la pluie avec leur pèlerine : une cape sans manches, avec capuche, qui les enveloppait entièrement. Son épais tissu de laine absorbait une bonne dose d'eau avant d'être traversé. Ensuite c'était la catastrophe : lourde et trempée, elle vous imprégnait d'humidité et mettait un temps infini à sécher. Pour garder les vaches ou travailler aux champs, nous ne mettions pas ces précieuses pèlerines. Nous faisions un manteau d'un sac à pommes de terre : posez le sac à plat ; prenez l'un des coins ; enfoncez-le dans l'autre ; coiffez-vous de ce recoin. Ça sent bon le jute et la poussière ; mais ça ne protège pas longtemps. Pendant l'averse, on allait grelotter à l'abri de la haie ; dès qu'elle s'atténuait, on recommençait à sarcler les betteraves, à genoux sur le sol trempé. Ce n'est pas moi qui dirai, comme Auguste Dupouy, que la bruine est « d'une tendresse quasi féminine ».

Le froid était plus redoutable. Il descendait rarement sous zéro, et nous avions au besoin des passe-montagnes qui nous enveloppaient la tête et le cou. Mais il se prolongeait de longs mois. Or, les garçons étaient en culottes courtes jusqu'à douze ou treize ans, et les filles jambes nues définitivement. Comme c'était la guerre, les ruisseaux, mal récurés faute de main-d'œuvre, se bouchaient : parfois, la route de l'école était inondée. Les bottes n'existaient pas : on arrivait en classe les pieds trempés. On se serrait autour du poêle. Ça chauffait – je m'y suis brûlé le poignet – mais ça ne séchait guère.

À la maison, le soir, ou même à midi au retour des champs, ma mère, toujours efficace et parfois excessive, faisait grand feu dans la cheminée : un fagot entier, une rasade de pétrole, une allumette : c'est parti. On est aussitôt cuit par devant et glacé par derrière. On peut se retourner. Mais cette chaleur qui n'a pas pénétré s'évapore aussitôt. Par chance, avant de se coucher les enfants étaient autorisés à pisser sur les braises au lieu d'aller se déboutonner dans la cour. Une heure après, recroquevillé dans mon lit bien froid (un peu sale aussi, mais qu'importe), je finissais par m'endormir avant d'avoir pu étendre mes jambes – à moins d'avoir une bouillotte. Même en été, la maison restait fraîche : si j'y rentrais en sueur, j'étais bon pour un rhume.

« La propreté est la dignité des pauvres », dit George Sand. Idéaliste, la bonne dame de Nohant : lessive, ménage et toilette n'encombraient guère notre emploi du temps.

Pentue, bien empierrée, notre cour était d'autant plus saine qu'elle était de temps en temps récurée en hiver et balayée en été. L'une de mes espérances d'enfant était de le faire si bien qu'il n'y eût plus jamais de poussière. La litière des vaches et des chevaux était changée tous les jours – au moins en partie[1].

Notre sol en terre battue était propre : il n'y avait de crasse, de crottes de chats, d'ordures molles et puantes, qu'en des coins invisibles. Les cuivres sur les étagères étaient bien astiqués. L'institutrice disait que les paysannes étaient plus soigneuses qu'elle. Dans telle ferme de riche, on époussetait les meubles tous les jours, paraît-il. Ce n'était pas du tout le cas chez nous ni chez bien d'autres. Ma mère dérangeait rarement la pous-

1. Un compatriote me signale que chez lui on sortait la litière des chevaux, on la faisait sécher, puis on la remettait aux vaches, moins nobles et plus salissantes.

sière. Il est vrai qu'elle était débordée, et que ce n'était pas une femme d'intérieur.

Jadis, et même jusqu'en 1945, dans diverses régions, on entassait le linge sale, lavé seulement deux fois l'an, au printemps et à l'automne. Par chez nous c'était en général une fois par semaine. Cependant, nos vêtements et nos draps étaient crasseux[1] quand on les changeait – au mieux une fois par semaine pour ceux-là, une fois par mois pour ceux-ci. Mais le dimanche, mon père, avec pantalon et chemise propres – car la veste tenait plus longtemps – était frais et beau. J'en étais fier. J'ai gardé ce goût de la ravissante propreté, qui suppose d'accumuler assez de crasse pour qu'éclate la différence. Le nettoyage se voit au fur et à mesure : un vrai plaisir.

En revenant des champs, les hommes plongeaient leurs mains dans l'abreuvoir : on les frotte et on les essuie sur son pantalon. « Trempé c'est lavé ; sec c'est propre », disait *Chanmar* – en français. Le dimanche ils se rasaient devant un morceau de miroir[2] ; femmes et enfants se passaient un coin de serviette mouillée[3] sur le visage ; tout le monde se coiffait avec le même peigne cassé, rempli de crasse à mi-hauteur. Parfois, le samedi soir, on versait de l'eau chaude dans un seau à cochons, où tous se lavaient les pieds à tour de rôle. Mais les cheveux jamais ; les dents non plus.

1. Dans « la meilleure auberge de cette ville misérable et sale [...], les lits avaient un aspect immonde », dit l'Anglais Trollope, de passage à Sizun en 1839.

2. Comparée à la fragilité des miroirs entiers, la longévité de leurs morceaux tient du prodige.

3. Ou de *torch listri*, le torchon à laver la vaisselle. Un ami me rappelle qu'il sentait l'aigre. Chez moi, pareille confusion aurait choqué.

Pour le reste, il fallait des circonstances exceptionnelles : aller chez le médecin ou se marier le lendemain. Ma grand-mère ne s'est jamais lavé que les mains, les pieds et le visage. Avec modération. Je me souviens de m'être nettoyé entièrement deux ou trois fois dans mon seau à cochons. Nous avions un beau nécessaire de toilette en faïence : broc, cuvette et trois coupelles à savon. Nul ne s'en servait jamais. Ma mère avait même du dentifrice : non pas de la pâte en tube, mais comme un petit savon rond dans une boîte. Mais elle n'avait plus guère de dents et se contentait de tremper parfois son dentier dans un verre d'eau. Seule sa tante Chãn se mettait de la *poudrerie*[1] : on s'en moquait. Je me souviens de notre surprise en 1945 devant le prisonnier allemand qui, même en hiver, se mettait torse nu pour se laver à grande eau à l'abreuvoir. Étranges chez un homme, les soins du corps étaient coquetterie peccamineuse chez une femme. Une « jeune fille ne peut se tenir propre sans être la risée de toute la maisonnée », écrit une Bretonne en 1948.

Ajoutez le froid, l'humidité, les chutes, une hygiène sommaire, peu de soins médicaux, nul souci d'élégance, une carence en protides, fruits, légumes et crudités, c'est-à-dire en vitamines. Résultat : de charmants bambins, avec plaies, pus,

1. Quand on a enfermé les pauvres dans les mines, usines, bureaux et magasins, ceux qui avaient les moyens d'aller aux bains de mer puis aux sports d'hiver se sont distingués en lançant la mode du bronzage – que certains n'aiment plus depuis que tout le monde peut se l'offrir. Mais auparavant, comme les pauvres trimaient au soleil, c'était au contraire le teint pâle qui faisait chic, et on utilisait de la poudre de riz pour se blanchir le visage. À Plougourvest, en 1950, on employait encore cette expression pour désigner le fond de teint.

croûtes, dartres, rhumes, morve, poux, tiques – pas toujours évidemment. Mains et visages douteux[1] ; ongles et cheveux crasseux – en permanence. Passons sur notre intimité. Tout cela ne me gênait guère, sauf les tiques, qui vous irritent le scrotum, en s'y plantant pour mieux s'abreuver de sang. J'ai gardé de cette époque l'amour des beaux abcès, qui giclent quand on les presse.

Je vous assure que nous ne sentions pas mauvais. Je l'ai vérifié par la suite, sur les gens restés au pays, avec mon odorat urbanisé. C'est chez les jeunes de Mai 68 que j'ai découvert la puanteur humaine. La grande libération consista aussi à ne plus se laver. Or, les enzymes de ces civilisés avaient apparemment désappris la capacité naturelle d'autonettoyage. Peut-être à cause d'une autre forme de révolte libératrice : ils dormaient le moins possible, ils étaient épuisés et leurs vêtements synthétiques n'absorbaient pas la sueur comme le faisaient nos tissus naturels.

Cette saleté n'était pas une vocation atavique. Je crois que les paysans de mon enfance, quand ils étaient de sortie, en tenue de dimanche, étaient plutôt plus soucieux de leur aspect, de leur dignité que nous ne le sommes aujourd'hui. Car il fallait tenir son rang, et l'on n'avait guère le sens de la décontraction. Mais chacun se comporte selon ses moyens et selon le niveau d'exigence de son milieu : la saleté est chose relative. Maman se souciait de propreté et d'hygiène. Aujourd'hui, on donne aux bébés des sucettes en plastique pour les faire taire. L'équivalent existait : de la mie de pain dans un minuscule sachet de tissu attaché au

1. À l'entrée de la classe, on nous inspectait les mains.

poignet de l'enfant, qui le suçait dès qu'il avait fini de le traîner par terre. Elle refusa absolument de nous munir d'une pareille horreur.

Moi aussi j'avais le goût du propre, de la cour récurée, du sol balayé, des vêtements frais, et je me souviens de la bonne odeur de repassage. Les paysans d'alentour également : ils prenaient plaisir à étriller et à brosser leurs chevaux, et même à leur tresser la queue quand ils les présentaient à des concours. Ils étaient moins soucieux de leur propre nettoyage. Mais c'était parce que les conditions s'y prêtaient mal. Quand des douches s'ouvrirent à Landivisiau, les hommes jeunes s'y précipitèrent et ils en parlaient avec joie.

Se laver c'est une corvée – comme nos ados nous le rappellent tous les jours. Du moins dans les conditions d'alors, qui nous handicapaient pour tout. En 1896, à Saint-Méen (L), 62 % des maisons abritent sept personnes ou plus. Généralement dans une seule pièce, comme ce sera encore le cas pour 60 % des ruraux bretons en 1939. Seule une ferme sur cinq en avait plus de deux. Chez moi, en 1910, il y avait quatorze personnes pour une seule grande pièce et un grenier. Sans doute deux des hommes dormaient à l'écurie : on y était tranquille ; on y avait plus chaud ; c'était recommandé pour les malades et notamment pour les tuberculeux – d'autant plus que la forte odeur de purin et de crottin tue évidemment les microbes.

Dans mon enfance, nous n'étions plus que cinq, et nous avions quatre puis cinq pièces, sans compter celle des grains. Notre maison était provisoirement l'une des plus modernes du secteur. Mais nous n'avions aucun élément du confort actuel. Pas d'électricité avant 1951 (j'avais dix-sept ans), comme près de la moitié des paysans bretons[1]. Notre source d'éclairage était le pétrole qui avait remplacé le suif et la résine à la fin du XIXe : belles suspensions avec abat-jour dans la cuisine et dans la salle ; lampes tempête, dont la flamme bien protégée résistait au vent, pour la cour et les crèches ; et les fameuses lampes Pigeon – lumineuses comme des bougies – pour se déplacer dans la maison. Pendant la guerre, le pétrole était rationné. Nous avions des lampes à carbure de calcium. Des espèces de graviers dans la partie inférieure, de l'eau dans la partie supérieure. Un robinet permet de faire tomber celle-ci goutte à goutte sur ceux-là, qui dégagent alors un gaz inflammable, l'acétylène. Pétrole ou carbure, le résultat n'est pas éblouissant ; c'était assez pour vaquer ou manger ; mais pas pour lire ou coudre : j'y ai gagné une myopie précoce. L'électricité, avec une ampoule de 40 watts, c'était merveilleux. Comme disait grand-mère – qui n'avait jamais rien vu de tel – quand survenait une panne (assez souvent, au début) : « *Peta teuõm da veha ?* » Qu'allons-nous devenir ?

Pas d'eau courante avant 1955, comme 90 % des paysans bretons : il fallait la chercher au puits. Pas de chauffage. Pas de W.-C., même dans la cour : au départ de ma mère en 1980, il n'y en avait toujours pas. Des seaux hygiéniques pour la nuit ; le jour, les crèches pour les femmes, la campagne pour les hommes.

À l'époque, la seule chose dont j'aie souffert c'est le froid. Le reste n'est pas très gênant quand on n'a rien connu d'autre. Le Roi-Soleil recevait

1. Le conseil municipal de Plougourvest avait voté le principe de l'électrification de la commune le 22 novembre 1925. Un devis fut approuvé le 1er mai 1938. Mais ce fut la guerre.

ambassadeurs et grands seigneurs sur sa chaise percée. Nous avions le choix entre toute l'étendue des champs, des prés, des chemins. On sélectionnait son refuge. Pour s'essuyer, pas d'oisons duveteux comme Rabelais, ni de galets polis comme Jean-Claude Carrière, mais des poignées d'herbe tendre. À l'agréable soulagement s'ajoute ainsi le plaisir du stratège. Comme chez les plaisanciers des temps héroïques, fiers de balconner par-dessus bord. En vérité je vous le dis, un homme qui chique, crache, pisse fort, mouche dru et chie où il veut[1], c'est un vrai mâle. Le progrès nous a réduits en mauviettes.

J'ai pris d'autres habitudes, et il me serait très pénible de retomber dans les conditions de mon enfance. Quand je les évoque, on me dit souvent : « Oh ! c'est comme mon grand-père ! » Avec une pointe de fierté. Un jour on m'a même dit : « C'est comme moi : mon grand-père… » Je renonce à insinuer qu'il y a une différence entre célébrer un grand-père héroïque et vivre une enfance démunie.

Mais évitons la complaisance. Je n'ai jamais connu la faim ni la maltraitance. Je n'ai jamais eu dangereusement froid. À côté de la plupart de nos ancêtres jusqu'au début du XXe, à côté de millions d'enfants et d'adultes d'Asie, d'Afrique, d'Amérique du Sud et même d'Europe orientale aujourd'hui encore, nous n'étions pas à plaindre. Moins que des milliers d'exclus en France même, actuellement. Moins que les citadins qui avaient faim pendant la guerre, et dont certains étaient bombardés. Si mon père n'avait été prisonnier, nous aurions même été relativement privilégiés en ces années-là.

1. J'en connais un qui avait une préférence pour le haut des arbres.

CHAPITRE 15

OR BOUED. NOTRE NOURRITURE

Que mangions-nous, que mangeaient nos ancêtres ? Ne croyez pas retrouver sous ma plume l'authentique cuisine bretonne de toujours. Aujourd'hui, nous sommes accablés d'informations en tous domaines. Pour le passé, elles sont rares sur la cuisine populaire, et peu généralisables. Car les recettes n'étaient pas fixées par écrit et répandues à des milliers d'exemplaires identiques[1]. Elles se transmettaient de mère en fille ou de tante en nièce et variaient plus ou moins d'une région, d'une commune et même d'une maison à l'autre. L'unique far breton authentique n'a jamais existé. Chez moi, l'on ne faisait guère ces pommes de terre *à la Titine* confites au beurre, dont je me régalais en face. Ni jamais le *farz lampenn* que j'ai mangé à 200 m de chez nous. Et chacun était très

1. C'est ainsi que j'ai trouvé la recette d'un « gâteau aux pommes de Plougourvest », dont je n'avais jamais entendu parler. Six cuillerées de farine, trois de lait, deux d'huile, quatre de sucre, un œuf, trois ou quatre pommes, un demi-paquet de levure. Installez les rondelles de pommes au fond d'un moule bien beurré ; versez la pâte ; ajoutez une autre couche de pommes ; appuyez pour que la pâte ressorte et cuisez.

attaché à ses façons : quand sa belle-mère nous offrait du boudin, maman le défaisait pour le recuire. Pas seulement parce qu'il venait de sa belle-mère : pour nous il était « immangeable ». En vérité, il était simplement différent du nôtre.

Au XVIIe siècle, la Bretagne passe, avec la Hollande, pour l'une des rares régions où l'on mange bien. À l'époque, ça signifie surtout copieusement. Mais, de plus, la nourriture y est riche et pas trop déséquilibrée : fort peu de fruits et de crudités, mais des légumes, assez de protides (un peu plus de viande que la moyenne) et beaucoup de lipides, même chez les pauvres, grâce au lait et à ses dérivés : beurre, crêpes, galettes, *pouloud*[1] et surtout bouillies. La soupe, la galette de sarrasin[2], le pain et la bouillie sont les mets de base. Celle-ci – d'orge, d'avoine ou de sarrasin bien plus souvent que de blé – est plus facile à faire que le pain et moins coûteuse : pas besoin de payer le boulan-

1. Mot à mot : des boulettes. Faites des boules de pâte à la farine de sarrasin, de seigle, d'avoine ou de froment, selon votre aisance. Chauffez du lait, salé ou sucré au choix, avec un œuf ou deux si vous êtes riche. Quand il bout, jetez-y les boules, qui seront rapidement saisies.

2. Le sarrasin « fait près de la moitié de la nourriture des laboureurs » (le recteur de Plounévez [L], 1774) et presque toute celle des gens de la montagne (le recteur de Plounéour-Ménez [C], 1774). « Le blé noir forme près des deux tiers de la nourriture des habitants des campagnes », confirme le subdélégué de Morlaix en 1788. « On se nourrit de pain d'orge dans la Cornouaille, de seigle dans le Léonais » ; vers Brignogan, « la nourriture [...] est une bouillie grossière d'orge, d'avoine, rarement de froment » ; du côté de Saint-Pol-de-Léon, « la nourriture ordinaire des laboureurs est la bouillie d'avoine et de blé noir » (Cambry, 1795).

ger (et en plus le seigneur, là où le privilège nobiliaire du four a subsisté). Pour la soupe, on verse sur de petites tranches de pain l'eau chaude et les légumes qui y ont cuit : choux, pois, fèves, navets, oignons et surtout panais chez les pauvres. Dans le Haut-Léon, « en hiver, presque la moitié du pays subsiste grâce aux panais » (Arthur Young, 1788). C'est une soupe épaisse : la cuillère doit y tenir debout, disait-on. Les gens aisés ont fait cuire avec les légumes un morceau de porc bien gras, qu'ils mangeront froid plus tard. On fait aussi de la soupe aux gruaux : de la pâte saisie dans de l'eau chaude ou du lait chaud.

La nourriture est sensiblement différente selon les revenus. Les humbles mangent du pain d'orge et surtout de seigle ; plus on est aisé, plus on y mêle de blé. « Nos pauvres n'en goûtent pas », écrit le recteur de Plounéour-Ménez (C) en 1774. « À peine ont-ils du pain, jamais ou presque ni beurre ni viande », tandis que les paysans riches « font la soupe trois fois la semaine avec un peu de lard », écrit le recteur de Ploudalmézeau (L) en 1774. Quant aux panais, « les pauvres s'en nourrissent, les riches les dédaignent » écrit Cambry, qui détaille le menu des laboureurs aisés du Correjou, près de Ploudalmézeau : « Leur pain est un mélange d'orge, de trois quarts de seigle et d'un seizième de froment ; ils mangent de la bouillie deux fois le jour, excepté le dimanche, le mardi et le jeudi : dans ces jours privilégiés, ils servent [...] de la vache salée, du lard et de la soupe de graisse » (1794).

Dans le Haut-Léon toilier, il y a beaucoup de gens assez aisés. En 1665 et en 1695, les paroissiens qui font les charrois de pierres pour l'église de Bodilis sont nourris par la fabrique : pain, bouillie, porc et beurre, mais aussi bœuf, veau, crêpes de froment, et même vin en abondance.

Mais la boisson ordinaire, c'est l'eau et le lait. Il n'y a pas encore de cidre en Basse-Bretagne ; en revanche, on trouve un peu de bière dans les ports de la côte nord, en contact avec Anglais et Hollandais et même on en fabrique. Fort peu de fruits en Léon : c'est en Haute-Bretagne qu'on trouve des pommes, et des cerises dans le sud de la Cornouaille.

Jusqu'à la fin du XIXe, à moins d'être vraiment riches, les paysans n'achètent presque jamais aucune denrée alimentaire à part le sel, à la fois conservateur et condiment[1]. Ils vivent de ce qu'ils produisent, vendant même tout ou partie du meilleur : le blé, le miel, le beurre, les poules, les œufs.

Le poisson est aujourd'hui l'une des richesses gastronomiques de la Bretagne. Jadis, en dehors des morues et harengs salés du vendredi et du carême – où l'on devait s'abstenir de viande pour faire pénitence en solidarité avec le sacrifice du Christ –, on en mangeait fort peu. Leur peau visqueuse, leurs écailles et leurs arêtes suscitaient le dégoût[2]. Quant aux huîtres, « on loue celles de Bretagne sur toutes les autres », écrit le Montpelliérain Rondelet en 1558. Les élites apprécient déjà les fruits de mer, mais le peuple ne les supporte qu'en ragoût et faute de mieux.

Jadis les vaches, insuffisamment nourries en hiver, ne donnaient guère de lait qu'à la belle saison, où il tournait rapidement. Pour ne pas le per-

1. De même que le miel : d'où le goût sucré-salé de la cuisine médiévale.

2. Au Moyen Âge, poissonnier c'est une profession vile, de la même catégorie que prostituée ou tanneur (« écorcheur de vilaines bêtes »).

dre, on le transformait en beurre ou en fromage. Au Moyen Âge, la Bretagne était exportatrice de ces deux produits. Une innovation fiscale l'a ensuite orientée vers le premier.

Le fisc n'arrive pas à taxer les carottes que je cultive sur mon balcon pour les manger moi-même. Ni le vélo d'occasion acheté à mon voisin. Il ne peut attraper que ce qui se vend dans un lieu contrôlable. Or, jadis, les gens achetaient fort peu de choses : outils, vêtements, nourriture, ils fabriquaient presque tout eux-mêmes, ou l'acquéraient de leurs voisins de façon incontrôlable. Seul était facile à taxer ce qui devait être transporté et stocké. C'était le cas du sel, dont tout le monde avait besoin : encore plus pour conserver la nourriture que pour en relever le goût. Au XIVe siècle, quand le roi de France n'a plus réussi à faire face avec les seuls revenus de son domaine à ses dépenses administratives et surtout militaires croissantes, il a inventé non seulement l'impôt direct – la taille – mais une première forme de T.V.A. : l'impôt sur le sel, la gabelle.

Son taux variait beaucoup selon les régions. Dans quelques-unes elle n'existait pas : notamment en Bretagne. Comme la province produisait beaucoup de sel, il y coûtait donc jusqu'à vingt ou trente fois moins que dans le Maine et l'Anjou voisins. D'où large contrebande, violente répression et intense hostilité des populations à tout ce système.

Dans une France si célèbre pour ses multiples fromages, il y avait ainsi une exception, la Bretagne, qui avait intérêt à fabriquer plutôt du beurre en le conservant avec du sel. Entraînez-vous au beurre demi-sel : au bout de six mois, l'autre vous sera bien fade. Vaguement plus hygiénique peut-être, mais sans goût, sans charme. Les Bretons faisaient de moins en moins de fromage, surtout dans l'Ouest, jusque vers 1960, quand cette région a découvert sa vocation agroalimentaire (toutefois, je vous conseille plutôt les fromages d'autres terroirs). Par chez nous, il n'y avait même guère de fromages frais[1], de cailles ou de gros lait (*leaz gweden*). Ma grand-mère paternelle en faisait, par un procédé qu'elle gardait secret. Il fallait entendre les hypothèses de maman sur la recette de sa belle-mère. Je crois qu'elle se contentait de verser le lait encore tiède, juste après la traite, dans un pot humecté de lait ribot[2].

Le beurre breton « surpasse par sa délicatesse le meilleur de toute la France », dit Jouvin de Rochefort en 1672. Dès 1700, beaucoup préfèrent celui des Normands. Néanmoins, le 22 juin 1842, il s'en vend 60 000 kg au marché de Morlaix. Une bonne partie est expédiée *via* Le Havre sur Paris et jusqu'en Argentine, vers laquelle partent dès cette année-là des bateaux à glacières. Du plein sel à l'époque : encore plus relevé que celui qu'on a récemment lancé pour vendre plus d'*authentique* sel de mer *authentiquement* breton. Mais si certains fromages s'améliorent en vieillissant, le beurre même très salé finit par rancir, et c'est franchement répugnant. Je me souviens encore de celui que je gardais trois semaines quand j'étais interne au collège. Merci donc, chers Argentins !

Aux laitages et aux céréales s'ajoute au XIXe siècle une troisième nourriture de base : la pomme

1. Une laiterie en fabriquait dans une commune voisine, mais nous n'en achetions pas.

2. C'est le lait aigre qui reste après la fabrication du beurre : le lait baratté. En dehors de la France de l'Ouest, on l'appelle petit lait ou babeurre.

de terre. Mais la qualité de l'alimentation a baissé avec l'appauvrissement des Bretons à partir du XVIIIe, et sa variété s'est réduite avec de nouvelles habitudes : prédominance excessive des féculents (surtout des pommes de terre, plus faciles à préparer que pain, bouillie ou légumes) et d'une viande très grasse : les pommes de terre permettent de nourrir beaucoup plus de porcs, tandis que les moutons disparaissent. Toujours très peu de poisson : autour de Carhaix, les contrats des valets de ferme précisent qu'ils n'en veulent pas plus de deux fois par semaine. Pas assez de légumes ; fort peu de crudités ; pour ainsi dire pas de fruits en Basse-Bretagne. En Haute-Bretagne et en Cornouaille méridionale forte consommation de cidre, décalcifiant en plus des inconvénients de l'alcool.

Le Breton ne mange pas assez, dit Boullé, préfet du Finistère de 1836 à 1848 : « Son intelligence demeure comme affaissée sous le poids de besoins physiques non satisfaits. » En tout cas, sa taille diminue. Vers 1830, le Finistère est quatre-vingt-unième sur quatre-vingt-six départements (devant les Côtes-du-Nord et le Morbihan) pour les exemptions de service militaire pour défaut de taille : 48,6 % des conscrits sont trop petits. Le Haut-Léon, jadis si riche, s'est beaucoup appauvri. Mais à partir de 1840, le progrès technique et le développement du commerce international commencent à enrichir les campagnes. Après 1860, chez les Léonards, le pain de froment (avec toutefois beaucoup de son) remplace progressivement l'orge, le seigle et le méteil.

Déjeuner et dîner viennent du même verbe latin, *disje-junare* : rompre le jeûne, prendre son premier repas de la journée. Mais la prononciation suit la tendance au moindre effort, surtout en temps de crise : ce fut le cas au haut Moyen Âge, lors du passage du latin au français. Elle ne retient alors que les syllabes accentuées : généralement la première et la dernière ou l'avant-dernière. Ce mot s'est donc réduit à *disjunare*, qui donnait *disjuno* à la première personne du singulier et *disjunamus* à la première du pluriel. D'où *je desjeune* et *nous disnons*, à partir desquels on a reconstitué la conjugaison complète de deux verbes distincts, qui ont pris des sens différents. Celui qui rappelait la rupture du jeûne a désigné le repas du matin, l'autre celui de la mi-journée. Celui du soir était le souper, du nom de son plat principal.

Nos ancêtres se levaient et se couchaient avec le soleil. L'éclairage au gaz puis à l'électricité a décalé la journée. Les milieux favorisés – qui définissent le sens orthodoxe des mots – se sont levés plus tard : tout a été décalé. Le déjeuner s'est déporté vers midi, puis 13 heures. Le dîner (qui est encore le repas de la mi-journée en Belgique, au Canada et dans plusieurs provinces françaises) est devenu celui du soir, et il est passé de 19 heures – et même bien plus tôt en hiver – à 20 heures sinon au-delà. En breton aussi, *lein* désignait initialement le repas du matin et non pas celui de midi, qu'on appelait *mern*, le repas de l'heure méridienne (raccourcie en *mérienne*), comme c'est toujours le cas dans certaines régions.

Aujourd'hui, nous choisissons et même nous inventons nos menus, programmes, façons de faire et de vivre en plusieurs domaines. Nous vivons sous le signe du désir, et non plus de la soumission ; dans l'innovation, le changement, et non plus dans la permanence des traditions. Nous sommes dans un système qui, pour multiplier ses profits – et même tout simplement pour continuer à fonctionner – offre de multiples possibilités et pousse à acheter toujours plus de choses toujours nouvelles. Nous passons la moitié de notre temps à produire toujours les mêmes choses dans un travail qui n'est plus personnel ni varié comme celui du paysan ou de l'artisan de jadis, et l'autre moitié à consommer des quantités de choses différentes que nous ne produisons plus : ni nos aliments, ni nos vêtements, ni nos outils ni nos jouets. À les utiliser quelque temps puis à les délaisser ou à les jeter. Nous sommes les zappeurs de notre propre vie. C'est là une civilisation toute récente : libératrice si l'on choisit sélectivement ; aliénante si l'on se laisse téléguider par la mode et la publicité.

Jadis au contraire on faisait les mêmes choses de jour en jour et de génération en génération avec de lents et rares changements. Ainsi, le menu était quasiment le même presque tous les jours, ou tout au moins tous les lundis, tous les mardis, etc., avec quelques extras qui revenaient eux aussi régulièrement[1]. Fidélité aux traditions ? Oui. Mais bien obligé, quand on n'a pas le choix, et qu'on a

1. Notamment, le dimanche midi – et chez certains à un autre jour fixe – du *kik a farz* (viande et far), une spécialité du Léon, surtout dans sa partie occidentale. Faites un pot-au-feu, avec peu de légumes, un bon morceau de porc pas trop gras et de la farine de sarrasin en gros grains dans un solide petit sac de toile (que vous attachez aux poignées du faitout pour qu'il ne touche pas le fond). La farine gonfle, expulsant du sac l'eau grasse dont elle s'est imprégnée. Vous servez comme un couscous. J'en ai encore mangé récemment vers Ploudalmézeau. Mais bien plus sophistiqué : avec en plus du bœuf, des œufs, du lait, de la crème, des clous de girofle et une sauce de beurre fondu aux oignons. Divin. Mieux vaut toutefois ne pas avoir à réfléchir l'après-midi.

le goût et l'esprit figés par l'habitude[1]. Jusqu'en 1920 au moins, il n'y avait généralement dans nos campagnes qu'un seul plat par repas, accompagné de pain. Et pas question de menu individuel ; seulement quelques petites différences entre la nourriture des hommes et celle des enfants, les femmes penchant d'un côté ou de l'autre – généralement de celui-ci.

Le déjeuner se prend dès le lever : soupe épaisse aux pommes de terre et aux légumes ou aux gruaux, remplacée au tournant du siècle par l'espèce de soupe au café dont je vais parler. Le « dîner » est entre 10 heures et midi selon la saison (en été il y a un repas intermédiaire de pain, avec du beurre – surtout pour femmes et enfants – et du lard pour les hommes) : soupe (surtout après le changement de petit déjeuner vers 1900) ou bouillie d'avoine – rarement de froment sauf chez les riches – ou galettes – plus souvent que crêpes – ou pommes de terre à l'eau ou au lard. Pas de légumes cuits à part comme aujourd'hui, du moins par chez nous : choux-fleurs et artichauts n'existent encore que dans la région de Roscoff ; haricots et petits pois, répandus en Cornouaille méridionale, sont rares en Haut-Léon et les fèves passent pour médiocres : « *Gwelloc'h fa i nentra* », « mieux vaut des fèves que rien », dit-on. Repas de pain ou de *pouloud* vers 3 ou 4 heures ou même plus tôt en hiver. À la tombée de la nuit[2], soupe, bouillie, *pouloud*, cailles ou pommes de terre. Au

1. Depuis la cantine jusqu'à la maison de retraite, ce sont toujours les pauvres qui refusent le plus l'innovation culinaire.

2. Un Parisien qui séjourne à Ouessant en 1906 note que « le souper se prend à cinq heures, hiver comme été ».

total, vers 1860, un paysan léonard adulte devait absorber chaque jour un bon kilo de pain (six à huit fois plus que la plupart des Français d'aujourd'hui), un kilo de pommes de terre, un litre de bouillie et 120 g de lard. À moins d'être vraiment aisé, omelettes, poulet, viande de bœuf ou de veau étaient rares sauf aux repas de fête. Tout cela était surtout vendu, de même qu'une bonne partie du beurre. C'est surtout avec de la graisse de porc qu'on mangeait son pain, et c'est exclusivement avec elle que l'on cuisinait.

Jusqu'à la seconde moitié du XIXe siècle, les paysans produisaient eux-mêmes quasiment toute leur nourriture. Mais voici les débuts du commerce d'épicerie rurale. Le sucre, qui va remplacer le miel, apparaît dans les inventaires après décès du Finistère en 1833, suivi par le riz et la chicorée (1876), le rhum (1880), le tapioca (1886) et les sardines à l'huile, dont la Bretagne, surtout entre Concarneau et Douarnenez, fournit alors 80 % de la production mondiale. Ces produits pénètrent peu à peu les campagnes, en très petites quantités. Première conséquence notable vers 1900 : la vogue du café-chicorée lors des réunions de famille ou de voisinage, surtout pour les femmes ; et le remplacement de la soupe matinale par de la « nourriture au café », *bouè café* [1] : des dés de pain trempés dans du café-chicorée[2], avec du pain beurré pour femmes et enfants, du pain et du lard pour les hommes. Les autres repas ne bougent

1. Mais les enfants restent au lait : *bouè leaz*.

2. Avec beaucoup plus de chicorée, ou même pas de café du tout. « L'usage de la chicorée avec le café stimule les énergies physiques et mentales sans inconvénient pour le cœur », dit une publicité sur un protège-cahier d'écolier en 1939.

guère ; même au battage, chez moi, jusqu'en 1920, il n'y a que deux plats : bouillie d'avoine et bouillie de blé. Mais le pain de froment se généralise : « Le pain d'orge ou de seigle n'existe plus » – du moins dans le Léon (Louis Dujardin, 1912).

On cuit le repas sur le feu de cheminée, dans un chaudron ou une marmite qu'on pose ensuite sur la table depuis qu'il y en a une (au XVIIIe siècle). Auparavant, c'est par terre ou sur un billot. À moins qu'on ne soit pas nombreux, les hommes mangent d'abord, assis autour de la table dans le premier cas, debout, à genoux ou assis çà et là dans le second. Les femmes mangent ensuite.

Bien qu'elle soit épaisse, la soupe est trop liquide pour être transportée dans la cuillère : chacun remplit son écuelle en bois ou en argile. Mais pour bouillie et pommes de terre, on se sert dans la marmite, puis on trempe sa cuillerée dans le lait de son écuelle ou du trou creusé dans la table. Il n'y a généralement pas d'assiette ; quand on en possède, elles décorent le vaisselier et ne servent qu'aux grandes occasions. C'est la tranche de pain ou la galette qui sert de support. Joseph Le Moal raconte que dans sa ferme trégoroise on mangeait encore ainsi en 1917. Cette année-là, ses parents demandent des prisonniers allemands pour l'arrachage des pommes de terre. Le caporal français qui les encadre exige des assiettes. Depuis le début du siècle, elles commencent à remplacer les écuelles en bois ou en argile. Les bols et les fourchettes[1] font aussi leur apparition, et d'anonymes

1. Vers 1750, en Bretagne, seul un dixième des inventaires après décès fait état de fourchettes, et un tiers d'assiettes.

cuillères de métal prennent peu à peu la place de la cuillère personnelle en buis[1]. Il y a maintenant des couteaux de table, mais les hommes continuent à préférer leur couteau de poche. Quand on a fini, on essuie sa cuillère (dans sa bouche, en parachevant avec sa main ou sa manche) et on la remet à sa place dans le râtelier à cuillères, *ar parailher*, caractéristique du Léon : un cube entouré de lattes ou bien une boule ou une couronne (une roue horizontale) percée de trous et parfois ornée de pendentifs en bois tourné. Il est suspendu au-dessus de la table. Une ficelle passant sur de petites poulies permet de le hisser et de le descendre. Le nôtre était particulièrement beau, paraît-il. Un brocanteur l'a extorqué vers 1920. Je n'ai connu que les petites poulies. De tous les objets d'antan, c'est le seul que ma mère regrettait. Vivement.

La nourriture des paysans bretons s'est progressivement améliorée avec l'élévation de leur niveau de vie entre 1860 et 1930 : la guerre de 1914 a enrichi ceux qu'elle n'a pas tués. Le fourneau à charbon facilite et diversifie la cuisine, notamment pour les rôtis et les pâtes. Mes parents en ont acheté un vers 1932. Mais ils ont continué jusqu'aux années 1950 à faire l'essentiel sur le feu de cheminée : soupe, bouillie, pommes de terre, crêpes. Je revois grand-mère debout, remuant la bouillie une bonne demi-heure dans la bassine, avec un grand bâton comme un manche de fourche, pour éviter les grumeaux.

Le rationnement des années 1940-1945 (et même jusqu'en 1948), si éprouvant pour les citadins, ne

1. Qui était parfois pliante : on la mettait dans sa poche pour aller à la noce ou à la veillée.

le fut guère pour les paysans, surtout dans une région de polyculture autarcique comme la Bretagne, où ils produisaient presque tout ce qu'ils consommaient. Leurs surplus étaient réquisitionnés pour les citadins et pour les Allemands. Mais ils minoraient leurs déclarations et freinaient leurs livraisons. Nous avions autant de lait, de pommes de terre, de viande de porc que d'habitude, et même plus d'œufs, de beurre, voire de poulet, puisque notre enrichissement nous permettait d'en vendre moins. Presque autant de pain, et pas tellement moins bon (d'autant qu'on s'est remis à en fabriquer à la maison), alors qu'il devenait peu à peu infect dans les grandes villes. Je n'ai jamais mangé de pain d'orge, d'avoine ni de sarrasin. C'est au collège que j'ai découvert le pain de maïs – à cause des pénuries poursuivies jusqu'en 1948 – et à trente ans le pain de seigle, devenu luxe indispensable pour apprécier les huîtres.

Il n'y avait de pénurie que pour ce qu'il fallait acheter. Pas assez de sel, alors que nous en consommions bien plus que la moyenne, pour le beurre et pour conserver la viande de porc. Pas de sucre : on pestait contre la saccharine qui le remplaçait ; mais ce n'était sans doute pas catastrophique, puisqu'on n'est pas revenu aux abeilles. Pas d'huile ; mais notre cuisine se faisait au beurre et au saindoux. Peu de vin. Mais, comme la plupart des paysans bretons, nous n'en buvions guère, et pour les autres le rationnement fut bénéfique. Alors que la mortalité augmentait de 25 % à Paris et de 50 % dans les Bouches-du-Rhône, elle diminuait de 1,2 % dans le Finistère et de 2,9 % dans le Morbihan, encore plus rural : assez de calories, moins de graisse et surtout moins d'alcool.

Les tickets de rationnement, qui faisaient le désespoir des citadins, nous favorisaient presque.

Ils nous donnaient droit à quelques grammes d'ersatz de chocolat, que nous n'aurions pas acheté sans cela. Je me rappelle qu'il était très bon : ce ne serait sans doute pas mon avis aujourd'hui. Je ne me souviens de désespoir que pour le café, mal remplacé par de l'orge grillée, et surtout pour le tabac. Quelques-uns s'en procuraient contre du beurre et du lard auprès d'ouvriers de la manufacture de Morlaix. D'autres mâchaient de l'herbe ou n'importe quoi. Mon oncle *Cheun* avait réussi à trouver deux ou trois plants. Mais il faut ensuite toute une transformation qu'il ne savait pas faire : le résultat était infect.

Plaçons-nous en 1949. Les restrictions sont terminées, et les grands bouleversements n'ont pas commencé. C'est en décembre de cette année-là qu'Édouard Leclerc a commencé à vendre ses biscuits. Mais on pouvait encore hausser les épaules devant cet illuminé.

Au petit déjeuner la soupe a disparu, on commence à ne plus mettre de pain dans son lait ou dans son café-chicorée. Ma mère, qui continue à le faire, met sept morceaux de sucre dans son bol. Les autres mangent des tartines : avec beurre[1] pour femmes et enfants, avec lard pour les hommes : ils le croquent comme une pâte de fruits. Second repas à dix heures à la belle saison : *lein deg eur*, même menu qu'au précédent.

Le déjeuner, *lein*, se prend maintenant à midi. Il comporte généralement deux plats, ce qui est

1. En hiver, le beurre était dur. Ma mère en malaxait parfois dans sa main, comme du mastic. Certains en mettaient un morceau dans leur bouche puis le recrachaient sur leur pain. Pratique, mais répugnant à nos yeux.

récent. De la soupe, grasse ou non, avec pain et légumes : choux, carottes, oignons ; éventuellement pommes de terre, navets ou rutabagas ; les panais ont disparu. Puis des pommes de terre cuites à l'eau, entières avec leur pelure ou coupées en deux sans être épluchées, et mijotées à la marmite avec du saindoux : excellentes, sauf pour la santé. Ou bien des macaronis – surtout s'il reste un peu de sauce du rôti dominical. Ou une omelette. Ou du far. Jamais d'entrée de crudités ; de la salade en été seulement. La viande, rare sauf le dimanche midi (rôti de porc ou même de veau), est bouillie ou rôtie, jamais grillée en tranches. Il y a rarement des légumes en dehors de la soupe aux repas ordinaires, et ce ne peut être que des petits pois ou des haricots verts (en conserve généralement). Choux-fleurs et artichauts sont encore inconnus, bien que cultivés tout près en grande quantité. Courgettes, aubergines, asperges, fenouils, choux de Bruxelles n'arriveront que vers 1970, et les brocolis plus tard encore.

Le goûter s'appelle *gortozen*[1], le repas pour attendre (*gortoz*), ou *mern* : le décalage des appellations a retardé jusque-là l'ancienne méridienne. Le menu est le même qu'à 10 heures. Sauf pour le cher petit Jean, quand il était dans la classe des grands. Pour la récréation, entre la fin de l'école et l'étude, où nous faisions nos devoirs – à la belle saison – sous la surveillance de l'instituteur, maman me donnait un demi-far – l'équivalent d'une grande assiettée – et une bouteille de limonade. Aujourd'hui encore, c'est mon mets préféré, à condition qu'il ne soit pas massif comme du

1. Je crois qu'en certains endroits on employait ce mot pour le repas de 10 heures, qui avait la même fonction de goûter intermédiaire.

mauvais pudding. Il y avait un grand qui m'en piquait parfois un morceau. L'a-t-il oublié ? Pas moi.

Le repas du soir est plus traditionnel. Soupe ou pommes de terre ou bouillie de blé (*yo kouiniz*) ou d'avoine[1] (*yod kerc'h*, un peu amère, mais virile : l'avoine, c'est pour les chevaux) ou bien deux de ces plats. On pose le chaudron au milieu de la table, sur un trépied de bois. Un morceau de beurre sur la bouillie d'avoine, du sucre en poudre sur la bouillie de blé – sauf dans les secteurs destinés aux hommes. Chacun s'arme de sa cuillère, pioche dans le chaudron et trempe sa cuillerée dans son bol de lait pour la refroidir : du lait baratté pour les hommes (*leaz ribot*), du lait doux pour les enfants (*leaz dous*) ; les femmes se partagent entre les deux catégories. Quand la première couche de bouillie de blé est enlevée, on remet du sucre. S'il reste de la bouillie d'avoine, le lendemain on la coupe en tranches qu'on frit à la poêle. C'est fort bon.

Souvent le dimanche, chez nous, le repas du soir est du *farz pitillic*, que d'autres appellent *farz buen*, parce que c'est vite fait, ou *farz turied*, comme on dit des œufs *brouillés*. Préparez la même pâte que pour le far ordinaire, avec un peu moins de lait. Au lieu de le cuire au four (*farz fourn*), faites-le sur la poêle comme une omelette. Des deux côtés ou d'un seul, selon que vous préférez baveux ou pas. On saupoudre de sucre (sauf les hommes) et on en avale au moins deux ou trois. Ça vous bourre une famille en un instant.

Pour les repas de réception – qui sont à midi et non pas le soir, dans ce monde antérieur

1. Certains faisaient aussi de la bouillie moitié farine moitié purée (*yod patatez*).

à l'électricité et à l'automobile – il y a en plus une entrée (invariablement une assiette de charcuterie – encore du porc !) et un dessert : mirabelles au sirop avec biscuits à la cuillère ou pain de Savoie (un peu huileux, dans un moule trop beurré) ou quatre-quarts d'un moelleux exceptionnel. Maman n'aime pas le travail de la maison – ménage, couture, cuisine – à part la broderie, où elle excellait dans sa jeunesse. Mais ses fars sont bons et c'est la championne du quatre-quarts. Plus tard elle nous en expédiera régulièrement. Ni moi ni ma femme ni mes enfants n'en avons jamais mangé de comparable. Pauvre mère ! nous n'avons jamais réussi à l'en convaincre tout à fait. Personnellement, elle aimait encore mieux les îles flottantes sur crème anglaise, mais elle ne savait pas les faire.

Et que buvait-on ? Jadis, essentiellement de l'eau et surtout du lait écrémé, si on était assez aisé pour avoir des vaches. Deux litres de lait et deux litres d'eau par personne en hiver selon le docteur Dujardin (1912) ; trois et quatre en été. On faisait fort peu de cidre dans le Léon, mais chaque ferme fabriquait sa piquette (*pikètez*). Remplissez une barrique de pommes aigres non épluchées ; complétez avec de l'eau ; quinze à vingt jours de fermentation. Quand vous en soutirez, rajoutez autant d'eau, pour éviter le contact de l'air. Ça peut durer six ou sept mois, en passant de l'aigrelet rafraîchissant à l'insipide. On a cessé d'en faire dans les années vingt : l'armée avait habitué les hommes au pinard. De la piquette je n'ai donc connu que la barrique[1].

1. Un de mes contemporains me signale que chez lui on continuait à en fabriquer en faisant macérer des glands.

En 1949, toujours pas de cidre[1]. Du vin seulement pour les repas de battage ou de fête et pour les visiteurs. Dès qu'arrivait un homme extérieur au hameau, la politesse commandait de lui offrir un verre, et il se fût montré incongru sinon indélicat en refusant. Du café chicorée au petit déjeuner – sauf pour les jeunes enfants – ainsi que pour les visiteuses ou à la fin d'un repas un peu festif. Dans ces deux cas, il pouvait être remplacé par du thé[2]. Du lait pour le petit-déjeuner des enfants et – doux ou aigre – pour accompagner pommes de terre ou bouillie comme je l'ai indiqué. En dehors de ces breuvages rituellement intégrés aux habitudes culinaires ou hospitalières, l'eau du puits était notre seule boisson. Quant au vin des bistrots, les dimanches et jours de foire, j'en ai parlé ailleurs.

On parle d'une civilisation du vin pour le Midi, et d'une civilisation de l'olivier pour la Méditerranée de jadis. Nous vivions dans une civilisation du porc, des laitages et des céréales.

1. Quant à la bière, elle était encore très rare dans nos campagnes, et, faute d'habitude, la plupart des gens en détestaient le goût : *staod kazeg*, disait ma mère, de la pisse de cheval.

2. À l'époque, le thé, considéré comme un breuvage d'aristocrates maniaques et de mondaines oisives, était généralement inconnu du monde rural. Nous le devions à nos relations avec les Anglais : par la marine, où abondaient les Bretons, par le commerce morlaisien et par les *Johnnies* roscovites. Nous n'en fûmes pas privés pendant la guerre : rembarqués précipitamment, les Britanniques en avaient abandonné des tonnes à Brest en juin 1940. Nous en relevions le goût avec un nuage de vin, ou même de rhum : transposition de l'habitude du vin chaud.

Celle des céréales, très ancienne, était encore dominante dans le monde entier. Les deux autres étaient plus originales. Non seulement nous buvions du lait et mangions des bouillies et des crêpes au lait, mais, par opposition à la civilisation méditerranéenne de l'huile et à toute l'Europe des fromages, nous appartenions à celle du beurre : Charentes, Vendée, Bretagne et Normandie en constituent l'un des pôles majeurs. Jadis il fallait patiemment prélever la crème à la cuillère. Tout était devenu bien plus facile grâce aux écrémeuses, répandues après 1920 : vous tournez la manivelle et la force centrifuge sépare la crème du lait, puisque la densité n'est pas la même. Et grâce à la baratte à manivelle, plus rapide et moins fatigante que son ancêtre à pilon. Mais une fois le beurre sorti de la baratte, on le battait encore à la cuillère en bois pour enlever un reste de lait. Et on le répartissait en mottes décorées de sculptures, à la cuillère[1] ou avec un moule.

Le résultat variait un peu selon la nourriture des vaches : plus pâle avec la betterave, plus jaune et plus goûté avec le rutabaga, un peu amer avec le colza. Pour améliorer la couleur, certains leur donnaient paraît-il de l'ajonc, ou mettaient des orties dans la baratte. Au marché, les bourgeoises faisaient les difficiles, allant même jusqu'à prélever une particule avec une épingle à cheveux pour vérifier le goût. C'est le premier affrontement socioculturel que j'ai connu. Aujourd'hui je me rends compte que la préparation du beurre fermier finistérien aurait pu être en effet plus hygiénique, surtout chez certains. Elle « laisse beaucoup à désirer », disait un rapport officiel de 1929. Selon

1. Certaines léchaient la cuillère pour qu'elle n'attache pas.

l'institutrice, il n'y en avait pas de comparable à celui de Lannurien.

Si je parle d'une civilisation du porc, c'est à la fois parce que sa mise à mort était l'un des grands événements de l'année, et parce que c'est une véritable machine à fabriquer de la nourriture. Il est économique par les deux bouts : il mange de tout et de lui on mange presque tout : la tête (en pâté), les oreilles, la langue, le cœur, le foie, les poumons, les rognons, les pieds, la couenne, le sang et les boyaux en boudins et andouilles. (J'aimais tout ça à l'époque ; aujourd'hui je fais le dégoûté – le civilisé.) Il nous accompagnait toute l'année : andouilles, saucisses, quartiers de viande fumaient dans la cheminée, et un morceau de lard venait chaque jour sur la table. Toute l'année, toute la vie et même au-delà ; car il préparait sa revanche : un solide infarctus à la bonne graisse bien saturée.

Ces trois civilisations millénaires touchaient à leur fin. À part les deux formes de far et le lard des hommes le matin, à 10 heures et à 4 heures, les plats traditionnels commençaient à reculer : je n'ai pas connu les *pouloud* (que d'autres ont consommé régulièrement jusqu'au début des années 1950) et chez moi le *kik a farz* était rare[1]. Même les crêpes n'étaient pas fréquentes.

Jadis, on faisait beaucoup de galettes (nourriture de pauvre : farine de sarrasin délayée à l'eau et salée – et aussi, paraît-il, nourriture de pénitence du vendredi, jour de la mort du Christ) et beaucoup de crêpes (nourriture de riche : farine

1. Après 1955, il deviendra difficile par chez nous de trouver de la farine de blé noir.

de froment délayée au lait, éventuellement avec quelques œufs, et sucrée). Elles faisaient office de pain – lequel se mangeait surtout dans la soupe. On en fit beaucoup moins quand l'état des chemins permit au boulanger de faire la tournée des fermes : il livrait du pain tout fait[1].

Il faut dire que la confection des crêpes et des galettes est toute une affaire. Il faut d'abord faire la pâte. Pour les galettes, ce n'est pas évident : on délaie la farine avec de l'eau, bien moins liante que le lait ; elle casse et fait des grumeaux. De plus, à l'époque, on ne travaillait pas debout devant deux plaques à bonne hauteur, pareillement chauffées en tous points au gaz ou à l'électricité. On était à genoux sur la pierre, face cramoisie, devant une plaque de 80 cm (*ar bilig*) sur un feu de bois qui risque de trop chauffer ici (la crêpe attache) et pas assez là (elle ne cuit pas). Maman piquait des fureurs : un jour, la plaque est passée par la fenêtre.

Les Léonards, plus riches, puis l'ensemble des Bas-Bretons ont abandonné la galette de sarrasin, qui reste typique de la Haute-Bretagne. Ils ont appelé de ce nom une crêpe épaisse, qu'elle comprenne ou non une certaine proportion de blé noir. Aujourd'hui, afin de vous vendre un repas complet, ils vous servent d'abord des « galettes » – au fromage, aux œufs, au jambon, à l'andouille, aux champignons… à tout ce qui n'est pas sucré ; puis des crêpes, au beurre ou à tout ce qui est sucré. Mais leurs galettes, fines et moelleuses, sont partiellement au lait et au froment : assez différentes de l'authentique rudesse des galettes de sarrasin d'antan qui subsistent en Bretagne orientale. Toutefois, même par là ce sont généralement

1. Nous l'appelions *ar porteher* : le porteur.

celles que je viens de décrire que l'on propose aux touristes, et non plus guère les rugueuses galettes froides avec saucisses chaudes qui restent les plus prisées des amateurs locaux.

J'entends parfois dire que les paysans de jadis étaient grands connaisseurs des vertus alimentaires et médicinales des plantes. Je n'ai rien connu de tel[1]. Les enfants mangeaient de l'oseille sauvage, des fleurs de primevère et de chèvrefeuille. Mais nous aurions bien ri de ces soixante-huitards qui cherchaient le retour à l'authentique dans la soupe d'orties et la salade de pissenlits. Notre tendance était au contraire de nous éloigner de tout ce qui pouvait rappeler l'ancienne économie de cueillette. Un homme d'Ille-et-Vilaine, né vers 1910, me disait qu'en sa jeunesse il ramassait et mangeait des glands. Je n'avais entendu chose pareille que chez de vieux auteurs latins. Nous, nous ne consommions même pas de châtaignes – ou seulement en passant, comme une distraction. Nous avions des pommes ; mais seuls les enfants en mangeaient, de même que des mûres. Chez les adultes – et seulement chez certains – la seule cueillette de nourriture sauvage était celle des noisettes ; peut-être parce que c'était une occasion de promenade ou même de flirt (généralement innocent[2]). Rares étaient ceux qui pêchaient, chassaient ou braconnaient.

1. J'ai seulement entendu dire que le jus de cresson redonnait vigueur aux gens anémiés, de même que le lait de chèvre.

2. Pas toujours selon ce dicton : *« Pa zeer daou da granwata e teuer tri dar gear. »* « Quand on va deux cueillir des noisettes, en revient trois à la maison. »

Manger grenouilles ou escargots nous eût paru de la dernière barbarie.

Quant aux champignons, ils étaient non seulement dégoûtants, comme le prouve leur nom – *skabellou tousseg*, des tabourets de crapaud[1] –, mais tous toxiques, sinon mortels. « J'ai été élevée dans la terreur des champignons », me dit la fille de l'institutrice, dont la famille était de Plougourvest. C'est en vain que j'ai tenté de faire manger à ma mère des choses aussi faciles à reconnaître à coup sûr que les bolets ou les petits roses. « Presque chaque jour sur les journaux [...], on voit des empoisonnements occasionnés par des champignons, presque tous mortels », m'écrivait-elle le 4 novembre 1961. En concédant toutefois que les journaux « sont des épouvantails ».

Ainsi, nous nous éloignions de la nature parmi laquelle nous vivions, et nous étions fiers d'être sur la voie de la modernité. Les aliments achetés à l'épicerie[2] s'étaient déjà fait une petite place : Vache qui rit, sardines à l'huile, petits pois et haricots verts en conserve, bouillon Kub, raisins de Corinthe, pruneaux séchés et surtout vermicelles, nouilles, macaronis, riz, semoule de riz, tapioca : encore des féculents ! Nous avions même commencé à faire des frites. Mon père, bien que plus traditionaliste que ma mère, acceptait assez bien

1. Ailleurs, on dit : *tog tousseg, boued tousseg*, chapeau de crapaud, nourriture à crapaud.

2. Le petit commerce d'épicerie commençait seulement à se développer qu'il se sentait déjà menacé. Le 8 septembre 1934, le conseil municipal de Plougourvest s'élève contre les « magasins dits à prix unique » qui menacent de réduire « à la ruine » « un grand nombre de petits commerçants [...] et d'artisans ». En fait, nos élus ne font que recopier une protestation qui n'a encore de sens que pour Brest, Morlaix et leurs environs immédiats.

cette évolution. Et pour lui montrer qu'il était plus averti qu'elle, il ne manquait pas, chaque fois qu'elle faisait du riz au lait, de rappeler sa préférence pour le riz au gras, qu'elle ignorait : une dégueulasserie de la cuisine militaire et de son temps de captivité, héroïquement magnifiée pour dénigrer les sucreries des nanas du civil.

En 1946, grande nouveauté : une boucherie s'est ouverte au bourg[1]. Maman était ravie de nous régaler parfois de viande en tranches (biftecks, escalopes, côtes). Elle les cuisait à petit feu, dans une poêle, avec un peu d'eau. Je ne vous conseille pas sa recette. Autre progrès tout récent : l'apparition de la flûte, à côté de la miche ronde de 5 livres et du pain plié[2] de 10 livres, avec son espèce de chapeau comme une brioche, mais décalée sur le côté. La flûte : une espèce de baguette, mais six fois plus grosse. *Moderne*, certes. Mais molle et se conservant mal. Celles de notre boulanger étaient particulièrement ratées. « Il fallait changer de boulanger. » « Vous n'y pensez pas ! Dans une communauté organisée en sous-communautés, c'eût été trahison capitale ! »

« Il faut manger pour vivre, et non pas vivre pour manger », disait un proverbe qu'on nous rappelait à l'école. Mieux vaudrait le répéter aux obèses d'aujourd'hui. Car nous, nous participions

1. Dès les années 1930, un boucher-charcutier de Landivisiau avait entrepris de se faire une clientèle rurale (tout comme celui de Plouvorn) : pour ma naissance, il nous avait offert une cuillère et une fourchette en argent, un cadeau mirifique !

2. Le boulanger étire la pâte d'une main, la frappe du tranchant de l'autre main, et la replie.

encore d'une civilisation où l'on travaillait toute sa vie rien que pour avoir à manger et à s'habiller. Et nous ne risquions guère de nous empiffrer. Nul ne songeait à manger en dehors des repas, et, dans cette nourriture monotone, les friandises excitantes était rares : un rôti de porc, de veau ou de poulet de temps à autre le dimanche, et le *farz pitillic*, dont mon frère fit une belle indigestion. Regardez de vieilles photos : peu de gens gros, bien qu'on n'eût aucun souci de sa ligne.

Inversement, il n'était pas question de chipoter dans son assiette. Et personne n'aurait eu l'idée de se contenter d'un café ou de rien du tout au petit-déjeuner. On avait besoin de manger, et on n'avait pas le choix : chacun absorbait ce qu'on lui proposait. « Mangez la *serso pe* laissez ça », disait un proverbe ironique et, pour cette raison, mi-breton mi-français[1]. On ne laissait guère de restes. Au besoin, papa récupérait le gras de viande que je n'aimais pas. Et les restes des restes allaient au chien et aux cochons.

On pouvait toutefois refuser certaines choses : on ne m'a jamais contraint. Je détestais le lait encore chaud, qui vient de sortir de la vache[2], dont la plupart se régalaient, ainsi que les oignons : pas tellement leur goût que leur consistance molle et pulpeuse, de même que celle des poireaux et des tomates, rencontrés plus tard. Je vois entre ces quatre choses un dénominateur commun : une douceur susceptible de rappeler le sein maternel, au goût comme au toucher. Je me suis persuadé que c'était la raison de ce rejet : non par réaction

1. *Pe* signifie *ou bien*. *Serso* est un mot inventé à partir de *ar zert a zo*, la sorte qu'il y a.

2. « Chez nous, le lait il est dans des bouteilles », nous disait un petit cousin parisien d'un air dégoûté.

contre ma mère, mais contre l'inceste. Que vaut cette hypothèse ?

Comme le disait l'an dernier, à l'écomusée de Saint-Rivoal (C), une visiteuse très distinguée, « la viande à l'époque était quand même plus naturelle qu'aujourd'hui ». Certes, chère Madame, elle n'était pas en plastique. Quant à savoir si vous auriez mordu dans le gras de porc froid... Mon grand-père en avalait gloutonnement. D'où une mort subite toute naturelle, à cinquante-neuf ans.

Notre alimentation était suffisante, mais fort mal équilibrée. Trop de graisse animale, et surtout de gras de porc. Pas de poissons[1] : dégoûtants, compliqués à vider et à manger, avec leurs arêtes capables de vous *étrangler*[2]. Il y en avait dans le lavoir du Gollen, et j'ai compris plus tard que c'étaient des truites : on les laissait bien tranquilles. En revanche, j'ai mangé deux ou trois anguilles, attrapées par papa dans la prairie et cuisinées par maman, bien que ce ne soit pas chose facile. Et nous adorions les sardines à l'huile. Je me souviens de notre première rencontre, un soir où nous avions des invités ; j'avais cinq ou six ans ; le lendemain, j'ai récupéré la boîte dans la haie pour la lécher encore.

Trop de farineux aussi (céréales et pommes de terre), pas assez de légumes, de fruits, de crudités,

1. Ceux qui pratiquaient la chasse ou la pêche étaient peu nombreux. C'étaient en général des gens qui n'avaient pas de terre ou fort peu, et parfois des originaux ou des marginaux.

2. Même les paysans bigoudens d'Hélias, à quelques centaines de mètres de la mer, dans une région de grande pêche, ne mangeaient pas de poisson.

de vitamines. La terre des Léonards était réservée aux cultures sérieuses : ni tomates, ni concombres, ni melons ; rarement des petits pois ou des haricots verts, dans le recoin d'un champ biscornu (*beskellou*) ; seulement des carottes et des laitues plantées parmi les betteraves. Il y avait dans chaque ferme des pommiers, parfois un poirier ou un pêcher (pas de cerisiers, si abondants du côté de Fouesnant). Mais en général on ne les entretenait guère contre mousses, insectes, maladies ou parasites[1]. Et seuls les enfants mangeaient ces fruits. En saison, une fois par semaine, maman ramenait du marché une livre de raisin ou une barquette de fraises : les célèbres fraises de Plougastel, rapportées du Chili en 1715 par un certain Frézier. Nous les dévorions aussitôt avec elle ; mais mon père n'y touchait pas.

« Quiconque a regardé un paysan breton mangeant son morceau de pain, celui-là sait ce qu'est la gastronomie », écrit Pierre-Jakez Hélias, qui était un as dans l'art de positiver. Ce n'était pas l'avis de tout le monde : « On voyait une bave grasse qui s'écoulait du coin de la bouche des hommes » quand ils se régalaient de lard chaud, disait une femme de Plouguerneau en 1973. « Quelle horreur ! »

1. En 1937 et 1938, les pommes de table se vendaient près de dix fois plus cher que les pommes à cidre. En 1943, un intervenant au Congrès régional de la pomme à Rennes démontra que leur culture serait sept fois plus rentable que celle du blé. La production n'en resta pas moins dérisoire, même lorsque la surproduction de pommes à cidre devint flagrante. Et ce n'est pas seulement parce qu'il faut quelques années avant qu'un verger ne devienne rentable.

J'ai d'abord cru que chez l'auteur du *Cheval d'orgueil* les conditions étaient meilleures que chez nous. Notre table était basse : il fallait se pencher, les fesses bien en arrière, les coudes bien étalés. Mais non : chez lui c'était pareil. La seule différence, c'est qu'il a l'art de conter et de tout justifier : « Le paysan breton installait son séant sur un banc, le chassait en arrière et s'appuyait des deux bras sur la table en attendant sa nourriture. Pour lui, manger était un repos en même temps qu'une satisfaction. Il se préoccupait assez peu d'étouffer le bruit de sa manducation et de sa déglutition. Le faire eût été avouer un manque d'appétit et offenser la cuisinière. » Je me permets d'ajouter que cette position est bien pratique pour lapper sa soupe : on porte sa bouche à la cuillère, et non l'inverse, et on aspire.

Nos principaux instruments étaient la cuillère et le couteau, loin devant la fourchette, qui triomphe aujourd'hui. Chaque homme avait son couteau de poche, et l'acquisition d'un tel instrument était une étape importante dans la vie d'un garçon : un moment initiatique. En revanche, il n'y avait plus de cuillère personnelle. Quant à la petite cuillère, elle servait très rarement : elle permet à peine de sentir ce qu'on porte à sa bouche. Naturellement, nous mangions tout dans la même assiette, torchée d'un morceau de pain. C'est au collège que j'ai appris à la renverser pour déguster fromage blanc ou dessert.

CHAPITRE 16

TRAVAILLER ET SE DISTRAIRE. *LABOURAD A...*

Dans ce livre, l'absence de titres en breton est aussi révélatrice que leur présence. Ici, j'ai un problème significatif. Je ne sais pas comment dire *se distraire*. Je consulte le dictionnaire. Il confirme mes craintes : ce n'est pas un oubli ; je n'ai jamais su aucun des mots qu'il me propose. Je connaissais le verbe *jouer* bien sûr : *c'hoari*. Mais il ne désigne que l'une des façons de se distraire. Et pas la meilleure aux yeux des Léonards : jouer, c'est bon jusqu'à sept ans, jusqu'à l'âge de raison. Après, c'est déplacé, quasiment irresponsable : *er c'hoarier*, c'est quelqu'un qui joue alors qu'il faudrait travailler. Quelqu'un de pas sérieux...

« Les bourgeois n'ont qu'un rêve », dit un personnage de Zola dans *La Terre* : « se retirer près de toi, cueillir des fleurs, manger des fruits aux arbres, faire des cabrioles sur le gazon ». Rêve de bourgeois en effet, aux antipodes de notre vie réelle. « Mais vous viviez en plein air, au soleil ! – Oui, sauf quand c'était sous la pluie, dans le froid et la boue. Et ce n'était pas pour faire des cabrioles. »

« Je vais quand même pas rester sans rien faire ! » Si une femme de jadis avait pu regarder la télé, elle aurait tricoté en même temps. Pour les paysans – comme pour les ouvriers, artisans et petits commerçants – la vie s'identifiait au travail. Surtout pour les Léonards, zélés et austères. Même les dimanches n'étaient que partiellement chômés : il faut bien nourrir les bêtes, traire les vaches, faire la cuisine et la vaisselle, et, puisque c'est jour de fête, nettoyer la cour. Yvonne Riou se souvient d'avoir travaillé même le matin de son mariage en 1945 à Milizac (L) : « La bouse de vache couvrait mes mollets comme tous les autres matins. » Mais ce jour-là elle les a lavés. En ville aujourd'hui « le travail n'est plus qu'un intermède entre deux distractions », disait en 1951 la comtesse de Keranflech-Kernezné. Tout au contraire, les gens de jadis étaient tellement habitués, tellement conditionnés à travailler que s'arrêter c'était se confronter au vide. Leur principale distraction était de changer de travail. Nous connaissions la « semaine anglaise » par les Roscovites. Nous savions que le travail s'arrêtait à 6 heures dans les grandes fermes du Bassin parisien. Mais ça se passait sur d'autres planètes. On nous aurait bien étonnés en 1946, en nous apprenant que depuis dix ans les ouvriers agricoles avaient droit à quinze jours annuels de congés payés.

Vivre c'était travailler. De l'enfance jusqu'à la mort ou l'impotence. Quand vos petits tiennent à vous aider pour faire un gâteau, c'est charmant, mais exceptionnel pour eux, et inutile pour vous. Nous étions au contraire des petits domestiques quotidiens et fort utiles. Vous avez déjà jardiné ? Vous savez combien il est facile et nécessaire de désherber : un enfant peut le faire. Quand il y a 1 ha de betteraves à sarcler, cette possibilité devient obligation : il doit le faire pour aider ses parents. Du moins quand les adultes sont devenus très peu nombreux, comme c'était le cas chez moi, et dans beaucoup d'autres fermes de mon enfance.

Et ce n'est qu'un exemple. J'allais aussi chercher du pain, à 2 km ; je tenais les sacs qu'on remplissait de grains ou de pommes de terre ; je tournais la manivelle de l'écrémeuse, de la baratte, de la meule et celle du hache-racines : j'ai failli y laisser mon index – le droit ! La cicatrice est toujours visible. Vers dix ans, j'ai commencé à nourrir les animaux ; peu après à sortir le fumier, à tirer l'eau du puits, à démarier les betteraves, à ramasser les pommes de terre, à genoux pendant des heures. Sous la pluie parfois. Et quand il ne pleut pas, on se meurtrit les genoux sur la terre trop dure.

Ma principale occupation, c'était les vaches. Presque tous les soirs, d'octobre à mai, grand-mère et moi nous les faisions brouter sur la bande herbue qui n'était pas cultivée, tout autour des champs (*ar rèlach*). Elles se plaçaient d'elles-mêmes en file, selon l'ordre hiérarchique. J'étais devant la première, pour freiner la progression, grand-mère sur le côté, avec le chien, pour préserver les cultures des piétinements et des larcins : ces placides animaux ont la langue rapide. Ce travail n'était pas fatigant du tout, mais fort ennuyeux. J'en profitais pour apprendre mes leçons. Surtout les horribles conjugaisons : jusqu'au conditionnel passé deuxième forme et au plus-que-parfait du subjonctif, à dix ans !

À huit ou neuf ans, j'ai commencé à garder les vaches tout seul, tous les matins des vacances de Pâques et d'été, sauf le dimanche. J'ai fait partie de la dernière génération des garçons vachers : après, ce fut la clôture électrique[1], vers 1955, puis l'enfer-

1. *Ar pao saout elektrik* : le garçon vacher électrique.

mement des élevages industriels. J'étais loin de tout, dans les prés et les garennes, en compagnie de mon chien, d'un livre de classe (je n'en avais guère d'autres) et bientôt de mon frère. Quand le vent était contraire, j'étais trop éloigné pour entendre l'angélus. C'est la longueur de mon ombre qui me disait qu'il était midi. « Et s'il n'y avait pas de soleil ? – Au juger… »

Pour un gosse d'aujourd'hui, toutes ces activités seraient corvées insupportables. Pas pour moi, garçon placide, qui avais toujours connu ça[1]. Sauf quand il s'agissait de tenir un sac ou de tourner une manivelle pour quelqu'un d'autre. J'ai perçu très tôt la différence entre le travail subordonné, qui est sans intérêt et même pénible (alors qu'il était généralement plus léger) et celui qu'on a plaisir à organiser soi-même et à exécuter pleinement.

Avec un tracteur, on travaille à toute allure – au grand dam de sa colonne vertébrale. Nous n'avions que des chevaux et nous faisions encore beaucoup de choses à la main : semer, planter, sarcler, faucher, arracher betteraves et pommes de terre. Ceux qui jardinent savent que c'est un travail infini, que la terre est toujours dure ou humide, et qu'elle est basse : elle est faite pour les vaches et autres animaux à quatre pattes et à tête pendante. Vous ne le savez pas, vous qui avez bureaux, machines et plans de travail à bonne hauteur. Mais le travail de cette époque avait un gros avantage : le rythme n'était presque jamais accablant. Pour commencer,

1. Le bourdonnement des taons, qui piquent les animaux (et les humains) pour sucer un peu de sang, affole les vaches : elles foncent à l'étable la queue en l'air. Certains garçons vachers mimaient cet incident pour abréger leur corvée : ils remplaçaient les taons par de grands coups de bâtons. J'étais trop sérieux (trop soumis) pour le faire.

on ne se couchait pas tard et on ne se levait pas très tôt, sauf les jours de fenaison, de moisson et de battage : une quinzaine en tout. Je me souviens, ces matins-là, quand nous avons eu l'électricité, du chant d'ouverture de Radio-Luxembourg, à six heures :

Les muses autrefois
Ont habité les bois,
Amis c'est aujourd'hui
La villa Daubigny.

Enfant d'hier, je suis émerveillé par l'agilité des gens d'aujourd'hui : au volant, à la caisse, en roller, à l'ordinateur[1]... Et presque autant à Landi qu'à Paris. Homme d'aujourd'hui, je suis rétrospectivement frappé par la lenteur de naguère, mélange de tranquillité et de balourdise. La raison de cette différence, c'est que nous ne vivions pas au rythme des machines et de l'électricité, de l'efficacité, de la rentabilité et de la jouissance maximales, des offres commerciales et médiatiques surabondantes. Mais au rythme de la nature : celui des saisons, qui poussait au repos hivernal ; celui du jour et de la nuit, qui répartissait entre veille et sommeil notre vie de gens sans électricité ; celui du travail fait à la main et au pas tranquille du cheval de labour (tellement plus rapide pourtant que les bœufs) ; celui des déplacements à pied. Une lenteur consolidée par l'habitude de longues générations de main-

1. Mais je vois aussi qu'on exploite cette agilité. Le système capitaliste est très motivant : il offre le profit aux dominants et le progrès pour tous. Mais son exigence de rentabilité le conduit à nous pressurer par les deux bouts : il faut accroître indéfiniment d'un côté la productivité du travail, de l'autre la surconsommation de produits qui n'ont souvent rien d'indispensable.

d'œuvre surabondante, et par une mentalité de prudente sagesse. « Marchons bon pas, Jean », me disait ma mère, dont la lenteur me désespérait.

Mon prof de philo était grand admirateur de Bergson, le penseur de la « durée réellement vécue », par opposition au temps mécanique des chronomètres[1], qui réduit en unités identiques des moments abrégés ou allongés par l'appétit ou par l'ennui. Non seulement les horloges ignorent nos perceptions affectives de la durée, expliquait-il, mais elles nient notre condition véritable, qui est structurée par la contradiction entre nos désirs et la réalité, et notamment par leur confrontation au rythme des choses. « Je veux boire tout de suite une bonne boisson sucrée, mais il me faut attendre que le sucre fonde », répétait-il avec enthousiasme.

Élève obstinément sérieux, je notais tous les cours sans même chercher à les comprendre. Mais devant cet émerveillement, mon zèle vacillait un peu. Car cette idée n'avait pour moi rien d'une découverte. J'avais toujours vécu dans une civilisation de la durée, où il fallait attendre que la récolte lève et mûrisse, que les animaux grandissent, que les arbres poussent, que la pluie s'arrête. Dans une civilisation sans chronomètre. Il y avait bien chez nous, comme dans la plupart des fermes, plusieurs grosses vieilles montres dans un tiroir. Mais la plupart ne marchaient plus, et les autres ne s'arboraient que les jours de sortie, à titre décoratif. En 1953 encore, 47 % des agriculteurs français n'en portaient pas ordinairement. Il y avait partout une horloge de la fin du XIXe, ou une pendule murale plus récente. Elle

1. Comme l'indiquent leur nom et leur cadran, les chronomètres mesurent la durée comme s'il s'agissait d'une longueur spatiale.

sonnait les heures et les demies jour et nuit. Ce n'était pas seulement un repère : c'était une compagnie nécessaire. Mais elle ne nous donnait presque jamais d'instruction précise pour notre emploi du temps : pas d'heure pour commencer ni pour finir quoi que ce soit ; pas de rendez-vous, de train à prendre, d'émission à regarder.

Dès qu'il y avait un horaire à respecter, l'urgence s'abattait sur nous, et c'était la panique. Elle surgissait au moins une fois par semaine, le dimanche matin. S'habiller pour sortir était déjà chose rare, et par conséquent difficile. Pour les femmes à cause des coiffes, fragiles et délicates à installer ; pour les hommes tout simplement parce qu'ils étaient gourdes : *kroped*, un mot qui revenait souvent dans la bouche de ma mère. Leur ennemi, c'était le nœud de cravate. Il fallait être exceptionnellement dégourdi pour faire une chose pareille. Ils le conservaient donc soigneusement : on mettait, on enlevait sa cravate par-dessus sa tête. S'il se défaisait malgré tout, catastrophe : il fallait recourir à sa femme, elle-même débordée et d'une compétence approximative en la matière. Jurons et reproches pleuvaient dru.

Pour aller à la messe, il ne suffisait pas de s'habiller. Il fallait arriver à l'heure : une exigence dont nous n'avions pas l'habitude. Pour nous la rappeler, il y avait trois sonneries, trois *volées* de cloches : une heure, une demi-heure et cinq minutes avant le début de la cérémonie. La plupart des gens arrivaient en avance et bavardaient avant d'entrer. Mais pour d'autres la troisième volée était vite une obsession et parfois les *nõndedie* (nom de Dieu) proférés avant d'assister à l'office divin l'emportaient largement sur les indulgences qu'on pouvait en espérer.

On courait le même risque si l'on avait un rendez-vous précis. Surtout si c'était au loin. Comme les autos particulières étaient rares, il y avait un taxi au bourg. Or, cet homme avait la manie de venir vous chercher exactement à l'heure dite : c'était comme un rendez-vous avec le bourreau.

Cela dit, notre rythme correspondait mieux à l'humaine nature que celui qu'imposent les machines et un système de rentabilité meurtrière. Un stage d'antique lenteur rurale ferait aux frénétiques et aux stressés d'aujourd'hui autant ou plus de bien qu'une cure psychanalytique – à moindre prix.

Notre travail n'était donc pas épuisant, comme il l'est devenu depuis, et il offrait des satisfactions dont je reparlerai. Enfants, nous étions assez libres ; la ferme et la campagne nous offraient des loisirs paisibles. Mais nos distractions étaient réduites et simplettes, en comparaison de celles d'aujourd'hui.

Vous viviez dans une nature pleine de vie, me dira-t-on : celle des plantes, des insectes, des animaux domestiques. Oui et même celle du climat, si variable en Bretagne. J'en percevais le charme, installé par exemple dans la douceur et la senteur du foin, ou dans une moyette de gerbes, dont l'odeur change avec l'humidité ambiante. Mais cette nature lente et répétitive sur laquelle nous n'avions pas de prise n'offrait guère de divertissements comparables aux sorties que vous improvisez, aux spectacles et promenades que vous choisissez, aux vacances que vous programmez. Quant à notre vie sociale, elle ne comportait pas d'autres distractions que des rituels communautaires à date fixe, comme les foires, les pardons ou tout simplement la messe dominicale. Selon les critères actuels, je n'ai pas eu de jeunesse : peu d'enfance, encore moins d'adolescence, c'est-à-dire peu de jouets, pas de sorties, de spectacles, de vacances, de copains, de filles[1].

Il n'y avait quand même pas que le travail bien sûr. Surtout pour les enfants et les adolescents. Beaucoup de paysans bretons de ma génération disent s'être bien amusés dans leur jeunesse – en général plutôt dans l'enfance qu'à l'adolescence. Certains ajoutent qu'aujourd'hui on ne sait plus le faire. À mon avis, ça signifie seulement qu'on ne le fait plus de la même façon. Et peut-être leur mémoire enjolive-t-elle une époque de la vie où l'on est plus dynamique et plus gai que dans la vieillesse.

Je ne témoigne que pour moi : souvenirs fragmentaires et subjectifs, dévalués peut-être par mon esprit critique. De plus, ma situation solitaire, qui ne favorisait pas les jeux, était trop particulière pour être représentative. Au début, j'étais le seul enfant à 300 m à la ronde. Ensuite, j'étais l'aîné du hameau : trois ans et quatre mois de plus que mon frère, cinq ans et quatre mois de plus que l'aîné de mes cousins. La captivité de mon père, les difficultés de ma mère pesaient sur moi. Une situation de responsabilité plutôt que d'insouciance infantile. Bref je n'ai pas grandi dans une joyeuse bande ni dans la frivolité. Je n'ai eu que deux étés de camaraderie égalitaire, vers dix ans, avec un cousin qui passait ses vacances à garder les vaches du manoir. À sept ans, j'ai déjà l'air sérieux, réfléchi, mélancolique.

1. Je n'ai garde d'oublier que des milliers de jeunes, aujourd'hui en Europe, n'en ont pas beaucoup plus, et des millions d'autres, à travers le tiers monde, bien moins encore.

En revanche, ma situation d'aîné fit de moi, jusqu'à cinq ou six ans, le chouchou du hameau, et particulièrement de mes grands-oncles et tantes du Gollen, qui n'étaient pas accablés de travail, à cinq dans leur petite ferme. Je voyageais sur leur dos. Ils m'apprenaient les noms des arbres, des plantes, des oiseaux. Ils me fabriquaient cannes, frondes ou sifflets. Mais l'éventail de ces jeux était limité. Et ces activités solitaires étaient-elles vraiment des jeux ? En tout cas, déjà trop réfléchi, je ne m'y suis pas pleinement investi. Tout le monde n'a pas la chance de Pierre-Jakez Hélias, à qui la Providence apprit dès le plus jeune âge « à utiliser toutes les ressources de la campagne, les arbres, les plantes, les eaux, les pierres, les oiseaux, les vents ». Par exemple, je n'ai jamais su siffler avec une herbe, ni entre mes doigts ou mes mains.

Bien qu'en ayant très peu, je suis vite devenu plus curieux de livres que de réalités champêtres. La solitude et la fréquentation des adultes – peu bavards de surcroît – m'avaient déjà orienté vers la réflexion méditative. Dès l'enfance, j'étais un poseur de questions, qui ruminait longuement les réponses, plutôt qu'un entrepreneur. J'ai vite perçu que j'avais moins d'intelligence pratique que d'autres, qui n'ont pas pu réussir aussi bien que moi, dans un système scolaire qui ne valorise que l'intelligence abstraite.

En décembre, les cadeaux de Noël abondaient dans les lectures irréelles de l'école. Mais ils n'étaient pas encore entrés dans nos vies. Rien pour les fêtes et anniversaires, qu'on ne souhaitait même pas, et pour Noël juste un petit Jésus en sucre rose. Le 8 décembre 1936, le conseil municipal a voté pour la première fois « un crédit de 50 F »

(30 €) « pour l'achat de friandises aux enfants des écoles à l'occasion des fêtes de Noël ». Ils étaient cent trente, et n'eurent donc pas d'indigestion. Le temps que j'arrive, c'était la guerre : plus de friandises ; la mairie avait bien d'autres urgences. Restaient toutefois de petits cadeaux offerts par la chicorée Leroux et distribués à l'école la veille des vacances de Noël au prorata des bons que chacun avait découpés sur les paquets familiaux.

Les enfants, dit Pierre-Jakez Hélias, « quand on leur paie des jouets et qu'on n'utilise pas leur créativité personnelle, on les diminue, on les stérilise, on les réduit en esclavage ». J'étais donc très favorisé. On ne nous achetait guère que des billes. Je me souviens pourtant d'une balle et d'un cheval de bois. Une fois, maman revint du marché avec une petite poupée en caoutchouc pour ses deux garçons. Le jour même, ils la dépecèrent et entreprirent d'en peser les impondérables débris sur la bascule ! Nos rares cadeaux venaient de l'extérieur : de la marraine de guerre et des cousins parisiens de papa. Nous eûmes ainsi un jeu de petits chevaux, un nécessaire d'imprimerie (!) et quelques livres.

Fort heureusement, l'art est fils de pénurie : nous jouions aux boules avec des pierres, à la course avec des bouts de bois dans le ruisseau ; nous courions après de vieilles roues de vélo frappées à coups de trique, ou guidées par une baguette dans leur rainure. La tradition nous enseignait à fabriquer arcs, frondes et lance-pierres, des boucles d'oreilles avec des glands, des sifflets avec des branches de saule, des « moulins » avec des branchettes dans le ruisseau, des toupies avec des demi-bobines de fil ou des pièces de monnaie, dont certaines, à l'époque, étaient percées.

Il y avait mieux : des pistolets à eau avec une plante dont j'ignore le nom français, et dont les tiges creuses et transparentes se transformaient aussi en kaléidoscopes : nous y introduisions des pétales de fleurs, qui nous régalaient de visions féeriques. Et surtout des pétoires à boulettes. Coupez un bout de sureau (2 cm de diamètre, 12 de longueur). Taillez un cylindre de chêne ou de châtaignier (4 × 4 cm) ; plantez-y une grosse pointe, aussi longue que votre sureau ; chauffez son extrémité ; enfoncez-la dans le sureau pour enlever la moelle. Voilà le fût et le piston de votre canonnière. Reste à fabriquer des boulets, avec de la ficelle consciencieusement mâchée. J'en mets un à l'entrée du canon ; je l'enfonce jusqu'à l'autre bout avec le piston. J'en place un second. Pied du piston sur le ventre, canon tenu à deux mains, abdos contractés, je tire un coup sec : l'air comprimé projette ma boulette. Je vous assure qu'avec un peu de vent, ça passait par-dessus la crèche à cochons. Enfin, quelques audacieux installaient des roulements à billes sous une planche sur laquelle ils dévalaient les pentes à vive allure – non sans risque de roulés-boulés qui les couvraient d'écorchures.

À l'école, c'était différent. Nous étions une vraie bande pour chaque âge, et nous jouions à des jeux nationaux, apportés par les instituteurs successifs. Nous les pratiquions en breton, mais ils portaient des noms français : cinq trous (avec des billes), saute-moutons, balle au mur, balle au chasseur, balle au prisonnier, chemin de fer (un parcours pour une course de billes, tracé dans la poussière), « couteau, marteau, ciseaux » (un garçon en position de cheval, mains au mur et dos à plat ; deux ou trois camarades en même position derrière lui, comme les wagons d'un train ; les autres sautent dessus à califourchon le plus loin possible, en criant le nom des trois instruments ; on continue jusqu'à ce que tout le monde s'écroule). Les tirages au sort se faisaient comme partout par la célèbre formule cabalistique « *am, stram, gram, pic et pic et colégram, bourre et bourre et ratatam, am, stram, gram* ». Quelques jeux brutaux, plus rares, étaient peut-être de tradition locale : se jeter en tas (je me souviens de sensations d'étouffement) ; se tenir par la main, en ligne, par rang de taille, courir pour prendre de l'élan, puis le plus grand s'arrête, pivote sur place, et les autres décrivent des cercles de plus en plus grands : le petit dernier là-bas s'envole, se détache et roule (et s'écorche un peu).

Sur le chemin du retour, il y avait un jeu interdit très tentant : casser les isolateurs des poteaux téléphoniques à coups de pierres. Mais elles atteignaient rarement leur but, ou rebondissaient sans les briser. Et les adultes ne tardaient pas à intervenir, nous menaçant des gendarmes. Je n'ai jamais participé à ce jeu. Inhibition ou sagesse ?

Les adultes n'avaient guère d'autres distractions que des fêtes ou activités rituelles, qui revenaient à date fixe, selon le calendrier des travaux, du commerce et de la religion. À commencer par le dimanche, jour du Seigneur, de repos relatif et de rassemblement de la communauté, habituellement dispersée dans les hameaux. C'était vraiment un jour religieux. Non seulement il était voué à Dieu, mais il avait un goût de consécration, une saveur respectueuse, que n'ont pas du tout les dimanches d'aujourd'hui – que nous abordons au contraire en profiteurs et jouisseurs. Dès l'aube, l'attitude de grand-mère, à genoux devant la porte pour cirer nos galoches ou nos souliers, introduisait à une journée révérencieuse.

Il fallait bien, comme chaque jour, nourrir les animaux et traire les vaches. Mais cela ne concernait que la moitié de la famille, à moins qu'elle ne fût réduite à un couple sans grands enfants. Ce dimanche-ci, la moitié des adultes de la maison se rend à la messe du matin, et revient faire le travail. L'autre assiste à la grand-messe, et est libre jusqu'au soir. La semaine prochaine, ce sera l'inverse.

Le trajet – à pied bien plus souvent qu'à vélo – est déjà un cérémonial. Vous croisez quelques semblables qui se sont attardés au bistrot après la basse messe. Vous leur dites : « *An, e tond ye* ? » « Alors, on vient aussi ? » Vous en dépassez quelques autres, qui marchent moins vite que vous. Et vous leur dites « *An, e vond ye* ? » « Alors, on va aussi ? » Sans quoi vous n'avez aucun savoir-vivre.

À l'église, sauf certains jours d'hiver où le froid humide distrait l'attention, on est pris par la cérémonie : les rites (debout, assis, à genoux, vers l'autel, vers la chaire) ; les déplacements du prêtre, enrobé de tissus luxueux ; la communion ; les chants, les formules latines, sibyllines et familières à la fois. Tout cela est empreint de soumission, de dévotion, de mystère même et parfois de ferveur. Que survienne un rayon de soleil coloré par les vitraux, et le Seigneur est parmi nous.

Après la messe et une prière sur les tombes de la famille, les femmes bavardent un moment sur la place – s'il ne pleut pas et s'il ne fait pas trop froid. Pour celles qui ne sont pas maîtresses de maison – et qui par conséquent ne vont pas au marché – c'est souvent le seul contact extra-familial de la semaine. Puis elles rentrent, avec une halte éventuelle à l'épicerie. Elles s'activeront une bonne partie de la journée, mais différemment : cuisine, couture, un peu de ménage. Elles se reposeront aussi. Parfois, elles se réuniront entre amies pour bavarder ou jouer aux dominos autour d'un café chicorée. Les enfants rentrent aussi. Dans ma mémoire enjoliveuse, les poules chantent sur le chemin du retour. Je ramasse les œufs qu'elles viennent de pondre. Maman a préparé un rôti. On enlève ses habits du dimanche, mais on s'habille de propre pour la semaine. Je me souviens de mon père marchant dans la cour : beau comme une résurrection.

Pour beaucoup d'hommes et quelques jeunes filles, après la messe c'est le bistrot : la foule, les conversations criardes, le vin, l'excitation enivrante, bien qu'on ne boive qu'un verre ou deux. Ils rentrent manger, puis se détendent, font la sieste, se promènent dans leurs champs pour évaluer l'avancement de leurs cultures. Certains vont jouer aux boules[1] ou aux quilles, plus rarement aux palets ou aux dominos[2]. D'autres se contentent de regarder ; aux quilles, quelques-uns parient de petites sommes. Les dévots – nombreux – iront aux vêpres. À la belle saison, dans les odeurs d'encens

1. De grosses boules en bois, avec un implant de plomb, qui est le moyen de la stratégie, sur une allée soigneusement aplanie : en fin de parcours, elles virent plus ou moins vers la gauche ou la droite, selon que vous aurez plus ou moins éloigné ce plomb de la verticale.

2. Très populaires en Haute-Bretagne, les jeux de palets étaient moins fréquents par chez nous. Les jeux de cartes étaient généralement inconnus, sauf la bataille. Quant à la danse, à la musique, à la lutte et aux jeux de force traditionnels, revenus aujourd'hui à la mode, ils avaient disparu sauf en quelques coins du centre de la Basse-Bretagne. J'en vis une seule fois, en 1945, dans une fête communale pour célébrer la Libération.

de l'église ensoleillée, c'est encore plus beau que la messe.

Bref, le dimanche est à la fois repos, distraction et dévotion. Une rupture de la routine, qui donne la sensation d'un épanouissement au-dessus de soi-même. Quand elle est intense, cela s'appelle l'extase : il n'y a rien de plus religieux. Mais beaucoup l'éprouvaient dans l'excitation du bistrot plutôt qu'à l'église.

C'était un jour d'innocence aussi, même chez les poivrots, à condition de s'arrêter à temps, et de ne pas enchaîner sur des querelles conjugales. Tous les dimanches, *Chanmar*, notre ouvrier, était bien bu. Mais comment qualifier cet homme hilare, dandinant, chantonnant, répétant doctement quelques vérités élémentaires ? Un innocent : je ne vois pas de mot plus adéquat. De toute façon, un peu d'ivresse n'était pas inutile pour réveiller la spiritualité des austères paysans matérialistes léonards. Elle n'allait généralement pas trop loin. Je n'ai pas connu dans ma paroisse de père de famille rentrant bourré le dimanche soir pour battre femme et enfants. Il y en avait peut-être, mais bien rares.

Quelques dimanches étaient encore plus solennels : pour la première communion ; pour la confirmation, honorée d'un passage de Mgr l'évêque, qu'on allait accueillir à la limite de la paroisse pour lui faire escorte, les uns à bicyclette, les autres sur des chevaux pomponnés ; pour la Fête-Dieu, avec une procession sur 300 m de route pavée de pétales de fleurs ; pour les Rameaux : chaque maison avait son buis près de la porte ; en temps ordinaire, on y mettait les torchons à sécher ; mais ce jour-là, on en coupait un bouquet, que le prêtre à la messe bénissait à la volée ; au retour on le découpait en brins : un pour chaque pièce, pour l'étable, pour l'écurie, pour les champs voisins. Les dévots en mettaient même dans tous les champs. Quelques fêtes étaient marquées par une procession. On y promenait bannières et reliquaires. C'était un grand honneur d'être chargé de les porter[1]. Les dévots choisis pour cela en étaient si fiers qu'ils commettaient en ce saint jour plusieurs péchés d'orgueil et d'amour de soi-même : les plus graves.

Au croisement de la vie religieuse et de la vie familiale, il y avait les mariages, les baptêmes et les enterrements. J'ai souligné l'importance de ceux-ci : sans être des fêtes ni des distractions à proprement parler, c'étaient des événements marquants pour toute la communauté.

Les baptêmes ne concernaient qu'une étroite parenté. Les mariages avaient perdu de leur importance. Au XIXe, surtout en Cornouaille, il n'était « pas rare d'y voir 900 à 1 000 personnes » pendant trois jours (Brousmiche, 1835)[2], sans compter les mendiants, invités pour la dernière journée. On n'avait pas assez de tables et de bancs pour accueillir tant de monde. On creusait dans un champ deux fossés distants de 80 cm. Le terre-plein central servait de table, ceux de l'extérieur de siège. Je n'ai pas connu ça. Nos mariages ne duraient qu'une journée. On invitait tout son voisinage et toute sa parentèle. Mais, sauf pour les très proches, un seul membre de la maisonnée y venait.

1. Je me souviens d'un bout de chanson :
Me meuz be plijadur e Lambol avichou
O c'hober tro ãn iliz gand ãn oll bãgnielou.

« J'ai eu du plaisir à Lampaul-Guimiliau parfois à faire le tour de l'église avec toutes les bannières. »

2. Le record : deux mille cent convives à Scrignac en 1903.

Le mariage à la mairie avait eu lieu la veille, ou même deux ou trois jours auparavant, en présence seulement des témoins et de la famille restreinte. Les proches parents et voisins allaient d'abord chez la famille dont ils étaient les invités, pour un petit déjeuner apéritif. Puis tous se retrouvaient à l'église. Venait ensuite la tournée des bistrots du bourg et des environs – pour ne pas faire de jaloux – avant de s'attabler dans la grande salle ou le hangar de l'un d'eux. On pouvait être une bonne centaine : chacun donnait une enveloppe, couvrant largement son repas. On mangeait beaucoup, et fort bien. C'était souvent préparé sous la direction d'une cuisinière qui avait servi à Paris dans une maison de maître. L'une d'entre elles était aussi célèbre pour sa langue de bœuf et ses îles flottantes que pour sa crasse.

Deux rites festifs antérieurs au christianisme – qui les avait récupérés – vivaient leurs derniers temps : les feux du solstice d'été (disparus dans la plupart des régions entre 1870 et 1940) et la tournée du Nouvel An. Pour la Saint-Jean, le 24 juin, chaque hameau organisait un feu (*ãn tãntad*). À l'écart, toujours par crainte de l'incendie, et souvent à l'entrée des chemins de ferme, dans un petit carrefour. Belles flammes, chaleur agréable. Il n'y avait pas de prière, mais on se munissait d'un remède de Saint-Jean (*louzou Sãn Yãn, louzou ãn tãntad*) : une plante à feuilles charnues (orpin ou joubarbe) qu'on se passait sur les paupières après l'avoir chauffée. Excellent pour la vue. On ne sautait pas par-dessus le feu. Mais on balançait les enfants au-dessus des braises : très bon pour le dos, paraît-il, en ce temps de gros travaux. En rentrant, on glissait l'orpin dans une rainure. Sa tête penchait vers le bas, comme celle de toute plante coupée. Le lendemain, elle s'était redressée : ou bien la plante grasse avait puisé de l'énergie dans ses réserves ; ou bien c'était vraiment une réincarnation du Baptiste, qui ramassa lui-même son chef décapité. Nouveau feu le 29 juin, pour la Saint-Pierre. Mais c'était moins important.

Noël n'était guère un événement. On mettait une bûche dans la cheminée, on allait se geler à la messe de minuit, on se réchauffait près de la bûche, on buvait une rasade de vin chaud, on se couchait. En revanche, le jour de l'an, chacun – et surtout les enfants – faisait le tour du voisinage et de la parentèle pour présenter ses vœux :

Er blavez mad a souetãn deoc'h,
Kalz a re al ouspenn,
A choa ar Baradoz da fin o puez.

« Je vous souhaite une bonne année, beaucoup d'autres en plus et la joie du paradis à la fin de votre vie. » En récompense, nous avions des gâteaux, de la limonade ou, dès treize ans à peu près, un peu de liqueur. Les deux enfants de chœur mettaient trois jours à faire tout le tour de la paroisse en chantant un refrain un peu différent[1] et recueillaient un assez bon total de pourboires.

Les grands rassemblements de travail festif étaient devenus rares. Je n'ai jamais entendu par-

1. *Noël, Noël a galoun vad.*
Da dud ãn ti man blavez mad,
Er blavez mad digand Doue
A choa'r baradoz d'oc'h ene.

« Noël, Noël de bon cœur. Aux gens de cette maison bonne année, une bonne année de la part de Dieu et la joie du paradis pour votre âme. »

ler de réunion pour aplanir une aire nouvelle ou un sol en terre battue en dansant dessus tout l'après-midi et toute la soirée : dans ce secteur, les dernières doivent remonter au XIXe. Ni de journée collective de défrichage ou de réfection de talus. Il n'y avait plus de veillées que vers le Nouvel An, une seule par maison, et l'on n'y travaillait plus. Restaient la fenaison, la moisson, le battage et le triage des pommes de terre, qui exigeaient un surcroît de main-d'œuvre, et l'abattage du cochon qui animait toute la maison.

Jadis, dans toute l'Europe chrétienne rurale, de la Toussaint à la Chandeleur[1], les gens de tout un secteur se rassemblaient souvent, le soir, dans une seule maison : autant d'économie de chauffage et d'éclairage et le bonheur de la convivialité. Les femmes filaient, tricotaient, brodaient, faisaient des dentelles ; les hommes faisaient des paniers (*boutigi*), et réparaient leurs outils. En Bretagne on teillait lin et chanvre. On en profitait pour échanger des nouvelles, répéter la culture traditionnelle, chanter, plaisanter, raconter des histoires, repérer un(e) fiancé(e) possible. Et même lutiner : en 1620, l'évêque de Saint-Malo réprouve ces veillées comme occasions de « vilaine débauche ».

Cette tradition s'est arrêtée à la fin du XIXe, et au plus tard en 1914 : on faisait beaucoup moins ces travaux-là, on s'était replié sur sa famille et chacun avait les moyens de se chauffer et de s'éclairer (un

1. Le 2 février, on célébrait à la lueur des *chandelles* la présentation de Jésus au Temple et la purification de sa mère. Quoique vierge, elle avait accouché par le sexe, et devait donc être purifiée de cette activité charnelle quarante jours après. Quant à la Chandeleur, la plupart des gens ne savent plus ce que c'est ; pour les mieux informés, c'est le jour où l'on fait sauter les crêpes.

peu) chez soi. Seules subsistèrent quelques veillées de sociabilité festive. Dans mon enfance, aux environs de Noël, chacun invitait une fois parents et voisins, ou une fois les uns, une deuxième fois les autres : bavardage, jeu de dominos, mangeailles (pain avec charcuterie variée, crêpes).

Bien que je n'aie pas le culte des réunions de famille, je garde un assez bon souvenir de celles-là et de notre retour dans la nuit. Mais maman, accablée de travail et entourée de gens dont une bonne moitié ne lui plaisait guère, en était irritée. Il ne suffit pas, disait-elle, d'être obligée, sous prétexte de voisinage ou de parenté, d'aller perdre son temps à écouter des sornettes chez des gens dont on n'a rien à faire. Il faut leur rendre l'invitation[1], et passer des soirées entières à préparer les quantités de crêpes qu'ils avaleront en un instant. Sombre colère. Sa consolation était que son grand garçon restait lui tenir compagnie, en se chauffant les cuisses au coin du feu.

Si le travail collectif n'existait plus à la veillée, on le retrouvait à d'autres moments, avec sa dimension excitante, même si par chez nous fenaison, moisson ni battage n'étaient clôturés par une fête. Aujourd'hui, ce sont les machines qui font les gros travaux : si le paysan n'a pas ce qu'il faut, il appelle un entrepreneur. Jadis, elles n'existaient pas. Depuis 1925 environ, nous avions bien une faucheuse-moissonneuse entre les deux fermes ; mais elle se serait enlisée dans les prairies. On engageait donc une équipe de faucheurs. Halètement régulier des faux. Arrivé au bout du pré, chacun redresse son dos douloureux, redonne à sa lame quelques coups de pierre à aiguiser, avec une admirable dextérité, remet la pierre dans la corne

1. C'était une stricte obligation morale et sociale.

de vache qu'il porte à la ceinture, et se penche sur sa faux jusqu'à l'autre bout. Tintement des marteaux à la mi-journée : on réaffûte sa lame sur une petite enclume. Le repas du soir sera un peu festif. Puis, chaque famille se débrouillera seule pour faner et rentrer son foin. Ce sera un travail bien agréable, par beau temps et dans la bonne odeur.

Jusque vers 1900, la plupart des gens moissonnaient encore à la faucille, en tenant les tiges de l'autre main. La faux permet d'aller quatre fois plus vite ; mais les épis tombent et des grains se perdent. Puis vint la moissonneuse. Tous deux installés sur la machine, mon père conduisait les chevaux, mon oncle, plus vif, était à la manœuvre. Juste derrière la lame, une grille retenait ce qu'elle venait de couper ; quand il y en avait assez, il manœuvrait une manivelle avec son pied pour laisser tomber la grille et déposer la gerbe. Il fallait lier ces gerbes avec une poignée de paille aux trois quarts sortie de son milieu ; elle devenait son lien en restant l'une de ses parties : tout un art ! Puis les mettre debout par quatre ou six, appuyées les unes contre les autres, pour former des moyettes (*savadennou*), comme de petites huttes. Ainsi, le soleil et le vent les séchaient, et la pluie n'y pénétrait guère. Ce travail demandait le concours de tout le hameau, et parfois une aide extérieure. Il était joyeux, dynamisant. L'entraide était encore nécessaire pour rentrer ces gerbes, quelque temps après, par grandes charretées, et les disposer en gerbiers : des cylindres qui se terminaient en cônes, de telle façon que l'eau ruisselle sans y pénétrer. Mon oncle *Cheun* les façonnait admirablement.

Puis venait la grande affaire de l'été : le battage. Sept ou huit fermes se groupaient en *société* (c'est le mot qu'on employait) pour disposer gratuitement de la main-d'œuvre nécessaire. Outre l'entrepreneur et son acolyte, il fallait bien dix-sept personnes : deux sur le gerbier (avec des enfants), deux sur la batteuse, quatre pour monter le grain au grenier, autant pour hisser la paille, trois pour faire le tas, un préposé au sac, une autre à la balle (une femme évidemment pour ce poste poussiéreux et sans prestige). Plus trois ou quatre femmes à la cuisine, un peu affolées par cette charge inhabituelle, se coordonnant plutôt mal que bien, qui apportaient une tournée de vin de temps en temps, et de la limonade pour les enfants.

La plupart de ces personnes se retrouvaient cinq ou six jours de suite, étourdies et excitées par l'émulation, le vin, la chaleur, la fatigue, la pétarade du moteur, le vrombissement de la machine, la beauté de la paille et du grain, la satisfaction d'avoir chaque jour transformé la face d'un petit coin du monde. Tout cela vous grisait jusqu'à vous rendre heureux. La fatigue et le vin aidant, le repas du soir était animé. Mais pas plus de fête finale qu'à la moisson : les Léonards n'avaient pas le sens des festivités gratuites[1]. Ces journées allaient bientôt disparaître avec l'arrivée des moissonneuses-batteuses. En attendant, elles ont été doublées, à partir de 1950, par des journées de triage et de calibrage de pommes de terre. Mais il y suffisait de six ou sept personnes.

Un autre événement annuel vivait aussi ses dernières années : l'abattage du cochon, base de notre nourriture carnée. Le spécialiste arrive dès l'aube. Ce n'est pas un boucher professionnel, avec patente et magasin, mais un dégourdi, choisi et formé par son prédécesseur. Souvent, il boit bien, comme tous ceux qui vont de ferme en ferme. Le

1. Toutefois, dans certaines « sociétés » on chantait le dernier soir.

nôtre est un homme vif, rapide, précis – et boute-en-train, comme il convient pour équilibrer sa profession de tueur.

On installe un plan incliné. On y traîne la bête, qui hurle horriblement. On l'assomme ; on l'allonge sur la planche, la tête en bas. Un coup de couteau dans la jugulaire : le sang coule dans la bassine. Les cris deviennent ronflements. Puis rien. On verse de l'eau bouillante pour raser la couenne afin qu'elle soit agréable à manger. Puis on transporte Sa Majesté dans la grange ou dans la maison. On dégage les ligaments des pieds arrière ; on y insère une espèce de joug. On le hisse avec une corde attachée aux poutres : le voilà la tête en bas. Le boucher le fend d'un bout à l'autre : il donne la vessie aux enfants, qui en font un ballon ; les boyaux à grand-mère, qui va les rincer au lavoir ; il prend les poumons, le foie et quelques autres abats ; il les hache à la moulinette pour faire un pâté bien mélangé et soigneusement épicé. Un plaisir de le voir travailler. (Le seul de la journée pour moi : je n'aime pas cette agitation, cette violence, cette mise à mort ; et l'odeur du sang, chaude, fade, intime, indiscrète, me fait mal au cœur.) Il tasse le pâté dans les terrines ; il le recouvre de la crépine, ouvragée comme une dentelle. Nous n'aurons qu'à le mettre au four : ce sera un régal. Nettoyage de la table à l'eau chaude, exclamations, casse-croûte, coup de rouge : il est parti.

À nous maintenant de faire le boudin : assaisonner le sang, ajouter des oignons, le chauffer, le verser dans les boyaux, dont on fait de petits colliers. Ce n'est pas compliqué. Mais ça glisse : le boyau, le sang, les doigts, la ficelle, tout glisse. Parfois, catastrophe et hurlements.

Le boucher revient le lendemain : la viande, raffermie, se coupe mieux. Avec la tête, il fait un autre pâté – que je n'aime pas. Des andouilles avec le gros intestin, des saucisses avec divers morceaux. Pas de jambon : il se conserve mal en ce pays humide. Il nous donne des déchets de lard que nous faisons fondre, pour faire du saindoux, en y grillant au passage des gratons ou cretons (*grillatiz*) : déconseillés pour la santé, mais délicieux. Il taille quelques bons rôtis, et laisse le reste en quartiers qu'on entasse dans le charnier en pierre, grand comme un sarcophage. Une bonne couche de gros sel, un vieux drap, des pierres pour bien tasser et on ferme. Au bout d'un mois, on sort un quartier ou deux, qu'on met à fumer dans la cheminée, avec saucisses et andouilles. C'est là qu'on découpe un morceau ou deux par semaine pour la soupe et pour le pain des hommes.

Tuer son porc, c'est faire ripaille. Dans une société encore communautaire, il n'est pas concevable de le faire seul dans son coin. On m'a dit que les Cornouaillais invitaient voisins et parents à un repas bien charnu (*fest ãn oc'h*, la fête du cochon). La festivité léonarde n'allait pas jusque-là. Mais on leur portait un rôti et du boudin : *ar freskad*, la viande fraîche[1]. Chacun l'offrait à son tour : ça équilibrait l'année gastronomique.

Pour certaines femmes, il y avait une autre distraction : le lavoir. Parfois, comme chez nous, il y en avait un pour une, deux ou trois maisons. C'était alors un lieu de travail solitaire. Mais dans les grands hameaux, c'était un lieu de rencontre, où les langues allaient aussi vite que brosses et battoirs. Le recteur, les artisans, les épiciers, les instituteurs, les retraités n'en avaient pas du

1. Beaucoup de gens en offraient aussi à l'instituteur et encore plus au recteur.

tout : leurs femmes ou leur lavandières se retrouvaient autour des mêmes lavoirs qui devenaient journaux, tribunaux et parfois terrains d'affrontement. Encore plus dans l'imagination de ceux qui n'y allaient pas que dans la réalité.

Toutes ces festivités se déroulaient à la maison, dans le voisinage ou au bourg. En dehors de quelques mariages et enterrements dans les bourgs voisins, seuls nous faisaient sortir de la commune les marchés, les foires et les pardons.

Le marché du mercredi, à Landivisiau[1], ne concernait qu'une femme par foyer : elle y vendait du beurre, des œufs, parfois une poule, et elle rapportait éventuellement quelque achat indispensable. On ne l'accompagnait que si l'on avait besoin de vêtements ou de chaussures. Pour la foire mensuelle, c'était le couple ou l'homme seul qui se déplaçait, s'il fallait vendre ou acheter vache, cheval ou cochon.

Mais autour du 21 septembre, la foire Saint-Matthieu (*foar Vahé*)[2] attirait tout le monde à 10

1. « Blé, toiles, cuirs, suifs, miels, tout abonde sur le marché de Landivisiau, que fréquentent les négociants de Saint-Pol, de Brest, de Landerneau, de Morlaix », écrivait Brousmiche en 1835. Il a perdu de son importance au long du XXe, avec le développement des magasins ravitaillés par camion, puis des supermarchés.

2. Elle a été créée en 1429 en pleine campagne, à Coatsabiec, qui était alors en Plougourvest et qui est maintenant en Bodilis. Ne trouvant pas à se loger dans les environs immédiats, les marchands passaient la nuit sur place. Pour se réchauffer, ils brûlaient le bois et même les barrières des paysans des environs. D'où des querelles et finalement une interdiction en 1768 à la suite d'un grave incident (cf. p. 286), puis un transfert à Landivisiau.

ou 15 km à la ronde : marché agricole, marché forain et surtout – sauf pendant l'Occupation de 1940-1944 – fête foraine pendant trois jours. On était comprimé dans la foule. Il y avait des stands et manèges en tous genres. C'étaient les autotamponneuses – redoutables pour les rotules – qui avaient le plus grand succès, ainsi qu'une espèce de chenille circulaire où l'on pouvait, paraît-il, inviter une fille pour l'embrasser pendant qu'un toit de tissu venait vous protéger des regards. On me l'a dit, j'ai cru, j'ai essayé : zéro.

Dans ce pays de chevaux, les courses hippiques avaient une grande importance. Celles de Landivisiau, une fois l'an, n'étaient qu'à 2 km de chez nous. Nous y allions donc, conscients d'assister à un grand événement, qui attirait jusqu'à dix mille spectateurs.

Les pardons aussi étaient très importants. Mais là encore, nous n'allions pas loin. Le nôtre, c'était celui de Lambader, juste à l'entrée de Plouvorn, le lundi de Pentecôte et le dernier dimanche de septembre. Vaste et jolie chapelle, dans un cadre agréable, avec des hêtres magnifiques, splendide clocher de 57 m, magnifique jubé[1] de 1510-1520 : une dentelle de chêne.

1. Construits pour fermer le chœur, espace sacré interdit aux profanes, les jubés empêchaient les fidèles de voir les offices. Réagissant à la Réforme, par laquelle les protestants réduisaient fortement l'importance du clergé et s'appropriaient leur religion, le concile de Trente (1545-1563) ordonna leur démolition. Il en reste douze en Bretagne : le plus ancien et le plus beau est celui du Faouët. Ce n'est sans doute pas pour sa beauté que celui de Lambader fut épargné, mais parce qu'à l'époque les décisions n'étaient exécutées que lentement ou jamais – surtout pour une petite chapelle du bout du monde.

Comme beaucoup d'endroits sacrés, celui-ci dut initialement son importance à la présence de sources. C'était jadis un village important ; il en reste quelques vieilles maisons, dont deux remontent au XVe siècle. Un seigneur y fit construire une chapelle en remerciement à la Vierge, qui l'avait miraculeusement délivré des Sarrasins et ramené directement à cet endroit. En souvenir, des esclaves chrétiens rachetés au XIXe y avaient déposé leurs chaînes. Il en reste une. L'architecte Bader, chargé de la construction, voulut égaler la hauteur du Kreisker de Saint-Pol-de-Léon. Vexé d'avoir échoué, il se jeta dans le vide. D'où le nom de l'endroit : *lãm Bader*, le saut de Bader… ou plutôt le sot d'étymologiste.

La foule était impressionnante. Il m'arrive encore d'entonner le cantique qui nous faisait vibrer à pleins poumons : « Chantons, chantons avec joie / honneur et gloire avec amour / à la Vierge sainte, notre mère chérie… »

Kãnõm, kãnõm gand levenez
Enor a gloar gand karãntez
Dar Verc'hez sãntel or mãm ger, } bis
Introun Vari a Lambader.

A ol viskoaz or c'hentadou
O deus kassed o fedennou
Dar Verc'hez sãntel or mãm ger, } bis
Introun Vari a Lambader.

Eh oui ! Depuis toujours, « depuis tout jamais, nos premiers pères / ont adressé leurs prières / à la Vierge sainte notre mère chérie, / la dame Marie de Lambader ». À la sortie, un petit marché forain offrait de rouges fraises de Plougastel sur de vertes feuilles de fougère, en petits paniers de bois.

Depuis toujours... Mais peut-être pas à tout jamais. Aujourd'hui, le pardon est bien maigre, et le grand événement de Lambader c'est un festival « son et lumière ».

Il y avait d'autres foires importantes, à une vingtaine de kilomètres : Morlaix, Lesneven, La Martyre. Quelques hommes y allaient parfois ; à pied le plus souvent. Et aussi de grands pardons : au Folgoët et à Rumengol[1], où mes parents se rendirent en 1946, à la suite d'une prière de ma mère pour demander le retour de son mari prisonnier : 66 km à pied aller-retour. Sainte-Anne-la-Palud, Sainte-Anne-d'Auray n'étaient que des noms pour nous. Mais, chose extraordinaire, une sœur de ma grand-mère avait participé à un pèlerinage à Lourdes, en train, vers 1920 : une vingtaine d'heures de trajet dans chaque sens. Dûment encadrée, bien sûr. Je me souviens de la bouteille d'eau sacrée qu'elle en avait rapportée. Dieu avait permis à une espèce de mousse d'y proliférer.

Pour les hommes, il y avait une autre « distraction » si l'on entend par là ce qui vous sort de l'ordinaire : le service militaire. Il n'était obligatoire que depuis 1872, pour préparer la revanche sur la débâcle de 1870. Auparavant, on ne recrutait, par tirage au sort pour cinq ans, qu'un nombre de soldats fixé d'avance. Ceux que le hasard désignait en étaient le plus souvent fort affligés, surtout en Bretagne et s'ils en avaient les moyens ils payaient généralement un remplaçant. Mais depuis, l'attitude avait radicalement changé. Le départ au loin et le séjour à l'armée restaient une

1. Un jeu sur les mots faisait d'*Introun Vari a Rumengol : Introun Vari a remed ol*, la Dame Marie de tout remède.

épreuve pour des gens qui n'étaient jamais sortis de leur trou et dont la langue usuelle n'était pas le français. Mais une fois revenus, c'était une consécration dont on était fier, comme d'une radicale supériorité sur les blancs-becs. Le service (*ar zervij*) était comme un rite de passage, une initiation à la virilité inaugurée par le conseil de révision, où des gens qui n'avaient jamais vu personne en maillot de bain se présentaient en groupe et tout nus, et d'où ils sortaient « bons pour les filles ». Dire à quelqu'un « *Vihi ke jãmez soudard* » (« tu ne seras jamais soldat »), c'était signifier qu'il n'était pas un homme. Si cela se vérifiait, la honte rejaillissait sur sa famille, et ses projets de mariage pouvaient être compromis.

Le *service* était encore plus honorable si on l'avait fait dans un endroit prestigieux : Vincennes pour mon père, Cologne pour mon oncle *Cheun*. Il avait participé à l'occupation de la Ruhr en 1923-1924 ; il avait rapporté un grand album de photos de la ville. Tous deux parlaient de ces hauts lieux avec des hochements de tête admiratifs, sans rien dire de précis : c'étaient des mondes qui dépassaient nos capacités.

Comme vous le voyez, tous ces événements festifs n'étaient pas des improvisations, des créations ni des choix, mais des rites, qui revenaient à date fixe et qui relevaient du travail ou de la religion, d'obligations économiques ou socioculturelles fondamentales bien plus que de la distraction, même quand celle-ci avait fini par les submerger, comme à la foire Saint-Matthieu.

Mais la plage me direz-vous ? Le cinéma ? Ni l'une ni l'autre ne faisait partie de notre univers.

La mer n'était qu'à 15 km. Mais à pied, c'est loin. Pendant la guerre, pas question d'utiliser les rares vélos pour des fantaisies : il était trop difficile de trouver pneus et chambres à air. De toute façon, l'accès à la mer était interdit ; l'armée allemande construisait le Mur de l'Atlantique pour empêcher tout débarquement : fortins avec canons et mitrailleuses dans les rochers (les *blockhaus*), murs antichars, hérissons, tétraèdres, fil de fer barbelé, mines et obstacles divers sur les plages.

Enfin, la mer, pour des paysans méfiants et habitués aux malheurs, signifiait surtout la noyade. Déjà, les puits, lavoirs, fontaines et autres trous d'eau étaient des périls dont il fallait écarter les enfants. On nous racontait que s'y cachait un monstre, *ar c'hrac'houarn*, dont le nom était barbaresque même pour des gosiers bretons : il happait qui s'en approchait. *A fortiori*, la mer était redoutable. Même ceux qui habitaient sur la côte s'en détournaient jadis, à moins d'être obligés d'y aller pour gagner leur vie. À l'intérieur, on n'en parlait que pour des naufrages. Ceux qui l'avaient vue la disaient tumultueuse : elle remuait sans cesse et montait à l'assaut des côtes. *Ar mor*, avec une voyelle sombre et longue ; *ar mor braz* (la grande mer, l'océan) : mot effrayant d'ampleur et de gravité.

Pourtant, son prestige touristique ne nous était pas inconnu. Poussée par son époux, qui prétendait savoir nager parce qu'il avait, dans son enfance, barboté dans un grand ruisseau, ma mère y était allée une fois, peu après son mariage. Elle avait mis les pieds dans l'eau. Dès qu'elle avait senti, à 15 cm de profondeur, le sable se dérober sous elle avec le reflux, elle était repartie en trébuchant. Non ! Plus jamais ça ! En

1945, notre instituteur réussit à organiser une promenade scolaire jusqu'à la plage, à Moguériec. D'après mes souvenirs de cailloux gluants, je pense que c'était marée basse. Je ne suis pas sûr de m'être approché de l'eau, ni même de m'être déchaussé.

Jusqu'à seize ans, je n'ai connu de la mer que le bleu des cartes, les sardines à l'huile, les galets qui délimitaient nos parterres de fleurs, et le sable coquiller dont mon oncle faisait venir une charretée de temps en temps, pour amender un sol pauvre en calcaire. Déposé dans la cour, c'était, malgré les interdictions, un beau terrain de jeu pour les enfants et les poules. En 1947 ou 1948, des Roscovites que nous avions alimentés en beurre pendant la guerre voulurent m'accueillir quelques jours. Maman n'accepta pas. À cause de la mer.

Quant au cinéma[1], j'y fus également une fois, à Landivisiau, avec ma mère, poussée sans doute par l'instituteur. J'avais neuf ou dix ans, et nulle idée de ce dont il s'agissait. Quelques années plus tard, je me souvenais seulement de la violente averse qui nous contraignit à nous abriter au retour : je sais encore à quel endroit. Du film, je n'avais retenu aucune image. Mais j'ai reconnu une scène précise quand je l'ai revu cinquante ans après. Une scène qui m'avait frappé parce que c'était une épreuve décisive et pathétique

1. En 1937 ou 1938, l'institutrice avait conduit ses élèves à Landivisiau à pied (5 km × 2) pour voir *Blanche-Neige*. Mais je n'étais pas encore à l'école. À partir de 1946, des romanichels passaient de temps en temps au bourg avec un vieux film, qui cassait souvent. Puis vicaire et instituteur rivalisèrent en ce domaine comme partout. Mais j'étais déjà interne.

autour d'une chose qui m'était familière : une charrette. Dans *Les Misérables* de Victor Hugo, l'ancien forçat Jean Valjean est devenu l'honorable et généreux M. Madeleine, inventeur, industriel, chevalier de la Légion d'honneur et maire de Montreuil-sur-Mer, où l'on avait d'abord accueilli avec suspicion cet étranger. Un matin il passe dans une ruelle où « un des rares ennemis qu'il eût encore dans le pays », le père Fauchelevent, est coincé sous sa charrette qui s'enfonce dans le sol détrempé. « Il y a encore assez de place sous la voiture pour qu'un homme s'y glisse et la soulève », dit M. Madeleine, et il promet cinq louis d'or..., dix louis..., vingt louis... Dans la foule, personne ne bouge. « M. Madeleine, je n'ai jamais connu qu'un seul homme capable de faire ce que vous demandez », dit le policier Javert, en le fixant de « son œil de faucon » : « c'était un forçat ». M. Madeleine se jette sous la charrette malgré les supplications de l'assistance et du vieux Fauchelevent lui-même. « Tout à coup on vit l'énorme masse s'ébranler. » Les gens « se précipitèrent [...]. Le vieux Fauchelevent était sauvé. Madeleine se releva [...] et il fixait son œil tranquille sur Javert qui le regardait toujours ». Pour mon premier contact, j'avais donc vu un chef-d'œuvre, dans une belle adaptation, avec Harry Baur dans le rôle principal.

Enfin, au printemps de 1945, ma mère entreprit de montrer à ses enfants Morlaix-la-grande-ville. Je me souviens surtout d'avoir vomi dans le car, puis longuement marché sur des bandes de ciment dont le nom ne m'est toujours pas indifférent : les trottoirs.

Nous ne sortions donc presque jamais de notre petit monde rural, et même nous ne quittions guère notre hameau que pour aller à l'école et à l'église. Nous étions confinés dans un espace clos. Certaines personnes étaient même assez sauvages : dans une ferme non loin de chez moi, on allait se cacher quand quelqu'un passait sur la route. Vous imaginez le dépaysement que représentait pour de telles gens l'émigration vers Nantes, Le Havre ou surtout Paris, l'entrée à l'internat d'un collège, et encore plus le service militaire, qui était parfois un traumatisme, aggravé par la gentillesse et la finesse pédagogique de l'armée.

De son côté, le monde extérieur frappait rarement à notre porte : le passage d'un voisin, du boulanger, de l'épicier, plus tard du boucher était un événement. Celui du facteur est encore aujourd'hui un moment important de ma journée. Comme s'il m'apportait l'annonce d'une délivrance. C'est ce qu'avait attendu ma mère pendant tant d'années.

Dans une telle tranquillité, la période de guerre fut un peu plus animée que les précédentes : l'arrivée puis le départ des réfugiés en 1940 (cent cinquante mille pour l'ensemble du Finistère) ; la présence des Allemands et leurs exercices d'entraînement ; le passage des avions ; les nouvelles qu'on attendait avec anxiété ; l'arrivée des Américains ; les bombardements sur Brest ; le retour des prisonniers.

Même dans les endroits les plus reculés, un original surgit un jour ou l'autre. Avant-guerre, quelques Asiatiques sillonnaient nos campagnes pour vendre des montres à bas prix. On les appelait *potred Shanghai* (les gars de Shanghai) ; mon père connaissait le mot *dumping*. Pendant la guerre, le fakir Al Rex est passé au patronage. Il a fait des tours de magie, s'est allongé sur une planche de verre pilé, s'est planté de longues aiguilles à travers le corps, puis a recommencé cette opération sur un hardi volontaire – sans douleur ni saignement. Nous étions émerveillés. J'ai toujours le prospectus de cet « homme au pouvoir étrange ».

La pénurie d'événements était telle que le moindre indice pouvait nourrir des rêves irréels : je me croyais reporter du Tour de France en faisant trottiner mon peloton de vaches ; je découvrais du pétrole dans un lavoir à sec où l'argile était bleuâtre ; je voguais vers l'Amérique parce qu'un sac à patates portait le drapeau du Brésil, d'où il avait dû rapporter du café. Tout cela était tristement creux.

Le verbe peut compenser les insuffisances de la réalité. Mais le temps des conteurs et des légendes était révolu. Quant aux livres, nous en avions fort peu. Depuis 1900 (et l'alphabétisation généralisée) jusqu'en 1940 au moins, la plupart des familles bretonnantes avaient un exemplaire de *Buez ar Zent* (la *Vie des Saints*), publiée en 1752 par le recteur de Beuzec-Conq (C), remaniée et adaptée aux différents dialectes par plusieurs auteurs et constamment rééditée jusqu'en 1927 au moins. Une vie pour chaque soir, avec une instruction morale pour en suivre l'exemple. Les dévots faisaient encore cette lecture en 1950. À haute voix pour que toute la maisonnée en bénéficie. Mais ce n'était pas le cas chez moi, où ce livre n'existait même plus.

Et la Bible ? Surtout pas ! Au XVIe siècle, lors du grand renouveau qu'on appelle la Renaissance, beaucoup d'intellectuels ont cherché à réformer l'Église et le christianisme pour en restituer la pureté. Mais les autorités religieuses – et parfois politiques – ont refusé de les suivre. Résultat : un schisme et de terribles guerres civiles. Les réformés ou protestants veulent que tout le monde se nourrisse directement de la parole divine par la lecture de la Bible, facile à diffuser depuis l'invention de l'imprimerie. Rome redoute le développement de l'esprit de libre examen et des interprétations hérétiques. Le concile de Trente interdit donc à tous ceux qui ne sont pas clercs « la lecture de la Bible », d'où « il arrive plus de dommage que d'utilité, à cause de la témérité des hommes » (1564). Jusqu'en 1757, sa traduction est prohibée en Italie, en Espagne, au Portugal et dans l'empire autrichien. Elle se pratique en France – non sans polémiques. Mais dans les milieux populaires le Livre était absent et son invraisemblable possession vous eût rendu très suspect. Nous ne connaissions le christianisme que par ce qu'en disait l'Église.

En 1939, notre bibliothèque consistait en deux ou trois missels, un dictionnaire Larousse et l'Almanach Vermot de 1934, où l'on se replongeait de temps à autre. Je me souviens d'une vignette : un homme est poursuivi par un lion. « Vas-y, vas-y, » dit son copain, grimpé dans un arbre : « tu l'auras au sprint ». Pour moi, le Sprint, c'était un lieu-dit, là-bas, plus loin : un lieu magique.

Sont venus s'y ajouter quelques romans à l'eau de rose achetés par ma mère[1], un ouvrage emprunté de temps en temps à la minuscule

1. C'était déjà une initiative assez hardie. À l'époque, pour des Léonards, lire et surtout lire des romans, c'était perdre son temps et s'évader dans la futilité irréelle et mensongère. Même les filles des épiciers, des artisans ou de l'institutrice ne s'autorisaient guère à lire que si elles tricotaient en même temps.

bibliothèque de l'école, deux ou quatre livres par an que les cousins parisiens de mon père et sa marraine de guerre nous offraient pour Noël, à mon frère et à moi. Et aussi (de même provenance), quelques illustrés, ancêtres de nos B.D. : Mickey ou Tarzan, dont la compagne avait déjà des contours érotiques. Ce n'était pas beaucoup, mais c'était un dépaysement et une incitation : autre chose existait ailleurs, et la lecture, la réussite scolaire permettaient peut-être d'y accéder[1].

Car, de tous ces ouvrages, les plus solides étaient ceux de l'école, en particulier le livre de lecture et celui de sciences naturelles. L'école nous parlait, dans une langue prestigieuse qui n'était pas la nôtre, d'un monde supérieur : celui de la ville, des vacances, des cadeaux, des fêtes de Noël. Le discours de M. le recteur était moins séduisant : il s'exprimait en breton, et il nous parlait moins souvent du beau paradis que de nos austères devoirs ici-bas pour éviter de sombrer en enfer pour l'éternité.

Je profite de cette occasion pour exprimer mon intense admiration pour Jean-Marie Déguignet, même si je le soupçonne d'exagérer parfois les difficiles conditions de ses apprentissages. Sans être jamais allé à l'école, sans avoir quasiment ni maître ni livre, du moins au début, il apprend seul à lire et à écrire, dans son breton maternel, mais aussi en français. Et il finit par être capable de citer de mémoire Boileau, Molière, Hugo, Musset, Voltaire, Renan, Rabelais et même, dans leur langue, des auteurs latins, anglais, espagnols et italiens. Il connaît un peu saint Jérôme, saint Thomas

1. Nous avions aussi une carte du monde, affichée contre la cloison. Il y en avait dans beaucoup de maisons : on était curieux de savoir où étaient les prisonniers, où se déroulaient les combats, et de suivre l'avance des Alliés.

d'Aquin, saint Jean Chrysostome et le Coran ; il sait qui sont les Parques, Déméter, Diogène et Triptolème, et ce qu'est un pandémonium. Il rend compte correctement des guerres d'Italie, d'Algérie, de Crimée et du Mexique... Est-ce grâce à un don particulier ou, comme il le croit, parce qu'il avait un trou dans la tempe gauche ? Il me semble surtout que son dénuement initial lui a donné une intense motivation, une furieuse avidité de savoir qui a développé ses facultés en conséquence.

Nos conditions de vie ont rapidement changé à partir de la Libération. Dans les deux sens : nous sommes sortis, et le monde extérieur est venu jusqu'à nous. Ce fut le début d'un immense progrès... et de la mort d'une civilisation.

Les vélos avaient fait leur apparition à partir de 1905. Ma mère en eut un vers 1925. Ils revinrent en force à partir de 1947. C'était le rêve de tous les jeunes gens. Pour aller au bal surtout. Non pas pour des danses bretonnes : le *fest-noz* (fête de nuit) n'existait plus que dans le Centre, vers Poullaouen. Mais pour le tango et autres danses de salon.

Celles de jadis se pratiquaient surtout en ligne ou en cercle, côte à côte. Dans les moments en couples, peu fréquents, on était parfois face à face, mais à bonne distance. Dans celles-ci au contraire, on était toujours en couples rapprochés, *kof a kof* (ventre contre ventre)[1]. Et de la valse au tango et

1. « *Dansou kof a kof, digassed gand Americãned du,* Peaux-rouges *e galleg* » : « Des danses ventre à ventre, apportées par des Américains noirs [qu'on appelle] Peaux-rouges en français. » Cette phrase attribuée à un prédicateur était célèbre dans le clergé breton. Elle est trop belle et trop idiote pour ne pas avoir été inventée.

au slow, l'étreinte se resserrait. Sexe contre sexe bientôt ! Le scandale. L'évêque de Quimper avait dénoncé depuis longtemps les « désordres abominables » de cette « promiscuité révoltante », « aussi nuisible à la santé du corps qu'à la sainteté de l'âme ». Aux danseurs et aux musiciens, « on doit refuser l'absolution, après deux ou trois avertissements ». Et surtout aux propriétaires des salles. Sauf rétractation publique, ils seront enterrés « sans les prières de l'Église », et leurs enfants « n'auront pas droit aux honneurs pour les baptêmes, les mariages et les enterrements » (1932). Vers 1925, une jeune fille de Plouguerneau (L) fut privée de communion à Pâques, simplement pour avoir assisté à un bal, sans y participer.

Simone de Boisboissel, comtesse de Keranflec'h-Kernezné, de Saint-Gilles-Vieux-Marché (22), était une chrétienne très cultivée et très bien informée, subtilement intelligente, généreuse, progressiste pour son époque, favorable à l'éducation du peuple et à une relative émancipation des femmes. Très dynamique, elle avait une influence nationale par ses livres, articles et conférences. Elle a lancé, peu avant 1930, une enquête qui portait notamment sur les bals en Bretagne. Des réponses reçues, il résulte que « celles qui vont au bal, fréquemment perdent le goût du travail et de la piété », et « ne forment pas en elles le sérieux requis pour élever plus tard une famille ». De plus, « l'air vicié des salles trop petites, trop remplies, surchauffées » est très dangereux. « Ici ou là, on signale des cas précis de pleurésie, pneumonie, tuberculose, contractées à ces bals, des cas d'anémie, d'amaigrissement, de déséquilibre du système nerveux, de caractères aigris, d'anomalies dans la formation physique des jeunes filles et d'accidents, plus tard, dans les fonctions de la maternité ». Enfin, les bals sont « des occasions d'abuser d'alcool et de tabac ». Conséquence, selon l'une des réponses : « Dans une commune voisine de la nôtre, où l'on danse depuis des années [...], de nombreux enfants sont infirmes, il y a des sourds-muets, des manchots, des nains. » La comtesse se demande toutefois s'il y a là « une réelle relation de cause à effet ». Ce genre d'idées était assez répandu : aller au bal c'était « perdre la santé du corps et de l'âme » (*koll yec'hed, korf ag ene*).

Le 2 juillet 1935, le conseil municipal de Plougourvest décide de refuser toute autorisation de bal public. Le 4 mars 1945, les militants de l'Action catholique de Plouvorn remettent au maire une pétition revêtue de deux cent quatre-vingt-dix signatures : elle lui demande « de vouloir bien interdire les bals ». Le conseil municipal suit par douze voix contre deux.

Vers 1950, le refus d'absolution pour assistance au bal existait toujours dans certaines paroisses, notamment en Bas-Léon. Ce n'était pas le cas dans la nôtre : toutefois on n'y dansait que les soirs de noces, sous surveillance générale. Mais il suffisait d'aller à Berven ou à Sizun : on s'y entassait. Et le soir, après le bal ? Oh ! entre rien et pas grand-chose, pour moi et sans doute pour la grande majorité. Nous étions timides, inhibés, moralistes. Et nous savions, les filles surtout, que le risque était trop grand : enceintes, elles risquaient non seulement d'être sévèrement réprouvées, mais d'être chassées de chez elles, de connaître la honte et la misère. Un ami de Plougourvest m'a rappelé cet avertissement d'un père à sa fille : « Je préférerais te fabriquer un cercueil plutôt qu'un berceau. » C'était donc sur les fantasmes des dévots et des prêtres autant que sur le comportement réel des danseurs qu'était fondée la prohibition. Et les plus intelligents savaient qu'elle pouvait être contre-productive. Le résultat, disait le recteur du Folgoët, c'est que les jeunes gens se réfugient « dans les auberges [...] pour s'embrasser et se chatouiller, et pour boire ».

En 1951, le maire de Plougourvest se mit en tête d'organiser une fête pour célébrer l'achèvement de l'électrification de la commune. Une vraie fête, clôturée par un bal. Il soumit son projet au conseil municipal, où il se croyait évidemment majoritaire : il lui manqua une voix. Il fit recommencer le vote : nouvel échec. Il exigea un vote à main levée, et l'emporta. C'était paraît-il son propre adjoint, catholique scrupuleux, qui avait voulu s'opposer à cette innovation scandaleuse. Notre recteur se mit à tonner. Je me souviens de ses allusions à un patron de salle repenti, scandalisé par les *horreurs* qu'il découvrait le lendemain. Quoi donc, Vierge sainte ? Ces allusions ambiguës venaient-elles d'un témoignage véridique, d'une pédagogie de l'effroi ou d'une imagination obsédée ? Le bal eut bien lieu, en plein bourg, mais les jeunes gens des environs y furent plus nombreux que ceux de la paroisse.

Nous commencions donc à sortir. De son côté, le monde extérieur se mettait à pénétrer chez nous[1]. La plupart des gens, avides de nou-

1. Avant et pendant la guerre, nous recevions seulement une fois par mois *Ar Vro Goz* (Le Vieux Pays), mensuel du syndicat agricole et de la coopérative de Landerneau. Le mensuel *Feiz ha Breiz* (Foi et Bretagne) était très bien implanté dans le secteur : son animateur, l'abbé Perrot, avait été vicaire à Saint-Vougay. Mais ma mère ne l'achetait pas.

velles sur l'évolution de la guerre et le sort des prisonniers, se sont abonnés à un journal. *Ouest-France* pour les dévots[1], et pour les laïques comme nous *Le Télégramme*, dont le premier numéro parut le 18 septembre 1944 : une seule feuille au début ; 21 2 29 cm un jour sur deux, le double le lendemain. Sauf sur les problèmes de l'Église et de l'école, le contenu des deux journaux était peu différent : les nouvelles du jour et quelques opinions fortement patriotiques et prudemment centristes. Mais la préférence des lecteurs était souvent sectaire, sur la base d'une opposition, fondamentale dans nos campagnes, entre la soumission à l'Église et un esprit de relative indépendance[2].

Le journal nous devint rapidement indispensable. Chacun le lisait soigneusement, et les femmes presque autant que les hommes. Pas seulement pour les avis mortuaires et les rares échos de notre vie paroissiale (toujours appréciés avec fierté). Mais parce qu'il étendait soudain notre savoir à la Bretagne, à la France, à la planète entière. Je me souviens de l'intérêt de grand-mère, qui ne s'était jamais aventurée à plus de 5 km de son hameau, pour le sort de l'empereur vietnamien Bao Daï.

En 1953, l'électricité nous permit d'ajouter à l'information le miracle d'une présence : le poste de radio, doté d'un œil vert qui variait avec le

1. Certains dévots préféraient *Le Télégramme*, mieux implanté : c'était le journal finistérien.

2. Les gens aussi s'étaient remis à circuler. En 1946, un homme surgit chez nous : *« Do you speak English ? Do you speak English ? »* s'écrie-t-il en pointant le doigt sur chacun de nous. Mon père a tout de suite deviné un Italien dans ce petit brun très agité. Je ne sais plus ce qu'il voulait nous refiler. Sans doute était-il venu par là dans l'espoir de trafiquer avec les Américains à Brest.

réglage, était un vrai compagnon. J'ai gardé l'impression qu'il faisait plus chaud quand on l'allumait. Nous avalions tout, hypnotisés par les pubs de Zappy Max pour l'huile Lesieur, la brillantine Forvil ou le shampoing Dop :

Dop, Dop, Dop,
Dop, Dop, Dop,
Adoptez le shampoing Dop !
Dop, Dop, Dop,
Dop, Dop, Dop,
Tout le monde adopte Dop !

Irréfutable, n'est-ce pas ?

Début juillet, nous rentrions religieusement avant cinq heures pour goûter en écoutant l'arrivée du Tour de France, qui nous procurait d'intimes émotions. Mais je me souviens aussi de bonnes analyses politiques de Jean Grandmougin sur Radio-Luxembourg, et des dialogues en breton de Pierre Trépos et Pierre-Jakez Hélias sur Radio-Quimerc'h : *Jakez Kroc'hen a Gwillou Bihan* (Jacques La Peau et Petit Guillaume). On en parlait le dimanche à la sortie de la messe. Les gens étaient fiers et comme émoustillés d'entendre leur langue de pauvres dans l'engin prestigieux.

Je terminerai par l'essentiel : est-ce que j'étais heureux ? Question d'autant plus difficile qu'à l'époque je ne me la posais pas. On pourrait en conclure que je n'étais donc pas malheureux. Le bonheur est chose relative. Adéquation entre désir et réalité, il dépend de l'un et de l'autre. Or, le désir des gens est encore plus variable que leur condition réelle : certains sont dévotement soumis ; chez d'autres, la volonté de puissance et de jouissance est insatiable : ils sont toujours avides de ce qu'ils n'ont pas et qui les décevra dès qu'ils l'auront acquis[1].

Aimez la réalité telle qu'elle est, et vous serez heureux, a-t-on répété pendant des siècles. Ne vous laissez pas affecter par les avatars de votre situation. Car vous n'y pouvez rien, et ils ne sauraient atteindre l'essentiel : la maîtrise intime de soi, la sereine régulation de ses désirs, réactions et passions, d'autant plus méritoire que la situation est plus difficile. Plus vous êtes démunis et soumis ici-bas, plus vous êtes assurés d'être récompensés pour l'éternité, ajoutait le christianisme. Cette sagesse, version positive de la résignation, était encore adaptée à la génération de mes grands-parents. Ils se percevaient moins comme des individus autonomes que comme de petites parties d'un monde soumis à Dieu et à la Nature. Leur condition était le lot que la Providence leur avait attribué. Ils n'avaient guère les moyens de la transformer, ni même d'imaginer une alternative. Mieux valait donc être sage et tranquille (entre bonheur et résignation, mais plus proche du premier) comme grand-mère. Sinon, l'on risquait de se lamenter à longueur de temps sans pouvoir modifier en rien sa situation, comme sa sœur Isabelle. Bref « que votre volonté soit faite et non la mienne »[2].

Bien que je comprenne sa nécessité dans une époque d'assujettissement, je déteste cette philosophie de soumission, d'extinction des désirs.

1. C'est particulièrement net dans les relations amoureuses. Si aimer c'est s'unir, se donner, se dévouer, ces gens-là n'aiment pas. Ce qu'ils veulent c'est s'approprier votre liberté, soumettre votre volonté. Dès qu'ils vous ont conquis, vous n'avez plus aucun intérêt. Vous devenez encombrant.

2. Reprise d'une célèbre parole du Christ. Il a peur de la mort (« Mon Père, s'il est possible, éloignez de moi ce calice »), mais il accepte le sacrifice suprême auquel son Père le destine.

Elle est fondamentalement contraire à la nature même des vivants, qui se définissent par leur appétit, par leur capacité d'assimiler ce dont ils ont besoin pour se développer. Elle est contraire surtout à la nature des humains, qui ont une intelligence au service de désirs qui ne visent pas seulement un développement et une satisfaction physiques, mais un épanouissement affectif et spirituel. C'est en maîtrisant et transformant peu à peu le monde, depuis le néolithique, que notre espèce s'est humanisée, qu'elle a superposé à la nature une civilisation et une culture qu'elle n'a cessé de perfectionner.

Notre raison a deux fonctions complémentaires et un peu contradictoires. D'un côté, c'est une *capacité rationnelle* d'analyser notre situation et d'organiser nos actions pour la transformer en vue de satisfaire les désirs que nous décidons d'assumer. De l'autre, c'est une *acceptation raisonnable* de cette situation, une adhésion aux règles de la vie sociale, à la morale, aux valeurs de notre époque. Où est le bon équilibre entre ces deux fonctions ? Il faut certes éviter de désirer bien plus qu'on ne saurait obtenir ou réaliser. Ce serait provoquer sa propre insatisfaction[1]. Mais il ne faut

1. Cette tendance est particulièrement fréquente chez les Français. En 1990, seuls 47 % de nos compatriotes âgés de seize à vingt-neuf ans estimaient disposer d'une liberté de choix suffisante, et du contrôle de leur existence, contre les deux tiers des Italiens, Anglais et Allemands, plus des trois quarts des Suédois, Canadiens et surtout Américains. Je ne vois pas en quoi notre situation serait plus contraignante que la leur. Nos désirs sont-ils plus intenses ? Ils sont surtout plus individualistes, plus facilement mécontents de la réalité commune, et moins faciles à satisfaire à cause d'une recherche plus anarchiquement dispersée. Soyons prométhéens, mais freinons notre tendance à désirer trop rapidement le contraire de ce qui est, par simple esprit de contradiction.

pas trop se soumettre, se censurer ni se croire moralement supérieur parce qu'on n'a pas plus de désirs en tête que d'autorisations en poche. Ni surtout transformer l'insatisfaction qui en résulte en hargne vertueuse contre ceux qui ont mieux épanoui les possibilités que Dieu leur a données.

Mon père avait encore l'ancienne sagesse : il eût été parfaitement heureux si sa femme et sa vie l'avaient laissé tranquille. Mais ce n'était plus possible : cette sagesse devenait complètement inadaptée dans une période de transformation conquérante, qui s'offrait à satisfaire désirs et ambitions. Ma mère en revanche, malgré un dynamisme qui la rendait souvent joyeuse, ne pouvait plus être pleinement heureuse – sauf dans les derniers temps : parce qu'elle était enfin en ville, mais aussi parce qu'elle s'était un peu résignée. Ajoutez qu'elle n'était pas vraiment satisfaite de son mari, et que pendant la guerre elle était accablée de travail et de responsabilités, privée de son compagnon, en butte à une hostilité jalouse. En dehors d'abattements soudains, elle n'était pas triste, parce qu'elle faisait front. Mais son chagrin s'exprimait par de violentes impulsions. « Je vais m'arroser d'essence et mettre le feu ! » Je me souviens de l'avoir entendue dire ça. Nous en avons reparlé, beaucoup plus tard.

Mon petit frère était vif et gai, comme peut l'être un enfant encore préservé de bien des problèmes. Quant à moi, les photos me montrent réfléchi, un peu mélancolique. Trop conscient sans doute des difficultés de ma mère, et de la fragilité de notre situation pendant la longue absence de mon père, et surtout pendant les mois où nous l'avons cru mort. Tout reposait sur elle, que je voyais souvent bronchiteuse, exténuée, exacerbée. Non seulement notre bonheur, mais quasiment notre survie. Sa mort nous eût précipités dans la misère. De plus, sans être privé d'affection maternelle ni fraternelle, j'étais marginalisé par le couple que formaient ma mère et mon frère, si vif et si affectueux. Je me souviens de m'être replié sur moi-même, au point de verser un moment dans une sorte de surdité psychique. *Jan bouzard*, Jean [le] sourd, disait-on.

Ça, c'était le fond. Mais on s'adapte ; il le faut, les enfants le font facilement, et j'ai toujours été un curieux mélange de mélancolie, de sérénité, de dynamisme tenace : source, sans gaieté, de satisfaction profonde. N'ayant rien connu d'autre, je ne souffrais pas de conditions matérielles qui me seraient aujourd'hui très pénibles. De la solitude et de l'insuffisance de distractions, fort peu : car l'envers de cela, c'était la placidité rassurante d'un monde clos, calme, solide, autarcique dans son mode de vie comme dans son économie. Étais-je heureux ? J'étais tranquille. Je me souviens même de nombreux moments de satisfaction, au sens étymologique : quand on a fait autant qu'on devait, et reçu, ressenti autant qu'on désirait. Une plénitude dans la coïncidence avec soi-même et son environnement, plus facile tant qu'on ne connaît pas d'autre façon de vivre.

Parfois, c'était un don de la nature. Notamment au début des après-midi d'été, où tout semble s'éterniser pendant que les hommes font la sieste. Le dimanche, un tel état pouvait se prolonger jusqu'au soir. Ou bien c'était une satisfaction passive : être installé sur sa couette toute gonflée de balle d'avoine fraîche, campé en haut d'une charretée, blotti dans une javelle, allongé dans le foin parfumé, avec l'intime odeur du chapeau posé sur le visage, ou simplement réfugié avec un livre dans la place que j'avais apprivoisée en chacun des champs où je gardais les vaches.

Le plus souvent, c'était une satisfaction active. « Le travail est la meilleure et la pire des choses : la meilleure s'il est libre ; la pire s'il est serf [...]. L'agriculture est donc le plus agréable des travaux, si l'on cultive son propre champ » (Alain, 1922). Juridiquement, la ferme ne nous appartenait pas. Humainement si, et bien plus que l'appartement que vous venez d'acheter. Nous y étions nés, moi, mon frère, ma mère, ma grand-mère et une lignée d'aïeux depuis cinq générations. C'était notre lieu de travail, de loisirs, de vacances aussi bien que de résidence, et nous n'envisagions pas de jamais vivre ailleurs. Nous en connaissions chaque recoin : nous les avions tous parcourus, travaillés ou nettoyés. Je me sentais souverain maître de l'univers accessible, et je n'en imaginais pas d'autre. Et vous n'êtes pas plus fier de vos portables que nous de nos couteaux, qui faisaient de nous des hommes dès dix ou douze ans.

Le paysan travaille la Terre Mère ; il collabore à l'œuvre de Dieu pour épanouir la Création et nourrir l'Humanité. J'ai entendu ça, d'un ton si doctoral que j'y mets des majuscules. Je ne me souviens pas d'avoir rien éprouvé qui ressemble à une telle prétention. Ni aux plaisirs simples et purs de la campagne, dont parlent des moralistes que je n'avais pas encore lus.

En revanche, même si j'étais incapable de le formuler clairement, j'éprouvais souvent le bonheur et la fierté d'accomplir des entreprises dans leur totalité, des travaux dans leur plénitude. Aujourd'hui, la plupart des gens travaillent pour d'autres, et beaucoup ne font qu'un petit morceau d'une tâche qu'ils n'ont pas conçue, et qui ne concerne leur existence en aucune façon. Dans le pire des cas, ils désapprouvent dans son principe même ce qu'ils acceptent de faire pour gagner leur vie. Nous, nous choisissions – relativement – la nature et le moment de travaux que nous exécutions entièrement. Nous les faisions pour nous-mêmes, et nous transformions ainsi notre environnement. Comme quand vous rénovez votre appartement, votre lieu de vie. C'était du travail créateur, manifestation d'une maîtrise dans la concrétisation d'un projet.

J'ai une dizaine d'années. Je vais chercher du foin pour nourrir mes vaches. Avec une scie particulière, ou avec un croc spécial, semblable à un gros hameçon, j'en prépare un tas. J'y plante ma fourche ; je m'en sers comme levier pour basculer la charge : elle s'étale au-dessus de ma tête comme une coupole. Je suis fier de ma force et de mon adresse. J'arrive à l'étable. Je répartis ma charge entre les bêtes : elles s'y attaquent avec plaisir. Je suis content. J'éprouve le même bonheur si j'enlève leur fumier pour le remplacer par une litière fraîche : j'ai embelli le monde et amélioré la vie de mes compagnes.

J'ai quinze ans, je suis à la charrue : le coutre fend la terre, le soc en détache une bande que le versoir pose de côté comme une chair vivante, dégageant un sillon tout uni, où le pied du soc laisse une trace brillante. Quand les chevaux arrivent au talus, je retourne prestement la charrue réversible[1], et

1. Les anciennes charrues, posées sur leur soc, versaient la terre toujours dans le même sens : il fallait commencer par les deux côtés du champ, pour finir au milieu. La charrue Brabant, achetée vers 1941, avait un avant-train sur roues et deux socs de part et d'autre d'un axe pivotant. On peut ainsi verser la terre à gauche en allant, à droite en revenant, et juxtaposer des sillons successifs.

nous repartons dans l'autre sens. En quelques heures, nous transformons la face d'une parcelle de l'univers. D'autres se délectaient à conduire et maîtriser les chevaux : je dirai pourquoi ce n'était pas mon cas.

Certains travaux des adultes étaient des œuvres d'art : les mottes de beurre sculptées, le dressage des chevaux, les semailles, où il faut répartir les grains à la volée, la confection des grandes charretées de foin et de gerbes, celle des meules et des gerbiers, l'alimentation de la batteuse en continu, sans relâche ni surcharge. Signe de satisfaction, certains chantaient en travaillant : aujourd'hui, nous avons des machines pour ça comme pour le reste, et au travail nous sommes pour la plupart condamnés au silence ou à un bruit d'enfer.

La moisson et le battage étaient fatigants, mais exaltants : excitation collective, émulation, occasion de montrer ses talents. Adolescent, on se sentait un homme en hissant son sac de blé au grenier, en balançant sa fourchée de paille jusqu'en haut du tas. Pas question d'alimenter la batteuse : tâche difficile et poste convoité. Mais parfois on pouvait, capitaine en second, couper les liens des gerbes et les défaire d'un coup de main pour les passer à l'enfourneur.

De même que les activités de la ferme, la vie religieuse offrait des occasions de pleine satisfaction, qu'on ne peut pas connaître quand on fait les choses sans y adhérer. Pas seulement dans les chants et les prières, mais aussi dans certains actes plus difficiles. Regardez les croque-morts, avec leurs airs faussement contrits pour des enterrements qui ne les concernent pas. Moi, j'ai porté le cercueil d'un camarade : je l'ai heurté contre le calvaire, pour marquer son entrée dans la zone des morts ; je l'ai entré dans l'église et hissé sur le catafalque ; je l'ai repris pour le poser au bord de la fosse. Au long de cette tâche, je n'ai évidemment pas été heureux, mais j'ai assumé ma condition mortelle avec une religieuse plénitude.

Bref, enfant, j'étais à la fois mélancolique et serein, tranquillement engagé dans les travaux et les jeux de la ferme et de l'école – sauf pendant deux années dont je reparlerai. Assez satisfait de ce que j'avais, favorisé par des moments de plénitude, je n'étais pas perturbé par le désir d'une autre vie dont je n'avais pas idée.

Je me souviens d'avoir un peu envié le fils de l'instituteur : il jouait de la flûte pendant que je travaillais. Mais je percevais vaguement que cet enfant unique, isolé de tous par son statut, s'ennuyait profondément[1]. C'est plus tard, quand j'ai entrevu la vie confortable, les vacances oisives de certains camarades de collège, que j'ai perçu l'ingratitude de la mienne. Surtout à l'adolescence. Mais je suis resté sage. C'était encore l'ère de la soumission et du dévouement. Le progrès n'avait pas apporté les moyens de l'autonomie individuelle. Le capitalisme n'avait pas encore excité nos désirs pour nous rentabiliser en consommateurs à tout va. Jusqu'à vingt-trois ans, j'ai travaillé à la ferme pendant toutes les vacances, conscient de mes obligations envers mes parents[2]. Ce n'était pas trop lourd, car c'était provisoire : ma réussite scolaire me préparait une autre vie.

1. Plougourvest, « où je me suis tant ennuyée », m'écrit l'une des filles de l'institutrice, qui souffrait de la même solitude imposée par la discrimination sociale : elle se fit gronder pour avoir parlé à un petit paysan.

2. J'ai pris un seul mois de vacances… pour aller travailler dans une ferme en Angleterre.

CHAPITRE 17

UNE CULTURE, BASE D'UNE PERSONNALITÉ[1]

Je nous ai décrits de l'extérieur. Mais qu'y avait-il à l'intérieur ? Avant de répondre, je voudrais dire mon avis sur l'origine du caractère, de la personnalité des gens. Nous avons tendance à expliquer les conduites que nous observons par les caractères que nous pouvons seulement imaginer, à expliquer le visible par l'invisible. (Certains parlent même d'une âme paysanne : une chose vague, creuse, mystérieuse, qui serait le principe de la personnalité des ruraux et la cause de leurs comportements.) L'explication est recevable à partir du moment où notre personnalité est stabilisée – à supposer qu'elle le soit jamais définitivement. Mais, au début, le processus est inverse. La personnalité de chacun résulte de l'inscription progressive en lui de ses comportements face au monde, aux autres, aux mœurs et aux idées, sous forme d'habitudes constitutives d'une seconde nature, qui se subordonne la première. Or, ces comportements résultent certes en partie de son tempérament physiologique, mais encore plus de

1. Le petit paysan que j'étais ne savait pas dire ça en breton.

son statut, de ses conditions géographiques, économiques, sociales et culturelles d'existence. Car ce sont elles qui définissent son rapport au monde, aux autres, aux idées, qui l'incitent à s'identifier à cet héritage, à le fuir ou à le transformer, et qui lui fournissent ou non les moyens de le faire. Ainsi, chacun prend le caractère qui correspond aux comportements que la situation lui permet d'avoir ou le contraint d'adopter, au point parfois de changer de caractère selon la situation. C'est ainsi que se modèle notre personnalité, moins naturelle que socioculturelle. C'est de la personnalité socioculturelle des paysans que j'ai connus que je voudrais parler.

Pour les dominants et leurs zélés serviteurs, il n'y a qu'une seule culture qui vaille : la leur, qui témoigne de leur supériorité. Jadis, il fallait connaître Homère, Virgile et Racine ; aujourd'hui, les dernières modes du Tout-Paris intellectuel, où tout change si vite pour distancer sans cesse les lourdauds. Si l'on s'en tient à cette définition restreinte, notre culture à nous, c'était surtout notre langue et notre religion, dont je parlerai dans un autre volume.

Mais c'est d'autres choses qu'il sera question ici, car je pars d'une définition plus large : la culture, c'est l'ensemble des activités par lesquelles on *cultive* et développe ses facultés. On acquiert ainsi non seulement un savoir, mais un savoir-faire, un savoir penser et sentir constitutifs d'une personnalité, de son savoir vivre en adéquation à son milieu, de même que la culture de la terre développe les possibilités de telle plante en relation avec celles de tel champ. Ainsi, les pages précédentes sur nos habitudes alimentaires et vestimentaires parlent déjà de notre personnalité, qu'elles contribuaient à façonner. Nos références, nos repères n'étaient pas le bouillant Achille et l'ingénieux Ulysse, ni Tartuffe, Phèdre et madame Bovary, ni l'humanité de Proust et de Baudelaire, ni Zorro, Astérix et Harry Potter, mais le comportement, l'humeur, la personnalité du vent, du soleil et de la pluie, des plantes, des arbres et des animaux aussi bien que des individus marquants de notre entourage.

Vous avez un chien et un jardin ? Vous êtes fidèle à des habitudes routinières ? Vous avez déjà vécu à la campagne, à la montagne ou en mer, à la dure, selon les rythmes de la nature, dans un périmètre restreint parfaitement connu et dans une communauté close, où chacun sait tout sur chacun ? Alors vous comprendrez facilement quelles étaient notre culture, notre mentalité, nos personnalités.

Nous étions des paysans, c'est-à-dire des gens définis par leur rapport à la nature : à ses rythmes, à la terre, aux plantes, aux animaux – toutes choses qui n'évoluaient guère. Plus semblables aux paysans de partout et de toujours qu'à toutes les catégories de citadins.

Nous vivions au rythme des saisons, qui définissait l'heure du lever et du coucher, la nature des travaux, la condition de gens souvent dehors et toujours sans chauffage. Paysans ou marins, les Bretons étaient toujours soucieux de la météo. Le temps qu'il fait. C'est la première chose que ma mère chaque jour inscrivait sur son cahier. Les récoltes ont besoin de pluie pour se nourrir, de soleil pour mûrir, et au dernier moment une forte averse peut coucher la moisson contre la terre humide, tremper le foin ou le blé qu'on s'apprêtait à rentrer. La pluie, qui ne change rien à vos activités sauf en vacances, gouvernait les nôtres : il fallait s'interrompre quand elle était trop forte, et se dépêcher quand elle menaçait. Mais le vent, la pluie, le soleil n'étaient pas seulement constitutifs de notre condition matérielle : ils l'étaient aussi de notre culture. Notre sensibilité vivait au rythme des changements climatiques, si fréquents en Bretagne, où j'apprécie des nuances de fraîcheur que je ne trouve pas ailleurs. On se souciait surtout de la direction du vent dans cette presqu'île où elle change si souvent. C'est lui qui apporte la pluie ou le beau temps. C'est lui, plus que le soleil, qui structure l'espace du Breton : non pas nord-sud, mais noroît-suroît, comme on dit en français de l'Ouest[1]. C'est surtout le suroît, venu de l'Atlantique, qui apporte la pluie. « *Eat ãn avel d'ãn trãõn, ãn trãõn brein* » : le vent est allé en bas, le bas pourri[2]. C'était comme un être malin, avec des intentions diaboliques. Le climat, c'était le comportement du monde à notre égard. Et pour une

1. À l'époque où *moi* se prononçait *mwè* (de la fin du XIIe à la fin du XIIIe dans les milieux lettrés parisiens, mais jusqu'à la Révolution dans les milieux populaires de la plupart des régions), *noroît* était la transcription fidèle de la prononciation du mot que nous écrivons nord-ouest. *Suroît* a été créé par analogie, pour former couple. Puis ce mot a désigné le vêtement qui convient à ce vent pluvieux.

2. Pour les Bretons, et surtout pour leurs ancêtres gallois et cornouaillais, auxquels ils doivent partiellement leur langue, l'Atlantique est au sud, c'est-à-dire au bas des cartes – et ce qui est en bas n'est généralement pas fameux. Mais le vent du noroît ne vaut guère mieux et son nom, *ar walarn*, nous rappelait tout ce qui est mauvais, néfaste (*wal*). Ce n'est pas l'étymologie de ce mot, mais nous ne le savions pas.

part c'est en réaction à lui que se constituaient nos personnalités.

De même, les arbres, les plantes étaient la manifestation d'attitudes différentes face à la vie, comme des modèles existentiels. Je me souviens de ma surprise en 1954, quand un camarade étudiant parisien, avec qui je me promenais dans la campagne, me demanda de lui expliquer ce qu'on y voyait. Il ne savait pas distinguer le blé de l'avoine. Je l'ai trouvé presque stupide. Pour moi, à l'époque, c'étaient deux êtres différents. Et pas seulement par leur aspect : dans leur personnalité même et dans leur rapport à moi. Aujourd'hui, je serais parfois bien en peine de nommer ce que je vois dans les champs ! Je ne suis plus en symbiose avec ce monde-là. Peu de gens le sont encore pleinement : un ami m'assure qu'en 2004 il a rencontré un groupe de neuf enfants de Plougourvest dont six ignoraient que le pain vient du blé et le lait de la vache !

J'éprouve d'autant plus de plaisir à revisiter, dans les creux de ma mémoire, les petits trésors sensoriels de mon enfance rurale. Le bruit de l'averse qui approche ; celui de chevaux, la nuit, dans un champ de betteraves ; celui d'une faux bien aiguisée glissant dans l'herbe, ou le trèfle, ou le foin, ou le blé : ce n'est pas le même bruit. Le goût de choses que je n'ai plus dégustées depuis des années : l'oseille sauvage, les fleurs de primevère et de chèvrefeuille, le blé en herbe ; ses grains encore tendres. Les odeurs, plus pénétrantes et plus sauvages, sont encore mieux enfouies dans mon intimité. Celle de l'ajonc broyé, celle du foin, qui en a plusieurs : avant la coupe ; une heure, un jour, trois jours après ; puis six mois plus tard, quand on grimpe sur le tas pour en tailler une tranche. Celle du fumier, très originale.

Non pas quand on le retire de la crèche, mais quelques mois après, quand on le répand sur les champs ; assez douce et nullement répugnante : comme du foin fermenté. Plus forte – désagréable, mais inoubliable – celle du sabot de cheval retaillé avant d'être ferré à neuf. Mon père vantait aussi celle de la bouse de vache brûlée : je n'ai pas connu son âcreté.

Toujours dehors dès que l'école ne nous enfermait pas, nous connaissions tout le paysage alentour, c'est-à-dire tout l'univers accessible : champs, prés, bois, chemins, ruisseaux, lavoirs aussi bien que maisons, église, cimetière, clochers du bourg, de Plouvorn et de Lambader. C'est dans ma relation à tout cela que je me suis d'abord constitué.

De même qu'il flairait le temps, le paysan humait et soupesait chacun de ses champs et de ses animaux : il connaissait et appréciait leurs possibilités. Chacune de nos parcelles était comme un compagnon dont je connaissais la personnalité, définie par son nom, sa taille, sa forme, son orientation, qui le rendait plus ou moins sensible au gel et au soleil. Non seulement les champs, mais encore mieux prairies et garennes, où je passais de longues heures, en gardant les vaches. Dans chacune, j'avais ma place préférée, adossé au talus, bien à l'abri du vent. Elles étaient aussi différentes que peuvent l'être les pièces d'une maison. Je les reconnaissais bien sûr à la vue, mais mieux encore au toucher, en y lovant mon corps comme en des bras maternels. Dans la plus vaste prairie, il y avait deux lavoirs à lin, grands comme des piscines. De l'un partait un filet d'eau dont j'imaginais la destinée jusqu'à l'océan. L'autre était à sec ; l'argile y était moirée de bleu : c'est là que j'espérais trouver du pétrole.

Je connaissais personnellement tous les arbres des environs : le chêne de la cour et celui du chemin, les saules de la prairie, le pin rabougri d'*ar warm gabous* (c'était le nom d'une garenne), les cyprès du Gollen, le sureau de Kervellec. Malgré la majesté des chênes, le goût des noisettes, l'odeur des haies de troènes et celle de l'aubépine d'*ar roz braz*, c'étaient les peupliers qui avaient ma préférence. Le dialogue est si facile avec eux : toujours en alerte, tellement sensibles, frémissant au moindre souffle.

Je m'exprime au passé. Nul ne sait déjà plus à quoi servaient ces espèces de piscines envahies de broussailles. La plupart des champs dont je connais encore les noms ont disparu : talus rasés pour faire des plaines rentables où s'ébattent des machines. Personne n'utilisera plus le lavoir de ma mère. Personne jamais ne s'assoira là où j'ai passé tant d'heures. Des siècles de vie ont basculé dans le vide.

On se constitue en symbiose avec son environnement. On n'est pas le même en mégalopole et en petite ville, au centre et en banlieue, à la campagne, à la mer ou en montagne.

J'ai encore un jardin, une pelouse et des arbres. Mais c'est une nature domestiquée, qui est là pour l'agrément et non pour une production : comme un animal de compagnie par opposition au cheval de labour. Je l'ai choisie et non pas reçue ou subie. J'ai avec elle un rapport de loisir plutôt que de travail. Et ce n'est plus cet environnement-là qui me conditionne.

À l'époque, seuls mes grands-oncles du Gollen avaient cette chose extraordinaire : une pelouse, qu'ils rasaient à la faux. Et des cyprès régulièrement taillés, un pêcher en espalier, un jardin de fleurs soigneusement entretenu, une rangée de pensées le long du pignon. C'est qu'ils étaient à demi retraités, et qu'ils appartenaient déjà à une autre civilisation : ils avaient une maison neuve, avec un crépi blanc, un « pavé », c'est-à-dire un sol cimenté, et un plancher astiqué à l'étage, où l'on se déplaçait sur des patins. Toutes choses qui n'existaient pas dans la plupart des fermes avant 1950.

Élevage et culture d'agrément ou de confort (au sens où l'on parle de médicaments de confort, qui ne sont pas indispensables, mais qui améliorent l'existence) n'étaient pas le fort des Léonards, soucieux d'efficacité. Fleurs, fruits, salade, tomates, petits pois, haricots ou lapins, ils dédaignaient ces futilités. S'ils avaient tous un chien, c'est qu'il était indispensable pour signaler les intrus et pour garder les vaches. Quant aux chats… j'en reparlerai.

Chez nous, il y avait un jardin de fleurs, mais sommaire, et plusieurs fermes n'en avaient même pas – ou tout juste quelques vieux rosiers, un hortensia, un fuchsia ou un rhododendron, dont on n'a pas besoin de s'occuper. C'est seulement quand une nouvelle génération de femmes eut enfin du loisir, grâce aux retraites, que les fleurs prospérèrent. En revanche, nous n'eûmes jamais de potager. C'était une chose rare, sauf chez les artisans, bistrotiers, instituteurs ou retraités de la marine, qui trouvaient là occupation et nourriture gratuite : ils en vendaient même aux paysans. À moins d'être plusieurs dans une petite ferme, ceux-ci n'avaient pas de temps à perdre avec des légumes. C'est trop long à cultiver (à la bêche, façon périmée) et ça ne nourrit pas son homme : un faux pas sur le seuil, en sortant de table, et votre repas de légumes est dans vos talons. Quant aux pommiers, plantés jadis pour faire de la piquette, on ne s'en occupait plus guère. Aujourd'hui au contraire, Plougourvest est devenu une banlieue pavillonnaire avec pelouse, fleurs et légumes entourés de haies.

Les champs étaient des lieux de vie, comme les pièces d'une maison. Les animaux étaient de véritables compagnons.

D'abord le chien, bien sûr[1] : gardien de la ferme, auxiliaire du vacher et son fidèle camarade dans la solitude. La nuit il était à l'attache ; dans la journée, il nous suivait partout. Sa mort était un deuil familial. Un soir, en fauchant du trèfle, j'ai entaillé la patte du mien. Ce n'était pas grand-chose, mais quelle émotion ! D'autant que sa réaction fut de venir se blottir contre moi.

Un jour, irritée contre les rats qu'on rencontrait dans nos crèches, maman a pris un petit ratier en plus de notre chien de berger. Mais elle n'aimait pas cet activiste, obsédé sexuel de surcroît, qui ne chassait guère les rats. Elle a dit à *Chanmar* de le pendre. Aussitôt dit aussitôt fait. Nous avons beaucoup pleuré mon frère et moi, et maman a regretté sa décision. Mais elle me paraît représentative de ce qu'étaient les comportements.

Cette brutalité ne venait pas d'une nature particulière. Attitudes et sentiments dépendent

1. Si les Français ont bien plus de chiens que les autres (plus d'un pour six habitants), c'est parce que nous sommes plus individualistes, mais aussi parce que nos traditions restent celles d'un pays naguère encore très majoritairement constitué de ruraux.

des conditions d'existence. Les leurs étaient si frustes et si rudes que bien des choses passaient vite pour superflues – y compris la vie d'un animal. Dans les loisirs de sa tranquille retraite au contraire, maman a vécu une véritable histoire d'amour avec Toutou, gras comme un porcelet à force d'être aussi gavé que câliné. Ils faisaient de longues promenades. Pour les courses, elle ne pouvait pas l'emmener : quelle joie quand elle revenait ; il se hâtait de lui apporter ses chaussons.

Moi au contraire, aujourd'hui, je n'aime plus du tout les chiens. J'ai tourné le dos au monde rural, et je n'ai pas encore fini d'y échapper. Et de toute façon un chien d'appartement ne peut avoir la même importance que le collaborateur d'un chasseur ou d'un berger – sauf quand sa compagnie est nécessaire parce qu'on est privé de celle des humains, ou qu'on la supporte mal.

Avant le chien, j'aurais dû nommer le cheval[1] : l'animal noble, fier, puissant, prestigieux ; l'animal de l'homme ; le moteur de ce temps-là, dont la vigueur domestiquée obéissait à de simples monosyllabes : *ei !* ; *o !* ; *diha !* ; *so !* ; *kul !* (en avant ! ; stop ! ; à droite ! ; à gauche ! ; en arrière !). Pour sauver son cheval, un paysan aurait risqué sa vie. Ce n'était pas seulement son partenaire de travail. C'était sa créature. Il l'avait dressé, et ce n'est pas facile. Il est rétif au départ,

1. La domination masculine se fourre partout. Nos chevaux étaient quasiment tous des juments, presque aussi fortes que les mâles (qu'on ne pouvait faire travailler que s'ils étaient castrés) et bien plus utiles : elles nous donnaient des petits.

et de plus ce modèle de virilité a peur de tout ce qui bouge[1]. Allez donc l'atteler, en le faisant reculer entre les effrayants brancards qui le surplombent, puis les rabaisser sur lui sans l'affoler. Ruer dans les brancards : l'expression a vraiment sa raison d'être.

Tous les garçons aspiraient à grimper sur le dos d'un cheval. Moi je ne les aimais pas. Leur peau est trop vivante : indiscrète présence d'une intimité largement étalée. Une peau fine, chaude, facilement humectée de sueur ; une peau qui tressaille. Monter un cheval ? Oh non ! Surtout pas à cru, sans selle. J'aurais l'impression de chevaucher une femelle, en public et sans plaisir. Je n'appréciais que deux choses dans les chevaux : leurs yeux, miroirs baudelairiens, et leur façon de boire, en effleurant doucement l'eau qu'ils aspirent.

Je préférais les vaches, dont j'étais le gardien attitré, pendant l'été, jusqu'à mon mariage. Seul les croit bêtes qui ne les a pas fréquentées. Elles repèrent vite la différence entre leurs pâturages : dès que l'on tourne pour aller vers l'un ou l'autre, vous les voyez joyeuses ou réticentes. Elles forment une société organisée, hiérarchisée, où chacun connaît sa place ; elles savent ce qui est interdit et d'autant plus désirable ; elles attrapent les branches avec les dents, et les secouent pour faire tomber les pommes.

Je connaissais les miennes personnellement : chacune avait son nom. Elles sont toutes différentes : le gabarit, la robe, les cornes, mais aussi les comportements. Sur la même litière, l'une sera sale, l'autre toujours propre. Elles sont douces ou

1. En plus, contrairement aux vaches, il est fragile face aux maladies et aux accouchements.

effrontées, familières ou sauvages, naïves ou rusées et plus ou moins sensuelles – jusqu'à la beuglante fureur. Plus ou moins maternelles aussi. Et soucieuses de plaire au maître : il ne faut pas marquer trop de préférence pour telle ou telle, les autres seraient jalouses et peut-être agressives. Il y en a trois dont je me souviens fort bien, comme de véritables personnes.

Seuls les cochons, enfermés dans une soue obscure, et parfois minuscule, manquaient de personnalité : faute sans doute de relations pour l'exprimer. Même les poules en avaient – du moins pour les femmes et les enfants, car les hommes les dédaignaient. Avez-vous observé leur regard ? Et leur démarche ? Cette façon saccadée d'avancer alternativement la tête et les pattes ? Une démarche, c'est une forme de personnalité, et elle est différente chez tous les animaux. C'est avec elles, plus à la portée d'un petit, que j'ai commencé mes dialogues. « Tu ressembles à *Dansezu* » (ma poule préférée), ai-je dit à ma cousine, venue me voir avec sa blouse noire bordée de rouge. Elle n'a pas dû saisir toute la valeur du compliment.

Quant aux chats, présents partout, souvent à deux ou trois par ferme, c'étaient des personnages bien sûr, mais on ne les aimait guère. Même les femmes et les enfants : des pique-assiettes, faiseurs de crottes, pondeurs d'innombrables petits, et qui n'attrapaient jamais de souris. « Dans ma jeunesse, disait maman, nous en avions un qui roupillait pendant que rats et souris menaient la sarabande. Un jour, je l'ai saisi pour lui fourrer le nez dans un nid de souriceaux : il s'est mis à crier ! » (Peut-être le serrait-elle un peu fort ?) Bref, il ne fallait pas imiter les chats : sournois, paresseux, sensuels jusqu'aux miaulements hystériques.

On ne les caressait presque jamais, et ils n'avaient pas l'imprudence de venir sur nos genoux. Chaque portée de chatons était noyée dans la carrière ou fracassée contre un mur. Cruel ? Oui : mais ouvrez votre porte à toute la misère du monde, pour voir. Brutal ? Oui : la vie était rude en ce temps-là et les relations aussi, même entre les humains. Des combats de chiens féroces contre loups, ours, taureaux ou sangliers étaient régulièrement organisés à Paris jusqu'à leur interdiction en 1833. C'est à partir de cette date que l'on réagit contre des violences qui commencent à être ressenties comme cruelles[1]. La Société Protectrice des Animaux est fondée en 1846. Votée en 1850, la loi Grammont est encore timide : elle ne sanctionne que les mauvais traitements infligés en public à des animaux domestiques. Pendant longtemps elle n'a évidemment aucun effet dans les campagnes. On continue à battre ses animaux. Les dynamiques Bas-Bretons étaient-ils plus brutaux que d'autres envers leurs bêtes ? « Dans tous mes voyages, pas même en Égypte ou parmi les Arabes d'Algérie, je n'ai été témoin d'une telle cruauté envers les animaux », écrit une Anglaise en sortant de la foire de Plougastel en 1869. S'agissait-il d'un jour exceptionnel ou tristement ordinaire ? Je me souviens d'avoir frappé mes vaches avec une vigueur déraisonnable, sans grande raison. Et j'ai entendu parler d'un

1. La corrida avec mise à mort ne faisait pas partie de la tradition française. Elle s'est développée depuis l'Espagne à partir de 1854, à contre-courant de la tendance de cette époque envers les animaux : Napoléon III venait d'épouser une Espagnole.

garnement qui avait enterré vivants des chatons en laissant dépasser leurs têtes qu'il a coupées les unes après les autres.

Il y avait aussi les animaux sauvages, qu'on pourrait appeler libres avec un peu plus d'ouverture d'esprit. À vrai dire, beaucoup d'entre eux étaient moins sauvages ou autonomes que parasites de notre vie domestique. À commencer, dans la maison même, par les souris, qui subsistaient en prélevant leur dîme sur nos céréales. On ne les voyait guère, mais on les entendait régulièrement, surtout la nuit. Quelques rats, dans les crèches, maraudaient discrètement eux aussi. On leur cherchait rarement noise. Nos pièges ne servaient guère, et nos chats ne faisaient pas de zèle.

Considérés comme nuisibles, dégoûtants ou annonciateurs de malheur, rats, serpents, crapauds, hiboux ou renards ont été torturés, brûlés ou cloués sur les portes des granges çà ou là jusqu'au milieu du XXe. Je n'ai rien vu de tel, même envers nos grands ennemis, qui étaient les serpents : on se contentait de les tuer. Nous en rencontrions au moins quatre ou cinq par an – sans parler des lézards qui étaient charmants. C'étaient le plus souvent des couleuvres. Elles sont inoffensives et utiles, nous disait-on à l'école, et on nous apprenait à les différencier des vipères. Mais en breton nous disposions d'un seul mot : *en aer*. Ce terme était si effrayant que je me méfiais même de la libellule, *ãn adozen aer*, alors que c'est *une aiguille de l'air* et non pas *une aiguille serpent*.

En dehors de la période d'accouplement, en mai-juin, où la vipère peut-être agressive, le seul risque est de marcher inopinément dessus. C'est rare, car elle fuit ou siffle à votre approche. Mais nos réactions n'étaient pas posément raisonnées. *En aer* ! Aussitôt, immobilité prudente ou agressivité immédiate. Si mon père n'avait pas bâton, bêche, fourche ou autre outil en main, il défaisait sa ceinture et frappait avec la boucle[1]. Parfois, il faisait la tournée des recoins ensoleillés avec un engin redoutable : *ãn eskenn brat*, la scie à prairie, une sorte de serpe à long manche, mais tranchante vers l'extérieur, dont on se servait pour découper la tourbe et tracer les rigoles d'irrigation, en coupant le sol. Les chouans et autres paysans révoltés s'en servaient faute de fusils : on en voit sur les tableaux.

On peut dire que les serpents, contrairement aux souris, sont vraiment des animaux sauvages. N'empêche qu'ils se comportaient eux aussi en parasites de notre environnement, qui leur fournissait une nourriture abondante – des rongeurs justement – et une chaleur dont ces animaux à sang froid[2] sont particulièrement friands.

Maman pose bébé Jean dans la cour. Elle revient : un serpent lui tient compagnie ! Elle se précipite : il s'enfuit dans la haie. En 1942 ou 1943, que voyons-nous soudain ? Un serpent qui sort de l'âtre et qui se love contre la marmite. Maman nous pousse dehors ; elle appelle à grands cris ; son frère accourt ; elle lui explique : il revient avec sa scie à prairie. Le serpent a disparu. Maman met une grande bassine d'eau à chauffer sur le fourneau ; elle demande à sa belle-sœur d'en faire autant, pendant que mon oncle va chercher un maçon. Tous

1. Il y avait un homme qui organisait des safaris vipères, armé d'un gros bâton. Il était toujours suivi d'un groupe d'enfants fort réjouis.

2. Plus exactement, leur sang est d'une température égale à celle du milieu extérieur.

deux, restant à bonne distance, disjoignent les pierres de l'âtre avec des barres à mine, et les femmes déversent l'eau bouillante. Après quoi, on enlève prudemment les pierres. En dessous, il y a cinq ou six couleuvres et leurs œufs : les vipères sont vivipares. Mais connaissions-nous cette différence ? En tout cas maman ne voulait pas faire de détail. Le maçon a cimenté orifices et interstices, sous les pierres et entre les pierres. Des couleuvres ont certainement continué à vivre dans le vieux four qui était enterré derrière la cheminée. Mais la coexistence est redevenue discrète.

Il y a une autre catégorie avec laquelle nous n'étions pas tendres. C'étaient les insectes. Nous supportions bien guêpes et abeilles : elles étaient peu nombreuses et n'entraient guère dans la maison, trop fraîche. Pas de pitié pour les taons en revanche ; et comme ils ne bougent pas, tout appliqués à vous sucer le sang, on les tuait à coup sûr. Les mouches sont insupportables, quand elles se replient massivement dans les maisons, à la fin de l'été. Nous accrochions au plafond des bandes de papier collant où elles s'engluaient et couinaient longtemps avant de mourir épuisées : une vraie torture, dont le résultat n'était pas appétissant de surcroît. Quant aux doryphores et à leurs larves, c'était une catastrophe pour les pommes de terre, et la réaction se justifiait : on réquisitionnait les écoliers, instituteurs en tête, pour les ramasser, et on les brûlait.

Mais envers d'autres insectes, qui ne nous faisaient rien, notre attitude était pure méchanceté[1].

1. Il y en avait aussi qui introduisaient une paille dans le derrière d'une grenouille : ils soufflaient pour la gonfler, dans l'intention de la faire crever. Je suppose qu'ils n'y parvenaient pas.

Pas systématique, mais assez fréquente, et surtout ressentie comme normale : nous n'avions pas conscience de notre cruauté. Fourmilières dispersées ; limaces et escargots écrasés ; vers en tous genres coupés en morceaux ; papillons saisis sans ménagement ; hannetons tournoyés au bout d'une ficelle ; grillons enfermés dans des boîtes où ils ne tardaient pas à mourir.

Krãench goad, krãench goad,
Pe me da vresso ga va zroad,

disions-nous au bousier vernissé : « Crache le sang, crache le sang ou je t'écraserai de mon pied. » Vous crachez dessus, et ça donne un liquide rouge. Mais souvent, au bout du compte, on l'écrasait quand même. Il n'y avait guère que les coccinelles, les « bêtes à bon Dieu », à être bien traitées.

La fréquentation des animaux domestiques contribuait à notre formation : elle nous offrait toute une variété de comportements et développait notre finesse psycho-relationnelle. Les insectes ne nous apprenaient rien, mais c'était l'occasion d'exercer des pulsions assez primitives. Les deux aspects se conjuguaient dans notre relation aux oiseaux. Ils contribuaient eux aussi à nous enseigner des attitudes, des caractères. Les corbeaux solitaires, autarciques et dédaigneux, qui regagnaient leur clocher le soir ; les pies jacassières ; les choucas insolents, provocateurs, capables d'agresser un chat qui monte vers leur nid ; les hirondelles inlassablement virevoltantes, dont le vol bas ou haut annonce le temps du lendemain ; les pics-verts au vol en guirlande, qui percent l'écorce des arbres, debout contre le tronc, pour manger les vers, et qui crient pour réclamer la pluie (*da c'houlen glao*) ; les perdrix qui s'envolent à toute allure au dernier moment, presque sous vos pas. Et toute la ribambelle des petits, du rouge-gorge au chardonneret et aux soudaines nuées d'étourneaux.

Nous avions de bons rapports avec eux : ils étaient charmants et hors de portée. Quand ce n'était pas le cas, nous devenions agressifs et prédateurs. Nous les poursuivions au lance-pierres, généralement sans résultat ; le soir, nous attaquions les chauves-souris à coups de bâtons ; toujours en vain : nous ignorions que leurs radars les préservaient. Au printemps, nous grimpions aux arbres pour prendre les œufs ; puis nous les disposions sur le sol et nous faisions un concours, les yeux bandés, pour voir qui en casserait le plus à coups de bâton[1]. Nous aurions été surpris si l'on nous avait dit que nous attentions à la vie.

Ainsi, notre relation à la terre, aux plantes, aux arbres et aux animaux constituait une véritable culture, inconnue aujourd'hui de presque tout le monde, même dans les campagnes, devenues mornes plaines avec stabulations de masse. Non seulement un vaste ensemble de savoirs, mais aussi des repères et des modèles pour le développement de nos personnalités, pour nos réflexions et

1. J'ai dit *nous* tout au long de ce texte pour décrire une tendance générale. Mais elle était évidemment plus ou moins nette selon les individus. Personnellement, j'y donnais assez peu : par placide sagesse, inhibition, dégoût du sang et des chairs, allergie à la violence, et parce qu'il n'y avait pas dans mon environnement d'aîné susceptible de m'entraîner. Je me souviens toutefois d'avoir lancé mon gourdin de berger sur de petits oiseaux posés au sol et d'en avoir mortellement blessé.

nos émotions, et des occasions où se révélaient nos tendances profondes.

Dès l'enfance, notre personnalité se formait aussi par le travail. Aujourd'hui, pour la plupart des gens, c'est une activité extérieure. Non seulement à leur résidence, mais pour ainsi dire à leur vie. Ils accomplissent ailleurs, pour d'autres, des tâches qu'on définit pour eux. Vivement les vacances, où l'on est enfin soi-même ! Il en allait différemment pour nous. Comme je l'ai dit plus haut, notre vie c'était le travail. Mais je peux inverser la proposition : le travail nourrissait notre vie, et contribuait à nous modeler, nous confrontait à la réalité, nous permettait de la maîtriser un peu, nous offrait l'occasion d'investissements enrichissants.

Le travail des bureaucrates, de l'ouvrier et même de l'artisan couvre un éventail d'activités bien plus restreint que celui du paysan d'hier. Et le paysan d'aujourd'hui confie de plus en plus de tâches à des intervenants spécialisés : maçon, couvreur, technicien, mécanicien, entrepreneurs divers. Au contraire, dans leur économie autarcique, nos paysans étaient obligés de savoir presque tout faire[1] : lui, semer et récolter, dresser, conduire, nourrir, soigner et ferrer les chevaux, manier et réparer divers outils, maçonner, remplacer les ardoises, les tuiles ou le chaume du toit, fabriquer des paniers, des manches d'outils ou

1. « Il n'est pas dans l'ordre social d'individu plus complet que le petit paysan indépendant, associant labour et élevage, parfois vigneron, artisan aux multiples aptitudes nécessaires à l'entretien de son domaine et de ses outils, transporteur de ses propres charrois, exécuteur des ordres qu'il se donne après les avoir conçus » (Maspétiol, historien de la vie rurale, 1946).

des allumettes ; elle, cuisiner, laver, repasser (pas facile pour les délicates coiffes en tulle), fabriquer des vêtements, broder parfois, traire (pas évident du tout : je m'y suis escrimé sans succès), s'occuper des animaux et travailler aux champs presque autant que les hommes – du moins depuis que les maisonnées étaient peu nombreuses – tandis que ceux-ci étaient absolument incapables de toutes les activités « féminines » que je viens d'énumérer.

Je ne dirais quand même pas, comme Jean-Claude Carrière, que ce travail demandait une « activité incessante de la pensée », « une organisation mentale extrêmement précise ». Car chacune de ces activités était définie par des traditions routinières et s'accomplissait avec lenteur. Aujourd'hui, n'importe quelle épouse – mère de famille – maîtresse de maison qui travaille de plus à l'extérieur a des tâches tout aussi diversifiées dans un emploi du temps plus serré, qui lui demande bien plus d'agilité physique et intellectuelle.

Propriétaire ou non, le paysan était l'organisateur, l'artisan, le juge et le destinataire de son travail. Il en était même le célébrant. L'organisation s'est développée, mais l'investissement humain et l'enrichissement culturel se sont réduits avec l'élevage de masse de bestiaux anonymes, et avec l'agriculture mécanisée pour le marché. Aujourd'hui, « la moisson s'est dégradée », disait un paysan breton en 1966. Avant, « c'était [...] une sorte de messe ». La moissonneuse-batteuse, « je n'ai rien contre... Sûrement pas. Le travail est fait rapidement et ça nous évite de la peine. Seulement [...] on a perdu [...] le sens de la valeur du blé. Autrefois, c'était notre pain que nous récoltions [...]. La moisson et le battage, ça avait un sens sacré », un « sens humain, presque religieux, représenté par le pain qui serait, pendant un an, plus ou moins abondant sur la table ». Aujourd'hui, c'est « une simple opération [...] de rentabilisation ».

Toute cette culture-là – ce rapport aux forces vivantes de la nature, à la personnalité des animaux, cette pratique des travaux agricoles et artisanaux – ne m'a pas servi, puisque j'ai quitté cet univers, et que je m'en suis même éloigné volontairement. Dès l'adolescence, j'y étais moins investi que d'autres – dont je sentais à cet égard la supériorité. Elle a néanmoins contribué à me former, et je continue à en être marqué.

Je l'ai été encore plus par la connaissance des hommes, par la culture anthropologique de mon enfance : c'est surtout dans la fréquentation de nos semblables que se forment nos personnalités. De vue, à partir du moment où j'allais à l'école et à l'église, je ne connaissais pas moins de monde qu'un gamin d'aujourd'hui. Et il y en avait un petit nombre que je connaissais de plus près que lui. Je cohabitais en permanence avec ma mère, mon père (sauf pendant sa captivité), ma grand-mère et notre ouvrier : ils ne s'absentaient presque pas ; ils ne s'enfermaient jamais dans un bureau ou dans une chambre – sauf la nuit. Et je vivais en partie avec nos voisins immédiats, chez qui je pouvais entrer à tout instant. Ces relations étaient riches de leur diversité, car je ne les choisissais pas, contrairement aux gens d'aujourd'hui, qui s'assemblent avec qui leur ressemble.

Aujourd'hui, je salue mes voisins, je bavarde avec mes collègues, je téléphone parfois à des parents : échanges creux où nul ne s'engage. Je ne me révèle qu'à des amis soigneusement choisis. Et pas trop, car je suis bien élevé, c'est-à-dire un peu secret : je protège mon intimité. À l'époque, directement ou à travers mes parents, je vivais en sympathie ou en hostilité à peine déguisée avec presque tous ceux que je fréquentais. Les relations étaient directes, à visage découvert, et parfois vigoureuses, aux antipodes de nos affabilités fallacieuses. Les paysans ne s'expriment pas, dit-on. Souvent ils évitent en effet d'expliciter verbalement leur avis face à un étranger ou à une question qui les gêne. Mais ils ont entre eux des systèmes de communication très clairs. Or, divergences et incompatibilités, accumulées parfois depuis trois générations, s'accentuaient du fait qu'on ne pouvait pas échapper au regard d'autrui, ni surtout à ses préoccupations. De plus, chacun savait une bonne partie des secrets des autres et même de leurs aïeux.

Nous vivions dans une communauté et sous un moralisme qui avaient l'œil sur tout le monde et qui étaient hostiles à la liberté personnelle. Mais les gens étaient « nature », si bien que leur personnalité était vigoureuse. Ils avaient grandi dans la solitude de hameaux dispersés, sans l'homogénéisation qu'entraînent le brassage et la sociabilité de la vie urbaine ; et des statuts très différents – même à l'intérieur des maisonnées – les particularisaient fortement. En conséquence, ceux que j'ai connus alors, spontanés, impulsifs, fort peu soucieux de self-control, étaient plus divers que les gens comme il faut de nos sociétés normalisées, avec leurs visages sans histoire, soucieux de passer incognito ou de ressembler aux images à la mode. On n'appréciait guère l'originalité de certains ; mais on l'acceptait : ça faisait partie du paysage.

Quelques-uns ne disaient pas trois mots par jour ; mais leurs visages, leurs regards immobiles, énigmatiques, n'en avaient que plus de force. L'un d'eux m'effrayait : il avait l'art de surgir soudainement, compact comme une statue, plantait son regard sur moi et repartait sans rien dire. Tel autre n'arrêtait pas de parler avec tant de fougue qu'il en bavait. Plusieurs étaient assez satisfaits d'eux-mêmes, et quelques-uns se vantaient d'actions parfaitement incroyables. Sans doute n'avaient-ils pas encore bien intégré cette conscience autocritique qui censure nos prétentions à nous autres, gens civilisés, et qui nous réduit au vraisemblable. Je revois notre voisin Christophe, étalant son gros ventre, toujours ricanant, toujours suffisant, fier de ses pintades et de ses dindons, alors qu'il laissait maison et ferme aller à vau-l'eau. D'autres, maladroits et inhibés, devenaient des héros extravertis dès qu'ils avaient bu deux verres. Je regrette, faute de talent et par discrétion, de ne pouvoir présenter une galerie de portraits.

Les riches – *ar juloded* – étaient assez imbus de leur supériorité. La plupart se reconnaissaient à un air de dignité compassée (d'autant plus qu'ils étaient dévots de surcroît) : ils étaient concentrés en eux-mêmes ; faire attention aux autres eût été une dispersion, un gaspillage de leur précieuse personnalité. Ceux que leur fonction mettait au-dessus du lot s'identifiaient d'autant plus à leur personnage que les autres les entouraient d'un respect qui le renforçait. *Madame*, notre institutrice, toujours sévèrement solennelle. Monsieur le maire, svelte, agile, beau parleur, enjôleur, résolvant en verbe tous les problèmes. Monsieur le recteur, frileux, souffreteux, la tête sur le côté comme le Christ, la voix faible, compatissante et hypocrite.

J'ironise un peu, mais je suis fier de cette panoplie. Le vigoureux patrimoine d'humanité qui travaillait ces corps et ces visages les rendait dignes de Goya ou de Rodin. Depuis, j'ai vécu dans d'autres milieux : à part les marginaux, j'y ai rarement trouvé des gens aussi fortement individualisés. Il y a plusieurs façons de regarder ceux qui sont d'un tout autre milieu socioculturel que nous. Comparés à nos modèles, qui leur sont étrangers, ils paraissent inconvenants, quasiment difformes. Mais quel manque de sympathie, de générosité, d'intelligence, dans une réprobation aussi mal adaptée, où c'est la bassesse morale du juge qui fait la disgrâce physique du condamné.

Écoutons plutôt ce que dit Flaubert, malgré son agnosticisme et son hostilité à l'Église, à propos des paysans qu'il a vus à la messe à Quimperlé en 1847 : « Ils étaient beaux ces hommes, beaux parce qu'ils étaient vrais [...], dans la bonne foi de leur croyance [...]. Avec leur costume d'autrefois, leur antique visage et cette religion de leurs ancêtres, ils exhibaient ainsi les générations antérieures et semblaient à eux seuls représenter toute leur race. C'est pour cela peut-être qu'ils avaient l'air si pleins et que chacun paraissait porter en lui plus de choses qu'il n'y en a ordinairement dans un homme. »

J'ai beaucoup critiqué la façon dont Renan, Le Braz, Hélias et d'autres retournent en qualités supérieures les diverses imperfections de leurs chers compatriotes. Mais je ne saurais approuver ceux qui projettent sur les cœurs et les esprits la grossièreté d'une apparence physique imposée par la pauvreté et par des conditions de vie qui salissent les vêtements et accablent les corps. « Une extrême délicatesse, une grande sensibilité, de la fierté, de la finesse s'allient, par un mélange singulier, à la rudesse, à la grossièreté de leur extérieur », disait Cambry – qui est généralement précis et pas toujours tendre – à propos des paysans léonards.

« Tous ces paysans de Plougourvest, je les voyais dignes, discrets, "distingués". C'est ailleurs que je découvrais la vulgarité », m'écrit une enseignante originaire de la paroisse. Je n'emploierais pas exactement ces mots-là, ni ceux de Flaubert. Je dirais plutôt que les paysans de mon enfance étaient d'une plénitude humaine impressionnante parce qu'ils portaient sur leurs visages l'histoire de leurs épreuves, sans nos masques uniformisants d'hommes policés, normalisés et soucieux de le paraître. Sans nos visages de composition qui disent toujours *ça va*, alors que dans la vie ça va rarement si bien que ça.

Malheureusement, si l'authenticité des personnalités n'était pas encore uniformisée et bridée pas le vernis conformiste de la civilisation, elle était souvent censurée par une sagesse de soumission, qui enfermait nos désirs, nos esprits, nos imaginations dans la routine des traditions et le ghetto du raisonnable. Soumission à Dieu et aux hasards de la Providence, aux habitudes, à la nature, aux intempéries, aux maladies, aux infirmités et à la mort, et enfin aux dominants de toute espèce : *ar mestr* (le propriétaire ; mot à mot : le maître), *ãn aoutrou mear* (le seigneur maire), *ãn aoutrou persoun* (le seigneur curé).

Je comprends cette attitude : nous étions trop démunis et trop assujettis pour faire autrement. Il me semble toutefois que cette sagesse restrictive allait au-delà du nécessaire. La condition d'aujourd'hui pousse à la consommation : on en rajoute en multipliant les achats de gadgets inutiles. Notre pauvreté nous imposait d'être économes : nous l'étions à l'excès. Nous ne jetions presque rien : vieux journaux, vieux papiers, bouts de ficelle, boîtes de conserve, clous rouillés, objets cassés... Nous en récupérions même dans l'ancienne carrière qui servait de déchetterie. Vieilles lunettes et chaussures racornies attendaient preneur dans un tiroir et sur les armoires. J'ai encore quelques réflexes de ce temps-là : je me retiens pour ne pas finir les pots de yaourt si mal léchés par mes petits-enfants.

Quand je parle de tout cela, les gens comprennent facilement notre soumission à la pauvreté, à Dieu, aux dominants, aux aléas du climat ou des récoltes. Il leur est plus difficile de percevoir à quel point les traditions et l'environnement communautaire nous conditionnaient. Aujourd'hui, chaque couple, chaque veuf ou célibataire vit dans son espace propre, bien séparé de voisins qui ne le connaissent que de vue. N'entrent chez lui que ses invités, et seulement dans le couloir et la salle à manger. Ils ignorent plus ou moins son passé, ses convictions, sa vie affective, à moins qu'il ne leur en ait fait confidence, et ils affectent de ne pas les juger. De plus, chaque adulte vit dans une situation et dans une existence qui sont plus ou moins sa création : le fruit de ses études, de son travail, de ses choix. Même les enfants ont leurs chambres et leurs petites affaires. Ils choisissent plus ou moins nourriture, vêtements, loisirs et programmes de télé. Les ados ont leur vie personnelle. Nous sommes les entrepreneurs, les créateurs de nos conditions d'existence – dans la limite des aliénations imposées par la publicité.

Nos ancêtres, jusqu'à ma génération, étaient au contraire les héritiers et pour ainsi dire les produits d'une condition à laquelle ils ne pouvaient guère échapper, et qu'ils ne pouvaient guère transformer. La plupart des gens – et même presque tous à la campagne – vivaient et mouraient dans le canton (voire dans la maison) et dans la situation où ils étaient nés. Rien n'avait changé, ni dans les faits ni dans les esprits, au long d'une existence où ils n'avaient pas eu grande possibilité de choix. Ils avaient hérité et subi leur vie, dans une maisonnée d'une seule pièce, avec une dizaine de personnes, et dans une communauté où tout le monde connaissait (voire épiait et jugeait) tout le monde, depuis des générations, en tous domaines : à l'école, au travail, à la messe, au bistrot, à la maison, où les voisins entraient fréquemment. Or, comme dit Brassens :

Mais les brav'gens n'aiment pas que
L'on suive une autre route qu'eux.

Cela n'empêchait pas une grande diversité des personnalités. Mais seulement tant qu'elle ne heurtait pas l'idéologie morale traditionnelle, dont cette pression de la communauté maintenait la forte domination.

Présentée en formules et anecdotes séduisantes, cette idéologie morale s'inscrivait facilement dans les mentalités. Ma mère était l'un des esprits les moins soumis de la paroisse. Et pourtant, elle répétait souvent les proverbes qui enseignent la soumission : « La vie est une vallée de larmes. » « L'argent ne fait pas le bonheur. » « Tant qu'on a la santé !... » « J'ai ruiné ma santé pour devenir riche, puis je me suis ruiné pour soigner ma santé. » Et surtout : « Faute d'avoir ce que l'on aime, il faut aimer ce que l'on a »... Etc.

Elle admirait beaucoup un texte publié en 1904 et destiné à être largement répandu dans nos campagnes, comme le montre sa présentation. C'est un dialogue en vers de trente pages de tout petit format (7 × 11 cm) entre un docteur et un enfant : *Dialog etre un Doctor hac eur Buguel*. Ce concentré de la sagesse d'autocensure enseigne que l'absence de « soumission » conduit à la « dissension »[1], que « la grande fortune et les honneurs / transforment les saints en diables »[2], qu'après les rires viennent les pleurs, après les jeux les gémissements[3]. Et c'est bien sûr l'enfant qui débite cette sagesse, car la prétendue science des docteurs n'est qu'un tissu de prétentions erronées, aux conséquences funestes.

« Si la mort me surprend, je rends mon âme à Dieu », disaient jadis tous les soirs, *dès l'enfance*, les gens bien élevés. En Bretagne, cette soumission-là était particulièrement forte : on avait l'impression d'une « race ne vivant que de ses morts » (Anatole Le Braz). Vivants et trépassés formaient « une communauté unique d'hommes visibles et invisibles » (Xavier Grall).

Une fois de plus, cette conception et ce comportement, qu'on nous dit typiquement bretons, étaient jadis répandus à travers toute l'Europe – et ailleurs. Pour Montaigne, chrétien modéré,

1. « *Elec'h ma vanq soumission* », « *e sao disantion* ». Je respecte l'orthographe de mon édition. Comme souvent, les mots abstraits sont décalqués du français.

2. *Ar fortun vraz, an enoriou*
Eus ar zent a ra diaoulou.

3. *Goude c'hoarzin et teu guela,*
Goude c'hoari, huanada.

assez amoureux des plaisirs de cette vie, « philosopher c'est apprendre à mourir ». À la fin du XIXe, dans le village creusois de Jules Marouzeau, à chaque enterrement les femmes se couchaient près de la tombe pour clamer leur douleur. Cette attitude a simplement persisté plus longtemps en Bretagne et dans d'autres régions écartées, alors que la modernité commençait à détourner les Européens de l'au-delà, pour les orienter vers la maîtrise de ce monde-ci et la satisfaction de leurs désirs temporels.

Si la pensée de la mort était plus forte en Basse-Bretagne qu'ailleurs, était-ce une tradition celte ? Difficile de l'affirmer. C'était en tout cas l'effet d'une Contre-Réforme pour laquelle il faut subordonner radicalement l'existence terrestre à la vie éternelle, fuir tous les plaisirs et vivre comme si l'on était déjà mort[1]. Les missionnaires du XVIIe, particulièrement actifs dans cette région, y ont asséné cette vérité fondamentale du christianisme augustinien. « O mon Dieu faites par votre infinie miséricorde que la pensée de la mort occupe continuellement mon esprit », s'écrie Vincent Huby, qui prêche dans le diocèse de Vannes de 1664 à 1693.

Mais tout évolue, et tout a une fin. *Ãn Ankou* – la Mort personnifiée, qui nous saisira – faisait

1. « Vivez comme si vous ne viviez pas », disait Bourdaloue, que les contemporains de Louis XIV plaçaient au-dessus de Bossuet. En peinture, fin XVIe début XVIIe, l'un des principaux genres est la *vanité*. On y étale les fragiles beautés de ce monde (fleurs, flammes de bougies, objets en verre...), ses plaisirs fugaces (instruments de musique, coupes de vin...) et les signes de la puissance matérielle (armes, planisphère) et intellectuelle (livres). Pour en souligner la vanité, pour rappeler la vérité fondamentale de notre condition, on place en plein milieu une tête de mort.

partie de notre vocabulaire usuel, tout comme *ãn Ãnãõn*, la communauté des trépassés. Jamais on n'évoquait quelqu'un qui était mort – tout particulièrement son père, sa mère ou ses aïeux – sans ajouter *Doue r'bardouno !* Dieu lui pardonne ! Mais nous parlions du fourgon fatal avec ironie : *karrigel ãn Ankou*, la *brouette* (et non pas la charrette) de la mort, ça ne fait pas très sérieux. Je n'ai pas vécu dans cette obsession de la terrible Faucheuse, dont nous parlent ceux qui imaginent la vie de 1940 à partir de contes, monuments et légendes qui n'avaient plus cours. Le cimetière était au centre du bourg ; nous le traversions fréquemment – tout simplement pour aller de l'autre côté. Sur le catafalque, il y avait un crâne et deux tibias, avec une inscription latine[1] dont le curé nous expliquait le sens. Nous allions tous mourir. Peut-être dès demain. Oui, bon : tout le monde sait ça. Notre attitude était seulement un constat réaliste. Pas très gai certes, mais tout à fait supportable, parce que la mort nous était concrètement familière : une force sauvage domestiquée par l'habitude. Car chaque décès concernait la communauté tout entière. Aujourd'hui, beaucoup éloignent les enfants à la mort du vieux grand-père : qu'ils ne voient pas le cadavre. Moi avant quinze ans, j'avais embrassé plus de morts que je n'en ai vus depuis, et je reste surpris devant ceux que bouleverse le décès d'un octogénaire. Les choses ont l'importance que leur donnent le discours ambiant et les possibilités qu'on a d'y faire face. On accepte en silence ce contre quoi on ne peut rien.

1. *Hodie mihi, cras tibi.* Aujourd'hui pour moi, demain pour toi.

Quand elle sentait venir la fin, la famille envoyait chercher M. le recteur, quelle que fût l'heure, de jour ou de nuit, pour confesser le mourant et lui administrer l'extrême-onction, passeport indispensable pour le paradis. On pouvait le rencontrer qui se hâtait, précédé (si on avait eu le temps de le trouver) d'un enfant de chœur agitant sa clochette : il fallait s'arrêter, se découvrir, se signer. Les dévots le faisaient à genoux.

Le décès était annoncé par le glas, avec un nombre de coups différents selon qu'il s'agissait d'un homme ou d'une femme[1]. En général, on savait d'avance qui était sur le déclin. Sinon, on envoyait un enfant aux nouvelles[2]. Car si c'était un parent ou un voisin, il fallait participer le soir même aux *grâces* (*ar grassou*). Si ce n'était pas trop loin, les enfants y allaient aussi. Dans la salle – qui pour une fois servait à quelque chose – le mort était installé sur un lit, parfois surmonté d'un dais, qui lui faisait comme une petite chapelle. Les murs alentour étaient tendus de blanc. Il y allait de l'honneur de la famille, en ce jour où tant de gens entraient dans la maison. L'une des préoccupations de ma mère, sur les derniers temps, était de me rappeler où étaient les vêtements, draps et parures préparés pour son décès. Morte en maison de retraite, elle n'y a pas eu droit.

1. Sept coups pour une femme, neuf pour un homme, si je me souviens bien. Dans certaines paroisses, le glas annonçait même l'âge du défunt : par exemple cinq coups de grosse cloche et quatre de petite ça signifie 54 ans.

2. Aujourd'hui encore, nos vieux ruraux commencent le journal par les avis mortuaires.

Près du lit, sur un banc, entre deux chandeliers, un brin de buis dans une soucoupe d'eau bénite. De part et d'autre, les gens de la maison, sur des chaises. Aspersion, signe de croix. Installation, prière balbutiée. Le prêtre arrivait, disait les grâces, repartait, suivi de la plupart des gens. Les proches restaient. Ceux qui étaient venus de loin passaient la nuit avec la famille. On soupait. On évoquait le défunt, puis des tas d'autres choses. Sur un ton normal, c'est-à-dire de plus en plus vigoureux. Puis on retournait près du cadavre. Des femmes disaient encore des prières, en latin, sans en comprendre un seul mot. Ma mère pouvait en aligner pendant une bonne heure sans se répéter ni se tromper : je puis en témoigner, moi qui comprenais le latin.

Le lendemain, une dernière visite des proches avant la mise en bière. Le cercueil était porté en charrette jusqu'à proximité du cimetière, puis par quatre personnes de même âge et sexe que le défunt, choisies par la famille. Au moins un représentant de presque toutes les maisonnées assistait à l'enterrement. Pour ceux des gens importants ou estimés, l'église était plus pleine qu'en toute autre occasion. À la fin de la cérémonie, quand tout le monde venait bénir une dernière fois le cercueil, vous passait devant les yeux une galerie de figures dignes de Bosch et de Bruegel l'Ancien : des grands peintres antérieurs à la normalisation restrictive de notre civilisation.

Nos chats et nos chiens se cachaient pour mourir : il y en a que nous n'avons pas retrouvés. Sans aller jusque-là, nos vieillards s'éteignaient facilement. Ce n'étaient pas, comme nous, des consommateurs d'existence, toujours altérés de multiples désirs. Ils se percevaient comme les sujets d'un cycle vital : leur corps suivait le rythme de la nature, leur esprit la volonté divine et l'ordre normal des choses. Vers la fin, fatigués, ils étaient presque satisfaits d'avoir fait le tour. La mort n'était pas un scandale dont ils étaient victimes, mais un achèvement auquel ils participaient. « Il s'est mort », disaient mes voisins d'Ille-et-Vilaine. Et puis, ils croyaient à la vie éternelle – sans que leur prudent réalisme de pauvres gens souvent bernés en fût tout à fait sûr. En tout cas, ils étaient assurés d'une assez longue survie temporelle : dans ces communautés immobiles, traditionalistes et religieuses, ils disparaissaient moins vite de la mémoire collective qu'on ne le fait dans l'agitation actuelle. J'ai même vu deux vieilles se disputer à propos d'un homme mort depuis dix ans comme s'il vivait encore. Ils ne survivaient pas seulement dans les mémoires : leur présence persistait dans les lieux qu'ils avaient fréquentés et façonnés, et qui perduraient sans aucun changement – sinon précisément leur absence, qu'on était donc obligé de constater et invité à réparer par le souvenir.

C'est sans doute pour cela que dans les visites d'églises ou de châteaux – de *monuments* comme on dit, sans savoir que ce mot signifie étymologiquement *mémento*, *édifice qui invite à se souvenir* – je m'intéresse moins à l'architecture, aux tableaux, aux sculptures, à tout ce qui a été fait volontairement par un seul ou quelques-uns, qu'aux marques sur le sol : aux traces des foules d'ancêtres qui se sont traînés là jusqu'à user la pierre. Ces empreintes anonymes sont tout ce qu'il en reste. Je pense alors aux sentiers qu'ont tracés mes aïeux, que j'ai parcourus moi-même, et qui achèvent de disparaître à jamais. Je revois le parcours qui serpente ; je sens à certains endroits l'élasticité du sol, comme la chair vivante de la terre. C'est pour la même raison que j'aimais tant les manches des outils : prendre dans ma main ce bois patiné, humanisé par l'étreinte des générations précédentes.

CHAPITRE 18

ET LE SEXE ?

Chez les Bretons, « la région occipitale a peu de saillie » : voilà pourquoi « les passions érotiques les asservi[ssent] moins à leur empire que dans les autres contrées ».

Le naturaliste
Bachelot de La Pylaie, 1844

Et quand tu m'as grisé
De ton premier baiser,
....
Mon émotion était si forte
Que n'osant rien tenter,
Je me suis arrêté
Sur le seuil de ta porte[1].

Puis ce fut le roman
Cher à tous les amants :
Ivre de baisers de caresses,

1. Je ne crois pas que ma mère ait perçu la signification possible des deux derniers vers.

Je t'aimais comme un fou,
Servant à deux genoux
L'amour comme on sert une messe.
....

Un soir je suis venu,
Mais sans être attendu,
Et j'ai trouvé la porte close.
....
Des heures j'ai guetté,
....
Et je t'ai vue oui toi
L'embrasser comme moi,
Sur le seuil de ta porte.

Ainsi chantait ma mère, à Plougourvest ! Un amour sans mariage, une passion religieuse, l'ivresse physique avec deux hommes à la fois ! « C'est bien hein ? » conclut-elle, sur l'enregistrement qu'elle m'en a fait vers quatre-vingts ans. Mais ce n'est pas l'érotisme qu'elle admirait : c'est le pathos romanesque et la griserie de la chanson – qui coloraient le reste en rose. Quand elle a lu *Madame Bovary*, où l'adultère n'est pas enveloppé de ces charmes illusoires, elle a été choquée.

« Rien de plus facile [...] pour moi que d'écrire [...] un superbe chapitre sur la sexualité des Bigoudens. Je m'en suis bien gardé », disait Pierre-Jakez Hélias. Quel dommage[1] ! Quant à moi, je ne sais pas grand-chose de la vie sexuelle de mes parents, de leurs contemporains et des adolescents de mon enfance. Mais comme toutes nos

1. Peut-être, s'appliquant à lui-même sa dialectique habituelle, transforme-t-il son ignorance en mérite ?

activités, celle-là dépend, au-delà de variations personnelles, des possibilités matérielles et culturelles de l'exercer. Je compléterai donc ce que je sais par ce qui me paraît vraisemblable, en appuyant mes hypothèses sur ce qui se passait ailleurs ou à d'autres moments.

La sexualité est un instinct, un appétit naturel fort et impulsif. Mais l'une des différences essentielles entre l'homme et les animaux, c'est qu'il n'est pas soumis à ses instincts. Nous sommes capables de les maîtriser ou de les développer, jusqu'à jeûner ou boire sans soif et nous empiffrer, jusqu'à faire l'amour en toutes saisons ou cultiver virginité et chasteté. Notre sexualité est plus culturelle que naturelle et par conséquent historiquement très variable, selon les possibilités concrètes et l'idéologie des époques, des milieux et des individus.

Les pouvoirs ont toujours souhaité des couples stables (bases de la vie sociale et des prélèvements fiscaux) ainsi que des comportements disciplinés, gages de tranquillité sociale. Le désir sexuel est impulsif et inconstant : dès l'origine, l'ordre social et l'ordre moral l'ont donc encadré plus ou moins sévèrement. Quant aux familles, c'est pour éviter la dispersion des patrimoines qu'elles empêchaient celle des ovules et des spermatozoïdes. Comme il fallait néanmoins satisfaire les désirs individuels (du moins ceux des mâles), on a généralement fait coexister deux systèmes : une vie de couple stable, honorable et assez sage et un dévergondage parallèle, notamment par la prostitution des femmes, souvent réprouvée mais tolérée presque partout.

Dans la Rome antique, cette coexistence était particulièrement nette. Pas question d'utiliser ni même de regarder comme objet sexuel un homme ou une femme libres, même si l'on est son conjoint. Ce serait les traiter comme des esclaves. Certains historiens croient même que Romains et surtout Romaines s'éduquaient pour ne pas jouir dans le devoir conjugal. Pour le plaisir, il y avait les esclaves – surtout pour les hommes, bien sûr. De préférence de jeunes garçons – dont l'image était supérieure à celle des femmes et des filles.

Pendant longtemps, on a retardé le mariage[1] jusqu'à vingt-cinq ans ou plus, pour éviter la surpopulation. On ne pouvait guère exiger une absolue chasteté jusque-là – à moins d'un moralisme tyrannique qui ne s'est imposé qu'au XIXe, et pas partout. Dans plusieurs régions, les jeunes gens se fréquentaient plus ou moins librement, notamment aux veillées, que doivent éviter « toutes celles qui veulent [...] vivre sans tache de corps » (l'évêque de Saint Malo, 1620). On se caressait, on allait même jusqu'à se masturber mutuellement, en s'appliquant à éviter la pénétration et ses fâcheuses conséquences[2]. C'était fréquent en pays germanique et scandinave. Mais aussi dans quelques régions françaises, particulièrement dans les milieux populaires. Le samedi et les jours de fêtes, écrit l'évêque de Tarentaise

1. Pendant longtemps, même beaucoup de couples permanents n'étaient pas mariés. Considérons la situation au XVIe siècle, juste avant que ne commence à s'imposer l'administration et le moralisme modernes. À Nantes, la moitié des enfants naturels proviennent de couples stables mais non mariés. Quant à ceux qui se marient, ils ne font souvent à cette époque, surtout dans les milieux populaires urbains, que bénir une union déjà bien installée, comme aujourd'hui.

2. Bien entendu, la frustration en conduit d'autres jusqu'à la zoophilie. Dans ce cas, on brûle l'homme, l'animal et les pièces du procès, et les cendres sont « dispersées au vent ». Le 1er juin 1624 à Rennes, « il fut bruslé ung homme et unne asne tout viffz, accusez de sodomie ».

en 1609, les jeunes paysans veillent « tard chez leurs amies » et « sous couleur de l'éloignement de leurs demeures, ils leur demandent l'hospitalité et veulent partager leur lit [...]. Celles-ci, après avoir conclu un pacte pour conserver leur pudicité et ne rencontrant pas d'opposition de la part de leurs parents, ne les refusent pas ». Mais « il arrive bien souvent que la fureur sexuelle force ce pacte ridicule ». Il interdit donc ces pratiques sous peine d'excommunication. Tout le monde n'était pas aussi sévère. Le concile de Trente (le concile de la Contre-Réforme !) se borne à « exhorter les conjoints à ne pas habiter dans la même maison avant la bénédiction sacerdotale ». Le célèbre théologien Thomas Sanchez – un jésuite il est vrai – tient « pour certain que cela n'est pas péché mortel de consommer avant les bénédictions de l'Église », et « pour probable [...] que ce n'est pas péché véniel » (1602).

Les jeux érotiques des jeunes subsistent toujours en plein XIXe siècle en Vendée et jusqu'aux approches de 1900 dans le pays de Montbéliard et dans certaines régions des Pyrénées, tout comme le mariage à l'essai dans le Pays basque, bien que frappé lui aussi d'excommunication depuis 1640. Heureuse conséquence de cette liberté qui permet des satisfactions et enseigne la maîtrise : vers 1830, la Vendée a le plus faible taux de naissances illégitimes. Il y en a peu également dans les Côtes-du-Nord où, selon Abel Hugo, les jeunes gens s'amusent parfois « en fouillant dans les poches les uns des autres » (1835). Quant aux ecclésiastiques, beaucoup vivaient tranquillement en concubinage jusqu'au début du XVIIe. « Les prêtres foutent comme anges », affirme un Champenois au début du XVIe.

Il est condamné non pour calomnie envers la prêtrise mais pour blasphème envers les anges.

Cette liberté n'a subsisté que çà et là quand se sont imposés à la fois une Contre-Réforme austère et le moralisme bourgeois, dans la seconde moitié du XVIIe siècle. De toute façon, l'érotisme se réduisait après le mariage. On pouvait passer à la pénétration, et les hommes étaient généralement rapides et sommaires, sinon brutaux. De plus, une civilisation machiste se méfiait fort des dévergondages féminins. « Il faut, dit Aristote, toucher sa femme prudemment et sévèrement, de peur qu'en la chatouillant trop lascivement le plaisir la fasse sortir hors des gonds de la raison » (Montaigne). C'était l'avis général, et le « devoir conjugal » n'était guère épanouissant pour les épouses. Les hommes acceptent le mariage pour avoir du sexe, disait-on ; les femmes acceptent la sexualité pour avoir des enfants.

Se marier, c'est passer des jeux de l'adolescence aux choses sérieuses de l'âge adulte et à la respectabilité sociale : « Le mariage [est] un nom d'honneur et dignité, non de folâtre et lascive concupiscence. » « C'est une religieuse[1] liaison [...] : voilà pourquoi le plaisir qu'on en tire ce doit être un plaisir retenu, sérieux et mêlé de quelque sévérité. » C'est « une espèce d'inceste d'aller employer à ce parentage vénérable et sacré [...] les extravagances de la licence amoureuse » (Montaigne). « L'homme qui se montre plutôt débordé amoureux envers sa femme que mari est adultère », confirme le célèbre prédicateur Bénédicti (1601),

1. Ce mot n'a pas ici le sens que nous lui donnons aujourd'hui, mais celui de *scrupuleusement sérieuse*.

reprenant une formule qui remonte au stoïcien Chrysippe, à travers saint Jérôme. (En clair, ne prenez pas votre digne épouse pour une folle baiseuse ; pour vos fantaisies, allez au bordel. Aussi triste que scandaleux, à mon avis. Et je crains que ce souci d'honorabilité ne continue à brider quelque peu les ébats conjugaux même aujourd'hui.) Certains, comme saint Jean Eudes, qui a beaucoup prêché en Normandie et en Haute-Bretagne, recommandent de vivre « en virginité perpétuelle dans le mariage », ou du moins de redevenir chaste « après en avoir eu quelques enfants » (1641).

À cette époque, ce sont des médecins – concurrents intellectuels des clercs et souvent poussés par leur métier et leurs études au réalisme, sinon au matérialisme et à la libre-pensée – qui jugent la « volupté » tant de l'homme que de la femme nécessaire pour une bonne fécondation. Si l'épouse est « dure à l'éperon », il « la doit mignarder, chatouiller, caresser et émouvoir, [...] en maniant ses parties génitales et petits mamelons afin qu'elle soit aiguillonnée et titillée » jusqu'à ce que « sa matrice lui frétille » ; « et lorsqu'elle sentira être aiguillonnée et émue le dira à son mari : adonc se joindront ensemble, et accompliront leur jeu doucement, attendant l'un l'autre, faisant plaisir à son compagnon » (Ambroise Paré, 1585).

Du XVIe au XIXe, le développement de la civilisation sera d'une part celui de l'économie, de la science et de la technique, d'autre part celui de l'ordre social et moral, qui va s'efforcer de discipliner les comportements. Il se maintiendra jusqu'aux années 1960.

À partir de la Renaissance, les Européens commencent à contrôler leurs pulsions, à discipliner et à raffiner leur comportement, afin de plaire dans une société de plus en plus policée. Cette évolution, interrompue en France par trente années de guerre civile, reprend et s'affirme au XVIIe siècle, où brillent les salons et la cour. Elle concerne non seulement la haute noblesse, mais la bourgeoisie ascendante. D'un côté, celle-ci a besoin, pour s'affirmer, de se distinguer du peuple. Elle le fait en refusant le bas du corps et ses pulsions pour se recentrer sur le cœur et le cerveau, sur l'affectif et l'intellectuel. C'est la fin de la culture et de la langue rabelaisiennes, rapidement remplacées par la décence, la bienséance, le moralisme, la censure de l'âge classique. L'absolutisme apprécie ces principes d'autodiscipline. De son côté, la bourgeoisie, pour s'affirmer face à une noblesse qui revendique une supériorité naturelle, héréditaire, s'applique à y opposer une supériorité morale. Elle s'impose donc une discipline de comportement qui correspond à sa tendance générale à être économe sur tous les plans pour assurer son ascension : travailler sérieusement, ne pas se dissiper, ne pas dépenser inconsidérément ni son argent ni ses forces ni son sperme. Être fourmi, et non pas cigale – contrairement au noble, qui veut montrer sa supériorité par un faste dépensier. L'une des nombreuses conséquences de cette évolution est la diminution des unions libres, de la liberté sexuelle et des conceptions illégitimes ou prénuptiales.

C'est à partir de 1623 que se développe la censure moraliste qui va durer jusqu'en 1960. Cette année-là, Théophile de Viau, prince des poètes libertins, est jeté en prison pour avoir écrit qu'il se ferait sodomite pour ne plus attraper la vérole ; la Compagnie du Saint-Sacrement, contre les dérapages de laquelle Molière écrira *Tartuffe*, se crée en 1627 pour « veiller à tout ce qui pouvait empêcher le mal et procurer le bien » et notamment pour empêcher les dévergondages sexuels. Pendant trois siècles, le christianisme va exalter la Vierge, dénoncer Ève, proclamer la virginité préférable au mariage, qui ne devait pas viser la jouissance des individus, mais la perpétuation de l'espèce. « L'homme prendra femme avec la crainte de Dieu, et intention d'avoir lignée seulement. »[1] Le sexe c'était le diable, le tentateur incrusté dans l'homme, et surtout dans la femme[2].

Mais il ne suffit pas de proclamer une exigence pour que la réalité s'y soumette. Surtout quand les conditions concrètes poussent en sens inverse. Comment obtenir une discipline sexuelle de seigneurs qui pouvaient tout se permettre[3], et de gens rustres et impulsifs, dans la promiscuité d'habitations surpeuplées, où souvent les petits couchent avec leurs parents jusqu'à un âge avancé, puis les uns avec les autres ? C'est « l'un des moyens dont le démon se sert plus communément pour faire perdre

1. *Le Pédagogue des familles chrétiennes*, 1664.

2. Nos aïeux savaient que l'une des activités favorites des sorcières est l'accouplement avec Satan – où d'ailleurs « elles souffrent une extrême douleur » car « le membre du Démon étant fait à écailles comme un poisson, elles se resserrent en entrant, et se lèvent et piquent en sortant » (Pierre de Lancre, 1612).

3. Gilles de Rais, ancien compagnon d'armes de la vierge Jeanne d'Arc et maréchal de France à vingt-cinq ans, fréquente les moines, s'occupe d'enfants abandonnés et envisage un pèlerinage à Jérusalem. Est-ce pour compenser d'autres activités parallèles ? Car il verse dans l'orgie, la sorcellerie, la pédophilie meurtrière : au moins cent quarante assassinats, surtout de jeunes garçons, en sept ans. Il est pendu et brûlé à Nantes en 1440, à trente-six ans.

aux enfants la pureté de leur âme », écrit l'évêque de Grenoble en 1681. La réforme catholique, le contrôle administratif et la censure moraliste ne gagnent que progressivement nos campagnes, en commençant par les petites villes. Il y a moins d'enfants illégitimes, de 1602 à 1742, à Landivisiau (0,46 %)[1] que dans la paroisse rurale de Guiclan (0,63 %) et surtout que dans la paroisse moins riche de Plouvorn (1,49 % entre 1586 et 1715)[2]. Leur nombre diminue tout au long de cette rechristianisation moralisatrice : au début de la période il y en avait quatre fois plus[3] et on les baptisait comme les autres, tandis qu'à la fin on ne le fera que sous le porche.

Malgré cette évolution, les gens ne sont pas encore prudes : ils restent proches de la nature et vivent en constante promiscuité. Un procès de 1676 nous apprend qu'une jeune Carhaisienne « était si chaude et si insatiable » que son galant, faute d'être « capable de la satisfaire » génitalement autant qu'elle le souhaitait, y ajoutait la masturbation, même en public. « La tenant sur ses genoux, il lui passait la main sous le devanteau [= tablier], lui troussait adroitement ses cotillons et sa chemise, et puis lui mettait le doigt dans la matrice, et continuait ses attouchements jusques à ce qu'elle lui déchargeait dans la main, ce qu'ayant fait, il jetait cela à terre et mettait le pied dessus. »

1. Il y en a davantage à Morlaix (1,1 % de 1601 à 1715), mais parce que c'est un port.

2. Plus 3,80 % de conceptions prénuptiales, et même 0,6 % de naissances prénuptiales. Pour la même période, il y a 5,30 % d'enfants illégitimes à Pouldergat-Pouldavid, mais c'est en Cornouaille et tout près d'un port (Douarnenez).

3. 4,46 % de conceptions illégitimes ou prénuptiales à Plouvorn entre 1646 et 1655.

Un mot sur le *congrès,* pour montrer ce qu'étaient les mœurs et la mentalité jusqu'à ce XVIIe siècle à partir duquel la culture a tellement mieux encadré la nature. Un mariage pouvait être annulé par l'Église s'il s'avérait inapte à son but. L'épouse d'un mari impuissant pouvait s'adresser au tribunal diocésain : l'officialité. Jusqu'au XIe siècle, il rendait sa sentence sur la base du témoignage de sept parents, amis ou voisins. Puis on a décidé de faire une vérification concrète en deux étapes : des matrones examinent les attributs du mari ; s'il y a doute, on convoque le couple et on l'invite à passer à l'acte en leur présence. L'époux se prépare en avalant des œufs crus, supposés efficaces moins pour leurs calories que pour leur forme et leur fonction génétique, selon la pensée analogique d'alors. Dehors, la foule attend le résultat du match, qui fait la une depuis des semaines. Ambiance très favorable pour érection spontanée. Cette rencontre d'un genre particulier s'appelait un *congrès*.

L'affaire du baron d'Argenton fut la plus célèbre. Selon lui, tout s'est passé normalement : le lendemain des noces, le drap taché de sang a été livré à la curiosité publique. Mais quatre ans plus tard, l'épouse porte plainte pour impuissance (1599). Vérification : une verge « beaucoup plus courte que l'ordinaire » et « une bourse sans boulettes », dit le procès-verbal. Elles sont « cachées au dedans », répond-il, et il réclame le congrès. L'officialité de Sens le refuse et annule le mariage. Il se retourne vers celle de Lyon, qui sert de cour d'appel : sentence confirmée. Puis vers le pape : seconde confirmation. Il prend un nouvel avocat, qui démontre la validité de sa cause à grand renfort d'analogies (qui étaient alors de bons arguments) : les testicules des poissons sont à l'intérieur ; nier celles du baron, c'est nier l'existence du foie, du cœur, des poumons ; ce qui ne se voit pas peut être très efficace : c'est ainsi que Louis XI fut heureusement averti d'un dangereux complot par un témoin qui était caché comme les « témoins » du baron[1]. Nouvel échec. Le baron meurt le 3 février 1603. On se hâte d'en confier l'autopsie au célèbre Ambroise Paré. Miracle : « Ses deux témoins, que la nature avait cachés, apparurent et, étant anatomisés, se trouvèrent pleins comme ceux des autres hommes. » Le voilà tout-puissant à titre posthume.

À partir de cette date, tous les maris incriminés eurent droit au congrès, même quand ils paraissaient fort démunis. Le marquis de Langey s'est marié en 1653. Son épouse l'accuse d'impuissance. À l'automne 1657, on la fait examiner par douze experts, qui ne la trouvent « point entière ». Mais elle maintient sa réclamation, et l'on savait que l'hymen peut être rompu de diverses façons. On organise donc un congrès. Le Tout-Paris s'excite, prend parti et pronostique : l'affaire devient « l'unique sujet de tous les entretiens » (Jean Rou). Au jour dit, le 31 août 1658, il y a foule. Mme de Sévigné et l'une de ses amies sont aux premières loges : « On les entendait rire du bout de la rue » (Tallemant des Réaux). « Votre procès est dans vos chausses », dit-elle à Langey : l'affaire est dans ton slip. Il n'en sortit pas la preuve réclamée.

Ces épreuves humiliantes, dont les foules rigolaient pendant des mois, commençaient à choquer une société qui devenait raffinée. On cessa de les pratiquer. D'autant plus qu'elles n'étaient pas décisives : de telles conditions n'étaient pas de nature à revigorer un tempérament faiblard ou

1. C'est ainsi qu'on désignait ce que nous appelons les testicules : étymologiquement les petits témoins.

allergique à sa partenaire officielle. Certains époux déboutés se montrèrent ensuite de féconds géniteurs, ce qui conduisit au moins une fois à une situation peu banale. L'officialité annule un mariage pour impuissance. L'époux se remarie ; il a des enfants. Intervient un querelleur qui obtient la cassation du premier jugement : le premier mariage est revalidé, et le second est par conséquent annulé, sept ans après sa célébration.

Le XVIIIe siècle ébranle les mœurs comme les idées et la société : 10 % de naissances illégitimes à Nantes vers 1780, 18 % à Rennes (contre 12 % dix ans plus tôt), 25 % à Toulouse, 30 % à Paris, où il y a vingt-cinq fois plus de bébés abandonnés en 1772 qu'en 1670. Dans la France rurale, le taux des conceptions prénuptiales passe de 6 % entre 1720 et 1739 à 10 % entre 1770 et 1789. Mais cette évolution n'atteint pas encore le fond de la Bretagne : 0,52 % à Landivisiau de 1780 à 1789, et 0,063 % à Plougourvest sur tout le siècle : trois naissances illégitimes sur 4 779.

La pudeur n'est pas encore farouche, et la promiscuité reste générale. Sur un tableau de 1794, ingénieurs et officiels (avec de grandes écharpes tricolores) s'affairent autour du plan des travaux à faire dans le port de Brest. Au second plan, des baigneurs tout nus – dont une femme. Et ce n'est pas seulement parce que c'est Brest, la colonie française, la ville rouge, le port de perdition.

La censure culmine au XIXe siècle. La bourgeoisie moraliste est parvenue au pouvoir dans tous les domaines. De plus, elle veut maintenir le peuple dans l'assujettissement et le faire travailler le plus possible. L'un des moyens c'est de lui inculquer une morale et une religion répressives.

La sexualité est particulièrement visée : stricte virginité jusqu'au mariage, dont le but est la procréation et pas le plaisir : semence sans jouissance. Mais chassez le naturel : vous aurez l'hypocrisie[1]. Ce siècle moraliste est celui de l'adultère bourgeois, plus hypocrite que celui qu'étalaient les nobles d'Ancien Régime. C'est aussi l'époque de la déstructuration sociale et morale dans les banlieues ouvrières misérables, si bien que le record de naissances illégitimes est atteint vers 1850. Quant aux jeunes, au lieu de se caresser à deux, ils se branlent tout seuls, à la faveur de leur enfermement en internats unisexes : c'est plus triste sans être plus vertueux. Enfin, les autorités, tout en prêchant la morale, entretiennent des *maisons de tolérance*, où se répandent des maladies vénériennes, dont les victimes sont montrées du doigt et menacées par les moralistes. En 1850, la très sérieuse *Gazette médicale* suggère que ces gens indignes soient exclus de l'administration, de l'enseignement et de la magistrature, qu'ils ne puissent ni voter, ni hériter, ni porter plainte, ni déposer de l'argent aux caisses d'épargne. Certains envisagent de les stériliser.

1. Avant de condamner l'infidélité (à son conjoint ou à la chasteté prénuptiale), il faudrait préciser où elle commence. Au corps à corps seulement ? « Moi je vous dis que quiconque regarde une femme de manière à la désirer a déjà, dans son cœur, commis l'adultère », déclarait le Christ, pour qui les péchés du cœur et de l'esprit sont encore plus graves que ceux de la chair. Difficile dans ces conditions d'être véritablement fidèle dans nos sociétés dénudées.

Le moralisme (et l'hypocrisie) n'ont pénétré que lentement dans les campagnes[1], plus proches de la nature et plus éloignées des autorités et de la civilité. Jean-Marie Déguignet raconte que vers 1850, dans la campagne quimpéroise, les jeunes filles masturbaient les garçons « sans gêne et sans scrupules » ; « le jeu favori des femmes » était de sauter à quatre ou cinq sur un homme qui faisait la sieste, de le déboutonner et de lui remplir l'entrejambe « de terre, de boue ou de bouse de vache ». Ou de lui coincer les testicules dans un casseau analogue à ceux qu'on utilisait pour châtrer les chevaux. « Cela se pratiquait en plein jour et en plein champ devant tout le monde, devant des bandes d'enfants qui applaudissaient et riaient aux éclats. » Dans telle grande ferme, tous les domestiques « pratiquai[en]t la nature en plein comme cela se pratique chez les animaux [...], tous les jours, dans l'aire à battre, dans les courtils, dans les granges et dans l'étable ».

Déguignet affirme avoir vu de telles activités « un peu partout dans les diverses parties de la Basse-Bretagne ». Je doute qu'elles fussent également réparties : les Léonardes devaient déjà être bien plus sérieuses, et plus solidement encadrées par les prêtres que les Cornouaillaises méridionales. « C'est ici le pays du beau sexe », dit Brousmiche à propos de la région fouesnantaise. Les femmes y sont fort jolies, mais « c'est surtout à leur coquetterie, à l'air agaçant qu'elles ont toutes que les Fouesnantaises doivent leur réputation ».

1. C'était évidemment très variable selon les régions. À Tortefontaine, petite commune apparemment tranquille de l'Artois, loin de toute grande ville, 40 % des couples mariés entre 1835 et 1848 ont un enfant avant le neuvième mois. Si vous ajoutez ceux qui ont copulé sans féconder, ça fait bien plus de la moitié.

Elles « ne cèdent que trop souvent aux cajoleries » et « il ne convient pas de chercher à Fouesnant l'innocence patriarcale ». Le canton fournit « presque toutes les affaires pour viol et pour outrage à la pudeur » du département (1835). Parallèlement, au long du XIXe, les sept paroisses de ce doyenné ne fournissent que cinq prêtres : douze ou quinze fois moins qu'un nombre analogue de Léonards[1].

Sans doute, les jeunes célibataires continuent-ils à mener une vie érotique assez libre, en évitant la pénétration. Selon l'Anglais Trollope, qui parcourt la péninsule en 1839, « les femmes bretonnes considèrent les années d'avant le mariage comme celles du plaisir [...] et de la permissivité ». On sait apparemment jouer en évitant d'aller trop loin. En 1830, selon D'Angeville, si la Loire-Inférieure, à cause de Nantes et Saint-Nazaire, est 58e sur 86 départements pour le nombre d'enfants naturels, le Finistère, malgré Brest, n'est que 78e (avec 3,3 %), le Morbihan 80e, les Côtes-du-Nord 84e, l'Ille-et-Vilaine 85e. En 1853, les cinq départements bretons sont en bas du tableau. Vers 1900, la Bretagne est, avec le sud du Massif central, la région où le taux de naissances illégitimes est le plus faible, particulièrement dans le Finistère : 1,8 % à la campagne, 4,4 % en ville[2], alors que c'est 6 % du côté de Vannes et de Nantes, 10 % dans la région rennaise. En 1920, le Finistère est avant-dernier,

1. La seule paroisse léonarde de Plouguerneau a fourni 63 prêtres de 1803 à 1898, et 37 autres de 1899 à 1964. Pendant ce temps, Fouesnant, trois fois plus peuplée, en a donné un et un. Cela dit, s'il y avait tant de viols à Fouesnant, c'est que les femmes ne cédaient pas aussi facilement que le dit Brousmiche.

2. Entre 1856 et 1865, c'était 2 % et 11 %. Il faut tenir compte des campagnardes qui viennent accoucher en ville pour échapper à l'hostilité de leur milieu.

avec la Mayenne et devant l'Aveyron, pour les conceptions prénuptiales.

En revanche, les incestes et autres histoires sordides semblent plus fréquentes qu'ailleurs. Cela s'explique, me semble-t-il. Nous rencontrons là un autre conditionnement de la vie sexuelle : l'habitat. Elle ne peut être la même selon qu'il y a un appartement par couple ou une abondante cohabitation.

« Ma nuit de noces dans un lit clos, à neuf dans la même pièce » : voilà le chapitre qui manque dans *La Vie sexuelle de Catherine M.* Est-ce ainsi que ma mère a vécu la sienne, dans l'un de nos cinq lits clos mitoyens, presque solidaires l'un de l'autre ?[1]. Je crois qu'elle y a échappé de justesse : il y avait déjà un lit au grenier. Peu après mon père y a fait une cloison afin de créer une chambre pour le nouveau couple. De telles situations ont existé jusqu'en 1950. Quand le couple Puill s'est marié, à Taulé en 1937, il a dû insister pour obtenir une cloison lui ménageant une chambre. Mais une cloison et un plancher en bois ne vous isolaient guère d'une famille qui ne se réjouissait pas de votre épanouissement sexuel comme le font celles d'aujourd'hui. Il y avait certes les prés et les tas de foin : un peu frais quand même pour faire l'amour en toute saison.

Une telle cohabitation serait pour nous une inhibition. Jadis, elle pouvait conduire à l'inceste. Au début du XXe, le Finistère est en tête des procès pour affaires de mœurs : deux fois plus que dans le Rhône, qui est deux fois plus peuplé ; près de quatre fois plus qu'en Haute-Garonne.

1. Le sixième était à part, et deux hommes dormaient dans l'écurie.

Henry Roger n'en est pas surpris : il y a dans ce département une « promiscuité du couchage qui dépasse en immoralité tout ce qu'on peut imaginer » (1919). Je peux assurer qu'à cette date ce n'était pas le cas chez moi, bien qu'il y eût treize personnes dans la maison. Ni probablement dans l'ensemble du Léon[1].

Car les efforts d'une Église particulièrement puissante et considérée avaient pleinement réussi dans cet ancien diocèse. J'ai signalé ailleurs qu'elle avait éliminé la danse. Elle avait aussi inscrit la censure du sexe dans la plupart des têtes, à un degré à peine croyable. Adolescente, ma mère n'avait nulle idée de la vie sexuelle[2]. Elle était pourtant fort intelligente et dégourdie ; elle avait un frère qui l'était aussi, avec qui elle jouait beaucoup, et qui se baignait nu dans le lavoir à lin. Elle vivait dans une relative promiscuité. Ses yeux voyaient les copulations des animaux ; mais son cerveau interdisait tout rapprochement.

Avec une telle censure, que se passait-il après le mariage ? « Il faut huit jours entiers après les

1. « Il est expressément défendu de se baigner ou de récolter du goémon sans caleçon dans les rivières et sur tout le littoral de la commune », précise un arrêté du maire de Plouescat le 30 juillet 1870. Mais cette décision est sans doute due à la présence de touristes plus qu'à une pudeur locale.

2. Michel Treguer dit que sa grand-mère léonarde, lors de son mariage à vingt-deux ans en 1913, « était à peu près aussi informée des procédures de l'amour physique qu'une gamine de six ans aujourd'hui ». « Laissez faire votre mari et faites ce qu'il voudra », dit à sa fille, le soir de ses noces, en 1909, l'épouse du directeur de l'agence parisienne du Crédit Lyonnais. « Ces paroles m'ont troublée, je n'y comprenais rien du tout », commente la jeune mariée. Survient donc « la grande épreuve ». « J'ai été surprise au-delà de toute expression ; jamais, jamais je n'aurais soupçonné la vraie façon dont on s'aimait. »

noces faites sans toucher à sa femme », disait-on dans la campagne rennaise au milieu du XVIe siècle (Noël du Fail). Je crois qu'un tel principe n'était guère suivi à cette époque : du Fail n'a que trente-sept ans de moins que Rabelais ; la grande vague de moralisation, les grandes prédications en Bretagne n'interviendront qu'un siècle plus tard. Mais cette abstinence devient vraisemblable au XIXe. « Plus d'un jeune mari ne borne pas son sacrifice aux trois jours de rigueur, mais le prolonge par dévotion ou par pénitence ; il s'écoule parfois quinze jours, un mois, même plus, sans que la lune de miel commence », prétend Alexandre Bouët à propos de la Basse-Bretagne des années 1830. Au début du XXe, certains affirment encore qu'il fallait s'abstenir la première nuit, puis la deuxième, voire la troisième : en l'honneur de Dieu, puis de la Vierge, puis de saint Joseph (ou des âmes du purgatoire, si chères aux Bas-Bretons). Vers 1955, j'ai entendu l'un de mes grands-oncles évoquer un marié de la veille : « *An, dosta a dispaket en deus e bouchad ?* » « Alors, est-ce qu'il a déployé son paquet ? »

La cohabitation permettait à la famille d'imposer une telle abstinence. J'ignore quelle était sa fréquence. De toute façon, elle était passagère. La suite était bien plus importante. Ajoutez la promiscuité, le froid, une forte censure (souvent même intériorisée en dégoût), l'inexpérience (il n'y avait plus du tout de jeux prénuptiaux pour la très grande majorité des Léonards) et vous aurez un résultat très probable : on copulait vite fait. L'homme faisait son exercice tout seul ; la femme – qui en avait souvent plus d'appréhension que d'envie – ne devait pas sentir grand-chose, sauf heureux tempérament, et voilà. Faire l'amour est un art, qui demande éducation, libre imagination, relation aisée à son corps et à celui de l'autre sexe[1]. Il ne devait guère exister en Bretagne rurale, avant les années 1970, et peu de femmes devaient connaître l'orgasme. En avaient-elles même entendu parler ? Certainement pas avec l'exaltation d'aujourd'hui en tout cas. Tout au plus de façon vague – comme un racontar – et culpabilisatrice : comme quelque chose de proche du vice. Un jour, au début des années 1950, derrière les images pieuses qui surmontaient le lit clos de notre ouvrier, j'ai trouvé un manuel d'éducation conjugale. Rien de précis ; surtout des conseils de modération et des avertissements répressifs, autant qu'il m'en souvienne. Je n'ai pas eu le temps de le lire précisément ce jour-là. Un peu plus tard, j'ai voulu le reprendre : il avait disparu.

À Plougourvest comme ailleurs, jusqu'au milieu du XXe siècle, la vie sexuelle des couples devait se raréfier après un troisième, quatrième ou cinquième enfant, et se terminer souvent vers la quarantaine ou la cinquantaine, sinon avant[2]. Mes grands-parents maternels, mariés en 1900, ont eu trois enfants en trois ans et cinq mois, un

1. Il paraît qu'il y avait pour les femmes « des chemises de nuit longues jusqu'aux chevilles mais dotées, au niveau adéquat, d'une fente bordée de dentelles et surmontée de l'inscription *Dieu le veut* » (Michel Treguer). On m'a parlé aussi de draps avec un trou. J'espère et je suppose que c'était rare. Ne projetons pas trop de fantasmes méprisants sur nos pauvres ancêtres.

2. Selon Alessandro Petronio, médecin du pape, l'homme marié peut « pratiquer le coït très librement de 21 ans jusqu'à 35 ans ; de cet âge jusqu'à 49 ans, il procédera plus sobrement ; de 49 ans à 63 ans, encore plus sobrement ; et par la suite, il devra considérer qu'il ne doit pas pratiquer le coït » sous peine de « hâter très rapidement la fin de sa vie » (vers 1580).

quatrième deux ans et deux mois plus tard. Ma grand-mère n'avait alors que trente ans et leur couple a encore duré quatorze ans et sept mois, mais il n'y a pas eu d'autre grossesse. Mes grands-parents paternels ont eu quatre garçons dans les huit ans et demi qui ont suivi leur mariage. Puis rien alors que leur vie conjugale a duré encore trois ans sans parler des permissions – souvent fécondes comme on sait. C'est ainsi que les choses se passaient dans la plupart des cas, sans doute par abstinence plutôt que par retrait à l'époque, et même les caresses devaient être rares. Comme je l'ai dit plus haut, mon père avait proposé l'abstinence après un premier accouchement très difficile.

Il y avait probablement quelques caresses incestueuses, et quelques relations extraconjugales en tout cas. Il y avait au moins deux bâtards dans la paroisse : deux hommes sans père officiel, plus un troisième qu'on soupçonnait de ne pas être le fils du sien – sans parler de ce que j'ignorais. Je crois qu'au long de leur jeunesse ils ont été persécutés par les autres enfants. Parmi les adultes, l'injure ne revenait qu'en cas de querelle. Tout en réprouvant les écarts, l'opinion en acceptait les résultats : vieille habitude de gens soumis à la nature et à la fatalité ; de gens réalistes qui prennent les choses comme elles sont. L'un de ces bâtards était un père de famille très respecté.

Parfois, des hommes s'accouplaient certainement avec des animaux : c'est peu reluisant, mais ça ne fait de mal à personne. Notre recteur déclara un jour – je le tiens de bonne source – que des femmes se badigeonnaient le sexe de confiture pour se faire lécher par leur chien. Même aujourd'hui, ma naïveté n'aurait jamais imaginé une chose pareille.

Je renonce à chercher la frontière entre pratiques paysannes et fantasmes ecclésiastiques.

À partir du moment où les possibilités de la vie personnelle se sont développées, les gens, afin d'en profiter, ont cherché à avoir moins d'enfants[1], soit par le retrait avant éjaculation (coït interrompu) soit par l'abstinence après un certain nombre de naissances. Quant au préservatif, connu dès le XVIIIe siècle dans les milieux de la prostitution, il n'a guère été utilisé dans nos campagnes avant 1950.

La première méthode – connue des plus avisés depuis très longtemps, surtout pour les relations adultérines[2] – se répand chez les grands seigneurs à la fin du XVIIe, dans les grandes villes au cours de la première moitié du XVIIIe, dans leurs zones d'influence au cours de la seconde[3], ailleurs au long du XIXe, et vers la fin seulement dans notre Basse-Bretagne lointaine et chrétienne, où la fécondité ne baisse qu'après 1880[4]. Entre 1898 et 1910, à Saint-Jean-Trolimon (C), 14

1. Si l'on en croit les allusions du célèbre missionnaire Julien Maunoir, les avortements provoqués auraient été assez fréquents en pays léonard dès le XVIIe siècle. Par quel moyen ? C'est sans doute un fantasme, mais cela prouve au moins qu'on y pensait.

2. Les femmes infidèles « ne peuvent permettre qu'on leur lâche rien dedans », écrit Brantôme à la fin du XVIe siècle.

3. « On trompe la nature jusque dans les campagnes », écrit un intendant en 1774.

4. Pour l'ensemble de la France, le nombre de naissances par mariage au bout de cinq ans est de 4,8 vers 1740 ; 4,3 vers 1800 ; 3,4 vers 1850 ; 2,8 vers 1900 ; 1,97 entre 1935 et 1939.

couples sur 35 pratiquent une forme de contraception. Les conversations entre soldats de 14-18 ont fini de généraliser la connaissance de cette méthode. Dans le Finistère, la natalité diminue de 40 % entre 1860 et 1930 – surtout à partir de 1891, et plus tôt en Léon qu'en Trégor et surtout qu'en Cornouaille. À Plougourvest, il y avait environ cinq naissances pour un mariage depuis le XVIIe siècle jusqu'en 1914. Il y eut bien sûr un effondrement pendant la guerre, suivi d'un baby-boom passager. Mais par la suite la fécondité resta beaucoup plus basse : 2,32 enfants pour un mariage de 1923 à 1932 ; 3,20 de 1933 à 1939.

Quant à moi, dans mon enfance – et longtemps après ! – j'étais en ce domaine d'une ignorance et d'une naïveté extrêmes. Jamais on n'en parlait dans notre maison, et même les allusions, les grossièretés où les plaisanteries égrillardes étaient très rares[1]. Et, sans aucune violence, on m'avait inculqué une telle inhibition que je ne me souviens même pas d'avoir jamais vu qu'une femme fût enceinte[2].

Il y avait les animaux me direz-vous. Oui : miaulantes chattes en chaleur, chiens agrippés à vos jambes, vaches qui sautaient sur leurs congénères. Je m'en rappelle une, particulièrement excitée, qui s'en allait meuglant par les chemins, à la recherche du mâle. Mais, comme disent les savants épistémologues, nulle observation n'est possible sans

1. Quand on en faisait, s'il y avait des enfants aux environs, on les masquait d'un déguisement qui ne faisait qu'attirer leur attention.

2. « Je me croyais seul à être idiot à ce point », m'a dit un universitaire breton quand je lui ai fait cette confidence.

hypothèse, et nulle hypothèse n'existe sans motivation. Il y a même des gens qui ont des yeux, des hypothèses et des motivations, et qui refusent néanmoins ce qu'ils voient. J'en étais : il était de mon devoir de refuser la sexualité bien que je fusse obligé de la constater ; ce refus était pour ainsi dire constitutif de ma personnalité.

Il n'y avait que deux ou trois taureaux dans la paroisse. Il fallait y conduire la vache. Un adulte la menait par une corde ; un enfant suivait avec un bâton. Arrivé sur place, on l'attirait dans la maison : limonade et tartine beurrée. « Pourquoi Christophe est venu avec sa vache ? » a demandé un petit garçon qui venait d'assister à l'assaut. « Pour voir si elle était solide », a répondu mon père. À partir de douze ou treize ans, j'y assistais moi aussi. Je faisais évidemment le rapprochement : je me souviens fort bien de l'élan du taureau, de son phallus déployé, de son coup de reins. Mais à un niveau supérieur, mon inhibition les refusait et mon éducation moraliste y répugnait : les chattes sont indiscrètes, les chiens exhibitionnistes, les taureaux effrayants. Et ceux-ci ne sont vraiment pas des modèles érotiques : un seul coup de reins et ils se laissent glisser, avec un regard qui n'est ni joyeux ni serein ni apaisé, mais las et morne. « *Animal post coïtum triste* », ai-je doctement appris plus tard. Malgré les couleurs alléchantes des oiseaux et des fleurs, l'érotisme est décidément une invention humaine.

Sans être exceptionnelle, mon ignorance n'était pas tout à fait représentative. Car elle était accentuée par une situation particulière : mon environnement féminin était bien réduit. Sauf pour l'école et la messe, je ne quittais guère notre hameau, où les cinq enfants étaient des garçons. J'avais onze cousins, et seulement deux cousines. Dans le voisinage, il n'y avait que deux filles. Notre école n'était pas mixte bien sûr. Celle des filles était éloignée, et elle n'était pas sur mon trajet. Enfin, mes parents étaient strictement discrets et très soucieux de notre éducation morale – c'est-à-dire de notre ignorance.

Pour former la marine française,
Comme il faut plus d'un moussaillon,
J'en f'rons deux à ma Paimpolaise,
Qui m'attend au pays breton.

Maman rectifiait le troisième vers de ce couplet de la célèbre chanson de Botrel : « Je l'dirai à ma Paimpolaise. » « J'ai longtemps dormi, étant enfant, dans le lit de ma grand-mère ; parfois ma cousine y était », me dit un ami de Plougourvest, dont la famille était pourtant dévote et assez aisée. Je n'ai vécu rien de tel. Et puis, j'ai toujours été naïf. C'est d'ailleurs commode.

Surtout, il n'y avait ni adolescents ni jeunes gens dans mon secteur. C'est chez eux que les pulsions sont les plus fortes. Dans ma jeunesse, ceux qui étaient un peu hardis ou un peu rustres ne les contrôlaient que dans la mesure où l'environnement les y contraignait. J'ai su depuis que dans un autre hameau un adolescent se roulait sur sa jeune voisine. Il lui criait : « *Ouman lipi, suc zo varni.* » « Celle-ci tu lécheras, du sucre il y a dessus.[1] » « Venez voir comme je la baise », disait-il aux plus jeunes – mais sans doute n'allait-il pas jusque-là. Il lui arriva aussi d'obliger une autre, un peu demeurée, à se déshabiller. Malgré l'Église, les pulsions s'exprimaient quelquefois

1. Je respecte l'ordre expressif de la syntaxe bretonne. C'était apparemment une expression courante.

ouvertement dans une population qui n'était pas encore très policée. Le dimanche, quand il était saoul, notre ouvrier parlait parfois de *kroc'hen raeur*. Je ne sais toujours pas ce que l'expression signifie, mais le premier mot désigne la peau, le second le cul. Maintenant que j'y réfléchis, je crois qu'il s'est passé deux ou trois choses peu vertueuses dans mon voisinage[1].

Tous les enfants n'étaient pas aussi ignorants que moi. Vers 1932, l'une des cinq filles de l'école publique a fait une retraite à l'école des sœurs pour préparer sa communion. Selon l'une de ses condisciples, elle en « est revenue avec un petit livret de dessins pornos et une description précise de l'acte sexuel [...], ainsi que les noms des adolescentes ex-élèves des sœurs ayant fait cette expérience » (ou soupçonnées de l'avoir faite).

À l'école, certains vantaient leurs *billes*, leurs deux *canettes* (*kãnetennou*). J'avais beau recompter, je n'en trouvais qu'une. L'autre est descendue plus tard : un don du ciel. On parlait aussi des copines, des « pitotes » : liaisons imaginaires sauf exception ; mais quelques-uns vantaient leurs exploits. On attribuait des *pitotes* à ceux qui n'en trouvaient pas eux-mêmes. Celle qu'on me donna ne m'attirait pas du tout. En revanche, à la messe, quand nous les hommes, qui occupions le haut de l'église, nous retournions nos chaises pour nous placer face au prédicateur, j'avais

1. En 1939, dans une auberge de Spézet, après un repas bien arrosé, l'aubergiste montre son sexe, une femme déboutonne un homme, tire sa « liquette » et le masturbe, puis passe au cirage le sexe d'un autre, qu'immobilisent des jeunes filles. Une assistante se sauve, « outrée », tandis que les autres rigolent. Mais Spézet est en Cornouaille...

devant moi, juste sous la chaire, une fort jolie fille. Elle frisait les vingt ans ; j'en avais treize. Je la contemplais bé(a)tement. Un jour, elle ne put s'empêcher de sourire (ou d'en rire ?). Mais ma contemplation restait digne du lieu saint : elle ne se perdait pas en rêverie sensuelle.

En 1944, quand les soldats américains ont installé leur camp près de chez nous, il y a eu comme un frémissement. J'ai plusieurs fois entendu « zig-zig, Mademoiselle », et compris ce que ça signifiait. Une fois j'ai découvert dans un fourré un objet que j'ai identifié bien plus tard : un préservatif noué et rempli. En 1945, une lointaine cousine, citadine adolescente, vint en vacances chez nous. Il y avait au manoir un prisonnier allemand qui se lavait tous les jours, torse nu, à l'abreuvoir. Elle tournoyait autour de lui, tout excitée : il lui jetait de l'eau. Moi, j'étais trop jeune pour l'intéresser, et mon père s'empressa de la renvoyer.

Fils soumis, élève sérieux, vivant à l'écart des filles et des jeunes gens, n'arrêtant de travailler au collège que pour travailler à la ferme, surveillé à la maison comme à l'internat, je n'avais nulle idée de l'anatomie féminine. Au point d'être surpris, en sixième, par des graffitis qui représentaient garçons et filles face-à-face[1] ! Un jour, un camarade a plaisanté en voyant *Micheline* sur mon agenda : je devais seulement prendre l'autorail ainsi nommé parce que fabriqué aux usines Michelin. Je n'ai connu la compagnie des filles qu'avec la mixité, soudainement, miraculeusement apparue à l'entrée en seconde, pour ma seule classe. Mais uniquement pendant les cours

1. « J'imaginais la copulation en croupe, comme le faisaient les bêtes », écrit un collègue breton, lui aussi d'origine rurale.

et les brèves récréations. Étudiant, j'allais parfois danser. Sans plus. Lors de ma première *expérience*, à vingt-deux ans, je ne savais même pas qu'il fallait se remuer, ni surtout comment le faire. Suis-je exceptionnellement idiot, ou assez représentatif de toute une époque, bien au-delà du milieu rural ? L'avantage, c'est que, partant de si bas, je ne pouvais que progresser. Dans l'émerveillement.

En ce domaine comme en tant d'autres, le comportement du Finistère rural a soudainement changé vers 1960. Le 15 août 1961, ma mère m'annonçait le mariage d'un jeune homme de la commune « dans l'intimité, dans une petite chapelle isolée », à 20 km de chez lui, « à sept heures du matin – comme punition parce que sa fiancée est enceinte ». Il n'y aura « aucun invité à la noce », confirmait-elle le 13 septembre. En février 1964, elle m'en signalait deux autres : « D'après les *on dit*, les deux jeunes mariées sont enceintes. C'est la mode paraît-il. »

En 1800, il y avait en Bretagne 38 naissances annuelles pour 1 000 habitants contre 33 en France ; en 1900, 27 contre 22 ; aujourd'hui 12 contre 13. En 1926, le département des Côtes-du-Nord était le plus fécond de France, devant le Finistère, la Moselle et le Morbihan. Mais dès 1946, le Finistère arrivait en queue de la France du Nord[1], après la Seine, la Seine-et-Oise et l'Alsace. Vers 1960, la fécondité à Plougourvest était deux fois moindre qu'en 1900. Il y eut quand même 162 naissances de 1953 à 1962 ; de 1963 à 1972, il n'y en eut que 126, et 100 de 1973 à 1982, alors que la popula-

1. Au nord d'une ligne Bordeaux-Orléans-Genève.

tion en âge de procréer avait légèrement augmenté. Le canton de Landivisiau est pourtant en 1975 le second du Finistère avec un indice de 137,4 pour une moyenne nationale française de 100[1]. En 1985, la fécondité bretonne, traditionnellement célèbre, est devenue inférieure à la moyenne nationale. En 1994, il y eut dans notre département 33 % de naissances hors mariage contre une moyenne nationale de 20 %. Pour le sexe comme pour la religion et l'économie, les Bretons et surtout les Finistériens ont viré de bord plus tard mais plus vite et plus radicalement que tout le monde.

Nous sortons de deux siècles de censure du sexe et, à travers lui, de l'affectivité et de la spontanéité : une véritable mutilation. L'imputer à la morale et à la religion est à la fois exact et superficiel : elles servaient de caution à des causes plus concrètes. De même, ce n'est pas d'abord une évolution morale qui a permis la liberté sexuelle et un meilleur épanouissement des couples. C'est le progrès économique (un salaire et un logement personnels) et le progrès scientifique (la contraception). Les mœurs ont suivi ; mentalité et législation se sont adaptées. La sexualité a été acceptée parce que la technique lui permettait de ne plus avoir de rudes conséquences : filles-mères chassées par leurs parents, bébés abandonnés ou assassinés, enfants adultérins privés d'héritage, couples accablés d'enfants, avortements meurtriers. Même les moralistes sont obligés de constater que cette

1. Le premier est celui de Plabennec dans le Bas-Léon : 143,9. Les taux les plus faibles se trouvent en Cornouaille : 81,5 dans le canton de Quimperlé ; 76,9 dans celui de Châteauneuf-du-Faou.

liberté, source de fréquents bonheurs, entraîne moins de douleurs, de frustrations, de drames que la situation antérieure, qui n'était morale que dans ses inapplicables principes.

Nous profitons enfin de l'une des merveilleuses possibilités dont nous sommes dotés par la nature – c'est-à-dire bien évidemment par le Créateur, très cher Saint-Père ! En 1970, 50 % des Français de plus de cinquante ans vivant en couple déclaraient avoir fait l'amour dans l'année. En 1992, 80 %. Quel était le pourcentage, en 1950, dans notre Léon rural ? L'érotisme enrichit l'amour. Il pourrait être l'une des bases d'un heureux avenir. Dieu, patrie, travail, progrès, lendemains qui chantent : presque personne ne croit plus pleinement à ces valeurs naguère fondatrices. Notre civilisation est à reconstruire. Je souhaite ardemment que l'amour, de l'érotisme à la spiritualité, soit l'une des bases de la civilisation à venir, avec le sport (je veux dire l'épanouissement physique et non la performance agressive), la réflexion critique, l'art, la poésie… Une civilisation humaniste, soucieuse de l'épanouissement des facultés humaines, et non plus de leur subordination ni de leur sacrifice à des mythes transcendants.

Si le sexe est à la une, ce n'est pas seulement parce que nous sommes libérés. C'est aussi parce que la pub y voit le meilleur moyen d'exciter les désirs de toute sorte afin d'accroître la consommation, qui anime tout notre système. Mais du même coup, dans ce monde dirigé par la recherche du profit par tous les moyens, il y a une exacerbation de la pornographie et de la prostitution, devenue plus esclavagiste que jamais, alors que se sont améliorées les conditions d'existence de toutes les autres catégories.

Je suis indigné par la montée de la violence criminelle et sexuelle à la télé. Indigné et inquiet : ces émissions peuvent servir de référence à tant de jeunes dont l'éducation et la culture sont trop déficientes pour les relativiser. Défoulement nécessaire ? Mieux vaudrait se défouler dans une violence symbolique, poétique ou fantastique, qui élèverait un peu le niveau. Je suis indigné de voir tant d'intellectuels et d'artistes défendre pornographie et prostitution sous prétexte de liberté. Ne confondons pas les vraies libertés personnelles, qu'il faut défendre (y compris celle de se prostituer volontairement, évidemment rare chez ceux qui n'y sont pas contraints par la pauvreté ou la tyrannie ou les deux à la fois) et l'exercice d'activités humiliantes et déstructurantes imposées par la violence[1].

1. La liberté de l'un doit s'arrêter là où elle entrave celle des autres. Il serait préférable que libertaires et homosexuels exercent celles qu'ils viennent d'obtenir sans morgue ni ostracisme envers les hétérosexuels, les conjoints fidèles et autres demeurés, qui pourraient bien un jour prendre une triste revanche, comme ils ont commencé à le faire aux États-Unis. Il y a douze ans, seuls 7 % des Français auraient refusé un juif pour voisin, 18 % un musulman, mais 24 % un homosexuel, 24 % un extrémiste de gauche, 33 % un extrémiste de droite, 45 % un toxicomane, 50 % un buveur. Aujourd'hui, les proportions ont sensiblement évolué en faveur des homosexuels et des rares extrémistes de gauche, et en défaveur des musulmans. Elles pourraient encore changer sensiblement, et s'inverser de nouveau.

CONCLUSION

LE BON VIEUX TEMPS

> « Il n'y a pas trace de crachin dans mes premiers souvenirs de Bretagne. Il n'y a que la mer et l'azur. »
>
> Yann Queffélec.

Il faisait toujours beau dans votre enfance ? Dans la mienne aussi ! Ah le bon vieux temps pour nos cœurs grignotés de vieillesse ! D'autant meilleur qu'il est vieux, c'est-à-dire que nous étions jeunes… Le présent nous confronte à sa rude réalité ; peu à peu, la mémoire la digère, la polit, l'apprivoise, et le regret valorise toute chose.

Où est la très sage Héloïse,
Pour qui fut châtré et puis moine
Pierre Abélard à Saint-Denis ?
....
Semblablement, où est la reine
Qui commanda que Buridan
Fût jeté en un sac en Seine ?
....
Et Jehanne, la bonne Lorraine,
Qu'Anglais brûlèrent à Rouen ?

Où sont-ils, où, Vierge souveraine ?
Mais où sont les neiges d'antan ?
François Villon

Nous fredonnons ces vers avec nostalgie. Regardez de plus près : ils ne parlent que de massacres et d'hiver. Mais peu importe : il fait bon, il fait chaud dans la neige poétique du souvenir !

Pas besoin du génie de Villon, de Verlaine ou d'Apollinaire. De médiocres chansonnettes nous suffisent. Ma mère savait la dureté du temps jadis. Elle croyait ardemment au progrès. Elle était chrétienne, mais n'aimait guère l'impérialisme moraliste de l'ancienne religion. Eh bien, quand j'ai réussi à lui faire enregistrer une chanson en breton (c'était sa langue habituelle, mais elle ne voulait se donner en spectacle qu'en français), c'est l'opposition entre autrefois et maintenant qu'elle m'a sortie : *gwechall a breman.* Autrefois on était si sobre, si moral, si pieux dans notre « beau Léon et même (!) en Cornouaille » :

Gwechall e bro gaer Leon,
Memez e bro Gerne,

....

Er goan da c'houde koãn,
Buez ar zent lenet,
Oll bodet en dro dãn tãn,
Katekiz veze gret.
Breman dar beilhadegou ho ho !
N'eus nemet diotachou,
Ho ho, va bro !

« En hiver, après dîner, une fois lue la vie des saints, tous réunis autour du feu, on faisait le catéchisme. Maintenant, aux veillées, ho ho, il y a que sottises, ho ho, mon pays ! » Pourtant ces longues prières du soir, à genoux sur le sol dur et froid, étaient justement son plus mauvais souvenir d'enfance.

« Mais ça c'est une chanson moralisatrice, une chanson de curés, qui ne te ressemble pas, lui ai-je dit. – Elle me plaît très bien. – Pourquoi ? – Parce que c'est autrefois et maintenant. Autrefois… » Et pour me convaincre elle m'a répété les oppositions principales.

Les témoignages sur la vie d'antan sont contradictoires. Ce n'est pas seulement parce que certains sont pessimistes et critiques, d'autres optimistes et indulgents. Ni parce que telle enfance fut heureuse et telle autre malheureuse. C'est aussi parce que chacun regarde et juge le passé en fonction de sa situation actuelle, comme le montre l'évolution de Louis Pergaud. Instituteur dans le Doubs, mais ambitieux de se faire connaître comme poète à Paris, il exècre les ruraux, « cette plèbe puante », bornée, méchante. Il réussit à obtenir un poste dans la capitale : sa vie y est économiquement encore plus difficile, et là c'est lui qui se sent rustique, culturellement dépaysé. C'est alors qu'il est saisi de nostalgie : je voudrais retourner « vivre paisiblement du travail de mes mains » au « village qu'adula mon enfance ». C'est alors qu'il exalte les petits ruraux dans *La Guerre des boutons*.

Personnellement, j'ai pris mes distances avec le monde de mon enfance. Je le regarde avec l'esprit critique de l'intellectuel que je suis devenu. Il est facile de souligner les aspects négatifs d'une vie à laquelle on a échappé. D'autres ont besoin de voir leur passé autrement. Une vie rude d'un bout à l'autre n'est pas facile à regarder en face : son idéalisation peut s'imposer comme salutaire. Ce besoin de rééquilibrage apparaît dans plusieurs témoignages : « C'était triste, mais c'était gai aussi, par certains côtés » (une Morbihannaise). « On a eu du dur. Mais on a eu du bon temps aussi » (une Finistérienne).

Quand la Léonarde Yvonne Riou, de Milizac, a eu quatorze ans, en 1933, ses parents ont congédié le grand valet : elle l'a remplacé, travaillant comme un cheval. C'était « le bonheur parfait », dit-elle : la petite fille avait le sentiment d'être devenue un grand homme. Mais à quel prix ? Elle ne veut pas s'en souvenir. Sans doute n'a-t-elle jamais voulu le voir. Pendant qu'elle trimait, ses cousines brestoises jouaient du violon. La façon dont elle présente leur différence est pathétiquement exemplaire de ces mensonges à soi-même qui sont parfois nécessaires pour ne pas sombrer. Ces filles-là « ne savaient [...] rien faire d'autre. Tandis qu'elles se consacraient à leur instrument, nous travaillions dur à la ferme, conscientes de notre supériorité : jouer du violon permettait-il de se louer à la journée ? [...] Nous ne les estimions pas, malgré leur violon et leurs airs méprisants. Sans parler de leurs voyages ! [...] Elles ne se lassaient pas » d'en parler. « Nous ne les écoutions pas, voilà tout [...]. Nos vies n'avaient rien de commun. Leurs parents les menaient au cinéma ; les nôtres ne nous accompagnaient nulle part[1]. Nous étions en somme plus libres. » Je ne puis avoir que douloureuse sympathie pour ce travestissement, qui s'est imposé comme une nécessité salutaire.

Je n'ai pas la même indulgence pour ceux qui repeignent au superlatif le monde dont ils se sont échappés ou la réalité qu'ils n'ont pas vécue. Dans la vie rurale de jadis, « toute rencontre était plaisir », vu « la chaleur des relations entre les hom-

1. Ne croyez pas qu'elle allait toute seule au cinéma. Elle ne sortait jamais, sauf pour la messe et quelques réunions de famille.

mes » : « nul ne jalousait le bonheur d'autrui », écrit par exemple Christian Signol, auteur de cinquante-trois livres aussi légers que paradisiaques. Certains Bretons travestissent la réalité pour l'ajuster à leurs présupposés régionalistes – d'autant plus volontiers que bon vieux temps et campagne idyllique se vendent bien. Même quelques historiens sérieux donnaient naguère dans ce genre de lyrisme : le soir, le père « détend avec soulagement ses traits que la peine et l'effort ont raidis tout le jour. Ses regards, posés sur les enfants, disent que le cœur est en paix, et qu'il fait doux sur terre »[1].

Comme on a pu le constater, mon frère ennemi, c'est Pierre-Jakez Hélias, chantre mensonger du bonheur des paysans bretons de jadis : de la « noblesse », de « l'harmonie naturelle » de leurs attitudes ; de leur « art de vivre [...], qui peut surpasser, en délicatesse comme en rigidité, les étiquettes en usage dans le beau monde » ; de leur sagesse et de leur subtilité naturelles, qui n'ont nul besoin d'éducation. Voici Jules de la Verveine : « Sans instruction aucune, n'ayant vu la maison d'école qu'en passant sur la grand-route, c'était un des hommes les plus fins qu'il m'ait été donné de rencontrer. Plus sage à lui tout seul que les sept philosophes de la Grèce. » Hélias regrettait-il de n'avoir pas été son disciple au lieu d'aller au lycée et à l'université ? Ces travestissement malhonnêtes ne sont pas le meilleur service à rendre à des gens estimables pour de tout autres raisons. Flatteurs tant qu'ils sont portés par la mode, ils sombrent ensuite dans le ridicule, discréditant ceux qu'ils célébraient.

Sous-titré « Mémoires », *Le Cheval d'orgueil* se présente comme un authentique document

1. Gaston Roupnel, *Histoire de la campagne française*, 1932, rééd. Plon, 1989, p. 329.

sociologique. En fait, la réalité y est enjolivée par un habile conteur, digne héritier de ses grands-pères : l'un était « conteur de merveilles » et l'autre « ne cessait pas de prendre la réalité en flagrant délit de mensonge ». Il leur dédie un recueil de contes[1], ainsi qu'à « tous leurs pareils qui usaient des enchantements de la parole pour changer la vie »... Sans doute parce qu'elle avait bien besoin d'être changée. Koulitz Kedez exagère en accusant *Le Cheval d'orgueil* d'être « un agglomérat de trucages », une « supercherie permanente ». Mais c'est bien une reconstruction idéalisée, et parfois du folklore nostalgique pour Marie-Antoinette de résidence secondaire.

Même si Pierre-Jakez Hélias a bénéficié d'une enfance merveilleuse, dans une famille exceptionnelle, son témoignage n'est pas généralisable. « Si on me proposait de revenir sur terre après ma mort, je refuserais si c'était pour mener la vie que j'ai menée », dit Henri Goardon, qui était de la même époque et de la même région. « J'en connais d'autres qui pensent comme lui », m'écrit l'historien Louis Elegoët, qui vit parmi les paysans léonards. Il est vrai que le père Goardon était mort en 1914 – de maladie, à trente-quatre ans –, laissant une veuve avec sept enfants : bien que trois d'entre eux aient eu la gentillesse de mourir très jeunes, ce n'était pas le Pérou. Mais chez le petit Hélias, fils d'ouvriers agricoles, non plus. Et de telles situations étaient courantes. Certes, le passé n'avait pas que des mauvais côtés. Mais « il ne faut pas regretter même les choses les plus jolies, quand un peu de misère disparaît avec elle » (René Bazin).

1. *Les Autres et les miens.*

En ne retenant que le bon côté des choses, on peut parler de bon vieux temps, parmi des gens sages, dans une vie tranquille et une campagne sans pollution, pour la première moitié du XXe siècle – surtout en comparaison avec la frénésie productiviste qui sévit depuis, polluant la nature et condamnant à un rythme épuisant ceux des paysans qu'elle n'a pas chassés. Mais il est impossible d'avoir une telle vision des siècles précédents, à moins d'en ignorer gravement la réalité. Si, avec nos habitudes d'aujourd'hui, nous étions plongés dans la vie des siècles passés, nous l'éprouverions comme un enfer – dont nous sommes sortis depuis peu.

Vous croyez au bonheur de jadis ? Vous reconnaîtrez donc qu'il est dommage que la plupart de nos aïeux n'aient pas eu le temps de l'apprécier. Au XVIIe siècle, un tiers des Français meurent dans leur première année, et la moitié avant dix ans. Vu la médiocrité de la diététique, de l'hygiène et de la médecine[1], l'inégalité sociale devant la mort est

1. Sous Louis XIV, il y avait en Bretagne des médecins et des apothicaires aussi savants que les Purgon, Fleurant, et Diafoirus de Molière. Mais ce n'était que pour les riches, et ils manquaient terriblement d'efficacité. En 1667, Isaac Deschamps, apothicaire à Morlaix, ordonne à M. de Kerhuon des « clystères calminatoires, détersifs, réfrigérants, limitifs, apéritifs et anodins avec sirop », de la « poudre Albérot apéritive pour dépurer son sang, tâcher à remettre son foie [...], ôter sa fièvre, provoquer l'urine et désopiler la rate et mézantère », et des « sachets interbastés de fomentations apéritives, calminatoires et roboratives pour appliquer sur tout l'abdomen, foie, rate et hypochondre ». Ce qui ne l'empêche pas de mourir quelques jours plus tard. Quant aux hôpitaux bretons, où la nourriture représente 70 % du budget, la pharmacie 4 %, ils servent surtout – comme ailleurs – à entasser les malades : deux, trois, quatre, cinq par lit. Beau gibier d'épidémie.

moins forte qu'elle ne le sera plus tard. Des onze enfants adultérins de Louis XIV, six meurent en bas âge. De ses six enfants légitimes, trois disparaissent avant six mois, un à trois ans, un à cinq ans ; un seul atteint l'âge adulte et survit jusqu'à cinquante ans. Le pire, c'est le sort des citadins pauvres : 40 % de décès avant un an dans tel quartier de Rouen, 60 % avant sept ans dans une paroisse populaire de Nantes. Les petits campagnards survivent un peu plus : moins d'insalubrité, moins de contagion, surtout en pays d'habitat dispersé comme la Bretagne, où de plus, il ne fait jamais ni très chaud ni très froid. Dans le riche Léon, où l'on est moins mal nourri qu'ailleurs, la situation est moins catastrophique. En moyenne, 30 % de décès avant un an ; 29 % à Landivisiau entre 1689 et 1742, et seulement 18,5 % à Plouvorn.

L'âge[1] des décès,
leur nombre et leur pourcentage,
suivi du pourcentage cumulé,
à Plougourvest de 1688 à 1693[2]

1 à 15 jours : 13 (5,86 %)	**5,86** %	21 à 30 ans : 21 (9,46 %)	**60** %
16 à 30 jours : 12 (5,41 %)	**11,27** %	31 à 40 ans : 31 (13,96 %)	**73,87** %
1 à 2 mois : 12 (5,41 %)	**16,68** %	41 à 50 ans : 17 (7,66 %)	**81,52** %
3 à 12 mois : 19 (8,56 %)	**25,24** %	51 à 60 ans : 15 (6,76 %)	**88,29** %
1 à 5 ans : 28 (12,61 %)	**37,84** %	61 à 70 ans : 8 (3,60 %)	**91,89** %
6 à 10 ans : 6 (2,70 %)	**40,54** %	71 à 80 ans : 14 (6,31 %)	**98,20** %
11 à 20 ans : 22 (9,91 %)	**50,45** %	81 à 92 ans : 4 (1,80 %)	**100** %

1. Les chiffres sont souvent arrondis. Sur 77 personnes mortes après 39 ans, 44 avaient, d'après le registre, 40, 50, 60, 70 ou 80 ans. C'est surtout le cas pour les plus vieux. Sur 18 personnes décédées après 70 ans, 11 en avaient 80. Parfois, le chiffre est suivi de la mention « ou environ ».

2. Sauf pour l'année 1691, dont le registre a disparu.

J'ajoute que les enfants mort-nés ou morts à la naissance ne figurent pas sur le registre[1]. Car ce n'est pas, comme aujourd'hui, celui des décès, mais celui des enterrements religieux, auxquels n'ont pas droit ceux qu'on n'a pas eu le temps de baptiser. Or, ils représentent environ 5 % des naissances, étant donné les conditions de la grossesse et surtout de l'accouchement, qui est une excellente opportunité pour les microbes. Même les sages-femmes, quand il y en a[2] – car beaucoup refusent « un métier si déshonorant », dit le recteur de Plounéour-Ménez (C) en 1774 – n'ont nulle notion d'asepsie : elles coupent le cordon ombilical avec leurs ongles crasseux[3]. Le risque ne concernait pas seulement l'enfant. « Femme grosse a un pied dans la fosse », disait le proverbe, vérifié quinze fois sur mille. En cas de difficulté, l'Église enjoignait de sauver en priorité le bébé. (C'est depuis quelques années seulement qu'elle est devenue discrète sur cette injonction.) Mais s'il ne se présentait pas par la tête, matrones et sages-femmes du XVIIe et du XVIIIe ne savaient qu'attendre sa mort pour l'extraire ensuite par morceaux, avec un crochet.

1. Les indigents non plus, au XVIe siècle, dans certaines paroisses. « Plusieurs pauvres ont été ensépulturés [...], lesquels ne sont reportés à cause qu'ils n'avaient rien », écrit le curé de Pleurtuit (35) sur son registre paroissial.

2. Il y en a une à Plougourvest en 1801 : Jeanne Le Jeune.

3. À partir de 1660, les médecins, moins incompétents, commencent à remplacer matrones et sages-femmes, malgré certaines oppositions moralistes, comme celle du très chrétien doyen de la faculté de médecine de Paris, qui publie un livre sur *L'Indécence aux hommes d'accoucher les femmes* (1708).

Les survivants étaient rapidement confrontés aux microbes, aux maladies, à une nourriture inadaptée et à divers accidents. En 1710, l'évêque de Quimper dénonce « la suffocation des enfants arrivée pour les avoir fait coucher avec soi dans le même lit ». Les parents avaient la résignation de l'habitude. « J'en ai perdu [...] en nourrice deux ou trois, sinon sans regret, au moins sans fâcherie », bien qu'il n'y ait « guère accident qui touche plus au vif les hommes » (Montaigne).

Telle était la mortalité normale. Il suffisait d'une épidémie pour la multiplier[1]. Le tiers des gens succombe à Plouigneau (T) en 1463 ; le tiers dans la presqu'île de Plougastel (C) d'avril à septembre 1598 ; le quart à Plouescat (L) en trois mois en 1598-1599. Ou bien d'une famine (moins fréquente qu'ailleurs en Bretagne, région de polyculture et facile à ravitailler par mer) : un million de morts en France en 1661-1662 ; deux en 1693-1694 (10 % de la population[2]) ; 1 400 000 en 1709-1710. En 1710, par rapport aux deux années précédentes, la mortalité augmente de 32 % à Plougourvest[3], 70 % à Saint-Thégonnec, 108 % à Plouvorn, 114 % à Lampaul-Guimiliau. Ou évidemment d'une guerre, fléau qui engendre généralement les deux précédents,

1. Un Français sur six disparaît en 1348-49 ; dans certaines régions, un sur trois ou sur deux. Un sur quatre entre 1430 et 1460. À cette date, la population est deux fois moins nombreuse qu'en 1330.

2. À Plougourvest, du 13 mai au 31 décembre 1692, il y a 12 baptêmes et 44 enterrements.

3. Cette année-là, le nombre des enterrements (65) est supérieur de 30 % à celui des baptêmes (50). Parmi les défunts, 39 % ont moins de quatre ans, 26 % moins d'un an.

sans parler des destructions, pillages, viols, etc. – même de la part de troupes « amies ». Dans la seconde moitié de la guerre de Cent Ans, entre 1392 et 1460, la Bretagne a sans doute perdu 40 % de sa population.

Ceux qui ne meurent pas avant 20 ans ont de l'avenir : à Plouvorn, la moitié d'entre eux parvient à 50 ans, et 14 % à 70. À Plougourvest, de 1688 à 1693, malgré une conjoncture difficile, 6,76 % dépassent 75 ans. Presque autant qu'en 1950[1]. Mais généralement en mauvais état. Beaucoup de femmes sont délabrées à partir de 30 ou 40 ans selon les milieux. À 47 ans, le Roi-Soleil n'a plus qu'une dent du haut, et toutes celles du bas sont infectées. Situation normale à l'époque. En le soignant, on lui arrache une partie du palais. D'où une nécrose de l'os, qui produit des odeurs « cadavéreuses » et des fuites : une partie de ce qu'il boit rejaillit de son nez « comme d'une fontaine ».

À la disparition des dents, à la dégradation des articulations, aux dos tout cassés s'ajoute la malpropreté. Nos aïeux n'auraient pas excité nos appétits. Henri IV « le Vert galant » puait la charogne.

Les bains publics étaient un des hauts lieux de la civilisation romaine. Malgré une récession générale, le Moyen Âge en avait conservé l'habitude : vingt-six établissements à Paris en 1292 pour

1. À partir de 60 ans, les survivants paraissent très vieux. Et comme on ne sait pas exactement leur âge, on le majore facilement. En 1688, le registre de Landivisiau signale l'enterrement d'une femme de 110 ans ; à Plougoulm (L), entre 1673 et 1693, trois personnes seraient allées jusqu'à 100 et même 108 ans.

100 000 habitants. Pour la propreté, mais encore plus pour l'agrément, la fête, les rencontres amicales ou même érotiques : ces lieux étaient mixtes. La plupart seront fermés au XVIe ou au XVIIe, par un curieux souci d'hygiène autant que par moralisme. La chaleur du bain « abat grandement les forces », qui s'échappent du corps tandis que le mal y pénètre. Car « la peau en est ramollie, et les pores ouverts », par où « la vapeur pestiférée peut entrer promptement », affirme le célèbre Ambroise Paré, père de la chirurgie moderne (1568). Bref, « le bain [...] est [...] très dommageable » (Théophraste Renaudot, 1655). « Se laver avec de l'eau nuit à la vue, engendre des maux de dents et des cathares, appâlit le visage » (anonyme, 1671). Même la plupart des baignoires privées disparaissent.

On ne se lave plus que les mains. Les riches s'essuient et changent souvent de chemise : Louis XIV deux ou trois fois par jour ; Molière, Racine quotidiennement, les élèves des Oratoriens et des Ursulines deux fois la semaine. On se parfume beaucoup, coinçant même des sachets aromatiques sous la ceinture et les aisselles. À la fois pour s'embaumer et pour lutter contre les odeurs omniprésentes : de sueur, de crasse, de pourriture, de déchets de boucherie, d'urine et d'excréments animaux et humains, pour lesquels il n'y a rien d'autre que les recoins, les pots ou les chaises percées, que l'on vide au mieux dans la rivière, au pire par la fenêtre. Dans ses dernières années, le Roi-Soleil passait jusqu'à dix ou douze fois par jour sur la sienne : ministres, grands seigneurs et ambassadeurs avaient l'honneur d'être reçus par lui dans cette position, où « il paraissait avec ce même air de grandeur et de majesté », qui impressionnait les gens « jusqu'à n'en pouvoir soutenir les regards » (Saint-Simon). Versailles sentait le caca.

C'est au siècle des Lumières que réapparaît le souci de propreté[1]. Les baignoires reviennent chez les élites à partir de 1740. *Le Médecin des dames* (1772) recommande de « laver tous les jours » les « parties naturelles », grâce au bidet apparu peu avant 1730, et de « mettre dans l'eau destinée à cet usage toutes plantes aromatiques ». Dans les grandes villes, il y a maintenant des égouts. Mais ils sont généralement à ciel ouvert et leur pente est insuffisante : animaux morts, déchets de boucherie et détritus les engorgent ; l'odeur est véhémente. Il y a aussi des éboueurs – depuis le XVe, et même quotidiennement à Rennes et à Nantes depuis 1532. Mais leur tombereau fuit : il « distribue en détail ce qu'il a reçu en gros » (Mercier, 1782). Il vaut donc mieux *tenir le haut du pavé*. Le premier trottoir date de 1780, et la mode ne s'en répandra que lentement.

Il faut bien s'habituer aux conditions où l'on vit. Et parfois le besoin est plus fort que le dégoût. Il peut y avoir des trésors dans les fosses : « J'ai vu des hommes tout nus passant des journées entières » à « chercher dans la masse de la matière fécale les objets de quelque valeur qu'elle pouvait contenir », écrit le préfet de police de Paris en 1840. Les odeurs fortes passaient pour souveraines contre miasmes et épidémies. À Londres en

1. Même dans nos campagnes, le souci d'hygiène et de propreté progresse à cette époque. En 1739, le sénéchal de Plouescat interdit « la divagation des cochons dans la paroisse [...] sans être amuselés de trois minelles, sous peine de confiscation ». C'est alors aussi qu'on se préoccupe d'améliorer les sépultures. Mais cette décision est imposée de l'extérieur.

1665, on ordonne l'ouverture des fosses d'aisance pour lutter contre la peste (90 000 morts). À Paris, en 1832, au début de l'épidémie de choléra, de véritables émeutes s'opposent à l'enlèvement des tas d'ordures. « Plus les enfants sont sales, mieux ils se portent », disait un proverbe. Enfin il paraît que les odeurs excitaient la libido de nos naturistes aïeux.

En Bretagne, au XVIIIe siècle, la mortalité ne recule guère, à cause d'une grave récession économique à partir de 1680[1]. Jusqu'à 25 ans, elle est même un peu plus forte que dans le tableau présenté plus haut pour Plougourvest[2]. Surtout, le nombre des indigents devient énorme (20 à 30 % à Rennes, 50 % à Nantes) et même celui des mendiants. En 1774, l'évêque de Léon lance une enquête dans les paroisses. Le recteur de Plougourvest répond que la sienne (avec sa trève de Landivisiau) comporte cinq cents mendiants, soit un habitant sur six. « La moitié [...] sont des enfants, le quart à peu près invalide et l'autre quart fainéant de tout âge. » Mais de toute façon,

1. « La presque totalité » de la Bretagne est « dans la misère », écrit l'agronome anglais Young, qui la parcourt en 1788. Surtout au centre : « L'agriculture n'est pas plus avancée que chez les Hurons » dans cette « misérable région où des populations arriérées vivent dans un état de pauvreté et de saleté repoussantes ». « Les enfants sont terriblement déguenillés, plus mal vêtus que s'ils n'avaient pas de vêtements du tout. » « Quant aux chaussures [...], c'est un luxe. »

2. On estime que pour 100 naissances en Bretagne vers 1745, il y a 53 survivants à 10 ans, 48 à 20, 43 à 30, 36 à 40, 29 à 50, 20 à 60, 12 à 70. En Léon, au début du siècle, la mortalité avant un an peut encore atteindre 30 %.

« dans les campagnes la moitié des habitants n'ont pas des fruits de l'œuvre suffisants pour les substanter[1] ». Et en ville, « un grand nombre de gens [...] à leur mort laissent une nombreuse famille hors d'état de subsister ». La situation est à peine moins catastrophique dans les paroisses voisines[2].

Nouvelle enquête en 1792, pour recenser ceux « qui ont besoin d'assistance », à un moment où les troubles ont encore aggravé la misère. Le dossier de Plougourvest a disparu. Pour les communes voisines, la proportion va de 10 à 16 %[3], sauf à Saint-Vougay, où elle monte à 26,80 %. Elle est encore bien plus forte dans les villes, où les pauvres affluent parce qu'ils y espèrent un meilleur secours : à Morlaix, elle frise 46 % (4 607 pour 10 029 habitants).

Au XIXe siècle, il y a toujours un quart de décès avant cinq ans – assez souvent dès l'accouchement.

1. C'est-à-dire que les produits de leur travail ne suffisent pas à les nourrir.

2. Un mendiant pour sept habitants à Plouzévédé. « Ma paroisse est composée d'environ 1 400 communiants, dont environ 400 sont très aisés, écrit le recteur ; environ 500 bons médiocres ; environ 300 des journaliers ou gens de métier, mais dont 150 sont très mal à leur aise, n'ayant pas du pain chez eux les trois quarts du temps, presque jamais un morceau de viande [...] ; et les autres 200 des mendiants. » À Guiclan, sur 4 250 habitants, le recteur compte 300 riches, 1 000 aisés, 1 000 « dans un état médiocre » (c'est-à-dire moyen), 750 « au-dessous du médiocre », 750 pauvres et 450 mendiants. Il y a un mendiant pour 12 ou 13 habitants à Guimiliau et à Lampaul-Guimiliau, pour 15 ou 16 à Plouvorn. Et partout autant ou plus d'indigents.

3. Bodilis 200 pour 1881 habitants ; Plougar 130 sur 1082 ; Plouzévédé 260 sur 1726 ; Saint-Servais 116 sur 722 ; Saint-Vougay 272 sur 1 015.

Entre 1833 et 1842, aux 449 naissances enregistrées à Plougourvest, s'ajoutent 27 « anonimes » (soit 5,67 % du total), qui ne figurent que sur le registre des décès. Sur celui de 1863-1864, il y a huit enfants placés à la lettre M. Leur nom ? Mort-nés ! Dans le Finistère, 45 % des gens nés entre 1820 et 1830 meurent avant 20 ans. L'espérance de vie à la naissance, qui est aujourd'hui de 77 ans pour les hommes et de 84 pour les femmes, progresse : 26 et 28 ans en 1750 ; 33 et 35 en 1820 ; 45 et 49 en 1900. Mais elle est devenue inférieure à la moyenne en Bretagne. Vers 1830, selon d'Angeville, elle serait de 33 ans contre une moyenne nationale de 36,5, et de 29 seulement dans le Finistère, qu'il classe dernier département. Très éprouvée par les guerres de la Révolution et de l'Empire, cette province est en récession économique, en progression alcoolique et épidémiologique. La famine, inconnue depuis un siècle, revient de 1816 à 1821 : 325 morts avant un an sur 643 naissances à Guiclan. C'est pire en 1847 : les récoltes céréalières ont été mauvaises et un champignon, le mildiou, attaque les pommes de terre[1] ; le prix du blé augmente soudain de 35 % à Plouvorn. À Bannalec (C), cette année-là, trois affamés déterrent un cadavre et en mangent une partie. L'un d'eux a étranglé ses deux enfants qu'il ne peut plus nourrir : il les met dans la tombe avec les restes du festin.

Aux décès s'ajoutent les handicaps. Pour les dispenses de service militaire à cause de malformations, le Morbihan est premier département en 1830, l'Ille-et-Vilaine troisième, la Loire-Inférieure quatrième, les Côtes-du-Nord cinquième, le Finistère onzième. Il y a beaucoup d'aveugles par suite

1. En Irlande, où la pomme de terre est la base de l'alimentation, un habitant sur six meurt de faim entre 1845 et 1851.

de la petite vérole : 25 à Landivisiau vers 1840, pour 3 100 habitants ; 30 à Lanmeur (T, 2 700 habitants) ; 40 au Ponthou (T).

Les chiffres sont abstraits. En voici une illustration par le juge de paix de Muzillac (56) en 1842 : « Le nommé Mahé est mort, étendu sur la paille infecte de son lit ; sa femme et son plus petit enfant sont mourants, couchés sous son métier de tisserand ; son second enfant se meurt dans le bas de son armoire, et son troisième enfant est à l'agonie, couché sur du fumier, dans l'écurie du porc, au pied du lit de ses père et mère. »[1] Non seulement il faut bien s'habituer au malheur, mais on réussit à le travestir en épreuve salutaire. Le choléra tue 360 000 personnes de 1832 à 1886, dont 2 500 dans le Léon. Les Parisiens accusent le gouvernement d'incapacité ; mais le curé archiprêtre de Saint-Pol-de-Léon remercie Dieu : « Cette année, le Seigneur nous a visités. Le choléra [...] a fait en peu de temps 74 victimes. Il fallait voir avec quelle ferveur on s'adressait au ciel » (1854).

Comme je l'ai déjà dit, ceux qui échappent à ces catastrophes peuvent survivre assez longtemps. L'âge moyen au décès de mes ascendants masculins et féminins sur 11 et 12 générations est de 66 ans et demi et de 63 ans et demi. Il y en a une qui est morte à 26 ans ; mais deux autres à 82 et 79 ans, en 1881 et 1879. Si l'on ne tient pas compte d'un décès à 15 ans et d'un autre, accidentel, à 58 ans, ma grand-mère et ses 22 frères, sœurs, cousins et cousines ont vécu en moyenne jusqu'à 78 ans[2].

1. Car le cochon n'est séparé des hommes que « par quelques bouts de planches ».

2. Évidemment, je descends de gens épargnés par la mortalité infantile et juvénile. Mais quand même ! Voilà qui me promet une belle longévité si je ne bois pas trop !

Les plus heureux progrès ont parfois de fâcheuses conséquences : le recul de la mortalité[1] accroît le nombre de bouches à nourrir ; la population bretonne augmente de 50 % entre 1801 et 1911, et la province est submergée par la mendicité. En 1830, le préfet de Loire-Inférieure, qui s'applique à recenser tous les mendiants de France, estime que l'Ille-et-Vilaine vient en tête, suivie par le Finistère et les Côtes-du-Nord. Dans toute la Bretagne, « dès que vous arrivez quelque part, les mendiants se ruent sur vous » (Flaubert, 1847) et leurs enfants vous harcèlent avec « une impudence provocante » (Baudrillard, 1885). Il y en a des hordes aux foires et aux pardons. Les uns exhibent d'atroces mutilations[2], d'autres ont autant de courage que d'ingéniosité : au Faouët (56), un unijambiste à béquilles traîne une carriole à laquelle il est attelé ainsi que son chien ; c'est sa maison. En 1837, à Collinée (22), des jeunes filles vendent leurs cheveux pour 20 sous : un mouchoir brodé en coûte entre 12 et 16.

1. Notamment grâce à la vaccination, administrée à 35 enfants âgés de un mois à cinq ans à Plougourvest en 1840.

2. « J'ai vu dans bien des pays des gueux cruellement maléficiés, des nègres lépreux aux Antilles, des victimes du pian au Brésil et de l'éléphantiasis à Tahiti » ; rien n'atteint « l'impression de navrante pitié mais aussi de dégoût et d'horreur que j'ai ressentie chaque fois qu'aux abords d'une fête bretonne il m'a fallu traverser la double haie de misérables offrant le spécimen des maux les plus révoltants et des plus étranges laideurs » (Max Radiguet, 1865). Même impression chez Trollope à Saint-Jean-du-Doigt (T) en 1839 : « les déformations et mutilations les plus hideuses » soigneusement exposées « afin de produire le plus grand effet ».

C'est en ville que la situation est la plus catastrophique : 40 % d'indigents à Rennes en 1814, 33 % en 1849 ; en 1840, on estime que près des deux tiers des familles y sont dans la misère ou la frôlent. En 1872, il y aurait à Guingamp 3 000 mendiants pour 7 000 habitants. Voici trois passages d'une lettre du 22 novembre 1854 dont je respecte la graphie :

« Mon préfet

Au nom de tous les ouvriers de morlaix que je viens vous exposer notre misere. toutes nos ressources sont épuisez [...] nous ne vous le cachons pas mon préfet nous attendons linvantaire des ouvriers de la manufacture pour faire une révolte que l'on nous mette en prison nous serons plus heureux [...] ayez pitié de nous, vous mon préfet que nous respectons et que nous aimons car vous êtes bon et juste. »

Mais la campagne est loin d'être épargnée, et « dans aucune partie du Finistère, la hideuse plaie de la mendicité ne se montre autant à découvert que dans le pays riche et fertile de l'ancien Léonnais » (Brousmiche, 1835)[1]. C'est « dans les communes qui avoisinent Morlaix et Saint-Pol-de-Léon » que l'on voit « le plus grand nombre de mendiants », confirme le préfet en 1847. Et surtout dans « les communes du nord du canton de Landivisiau », c'est-à-dire notamment à Plougourvest[2], précise la même année le journal *Océan* : il

1. « Le nombre des indigents augmente tous les jours », écrit en 1827 le recteur de Saint-Thégonnec, qui parle d'une « perspective effrayante ».

2. Notamment parce que la population a augmenté de 8,5 % entre 1821 et 1901, alors qu'elle diminuait de 5,5 % dans les autres communes rurales du canton de Landivisiau.

y règne « une affreuse misère ». Le conseil municipal atteste qu'en 1853 il y a dans la commune « 200 pauvres [...] cherchant l'aumône ». En 1854, il secourt 175 indigents invalides ou trop jeunes pour travailler, et 60 valides (qu'il emploie à réparer les chemins) sur 1 302 habitants, soit près d'un sur cinq[1], ce qui correspond à la moyenne de l'arrondissement de Morlaix ; pour l'ensemble du Finistère c'est un peu moins d'un sur six.

Ce sont évidemment les plus faibles qui sont les principales victimes : les pauvres, les femmes, les enfants et tout particulièrement les bébés illégitimes. Au XIXe siècle, les infanticides semblent encore plus fréquents qu'auparavant. « Qui fait l'enfant le doit nourrir », disait-on sous l'Ancien Régime. Soutenus par l'opinion publique, les tribunaux obligeaient le séducteur à épouser celle qu'il avait engrossée, ou du moins à entretenir l'enfant. Mais le Code civil et la jurisprudence des XIXe et XXe siècles, expression d'une vision d'hommes, de bourgeois, de propriétaires, de moralistes, seront bien moins favorables aux filles séduites que l'ancienne coutume chrétienne et populaire. De 1824 à 1863, les tribunaux bretons ont jugé 581 infanticides : plus d'un par mois. On estime qu'en réalité il y en avait quatre fois plus : un par semaine. Ils sont presque tous commis par des filles mères rurales, illettrées à 80 %, domestiques pour moitié, souvent victimes de leur patron ou de son fils, qui parfois les ont chassées

1. En 1856, il recense 163 mendiants, dont 74 enfants, 29 célibataires et 60 personnes mariées, dont trois couples et une veuve avec quatre enfants et deux couples avec cinq enfants : 19 hommes, dont 6 invalides et 60 femmes dont 19 invalides ; 5 hommes et 14 femmes ont entre 59 et 75 ans.

pendant leur grossesse. C'est le cas d'une jeune fille de Plouvorn, domestique à Plougourvest, renvoyée à la demande de M. le maire, pour qui son ventre faisait scandale.

Affolée par l'arrivée de cette chose qui crie, on l'étouffe ou l'étrangle, après l'avoir « baptisée » si possible : un peu d'eau et un signe de croix. Puis on cache le cadavre dans le bois ou le fumier, on le jette dans le puits ou la rivière, on le découpe, on le brûle, on le donne aux cochons. Et l'on revient au travail le lendemain matin ou même dans l'heure qui suit.

L'inculpée est acquittée une fois sur trois : il n'est pas toujours facile de prouver que l'enfant est né vivant, et qu'il y a eu meurtre volontaire. Une journalière des environs de Châteaubriant (44) a gardé ses jumeaux morts près de trois semaines dans son lit : mort-nés, étouffés volontairement ou accidentellement ? Les témoins sont parfois solidaires de ces malheureuses ; certains juges ou jurés en ont pitié ; d'autres comprennent que la mère ait voulu effacer sa honte : ils ont tendance à se contenter de remords où ils voient une adhésion à leur morale : pas de sexualité hors mariage. Henry Roger, hargneux envers les Finistériens mais bien informé, prétend que chez eux « ce crime est entré dans les mœurs, au point que les quelques affaires, cependant bien caractérisées, qui sont soumises au jury, se terminent presque toutes par des acquittements » (1919).

Nous citons avec fierté les 800 000 Bretons ou descendants de Bretons de la région parisienne, et les 6 millions répandus à travers le monde. Mais si leurs parents ou leurs aïeux se sont exilés, c'est généralement pour fuir une misère qu'entretenaient une économie médiocre et une démographie féconde : 92 habitants au kilomètre carré en 1911 (et même 120 dans le Finistère) contre une moyenne nationale de 74[1]. Il faut donc s'en aller, et de plus en plus : 8 000 départs seulement de 1831 à 1851, mais 116 000 de 1852 à 1871, 126 000 de 1872 à 1891, 210 000 de 1891 à 1911, 320 000 de 1911 à 1931.

Cette émigration et une légère amélioration économique vont réduire considérablement la mendicité[2]. À Plougourvest, il n'y a plus que 12 indigents en 1904, 15 en 1905. Mais rares sont ceux qui partent avec une compétence précise[3]. On évoque fièrement la réussite de certains « Américains » du nord-ouest du Morbihan[4], et quelques hauts fonctionnaires ou agrégés de l'université, comme Pierre-Jakez Hélias. Mais, surtout, jusqu'en 1914, la plupart des émigrés ne font que retrouver, en pire, la misère qu'ils

1. En 1900, il y a encore 22 à 30 naissances annuelles pour 1 000 habitants en Haute-Bretagne, 30 à 35 en Basse-Bretagne, contre une moyenne française de 21.

2. Mais le stéréotype persiste : le 15 mars 1929, la couverture de *La Bretagne touristique, revue illustrée des intérêts bretons*, dont on attendrait des images plus promotionnelles, représente un mendiant au pied d'un calvaire.

3. Ardoisiers de l'Arrée aux mines de Trélazé près d'Angers ; pêcheurs à Boulogne et La Rochelle ; marins de l'État à Toulon, Cherbourg, Bizerte ; marins de commerce au Havre, à Rouen et Marseille ; agriculteurs en Aquitaine, puis à partir de 1881 quelques-uns aux États-Unis, au Canada, en Argentine ou dans les colonies françaises – moins souvent que ne le souhaite le gouvernement, qui offre des terres confisquées aux indigènes.

4. Le Faouët, Gourin, Roudouallec – un bourg de 750 habitants, où la Compagnie Générale Transatlantique puis Air France eurent longtemps un correspondant.

fuyaient[1], principalement à Paris et dans sa banlieue. 40 % d'entre eux y sont ouvriers, généralement sans qualification, contre environ un quart des autres provinciaux, qui, de plus, s'organisent mieux en groupes de pression et de solidarité (notamment les Auvergnats). Le Breton, « c'est vraiment le paria de Paris », « un forçat » logé dans un « taudis », et à qui « l'on donne les travaux dont personne ne veut », pour un salaire de misère (le P. Rivalin, 1898). Selon le P. Toulemont, longtemps leur aumônier, 70 % d'entre eux meurent avant quarante ans (1885). « La misère, la maladie, la mort souvent, et quelquefois pire encore : le vice », voilà ce qui vous attend, écrit le *Bulletin de la paroisse bretonne de Paris* en mars 1903. Moins pauvre que la moyenne, le Léon résiste mieux à cette émigration, fortement déconseillée par son clergé pour cause de misère et de déchristianisation : jusqu'en 1914, les Léonards sont les Bretons les moins nombreux de Paris.

Quand ces déracinés réussissent à se marier, à s'offrir des enfants, ceux-ci ont des conditions encore bien pires que les petits ruraux. Une loi de 1841 interdit de les faire travailler avant 8 ans et limite leur journée à huit heures jusqu'à 12 ans, à douze jusqu'à 16 ans : elle n'est guère appliquée. Celles de 1874 et de 1892 le seront davantage : elles limitent le travail à douze puis dix heures par jour jusqu'à 16 ans. Pour plus de détails, lisez Zola.

Il y avait aussi des flots de migration temporaire pour les gros travaux : à Jersey, à Guernesey, en Normandie, en Beauce, dans le Nord, en Lorraine.

1. « Les travaux du port ont appelé à Granville près de 1 500 Bretons. Rien n'égale l'ignorance, la misère et l'immoralité de la plupart de ces malheureux », écrit l'évêque de Coutances en 1854.

Voici deux annonces qui donnent une idée du statut de ces travailleurs : « Je préviens Messieurs les cultivateurs que, courant janvier, j'irai chercher moi-même quelques wagons de domestiques en Bretagne. [...] Ils seront débarqués tous sur la place de la gare à Longuyon, où chacun pourra choisir le sujet qui lui conviendra » (*Le Progrès de Briey*, près de Metz, 1906). Les Bretons étaient les principaux travailleurs immigrés de l'époque, et ils feront longtemps partie de cette catégorie : « Nous vous demandons de faire connaître avant le 8 janvier 1969 au syndicat betteravier [...] vos besoins approximatifs en main-d'œuvre. Précisez la catégorie : Bretons, Italiens, Espagnols, Portugais, Marocains » (*L'Agriculteur de l'Aisne*, 4 janvier 1969).

La situation était au contraire enviable – au regard de la vie d'alors – pour les jeunes femmes prises comme bonnes ou aides-cuisinières par d'honorables familles, souvent sur recommandation de Monsieur le recteur. « Prêtre recommande deux jeunes filles sortant campagne, n'ayant jamais servi », dit une annonce de 1911. Rien de plus naïf et par conséquent de plus sérieux, dévoué, travailleur, dévot, qu'une Bécassine. J'ai connu trois femmes dans ce cas, revenues au pays avec un petit pécule et, pour l'une, une grande compétence culinaire.

Les choses s'améliorent après 1918. L'émigration devient promotionnelle : on entre dans la police ou à la RATP, dont un douzième des employés, en 1948, est originaire du Finistère, des Côtes-du-Nord ou du Morbihan. Leurs femmes sont employées de maison, couturières ou concierges. À partir de 1926, les Léonards fournissent le plus gros contingent. C'est ainsi qu'un cousin de ma mère était devenu parisien ; elle était bien triste de n'avoir pas réussi à convaincre son mari de l'imiter. Ce regret s'accentua avec la crise de

1929 : pour nous la misère malgré un travail de forçat ; pour eux des salaires garantis, et en 1936 la semaine de quarante heures et les congés payés : le cousin revenait au pays en *touriste*, pendant les gros travaux d'été – auxquels il donnait quand même un coup de main.

Quand on vit dans des conditions très dures, on devient soi-même rude et brutal. Aux violences de la nature, nos ancêtres surajoutaient les leurs. Par rapport au nombre d'habitants, celui des meurtres était 70 ou 80 fois plus élevé en 1600 qu'aujourd'hui. Notamment entre proches parents : 28 % de ceux qui sont condamnés à mort par le Parlement de Toulouse entre 1690 et 1728 le sont pour le meurtre d'un conjoint, enfant, ascendant ou collatéral. Il y a cinq meurtres dans la petite paroisse de Bothoa (22) entre 1600 et 1650, et 38 blessures volontaires, graves pour la plupart. Cette brutalité va décroître régulièrement. Néanmoins le taux d'homicides était encore 3,5 fois plus élevé en 1825 qu'en 1955. Les femmes ne sont pas les dernières à se quereller ni à se rosser. Même les prêtres sont violents : deux des victimes et l'un des auteurs des meurtres de Bothoa sont des ecclésiastiques ; vers 1840, un vicaire de Plougonvelen, près du Conquet, balance un paroissien par-dessus le mur du cimetière. Cela ne choquait pas nécessairement : en 1849, les habitants de Motreff, près de Carhaix, écrivent à l'évêque pour se plaindre de leur nouveau curé, en le comparant au précédent, « qui nous battait, mais qui nous aimait ».

Tout cela en temps de paix. Quant aux guerres… Dans la vénérable Antiquité, il était normal de transformer tous les vaincus en cadavres ou en esclaves : de couronner sa victoire par un holocauste. Quand les Vénètes « se rendirent à César [...], il fit mettre à mort tous les sénateurs et vendit le reste à l'encan ». Quand il s'empare d'Avaricum (Bourges), sur « environ 40 000 hommes, à peine 800 » réussissent à lui échapper. Après la capitulation d'Alésia, il donne un esclave à chacun de ses soldats. C'est lui-même qui raconte tout cela tranquillement, avec sa modeste fierté habituelle, pour montrer à ses concitoyens qu'il fait bien son travail. Certains supposent qu'il déporta à Rome en esclavage un Gaulois sur six, après en avoir tué un peu plus[1].

Cette sinistre habitude ne se perdit que peu à peu. Quand Charles de Blois prit Quimper en 1344, ses troupes auraient massacré plus d'un habitant sur quatre. Le siège de La Rochelle en 1627-1628 a fait 15 000 morts (de faim pour la plupart) sur 24 000 habitants : cinq sur huit. De plus, il y eut longtemps des bandes très meurtrières comme celles de Mandrin ou de Cartouche. En Bretagne, celle du baron de La Fontenelle ravagea la Cornouaille de 1589 à 1598 : il fut roué à Paris en 1602. La mémoire populaire terrorisée en parlait encore dans mon enfance, même en Léon.

Aujourd'hui, à moins d'être boucher ou chirurgien, on vit loin du sang et de la mort, et on ne voit jamais tuer un animal. On assassine de préfé-

1. Quand les Mongols s'emparent de Bagdad en 1258, ils massacrent 800 000 personnes. La guerre s'est civilisée comme le reste : c'est-à-dire qu'elle est passée de l'impulsivité à la rationalité et qu'elle a compensé le recul de la cruauté par l'invention d'armes de destruction massive – du canon à la bombe atomique – et par des systèmes perfectionnés d'extermination industrielle.

rence au revolver : à distance, proprement. Jadis, on vivait dans le sang, la mort et la merde, et on tuait au corps à corps : à l'épée, au couteau, à la trique, à coups de sabot. Dans les bagarres, on s'appliquait volontiers à estropier l'adversaire. Et on ne se contentait pas toujours de tuer. En 1590, presque toute la Bretagne est dans le camp de la Ligue. Dans le Finistère, seuls restent fidèles au roi Pont-l'Abbé, Brest et le château de Kerouzéré-en-Sibiril. Celui-ci est pris par Ligueurs et paysans. Ils massacrèrent le seigneur, le dépecèrent et « même lui coupèrent les parties honteuses, qu'ils mirent au bout d'une lance et furent par le camp en faire montre ». En 1795, dans la forêt de Teillay – entre Ille-et-Vilaine et Loire-Atlantique –, des chouans violèrent une jeune femme, puis « lui arrachèrent les ongles des pieds et des mains, les dents, les yeux et lui coupèrent les mamelles ». Choses exceptionnelles certes à l'époque, et qui ne sont malheureusement pas inconcevables aujourd'hui. Il y a toutefois une grande différence. C'est que nous en sommes beaucoup moins capables que ces gens, dont les pulsions n'étaient pas encore policées.

Au XVIIe, de telles violences étaient quasiment normales : elles sont le thème des nouvelles que publie, entre 1628 et 1650, Jean-Pierre Camus, un doux et pieux ecclésiastique, pour dégoûter les gens des passions et les mettre en garde contre les imprudences et surtout contre les violences sexuelles. Un capitaine viole la fille de son hôte. Elle l'assassine. Les soldats se jettent sur elle et « la mettent en pièces ». Les villageois massacrent tous les soldats : certains sont « égorgés », tel autre est « brûlé », « écorché », ou « écartelé » et quelques-uns « enfoncés en terre tout vivants ».

« Juste jugement du ciel », qui rappelle des phrases et des scènes de la Bible[1].

On avait tellement l'habitude des charcutages en tout genre que ce qui serait pour nous dépeçage sacrilège pouvait être amoureuse vénération. À la mort d'un roi, d'un saint, d'un homme admirable, chacun en voulait un morceau en guise de relique. Le cœur de la duchesse Anne de Bretagne fut placé dans un reliquaire en or deux mois et dix jours après sa mort, après de ferventes cérémonies. Quand le corps de Descartes, mort en Suède, parvient à Paris, il manque plusieurs morceaux dérobés au passage – dont le crâne, évidemment. Le célèbre prédicateur Julien Maunoir meurt à Plévin, près de Carhaix, en 1683. Les gens empêchent le vicaire de l'évêque de les priver du précieux cadavre. Il « ne put donc emporter que le cœur », qu'il « pendit à son cou », enveloppé dans une « écharpe ». À Quimper, Mon-

1. Une femme trompée plante un couteau dans la poitrine de son amant, lui arrache le cœur et le jette dans le feu. Une autre « fait lier les pieds et les mains » de celui qui a voulu abuser d'elle sans y parvenir. Elle « se met avec ses femmes et filles à le fouetter si démesurément qu'il n'y avait partie de son corps dont le sang ne sortît. Après cela, elle lui crevèrent les yeux » et « lui firent tant d'incisions et de balafres au visage et par tout le corps qu'il n'était plus reconnaissable. Après cela, elles versèrent dans ses plaies du sel et du vinaigre ». Il en mourut. « Si toutes les femmes traitaient de la sorte ceux qui attentent à leur pudicité, la terre serait bientôt nette d'adultères. Et nous verrions revenir ce premier siècle d'or, plein d'innocence et de fidélité ».

Un couple égorge un veau. Le lendemain, leurs « deux petits garçons [...] allèrent prendre leur petit frère qui était dans le berceau, et l'égorgèrent en la même sorte [...]. Oyant revenir leur mère, ils s'allèrent cacher dans le fourneau ». Elle l'allume : ils sont « grillés ».

seigneur accueillit « cette sainte relique » « en la baisant tendrement » (le P. Boschet, 1697) [1].

Au décès du célèbre abbé de Saint-Cyran en 1643, chacun « eût voulu prendre de ses reliques », comme il « arrive d'ordinaire » pour un personnage important. Son fidèle Lancelot organisa le partage. « Je fis prendre son cœur, qu'il avait donné par son testament à M. d'Andilly. [...] Je fis mettre à part ses entrailles [...]. Je fis réserver la partie supérieure » de son crâne « pour la mettre entre les mains de M. son neveu [...]. J'eus soin de ramasser toute la poudre qui s'était faite lorsqu'on lui sciait la tête. Je rompis encore des morceaux assez grands de ce qui restait » du crâne. Survint un autre disciple, qui n'était « pas encore content. Il voulut avoir aussi les mains ». « Je sortis le cadavre du cercueil, je pris le rasoir et les coupai. »

De tels découpages pouvaient aussi servir de caution. Le seigneur de Lézérarieu en Guiclan meurt à Scaër en 1685. Le chirurgien de Rostrenen qui l'a soigné craint de ne pas être payé de ses bons soins infructueux : il prélève donc le cœur, et fait savoir qu'il ne le rendra qu'en échange de ses gages.

Ce n'est pas seulement parce qu'ils étaient impulsifs et habitués à la violence que nos aïeux s'affrontaient souvent et vigoureusement. Comme je l'ai rappelé (p. 119), ils vivaient dans une société

1. Subtilisé en 1795 par le chirurgien Pelletan, chargé de l'autopsie, le cœur du petit Louis XVII lui fut dérobé par un de ses élèves. En 1828, la veuve de celui-ci le restitua à l'archevêque de Paris. Lors du sac de l'archevêché en 1831, il fut jeté. Mais le fils de Pelletan le retrouva. En 1895, il est à Venise. Depuis 1975, il repose à Saint-Denis, avec les autres rois de France.

hiérarchisée par des privilèges qui définissaient les droits de chacun, inscrits dans son image sociale qu'il devait préserver à tout prix, en maintenant fermement les apparences de son rang. C'était là son honneur, qu'il devait défendre au besoin au péril de sa vie.

L'expression la plus remarquable de cette autre violence est la frénésie des duels entre 1560 et 1650. Doublement menacée dans sa prééminence par l'ascension de la future bourgeoisie et par le renforcement du pouvoir royal, la noblesse tient à manifester qu'elle a le monopole de l'épée et du courage, et qu'elle règle ses différends elle-même, récusant ainsi la prérogative majeure du gouvernement : le pouvoir de rendre la justice et d'en appliquer les décisions par la force. Elle se lance donc, sous le moindre prétexte, dans une frénésie de duels, qui est aussi un chant du cygne suicidaire : près d'un mort par jour les meilleures années.

Le chevalier d'Albret apprend que le marquis de Sévigné a tenu des propos qui l'offensent. Il le provoque. On va sur le pré. « Je n'ai rien dit de tel, dit le marquis. – Fort bien. Mais battons-nous quand même. – Bien sûr. » Et la marquise devint veuve. Il avait vingt-sept ans (1651).

Les duellistes étaient accompagnés de témoins : ils prirent l'habitude de se battre eux aussi, sous l'appellation de *seconds*. Bussy-Rabutin (cousin de Mme de Sévigné) a un duel – à dix-sept ans et ce n'est pas le premier. Un inconnu vient s'offrir comme second ; mais il en a déjà quatre. Je vais donc me proposer à votre adversaire, dit l'inconnu. « J'estimai le procédé », écrit Bussy : « nous nous embrassâmes. » Le combat va commencer quand surgit un cinquième « second ». Pour rééquilibrer le combat, on va chercher un volontaire sur le

Pont-Neuf, où il y a toujours des gens qui n'attendent que ça.

L'Église promet l'Enfer, et l'État la peine capitale. Mais en fait, personne n'est puni et les grands duellistes sont des vedettes. En 1613, le chevalier de Guise provoque et tue le baron de Luz ; appelé par son fils, il le tue également. Quel triomphe ! On parle d'un nouvel Achille. Le roi, la reine lui envoient des messagers, « tous les princes du sang » viennent le féliciter, ainsi que les seigneurs les « plus relevés de la cour, en telle abondance qu'il semblait que ce fût une procession » (Malherbe). Au pire, on se cache, on s'exile quelque temps et on est condamné à mort par contumace en attendant d'être gracié.

Richelieu fit exécuter le comte de Montmorency-Boutteville et son second. Mais ce fut une exception, et il l'avait bien cherché. Réfugié à Bruxelles après son vingt-deuxième combat – à vingt-six ans – il en était revenu tout exprès pour se battre sous les fenêtres du ministre, parce que celui-ci préparait un nouvel édit contre le duel (1627)[1].

1. Les gens du peuple aussi multiplient querelles et bagarres, parfois pour des riens, où ils s'obstinent parce qu'il y va de leur honneur de ne pas céder. À Hédé (35) en 1776, le fils casse l'anse du pot à eau ; le père s'en saisit pour frapper son fils à la tête : il le tue. À Saint-Christophe de Valains (35), un jeune homme de vingt et un ans rentre en retard : sa mère le fait emprisonner. À Aubais, dans le Gard, en 1745, deux hommes « se sont battus à grands coups de poings et arraché les cheveux, le premier soutenant que Notre Saint-Père le pape ne portait jamais à ses pieds de souliers, le dernier soutenant que si »... Deux gentilshommes demandent au postillon combien de temps il va faire reposer ses chevaux. « Tant qu'il me plaira. » Insolence inadmissible : ils le tuent. Deux militaires se trompent de porte. Ils se retirent en s'excusant. La maîtresse de maison, « piquée », se plaint à son mari, qui se poste sur le passage des deux hommes d'un air « dédaigneux » : ils le tuent.

Les fêtes font plus de morts que les guerres, ironisait Voltaire. Dans nos campagnes, elles se terminaient en effet souvent par des affrontements, notamment entre jeunes de paroisses voisines et par conséquent rivales : c'est ici le particularisme chauvin, constitutif de l'identité, qui tient lieu d'honneur. Jusqu'au début du XIXe, le pardon de Saint-Servais, près de Callac (22), qui attirait des milliers de pèlerins, s'achevait par des bagarres entre Cornouaillais et Vannetais pour la maîtrise de la statue et de la bannière du saint. En 1867 encore, le recteur de Gouesnach (C) déplace un pardon à cause des « orgies nocturnes et rixes entre gens ivres de colère et d'alcool ».

Quant aux jeux de nos aïeux, ils pouvaient être bien plus violents que rugby, hockey ou football américain. C'était notamment le cas de la soule. Deux groupes de jeunes gens – plusieurs dizaines, représentant souvent deux paroisses voisines – s'affrontent pour transporter un ballon à tel endroit, distant parfois de plusieurs kilomètres. Pas de règle : il y a des éclopés, des estropiés, parfois des morts. Malgré plusieurs interdictions depuis 1440, ce jeu a subsisté dans le Morbihan jusqu'en 1912. Une espèce de hockey, *ar vazig kãm* (le petit bâton coudé), ne valait guère mieux : les fractures montrent qu'on ne frappait pas seulement la petite boule.

Pas besoin d'ailleurs de boule ni de soule pour se cogner. Le biographe du bienheureux Maunoir (1697) raconte que les habitants de Plounevez-Quintin (22) « avaient l'habitude d'aller par bandes de 200 hommes [...] vider leur différends à coups de massue[1] [...]. Comme les plaies de la tête ne sont pas dangereuses en Bretagne, et que c'est d'ordinaire à la tête que portent les coups de massue, il était rare que dans ces combats quelqu'un demeurât sur place ».

La violence n'était pas seulement le fait de gens dévoyés : elle était si normale qu'elle caractérisait aussi la justice. Dans les affaires graves, pour obtenir des aveux, on pratique très légalement la torture : simple façon d'interroger ; d'où son nom gentillet : la *question*. On vous envoie facilement à la mort ou aux galères : en 1773, à Vannes, Pierre Clouérec y est condamné à perpétuité pour « le vol d'une tourte de pain avec effraction », de même qu'un ouvrier brestois en 1777 pour le vol d'une planche de cuivre. En 1780, Ollivier Bertulé, natif de Plouvorn, qui a déjà dérobé 30 ou 40 sous à Landivisiau en 1773, vole une ruche et des hardes : dix ans de galères. On brûle hérétiques, sorcières et parricides ; on précipite les faux-monnayeurs dans l'huile bouillante ; on ligote les grands criminels sur une roue et on les casse à coups de barres de fer, puis on les découpe en morceaux qu'on expose bien en vue pendant des semaines. En 1608, à Morlaix, Prigent Le Sault, convaincu de plusieurs vols et agressions, est condamné à être roué et puis son corps « mis en quatre quartiers

1. Sans doute le fameux *penn baz*, bâton qui servait pour marcher et pour se défendre – ou attaquer – surtout en Cornouaille jusqu'au début du XXe. Un dur bâton de buis ou de cornouiller : à un bout un gros nœud de bois – souvent garni de clous en plus –, à l'autre une lanière de cuir pour faire tournoyer cette arme redoutable.

et l'un d'iceux avec la tête porté et mis sur une roue [...] sur le grand chemin » entre Saint-Pol et Cléder, « et les trois autres quartiers sur trois des grands chemins et avenues de ladite ville de Morlaix, pareillement chacun sur une roue, pour y demeurer jusques à consommation entière[1] ».

Damiens n'a pas tenté d'assassiner Louis XV. Prétendant le ramener à ses devoirs, il l'a frappé d'un inoffensif coup de canif. « On commença par lui brûler la main dans un brasier rempli de soufre allumé ; ensuite, il fut tenaillé avec de grosses pinces ardentes aux bras, aux cuisses et à la poitrine. On lui versa du plomb fondu avec de la poix résine et de l'huile bouillante sur toutes ses plaies. » Enfin quatre chevaux furent attachés à ses poignets et à ses chevilles. « Les secousses durèrent une heure. Les membres s'allongèrent et ne se séparèrent pas ; les bourreaux coupèrent enfin quelques muscles ; les membres se détachèrent l'un après l'autre. Damiens respirait encore » (Voltaire).

Cette violence ne dissuade pas les criminels. Quant au public, non seulement il en a l'habitude[2], mais il en raffole. La première de *Britannicus* – une sombre tragédie pourtant – ne connut pas la foule que méritait un auteur déjà célèbre. Il y avait mieux au même moment : la décapitation d'un marquis place de l'Hôtel-de-Ville. Les faux-monnayeurs étaient « suffoqués et bouillis en eau et en huile ». À Rennes, la chaudière était placée sur une voie étroite : le passage des charrettes l'abîmait. En 1604,

1. Mais le Parlement de Bretagne casse la sentence et condamne Le Sault aux galères.

2. Pour réprimer les révoltes bretonnes de 1675, on a tellement roué de gens que Mme de Sévigné ne s'émeut plus d'une pendaison : elle « me paraît maintenant un rafraîchissement ».

le préposé propose donc qu'elle soit transportée place des Lices – l'un des hauts lieux de la ville. Le Parlement demande « l'avis des proches voisins de ladite place ». Oh oui ! Oh oui ! répondent-ils.

C'est la violence de la répression qui s'est atténuée la première : les élites se sont adoucies avant le peuple. Ayant progressé moralement, elles sont devenues incapables d'assumer de telles horreurs. La *question* a été supprimée en 1788, et l'on a remplacé les longues mises à mort torturantes par des exécutions aussi rapides que possible : l'efficace guillotine, horrible à nos yeux, fut un grand progrès (1791).

En Angleterre, de 1810 à 1835, il y a encore près de 30 000 condamnations à mort : 23 par semaine ! On pend 12, 16, 20 personnes à la fois. À Londres, l'une de ces cérémonies aurait attiré près de 40 000 spectateurs en 1807, une autre près de 100 000 en 1824. C'est le pèlerinage de toute une vie ! La spéculation est effrénée sur les balcons et les estrades construites tout exprès. Les vêtements du pendu, les morceaux de sa corde s'enlèvent à prix d'or. La grande majorité des gens ne voit évidemment rien. Mais quelques dizaines ne sont pas venus pour rien : ils meurent piétinés.

En France aussi, les exécutions attirent les foules : à Provins, en décembre 1853, affluent « dès la veille plus de 10 000 gens de la campagne », dont « beaucoup […] *ont couché dans la neige* » (Flaubert). Mais leur nombre diminue rapidement : 72 exécutions par an de 1826 à 1830, 31 de 1851 à 1855. Bientôt c'est l'effondrement : six exécutions annuelles pour toute la France de 1876 à 1880 ; deux de 1901 à 1905. Il y a une légère remontée dans la période suivante, mais l'appétit de violence commence à dégoûter une bonne partie de l'élite. Le 16 juin 1939, à Versailles, la joyeuse kermesse des excités qui attendaient depuis la veille l'heureux événement paraît si indécente que le public sera désormais interdit. De 1968 à 1976 il n'y a qu'une exécution tous les deux ans. En 1981, nous avons aboli la peine de mort. Pour épargner nos frères égarés, ou parce que nous ne sommes plus capables d'assumer cette violence ? Par bonté ou pour protéger notre confort et notre bonne conscience ?

Ces dernières années, le nombre de crimes ou délits en Bretagne est inférieur de 30 % à la moyenne nationale, celui des homicides et tentatives d'homicide de 50 %, et le taux d'élucidation supérieure d'un bon quart. Jadis en revanche, les Bas-Bretons passaient pour plus violents encore que la moyenne, et ce n'est peut-être pas seulement une calomnie française. Au XVIIIe siècle, les meurtres et violences graves sont deux fois plus fréquents, pour un même nombre d'habitants, dans le diocèse de Tréguier que dans celui de Nantes. Pour le XIXe et le début du XXe, j'ai trouvé des données contradictoires. Mais les violences rapprochées, entre familiers, semblent plus fréquentes en Basse-Bretagne qu'ailleurs. Entre 1875 et 1885, le Finistère se classe sixième pour le nombre de viols, derrière des départements nettement plus peuplés : Nord, Gironde, Seine, Seine-Maritime, Seine-et-Oise. De 1903 à 1910, on y compte quatre parricides, contre deux dans le Rhône, trois dans les Bouches-du-Rhône, trois dans le Pas-de-Calais (qui ont tous un quart d'habitants en plus) et six dans la Seine, cinq fois plus peuplée. Cette violence entre familiers correspond à une tendance ancienne, qui avait beaucoup régressé ailleurs : en ce domaine comme en d'autres, la Bretagne était en retard ou fidèle aux traditions : comme on voudra.

Tout cela est bien révolu, me direz-vous. Oui. Mais ce n'est pas si lointain : mon arrière-grand-mère, qui vivait encore quand je suis né, a bien connu ce monde-là – et notamment les hordes de mendiants. Apprécions notre confort, notre sécurité, notre longévité, et sachons qu'ils sont récents. Réprouvons les violences actuelles, mais ne croyons pas que la société de jadis fût pacifique. Pour les ruraux de nos provinces pauvres, la situation d'aujourd'hui ne date que d'un demi-siècle.

Au début du XXe, la mortalité est encore sévère en France : un bébé sur sept meurt avant un an en 1900, un sur quatorze en 1938 et un sur neuf en 1945 (grave recul dû à la guerre). Entre un et cinq ans la mortalité est vingt fois plus forte en 1920 qu'aujourd'hui, et l'espérance de vie à la naissance n'est que de 40 ans en 1900, de 60 en 1938. Hervé Puill, né à Taulé en 1908, avait une tante et sept oncles maternels : trois meurent à la guerre de 1914, un quatrième de tuberculose peu après, un cinquième se noie dans une carrière. Lui-même a un frère et trois sœurs : l'une succombe à neuf mois en 1912 ; une autre de tuberculose à douze ans, en 1925. Je ne prétends pas que cet exemple soit représentatif. Je dis seulement que de tels malheurs, rares aujourd'hui, ne l'étaient pas il y a quatre-vingts ans.

Pauvreté, insalubrité, alcoolisme persistent et un nouveau fléau se développe : la tuberculose. Rare en Basse-Bretagne jusqu'en 1877, elle a explosé dans une population qui n'était pas encore mithridatisée : en 1930, elle faisait dans le Finistère 2,5 fois plus de victimes que la moyenne nationale. C'était une hantise d'autant plus forte qu'on la croyait non seulement contagieuse mais héréditaire : propre à mettre en semi-quarantaine une famille entière : un(e) jeune qui toussait risquait de ne pouvoir se marier. Maman en était obsédée. Mon parrain toussait parce qu'il avait de l'asthme : « Ne l'embrasse pas, il est *poitrinaire.* » (Il ne l'était absolument pas.) Il avait donné des vêtements à mon père : elle l'obligea à les enterrer[1].

En 1897, il n'y avait encore que huit médecins pour 100 000 habitants dans les Côtes-du-Nord, contre une moyenne nationale de 37, et vingt dans le Finistère, où l'espérance de vie à cinquante ans était la plus faible de France. On n'y recourait pas souvent, surtout chez les plus démunis[2]. Faute d'argent, et parce qu'on n'en avait pas l'habitude. En 1963 encore, parmi les paysans, les dépenses de santé étaient cinq fois moindres dans le décile[3] le plus pauvre que dans le plus riche. Dans mon enfance, nous avions toutefois une pharmacie minimale : aspirine, sirop contre la toux, Quintonine et eau de mélisse à vous couper le souffle pour nous fortifier, teinture d'iode et eau oxygénée pour les plaies, Marie-Rose contre les poux, Jouvence de l'abbé Soury pour la circulation, ventouses et cataplasmes à la moutarde pour les bronchites. Le dentiste en revanche restait un inconnu – sauf trop tard, pour mettre un dentier. C'est ce que ma mère a fait à trente-sept ans, tandis que d'autres accep-

1. Après la chasse aux doryphores, notre principale activité parascolaire était la vente de timbres antituberculeux.

2. De plus, leur compétence était encore restreinte. L'un des grands-pères de Michel Treguer est mort en 1921 des suites d'une opération ; l'une de ses grands-mères avait une verrue sur le nez ; après l'opération, elle n'avait presque plus de nez.

3. On appelle décile le dixième d'un ensemble.

taient encore d'être entièrement édentés. Une dernière incisive résistait parfois longtemps.

Dans mon voisinage immédiat – un espace de 200 à 250 m de rayon – je connaissais assez bien une cinquantaine de personnes. Parmi elles, un homme au corps plié à angle droit et quasiment aphone de naissance, deux débiles, un quatrième handicapé de corps et d'esprit. Plus, en cinq ans, de 1943 à 1947, trois morts horribles : un homme brûlé vif ; une fillette tombée dans la lessive où sa grand-mère faisait bouillir un mélange caustique pour faire du savon ; un brillant garçon mort du tétanos à douze ans[1]. Et trois graves accidents :

1. Je me sens tenu d'être plus précis, en mémoire d'une famille sympathique et malheureuse. Les parents tenaient une épicerie-bistrot. Disposant d'un grand hangar, ils servaient aussi des repas de noces, et l'homme fabriquait des casseaux pour castrer les chevaux. Horriblement myope, la femme faisait ses additions le nez sur sa feuille, en majorant hardiment les prix. Mais c'étaient de braves gens, sur qui l'on pouvait compter : ma mère a pu le vérifier. Ils avaient deux garçons. Le premier était tranquille et taciturne : un véritable aîné en somme. Pourtant, peu après la Libération, jeune adolescent, il tenta de se lancer : cheveux gominés comme un danseur de tango, selon l'interprétation locale de la mode zazoue. C'était bien trop tôt. On le ramena vite à la raison, c'est-à-dire qu'on lui coupa les ailes.

Le second éclatait d'une gaieté, d'une vivacité extrêmes. Il fut emporté par le tétanos après trois journées d'horribles souffrances. Pendant qu'il hurlait son agonie, ses parents servaient un repas de noces. C'était prévu. Ils ont tenu leur engagement. L'image du petit disparu survécut longtemps. On l'évoquait souvent : « Entreprenant, accueillant, dégourdi : il aurait fait un commerçant exceptionnel. » L'exaltation du mort accablait le survivant. Il resta vieux garçon. Ses parents vieillissaient dans la tristesse. Ils moururent. Le temps de l'épicerie de campagne était révolu. Restait le bistrot : il sombra dans l'alcool.

une éventration ; le pouce droit de mon oncle emporté par la scie circulaire ; la mâchoire de mon cousin brisée par une ruade de poulain. Dix victimes en tout : une personne sur cinq. Si je remonte cinq ans plus tôt, je rencontre la chute mortelle de mon grand-oncle ; encore six ans en arrière et c'est la mort de ma sœur, victime d'un accouchement qui ne poserait pas de problème aujourd'hui. Si j'ajoute trois années dans l'autre sens, c'est un voisin qu'on retrouve mort à quarante-deux ans dans le fossé où l'ivresse l'avait déposé. Sans compter ce que j'ai pu oublier ou ignorer. Malencontreuse série d'accidents exceptionnels ? Je crois plutôt qu'elle est représentative de ce que pouvait encore être la vie paysanne en Bretagne il y a soixante ans, même si ce bilan est peut-être un peu plus lourd que la moyenne.

Non seulement le travail physique est mal payé, mais il comporte, hier comme aujourd'hui, des risques d'accident, de handicap, d'usure prématurée du corps et même de mort. Le frère de ma grand-mère qui vivait chez nous fut victime d'une chute. Pour faire une charretée, il faut être deux : l'un au sol pour hisser la paille, le foin ou la bruyère ; l'autre sur la charrette pour les ranger. Quand ce qui entoure la charrette est ramassé, celui d'en bas fait avancer le cheval : « *Ei !* » (Hue !) dit-il, après avoir prévenu son compagnon, qui se cale jambes écartées, en appui sur sa fourche bien plantée. Le cheval a-t-il avancé de lui-même inopinément ? Mon père a-t-il omis de prévenir ? Mon oncle était-il distrait ? S'est-il mal positionné ? A-t-il eu un étourdissement ? Bref : fracture de la colonne. Il a survécu deux ou trois jours. Dans mon souvenir, un grand poids pend au bas du lit, attaché à ses pieds, pour que sa colonne soit bien droite. Faux et absurde, paraît-il. Est-ce mon affection qui a rêvé ce remède ?

Il n'y avait pas que la mort. « La misère était encore le lot de biens des gens au début du siècle », rappelle Pierre-Jakez Hélias. « Le moindre coup du destin suffisait à y faire tomber » : naufrage, incendie, décès, maladie, invalidité des hommes ou des bêtes, mauvaise récolte... C'est ainsi que sa mère, « étant l'aînée des filles », « avait dû prendre sa famille en charge à l'âge de onze ans. Sa propre mère venait de mourir à 38 ans [...]. Elle laissait derrière elle huit enfants vivants ».

À peine née, maman eut une bronchite qui ne laissait apparemment aucun espoir. « À mon retour elle sera morte », déclara sa mère en allant au lavoir : le malheur, on avait l'habitude, et il faut bien faire le travail. On m'a souvent raconté cette histoire : sans aucune réprobation. Elle ne mourut pas. Elle survécut aussi à l'accouchement où succomba ma sœur. Mais elle était restée bronchiteuse. Pendant la guerre, surmenée, exposée aux intempéries, elle fut plusieurs fois malade – surtout à cause d'un triste voyage sous la pluie dont je reparlerai. Sa mort nous eût précipités dans la misère. Peut-être même une blessure handicapante y aurait-elle suffit. Or elle avait la fâcheuse habitude, à vélo, de rouler à gauche. Un jour elle revient du marché le visage en sang. Dans un virage, un cycliste arrivait en face : elle s'est précipitée à droite. Et *cet idiot* a fait l'inverse.

La misère, nous avons aussi failli y être jetés par un incendie. Nous avions fait une flambée dans la cheminée de la salle, qui servait rarement. En allant nous coucher, nous avons éteint le feu dans l'âtre. Mais il avait pris dans la suie, dans les boiseries, dans les grains transportés là par les souris. Il a couvé toute la nuit. Une nuit sans vent par chance. Sinon, il atteignait le plancher, les stocks de céréales, les armoires : la maison flambait et peut-être nous avec. En tout cas, nous aurions été traumatisés et ruinés : les assurances étaient très insuffisantes[1].

Je rappelle que je vivais dans une ferme relativement riche. Quand on parle des paysans, on oublie souvent la grande différence entre petites et grosses exploitations et entre propriétaires, locataires et ouvriers agricoles. À Plougourvest, en 1926, ceux-ci sont de 50 % plus nombreux que les deux autres catégories[2]. Certains n'avaient ni domicile ni famille. Tant qu'ils travaillaient, ils étaient nourris et logés (et mal payés). Après, c'était l'hospice.

1. Il nous fallut deux bonnes heures pour tout éteindre. Dans ce monde immobile, les rares imprévus étaient généralement des malheurs. En voici un autre, moins grave. Je garde mes vaches dans un champ d'orge récemment coupé, parmi lequel on avait semé du trèfle. Il me semble qu'elles enflent. Je les ramène bien vite à la maison. À l'arrivée, quatre ou cinq sont sur le point d'être étouffées par le gaz du trèfle, qui fermente dans leur estomac, si on ne le libère en transperçant leur flanc d'un coup de trocart. Nous n'avons qu'un trocart, et il faut laisser sa gaine dans le trou pour l'évacuation du gaz. Affolement, cris, agitation... Et inefficacité. Des voisins apportent d'autres trocarts. Une seule bête s'écroule. Le boucher, qu'on a fait venir, l'achève. Ça nous fera une provision de viande ; les voisins achèteront le reste. Bref ce n'est pas catastrophique. Mais j'ai eu le dépit de voir mon père s'agiter en pleurnichant, au lieu d'agir efficacement.

2. Il est vrai que certains sont fils ou frères d'exploitants : quand il travaillent chez ceux-ci, leur situation est bien moins mauvaise que celle des autres.

J'habitais dans le Léon, l'une des régions les plus prospères de Bretagne. Voici une photographie d'un autre endroit vu par Jean Cau, envoyé spécial de *L'Express*, en décembre 1959. C'est « le Moyen Âge [...] : on est au bout du malheur et du monde ». « L'homme est quasi muet », « édenté », l'air « idiot », des « yeux minuscules de rat alcoolique » ; « un clochard ne voudrait pas de son pantalon ». « La femme tient debout par faveur divine [...]. Deux enfants [...] ont cet air mi-abruti mi-sournois que donne la pauvreté extrême. » « L'odeur puissante de l'étable [...] s'engouffre en remous dans la cuisine. » Dans le Haut-Léon, il n'eût pas été facile de trouver une ferme pareille à cette date, même pour un reporter avide de sensations. Il me semble qu'à Plougourvest, quinze ans plus tôt, il ne devait y en avoir que trois ou quatre – et sans alcoolisme.

Toutefois, ce n'était pas le Pérou. Les conditions de travail restaient rudes. Un réfractaire au STO, hébergé dans une ferme voisine « se demandait comment on pouvait supporter une vie pareille ; cela le révoltait qu'on doive vivre ainsi ». « Avec une vie si dure, avec un tel travail, les paysans ne peuvent pas être autrement qu'ils sont », disait un autre réfugié, ouvrier à l'arsenal de Brest, qui nous trouvait apparemment peu évolués.

Ce n'étaient pas seulement les conditions naturelles qui étaient toujours rudes pendant toute la première moitié du XXe siècle. C'étaient aussi, plus ou moins, les relations entre des hommes dont certains restaient assez rustres. À Trédion (56) en 1900, une femme pauvre réussit son grand rêve : remplacer la terre battue par un plancher. Pour le payer, elle loue la maison pendant un an, se retirant dans une vieille remise. Quand elle la récupère elle constate que le locataire, pour se chauffer, a brûlé une partie du plancher.

C'est encombrant un bébé. Surtout quand il se met à carapater partout. Que faire ? Plantez-le jusqu'aux aisselles dans un cylindre (un morceau de tronc évidé fera l'affaire) ou suspendez-le à un clou par ses bretelles. Ça le déforme un peu, mais ça le préserve des rats et vous êtes tranquille. J'ai plusieurs photos de cette recette, appliquée en diverses régions jusqu'au début du XXe. Je ne sais pas si cela se faisait en Bretagne. En tout cas je n'ai rien connu de tel, même par ouï-dire. Chez nous, quand un bébé commençait à marcher et qu'on voulait être tranquille ou lui permettre de s'entraîner, on le plaçait dans une planche percée d'un trou circulaire qui coulissait dans un cadre assez long (2 m au moins me semble-t-il).

Voici en revanche une histoire léonarde. Quand j'avais cinq ou six ans, dit un homme né à Plouguerneau en 1898, un voisin me soulevait par les oreilles. « Sommes-nous amis ? demandait-il. – Oui, oui ! – Eh bien tenons bon tant que nous le sommes ! » Et il me tenait suspendu. « Sommes-nous amis ? – Non, non ! – Alors tenons bon jusqu'à le devenir ! » Il faisait de même à d'autres petits du voisinage. « Crois-moi, plus d'une fois on en pissait dans sa culotte. » Cette brute agissait ainsi même devant les parents. C'était un riche notable : il pouvait vous humilier, vous priver de travail, vous faire expulser à l'issue de votre bail. J'ai bien connu cette fine plaisanterie ; mais on se contentait de nous tirer légèrement l'oreille.

Nos parents s'occupaient bien de nous en général[1]. Mais il nous battaient souvent, et parfois

1. Pas tous bien sûr : « J'ai été nourri, pas élevé », m'a dit un compatriote.

vigoureusement. Les instituteurs aussi. Et l'on parlait de nous sans ménagement en notre présence : « En voilà un qui ne fera pas de vieux os ! » « Oh non, il n'est certainement pas intelligent comme *** – loin de là ! » Entre écoliers à Plougourvest, autant qu'il m'en souvienne, les bagarres n'étaient pas fréquentes. Mais elles étaient presque systématiques en certains endroits. « On se battait en revenant de l'école, garçons et filles tout le long de la route. Les garçons nous piquaient les jambes avec des orties, de la lande et nous lançaient des cailloux », dit une femme née à Coray (C) en 1925.

Il y avait encore quelques bagarres entre bandes de jeunes gens. Par chez nous, on se méfiait notamment des gars de Santec. Chez les adultes, elles étaient rares, sauf entre des saoulards marginaux. J'ai parlé de ces deux mendiants dont l'un s'apprêtait à scier le cou de l'autre (simple simulacre sans doute). Dans un autre hameau de Plougourvest, un domestique a failli noyer un voisin dans un fossé d'eau et de purin comme il y en avait dans neuf fermes sur dix. À Plouguerneau, un soir de battage, des hommes ont jeté une fille dans un tel fossé. « L'un d'entre eux la tenait [...], agenouillé sur elle. C'est à peine s'il ne l'avait pas étouffée. » Un tel comportement se situait entre la violence et la simple excitation qui se veut plaisante, comme chez ces garçons qui se mettent à quatre pour balancer une fille à la mer. Une autre fois, un homme prétend se battre contre deux femmes à la fois. Voyant qu'il a le dessous, il sort un couteau. Les témoins arrêtent de rire et s'interposent. Dans *La Fin des terroirs* (1983), Eugen Weber rapprochait ces bagarres de celles des westerns et se demandait « si, dans un monde aussi dur, il ne s'agissait pas d'une forme de distraction, la seule possible peut-être ».

Dans ce monde violent, il n'est pas impossible que tel accident ait caché quelque sombre histoire. Voici une femme qui va prendre le pain pour préparer la soupe. Il est posé sur une planche suspendue au plafond, pour être à l'abri des souris. Chez elle, la planche est bien haute. Elle se sert donc d'un grand couteau : elle le pique dans le pain, qu'elle fait glisser et rattrape de l'autre main. Ce jour-là, le couteau dérape et fait demi-tour, lame vers le bas. Au lieu de glisser sur son tablier – auquel sa chute est quasiment parallèle – il s'y plante. Le pain de cinq livres atterrit dessus et l'enfonce dans son ventre à travers trois couches de vêtements. Plusieurs jours de clinique entre la vie et la mort et la voilà sortie d'affaire.

Ce n'est que maintenant, près de soixante ans plus tard, que je vois les surprenantes malchances, les remarquables coïncidences sinon les invraisemblances de cette histoire. Mais alors ? Tentative de suicide ou de meurtre ? Coup de couteau accidentel lors d'une activité assez insolite pour imposer la loi du silence ? Je connaissais bien tous les protagonistes possibles : ces hypothèses me semblent invraisemblables elles aussi et je n'y ai jamais entendu nulle allusion, même lors des vives querelles qu'il y eut par la suite dans cette maison[1].

1. Les comportements humains sont parfois bien étranges. Mais les accidents aussi : combinaisons de hasards improbables. Cette femme a peut-être glissé : elle était peut-être allongée au sol quand le couteau est arrivé.

Aux problèmes réels s'ajoutait le souvenir de difficultés révolues, mais toujours inquiétantes dans les esprits. Émile Guillaumin a encore connu, à la fin du XIXe siècle, de vieux paysans qui « avaient toujours peur ; ils ne savaient pas exactement de quoi, mais ils avaient toujours peur de quelque chose ». Famines, épidémies, brigands ne se sont effacés que lentement de la mémoire collective ; loups, diable, démons, sorciers, fantômes ont longtemps hanté les imaginations. De plus, jusqu'en 1945, les autorités sont restées plus répressives que protectrices : en particulier, fermiers et métayers risquaient d'être expulsés à la fin de leur bail s'ils ne plaisaient pas au propriétaire. Tout cela pesait encore sur les esprits de la génération de mes grands-parents, et même sur celle de mes parents pour le dernier point.

Ajoutez-y la crainte et la honte du mépris. Non seulement de la part des citadins, mais de la part des richards ruraux (*ar juloded*). « Le riche et le pauvre ne se parlaient pas », dit une femme de Plouguerneau (L). Je crois n'avoir rien vu de tel ; mais je me souviens d'attitudes qu'on n'oserait pas avoir aujourd'hui[1]. De plus, elles étaient parfois grevées d'un moralisme hypocrite, soit dans son expression doucereuse – notamment chez Monsieur le recteur – soit parce que certains ne respectaient guère les principes qu'ils prétendaient imposer aux autres.

1. Il n'était même pas nécessaire d'être riche pour n'avoir aucun respect d'autrui. Quand j'ai fait refaire la maison, les artisans ont « trouvé le moyen, contre mon gré, d'utiliser la cloison toute neuve pour faire des échafaudages », se souvient une femme de Plouguerneau (L).

La Bretagne, dit Jean Markale, est « un pays rude où la pauvreté, loin d'être un obstacle, a favorisé une sorte de méditation extrêmement profonde sur le destin de l'homme[1] ». J'avoue que je ne m'en étais pas aperçu. Je me sens à mi-chemin entre cet avis et celui d'une femme de Plouguerneau qui disait à Fanch Elegouët en 1973 : « Maintenant, les gens sont subtils et fins. Alors [...] ils étaient à moitié sots. »

Partir : tel était, dès ses treize ans en 1917, l'intense désir de ma mère. Trente ans plus tard, c'était devenu celui de la plupart des jeunes femmes dynamiques. Sortir d'un travail incessant, esquintant et salissant, du froid, de la boue, de l'inconfort, du mépris, de la honte. Profiter des commodités, des loisirs, des distractions, des élégances de la ville. Il y a 17 200 départs entre 1946 et 1954. Or, la cause n'en est plus seulement la misère d'un pays pauvre et surpeuplé, comme auparavant, ni seulement l'étranglement de fermes trop petites, mal gérées ou malchanceuses comme ce sera le cas à partir de 1960. C'est en bonne partie l'aspiration à une vie meilleure.

Lors d'entretiens en 1945 dans les Côtes-du-Nord, près du tiers d'un groupe de jeunes rurales de 13-14 ans (dont trois quarts sont filles d'agriculteurs) manifeste « un clair dessein de quitter le pays, alors que la question n'était pas explicitement posée » ; et un autre cinquième laisse « envisager un départ possible ou même probable » :

1. « Une ferme, c'était autrefois un grouillement de vie chaude, où se mêlaient caquets de volailles, hennissements de chevaux, meuglements de vaches, grognements de cochons et piaillements de gosses. » Maintenant, « l'eau chaude à l'évier mais le grand vide à l'âme » (Michel Le Bris).

presque 50 % au total. Plus entreprenantes, les Finistériennes fuient la ferme encore plus que les autres. En 1968, dans ce département, un tiers des cultivateurs âgés de 35 à 44 ans seront célibataires, contre un quart dans le Morbihan, un cinquième dans les Côtes-du-Nord, un huitième en Ille-et-Vilaine.

« Ce qui rebute les jeunes filles, c'est la saleté du métier », disaient les militantes de la JACF (Jeunesse Agricole Chrétienne Féminine). « La jeune fille [...] entre dans l'étable. Elle marche lentement, cherchant à poser le pied sur la paille sèche. Mais bien souvent la paille cède, le pied s'enfonce, le sabot se remplit » (Marie-Thérèse Lebret, 1946). Comment après cela se présenter aux garçons du bourg ou de la ville, qui ne demandent qu'à vous mépriser ? « J'ai toujours eu la hantise de garder sur moi l'odeur de l'étable. »

Mais ce n'est pas seulement l'inconfort matériel qu'on veut fuir. C'est aussi, comme je l'ai rappelé plus haut, la vie familiale et communautaire traditionnelle, qui s'opposait à l'émancipation individuelle. « Au lieu d'aller courir, fais donc la sieste, tu seras plus dispos pour travailler lundi », disait un père en 1946, à l'aube du week-end et de la civilisation des loisirs. D'autres ne se contentaient pas de phrases : comme jadis, ils récupéraient l'argent de leurs enfants adolescents ou même adultes mariés et travaillant à l'extérieur. « Nous travaillons douze à seize heures par jour sans salaire depuis notre sortie de classe jusqu'au mariage », disait un intervenant au congrès de la JAC finistérienne en 1960. Selon une formule de Michel Debatisse, président du Centre National des Jeunes Agriculteurs, « l'exploitation familiale se traduisait par l'exploitation de la famille ». Cela se poursuivait même après le mariage quand le couple cohabitait avec ses parents. C'était fréquent dans un grand quart sud-ouest. Dans la moitié nord, le Finistère venait en tête pour cette cohabitation, après le Bas-Rhin et la Moselle.

Les inconvénients d'une telle situation n'étaient pas seulement économiques. « Parents, grands-parents, enfants, domestiques vivent pêle-mêle, ce qui empêche toute relation intime. » « Il n'y a pas un petit coin où l'on puisse être cinq minutes tranquille. » « La dignité de la personne humaine n'est souvent plus qu'un mot, tant, dans les maisons à une seule pièce, les gestes sont publics. » Voilà ce que disaient des militantes bretonnes de la JACF dès 1948. « C'est vraiment difficile d'exister en tant que personne », dans nos communes rurales. Tous « se mêlent de ce que tu fais, c'est absolument abominable », ajoutaient des Finistériennes en 1979.

Les relations familiales se tendaient à l'adolescence, quand des enfants jusque-là soumis découvraient désirs, projets, désaccords, revendications. Les problèmes devenaient aigus au retour du service militaire : le fils s'estimait en âge de gérer l'exploitation, qu'il avait l'ambition de moderniser. Encore plus après le mariage, avec ce passage définitif à l'âge adulte et avec l'arrivée d'une bru ou d'un gendre, dont le conjoint se sentait souvent plus solidaire que de ses parents. Parfois, le père battait le fils jusqu'au moment où c'était l'inverse.

Pierre-Jakez Hélias a plusieurs fois mis en scène ces conflits : dans *Le Renard et sa peau*, dans *L'Autre* (un père tyrannique finit par être renversé par un fils tyrannique), dans *Les Fous de la mer* (deux fils jugent très sévèrement l'existence que leur a imposée une mère orgueilleuse). Dans *Le Tracteur*, le vieux père, qui souffre de l'invasion de la modernité, a tout l'air d'un noble patriarche. Mais il a empêché son fils de poursuivre les études qu'il souhaitait. Plus généralement, dit la mère de sa bru, ce « sage [...] a surtout peur de lutter [...]. Il a pris grand soin de ne rien changer autour de lui pour ne pas troubler sa paix [...] C'était un lâche, qui avait pris le masque de la sagesse. Il y en a beaucoup comme lui ».

« Oh ! ces familles de jadis, quelle tyrannie ! », me disait récemment un collègue léonard. « Aucune intimité, aucune liberté personnelle, même dans ta tête, contrôlée par religion, tradition et pseudo sagesse ! » À soixante ans passés, il n'en décolérait toujours pas. D'autres ont au contraire quelque nostalgie de cette vie communautaire. Ce n'est pas mon cas ; mais à l'époque, elle ne m'a pas gêné. Il est vrai que j'avais l'espace : une assez grande maison, où nous n'étions que cinq, les granges, les cours et les champs voisins. De plus, j'ai été longtemps l'aîné du hameau, choyé par tout le monde, et non pas un benjamin qui doit se faire une place et porter chaussures et vêtements déjà usés par trois ou quatre. Et surtout, dès onze ans, j'étais parti les deux tiers du temps. Jusqu'à vingt-trois ans, je revenais pendant toutes les vacances et j'étais sage et soumis ; mais je pouvais l'être sans difficulté : nous n'étions pas encore entrés dans la société de consommation et de jouissance, et mon proche avenir, l'essentiel de ma vie étaient déjà ailleurs.

Mon beau navire ô ma mémoire
Avons-nous assez navigué
Dans une onde mauvaise à boire

Guillaume Apollinaire

TABLE

Avertissement 11
Préface. Du plouc à l'intello et retour 15

Première partie
AR VRO. LE PAYS

Chapitre 1. Le Breton du sixième
fait sa crise d'identité 33
Chapitre 2. Au pays des beaux enclos 82
Chapitre 3. *Va farrez*. Ma commune 114
Chapitre 4. *Duman*. Chez moi 168

Deuxième partie
ÃN DUD. LES GENS

Chapitre 5. Ma celtitude est-elle
une certitude ? 217
Chapitre 6. La Bretagne et les Bretons :
des images fonctionnelles 241
Chapitre 7. Contribution personnelle
au portrait des Bretons 269
Chapitre 8. Tous ivrognes ? 316
Chapitre 9. Un matriarcat breton ? 345

Chapitre 10. *Tud Lãnirien a var dro*. Les gens de Lannurien et des environs 390
Chapitre 11. Le héros de la famille 417
Chapitre 12. Orphelin ? 442
Chapitre 13. *Va zad a va mãm*. Mon père et ma mère 473

Troisième partie
AR VUEZ. LA VIE

Chapitre 14. *Or poltred*. Notre portrait 520
Chapitre 15. *Or boued*. Notre nourriture 535
Chapitre 16. Travailler et se distraire. *Labourad a*... 564
Chapitre 17. Une culture, base d'une personnalité 615
Chapitre 18. Et le sexe ? 649

Conclusion. Le bon vieux temps 681

Composé par Nord Compo Multimédia
7, rue de Fives, 59650 Villeneuve-d'Ascq

Achevé d'imprimer
dans les ateliers de Normandie Roto Impression s.a.s.
à Lonrai (Orne)
N° d'éditeur : 6398-01-04-02-11
N° d'impression : 110330
Dépôt légal : février 2011
ISBN : 978-2-7373-5294-2

Imprimé en France